언어와 마음

'"Leider nicht von mir(유감스럽게도 내가 만든 작품이 아니로구나)." 이 말은 브람스가 슈트라우스의 왈츠 곡 "아름다운 푸른 도나우 강에서"를 처음 들었을 때 애석해하며 했던 말이다. 내가 이 책을 처음 읽었을 때 나도 전적으로 같은 느낌을 받았었으며, 여전히 이 책에 대해 경탄하고 있다 ··· Words in the Mind는 매우 가치 있는 책이다 ··· 또한 이 책은 어떤 선지식도 없는 초심자에게 뿐만 아니라, 전문가에게도 유익하다. Aitchison이 소개하고 있는 내용에는 마음속 어휘집의 구조에 관련된 중요한 발견들이 빠짐없이 들어있었다.'

Yearbook of Morphology

'이 책은 인간이 단어를 어떻게 기억에 저장하며 아이들이 단어를 어떻게 습득하는지의 문제에 대한 대중적 입문서로 성공하고 있다. 이 책은 일반 독자와 언어학, 심리학을 전공하는 대학생 모두를 대상으로 하고 있다. 저자는 말오류의 관찰, 실어증, 심리언어학 실험에서 얻은 자료들을 생동감 넘치면서도 광범위하게 집약하여 이론언어학적 관점들과 함께 제시하고 있다 ··· 이 책은 언어에 관련된 많은 문제에··· 마음속 어휘집이라는 새로운 관점에서 접근한 매우 훌륭한 입문서이다. 이 책은 언어에 대한 통상적인 "연설의 연속" 방식의 입문서로부터 상쾌하게 벗어날 수 있는 기회를 제공하며, 마음속 어휘집에 대한 상대적 무관심을 바로잡는 데 일조하고 있다.'

Journal of Linguistics

'널리 알려진 저자 Jean Aitchison은 ··· 우리에게 Language Change, The Articulate Mammal, 그리고 British Teach Yourself Books 시리즈의 Linguistics와 같은 고전들을 제공했다. 다른 책들과 마찬가지로 이 책 역시 훌륭하게 집필된 뛰어난 연구 성과이며, 따라서 언어학도뿐 아니라 비전문가에게도 추천할만 하다.'

Notes on Linguistics

'단어에 대해 관심을 가진 모든 사람들에게 정보와 즐거움을 제공하는 책이 여기에 있다. 이 책은 마땅히 "자연 언어의 방대함"이라고 불리어왔던 것이 무엇인지, 그리고 뇌에 표상되어 있는 언어의 복잡성이 무엇인지에 대한 흥미진진한 조망을 제시한다.'

International Journal of Lexicography

'여기에 제시된 설명은 해당 분야의 훌륭한 해설로, 독자들을 광범위한 심리학적, 언어학적 개념들로 안내한다 ··· 현명한 유추, 실제의 예, 그리고 각 장에 대한 명쾌한 요약을 통해 여러 가지 이론적 입장과 연구방법을 탁월하게 종합하고 있다 ··· 언어와 뇌에 관련된 지식이 현재 어디에 와 있는지를 가장 손쉽게 알고자 한다면 이 친절한 책을 읽으라.'

English Today

'Aitchison(1987)은 [어휘집의] 심리언어학적 측면에 초점을 맞추어, "인간의 단어 저장고"로 정의된 "마음속 어휘집에 대한 최근의 연구 결과들"에 대한 개관을 탁월하게, 설득력 있게, 광범위하게, 그리고 쉽게 읽을 수 있게 제시하고 있다.'

L. Lipka의 *An Outline of English Lexicology*(Tübingen: Niemeyer, 1990)의 서문에서

Words in the Mind 언어와 마음

Jean Aitchison 저
홍우평 역

역락

역자 서문

　이 책은 옥스퍼드 대학 언어커뮤니케이션학과(Dept. of Language and Communication) 교수인 Jean Aitchison의 'Words in the mind(2003, 3rd)'를 한국어로 옮긴 것이다. 'Words in the mind'라는 제목을 그대로 한국어로 옮긴다면 '마음속의 단어' 정도가 될 것이다. 즉, 이 책은 인간의 마음이 단어를 다루는 방식이 어떠한지를 밝히고자 하며, 이러한 의도는 부제 'An introduction to the mental lexicon' '마음속 어휘집에 대한 입문'에도 잘 나타나 있다. 초판이 1987년에 간행되었으며, 첫 번째 개정판이 1994년에, 그리고 두 번째의 개정판이 2003년에 출간되었다. 16년이라는 오랜 시간에 걸쳐 꾸준히 개정판이 출간되고 있으며, 예를 들어 첫 번째 개정판만 하더라도 무려 9회에 걸쳐 인쇄되었을 정도로 마음속 어휘집에 대한 명저로 간주되는 입문서이다.

　'마음속 어휘집'이란 한마디로 인간의 마음속에 있는 단어 저장고를 말한다. 인간의 언어 구사 능력의 핵심적인 부분의 하나가 바로 단어를 자유자재로 다루는 능력일 것이다. 단어를 자유자재로 다룬다는 것은 말을 하기 위해 단어들을 순간적으로 선택하고, 거꾸로 다른 사람이 하는 말에 들어있는 단어들을 순간적으로 이해하는 정신활동을 말한다. 이러한 '순간적인', 즉 어떠한 의도적인 분석이나 고민 없이도 수월하게 '실시간으로(on-line)' 진행되는 단어 처리의 기술은 인간이 수만 개의 모국어 단어를 알고 있다는 점에 비추어 볼 때 실로 엄청난 기술이 아닐 수 없다. 이러한 놀라운 정신 능력의 비밀은 무엇인지, 이러한 효율적인 단어 처리가 가능하기 위해서는 단어들이 마음에 어떤 방식으로 저장되어 있어야 하는지, 그리고 아이들은 이러한 능력을 어떻게 습득하는지에 대한 논의가 이 책의 주요 내용을 이루고 있다.

언어학은 딱딱하고 심리학은 흥미진진하다는 생각은 학생들뿐 아니라 일반인들도 보편적으로 가지고 있는 생각이 아닌가 싶다. 하지만 언어의 연구가 마음의 활동, 혹은 뇌의 활동으로서의 언어에 주목하기 시작한 이후로 언어학과 심리학의 학제적 연구 분야라 할 수 있는 심리언어학(psycholinguistics) 혹은 언어심리학(psychology of language), 한결음 더 나아가 신경언어학(nerolinguistics)이 태동하게 되었다. 더구나 이 분야들이 인간의 정보처리(information processing) 일반에 대한 이론을 구성하고 이를 토대로 인간에 필적하는 정보처리능력을 가진 기계를 고안하고자 하는 인지과학(cognitive science)의 중요한 분과 영역으로 인식되면서, 언어의 연구는 실로 그 끝이 어디일지를 예측할 수 없는 다채로운 방법론을 끌어들이게 되었다. 여기에서 Jean Aitchison은 언어학이나 심리학에 대한 사전지식이 전무한 상태에서도 마음/뇌의 활동으로서의 언어에 대한 연구가 얼마나 흥미로울 수 있으며 얼마나 역동적일 수 있는지를 이해할 수 있는 귀중한 기회를 제공하고 있다. Aitchison의 말대로, 이 책이 '언어의 신비'에 관심을 가진 사람들 모두에게 큰 가치를 가진 책이 될 수 있다는 것을 역자는 믿어 의심치 않는다.

1994년도에 출간된 첫 번째 개정판의 번역을 준비하던 중 2003년에 두 번째 개정판이 출간되었다는 것을 알았을 때의 흥분을 잊을 수 없다. 번역 출간에 기꺼이 동의해 주신 역락출판사 이대현 사장님께 감사 드린다.

원서가 의도하는 바를 보다 부드럽게 담아낼 목적으로 역서의 제목을 '언어와 마음'으로 하였다. 역서들이 간혹 그렇듯이, 역자가 의도하지 않았던 번역상의 오류들이 이 책에도 포함되어 있을 것이라고 생각한다. 이러한 역자의 부족함이 독자로 하여금 원서가 제공하려고 했던 즐거움을 만끽하는 데 결정적인 흠으로 작용하지 않기를 바랄 뿐이다.

450쪽이 넘는 분량의 번역 원고를 꼼꼼히 읽고 많은 제언을 해 주신

최명원 선생님께 감사 드린다. 물론, 있을지도 모르는 번역상의 오류는 전적으로 역자의 책임이다.

2004년 2월

홍우평

저자 서문

이 책은 단어에 대한 것이며, 다음 질문에 대한 답을 구하고자 한다. 인간은 어떻게 그렇게 많은 단어를 저장할 수 있으며, 어떻게 원하는 단어를 찾아낼 수 있는 것일까? 간단히 말해서 이 책에서는 인간 마음속의 단어 저장고, 혹은 마음속 어휘집(mental lexicon)의 속성에 대해 논의한다.

이 주제는 최근에 이르러 많은 학자들이 주목하게 된 주제이다. 유감스럽게도, 연구의 대부분이 전문 학술지와 학술대회 발표논문집에 파묻혀 있다. 또한 이 주제에 대해 연구하는 많은 사람들이 저마다 마음속 어휘집의 어떤 작은 부분에만 관심을 가져왔기 때문에, 연구가 지나치게 분산되어 있다. 이 책은 보다 많은 사람들이 마음속 어휘집에 대한 최근의 여러 가지 연구결과에 접하도록 하는 한편, 마음속 어휘집이 작동하는 방식 전반에 대한 하나의 통일성 있는 그림을 제공하려는 시도이다. 언어학이나 심리학을 전공하는 학생, 언어치료사, 언어를 가르치는 사람, 교육학자, 사전 편찬자, 그리고 인간이 단어를 어떻게 기억에 저장하는지, 아이들이 단어를 어떻게 배우는지가 궁금한 일반 독자 등 단어에 관심을 가진 사람이면 누구나 이 책에서 즐거움을 얻었으면 한다. 또한 이 책을 새로운 시각에서 쓴 언어학 입문서로 볼 수도 있을 것이다.

이 책은 독자가 언어학이나 심리학에 대한 어떤 지식도 가지고 있지 않다는 것을 전제로 한다. 전문용어의 사용은 최소화했으며, 사용된 기술적 용어들은 모두 상세하게 설명하였다. 어떤 특정의 주제에 대해 더 생각해 보고 싶은 사람들에게 도움이 되도록 추가의 읽을거리에 대한 풍부한 참고문헌과 여러 가지 제안을 책 끝의 주석에 수록하였다.

이 책의 초판과 첫 번째 개정판이 간행된 이후로(초판 1987, 첫 번째 개정판 1994) 어휘집에 대한 연구는 폭발적으로 증가하였다. 어휘집은 얼마 안 되는 사람들만이 가지고 있었던 주변적 흥미 거리에서 많은 사람들의 주요 관심사로 바뀌었다. 이러한 점을 반영하여 이번 두 번째 개정판에는 상당한 내용이 추가되었다. 의미의 변화에 대한 장이 하나 추가되었으며, 언어 말뭉치, 관용어, 동사, 은유와 부분전체관계, 조어에 관련된 내용들이 여러 장에 걸쳐 추가되었다. 또한 전체에 걸쳐 새로 추가된 단락과 참고문헌들이 많이 있다.

첫 번째 개정판에서 나는 발췌 자료들을 보내주거나 유익한 제안을 하는 등의 방법으로 이 책의 준비에 특별한 도움을 주었던 사람들에게 일일이 이름을 들어가며 감사의 마음을 전했다. 이제 이 이름의 목록이 너무 길어져서 귀중한 이름을 분명히(또한 우연히) 빠뜨리게 될 정도가 되었다. 따라서 나는 모든 사람들에게 한꺼번에 감사의 마음을 전하고자 하며, 앞으로도 이 책에 관련된 e-메일과 편지, 그리고 발췌자료들을 나에게 계속 보내달라는 부탁을 드리고 싶다. 특히 이 책에서 어떤 불가피한 오류들이 발견되었다면 꼭 그렇게 해 주기를 부탁드린다. 나는 이러한 자료들을 실제로 검토한다. 다만 (이번에는) 모두를 포함시킬 만한 지면의 여유가 없었을 뿐이다.

하지만 직접 이름을 들어 감사해야만 할 사람이 두 사람 있다. 첫째, 나의 연구 조교 Diana Lewis는 언제나 그랬듯이 참고문헌의 체계를 갖추고 불분명한 것들을 찾아내는 데 탁월했다. 둘째, 사전 집필자인 나의 남편 John Ayto는 자신의 저서와 사랑이 넘치는 친절함, 그리고 훌륭한 요리로 나의 일을 쉽게 만들어 주었다.

물론 이 책에 나타나 있는 관점들은 나 자신의 관점들이며, 남아있는 오류들에 대한 책임은 전적으로 나에게 있다.

Jean Aitchison
2002, 옥스퍼드에서

차 례

역자서문 5
저자서문 9
약어 및 기호 13

제1부 목표와 증거

1 단어도시에 오신 것을 환영합니다!   17
   인간의 단어 저장고

2 사슬 속의 연결   41
   증거의 평가

3 덤벨라의 프로그램 짜기   65
   마음속 어휘집의 모델 만들기

제2부 기본 성분

4 미꾸라지 같은 존재   83
   단어의 의미를 정확히 규명하려는 시도

5 나쁜 새와 좋은 새   103
   전형 이론

6 속삭이는 상상의 방   126
   마음에 대한 여러 가지 모델

7 근원적 원자 입자에 대한 탐색   141
   의미원소를 찾아서

8 단어의 그물망   158
   의미의 네트워크

9 어휘의 종류   192
   발화의 여러 부분

10 동사의 힘   213
   동사의 역할

11 단어의 조각   237
   단어의 내부구조

12 말소리의 관리   258
   소리 유형 다루기

제3부 새로 등장하는 단어

13 떠도는 단어   279
   층 만들기와 의미 변화

14 아이스크림콘의 해석   299
   단어 의미의 확장

15 Globber하는 매트리스   321
   새로운 단어의 창조

16 아빠, Bongaloo가 뭐예요?   348
   아이들이 단어의 의미를 배우는 법

17 Aggergog Miggers, Wips, Gucks   370
   아이들의 단어의 소리구조를 다루는 법

제4부 전반적인 구도

18 뒤지기와 찾아내기   395
   단어의 선택

19 조직적 추측   416
   단어의 인식

20 이상한 조직, 기묘한 해결책   439
   마음속 어휘집의 조직

21 맺는 말   454
   끝으로 몇 마디, 그리고 남은 문제

주석   467
참고문헌   495
찾아보기   535

약어 및 기호

표준적 사전들이 본문에서 처음으로 언급되는 경우에 한해 제목 전체를 제시하였고, 그 이후에는 아래의 약어를 이용해 표기하였다

CCED	*Collins Concise English Dictionary*
CED	*Collins English Dictionary*
COD	*Concise Oxford Dictionary*
EWED	*The Encarta World English Dictionary*
NODE	*The New Oxford Dictionary of English*
NSOD	*New Shorter Oxford Dictionary*
OED	*Oxford English Dictionary*
LCED	*Longman Concise English Dictionary*
LDEL	*Longman Dictionary of the English Language*
LLA	*Longman Language Activator*

본문을 보다 읽기 쉽게 하기 위해 구어 단어들 대부분을 관습적인 문어 형태로 나타내었다. 음성학적 기호를 사용해야만 할 경우에는 그 언어학적 범주에 관계없이(음 혹은 음소, 여기에 대해서는 Aitchison 1999를 보시오)[ ] 속에 표기하였다. *did*의 [d]와 같이 대부분의 음성학적 기호들은 쉽게 이해할 수 있다. 쉽게 이해할 수 없는 IPA(International Phonetic Alphabet, 국제음성기호) 기호로는 다음의 것들이 본문에 사용되었다.

thin의 첫소리와 같은 [θ]
shin의 첫소리와 같은 [ʃ]
sing의 끝소리와 같은 [ŋ]

별표(*)는 성립할 수 없는 단어, 구, 혹은 문장임을 나타내는데, 예를 들어 *kbad는 영어에 있을 수 없는 어형이다.
느낌표(!)는 수용이 곤란하거나 기이한 문장임을 나타낸다.

제 1 부

목표와 증거

Aims and Evidence

1 단어도시에 오신 것을 환영합니다!
— 인간의 단어 저장고 —

곧 그들은 멀리서 단어도시의 탑과 깃발이 햇빛에 반짝이는 것을 보았다. 그리고 잠시 후 그들은 거대한 벽에 도달해서 도시로 들어가는 문 앞에 서 있었다.

'A-H-H-H-R-R-E-M-', 문지기가 목을 가다듬고 재빨리 차려 자세를 취하며 외쳤다. '여기는 혼란의 산기슭의 좋은 위치에 있어서 지식의 바다로부터 부드러운 바닷바람이 와 닿는 행복한 왕국, 단어도시요 … 단어도시는 세상의 모든 단어들이 생겨난 곳입니다. 바로 이곳 우리 과수원에서 단어들이 자라지요.'

Notorn Juster, *The Phantom Tollbooth*

'단어는 반짝인다. 단어는 아름다운 광채를 발한다. 단어는 마술을 부려 우리를 철자에 구속시킨다 … 단어는 언어의 공장을 이루는 매혹적인 벽돌과 같다 … 단어는 주위를 향기롭게 하는 장미와도 같다.' 이상은 어떤 교과서의 저자가 사람들에게 어휘력을 증진시킬 것을 요구하며 하는 말이다.1

이 저자처럼 대단한 경외와 존경심을 가지고 단어를 대하는 사람은 거의 없다. 우리 대부분은 언제나 별 생각 없이 단어를 사용한다. 그럼에도 불구하고 단어는 매우 중요하다. 누구나 단어를 필요로 하며, 보통 사람이 하루에 접하는 단어의 숫자는 아마 수천 개에 이를 것이다. 단어가 없다면 우리는 완전히 길을 잃고 말 것이다. 이것은 러시아의 시인 Mandelstam 이 했던 말에 잘 나타난다. '어떤 단어를 말하고 싶었는데 그 단어가 기억나지 않는다. 그래서 몸뚱이를 찾지 못한 생각은 이제 그림자의 궁전으로 되돌아갈 것이다.'2

Stevie Smith의 시 'In the park'에는 사람들이 단어를 잃었을 때 겪는 좌절이 생생하게 표현되어 있다.

> '말할 단어가 없는 벙어리를 위해 기도하라'
> 나이든 신사가 울부짖었다. '그들이 말을 못해서가 아니라,
> 그들은 허약한 존재이니까. 그래서 머릿속에서 울려퍼지는 허약한 생각들이
> 어떤 열기를 발산하지만, 결국 말은 못하는구나.
> 소리를 찾지 못해 머릿속 무덤에 묶여버린 생각들이 상처를 만든다. 벙어리를 위해 기도하라.'

보다 일상적인 차원에서는, 뇌출혈을 겪은 사람이 말하고자 하는 단어를 떠올리지 못할 때 겪어야 하는 어려움을 명백하게 보여준다. 예를 들어, 매우 지적인 법률자문관 K.C.씨는 성냥갑(matches)이라는 단어를 전혀 기억해낼 수가 없었다. 'Waitresses. Waitrixies. Backland와 또 하나의 bank. bandicks 아니 bandiks, 내 생각에 zandicks인 것 같아요. 죄송합니다. flitters landocks라고 부르는 것 같은데.' 그는 전화를 보여주었을 때도 똑같은 어려움을 겪었다. '오, 그게, 그게 말입니다. 그러면 elencom에 쓰는 zapricks가 뭔지 보여드릴 수 있겠는데. elencom이요. pidland가 있는데 pidland마다 1, 2, 3 등등으로 된 눈이 달렸거든요.'3

대부분의 사람들이 상당히 많은 단어를 알아야 할 필요가 있다고 확신하고 있으며, 원하는 어떤 단어가 기억나지 않으면 당혹스러워 한다. 하지만 대부분의 경우 일상적인 대화에 필요한 수많은 단어들을 기억해내는 데

는 상대적으로 거의 어려움을 느끼지 않는다. 이것은 엄청난 재주이다.

그러나 언어 사용자들은 이러한 대단한 기술에 대해 그다지 깊이 생각해 보지 않은 것 같다. 언어치료사나 교사처럼 언어를 전문적으로 다루는 사람들조차 인간이 어떻게 그 모든 단어들을 다루는지에 대해 상대적으로 아는 바가 거의 없다. '마음에 단어가 어떻게 저장되는가', '사람들이 말을 할 때 필요한 단어를 어떻게 찾아내는가', '아동은 성인과 동일한 방식으로 단어를 기억하는가'와 같은 핵심적 문제들에 대한 쉽게 얻을 수 있는 정보가 거의 없기 때문에, 그들의 무지는 놀라운 일이 아니다.

이상의 문제들이 이 책의 주제이다. 이 책에서는 우리가 단어들을 어떻게 마음에 저장하는가, 그리고 이 저장고로부터 필요할 때마다 단어들을 어떻게 인출하는가의 문제가 주로 다루어질 것이다. 전체적인 목표는 인간 마음속에 있는 단어 저장고의 작용방식에 대한 모델에 들어갈 주요 사항들의 명세서를 작성하는 것이라고 할 수 있다. 이것은 방대한 주제이다. 주제를 어느 정도 좁히기 위해 이 책에서는 영어 원어민들의 구어에 초점을 맞추기로 한다. 영어를 선택한 것은 영어가 현재까지는 다른 어떤 언어보다도 더 많이 연구된 언어이기 때문이다. 구어를 선택한 것은 영어 원어민이 읽기나 쓰기를 배우기 전에 말하기를 배우기 때문이다. 따라서 읽기, 쓰기, 그리고 다른 언어들에 대한 연구들은 논의에 도움이 되는 경우에 한해 중간 중간에 언급할 것이다. 구어 영어로 관심을 제한하기로 한 결정은 이중언어구사나 다중언어구사가 직접적인 논의의 대상이 되지 않는다는 것을 뜻한다. 그럼에도 불구하고, 이 책에서 밝혀지는 내용들이 우리가 어떻게 두 개 이상 언어의 어휘를 다루는지를 밝히는 데 도움이 되었으면 한다.

▎ 복잡한 미로 ▎

복잡한 미로,
기이하고, 뒤얽힌, 하지만 규칙적인
동시에 가장, 그들이 가장 불규칙적으로 보일 때.

실락원4에 나오는 Milton의 행성에 대한 묘사는 인간의 단어저장고에 대해서도 똑같이 적용될 수 있을 것이다. 숙련되지 않은 관찰자의 눈에는 행성들이 밤하늘을 무질서하게 떠도는 것으로 보일 수 있다. 하지만 사실 행성들의 움직임은 맨눈에는 드러나지 않는 자연법칙들의 통제 하에 있다. 이와 유사하게, 단어들은 가을에 길에서 모아 태우는 나뭇잎들처럼 우리의 마음에 무질서하게 널려있지 않으며, 그 기저의 원리들을 우리가 알아낼 수 있는 복잡하고 잘 짜여진 체계 속에 조직되어 있다.

단어가 마음에 무작위로 쌓여있지 않다는 생각을 하는 데에는 두 가지의 이유가 있다. 첫째, 단어는 숫자가 매우 많다. 둘째, 단어는 매우 빨리 인출될 수 있다. 심리학자들은 정보가 구조를 가지는 경우 인간의 기억이 유연할 뿐 아니라 확장이 가능하다는 것을 보여주었다.5 무작위적인 사실이나 형체는 기억하기가 지극히 어려운 반면, 잘 조직되기만 한다면 엄청난 양의 자료가 기억되고 사용될 수 있다.

그러나 인간이 '그렇게 많은' 단어를 알고 있으며, '그렇게 빨리' 단어를 찾아낸다고 말하는 것은 정확하지 못한 면이 있다. 우리는 몇 개라는 말을 하고 있는 것일까? 어느 정도의 속도를 말하고 있는 것인가? 이 두 가지 측면을 간단히 살펴보기로 하자.

한 언어의 원어민은 자신이 상상하는 것보다 훨씬 많은 단어를 알고 있는 것이 거의 분명하다. 학교교육을 받은 성인들이 대개 자신의 어휘를 실제 수준의 1퍼센트에서 10퍼센트 사이로만 평가한다는 주장이 있다.6 대부분의 사람들이 Oliver Goldsmith의 시 'The Deserted Village'에 나오는 시골사람들처럼 행동한다. 마을 사람들이 그들이 경탄해마지 않는 언어 지식을 가진 교장선생님의 연설을 경외심을 가지고 듣기 위해 모여든다.

> 유식할 만큼의 길이와 천둥의 소리를 가진 단어들이
> 둘러서서 응시하는 시골사람들을 매혹시켰고,
> 응시할수록, 경이감도 더했다.
> 작은 머리 하나에 그가 아는 모든 것이 들어있을 수 있다는 것에 대해.

　시골사람들은 그 지방의 교장선생님이 소유한 단어의 힘에 대해서는 경탄하면서도, 그들 머릿속의 단어저장고가 거의 교장선생님의 것만큼 클 수 있을 것이라는 것은 자각하지 못했다. 매우 높은 수준의 교육을 받은 사람들조차도 지나치게 낮게 추측할 수 있을 뿐이다. 지난 세기의 중반에 존경받는 지성인의 한 사람이었던 Dean Farrar가 농부들의 대화를 몰래 엿들은 후에 그 농부들의 어휘에 대해 언급한 적이 있다. '과수원의 큰 나무들 사이에서 사과를 따고 있던 세 사람의 농부들이 대화하는 것을 오랫동안 들은 적이 있다. 그런데 내가 판단한 바에 의하면, 그들이 사용한 단어 전체가 100개를 넘지 않았다.'[7] 그가 추측한 바에 의하면, 그들의 대화가 이 작은 수의 단어로도 충분했던 것은 '동일한 단어가 여러 가지 목적에 사용되었으며 똑같은 거친 욕설이 말의 거의 모든 부분에 엄청나게 자주 반복적으로 등장했기 때문이었다.'

　보다 최근에는 프랑스의 작가 Georges Simenon이 절반 이상의 프랑스인이 600개가 넘지 않는 단어를 사용한다는 것을 어디선가 읽어서 알기 때문에 되도록 간단한 스타일로 글을 쓰려고 애쓴다는 말을 했다는 보도가 있었다.[8] Simenon의 계산법은 일생동안 10,000명의 여자와 잠자리를 했다는 그의 주장만큼이나 희망사항에 가깝다. 10,000개의 단어라고 해도 여전히 낮은 평가에 가깝지만, 적어도 단어의 숫자와 여자의 숫자가 바뀌는 것이 맞을 것이다.

어떤 평가에 의하면 학교교육을 받은 성인이 150,000개 이상의 단어를 알고 있으며, 그 중 90퍼센트를 능동적으로 사용할 수 있다고 한다.9 이 계산은 '단어'를 어떻게 정의할 것인가의 문제와 어휘 지식을 측정하는 신뢰할 만한 방법을 찾기가 어렵다는 점 때문에 논란의 소지가 있다. 그럼에도 불구하고, Seashore와 Eckerson이 오늘날 어휘의 양을 측정하는 데 널리 사용되는 방법을 개발한 선구자가 되었다. 따라서 비록 지금은 그들이 총량을 과대평가하였던 것으로 간주되고 있으며 그들이 사용한 기법이 수정되었음에도 불구하고, 그들이 어떻게 자신들의 결론에 도달했는지를 살펴보는 것은 유익한 일이다.

Seashore와 Eckerson은 '단어'를 Funk와 Wagnall이 간행한 *New Standard Dictionary of the English Language*의 1937년 판에 수록된 항목으로 정의했는데, 이 사전은 약 450,000개의 기재항으로 이루어져 있다. 그들은 복수의 의미에 해당하는 기재항들을 모두 제외시킴으로써 이것을 370,000개로 줄였다. 다시 이 중 절반 이하의 약 166,000개를 loyal(충성스러운)과 같은 '기본 단어'들로, 나머지 204,000개 정도를 loyalism(명사형), loyalize(동사형), loyally(부사형), 그리고 Loyal Legion(왕의 군대)과 같은 파생어 내지 합성어로 보았다. 사전에 있는 모든 단어들을 가지고 누군가를 테스트해 본다는 것은 분명 비실용적이기 때문에, 총량으로부터 대표적인 샘플을 얻을 필요성이 있다. Seashore와 Eckerson은 각 왼쪽 면 첫 번째 단의 위에서 세 번째 단어를 택함으로써 샘플을 얻었다. 이를 통해 1,320 단어를 골랐고, 이를 넷으로 나누었다. 수백 명의 대학생들을 대상으로 각 목록에 들어있는 단어들을 정의하는 능력과 그 단어가 들어있는 예문을 만드는 능력이 있는지를 테스트하였다.

Seashore와 Eckerson은 피험자들이 놀랄 만한 지식을 가지고 있다는 것을 밝혀냈다. 대학생들은 평균적으로 리스트에 있는 통상적인 '기본 단어'의 35퍼센트, 잘 쓰이지 않는 '기본 단어'의 1퍼센트, 그리고 파생어와 합성어의 47퍼센트를 알고 있었다. 이 비율을 사전에 나오는 단어의 숫자전체를 기준으로 환산해 보면, 평균적인 대학생이 약 58,000개의 통상적인 '기본 단어'와 1,700개의 잘 쓰이지 않는 '기본 단어', 그리고 96,000개의 파생어와 합성어를 알고 있다는 계산이 나온다. 전체를 합산하면 150,000개가 넘는다. 가장 높은 점수를 얻은 학생의 경우에는 200,000개로, 가장 낮은 점수를 얻은 학생의 경우에는 100,000개로 환산된다.

이후의 학자들은 Seashore와 Eckerson의 방법에 몇 가지 문제점이 있다는 것을 지적하였다. 대학생들이 '기본 단어'에 대한 지식을 토대로 파생어의 의미와 사용에 대한 추측을 했을 수 있다. 또한, 총명한 학생들은 자신의 지식을 과대평가하는 경향이 있다. kneehole이라는 단어를 예로 들어보자. 이것은 책상 아래에 무릎이 들어갈 수 있도록 만들어 놓은 공간을 뜻한다. 하지만 이 단어를 안다고 '전적으로 확신한' 어떤 학생은 이 단어가 얇은 천으로 된 바지에서 무릎이 닳은 부분을 뜻한다는 생각이었다. 이와는 대조적으로, 이보다 덜 총명한 학생들은 다른 단어들과 유사한 단어들을 알고 있다고 생각한다. burrow(구멍을 뚫다)를 이용해 문장을 만들어보라고 하였더니, borrow(빌리다)와 혼동하여 'May I *burrow* your pencil?(네 연필에 구멍을 뚫어도 되겠니?)'이라고 쓴 아이가 있었다. 또한, wheel- barrow(외바퀴 손수레) 대신에 'You take away rubbish in a *wheelburrow* (쓰레기를 wheelburrow(없는 단어, 실수로 wheel과 burrow를 합친 말-역주)에 내 가세요)'라고 쓴 예가 있다.

또 다른 문제로 '큰 사전 효과'가 있다. 이 효과는 이용되는 사전이 커질수록 사람들이 더 많은 단어를 알고 있는 것으로 나타나게 되는 효과이다. 이러한 현상에 대한 부분적인 이유는 사전이 클수록 더 많은 동음이의어(형태는 같지만 뜻은 서로 다른 단어)를 포함한다는 데 있다. must라는 단어는 이 단어에 대한 질문을 받은 사람의 마음속에 '…해야만 하는'(You *must* wash your hands 너는 손을 닦아야만 한다)이라는 의미가 떠오르게 할 것이다. 그러나 사전에서 얻은 샘플에는 '이제 막 즙을 낸 포도주스'라는 의미의 must, 아니면 '거대한 포유동물, 특히 코끼리의 수컷에게 나타나는 광폭한

성적 흥분상태'라는 의미의 must까지도 들어 있을 수 있다.

어떤 수준의 지식이 사용되고 있는가를 확인하는 것 또한 어려운 일이다. aardvark(땅돼지)라는 단어를 안다고 주장하는 사람들 중에 어떤 사람은 이 단어가 단지 기이한 야생동물을 나타내는 말이라고 생각하는 반면, 어떤 사람은 귀와 코가 길고 흰개미를 먹고사는 야행성 포유동물로 아프리카의 초원에 산다고 묘사하는 능력이 있을 수 있다.10

이러한 문제점들에도 불구하고 사전에서 얻은 샘플에 대한 자발적인 판단 방식은 어휘의 양을 측정하는 최선의 방법인 것으로 드러났는데, 그 주된 이유는 이 방법에 의해 많은 숫자의 어휘에 대한 조사가 가능해지기 때문이다. 이 방법은 Seashore와 Eckerson의 선구적인 연구 이후 어느 정도 세련되어졌다. 즉, 신뢰할 수 없는 피험자들을 가려내기 위해 샘플에 실제의 단어가 아닌 비단어들을 일반적으로 포함시킨다. 서로 다른 수준의 목록들이 사용되며, 각 목록에 선택된 단어들의 출현빈도를 조절한다. 더 이상 학생들에게 단어를 아는지에 대한 '예-아니오' 방식의 직접적인 답변만을 요구하지 않으며, 단어를 어렴풋하게 알 것 같은 경우 '그런 것 같다'라는 답변도 가능하다.11

이 방법을 토대로 몇 가지 결론을 내릴 수 있다. 단어를 잠정적으로 '사전의 기재항'으로 정의할 때, 학교교육을 받은 영어의 성인 화자는 적어도 50,000개의 단어를 이해할 수 있고 잠재적으로 사용할 수 있다. 현대의 사전들은 한 단어의 서로 다른 형태들을 동일한 기재항에 포함시키는 것이 보통이다. 따라서 sing, sings, sang, sung은 모두 중심이 되는 단어인 sing 아래에 나올 것이다. 그러나 그 의미를 추측하는 데 사용될 수 있는 고정적인 방법이 없는 파생어들은 보통 상이한 기재항으로 취급한다. 즉, singer는 단지 '노래하는 사람'만을 뜻하는 것이 아니라 '먹고살기 위해 노래를 하는 사람'이라는 뜻을 가지기 때문에 독립적인 기재항을 가지게 될 것이다.

50,000이라는 추측치는 영국의 대학생들을 대상으로 한 비공식 테스트

에 그 토대를 두고 있다. 하지만 총량은 약간 적을 수도 있다. 미국의 평균적인 고등학교 졸업생이 읽기에 사용하는 어휘의 숫자는 40,000단어 정도인 것으로 밝혀졌는데,12 이 숫자는 만일 사람이나 장소의 이름, 그리고 관용적 표현들도 포함시킨다면 60,000, 혹은 80,000까지도 올라갈 것이다.13 영어 원어민들은 이 중 단지 수천 개에 지나지 않는 단어들만을 일상적으로 사용하겠지만, 필요하다면 anteater(개미핥기), barometer(기압계), crustacean(새우 따위의 갑각 강), derogatory(깔보는) 등과 같은 더 많은 단어들도 이해하고 능동적으로 산출할 수 있을 것이다.

이러한 수치를 단어 대신 기호를 이용하는 언어와 유사한 체계를 배운 '말하는 원숭이' 중 어떤 원숭이의 어휘와도 비교해 보라. 원숭이 Washoe와 Nim은 수년간 훈련을 받은 후 200개 내외의 기호를 능동적으로 사용한 반면, 고릴라 Koko는 400개 정도를 사용한 것으로 보였다. 이 중 어떤 동물도 2세가 갓 지난 아이들이 알게 되는 1000개의 수준에는 이르지 못했다. 그리고 보다 최근에 훈련을 받은 Lana(원숭이 암컷)와 Kanzi(보노보 수컷)와 같은 동물들은 200개가 넘지 않는 키로 구성된 키보드에 미리 설정된 기호들을 조작하는 것을 배웠기 때문에, 더욱 제한된 숫자의 어휘들만을 사용한다.14

결론적으로, 학교교육을 받은 영어의 성인 원어민이 알고 있고 잠재적으로 사용할 수 있는 단어의 숫자가 50,000보다 작지는 않고, 어쩌면 이보다 훨씬 클 수도 있다. 이러한 높은 수치는 마음속 어휘집이 체계적인 토대 위에 조직되어 있다는 것을 보여 준다.

단어가 마음속에서 잘 조직되어 있을 것이라고 보는 두 번째 이유는 단어들이 그토록 신속하게, 말 그대로 1초도 안 되는 시간 내에 자기 자리를 찾는다는 데 있다. 무엇보다도 일초에 세 단어 혹은 그 이상의 단어를 이루는 여섯 개의 음절이 사용되는 것이 지극히 표준적인 일상적인 발화의 속도를 볼 때 이 점은 분명해진다.15 이런 수치는 원어민들이 모국어의 단어를 초두음으로부터 200밀리세컨드(1밀리세컨드＝천분의 일초－역주), 혹

은 더 짧은 시간만에, 다시 말해 대략 1/5초만에 인식할 수 있다는 것을
보여준 실험들에 의해 확인된 사실이다.16 이것은 경우에 따라서는 단어를
끝까지 듣기도 전이다. 실제로 실험에 사용된 단어들을 들려주는 데 걸린
평균 시간은 375밀리세컨드 전후인데, 이 시간은 인식에 걸린 시간의 거
의 두 배이다. 학자들이 이 사실을 입증하는 데 사용한 한 가지 방법은
'발화추적' 과제에서의 피험자의 행동을 분석하는 것이었다. 추적은 심리
언어학적 실험에서 매우 일반적으로 사용하는 방법인데, 일종의 동시 해
석이다. 실험자는 피험자에게 헤드폰을 쓸 것을 요구하고, 헤드폰으로 발
화의 흐름을 들려준다. 그리고 피험자는 이것을 들으면서 들은 것을 그대
로 반복해 말하라는 요구를 받는다. 추적에 능숙한 사람들은 대략 1/4초인
250~275밀리세컨드가 약간 넘는 시간 간격을 두고 발화를 반복하며 따
라갈 수 있다. 실제로 반응을 하는 데 50~75밀리세컨드가 걸린다고 가정
하여 이 시간을 걸린 시간 전체에서 뺀다면, 앞에서 언급했던 200밀리세
컨드(1/5초)라는 수치를 얻게 된다. 이 능숙한 추적자들은 들리는 것을 앵
무새처럼 따라하는 데 그치지 않는다. 피험자들은 실제로 단어들을 '처리'
한다. 이것은 피험자들이 tomorrance를 'tomorrow(내일)'로 바꾸는 등의
오류 수정을 한다는 데에서 알 수 있다.

단어가 아니라는 것을 탐지해 내는 능력 또한 신속하고 효율적인 단어
탐색능력을 입증하는 추가의 증거이다. 피험자들은 단어가 아닌 음연속체
를 들으면 약 1/2초만에 그 음연속체가 단어가 아니라는 판단을 내릴 수
있다. 이러한 사실은 어휘판단 과제를 통해 드러났는데, 이 실험에서는 피
험자들이 일정한 음의 연속체가 그 언어에 있는 단어인가 아닌가에 대한
판단을 내려야 한다.17 여기에서 어떤 음연속체들은 실재하는 단어이며,
어떤 것들은 vleesidence, grankiment, swollite 등과 같이 단어가 아니다.
피험자들은 단어가 아닌 것을 듣는 순간 최대한 빨리 버튼을 눌러달라는
요구를 받는다. 피험자들은 이 과제를 놀랄 만큼 신속하게 수행했는데, 음
연속체가 실재하는 단어일 가능성이 사라지는 지점으로부터 1/2초도 되지

않는 시간(450밀리세컨드)이 걸렸을 뿐이다. 다시 말하지만, 이것은 언어사용자가 자신의 마음속 단어저장고를 엄청나게 짧은 시간 안에 조직적으로 검색할 능력이 있다는 것을 보여 준다.

물론 언어사용자가 일반적으로 실재하는 단어와 그렇지 않은 단어를 구분할 능력이 있다는 것은 Brigid Brophy의 단편소설 'Die Bilbow'에서 발췌한 아래의 글에서처럼, 우리 자신에게 가끔 일어나는 일로부터도 알 수 있는 사실의 하나이다. Barney는 외국인 여자친구로부터 단어의 의미에 대한 질문을 받는다.

> '내가 모르는 영어 단어가 있어. 사전에서도 찾을 수가 없는데 … "Bilbow".
> 'Bilbow?'
> '응.'
> '그런 단어는 없어. 그냥 단어가 아니고 성이겠지.'
> '뭐? 이 영어 단어를 모른다는 거야?'
> '알아,' Barney가 말했다. '그런 단어는 없다는 것을 더럽게 잘 알고 있단 말이야.'

Barney가 즉각 대답했다는 것에 주목해야 한다. 이것은 대단한 재주이다. 그가 60,000개의 단어를 알고 있었다고 생각해 보자. 만일 그가 1초에 100개씩의 속도로 이 모든 단어들을 점검했다면 bilbow가 존재하지 않는다는 것을 알아내는 데 10분이 걸렸을 것이다. 참고로 지금 문제가 되고 있는 bilbow는 Shakespeare의 '헨리 5세'[18]에 나오는 말인데, 불어 원어민인 Katherine이 영어 단어 elbow(팔꿈치)를 잘못 발음하여 나온 말이다.

이제 원어민들은 실재하는 단어를 인식하거나 단어가 아닌 것을 거부해야 할 필요가 있을 때 자신들의 단어저장고를 1초도 안 되는 시간 안에 완전히 검색할 능력이 있다고 볼 수 있다. 이러한 사실은 명백히 단어이거나 명백히 단어가 아닌 단어들의 경우에 성립한다. 왜냐하면 우리 모두가 '진짜' 단어인 것처럼 들리지만 확신은 하지 못하는 concision과 같은 음

연속체를 다루는 불확실한 영역을 가지고 있기 때문이다.

또한 대부분의 인간들이 말을 하면서 그때그때 필요로 하는 단어들을 찾는 데도 상당히 빠르다. 아쉽게도 인식에 걸리는 시간을 재는 것만큼 수월하게 산출의 과정에 걸리는 시간을 잴 수는 없다. 말을 할 때 그 길이를 잴 수 있는 휴지부들이 종종 주요 어휘항목 앞에 나타난다는 주장을 통해 이러한 방향의 연구를 시도한 학자들이 있었다. 이 휴지부들이 단어 탐색의 시간일 수 있다는 논리이다.19 그러나 휴지부는 길이가 천차만별이며 휴지부를 어떻게 해석할 것인지는 논란의 여지가 있는 문제이다. 화자가 단어 자체를 고르느라 멈춘 것인지 단어를 배열할 순서에 대해 생각하느라 멈춘 것인지를 쉽게 알아낼 수 없는 것이다. 결국 선택에 걸리는 시간에 대한 설득력 있는 수치를 알아내기는 쉽지 않다. 찾아내는 것이 상대적으로 쉬운 단어와 어려운 단어들이 있다는 점에서 더 그렇다.

실제로 찾아내기가 유별나게 어려운 단어들이 있다. 누구나 어떤 단어를 알고 있는 것이 분명함에도 불구하고 떠올리지 못해 짜증스러웠던 경험이 있을 것이다. 하지만 아마 이런 문제들이 실제로 발생하는 빈도는 우리가 경험하는 빈도보다 더 높을 것이다. 정상적인 화자라면 특정한 단어를 찾기 위해 애쓰는 와중에도 대화를 이성적으로 진행시키는 데 필요한 풍부한 대안들을 가지고 있다. 이 점은 허구이지만 전적으로 비현실적이지는 않은 Douglas Adams의 공상과학 풍자소설 *Life, the Universe and Everything*을 통해 예시할 수 있다.

Arthur는 갑작스러운 격정과 당황스러움에 휩싸여 머리를 흔들었다.
'수년간 아무도 보지 못했어.' 그는 말했다. '그 누구도 보지 못했어. 어떻게 말을 하는지조차 거의 기억이 안나. 계속 단어들을 잊어버리고 있어. 너도 알지만 연습하고 있어. 나는 무언가에게 … 무언가에게 … 말을 하면서 연습을 하는데. 거기다 대고 말을 걸면 사람들이 미친놈이라고 생각하는 것이 뭐지? George 3세도 그랬는데.'

'왕?' Ford가 거들었다.

'아니, 아니야.' Arthur가 말했다. '그가 늘 말을 걸었던 것들 말이야. 우리 주변을 에워싸고 있는데, 미칠 노릇이군. 나도 수없이 심었는데. 다 죽었지만. 나무! 내가 나무에 대고 말하면서 연습한단 말이야.'

Arthur는 trees(나무들)라는 단어를 기억해 낼 수 없다. 그러나 그 단어를 찾아내기 위해 애쓰는 동안 그는 대략 50개의 다른 단어들을 얼핏보기에 아주 수월하게, 어떤 의식적인 탐색도 없이 사용하고 있다. 이러한 신속하고 효율적인 인출은 마음속 여기저기를 무작위로 뒤져서 될 일이 아니며, 구조가 잘 짜여진 체계를 토대로 이루어지는 것이 분명하다.

이제 지금까지의 논의에서 얻을 수 있는 결론은 다음과 같다. 인간이 알고 있는 단어의 엄청난 숫자와 이 단어들이 자기 자리를 찾는 데 걸리는 빠른 속도는 고도로 정밀하게 조직된 마음속 어휘집이 있다는 것을 알 수 있게 한다.

그럼에도 불구하고, 대용량을 저장할 수 있어야 하고 인출의 속도가 빨라야 한다는 두 가지 요구가 하나의 동일한 요구는 아니다. 이 점은 하나의 유추에 의해 잘 나타낼 수 있다. 마음속 어휘집에 있는 단어들이 책과 같다고 생각해 보자. 우리가 수많은 책을 저장하고자 한다면 어떤 방법을 택할 것인가? 가장 간단한 방법은 큰 방을 하나 찾아 책을 바닥에서 천장까지 나란히 차곡차곡 쌓아올리는 것일 것이다. 문 반대쪽 벽면에서 시작하여 방이 가득 찰 때까지 쌓아올리는 것을 계속할 것이다. 그런 다음에 문을 닫을 것이고, 이 방법으로 최대한의 책을 저장할 수 있을 것이다. 하지만 이제 우리가 그 중 하나를 참고할 필요가 생겼다고 생각해 보자. 어떻게 그 책을 찾을 것인가? 찾는 책이 우연히 문 바로 옆에 있는 몇 권 중 하나가 아니라면 결코 그 위치를 찾지 못할 수도 있다.

간단히 말해서, 최대용량의 저장을 가능하게 하는 체계가 효율적인 인출에는 적합하지 않을 수도 있다. 저장에 대한 요구와 신속한 인출 사이에

또 다른 불일치가 있을 수 있다. 책 유추를 계속 이용하자면, 도서관에서
는 매우 크고 무거운 책들이 복도 가까운 곳에 보관되는 일이 자주 있다.
그러나 이것은 책들이 엄격한 알파벳순에 의해 보관될 수 없음을 뜻한다.
이와 유사하게 인간의 마음속에 특별히 긴 단어들을 짧은 단어들과 분리
시켜 저장할 수 있도록 해 주는 특수한 저장체계가 필요할 수도 있는데,
이러한 저장체계는 저장된 단어가 인출되어야 할 경우 약간의 지체를 야
기할 수도 있다.

따라서 마음속의 단어를 연구할 때에는 저장과 인출을 밀접히 연관되
어 있지만 동일하지는 않은 문제로 취급해야 한다. 상식적으로는 인간의
단어저장고가 무엇보다도 신속하고 정확한 인출을 보장할 수 있도록 조직
되어야 함에도 불구하고, 반드시 이렇게 되어 있다고 가정할 수는 없다. 인
간이 저장에도 인출에도 결코 이상적이지 않은 타협안을 취했을 수도 있다.

▌ 마음속의 단어와 책 속의 단어 ▌

인간의 단어저장고를 흔히 '마음속 사전', 또는 더 일반적으로는 '사전'
을 뜻하는 희랍어의 단어를 이용하여 '마음속 어휘집(mental lexicon)'이라
부른다. 하지만 우리 마음속의 단어들과 책으로 된 사전 속의 단어들 사이
에는 정보가 부분적으로 일치하는 경우가 가끔 있음에도 불구하고 유사성
이 거의 없다. 따라서 인간의 마음속 사전과 책으로 된 사전 사이에 어떤
차이점들이 있는지를 살펴보기로 하자. 차이점은 조직과 내용의 두 측면
에서 모두 존재한다.

조직의 측면에서 책으로 된 사전은 알파벳 순서로 단어들을 배열하는
것이 표준적이다. 우선은 읽고 쓸 줄 아는 사람의 마음속 어휘집도 이와
동일한 방식으로 조직되어 있다고 생각할 수 있을 것이다. 어쨌든 우리 중
에도 전화번호부와 색인들을 알파벳순으로 뒤지는 데 상당한 시간을 보내

는 사람들이 있다. 따라서 학교교육을 받은 영어 원어민들이 그들의 마음 속 어휘집을 알파벳순이라는 예상에 맞아떨어지도록 구성했을 것이라는 가정을 할 수 있다.

이 가설을 테스트해보는 것은 간단하다. 사람들은 말을 할 때 어떤 단어를 쓸 자리에 실수로 다른 단어를 쓰는 오류를 가끔 범한다. 만일 마음 속 어휘집이 알파벳순으로 조직되어 있다면, 이러한 오류에서 알파벳 상으로 근접해 있는 단어가 선택될 것이라고 예측할 수 있다. 즉, 악기 이름인 'zither' 대신에 The New Oxford Dictionary of English(NODE)에서 zither 바로 앞에 나오는 '피부에 있는 점'이라는 의미의 zit나, 바로 뒤에 나오는 '큰 마카로니처럼 생긴 호스모양의 파스타'를 뜻하는 ziti를 잘못 사용할 수 있을 것이라는 예측이 성립한다. 이와 유사하게, 'guitar(기타)' 대신에 NODE에서 guitar 주변에 나오는 guinea(기니아)나 guipure(기퓨르 레이스, 원 바탕 부분이 없이 무늬와 무늬를 이어 짠 명주 따위로 만든 두꺼운 레이스―역주), 혹은 guise(모습), guiver(말이나 태도의 거들먹거림), Gujarati(구자라트 언어), gulch(작은 협곡), gulden(네덜란드 화폐단위), gules(깎아지른 협곡), gulf(바다의 만) 등을 사용하는 오류가 있어야 한다.

그러나 이러한 유형의 오류가 극히 비현실적인 것이라는 점은 anecdote(일화) 대신에 antidote(해독제)가 사용된 'He told a funny antidote(그는 재미있는 해독제(일화)를 이야기했다)', 'stethoscope(청진기)' 대신에 'periscope(잠망경)'가 사용된 'The doctor listened to her chest with his periscope(의사는 잠망경(청진기)을 가지고 그녀의 가슴 소리를 들어보았다)' 등과 같은 몇 가지 '말오류'만 보아도 분명해진다. 이 오류들은 마음속 어휘집이 부분적으로 단어의 두음에 의해 조직되는 측면이 있다고 하더라도, 단어의 배열 순서는 분명 알파벳순을 직접적으로 따르는 것이 아니라는 것을 말해 준다. 단어의 소리구조가 지니는 또 다른 측면들, 즉 끝소리, 강세양식, 강세를 받는 모음 등이 마음속 단어들의 배열에 일정한 역할을 하는 것으로 보인다.

또한 'The inhibitants of the car were unhurt(그 자동차의 주민들(탑승

자들)은 부상을 입지 않았다)'와 같은 오류를 보자. 여기에서 화자는 'inhabi-tants(주민)'가 아니라 occupants(탑승자)를 사용하려고 했을 것이다. 이러한 오류는 책으로 된 사전과 달리 인간의 마음속 사전이 오로지 소리나 철자를 기준으로 조직되어 있을 수 없다는 것을 보여준다. 의미도 고려되어야 한다. 왜냐하면, 호두를 까고 싶었던 화자가 'nut-crackers(호두까기)'를 의미하였음이 분명한데도 'Please hand me the tin-opener(깡통따개를 주세요.)'라고 말하는 경우에서처럼, 우리가 유사한 의미를 가진 단어를 서로 혼동해서 뒤바꿔 사용하는 일이 매우 빈번하기 때문이다.

의미에 준하는 배열법은 Roger's Thesaurus과 같은 동의어집에서는 볼 수 있지만, 알파벳 방식을 따르는 깔끔하고 정돈된 상태를 다른 어떤 가능성들보다도 선호하는 책으로 된 사전에서는 찾아볼 수 없는 것이 일반적이다. 예를 들어서 Encarta World English Dictionary(EWED)에는 horsehair(말갈기)라는 단어가 horse(말) 바로 다음에는 나오지만, hair(머리카락) 근처에서는 언급되지 않는다. 이와 유사하게, workhorse(짐수레를 끄는 말)는 work(일하다) 바로 다음에는 나오지만, horse 근처에는 나오지 않는다. 간단히 말해서, 마음속 어휘집의 조직은 질서가 최우선의 요구사항인 책으로 된 사전에서보다 엄청나게 복잡한 것으로 볼 수 있다.

내용의 측면에서 책으로 된 사전은 셀 수 있는 고정된 수의 단어를 담고 있다. 따라서 언어가 부단히 변화하고 그 중 어휘가 가장 빨리 변한다는 점을 고려할 때, 시대에 뒤떨어지게 될 수밖에 없다. 18세기의 사전편찬자 Samuel Johnson이 *Dictionary of the English Language*(1775)의 서문에서 지적한 바를 보자. '살아있는 어떤 언어의 사전도 결코 완벽할 수 없다. 출간을 서두르는 그 순간에 새로 태어나는 단어도 있고 사라지는 단어도 있기 때문이다.' 책으로 된 사전에서 어떤 단어의 더 이상 사용되지 않는 의미에 열중하거나 일상적인 단어가 아예 누락되어 있는 경우에 접해서 실망해보지 않은 사람은 없을 것이다. 예를 들어 COD(1982년, 제7판)에는 buzz가 소리의 측면에서만 정의되어 있다. 이 단어가 보다 최근에 가지게 된, 그리고 동일한 빈도로 사용된다고 보아야 할 1980년대의 '넘치는 기쁨으로 비현실적일 만큼 행복한 감정상태'라는 의미는 10년이 지나서야 수록하였다(1990년, 제8판). 아니면 '심약하고 성취 능력이 없는 사람'을 뜻하는 wimp라는 단어를 보자. 이 단어는 'wimp에게는 뻐기는 여자가 필요하다'(Time Out지, 1984년 7월)라는 말이나, '열심히 노력하는 wimp들은' 쉬운 놀림감이라는 어떤 록그룹의 말(Guardian지, 1984년 7월), 혹은 '당신의 불손하고 창백한 wimp, 영양실조에 걸린 Byron, Little Boy Lost …… 이들은 상처받기 쉬운 까닭에 여성들에게 대단한 호소력을 가진다'라고 언급한 잡지의 칼럼(Cosmopolitan지, 1984년 7월) 등에서 볼 수 있는 1980년대 초반의 유행어이다. 이 단어의 형용사형 역시 널리 퍼져서, 일요신문에 'wimp한(wimpish) 젊은 교장선생님'이라는 표현이 실렸으며(Mail on Sunday지, 1982년 5월), 한 여성지는 '여섯 명의 가장 명백하게 wimp한(wimpy) 남성들이 나체로 다양한 포즈를 취하고 있는 모습'을 부각시킨 달력을 문제삼기도 했다(Over 21지, 1984년 8월). 하지만 wimp에 관련된 단어들이 영국에서 출간된 책으로 된 사전에 등재되는 일은 더디게 진행되었다. Oxford English Dictionary의 증보판(1987)이 결국 이 단어들을 포함시켰으며, 이 단어들이 수십 년 동안 사용되었다는 것을 보여 주었다. wimp (1920년에 처음으로 등장), wimpish(1925), wimpy(1967), 그리고 wimpishness (1978). 한편, 청소년들이 'what's up?(무슨 일이야?)'으로부터 만들어낸 유행어 인사말 whassup은 아직 등재하지 않은 사전들이 많다.

Douglas Adams의 *Life, the Universe and Everything*에는 글로 된 사전이 비틀거리며 언어를 쫓아가지 못하는 상황이 재미나게 풍자되어 있다.

> 매트리스가 globber했다. 이 소리는 인간의 비극에 대한 이야기에 깊이 감동한 살아있는, 웅덩이에 사는 매트리스가 내는 소리다. '존재했던 모든 언어에 대한 최고로 완벽한 Maximegalon 사전'에 따르면 이 단어는 또한

Hollop의 High Sanvalvwag경이 결혼한 다음 해에 아내의 생일을 잊었다는 것을 발견하였을 때 내는 소리를 의미할 수도 있다. Hollop의 High Sanvalvwag경은 한 사람밖에 없었고 결혼한 적도 없기 때문에, 이 단어 역시 부정적 혹은 회의적 의미로만 쓰인 것이 유일한 일이었다. 그래서 '최고로 완벽한 Maximegalon 사전'을 마이크로필름 판으로 출간해 수많은 트럭으로 여기 저기 운반할 가치가 없다고 주장하는 의견이 점점 팽배해지고 있다. 너무나 기이하게도 이 사전에는 단지 'floopy한 무언가와 동일한 방식으로'라는 뜻을 가지는 'floopily'라는 단어가 빠져있는 것이다.

사전에 대한 이러한 판단이 이제는 공정하지 못한 면이 있다. 지난 십년간 어떤 단어가 처음 등장한 시점에서 사전에 등재되는 시점까지의 시간적 간격이 좁혀져 왔는데, 이것은 새로운 자료들을 전자검색 하는 방식에 토대를 두는 전산화된 데이터베이스의 덕이다. 새로 등장한 단어는 이제 수개월 이내에 사전에 등재될 수 있다.

이제 마음속 어휘집으로 관심을 옮겨 보면, 마음속 어휘집의 내용은 결코 고정적이지 않다. 사람들은 기존 단어들의 발음이나 의미를 바꾸어 갈 뿐 아니라, 언제라도 새로운 단어들을 추가한다. 하지만 우리는 말을 하는 도중에 때때로 단어들을 추가하는 데 그치지 않는다. 말이 진행되는 중간에 새로운 단어들을 만들어내기도 하고, 순간순간 단어에 새로운 의미를 부여하기도 한다. 미국의 전화교환원에게 전화를 걸어 장거리 통화 요금을 묻던 어떤 사람은 다음과 같은 답변을 들었다. 'You'll have to ask a zero.' 전화를 건 사람은 이 말을 '전화로 0번을 눌러 나오는 상대방(에게 물어보세요)'이라는 말로 이해하는 데 아무런 어려움이 없었다. 이와 유사하게, 원어민들은 'The newsboy porched the newspaper yesterday'라는 말을 'The newsboy left the newspaper in the porch(신문배달소년이 신문을 현관(건물의 출입구에 이어지는 지붕 달린 부분)에 두고 갔다)'라는 뜻으로 짐작하거나, 'Please do a Napoleon(Napoleon을 해 주세요)'이라는 요청을 Napoleon이 초상화에서 늘 그렇게 하듯이 한 손을 재킷 속으로 넣는 자세를 취해달라는 ―비록 그들이 이러한 용례에 전혀 접해본 적이 없다고 하더라도― 뜻으로 이해하는 데 아무런 어려움을 느끼지 않는다.[20]

위의 예들에서 화자와 청자는 이미 zero나 porch의 다른 용법, 그리고 Napoleon과 같은 유명한 인물의 특징에 친숙해 있었다. 그들은 단지 이 지식을 새로운 방식으로 다시 적용했을 뿐이었다. 그러나 인간의 창조성은 여기서 그치지 않는다. 완전히 새로운 어휘항목이 만들어지고 바로 그 순간에 해석되는 것은 아주 흔한 일이다. 이 기술을 시험하기 위한 실험들이 있었다.[21] 학자들이 만들어낸 어떤 기이한 성격에 대한 다음과 같은 간단한 묘사를 몇 명의 학생들에게 제시하였다. '당신 친구가 그의 이웃 Elvis Edmunds에 대해 말했다고 상상해 보시오. Elvis는 저녁마다 그가 아는 몇 가지 마술로 자기 아이들을 즐겁게 하는 것을 좋아합니다. 그는 종종 귀에서 달러 지폐를 꺼냄으로써 아이들을 놀라게 하지요. 낮에 Elvis는 비행기로 하늘에 글자를 만드는 전문비행사로 일합니다. 그는 하늘에 구름 한 점 없는 날 일하는 것을 가장 좋아합니다. 부수입을 올리기 위해 Elvis는 과일로 이국적인 모양의 조각을 만들어 길 아래에 있는 조제식품점에 가져갑니다.' 이어서 학생들은 여러 가지 화맥 속에 나타나는 'doing an Elvis(Elvis를 하다)'라는 구의 의미가 무엇인지를 맞추어야 했는데, 이 과제를 쉬운 것으로 여겼다. 예를 들어 학생들은 이전에 들어보았을 리가 없는 'I have often thought about doing an Elvis Edmunds to some apples I bought(나는 종종 내가 산 몇 개의 사과에 Elvis Edmunds를 하는 생각을 했다)'에서 'doing an Elvis'가 '사과로 이국적인 모양의 조각을 만드는 것'을 뜻한다고 대답했다. 이러한 마음속 어휘집의 유동성과 유연성은 어떤 책으로 된 사전, 더 나아가 어떤 전자사전의 고정적인 어휘와도 뚜렷한 대조를 이룬다.

그러나 책으로 된 사전과 마음속 어휘집의 가장 큰 차이는 후자가 전자보다 개별 어휘항목에 대한 훨씬 많은 정보를 담고 있다는 점에 있다. 개별 단어와 관련이 있을 수 있는 모든 자료를 수록한다는 것은 매우 비실용적인 일이기 때문에, 책으로 된 사전에 포함될 수 있는 양은 제한될 수밖에 없다. 누군가가 사전에 등재된 하나의 기재항에 관련하여 모을 수 있는 모든 지식들을 끌어 모았던 적이 있었을 것이라는 생각은 어떤 경우에도 비현실적이다. 한 언어학자가 언급하였듯이, '하나의 어휘항목에 연관될 수 있는 상세한 정보의 양에는 어떤 제한도 없으며, 존재하는 사전들은 비록 큰 것이라 할지라도 어휘항목들을 불완전하게 규정하고 있을 뿐이다.'22

예를 들어, 잘 알려진 한 사전은 paint라는 동사가 '(대상의) 표면을 페인트로 덮다'라는 의미를 가지는 것으로 기록하고 있다. 하지만 '당신이 페인트 통을 엎어서 바닥의 표면을 페인트로 덮었다면, 당신이 그에 의해 바닥에 페인트칠을 한 것(painted)은 아니다.'23 그렇다고 해서 대상을 의도적으로 페인트로 덮는 경우에 한정시킴으로써 사전적 정의를 보완할 수도 없는 일이다. '왜냐하면, 한 가지 경우로 Michelangelo가 붓을 짙은 녹청색에 담갔다 뺌으로써 붓 표면에 그 색을 묻혔고, 붓에 색을 묻히기 위한 기본적인 의도로 붓을 담근 것이라 할지라도, **Michelangelo는 결코 붓에 페인트칠을 한 것이 아니기 때문이다**(강조는 저자에 의한 것임).24 이 모든 예들은 우리가 가지고 있는 단어 의미에 대한 지식이 책으로 된 사전에서 사용할 수 있는 공간을 모두 사용하여 규정한 것보다 더 상세하다는 것을 보여준다.

한걸음 더 나아가, 사람들이 썩은(rancid) 양말을 신지 않는 이유가 무엇일까? 악취가 나는(fetid) 우유를 발견한다? EWED에 따르면 이러한 표현들이 비정상적일 이유는 전혀 없다. 이 사전에서는 rancid를 '지방이나 기름에서 나는 강하고 역겨운 냄새 혹은 맛'으로, 그리고 fetid를 '상하고 강한 냄새가 나는'으로 정의하고 있다. 이것은 두 단어 모두 곯은 계란이나 소똥, 혹은 더러운 양말에까지도 붙일 수 있어야 함을 뜻한다. 하지만 'Alphonse was ashamed of his rancid socks(Alphonse는 자신의 rancid한 양말이 창피했다)'나 'Mary's egg was fetid(Mery의 계란이 fetid했다)'라고 말

한다면 매우 기이하게 들릴 것이다(한국어에서 '썩은 양말', 혹은 '곯은 우유' 등
의 표현이 어색한 것과 같은 원리-역주). 글로 된 사전은 개개의 어휘항목과
함께 쓰일 수 있는 단어들 중 단지 작은 일부분만을 선택하여 등재하고
있다. 어떤 사전편찬자가 언급했듯이 '예들을 맥락과 함께 모아놓은 세계
에서 가장 큰 데이터 저장고라 할지라도 우리 모두가 무의식적으로 머릿
속에 가지고 다니는 수집품에 비하면 보잘것없다.'[25]

더구나 책으로 된 사전에서는 단어들이 대부분 개별적으로 다루어진
다. NODE에서는 child를 '육체적으로 완전히 성장한 나이에 도달하지 않
은 어린 사람'으로 정의하고 있다. 하지만 이러한 정의는 child라는 단어가
baby(아기), infant(유아), toddler(걸음마하는 아이), youngster(어린이) 등과
같은 어린 사람을 가리키는 말들과 어떤 관계를 가지고 있는지에 대한 정
보를 주지 못한다. 이와 유사하게, NODE에는 warm(따뜻한)이라는 단어가
'적당하고 쾌적하게 높은 온도의'를 뜻하는 것으로 규정되어 있다. 그러나
warm이라는 단어를 완전히 이해하기 위해서는, 이 단어가 cold(차가운),
tepid(미지근한), hot(뜨거운) 등과 같은 온도의 범위를 나타내는 단어들과의
관계 속에서 어느 위치를 차지하는지를 알 필요가 있다. 이러한 유형의 정
보가 우리 마음속 어휘집에는 내재해 있는 것으로 보인다.

마음속의 단어와 책 속의 단어 사이에 존재하는 차이점들을 더 살펴보
자면, 책으로 된 사전은 사실과 달리 조각나고 생기가 없는 정보를 주는
경향이 있다. 예컨대 사전은 pelicans(펠리컨), sparrows(참새), parrots(앵무
새), 그리고 flamingos(플라밍고)가 모두 새라는 정보는 주겠지만, 이것들
간의 서열을 매겨 놓지는 않을 것이다. 인간은 참새가 펠리컨이나 플라밍
고보다 더 '새다운' 새라는 판단을 내릴 능력이 있는 것으로 보인다. 아니
면 인간이 펠리컨을 '재미난' 종류의 새라고 볼 것이라는 말이 더 맞을 것
이다. 뿐만 아니라, 책으로 된 사전은 사용의 빈도에 대한 언급에 지면을
할애하지 않는 것이 일반적이다. NODE에는 abode(주소)보다 house(집)가
더 일반적으로 사용된다거나, coney(농어과 물고기의 일종)가 rabbit(토끼)보

다 덜 일반적이라는 것을 보여주는 흔적이 없다. 하지만 최근에 들어서는 이러한 종류의 정보를 포함시키는 사전들이 생겨났다.26

또한 단어가 지니는 다소 다른 측면에서, 책으로 된 사전에는 단어가 끼어 들어가 사용될 수 있는 통사적 유형과 관련된 아주 적은 양의 정보만이 들어있다. NODE에서 wide(넓은)와 main(주된)은 둘 다 형용사로 분류되어있다. 그러나 이 사전에는 'The road is wide(길이 넓다)'는 말은 할 수 있어도 'The road is main'이라는 말은 할 수 없다는 것을 알려줄 정보가 없다. eat(먹다)와 resemble(닮다)은 모두 목적어를 취하는 동사로 분류되어 있지만, 'A cow was eaten by my aunt(소가 아주머니에게 먹혔다)'가 가능한 문장인 반면, 'A cow was resembled by my aunt(소가 내 아주머니에 의해 닮았다)'는 가능하지 않은 문장이라는 정보는 제공하지 않는다.

책으로 된 사전이 소리를 어떻게 다루는지의 문제로 넘어가면, 책에서는 일반적으로 단어마다 하나씩의 발음만을 정해주고 있다는 것을 알 수 있다. 하지만 한 언어의 원어민은 서로 다른 화자들이 내는 매우 상이한 발음들을 모두 이해할 수 있는 능력이 있는 것으로 보인다. 뿐만 아니라, 각자가 상황 조건에 따라, 그리고 얼마나 빨리 말하는가에 따라 여러 가지의 발음을 선택하는 것으로 보인다. 예를 들어 handbag(핸드백)과 같은 단어를 발음기호에 나오는 모든 소리를 내서 발음할 수도 있고 'hambag'으로 들리는 소리로 발음하는 경우도 있을 수 있다.

위에 열거한 예들은 그 숫자가 기하급수적으로 늘 수 있다. 이 예들은 마음속 어휘집이 실제로 엄청난 구조물이라는 것을 보여 준다.27 책으로 된 사전과 인간의 마음속 어휘집의 관계는 해변의 휴양지를 선전하는 여행안내책자와 휴양지 자체의 관계와 유사한 것일 수 있다. 여행안내책자는 여행지가 어느 정도 이전의 시점에 지녔던 작고 부분적인 잠깐의 모습을 전할 뿐이며, 휴양지의 서로 다른 부분들이 어떻게 어우러져 전체의, 살아있는 마을을 이루는지에 대한 어떤 실질적인 아이디어도 주지 못한다. 이와 유사하게, 책으로 된 사전은 우리에게 마음속 어휘집에 대한 비현실

적으로 깔끔한, 정지상태의 불완전한 모습을 보여 준다.28

따라서 마음속의 단어와 책 속의 단어 사이의 차이는 매우 큰 것이라고 하겠다. 그럼에도 불구하고, 이 장의 핵심은 비록 제한적이라 할지라도 단어의 철자를 점검하거나 단어가 가지는 적절한 의미를 찾는 등의 유익한 목적을 이루는 데 도움을 주는 책으로 된 사전의 부족한 점을 지적하는 것이 아니었다. 사실 우리가 책으로 된 사전이 마음속 어휘집에 들어있는 것과 똑같은 정보를 포함하기를 기대한다면, 이것은 분명 앞에서 언급했던 '최고로 완벽한 Maximegalon'사전과 같은 마이크로필름 판 사전을 제작해 수많은 트럭으로 여기 저기 운반할 것을 요구하는 일이 될 것이다. 마음속 사전과 책으로 된 사전을 비교한 것은 책에서 단어들이 다루어지는 방식을 연구함으로써 마음속 어휘집에 대해 알아낼 수 있는 것이 많지 않다는 것을 보여주기 위해서였다. 따라서 이어질 두 장에서는 어떤 방법으로 인간의 단어저장고에 대한 보다 적절한 그림을 그려낼 수 있을지의 문제가 다루어질 것이다.

∥ 요약 ∥

이 장에서 우리는 인간이 수많은 단어를 알고 있으며, 그 중 대부분이 1초도 안 되는 시간 안에 제자리를 찾는다는 점을 지적했다. 그렇게 엄청난 숫자와 그 중 필요한 것들을 찾는 데 있어서의 대단한 효율성으로 볼 때, 단어들이 무질서한 더미 속에 나열되어 있지 않고 섬세하게 조직되어 있다고 생각된다. 이 책에서는 성인과 아이들이 단어를 저장하는 방식과 인출하는 방식에 대해 논의하고자 한다. 이 때 저장의 차원에서 이상적인 체계가 신속한 인출을 위해서도 반드시 최선의 체계인 것은 아닐 수도 있다는 점을 염두에 둘 것이다. 전체적인 목표는 인간의 단어저장고의 작용 방식에 대한 모델에 들어갈 주요사항들의 명세서를 작성하는 것이다.

우리는 또한 대부분의 통상적인 사전들이 마음속 어휘집과 비교해 볼 때 영역상의 제한을 가지고 있음을 보았다. 이러한 사전들은 조직이 지나치게 단순하고 내용이 고정적이고 시대에 뒤떨어지며 개별 항목에 대해 상대적으로 적은 양의 정보만을 가지고 있다. ―다만 새롭고 세련된 전자 데이터베이스가 최신 사전들의 토대로 사용됨에 따라 상황이 좋아지고는 있다.

결국 마음속 어휘집은 방대하고 복잡하다. 다음의 두 장에서는 이 엄청난 구조에 대한 연구를 어떻게 시작해야 할 것인가에 대해 생각해 보기로 한다.

2

사슬 속의 연결
– 증거의 평가 –

> 나는 탁자에서 잡지를 집어 들었다 ⋯ 기사 중의 하나가 주의 깊은 관찰자
> 가 마주치는 것들을 정밀하게, 그리고 체계적으로 조사함으로써 얼마나 많은
> 것을 배울 수 있는지를 보이려 하고 있었다 ⋯.
> 글쓴이는 말했다. '한 방울의 물방울로부터 논리학자는 듣거나 본 적도 없
> 는 대서양이나 나이아가라의 가능성을 추론할 수 있다. 이렇듯 모든 삶은 우
> 리가 그 속에 있는 단 하나의 연결만을 밝히더라도 속성을 알 수 있는 하나
> 의 거대한 사슬이다.'
>
> Arthur Conan Doyle, *A Study in Scarlet*

위에 인용한 기사에 나오는 과장된 주장을 했던 글쓴이는 허구의 탐정
Sherlock Holmes였다. 인간의 단어저장고를 연구하는 심리언어학자들은
행방이 묘연한 거대 범죄조직의 두목인 노련한 범죄자 Moriarty 교수를 쫓
는 Sherlock Holmes에 비견되어 왔다.[1] 탐정은 제한된 단서의 도움으로
노련한 범죄자의 마음이 어땠을지를 알아내야 한다. 그 단서들은 그가 가
지고 있는 세계에 대한 지식, 연역추론능력, 상상력, 그리고 Moriarty의
범죄 현장에 남겨진 단편적인 실마리들을 살펴볼 간단한 돋보기 정도이다.
이와 유사하게, 심리언어학자들도 마음속 어휘집의 모델을 만들어내는 데

단어 뒤지기와
말오류

언어학과
언어학적
말뭉치

언어장애와
뇌 검사

심리언어학적
실험

그림 2.1 마음속 어휘집에 대한 여러 가지 단서

사용할 강력한 도구가 거의 없다 − 주된 도구라는 것이 그들 자신의 지적 능력, 그리고 서로 다른 유형의 이질적인 실마리들이다.

실마리가 이 장의 주제이다. 실마리에는 여러 가지 유형이 있다(그림 2.1). 정상적인 언어사용자의 단어 뒤지기와 '말오류', 언어 장애를 겪는 사람들이 단어를 찾기 위해 들여야 하는 노력, 심리언어학적 실험, 언어학자들이 알아낸 사실 등이 그것이다. 이 장에서 우리는 이와 같은 증거의 출처들이 제공하는 것이 무엇인지에 대해 생각해보고, 여기에 관련된 문제점으로 어떤 것들이 있는지에 대해 논의하고자 한다. 이와 덧붙여, 최근에 발달한 방법인 뇌 검사와 전자 데이터베이스에 대해 간단히 살펴보게 될 것이다.

▌ 단어 뒤지기: 블랙홀과 굴 ▌

'물 위에서 늘 노래하던 그 환상적인 동물들의 이름(유감스럽게도 이단자였다고 말해야 하지만)이 전혀 생각이 나지 않아,'

George Chuzzlewit씨가 '백조'일 거라고 말했다.

'아니에요,' Pecksniff씨가 말했다. '백조가 아니죠. 백조랑 많이 비슷하기도 한데. 감사합니다.'

사촌이… '굴'이라고 말했다.

'아니.' Pecksniff씨가 말했다. '굴도 아닙니다. 하지만 결코 굴과 다르지 않은데. 아주 훌륭한 생각인데요, 선생님, 정말 감사합니다. 잠깐! 싸이렌(상반신은 여자이고 하반신은 새의 모습을 한 바다의 요정-역주)을 다 잊었다니.'

위에서는 Charles Dickens의 소설 *Martin Chuzzlewit*에 등장하는 Pecksniff씨가 보통 때 아주 잘 알고 있었던 단어를 인출해 내는 데 어려움을 겪고 있다. 이와 같은 단어 뒤지기가 실제 생활에서 발생하는 경우 마음속 어휘집에 대한 귀한 정보를 제공할 수 있다. 만일 심리학자 William James가 지난 세기의 말에 가정했듯이, '우리가 사라진 물건을 찾기 위해 집안을 뒤지는 것과 마찬가지로 떠오르지 않는 생각을 찾아 우리의 기억을 뒤지는데, 두 경우에 공통적으로 잃어버린 가까이에 있을만한 것들을 찾아다닌다'면 말이다.2 잃어버린 단어의 위치를 찾기 위해 애쓰는 과정에서 거쳐가게 되는 중간 단계들은 전 영역이 일반적으로 어떻게 조직되어 있는가에 대한 실마리를 제공할 수 있다-다만 '이웃관계'라는 개념을 너무 문자 그대로 받아들이면 안 될 것이다. 즉, 서로 밀접한 관계를 가지고 있는 단어들이 실제로 서로 가까운 위치에 저장되어 있을 수도 있지만, 서로의 거리가 생각보다 떨어져 있는데도 불구하고 서로를 결속시켜 주는 강력한 연결을 가지고 있을 수도 있다. 물론 Iris Murdoch의 소설 The Philosophers's Pupil에 나오는 등장인물 George씨가 아내가 어디 있는지를 기억할 수 없는 상황을 뜻이 떠오르지 않는 단어에 의해 야기된 '블랙홀' 상황에 비유하고 있는 것처럼, 찾고자 하는 단어에 관한 그 어떤 것도 기억하지 못하는 상황에 처한 사람들은 완전히 막다른 곳에 있는 느낌을 가지기도 한다. '내가 잘 알지만 잊고 말았다 … 그녀는 단어를 떠올리지 못하는 상황과도 같은 블랙홀 상태로 거기 있다. 그녀에 대한 그 어떤 것도 기억해낼 수가 없다….'

그렇지만 잃어버린 단어가 남긴 블랙홀이 비어있기만 한 것은 결코 아닌 경우가 매우 흔하다. William James가 말했듯이 '빈 공간이 있긴 한데… 결코 빈 공간으로 그치지는 않는다. 그것은 강하게 활성화되어 있는 공간이다. 이름의 유령 같은 무언가가 그 안에 있어서 우리에게 정해진 방향을 가리키며, 때로는 우리로 하여금 가까이 와 있다는 강한 느낌을 가지도록 한다 ….'3 이 유령이 원했던 단어를 찾아내게 만들기도 한다는 것은 단어 뒤지기 끝에 원하는 단어를 찾아내는 경우에 대한 Sigmund Freud의 통찰력 있는 설명에 나타나 있다.

하루는 Monte Carlo가 수도인 조그만 나라의 이름을 기억해 낼 수 없었다. 대신할 이름들이 줄줄이 떠올랐다. Piedmont, Albania, Montevideo, Colico. 내 마음속에서 Albania는 바로 Montenegro로 대치되었다. 그러자 대신 떠오른 이름들 중 제일 마지막 것만 제외하고 'Mont'('Mon'으로 발음됨)라는 음절이 들어있다는 생각이 떠올랐다. 그래서 Albert 왕재[그곳을 다스리는 왕재]의 이름에서 시작하여 잊어버렸던 이름 Monaco를 쉽게 찾아낼 수 있었다. Colico는 음절과 운율의 흐름이 잊었던 이름에 매우 근접하는 닮은꼴이다.4

이와 비슷한 유형의 뒤지기 현상은 요즈음에도 매우 흔히 볼 수 있다. 예를 들어 '그는 어 … 에 … 뭔가 흥미 있는 것을 가지고 있었는데. 내가 말하려는 단어가 뭐지? salient(현저한)와 비슷한 건데. 하지만 prurient(호색의)와 혼동하고 있는 건지도 모르겠군. s로 시작한다는 것은 알겠는데. 아, 그렇지, SALACIOUS(음란한)군.' 여기에서와 같은 중간 단계의 추측들이 마음속 어휘집에서 어떤 단어들이 밀접한 관련성을 가지고 서로 묶여 있는지를 보여 줄 수 있다.

따라서 단어 뒤지기는 유익한 증거를 제공할 수 있다. 그러나 이 증거에는 몇 가지 단점이 있다. 첫째, 곧바로 찾아내지 못하는 단어들은 비교적 드물게 사용되는 것들이기 때문에, 이 단어들을 찾는 데 사용되는 방법이 자주 사용되는 단어들을 찾는데 사용되는 방법과 다른 것일 수가 있다. 둘째, 직접적인 통로가 막힌 상황에서는 화자들이 원하는 목표점에 이르기 위해 먼 길을 돌거나 자연스럽지 못한 경로를 따라갈 수가 있다.[5] 따라서 단어 뒤지기에서 얻은 증거는 다른 유형의 정보들에 의해 보완될 필요가 있다.

▌톱니 들여다보기 ▌

완벽하게 작동하는 체계보다는 작동에 나타나는 사소한 결함들이 그 기저에 놓인 기제에 대해 더 많은 것을 말해 줄 수 있다. 수도꼭지를 틀었을 때 깨끗한 물이 나온다면, 이 물이 욕조에 떨어지기 전에 어디에 저장되어 있었는지를 알아낼 방법이 없다. 그러나 만일 (오래된 병원에서 생기는 일로 유명하듯이) 비둘기의 깃털이 물에 섞여 나온다면, 물이 비둘기가 드나들 수 있는 지붕 위의 탱크에서 공급되는 것이라는 추측을 할 수 있다. 이와 유사하게, '말오류'—즉각적인 발화에서 의지와 무관하게 발생하는 오류—는 보통 때는 감추어져 있는 발화의 기제에 대한 단서들을 제공할 수 있다. 지난 세기의 끝 무렵에 두 사람의 학자가 말했듯이 '시계의 겉을 뜯어내면 속에 있는 톱니를 들여다볼 수 있다.'[6]

발화 오류에서 얻는 증거가 귀중한 데에는 몇 가지 이유가 있다. 첫째, 화자가 실수로 잘못된 단어를 선택할 때, 비록 잠시 동안만이지만, 옳은 단어를 택했다고 생각하는 경우가 종종 있다. 따라서 말오류가 먼 길을 돌

아가 어떤 단어를 선택한 결과물이 아니라고 보아야 하기 때문에, 정상적
인 인출 과정에 대한 증거가 된다. 둘째, 누구나 예외 없이 말오류를 범하
는데, 이것은 화자가 얼마나 교육을 많이 받았는지와 무관하다. 즉, 말오류
는 병이 있거나 건망증에 걸린 뇌가 아닌 정상적인 뇌의 활동을 반영한다.
하지만 혀가 미끄러지는 현상이 유익한 주된 이유는 이 현상이 예측 가능
한 양식에 어긋나지 않는다는 점에서 '규칙의 지배를 받는다'는 데 있는데,
이 점은 말오류에 대한 잘 알려진 논문의 제목 '비정상적인 발화의 정상적
특성'에 표현되어 있는 사실이다.7 이것은 우리가 반복적으로 관찰되는 오
류 유형들의 자료를 축적하여 이 자료들의 산출에 가담한 정상적인 과정
들의 속성을 알아낼 수 있음을 뜻한다.8

혀의 미끄러짐은 두 가지의 주요 범주로 나뉘는데, 조립오류와 선택오
류가 그것이다. 조립오류에서는 'caterpillar(애벌레)' 대신에 사용된 patter-
killer나 'car park(주차장)' 대신에 사용된 'par cark'의 경우에서처럼 옳은
항목이 선택되기는 했으나 틀린 순서로 조립된다. 이러한 오류는 마음속
어휘집과 상대적으로 연관성이 없는 것으로 보인다. 따라서 이 책에서는
선택오류에 초점을 맞추고자 한다.

이 두 번째 유형의 오류에서는 원래 원하지 않았던 항목이 마음속 단
어 저장고에서 선택되는 것으로 보인다. 예를 들어, 영국의 Edward 왕자
는 자신이 옛날에 다녔던 학교에 대한 텔레비전 인터뷰에서 다음과 같이
말한 적이 있다. 'Corporeal punishment is a last resort. It is difficult to
use <u>capital</u> punishment in any institution. A beating is very valuable:
it shows people you have come to the end of your tether(신체적 벌은
마지막 수단이다. 어떤 기관에서도 <u>수도의</u> 벌을 사용하는 것은 곤란하다. 때리는 것
이 값진 이유는 당신이 한계에 도달했다는 것을 사람들에게 보여 준다는 데 있다.)'
Edward 왕자는 두 번째 문장에서 실수로 'corporeal(신체의)' 대신에
'capital (수도의)'을 사용한 것으로 보인다. 사람들이 우연히 틀린 단어를
말하는 경우에 의도했던 단어, 혹은 '과녁'과 밀접히 관련되어 있는 단어를

선택한 것으로 볼 수 있다는 가정을 한다면, 이러한 선택오류들은 마음속 어휘집의 속성을 밝히는 데 기여할 수 있다.

억압받았던 생각들이 자기도 모르게 표출되어 말오류로 나타나는 일이 흔하다고 본 Freud의 주장에 근거하여, 선택오류를 '프로이드식 미끄러짐'로 가정하는 것이 유행처럼 되었다. 실제로 있는 일이다. 하지만 Freud가 인용한 예들을 객관적으로 관찰해보면, 그가 주장하고 있는 것처럼 감추어진 생각에 대한 정보를 주고 있기보다는, 마음속 어휘집에 대한 정보를 주고 있음을 알 수 있다.9 예를 들어, Freud가 진료한 환자들 중에 'day(날)'라는 말을 해야 할 때마다 week(주)라는 말을 하는 아주 일반적인 오류를 범하는 환자가 있었다. 이 경우에 대한 Freud의 언급은 다음과 같다. '내가 전적으로 반대하는 부다페스트로의 짧은 여행을 하고야 말겠다는 계획을 가진 한 여자 환자는 단지 사흘 동안만 다녀오겠다는 말을 해서 자신을 합리화하려고 했지만 말오류를 범해 실제로는 "단지 3주(WEEKS) 동안만"이라는 말을 하고 말았다. 내가 그녀에게 적합하지 않다고 본 사람들과 3일을 보내는 것이 아니고 3주를 보낼 것이라는 사실을 내게 훼방을 놓기 위해 감추고 있었던 것이다.'10 이와 달리 Freud가 너무 명백하게 반대를 한 것이 환자로 하여금 하고 있는 말에 집중하지 못하도록 하여, 몇 개의 밀접히 연관된 단어들 중 어떤 하나를 잘못 선택하도록 만들었다고 해석할 수도 있다. 하지만 week라는 단어가 대화에서 어떤 특별한 중요성을 가졌다고 가정하는 것이 필연적이지는 않다.

선택오류는 의미의 유사성, 소리의 유사성, 혹은 이 둘 모두에서 기인할 수 있다. 예를 들어 보자.

의미

I wonder who invented *crosswords*(jigsaws)?
나는 누가 크로스워드 게임(퍼즐 게임)을 발명했는지 궁금하다.

He came *tomorrow*(yesterday).

그는 내일(어제) 왔다.

소리

The emperor had several *porcupines*(concubines).
황제는 몇 명의 첩(호저/설치류 동물의 총칭)이 있었다.

There were lots of little *orgasms*(organisms) floating in the water.
수많은 작은 오르가즘(유기체)이 물 위에 떠 있었다.

의미와 소리

You can hear the *clarinets*(castanets) clicking.
당신은 클라리넷(캐스터네츠) 소리를 들을 수 있습니다.

I don't have much sympathy with rich-looking *burglars*(beggars).
나는 부자로 보이는 강도들(거지들)에 대해서는 대단한 동정심이 생기기
않는다.

위에 열거한 예들은 의도했던 단어, 즉 과녁이 하나의 단어에 의해 대
체된 경우들을 보여준다. 그러나 위에서 언급한 오류 유형들은 두 개의 단
어가 하나로 합쳐지는 '혼합(blends)'으로도 나타날 수 있다. 그 예로 다음
을 보자.

의미혼합

I don't *expose*(expect/suppose) anyone will eat that.
나는 그것을 먹을 사람이 있을 거라고 expose하지(예측하지/가정하지) 않
는다

소리혼합

Akbar Khan was a *lustrious*(lustful/illustrious) and passionate man.
Akbar Khan은 lutrious하고(권세욕이 강한/저명한) 열정적인 사람이었다.

소리 의미 혼합

My *tummach*(tummy/stomach) feels funny.

내 tummach(배/위)가 이상하다.

이상의 유형들을 그림 2.2로 요약하였다.

	단순오류	혼합
의미 소리 의미/소리	crosswords(jigsaws) orgasms(organisms) burglars(beggars)	expose(expect/suppose) lustrious(lustful/illustrious) tummach(tummy/stomach)

그림 2.2 선택오류의 여러 가지 유형

이러한 혀 미끄러짐은 인간의 단어 저장고가 어떻게 활동하는가에 대한 값진 실마리들을 제공할 수 있다. 하지만 여기에서 얻은 증거들을 이용할 때 주의해야 하는 몇 가지 이유가 있다. 자료의 수집과 해석과정에서 부주의에 의해 야기되는 실수가 있을 수 있다는 말인데, 이제 이 문제에 대해 생각해 보기로 하자.

말오류 자료를 수집하기 위해서 노트북 컴퓨터를 들고 돌아다니며 버스에서, 파티에서, 혹은 식사 중에 말오류가 들릴 때마다 기록하는 연구자들도 있다. 이렇게 하면 흥미 있는 자료들을 매우 많이 모을 수 있다. 하지만 잘 훈련된 연구자들도 말오류가 등장한 주변 맥락을 부정확하게 듣거나 기록에서 빠뜨리는 경우가 있다. 이에 대한 명백한 대안이 될 수 있는 것은 테이프에 기록한 자료만을 이용하는 것이다. 그러나 항상 녹음기를 들고 다닐 수는 없는 일이기 때문에, 놓쳐버리게 되는 오류들이 있기 마련이다. 더구나 한 시간 분량의 발화라 하더라도 거기에 들어있는 오류의 숫자는 극히 작기 때문에, 한편의 논문을 쓰기 위해서는 수백 시간 분량의 녹취록이 있어야 할 것이다. 간단히 말해서 노트북을 이용하는 방식으로 수집한 자료는 신뢰성이 떨어질 염려가 있으며, 녹음기를 이용하는 방식으로 수집한 자료는 지나치게 적은 오류를 포함하고 있어서 대표적

샘플이라고 보기 힘들다.

증거를 해석하는 데 있어서의 난점도 빼 놓을 수 없는 문제다. 앞에서 제안했던 오류의 범주들 중 어떤 범주에도 정확히 속하지 않는 오류들이 있다. 예를 들어, 'conservation(보존)'을 쓸 자리에 conversation(대화)을 썼다면, 이것은 비슷한 음을 가진 단어가 잘못 선택된 선택오류일까? 아니면, [s]와 [v]의 위치가 뒤바뀐 조립오류인가? 혹은 어떤 학생이 자기의 새 남자친구에 대해서 이야기하다가 'He's such a lovely *huskuline man*(그는 아주 사랑스럽고 huskuline한 남자야)'이라고 말한 것은 어떻게 볼 것인가? 이 오류가 비슷한 의미를 가진 husky(건장한)와 masculine(남성의) 중 하나만을 말하려고 했으나 둘을 합쳐버린 버린 진정한 의미의 혼합이었을까? 아니면 단지 실제로 말하려고 했던 'husky AND masculine'에서 두 개의 인접하는 단어가 시간에 쫓겨 결합된 '결합성' 혼합이었을까? 또는 무엇이 잘못되어 'speech production(발화 산출)' 대신 peach seduction(복숭아 빛 유혹)이라고 말하게 된 걸까?11 이 경우는 범주를 정하는 것이 특히 어려운 경우이다.

또 다른 문제는 어떤 오류가 순간적인 선택오류인지, 아니면 Sherdian의 드라마 The Rivals에 등장하는 허구적인 인물 Malaprop부인이 allegory(우화)와 alligator(악어)와 같이 소리가 비슷한 단어들을 자꾸 혼동했던 것처럼 단지 정확한 단어가 무엇인지를 모르는 것에 기인하는 오류인지를 구분하는 것이 용이하지 않는 경우가 있다는 것이다. 'She was as head-strong as an allegory on the banks of the Nile(그녀는 나일강변에 있는 우화처럼 고집이 셌다)'라고 말하는 것을 보라. 'bubonic plague(림프선종의 전염병)' 대신 blue bonnet plague(푸른 색 덮개 전염병)를 사용하는 경우에서처럼 청자로 하여금 원래의 단어가 무엇이었는지 전혀 모르게 만드는 기이한 오류도 있지만, 구분이 확실하게 되는 경우도 있다.12

결론을 내리는 데 있어서도 조심할 필요가 있다. 동사를 포함하는 말 오류보다 명사를 포함하는 말오류가 더 많다는 사실을 발견했다고 가정해 보자. 이것이 동사를 다루는 것 보다 명사를 다루는 것이 더 어렵다는 것을 함의하지는 않는다. 즉, 이러한 증거는 단지 영어의 발화 구성성분들 중 무엇보다도 명사가 많다는 사실을 반영하는 것일 수 있다.13

　요약하면, 정상적인 화자의 순간적인 단어 선택 오류는 유익한 증거를 제공한다. 그러나 이 증거에 문제의 소지가 없는 것은 아니며, 이러한 종류의 증거가 우리를 잘못된 방향으로 인도할 가능성을 잊어서는 안 된다. 이제 언어장애를 겪고 있는 사람들이 산출하는 보다 혼란스러운 오류들에 대해 살펴보기로 하자.

▌ 실어 ▌

　'나는 종종 그⋯ 단어가 나의 통제 하에는 있지만, 강렬한 틈을 통해 어떤 다른 요소가 침입해 그 자리를 차지하여 나의 말을 이해하기 힘들고 기이한 것으로 만든다는 인상을 받았다 ⋯.'14 이것은 실어증에서 회복한 어떤 환자가 실어증─대개 뇌졸중이나 뇌의 손상에 의해 말을 하는 데 심각한 어려움을 가지게 되는 것─을 겪는다는 것이 어떤 것이었는지를 묘사한 말이다.

　실어증의 증상들 중 가장 일반적이고 거의 모든 실어증 유형에서 볼 수 있는 증상이 단어 찾기의 어려움이다. 아주 전형적인 예의 하나가 72세의 은퇴한 푸줏간 주인 Phillip Gorgan씨의 경우이다.15 대상의 이름이 무엇인지를 묻는 질문에 대한 Gorgan씨의 답이 전적으로 틀린 것이라고 보기는 힘들다. 'table(탁자)'을 chair(의자)로, 'elbow(팔꿈치)'를 knee(무릎)로, 그리고 'comb(빗)'를 hair(머리카락)로 불렀다. 'clip(자르다)'은 plick으로, 'butter(버터)'는 tubber로, 그리고 'ceiling(천장)'은 leasing으로 불리었다. 'ankle(발목 관절)'에 대해 'ankley, mankel이 아니고, kankle도 아니고'라고 말했으며, 'paper(종이)'는 '한조각의 handkerchief, pauper, hand pepper,

한조각의 hand paper'라고 불렀다. 그리고 'fork(포크)'는 tonsil, teller, tongue, fung 등으로 불리었다. 이 예들에게서 나타나듯이 '때로는 … 용케 적중하거나 적어도 찾고자 하는 과녁 주변을 맴돌기도 했고, 때로는 그렇지 않았다 … 마치 낯선 나라에 떨어진 병사처럼, 어딘가에 적이 있다는 것을 알지만 지형이나 전쟁의 유형에 대해 익숙하지 않아서 두리번거리다가 사방으로 돌진하는 일을 되풀이하고, 때로는 적에 근접한 곳에 이르기도 하고 적과 부딪히기도 한다. 하지만 그 병사는 단지 표적보다 훨씬 넓은 지역으로 총을 마구 발사하고 있거나 부비트랩에 걸려든 것으로 보인다.16

　Gorgan씨가 미친 것은 아니다. 그는 탁자 위에 올라가 앉으려 하거나 혀끝으로 음식을 찌르려 하지 않는다. 하지만 Gorgan씨와 같은 사람을 환자용 변기가 그의 페인트 통이라고 주장한 53세 화가와 같은 실제로 미친 사람과 구분하는 것은 분명 중요한 일이다.17 이 화가에게 병원 침대에 페인트 통이 웬일이냐고 묻자, 자동차를 그리는 것이 자기의 직업이라 늘 페인트 통을 가지고 일했노라고 대답했다. 병세가 이쯤 되면, 그 환자는 실제로 옆에 페인트 통을 가지고 있다고 믿은 것이다.

　학자들이 실어증을 연구하는 이유는 '정상적인 인지체계가 어떠어떠한 방식으로 조직되어 있다는 전제 하에서만 발생할 수 있는 증상 유형들이 있다'는 가정을 하기 때문이다.18 이러한 종류의 연구를 하는 사람들은 무엇보다도 일부분은 손상을 입었으나 다른 부분에는 이상이 없다는 의미에서 마음속 어휘집에 부분적 손상을 겪는 환자들을 발견하기를 바란다. 이러한 현상이 마음속 어휘집의 하부체계가 어떠한지를 보여줄 수 있다. 예를 들어 명사들은 기억해 내지만 동사들은 기억해내지 못하는 환자를 발견했다고 가정해 보자. 이러한 현상은 마음속에서 명사와 동사가 서로 달리 조직되어 있음을 뜻할 것이다.

　언어장애를 연구해야 할 또 다른 이유는 실어증 환자가 겪는 문제가 때로는 보통의 언어사용자들도 경험할 수 있는 문제가 극대화된 것에 지나지 않는다는 데에 있다. Freud가 1891년에 관찰한 바에 의하면, 실어증 환자가 만들어내는 오류들은 '건강한 사람에게서 피곤하거나 주의가 분산되었거나 방해요소가 있을 때 나타나는 단어의 부적절한 사용이나 왜곡과 다르지 않다.'[19] 그리고 최근의 연구들에 의해 실어증 환자의 오류들과 정상적인 언어사용자들의 말오류 사이에 어떠한 유사성들이 있는지가 밝혀졌다.[20]

실어증 환자의 어휘집이 어떠한 상태에 있는지는 환자들의 즉각적인 발화를 분석하거나 환자들에게 그림을 보여주거나 지시해준 후 단어를 말해보라고 하는 방법을 사용하여 연구할 수 있다. 명실상부하게 철저한 조사는 환자가 볼 수 있는 대상 뿐 아니라, 라벤더를 알아보는 경우처럼 촉감이나 냄새, 혹은 소리를 들을 수 있는 대상들의 이름을 말하는 능력이 있는지를 확인하는 것이다. 신체의 여러 부분이나 세계의 여러 나라들, 그리고 색깔 등과 같은 한 가지 대상의 서로 다른 범주들을 알고 있는지 뿐 아니라, '과일의 종류에 어떤 것들이 있나요?' 등과 같은 질문에 의해 각각의 범주에 속하는 구성원들로 어떤 것들이 있는지를 알고 있는지도 확인한다. 또한 '카펫을 청소하기 위해 어떤 기계를 사용하시겠습니까?'와 같은 질문에서 볼 수 있듯이, 환자가 용도에 대한 설명을 듣고 해당하는 항목의 이름을 말할 수 있는지, 그리고 어떤 단어의 첫 번째 음과 같은 실마리가 환자의 기억을 되살리는지도 밝히는 조사가 되어야 할 것이다.[21]

그럼에도 불구하고, 실어증 환자들을 다루는 데에는 두 가지 큰 문제가 있다. 첫 번째의, 그리고 가장 명백한 문제는 손상을 입은 뇌가 항상 정상적인 뇌를 반영하는 것은 아니라는 것이다. 'TV set(TV 세트)'를 rugabize라고 부르거나, 'window(창문)'를 lungfab으로, 'nose(코)'를 dop으로 부르는 등[22] 뇌손상의 결과로 이상하고 무의미한 단어들을 사용함으로써 뿐 아니라, 자신의 말하기에 나타나는 문제들을 처리하기 위해 만들어내는 기이하고 예외적인 전략들에 의해서도 이해하기 힘든 효과들이 나타나기 때문이다. 내가 만났던 중증의 한 환자는 병원 의료진에게 아이 취급을 받는 것이 싫었다. 그 사람의 발화에는 길고 희한한 단어들을 보통 단어들 보다 더 쉽게 사용할 수 있다는 인상을 주고자 하는 예들이 나타났다. 예를 들면, 누가 뜨개질을 하고 있는 그림을 보여주었을 때, '오, 그물 만들기를 하고 있군요(She is reticulating)'라는 말을 했다. 이러한 현상은 병세를 있는 그대로 보여주는 것일 수도 있지만, 다른 한편으로는 '성장한' 것으로 보이기 위한 의식적인 시도였을 수도 있다.

두 번째의 문제는 하나의 증세에 여러 가지 원인이 있을 수 있으며, 세심하게 따져보아야만 그 원인들을 서로 구분해 낼 수 있는 경우들이 있다는 것이다. 최소한 단어를 완전히 잃어버린 환자들과 한시적으로 단어들을 찾아내지 못할 뿐인 환자들을 구분해야 할 필요가 있다. comb(빗)라는 단어를 완전히 잃은 환자가 있었다. 이 사람은 빗이라고 말을 해 주면 '빗이라고 부를 수도 있겠지만 그것이 내가 말하고 싶은 단어는 아니에요'라고 응수했다.[23] 빗이라는 단어가 그의 마음속 어휘집에서 완전히 사라져 버린 것으로 보였다. comb(빗)라는 사물의 이름을 기억해내지 못한 어떤 다른 환자는 기억을 상기시켜 주면 '예, 물론 빗이지요'라고 말했다. 이런 경우에는 19세기의 어떤 학자가 한 말을 빌리자면, '생각하는 바에 상응하는 단어들이 기억의 보물창고에 보관되어 있었지만, 단지 생각이 그것을 말로 옮길 수 있을 만큼 충분히 잘 조직되어있지 않았다.'[24] comb라는 단어를 마음속에서는 완벽하게 알고 있지만 '뱉어내는' 능력이 전혀 없는 환자들도 가끔 있다.

세 번째의 문제는 변이의 가능성이다. 한 환자는 'hedgehog(고슴도치)'을 어떤 날은 didjog이라고 부르고, 다른 어떤 날은 ig, os, hidjog, egog 등으로 말한 끝에, 앞의 두 글자가 HE일 것이라는 제안을 했다.[25]

이상의 예들은 말오류의 경우에서처럼 주의 깊게 다루어진다면, 그리고 다른 출처들로부터 얻은 정보와의 비교를 전제로 한다면, 실어증 환자들이 보여 주는 오류와 단어를 찾고자 애쓰는 현상이 귀중한 증거가 될 수 있음을 보여 주고 있다. 이제 다른 종류의 출처, 즉 심리언어학적 실험에 대해 살펴보기로 하자.

▌상황 통제 ▌

19세기 말을 앞둔 어느 날 영국의 선구적인 심리학자 Francis Galton 은 한 장의 종이에 75개의 단어를 적은 후, 여기에 적힌 단어들이 다시 생각나지 않을 때까지 치워두었다. 그리고 며칠이 지난 후, 한 손에 펜을 들고 한 번에 단어 하나씩을 슬쩍 보고 바로 그 순간에 자기 머리에 제일 먼저 떠오르는 두 가지씩의 생각들을 재빨리 적어나갔다. 다른 한 손으로는 시계를 들고 자신의 반응에 걸린 시간을 잴 수 있도록 했다. 그가 언급한 바에 의하면 '이 기록들은 인간 마음의 가감 없는 근간을 흥미로울 만큼 명료하게 드러내어, 인간 스스로가 세상에 공표할 목적으로 기울인 그 어떤 노력의 결과보다 더 생생하고 진리에 근접한 상태로 마음의 해부학적 특성을 보여 주고 있다'26 이 실험이 마음속 단어의 조직에 대한 최초의 실험으로 기록되어 있다.

Galton의 아이디어는 몇 명의 다른 심리학자들에 의해 즉각 계승되었다. 이 기초적인 단어연상 실험은 약간의 수정을 거쳐 오늘날에도 사용되고 있다. 실험자가 피험자에게 일련의 단어들을 제시해주고, 각 단어에 접했을 때 마음에 가장 먼저 떠오르는 단어가 무엇인지를 말하게 한다. 'day(날)를 들었을 때 가장 먼저 생각나는 단어가 뭐죠?' 이렇게 묻는다면 피험자는 아마도 'night(밤)'나 'light(빛)', 혹은 day에 대한 답으로 마음에 떠오르는 단어를 무엇이든 말하게 될 것이다. 이러한 유형의 실험이 가지는 이점은 지극히 단순한 실험이라는 데 있다. 뿐만 아니라, 이 실험은 '단어연상의 규범'―이 주제에 대한 잘 알려진 책의 제목―이라는 말이 통용될 수 있는 한, 서로 다른 사람들이 상당히 유사한 대답들을 하는 경향이 있을 것이라는 점에서 쓸모가 있어 보인다.27 따라서 얻어진 답들을 분석하면 단어들이 사람의 마음속에서 어떻게 서로 연결되어 있는가에 대한 유익한 정보를 얻을 수 있을 것이다.

또 하나의 유명한, 그리고 보다 최근에 개발된 실험은 '말이 혀끝에서 맴도는 현상(tip of the tongue, TOT)'을 이용한다. 1960년대 중반에 두 명의 미국 심리학자는 사람들이 단어가 '혀끝에서 맴도는', 하지만 기억해내지는 못하는 상황에 빠지도록 인공적으로 유도했다.[28] 'TOT 상태'에 빠진 피험자들은 '올가미에 빠진 체셔 고양이('이상한 나라의 앨리스'에 나오는 히죽히죽 웃는 고양이—역주)처럼 육체에서 떨어져 나간 존재로 남겨졌다.'[29] 실험자는 피험자에게 '두 점 사이에서의 거리가 이루는 각도, 특히 바다에서 태양, 달, 그리고 별들의 고도를 재는 데 사용하는 항해 도구'와 같이 비교적 일반적이지 않은 단어의 뜻을 읽어줌으로써 피험자가 TOT상태에 빠지게 했다. 이 정의에 해당하는 'sextant'라는 단어를 전혀 모르는 사람들도 있었지만, 몇몇은 'TOT 상태'에 빠졌다. 여기에서 실험자는 이 사람들에게 기억이 날 듯 말 듯한 단어에 대한 질문을 던졌다. 비슷한 뜻을 가진 단어를 말할 수 있는가? 아니면 비슷한 소리를 가진 단어를 말해볼 수 있겠는가? 단어의 첫 자음이나 음절 숫자를 추측해 볼 수 있겠는가? 'TOT 상태'에 빠졌던 피험자들 중 일부는 이러한 일들을 모두 잘 해냈다. 이러한 발견들, 그리고 후속 실험에 의해 동일한 결과를 얻었던 사람들의 발견들은 자연적인 발화에서의 단어 뒤지기 현상으로부터 얻은 정보들에 대한 유익한 보충자료가 된다.

현대에 이르러서는 실험심리학이 고가의 정밀한 장비들을 이용하게 됨으로써 고도의 세련미를 갖추게 되었다. 그럼에도 불구하고, 연구 영역마다 예외 없이 소수의 기초적인 기술이 반복적으로 사용되는 경향이 있다. 특히 어휘판단, '점화', '음소추적', 그리고 '차단하기' 등이 마음속 어휘집을 조사하는 데 공통적으로 사용되는 기술이다. 이 기술들의 내용에 대해 간단히 살펴보기로 하자.

어휘판단은 이미 1장에서 언급한 바 있다. 그 가장 간단한 형태에서는 실험자가 피험자에게 몇 개의 소리나 문자열을 제시하고 각각이 단어인지 아닌지를 물어본다. 피험자들이 반응을 하기까지에 걸린 시간이 밀리세컨드(천분의 1초) 단위로 측정된다. 이렇게 해서 마음속 어휘집에서 가장 용이하게 찾을 수 있는 단어가 어떤 것들인지에 대한 정보를 얻을 수 있다 ─다만, 단어를 찾는 데 걸린 시간과 단어를 찾은 후 답을 제시하기까지 마음에서 일어날 수도 있는 여러 가지 과정들을 구분할 수 있기 위해서는 세심한 주의를 기울여야 한다.[30]

단순한 어휘판단의 여러 가지 변이형이 있을 수 있는데, 테스트 대상이 되는 단어의 유형을 여러 가지로 바꾸는 것이 가장 분명한 방법이다. 일상적인 단어에 대한 반응시간과 일상적이지 않은 단어에 대한 반응시간을 비교해 볼 수도 있을 것이다. 아니면, 실제로 있는 단어와 유사한 비단어(non-word, 단어처럼 생겼으나 단어가 아닌 것─역주)에 대해 걸리는 시간과 실제로 있는 어떤 단어와도 유사하지 않은 비단어에 대해 단어가 아니라는 판단을 내리는 데 걸리는 시간을 비교해 볼 수 있을 것이다.

어휘판단의 또 다른 변이형에서는 어떤 단어에 대한 피험자의 판단이 선행하는 단어가 무엇이었느냐에 따라 달라지는지를 확인한다. 예를 들어, level(층)과 같이 일반적인 단어가 제시된 후 game(게임)과 같은 단어를 제시했을 때, game을 인식하는 데 얼마의 시간이 걸리는지를 측정했다고 해 보자. 이 시간이 game 앞에 tithe(십일조)와 같은 덜 일반적인 단어가 제시되었을 경우 유의미하게 달라지는지를 확인해 볼 수 있을 것이다.[31]

위에 예에서처럼 청자의 주의를 미리 일정한 방향으로 환기시키는 것이 '점화'라고 알려져 있는데, 여기에서의 가정은 어떤 단어가 다른 단어를 '점화하면'(다른 단어의 처리를 용이하게 해 주면) 두 단어가 밀접하게 연결되어 있는 것으로 볼 수 있다는 것이다. 이 방법으로 여러 가지의 가능성에 대한 테스트가 이루어졌다. 피험자들이 insect(곤충)라는 단어를 들은 직후에 spider(거미)나 bug(벌레)과 같은 단어들에 대해 더 빨리 반응한다고 가정해 보자. 여기에서 출발하여 insect라는 단어가 컴퓨터의 고장원인을 뜻하

는 의미로 쓰인 bug도 점화하는지를 조사해 볼 수 있을 것이다.32

점화효과를 이용하는 많은 기발한 변종들이 있다. 예를 들어, '양상교체 점화'에서는 피험자들이 우선 소리로 된 단어를 들은 후 문자로 된 단어를 본다. 이러한 방법에 의해—비록 이 방법의 변종들이 늘어남에 따라 얻어진 결과에 대한 논란의 여지도 커지고 있지만— 단어에 존재할 수도 있는 추상적인 기저형에33 대한 정보를 얻을 수 있을 것으로 기대하는 학자들도 있다.34

단어를 다루는 데 어려움이 있는 사람은 다른 과제를 수행하는 데 대한 주의력이 떨어질 것이다. 이것이 '음소추적'이라고 알려진 또 다른 기술의 논리적 근간이 되는데, 음소추적이라는 말은 '[b]가 들리면 버튼을 누르시오'와 같은 과제에서처럼, 특정 소리가 나오는지를 듣고 판단하는 것을 뜻한다. 해당 소리가 복잡한 단어 직후에 나온다면 청자의 답은 늦어질 가능성이 있다. 예를 들어, yellow(노란)와 같은 단어가 empty(비어 있는)와 같은 단어보다 어려운지 쉬운지를 확인하기 위해 다음과 같은 문장에서 [b]가 들리면 답을 하라는 요구를 피험자에게 할 수 있다.

The dog sniffing round the yard stuck its nose into the empty bucket.
마당을 킁킁거리며 돌아다니던 개가 코를 빈 들통에 쑤셔 넣었다.

[b]를 탐지하는 데 걸린 시간이 측정될 것이다. 그리고 어느 정도 시간이 지난 후 'empty'를 yellow로 바꾸어 동일한 과제를 요구한다.35

'차단하기'는 보다 최근에 개발된 기술이다.36 이 방법은 발화를 1초의 1/40(25밀리세컨드) 만큼이나 작은 단위로 나눌 수 있는 매우 세련된 장비에 의존한다. 어떤 방법인지는 이름에 나타나 있다. 즉, 이 방법은 단어의 일부분을 통과시킨 후 나머지 부분을 '차단한다'. scoop(국자)와 scoot(빨리 가다)처럼 앞부분은 같으나 뒷부분은 다른 두 단어가 있다고 생각해 보자.

점진적으로 각 단어의 보다 많은 부분을 통과시키면서 단어가 어떻게 끝날지 예측해 보라는 요구를 할 수 있을 것이다. 이 방법에 의해 단어의 인식에 필요한 정보의 양이 어느 정도인지를 알아낼 수 있다.37

어휘판단과제, 점화, 음소추적, 그리고 차단하기 외에도 마음속 어휘집에 대한 발견을 위해 사용될 수 있는 몇 가지의 심리언어학적 실험이 있다. 예를 들어, 단어습득실험은 무엇보다도 아이들을 대상으로 할 때 이용가치가 커 보인다.38 실험자가 아이들에게 새 단어를 가르쳐 주고 어느 정도의 시간이 지난 뒤 얼마나 잘 기억해 내는지를 확인한다. 'cuscus'를 아는지 물었을 때 puss-puss라고 한다든지, 'bandicoot(주머니오소리)' 대신 gandigoose를 말하는 등에서처럼, 잘못 기억된 단어들은 아이들이 단어의 어떤 부분들을 가장 쉽게 기억해 내는지를 보여줄 수 있다.39

실험의 이점은 실험자가 상황을 단순화함으로써 일상적인 발화에서 발견되는 수많은 통제가 불가능한 요인들을 피하고 변수들을 일일이 통제할 수 있다는 데 있다. 하지만 이에 의해 새로운 문제가 발생한다. 완전한 통제에 이루기 위해서는 전적으로 인공적인 상황을 조성하는 것이 필수적이다. 이것이 피험자들이 정상적인 상황에서는 전혀 사용하지 않을 비정상적인 문제해결 전략을 고안해 내는 것으로 이어지기도 한다. 또 다른 문제는 심리학자가 있을 수 있는 모든 변수들을 빠짐없이 인지하지 못할 수도 있기 때문에, 이에 의해 본인도 모르게 실험에 오류를 포함시켰을 수 있다.40 따라서 이런 가능성들을 염두에 두는 것이 중요하며, 어떤 하나의 실험이라도 지나치게 의존하지 말아야 한다.

결국 실험은 마음속 어휘집에 대한 흥미로운 통찰을 가능하게 하지만, 부자연스럽거나 잘못 고안된 실험들로부터 전적으로 오해에 이르도록 하는 결론들이 도출될 수 있는 것이기 때문에, 맹신되어서는 안 된다.

▌ 마음의 복잡성 ▌

'언어학자는 언어를 사용하는 그 어떤 다른 화자들과 마찬가지로 커뮤니케이션의 사회적 체계에서 가장 핵심적인 요소에 해당하는 단어에 대해 주의를 집중하지 않을 수 없다.'[41] 이 인용문이 말해주고 있듯이, 언어학 연구에 관여하는 사람들은 오랫동안 단어를 중요한 것으로 간주해 왔으며, 단어의 소리, 의미, 그리고 통사에 대해 헤아릴 수 없는 많은 논의가 있다. 마음속 어휘집에 대한 연구를 하는 사람이면 누구나 단어를 주제로 삼은 방대한 분량의, 그리고 종종 높은 가치를 지닌 문헌에 익숙해질 필요가 있다.

그럼에도 불구하고, 문제가 있는 결론이 도출되는 경우들이 있다. 언어학은 기본적으로 언어에 나타나는 사실들을 되도록 간결하게 기술하고자 한다. 그러나 인간의 마음 역시 이렇게 가지런하고 경제적인 방식으로 움직인다는 보장은 없다. '언어사용자의 뇌에 들어 있는 체계보다 더 나은 체계를 고안할 수 없는 언어학자는 다른 일을 하는 게 마땅하다'는 주장[42]이 있었다.

언어학적 저술에 나타나는 두 번째 문제는 언어학자들이 최근에 이르기까지 단어의 결합을 대상으로 하는 통사론을 단어 자체보다 더 중요한 것으로 간주해 왔다는 것이다. '언어학의 가장 중요한 과제는 단어들이 의미전달을 위해 결합되고 통제되는 방식을 밝혀내고 기술하는 것이다.'[43] 이에 의해 많은 언어학자들이 어휘의 복잡성을 과소평가하여 어휘집을 불규칙성과 예외성을 최대의 관건으로 삼는 한정된 목록으로 규정하게 되었다. '어휘집에 들어있는 어휘항목의 목록이 … 한정적이라는 것에는 의심의 여지가 없다. 다시 말해, 한 언어의 어휘항목들은 분명 단순한 목록으로 제시될 수 있다.'[44] '어휘집은 문법의 부록에 지나지 않는, 기본적인 불규칙성들의 목록이다.'[45] '규칙적 변이형들은 예외적인 항목들만을 포함시켜야 하는 어휘집의 관심사가 아니다.'[46] 최근에 이르러서야 이러한 견해가 도전을 받게 되었고, 그 동안 무시되어 왔거나 문법의 어딘가에 속하는 것으로 생각되어 왔던 많은 것들이 이제 어휘집으로 되돌려지게 되었다.[47]

따라서 언어학에서의 발견들은 이 장에서 논의되었던 다른 유형들의 증거와 마찬가지로 마음속 어휘집에 대한 유익한 실마리를 제공하지만, 주의깊게 다루어져야 한다.

┃ 뇌 검사 ┃

마음속 어휘집을 연구하는 데 사용될 수 있는 새로운 도구들, 그리고 가히 혁명적인 연구 방법들이 급속하게 생겨나고 있다.

뇌 검사는 이러한 새로운 발전에서 가장 극적이라 할 수 있다.[48] 소위 PET(양전자방출단층촬영법) 검사가 1970년대에 확립되었다. 우리가 뛸 때 더 많은 혈액이 다리로 몰리듯이, 우리가 언어를 사용할 때에는 뇌 속 혈액의 흐름이 빠르고 강해진다. 이러한 혈류가 기록될 수 있다. 방사능 액이 피험자 팔의 혈관을 통해 주입된다. 1분 여만 지나면 이 액이 뇌에 축적된다. 이어서 피험자에게 보이거나 들리는 단어를 따라 말해보라고 하거나, hammer(망치)에 대해 hit(때리다)를 말해야 하는 것과 같이 명사에 어울리는 동사를 말해보라고 하는 등 갈수록 점점 복잡해지는 일련의 언어학적 과제가 부여된다. 과제가 복잡해질수록 더 많은 뇌 영역이 과제의 해결에 가담 한다―다만, 과제수행이 반복될수록 뇌의 활동량은 줄어든다.

하지만 신체에 무언가를 주입한다는 것은 위험의 소지가 있기 때문에, 인체에 대한 투여를 포함하지 않는 기술들이 발전되었다. 이른바 fMRI(기능성핵자기공명영상법)은 신체에 많이 있는 자성을 가진 미량의 조각들(양자)을 통제하는 방법에 의존한다. 이 조각들은 감지가 가능한 방사능 신호를 방출하며, 이 신호들을 측정할 수 있다. PET 검사와 마찬가지로 MRI

연구는 뇌에서 어떤 부위가 활성화되는지를 언제라도 보여 줄 수 있는 반면, 환자에게 어떤 위험도 주지 않는다.

뇌의 여러 상이한 지역에서 발생하는 전기활동은 ERP(사건성전위차) 연구에 의해 밝혀질 수 있다. 두피에 전극들을 부착하여 바로 아래에서 발생하는 활동의 양을 측정한다.49

이러한 신경학적 기술들이 공통적으로 가지는 단점은 대뇌피질을 엄청나게 번잡스럽게 한다는 데 있다. 이 소란스러운 행동이 얼마나 언어와 관계되는지는 분명하지 않다. 그렇지만 이러한 새로운 기술들을 이용함으로써, 명사와 동사를 다루는 방식에서의 기본적인 차이, 그리고 상이한 유형의 동사들을 다루는 방식에서의 기본적인 차이와 같이 언어학자들이 오랫동안 미루어 짐작해 왔던 중요한 점들이 확인되었다. 앞으로의 연구에 의해 더 많은 통찰들을 얻을 수 있을 것이라는 점에는 의심의 여지가 없다.

▐ 단조로운 일만 하는 사람에서 매우 능숙한 사람으로 ▐

'사전 편찬자. 사전을 집필하는 사람, 그리고 남에게 해를 끼치지 않는, 단조로운 일만 하는 사람 …' Samuel Johnson이 18세기 중반에 발간된 그의 유명한 사전에서 한 말이다.50 20세기 초반에조차도 사전 편찬자는 단조로운 일만 하는 사람 행세를 해야 했다. 단어를 카드에 애써 복사해야 했으며, 그것들을 저장해야 했다. 그러나 이제 사전 편찬자는 컴퓨터 분야에서 매우 능숙한 사람이어야 한다.

20세기 말에 이르러서는 책과 신문이 전자 스캐너에 의해 컴퓨터로 옮겨질 수 있게 되었다. 전자 데이터베이스는 엄청난 양의 언어 자료를 포함할 수 있으며, 단 몇 개의 키만을 두드려 사용할 수 있다. 지속적으로 자료가 보충되는 온라인 사전들은 아마도 어휘집에 관련된 일을 하는 사람들에게는 가장 명백한 보너스에 해당될 것이다.

다른 한편으로, 말뭉치 언어학(corpus linguistics)이라고 하는 언어학의 새로운 분야가 탄생했는데, 이 분야에서는 이 거대한 데이터베이스들을 어떻게 이용할 것인가가 연구된다. 말뭉치 언어학의 선구자들은 예를 들어 두 개의 철자로 이루어진 단어, 세 개의 철자로 이루어진 단어, 네 개의 철자로 이루어진 단어의 숫자가 각각 얼마인지를 세는 등의 단순한 과제에만 관심을 국한시켰다. 아니면 명사, 동사, 형용사의 숫자가 얼마인지를 세거나, 단어에 덧붙일 수 있는 서로 다른 어미로 어떤 것이 있는지를 조사하는 따위의 일을 하였다.

그러나 컴퓨터의 능력이 점점 향상되면서, 데이터가 보다 세련된 방식으로 저장되고 다루어질 수 있게 되었다. 어떤 단어의 바로 옆 단어가 무엇인지, 그리고 근접한 이웃으로 어떤 것들이 있는지가 몇 개의 컴퓨터 키에 의해 밝혀질 수 있다. 예를 들어 영국 국립 말뭉치(The British National Corpus)는 다수의 기록으로부터 추출된 문어와 구어 모두를 저장한 대형 데이터베이스이다. 이 데이터베이스는 학자들이 하나의 단어를 선택한 후 그 좌우에 쓰인 단어들 중 보고싶은 만큼을 볼 수 있도록 해 준다.[51] 이렇게 해서 단어들이 서로 같이 쓰이는 방식의 유형들에 나타나는 미세한 부분까지도 확인할 수 있게 된다. '예를 들어 big(큰)은 일반적으로 toe(발가락)와 함께 쓰이는 반면, large(큰)는 일반적으로 number(숫자)와 함께 쓰인다.'[52]

┃ 요약 ┃

이 장에서 우리는 마음속 어휘집에 관련된 실마리들을 모을 수 있는 여러 가지 방법들을 개략적으로 논의하였다. 정상인의 단어 뒤지기와 말오류, 실어증 환자들이 단어를 기억해 내는 과정에서 겪는 어려움, 심리언어학적 실험, 언어학자들의 연구, 뇌검사, 그리고 전자 데이터베이스. 그리고 이 방법들이 유익한 정보를 제공하지만, 각각 나름대로의 문제점들이 있다는 것을 알 수 있었다. 따라서 우리는 어느 정도 주의를 요하는 일이기는 하지만 이 모든 정보출처들을 결합할 필요가 있다.

다음 장에서 우리는 이 실마리들이 마음속 어휘집의 작용방식에 대한 모델에 들어갈 주요사항들의 명세서를 만들고자 하는 장기적 목표와 관련하여 어떻게 이용될 수 있을지에 대해 생각해보기로 한다.

3 덤벨라의 프로그램 짜기
—마음속 어휘집의 모델 만들기—

'내가 남는 시간에 작업한 프로젝트를 가져왔어', 그가 말했다 … '들어봤
는지 모르겠군. 나를 위해 단어들이랑 음절들을 녹음해 줄 사람들을 구하고
있었어.'…

그는 그녀에게 노란 상자에 담긴 여덟 개의 용기와 검정색의 바인더 하나
를 주었다.

'와, 되게 많네,' 세 열로 타이핑 된, 둘둘 말려 있고 오려 붙인 종이들을 넘
기며 그녀가 말했다.

'오래 걸리지 않아', Claude는 말했다. '단어 하나씩을 정상적인 목소리로
또렷이 말하고 잠시 쉰 다음에 다음 것으로 넘어가야 해.'…

그녀는 책상으로 갔다 … 그리고 녹음기를 켰다. 손가락 하나를 종이로 가져
가며 그녀는 마이크를 향해 몸을 앞으로 숙였다 … 'Take. Takes. Taking',
그녀가 말했다. 'Talcum. Talent. Talk. Talkative. Talked. Talker. Talking.
Talks.'

Ira Levin, The Stepford Wives

무언가에 대해 알아내는 가장 좋은 방법은 스스로가 그것을 만들어 보
는 것이다. 예컨대 우리가 재봉틀의 근간이 되는 원리들을 발견하고자 한

다면, 제대로 작동하는 재봉틀의 복제품을 만들어냄으로써 그 기본적인 기제를 우리가 이해했다는 것을 증명할 수 있을 것이다.

그러나 완전한 복제품을 만든다는 것은 흔히 너무 비용이 많이 들거나 비실용적이다. 따라서, 만일 우주선이 여러 온도에 대해 어떻게 반응할지를 알아내고자 한다면, 원제품의 축소 모델을 만드는 것에서 출발하여 이 모델이 여러 가지 냉장고와 용광로 열 속에서 어떤 수행력을 보이는지를 점검하는 것이 더 나을 것이다. 이 경우, 그리고 여러 다른 경우에서 모델이 복제품보다 더 실용적일 가능성이 있는데, 이러한 유형의 활동을 '모델 만들기'라 부른다.

이 책의 전반적인 목표는 마음속 어휘집의 '모델'에 들어갈 주요사항들의 명세서를 제공하는 것이다. 이 작업은 마음속 어휘집이 조직되어 있는 방식과 작동하는 방식 두 가지를 대상으로 한다. 우리가 하고자 하는 바는 단어 저장과 단어 찾아내기 능력에 관한 한 인간과 똑같이 행동하는 로봇을 만들기 위한 프로그램을 짜는 것과 같은데, 이러한 상황은 Ira Levin의 소설 *The Stepford Wives*에서 볼 수 있는 상황이다. 이 공상과학소설에서는 미국의 한 작은 마을에 사는 여자들이 남성들에 의해 살해되고, 남성들이 원하는 일이면 가리지 않고 다 하는 늘 웃음 짓는 로봇들에 의해 대체된다. 이 인체모조품들은 정상적인 인간들과 똑 같이 말을 하도록 프로그램 되어 있다. 이러한 능력의 근간이 되는 것이 긴 단어 목록인데, 모든 여성들을 설득하여 죽기 전에 사전의 내용을 읽어 테이프에 녹음하도록 하고, 나중에 이 테이프를 로봇의 활동장치에 내장했기 때문이다. 이 인체모조품의 원형을 '덤벨라'라고 부르기로 하자. 이 책에서는 덤벨라가 마음속 어휘집에 관한 한 인간의 '모델'로 간주될 수 있으려면 그 내부에 단어들이 어떤 방식으로 조직되어야 할지를 밝혀보고자 한다.

하지만 우선 '모델'의 속성과 한계에 대해 짚어두어야 할 것들이 있다. 여기에 이어서 설정된 과제를 어떻게 해결 것인가에 대해 여러 가지 제안들을 하게 될 것이다.

▌ 모델과 지도 ▌

'모델 만들기'라는 용어는 아주 현대적인 치장을 하고 있지만, 무엇인가를 이해할 목적으로 작업 모델을 만드는 행위는 아주 오래된 것으로, 17세기 시인 John Milton이 언급한 바가 있다. Paradise Lost에서 천사 Raphael은 Adam에게 신이 인간에게 별들과 행성들에 대해 논쟁하는 것을 허용했다는 말을 하는데, 이렇게 해서 행성계의 근간을 이루는 기제에 대한 모델을 만들고자하는 시도를 비웃을 수 있기 위해서였던 것 같다.

> 그는 천상계의 근본 구조를
> 그들 논쟁의 대상으로 그냥 두었는데, 아마 이것은
> 자신의 웃음을 그들이 널리 가지고 있는 재미난 의견에 보내려는 듯
> 장차 그들이 천상계의 모델을 만들면
> 그리고 행성들의 원리를 계산해내면 … 1

그러나 '모델'이라는 단어는 오도의 가능성이 있는데, 이 단어가 우리가 언제나 원제품의 축소 복사물을 다루는 것이라는 인상을 주기 때문이다. 이 말이 맞지 않는 경우가 많이 있는데, 이유는 두 가지이다. 첫째, 모델은 종종 고도로 단순화되며, 둘째, 모델은 복사보다는 추측에 의해 만들어지는 경우가 흔하다. 이 두 가지 문제에 대해 논의해보도록 하자.

원제품의 모든 세부사항이 속속들이 재연되는 완벽한 축소 모델은 만드는 데는 시간과 비용이 많이 든다. 따라서 중요하지 않은 주변적인 것들은 무시하고, 모방하고자 하는 '실물'의 중요한 특성들에 집중하는 것이 의미 있는 일이 된다. '모델은 나타내고자 하는 것이 무엇인가에 관계없이 그 본질적인 특질들을 담아낸다. 자동차의 모델이 바람 터널 테스트를 받을 목적이라면, 모델 자동차의 외양이 중요한 반면 실물 자동차의 좌석을 포함한 어떤 다른 내부 장식들도 모델에 들어 있어야 할 필요가 없다.'2 때

로는 본질적인 측면에만 집중함으로써 모델과 실제 원제품 사이에 큰 간격이 생기기도 한다. '모델 천상계'가 있다면, 가장 중요한 특질은 지구의 자전에 의해 야기되는 24시간의 주기일 수 있다. 따라서 '시계는 근본적으로 행성계에 대한 모델이다'3라는 주장이 가능해지며, 이것은 디지털시계에 대해서도 마찬가지이다.

모델이 원제품과 상당히 다를 수 있지만 여전히 원제품의 본질적 특질들 중 일부를 담아낼 수 있다는 사실은 모델 만들기가 광범위한 학자들에 의해, 심지어 경제학자, 심리학자, 그리고 언어학자와 같이 엄밀하게 물리적인 대상들을 다루지 않는 사람들에 의해서까지도 이용될 수 있다는 것을 의미해 왔다.4 경제학자들이 경제학 '모델'을 만들 때는 현재의 경제적 상황이 가지는 주요 특질들을 포착하고 그 기저에 놓여있는 원리들을 보여주고자 한다. 이를 통해 그들은 미래에 대한 계획을 제시할 수 있는데, 이것은 이상적인 경우 그들의 모델이 다음으로 일어날 개연성이 높은 일이 무엇인지에 대한 예측을 내 놓을 것이기 때문이다.

따라서 모델은 반드시 축소된 복사물일 필요는 없으며, 보다 일반적으로는 해당 모델이 나타내고 있는 대상을 단순화한 것이 된다. 그러나 모델은 그 모델을 만들고자 하는 대상과 또 다른 방식으로 다를 수 있다. 즉, 모델은 복사보다는 추측에 더 가깝다. 재봉틀을 뜯어내어 모든 부분들을 복사하는 것이 얼마든지 가능하지만, 이러한 접근법을 실현할 수 없는 많은 경우들이 있다. 예를 들어 태양 내부에 감추어진 열핵반응을 연구하는 과학자들은 현대 과학의 수준으로는 태양 내부에 실험실을 설치할 수 없다. 이들이 할 수 있는 일은 태양의 가장 외부에 있는 층에서 방출되는 빛을 연구한 후, 정교한 추측에 의존하여 태양 빛이 열로 바뀌는 이유가 무엇인지를 설명할 수 있는 모델들을 만들어보는 것이 전부이다.5 만일 그들이 태양과 동일한 효과를 내 놓는 모델을 만드는 데 성공한다면, 이 효과의 기저에 놓여있는 원리들에 대한 그들의 추측이 올바른 것이었을 수 있는 것이다.

　그러나 추측에 의존해야만 하는 모델들이 있다는 것은 문제를 야기한다. 비록 모델에 의해 태양이 방출하는 빛과 열 같은 어떤 일반적인 효과를 흉내내는 데 성공했다고 하더라도, 이에 의해 태양 내부의 활동을 정확히 파악했다는 것을 어떻게 알 수 있는가? 서로 매우 상이한 기제들에 의해 동일한 출력을 얻는 것이 가능한 경우들이 있다. 예를 들어, 인체에서 화학 호르몬이 만들어지지만, 과학자들은 이것을 인공적으로 생산하는 방법 또한 발견했다. 그러나 이 두 가지 과정이 같다는 것을 믿어야 할 이유는 없다. 이와 유사하게, 마음속 어휘집을 연구할 때에도 각각의 내부 기제가 서로 확연히 다른 둘 혹은 그 이상의 모델에 의해 동일한 출력을 얻는 것이 가능하다.

　따라서 과학자들은 유사하면서도 서로 관련성이 있는 두 가지의 문제에 봉착한다. 첫째, 과학자들은 정확한 최종 결과물을 산출하는 모델을 만들어야 한다. 둘째, 그들은 자신들 모델의 내부 기제가 '진짜' 복사물인지, 아니면 동일한 과제를 다른 방식으로 수행하는 장치에 지나지 않는지를 결정해야 한다. 두 팀의 학자들이 각각 동일한 효과를 내는 서로 다른 모델을 만드는 일이 발생할 수 있다. 이 경우에는 어떤 모델이 더 나은 것인지를 결정해야 할 필요성이 생길 것이다. 마음속 어휘집에 대해서도 서로 다른 모델들이 많이 제시되어 왔다. 이 책에서 우리는 어떤 한 유형의 모델을 다른 모델들보다 선호하게 만드는 이유가 무엇인지에 대해 논의하게 될 것이다.

▎ 마음의 지도 ▎

　심리언어학자들이 만든 마음의 모델들은 우주선의 구체적인 모델과 경제학의 추상적인 모델 중간쯤에 있다. 아마 마음의 모델을 '실제의 삶'에 나타나는 상황과 일치하는 측면도 있고 아주 다른 측면도 있는 지도에 비유하는 것이 가장 적합할 것이다. '자연적 특징을 정확히 나타내지 않는 지도가 가장 유익한 지도인 경우가 많다. 누구나 아는 런던 지하철 지도는 … 본질적인 정보들을 요약하는 세련된 방법을 제공한다 … 이것은 사실주의를 희생시키지만, 그 목적에 비추어볼 때 그렇게 하는 것이 더 나은 지도를 만들 수 있게 한다.'6 런던 지하철 지도는 우리에게 몇 호선이 어떤 역들을 지나가는지를 명확하게 알려준다. 지도에는 Holborn역과 Covent Garden역을 연결하는 선이 있으며, 이에 상응하게 이 두 역을 연결하는 철길들이 있다. 이러한 방법으로 이 지도는 '현실'에 대한 올바른 그림을 제공하고 있다. 또한, 다양한 노선들이 지도에 서로 다른 색깔로 표시되어 있다. 우리는 열차나 철길이 지도에서와 같은 색깔을 가지고 있을 것으로 예상하지 않으며, 역과 역 사이의 거리가 지도에 정확하게 반영되어 있을 것으로 예상하지도 않는다.

따라서 우리가 마음속 어휘집 속에 있는 연결들을 나타내는 설계도를 만들고자 할 때 이 설계도는 몇 가지 측면에서 런던 지하철 지도에 비견할 수 있다. 하지만 이 마음의 지도는 한 가지 측면에서 런던 지하철 지도와 완전히 다르다. 즉, 지하철에는 내려가서 지도와 역들 사이의 연결들에 대해 직접 조사해볼 수 있지만, 마음속의 연결들을 직접 관찰하는 것은 앞으로 언젠가 뇌 검사에 의해 가능해질 수 있을 수는 있겠지만 지금으로서는 불가능하다. 대신 우리는 기차에 타고 내리는 승객들을 바라볼 수 있는 관찰자의 상황에 있지만, 그 체계 속으로 들어가거나 승객들과 직접 대화를 나눌 수는 없다. 이러한 상황에서는 아무 역에서나 다른 어떤 역으로 갈 수 있었다는 결론은 내릴 수 있을지 모르지만, 스파게티처럼 생긴 선 하나가 모든 역을 서로 연결시켜 주고 있는지, 아니면 서로 다른 여러 선들이 있어서 승객들이 열차를 갈아타야만 하는지에 대해서는 논의가 분분해 질 것이다. 만일 여행에 걸리는 시간이 길다면, 이것이 하나의 기차가 먼 길을 돌기 때문이라는 제안을 하는 관찰자들이 있을 것이다. 다른 관찰자들은 승객이 기차를 갈아타야 했으며, 그 사이에 기다려야만 했었다는 주장을 할 수도 있을 것이다. 이와 유사하게, 역들의 사이를 빨리 여행할 수 있다면, 이것은 두 역 사이의 거리가 가깝거나 두 역을 연결시켜 주는 빠른 직행 열차가 있었기 때문일 수 있다. 이러한 유형의 논쟁은 마음속 어휘집에 대한 증거를 어떻게 해석해야 할지 결정할 수 없을 때 심리언어학자들 사이에서 일어난다.

마음의 지도가 런던 지하철 지도와 다를 수 있는 또 다른 측면은 마음의 지도가 다루는 것이 서로 상당히 다른 속성을 가진 체계나 하위 체계일 수도 있다는 점인데, 이 체계는 마치 하나의 선로에는 기차가 다니고 다른 선로에는 버스가, 그리고 또 다른 선로에는 낙타가 다니는 것과 같은 양상을 띤다. 혹은 우리의 상황이 입 속을 들여다볼 수 없다는 가정 하에 입 안에서 진행되는 절차들을 재구성하려고 하는 사람이 처한 상황과 같다는 비유가 가능하다.7 음식을 다루기 위해서는 음식을 가루로 만드는 데 사용되는 일종의 분쇄기와 여기에 습기를 제공하는 일종의 수분 제공 장치가 있을 것이라는 결론은 얼마든지 내릴 수 있을 것이다. 그러나 무엇을 근거로 음식물을 다루는 데 필요한 강한 근육을 가진 혀가 있을 것이라는 제안을 할 수 있을 것인가? 단지 어떤 흡입 장치가 있어서 분쇄기와 수분 제공 장치가 제 역할을 할 수 있는 위치에 음식물을 고정시킨다는 결론을 내리고, 혀는 영원히 발견하지 못했을 가능성도 얼마든지 있다.

입 이미지가 유익한 이유의 한 가지는 이것이 우리에게 논리적인 사고가 반드시 우리를 올바른 결론으로 이끄는 것은 아니라는 점을 상기시켜 주기 때문인데, 마음도 우리의 직관에 전적으로 상반되는 방식으로 작용할 수 있다. 입 이미지가 유익한 또 다른 이유는 인간의 행동이 종종 많은 수의 서로 상당히 다른 부문들의 상호작용에서 나오는 최종 결과물이라는 것을 시사한다는 데 있다. 이 하위체계들을 컴퓨터 관련 용어를 빌어 '단원(module)'이라고도 부른다. 마음속 어휘집에 대해서도 같은 말을 할 수 있을 것 같다.

▌새장과 도서관 ▌

학자들이 그 속성이 아직 밝혀지지 않은 대상의 구조에 대해서 추측을
할 수밖에 없다면, 그들의 어디에서 영감을 얻는 것일까? 다시 말해 희박
한 공기로부터 어떻게 추측을 이끌어낼 수 있을까? 입과 런던 지하철의
유추는 우리가 잘 알려지지 않은 대상을 관찰하는 데 사용할 수 있는 유
익한 방법의 한 가지가 무엇인지를 말해준다. 여기에서는 그 대상이 우리
가 이미 알고 있는 어떤 것이라는 가설을 세운 후, 이 가설을 검증한다.
한 저술가의 말을 빌리면, '어떤 대상이 무엇인지를 밝힌다는 것은 대략
그 대상이 무엇과 비슷한지를 밝히는 것이기 때문에, 대상의 속성에 대한
이해가 증폭되는 데에는 암시적 은유가 가장 인상 깊은 기여를 했다.'[8]

새장, 보물 저장실, 다락, 도서관. 이것은 모두 인간의 기억을 묘사할
목적으로 제안되었던 말들이다.[9] 이 말들은 기억을 일종의 장소로 보는 반
복적으로 등장하는 관점을 반영하고 있는데, 이 생각은 수세기 동안 사용
되어 온 은유이다. 고대 그리스의 철학자 Plato는 다음과 같은 새장의 유
추를 Socrates의 것으로 돌린다. '마음이 모든 종류의 새들을 보관하는 일
종의 커다란 새장을 가지고 있어서, 그 안에 무리를 짓거나 작은 그룹을
이루거나 이리 저리 날아다니는 새들이 있다고 가정해 보자 … 우리가 갓
난아기일 때는 이 저장소가 비어 있다고 가정해야 할 것이다. 그리고 새들
이 여러 종류의 지식을 나타낸다고 생각해 보라. 우리가 어떤 지식을 습득
하게 되면, 그 때마다 그것을 울타리 안으로 집어넣을 것이다.'[10] 로마의 웅
변가 Cicero는 기억을 '모든 것이 들어 있는 보물 저장실'로 보았다.[11] Conan
Doyle은 이와 유사한 은유를 자신이 만들어낸 인물 Sherlock Holmes를
통해 사용한다. '나는 사람의 뇌가 원래 비어 있는 작은 다락방이고, 우리
가 스스로 선택한 가구들로 그곳을 채워야 하는 것이 아닌가 하는 생각을
한다.'[12]

새장, 보물 창고, 그리고 다락방의 유추가 가지는 난점은 그 속에 들어

있는 내용물들이 다소 상이하고 정돈하기가 어렵다는 점이다. 따라서 장소를 이용한 이 은유들 중 내용물들을 쉽게 정돈할 수 있는 장소를 나타내는 은유, 무엇보다도 도서관이라는 은유가 가장 많이 사용되었다. 18세기 말에 저술 활동을 한 독일의 철학자 Kant는 '우리가 책에 서로 다른 표식들을 붙여 도서관의 서가에 정리해 넣는 것과 마찬가지로' 사람의 기억 속에 있는 내용물이 여러 분야로 나뉜다는 제안을 했다.13 도서관은 기억 일반에 대해서 뿐 아니라, 무엇보다도 단어들을 서가의 책들과 동일시할 수 있는 마음속 어휘집에 대해서 반복적으로 사용되는 은유이다. 20세기 초에 한 의학 관련 저술가가 제안했듯이, '뇌에 어떤 충격을 받으면, 말은 할 수 있지만 마치 서가의 책들이 엉망으로 뒤섞인 경우처럼 사용하려는 단어가 아닌 단어들을 성가실 정도로 자주 구사하게 된다.'14

따라서 은유는 검증해야 할 가설들과 제기해야 할 질문들을 설정할 수 있게 해 준다. 다시 도서관으로 돌아가서, 도서관에는 각각의 책에 대한 주요 정보를 제공하고 책의 정확한 위치를 알려주는 중앙 목록이 있는 것이 일반적이다. 이러한 관찰을 토대로 마음속 어휘집에도 비슷한 중앙 목록이 있어서 단어의 위치를 점검할 수 있을 것이라는 가설을 설정할 수 있다. 혹은 다른 예로 도서관에서는 유명한 책들을 어떻게 할 것인가를 결정해야 하는 경우가 많이 있다. 이 책들을 도서관 내부의 서가에 저장해서 독자들이 쉽게 찾을 수 있도록 해야 하는가? 그리고 이러한 책은 여러 권 있어야 하는가? 마음속 어휘집을 다룰 때도 이와 유사한 질문이 제기된다. 모든 단어들이 동등하게 간주되는가? 아니면 사용 빈도가 높은 단어들과 낮은 단어들이 서로 상이하게 취급되는가? 결국 유추는 검증해 보아야 할 상당히 많은 아이디어를 학자들에게 제공해줄 수 있다.

그러나 현재에는 도서관이 마음에 관련된 은유의 중요한 원천은 아니다. 그 시대의 주류를 이루는 기술이 그 역할을 대신하는 경향이 있어서, 정보를 저장하고 메시지를 전달하는 현대의 거의 모든 시스템들이 차례로 시사하는 바가 있는 은유들을 제공해 왔다.15 금세기 초기에는 마음이 전화 통신과 비교되었다. 보다 최근에는 기억의 흔적들이 레이저 홀로그램에 비유되었다. 하지만 오늘날에는 컴퓨터가 가장 강력한 유추 수단을 제공한다. 컴퓨터는 엄청난 양의 자료를 놀랄 만큼 빠른 속도로 분류하고 저장할 수 있다. 컴퓨터가 마음속 어휘집을 포함해 마음에 대한 중요한 은유의 역할을 담당하게 되었다는 것은 놀랄 일이 아닌 것 같다.

그러나 컴퓨터는 항구적이지 않으며, 욕실이나 비행기처럼 시간이 흘러감에 따라 발전해 간다. 현대의 컴퓨터는 초창기의 컴퓨터와 상당히 다르다. 그렇다면 컴퓨터에 영감을 주는 것은 무엇인가? 컴퓨터에 토대를 둔 모델이면 어느 모델이나 이 문제에 영향을 받을 가능성이 있다.

초창기의 컴퓨터는 부분적으로 타자기에서 영감을 얻었다.[16] 타자기가 대문자나 소문자를 칠 수 있는 상황에 있듯이, 컴퓨터도 유한수의 내적 상태들을 가지는 것으로 간주되었다. 그리고 타자기가 키의 숫자에 의해 제한을 받듯이, 각각의 상태에서 수행될 수 있는 과제에는 엄격한 제한이 있었다.

오랜 세월 동안 구식 컴퓨터는 은행 계좌의 분류나 이와 유사한 방대한 분량의 숫자 계산에 매우 유익한 존재가 되었다. 그러나 이러한 컴퓨터로는 인간의 행동을 흉내내지 못한다. 따라서 새로운 스타일의 컴퓨터가 현재 폭발적으로 발전해 나가고 있다. 이 새로운 컴퓨터는 서로 포개져 있는 수십 억 개의 연결을 가지고 있는 인간의 뇌에서 영감을 얻었다. 따라서 우리는 우리에게 보상이 돌아올 수도 있는 상황을 맞이했다. 즉, 현대의 컴퓨터는 뇌로부터 영감을 얻었고, 마음의 모델에 대한 모의실험은 이 컴퓨터를 이용해 이루어진다.

어떤 학자들은 '우리는 마음의 모델로서의 "컴퓨터의 은유"를 마음의 모델로서의 "뇌의 은유"로 대체하기를 바란다'라는 표현을 썼다.[17] 이러한 새로운 스타일의 모델들 중 '연결주의'라고 알려진 모델에 대해서는 이 책의 후반부에서 논의할 것이다.

┃ 아이디어 검증 ┃

'나는 수사는 과학과 같아야 한다는 생각을 막 하고 있었습니다. 탐정은 이
론을 만들고 그 이론을 검증하는 거지요. 만일 그가 발견한 사실들이 이론과
맞으면 그 이론은 성립하는 거고, 만일 그렇지 않으면 새로운 이론, 새로운
혐의를 찾아야 하겠지요.'

Howarth 박사가 무관심한 말투로 말했다. '그럴듯한 유추군요. 하지만 맞
아떨어지는 사실들을 선택하고 싶은 유혹이 아마 더 강하겠죠.'

P. D. James의 소설 *Death of an Expert Witness*에 나오는 이 내용
은 탐정과 심리언어학자가 직면하는 문제가 무엇인지를 보여주고 있다.
논리적으로는 아이디어가 먼저 떠오르고 다음으로 증거를 찾는다. 사실
이론의 주요 사항들이 만들어질 때까지는 어떤 종류의 증거를 수집해야
할지 알기 어렵다. 그러나 이것은 학자들이 무의식적으로 자신의 아이디
어에 부합하는 발화 샘플들이나 실험을 수집하고 고안할 수 있다는 것을
의미한다. 이것은 학자들이 사실과 이론이 얼마나 잘 맞아떨어지는가를
점검할 때 염두에 두어야 할 위험 요인이다. 이론이 사실 전체를, 특히 이
론가들이 처음에는 고려하지 않았던 추가의 사실들까지 설명할 수 있다면,
그 이론은 올바른 이론이라고 할 수 있다. 예를 들어 심장을 펌프로 봄으
로써, 피가 몸 속을 돌아다니는 이유뿐 아니라 심장이 두근거리는 이유도
설명된다.

실제로는 증거와 이론이 앞에서 설명한 '논리적 순서'가 시사하는 것
보다 좀 더 뒤섞여 있다. 우연히 발견된 증거가 어떤 아이디어를 이끌어내
고, 이 아이디어가 다시 추가의 증거를 토대로 검증되는 일이 아주 흔하
다. Agatha 아주머니가 cup(컵)과 saucer(컵 받침)를 반복적으로 혼동하는
일이 있을 수 있다. 이것을 본 그녀의 사촌이 사기그릇에 관련되는 단어들
은 마음속에서 서로 가까이 저장되어 있다는 아이디어를 가지게 될 수 있
다. 이렇게 해서 그는 그녀에게 컵, 컵 받침, 접시, 주전자와 같은 이름들

을 대 보라고 요구하는 실험을 고안함으로써 이 아이디어가 옳은지를 점검해 볼 수 있다. 전반적으로 이 상황은 암호를 해독하려고 시도하는 것과 유사하다. 이 일을 하는 최선의 방법이 Umberto Eco의 소설 *The Name of the Rose*에 나오는 나이든 승려에 의해 묘사되어 있다. '어떤 계시의 뜻을 알아내기 위한 첫 번째 규칙은 그 의미가 무엇인지를 추측하는 것이다 … 계시의 첫 번째 단어가 될 수 있는 것이 무엇인가를 토대로 몇 가지 가설을 세울 수 있고, 이렇게 해서 추론해 낸 규칙이 계시의 나머지 부분에 적용될 수 있는지를 확인한다.' 이와 유사하게, 심리언어학에서는 증거를 발견하고 이 증거에 대한 가설을 세우고 이 가설을 새로운 증거에 의해 점검한다. 이 책에서 우리는 이러한 과정을 마음속 어휘집과의 관련성 하에서 밟아가게 될 것이다. 물론 우리가 바로 마음속 어휘집 전체를 다룰 수는 없기 때문에, 처음에는 마음속 어휘집의 아주 작은 부분들을 찾아내는 데 집중할 것이다.18 뒤에서는 이 부분들이 서로 어떻게 조화를 이루는지 대한 가설들을 세울 수 있게 된다.

∣ 단어는 무엇인가? ∣

우리는 지금까지 마음속 어휘집을 '인간의 단어 저장고'라고 불렀다. 하지만 아직 거의 언급하지 않은 중요한 질문이 하나 있다. 정확히 단어는 무엇인가? 연구를 진행시키기 전에 여기에 대해 생각해 볼 필요가 있다.

모든 사람이 자신은 단어가 무엇인지를 알고 있다고 생각한다. 그러나 이렇게 간단해 보이는 이야기가 실제로는 엄청난 문제점을 안고 있다.19 다음에 나오는 압운에 대해 생각해 보자.

> There once was a fisher named Fisher
> Who fished for a fish in a fissure.

But the fish with a grin
Pulled the fisherman in
Now they all fish the fissure for Fisher.

옛날에 Fisher라는 이름의 어부가 있었는데
바위틈 속의 물고기 한 마리를 낚으려 했네.
그러나 물고기는 올가미로
어부를 잡아끌고 들어갔네.
이제 모두가 Fisher를 꺼내려고 바위틈에서 낚시를 하네.

여기에 사용된 단어는 숫자는 몇 개인가? 이것은 영어가 관습적으로 문자로 된 단어들 사이에 간격을 두기 때문에 글을 보면 쉽게 답할 수 있는 질문이다. 따라서 그냥 단어 전부를 세어보면 되고, 이렇게 하면 33개가 된다. 그러나 단락에 나오는 단어 전체의 숫자가(단어의 개별출현(word-tokens)) 서로 상이한 단어(단어의 유형(word-types))의 숫자와 반드시 상관관계를 가지는 것은 아니다.

마음속 어휘집의 관점에서 보았을 때는 이 오행시에 사용된 서로 다른 단어의 숫자가 몇 개일까? 아마 fish(명사)를 fish(동사)와 구분해야 할 것이다. 왜냐하면, 이 두 단어는 비록 소리는 같지만 문장에서 서로 다른 역할을 수행하기 때문이다. 그러나 fished와 fisher의 경우는 어떠한가? 이 단어들도 독자적인 기재항을 가지는가? 아니면 fished는 동사 fish 아래에 등재되어 있는가? 그리고 fisher의 경우는 어떤가?

그냥 사전을 찾아보면 되지 않겠냐는 말을 사는 사람들이 분명 있을 수 있다. 그러나 우리가 1장에서 보았듯이, 책으로 된 사전은 마음속 어휘집과 매우 다르다. 뿐만 아니라, 책으로 된 사전들은 어떤 단어들이 자신만의 기재항을 가져야 하고 어떤 단어들은 그렇게 하면 안 되는지에 대해 서로 의견이 다르다. 한 유명한 사전(CCED)에는 fisher가 독자적인 기재항을 가지고 있지만, 다른 사전(LCED)에서는 동사 fish 아래에 등재되어 있다. 하지만 경우가 유사한 단어인 runner에 대해서는 두 사전 모두 별도의 기재항을 두었다. 간단히 말하면, '어떤 단어에게 지면이나 알아볼 수 있는 표시를 할당할 것인가의 문제에 있어서는 사전들 사이에 차이점이 있을 뿐 아니라, 하나의 사전 내에서도 일관성이 결여되는 경향을 보인다.'[20] 그리고 이론 언어학자들 사이에도 무엇을 '단어'로 간주할 것인가에 대해서 이와 유사한 의견차가 있다.

'단어의 단어다움'[21]이 추가의 문제 거리이다. 특히 구어에서는 모든 단어가 동일한 정도로 단어다운 것이 아니다. 한 극단을 보면 er(어), um(음), ah!(아!) 따위의 말들은 사전에 빠져있는 전형적인 말이지만, aargh, splat(철썩하는 소리), weeow, whoop(와 하는 소리), 그리고 이와 유사한 '만화에 나오는 소리들'은 대부분 사전에 남아 있다.

이러한 유형의 비일관성은 마음속 어휘집에 대한 논의에서 '단어'나 '어휘 항목'에 대한 어떠한 우선적인 정의에도 의존할 수 없다는 것을 보여준다. 단어의 정의는 이 책이 진행되는 과정에서 내려질 것이다. 더구나 마음속 어휘집이 완전한 단어들로 이루어져 있다는 것을 어떻게 알 수 있는가? 어쩌면 fisher와 같은 단어는 fish와 -er로 나뉘어 조각으로 저장되는 것일 수도 있다. 이것은 논의될 필요성이 있는 질문이다.

이러한 복잡성 때문에, 첫 단계의 논의는 cow(젖소), tiger(호랑이), square(사각형), bachelor(총각)와 같이 적어도 fisher에 비해서는 명쾌한 항목들에 제한될 것이다. 이러한 단어들, 그리고 이와 유사한 단어들이 마음속 어휘집에 자신만의 기재항을 가지는 '단어들'인 것으로 가정하자. 이렇게 한후, 나중 단계에서는 보다 복잡한 경우들로 넘어갈 수 있다.

▮ 작업 분배 ▮

단어를 이용할 수 있으려면 그 의미, 문장에서 담당하는 역할(예를 들어

해당 단어가 동사인지 명사인지), 그리고 소리의 세 가지를 최소한 알아야 한
다. 단어가 지니는 이 세 가지 측면은 이어질 몇 개의 장에서 논의할 예정
이며(2부: 기본 성분, 4장-12장), 단어가 덩어리로 저장되는가, 아니면 조각으
로 나뉘어 저장되는가에 대해서도 생각해 볼 것이다. 이어서 기존의 단어
를 확장하거나 새 단어를 만들어내야 할 필요가 발생할 때, 인간이 이러한
새로운 상황들을 어떻게 처리하는지에 대해 생각해 볼 것이다. 또한 아이
들이 단어들을 어떻게 배우는지에 대해 논의할 것이다(3부: 새로 등장하는 단
어, 13장-17장). 마지막으로는 이 모든 여러 측면들이 어떻게 결합되는지에
대해 논의한다(4부: 전반적인 구도, 18장-21장).

▌ 요약 ▌

이 책의 전반적인 목표는 마음속 어휘집의 '모델'을 만드는 것이다. 따
라서 이 장에서는 모델의 개념에 대해 논의하였다. 마음의 모델이 런던 지
하철 체계의 지도와 유사한 점이 있다는 사실을 확인하였는데, 둘 모두 실
제로는 훨씬 더 복잡한 어떤 대상이 가지는 중요한 특징들을 담아낸 단순
화된 도식이라고 할 수 있다.

그러나 마음의 지도는 영감에 의한 추측에 의존한다는 점에서 실생활
의 지도와 다른데, 그 이유는 가설적으로 설정한 연결들이 실제로 존재하
는지를 보기 위해 머릿속을 들여다보는 것이 용이하지 않다는 데 있다. 따
라서 우리의 모델은 마음이 우리가 잘 알고 있는 도서관이나 컴퓨터 같은
대상과 유사하지 않겠는가 하는 생각을 검증할 때처럼 흔히 은유에 토대
를 둔다.

이어서 우리가 단어의 의미를 미리 규정할 수 없다는 점을 지적하였
다. 단어 의미의 규정은 책이 진행되는 과정에서 이루어질 것이다. 단어가
덩어리로 저장되는지, 아니면 조각으로 나뉘어 저장되는지의 문제도 마찬

가지이다.

또한 마음속 어휘집 전체를 한꺼번에 다루는 것이 불가능하다는 점을 지적하였다. 연구를 하위부분들로 나눌 필요가 있는 것이다. 다음 장에서는 이 하위 부분들 중 첫 번째 하위부분인 단어의 의미로 넘어갈 것이다.

제 2 부

기본 성분

Basic Ingredients

4 | 미꾸라지 같은 존재
— 단어의 의미를 정확히 규명하려는 시도 —

> '말하자면 이제 우리에게 필요한 것은 이 플라스크에 들어있는 내용물을 박테리아의 침입으로부터 보호해 줄 tompion이야. 너는 tompion이 뭔지 알 거라고 생각하는데, Cornelius?'
>
> '안다고 말 못 하겠습니다, 선생님.' 나는 말했다
>
> '흔히 쓰이는 이 영어 명사의 정의를 내게 말할 수 있는 사람이 있을까?' A.R. Woresley가 말했다.
>
> 아무도 할 수 없었다…
>
> 'tompion이란', A.R. Woresley가 말했다. '진흙과 침으로 만든 작은 덩어리인데, 곰이 겨울에 대비해서 동면을 시작하기 전에 개미가 들어오지 못하도록 항문에 집어넣는 거지.
>
> Roald Dahl, *My Uncle Oswald*

소설가 Evelyn Waugh는, '단어에는 자신만의 고유한 기본 의미가 있는데, 여기에서 벗어나는 것은 의도적인 은유이거나 용서 못할 상스러움 중 하나이다'라고 주장했다.[1] 이 견해에 의하면 단어는 주의 깊게, 그리고 정확히 사용되어야 할 정밀한 도구이다. 저술가 A.P. Herbert는 '단어는 생각의 도구이기 때문에 중요하며, 우리는 드라이버로 구멍을 뚫으려 한

다든지 석탄을 캐는 망치로 코르크 마개를 뽑아내고 있는 경우에서처럼, 부적절한 도구의 사용으로 인해 생각을 제대로 하지 못하고 있다는 것을 흔히 느끼게 될 것이다'라는 주장을 했다.2 아마도 교육을 많이 받은 사람들은 교육의 과정에서 각 단어가 정확히 어떤 의미를 가지는지를 배웠을 것이기 때문에, 어떤 단어를 언제 사용해야 할지를 분명하게 알 것이다. 만일 이 관점이 옳다면, 우리의 마음속 어휘집에 있는 의미 기재항들은 지극히 명료하고 간결할 것이며, 이러한 이상적인 상태에 도달하지 못하는 것은 교육을 받지 못했거나 심적으로 게을러서였을 것이다. 전반적인 가정은 개개인이 얻기 위해 애써야 하는 각 단어의 기본적인 의미가 어딘가에 존재한다는 것이다. 이것을 '고정된 의미'의 가정이라고 명명할 수 있다.

그러나 단어에는 확고한 의미를 할당할 수가 없으며, '자연 언어의 개념들은 분명하지 않은 경계와 흐릿한 가장자리를 가지고 있다'라고 주장하는 대안적 관점이 있다.3 단어의 의미는 죽어버린 곤충처럼 확실하게 규명될 수 있는 것이 아니라, 살아있는 나비처럼 날개를 나부끼며 이리 저리 날아다녀 파악이 쉽지 않다. 혹은 손에 쥐어도 미끄러져 빠져나가 버리는 물고기에 비유되어야 할 것 같다. '단어는 흔히 미꾸라지 같은 녀석들이라고 불리어 왔는데, 많은 학자들이 단어의 의미가 변하는 경향이 있으며 어떠한 단일한 정의도 비켜 나간다는 점 때문에 어려움을 겪어왔다.'4 아니면, 단어의 의미는 하늘을 날아다니는 새에 비유되어야 할 것 같다. '단어의 적절한 의미는 … 결코 갈매기가 바위 위에 앉듯이 단어가 그 위에 앉는 대상이 아니며, 배의 꼬리부분 위를 날고 있는 갈매기처럼 단어가 그 위를 선회하는 대상이다.'5 이 대안적 관점을 '의미 불명확'의 가정이라고 부를 수 있다. 이 관점이 옳다면, 인간의 마음속 어휘집에 있는 기재항들의 성격을 규정하는 것이 매우 어려운 일이 될 수 있다.

학자들이 이렇게 서로 다른 의견을 가질 수밖에 없는 이유는 무엇인가? 한 가지 가능성은 이 두 가지 의견이 모두 단지 제안한 사람의 개인적 성향을 토대로 개진된 무지하고 대중적인 관점이라는 것이다. 고정된 의미라는 개념은 주로 사전 편찬자나 교장선생님들이 제안한 것일 수 있다. 왜냐하면, 이들이 수행해야 하는 과제는 단어들이 명확한 정의를 가질 경우 분명 더 용이해질 것이기 때문이다. 이 장의 첫 부분에서 인용한 허구의 인물 A.R. Worseley는 tompion이라는 단어에 대한 자신의 독단적 정의를 남에게 말하는 것을 즐기고 있음이 분명한데, 그의 정의는 이 단어 대해 대부분의 사전에 나와 있는 정의보다 다소 좁은 의미를 규정하고 있다. 사전들은 거의가 tompion이나 tampion이 구멍을 막는 마개이지만, 이 구멍이 반드시 곰에 있는 것일 필요는 없으며 통이나 총, 혹은 오르간의 파이프와 같은 광범위한 물건들에 있는 것이면 된다는 데에 동의하고 있다.

이와 대조적으로 '불명확한 의미'의 지지자들은 'Burnt Norton'에서 다음과 같은 불평을 늘어놓은 T.S. Eliot과 같은 시인과 신비주의자들이라는 것을 알 수 있다.

> 단어는 왜곡하고
> 지고 있는 무게로 인해 갈라져 금이 가거나 때로는 깨지며,
> 긴장으로 헛디디고, 미끄러지고, 사라져 버리고,
> 애매모호함으로 시들어가, 자기 자리에 머물러 있지 않으리라,
> 조용히 머물러 있지 않으리라.

유감스럽게도 이러한 간단한 해답은 통하지 않게 될 것이다. 어떤 사람이 속하는 유형과 그 사람이 가지고 있는 관점 사이에는 아무런 직접적인 상관관계도 없는 것으로 보인다. 잘 알려지고 인정받는 철학자들, 심리학자들, 그리고 언어학자들이 이 논쟁에서 두 가지 입장 중 한 가지를 취하고 있다. 다만 평균적으로 볼 때 철학자들은 고정된 의미의 관점에 동조하는 성향을 보여온 반면, 심리학자들은 흔히 불명확성을 선택한다.6 마음 속 어휘집에 관한 한, 모든 단어에 고정된 정의를 할당하는 것이 가능한지, 아니면 단어가 불명확한 의미들을 가질 수밖에 없는지를 알아내야 할 필요가 있다. 이 문제에 대한 답은 인간이 단어들을 마음에 어떻게 표상하

는가에 대한 우리의 관점에 분명 영향을 미칠 것이다. 따라서 이 장에서는 고정-불명확 문제에 대해 생각해 보기로 한다. 이어지는 두 장에서는(5장 -6장) 단어의 의미가 마음에 어떻게 표상되는가에 대해 보다 깊이 있게 논의할 것이다. 이어서 단어들이 마음속에서 서로 어떤 관계를 가지면서 조직되는가의 주제로 넘어갈 것이다(7장-8장).

이어질 내용에서 우리는 '"의미"라고 하는 난해한 단어'와 연관된 추상적이고 철학적인 문제에 대해 파악하려고 애쓰기보다는, 인간의 마음속에 존재할 수 있는 정보에 대해 관심을 집중하고자 한다.7 철학자들의 의견은 논의의 주제를 조명하는 데 도움이 될 것으로 보이는 경우에 한해서만 언급될 것이다.8

그림 4.1 단어와 대상의 문제

이와 유사하게, 우리는 단어와 그 단어가 명명하는 실제 세계 대상 사이의 복잡한 관계를 말하는 '지시의 불가해성'이라 불리어 온 문제에 대해 특별히 관심을 두지 않을 것이다.9 비록 어떻게 그것이 가능할지는 불분명하지만 대부분의 사람들이 단어가 '개념'을 통해 대상에 연결된다고 가정한다(그림 4.1을 보시오).

단어들과 개념들의 뒤얽힌 연결 관계는 '복잡성과 무지로 이루어진 늪

지대와 같은' 연구 분야이다. '… 사람들이 사용하는 이름표들과 이름표가 붙은 대상들에 대해 그들이 가지고 있는 개념 사이의 뒤얽힌 관계는 잘 이해되지 못하고 있다.'10 단어의 의미와 별도로 개념들로 이루어진 추상적인 층위가 있는가, 아니면 단어의 의미와 개념이 동일한 것인가에 대해서는 논의가 분분하다.11 이 책에서 우리는 첫째, 사람들이 실제 세계를 '개념들'로 옮기며, tiger(호랑이), moon(달)과 같은 개념들의 경우 외부 세계를 매우 잘 반영한다고 가정하고자 하는데, 이는 사람들 사이에, 심지어 서로 다른 언어를 사용하는 사람들 사이에서조차 이 개념들이 무엇인가에 대한 상당한 동의가 있는 것으로 보이기 때문이다. 둘째, 우리는 단어의 '의미'가, 전적으로 그러할 필요성은 없다고 하더라도, 상당한 정도로 개념과 중첩되는 것으로 볼 것이다. 개념 전체는 단어로 이름을 붙이는 영역들보다 넓은 범위를 포괄할 수 있다(그림 4.2).

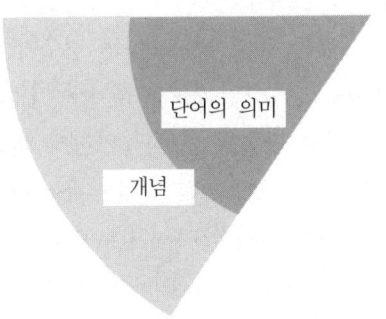

그림 4.2 개념과 단어 의미의 관계

이러한 관점이 책의 뒷부분으로 갈수록 보다 명료해지고, 이를 통해 관련된 문제들 역시 부분적으로 명료해질 것으로 기대한다.

이제 고정-불명확 문제에 대해 생각해 보기로 하자. 고정된 의미의 관점을 지지하는 사람들이 제기한 몇 가지 아이디어를 개관하는 것으로 시작하려고 한다.

▌ 스냅사진과 점검목록 ▌

> 그래요. Adlestrop을 기억합니다 –
> 이름을요. 왜냐하면 무더운 어느 날 오후에
> 급행열차가 그곳에 멈추어 섰거든요.
> 드문 일인데. 6월 말이었죠.

Edward Thomas의 시 'Adlestrop'에서 발췌한 위의 구절은 고정된 단어 의미와 관련해 우리가 가질 수 있는 가장 간단한 관점이 무엇인지를 예시하고 있다. 이 구절은 우리가 일련의 스냅사진들의 서류철로 정리된 단어들을 가지고 있다는 제안을 하고 있다. Adlestrop이라는 단어는 서류철에서 특정의 사진을 불러내는데, 위의 경우에는 기차의 창을 통해서 바라본 광경이 그것이다.

우리 모두가 자신의 Adlestrop들을 가지고 있을 가능성이 있다. 심리학자들이 '일화 기억'이라는 용어를 사용하는 경우가 있는데, 특정의 일화가 상당히 분명하게, 가끔 단어 이름표가 붙어서 기억되는 경우가 이에 해당된다.[12] 그러나 스냅사진 관점이 단어의 의미에 대한 일반 이론이 되기에는 몇 가지 난점이 있다. 가장 주된 문제는 우리가 대화의 주제로 삼는 대상은 어떤 것이나 우리가 일반적으로 여러 각도에서 바라보았던 대상이라는 사실이다. cat라는 단어를 보자. 이 단어는 깨어서 여기 저기 돌아다니는 고양이에 대해 말하고 있는가? 아니면, 웅크리고 잠들어있는 고양이인가? 혹은 접시에서 우유를 핥고 있는 고양이인가? 아무리 적어도 각각의 자세를 취하고 있는 고양이를 나타내는 몇 개의 서로 다른 스냅사진들이 필요할 것이다. 뿐만 아니라, 고양이는 색깔과 크기가 서로 다르며, T.S. Eliot의 불가사의한 고양이 Macavity의 경우에서처럼 종종 매우 독특한 특징들을 가진다.

> Macavity는 적갈색 고양이, 아주 크고 말랐네.
> 보시면 알 거예요. 눈이 푹 꺼졌거든요.
> 이마에는 생각하느라 깊은 주름이 패였고, 머리는 높고 둥근 모양으로 부
> 풀었어요.
> 코트는 손질을 하지 않아 먼지투성이, 털에는 빗질도 하지 않았네.

그렇다면 한 번이라도 본 적이 있는 각양 각색의 자세를 가진 모든 고양이에 대해서 각각 한 다발의 사진이 우리에게 필요한가? 그리고 이것이 사실이라면, 이 사진 다발에 들어있지 않는 새로운 고양이를 우리가 어떻게 '고양이'라고 부를 수 있을 것인가?

더구나 용어가 일반적이면 일반적일수록 연관되는 이미지를 규정하기가 더 어려워진다. '동물'이라는 용어에 대해 생각해 보자. '만일 그 일반적 이미지가 네 발이 달렸다는 것이라면, 어떻게 인간을 동물로 규정할 수 있을 것인가? 그리고 만일 동물은 목이 짧아야 한다면, 어떻게 기린을 동물로 규정할 수 있겠는가?'13

이러한 문제들은 의미가 마음속의 이미지로 이루어진다고 하는 생각이 일반적으로 만족스럽지 못한 것으로 입증된 이유가 무엇인지를 말해 준다. 20세기 초에 당시의 영향력 있는 심리학자였던 Edward Bradford Titchener가 모든 단어는 마음속에 고정된 이미지를 가지고 있다는 주장을 했을 때에는 이 생각이 어느 정도 인기를 끌었다. 그에게 '젖소'는 '길다랗고 일종의 과장된 삐죽거림 같은 어떤 표정을 표현하는 직사각형'이었고, '의미'라는 단어는 마음에 '둘레에 약간의 노란색이 있는 국자 같은 것에 붙어있는 청회색 쇠고리'를 불러 일으켰다.14 그러나 이 이후로 대부분의 심리학자들은 가끔 있을 수 있는 Adlestrop 유형의 스냅사진 이외의 경우에 대해서는 단어의 의미에 직접적인 이미지가 포함된다는 생각을 포기했다.

이상의 관찰들은 고양이와 같은 단어가 고양이의 이미지를 지시하는

것이 아니라, 어떤 보다 추상적인 복합체를 지시한다는 것을 보여준다. 고양이라는 단어를 이해하는 사람이면 누구나 고양이인 대상에 포함되는 본질적인 '고양이성'을 다른 것으로부터 구분해내는 데 사용하는 일종의 분석을 수행했어야 한다. 아마도 이 본질적 특징들이 고양이라는 단어의 기본 의미를 구성하는 것 같다.

　이것이 많은 철학자들의 관점이다. 이들은 단어의 의미를 잡아내기 위해서는 '필요충분조건들'의 집합을 만들어야 한다고 주장한다. 달리 말하면, 어떤 단어 의미에 절대적으로 필요한 조건들, 그리고 그 합에 의해 해당 단어의 의미를 충분히, 혹은 타당하게 나타낼 수 있는 조건들의 목록을 만들어야 한다는 것이다. 정사각형이라는 단어를 보자. 이 단어는 다음과 같은 네 개의 필요조건을 가지고 있다.[15]

　　1. 닫힌 평면체
　　2. 네 면을 가질 것
　　3. 모든 면의 길이가 같을 것
　　4. 모든 내각의 크기가 같을 것

　어떤 것이 정사각형이 되기 위해서는 위의 각 조건이 그 자체로서 필수적이며, 이 조건들이 다 모이면 정사각형을, 그리고 단지 정사각형만을 정의하고 판별하는 데 충분하게 된다. 누구나 꼭 이렇게 표현하지 못한다 하더라도, 정사각형의 개념을 이해하는 사람이면 이 조건들을 반드시 알고 있을 것이다. 이 조건들은 '기준 조건', 혹은 '기준 특질'로 불리기도 하는데, 이는 이 조건들이 어떤 것이 정사각형인지 정사각형이 아닌지를 판단하는 데 사용되는 기준들이기 때문이다.

　이 이론을 '점검목록' 이론이라고 부를 수 있겠다.[16] 이 이론은 우리 마음속에 각 단어의 본질적 특징들의 목록이 있어서, 우리가 무언가를 고양이, 혹은 정사각형, 혹은 젖소라고 부르는 것은 그 각각이 우리가 무의식

적으로 하나씩 점검하는 '기준 특질들'을 가지고 있을 때에 한정된다는 제
안을 한다. 이러한 '점검목록'이론에 직관적으로 만족하는 사람들이 있는
데, 그 이유는 아마도 다수의 사전들이 묵시적으로 점검목록 원리를 토대
로 하기 때문에 이 이론이 매우 친숙한 이론에 해당한다는 데 있는 것 같
다. 그럼에도 불구하고, 점검목록이론 역시 많은 문제를 가지고 있다. 이들
중 몇 가지에 대해 생각해 보기로 하자.

점검목록이론이 가지는 가장 주된 문제는 어떤 특질을 목록에 포함시킬
것인가를 결정하는 문제이다. 젖소에 대한 다음의 관료적 정의에서처럼 단
어가 특별한 맥락 내에서 고정적인 의미를 지닌다고 공무원들이 선포할 수
도 있지만, 명백한 필요조건들을 가진 단어는 극소수에 지나지 않는다. '젖
소는 소과에 속하는 암컷 동물로서, 송아지를 낳았거나 장관의 의견으로 송
아지를 낳은 것들을 대신해 소 무리로 옮겨진 동물이다.'[17]

그러나 대부분의 사람들이 가지고 있는 젖소의 개념은 아마도 열 살배
기가 가지고 있는 다음의 개념에 더 가까울 것이다. '젖소는 포유동물이다.
오른쪽, 왼쪽, 위, 아래의 6면을 가지고 있다. 뒤쪽에는 꼬리가 있는데 거
기에는 솔이 달려 있다. 이것으로 파리들을 쫓아내 파리들이 우유에 떨어
지지 않도록 한다. 뿔이 자랄 수 있고 어딘가에 입이 있을 수 있도록 하기
위해 머리가 있다. 뿔들은 들이받기 위한 것이고 입은 음매 하고 울기 위
한 것이다. 젖소 아래에는 우유가 달려있다. 우유를 짤 수 있는 준비가 되
어 있다. 사람들이 우유를 짜면 우유가 나오고 결코 우유가 다 떨어지지
않는다.'[18] 이 아이는 능동적인 마음속 어휘집 속에 젖소라는 단어를 가지
고 있는 것으로 보인다. 그러나 이 묘사들 중 어떤 것들이 젖소의 실제
'의미'를 포함하고 있으며, 어떤 것들이 추가의 비본질적인 정보인가? 인
간의 지식 전체로부터 고정된 의미의 근간이 되는 핵심을 분리해 내는 것
이 가능한가?

이러한 구분이 유익하다고 주장한 언어학자와 철학자들이 많다. 희랍
의 철학자 Aristotle과 마찬가지로, 이들은 단어에는 본질적 의미의 핵심

이 있어서 그것을 추출해 내어 규정하는 것이 원칙적으로 가능하다고 가정한다. 이 핵심의 주변에는 지극히 우연적인 사실들이 많이 있는데, 이것들은 기본 의미를 심각하게 변화시키지 않으면서 추가되거나 생략될 수 있다. 이들은 핵심적 의미는 여러 종류의 언어 사전에 들어가는 것으로 가정하는 반면, 주변적이고 비본질적인 사실들은 일반 지식에 대한 백과사전에 들어가는 것이라고 주장한다. 이 관점을 개진한 두 사람의 영향력 있는 학자는 언어사용자들이 언어에 대해 가지고 있는 내재적 지식의 특성을 밝히고자 하였다고 주장했는데, 이 말을 보면 인간의 마음속에 어휘집과 백과사전이 구분되어 있을 수 있다는 제안을 하고 있는 것 같다.[19]

만일 이것이 실현 가능하다면 의미적 핵심을 확인해 내는 방법은 무엇일까? '그것은 불가능해' 테스트를 사용할 것을 제안하는 사람들이 있다. 당신이 '총각(bachelor)'의 의미를 분석하고 있다고 가정해 보자. 당신이 누군가에게 'Harry는 10년 동안 결혼상태에 있는 총각이야'라는 말을 한다면, 아마 '그것은 불가능해'라는 답변을 듣게 될 가능성이 많다. 당신이 Harry가 받은 첫 번째 학위에 대해서 말하고 있거나 이 단어를 은유적으로 사용하고 있는 것이 아니라면, 총각들이 결혼한 상태일 수는 없는 것이다(여기에서 '총각'의 의미로 쓰이고 있는 'bachelor'는 학사 학위를 뜻하기도 함-역주). 이는 UNMARRIED(미혼의)가 총각의 핵심적 조건임을 의미한다. 만일 당신이 '우리 아주머니 Fenella는 총각이야'라는 말을 한다면, 당신에게 마찬가지의 불신에 찬 답변이 돌아올 텐데, 총각은 남성이어야 하기 때문이다. 이와 유사하게, 만일 당신이 '나의 아기 동생은 총각이야' 라는 말을 하거나, '내 올챙이는 총각이야'라는 말을 한다면, 아마 총각은 어른이어야 하고 인간이어야 한다는 말을 듣게 될 것이다. 따라서 HUMAN(인간의), MALE(남성의), ADULT(성인), UNMARRIED(미혼의)라는 특성들은 모두가 한 사람에게 총각이라는 이름표를 붙이기 위해 절대적으로 필요한 것 같다는 점에서 총각의 '진짜 의미'를 이루는 성분들로 간주될 수 있다. 물론 사람들이 총각에 대한 추가의 지식이나 믿음을 얼마든지 가지고 있을 수 있다. 예를 들어 사람들이 총각은 아이가 없거나 자동차를 빨리 몰 것으로 예상할 수 있다. 그러나 이러한 유형의 정보는 필수적이 아닌 기타 사항으로, 총각과의 대화에서 도움이 될 수는 있지만, 단어의 의미와는 아무런 관계가 없을 것이다.

백과사전적 지식과 구분될 수 있는 핵심적 의미를 분리해 낸다는 생각은 매혹적이다. 그러나 유감스럽게도 분명 유익한 이 방법에 의해 핵심적 의미가 분리될 수 있는 단어의 숫자는 상대적으로 얼마 되지 않는다. 대부분의 단어가 상당히 많은 어려움을 야기한다. 호랑이라는 단어를 보자. 누구나 호랑이가 무엇인지를 안다고 주장하지만, 호랑이가 호랑이이도록 하는 것이 정확히 무엇인지에 대해 분명히 아는 사람은 전혀 없다.

한 사전에 의하면, 호랑이는 '아시아 산이고 몸집이 크고 황갈색 검은 줄무늬가 있으며 육식을 하고 갈기가 없는 고양이과 동물'이다.[20] 그리고 다른 한 사전에 의하면, '매우 몸집이 큰 아시아의 고양이로 가로로 검은 줄무늬가 난 황갈색 피부를 가졌다.'[21] 이 특징들 중 어떤 것이 본질적인가? 여기에서는 '그것은 불가능 해' 테스트가 확정적이지 못한 결론으로 끝날 것 같다. 만일 당신이 'Harry네 호랑이는 동물이 아니야'라고 말한다면 '그러면 그것이 호랑이일 수가 없지'라는 답변이 돌아올 것이기 때문에, 대부분의 사람들이 ANIMAL(동물)이 호랑이성의 필수적인 조건이라는 생각을 받아들일 것이다. 사람들은 또한 호랑이가 육식을 할 필요가 없다는 데 동의할 것이다. 만일 당신이 'Harry네 호랑이는 채식을 해'라고 말한다면, '놀랄 일이 아니지. 호랑이에게 고기를 먹일 여유가 없는 모양이군'이라는 대답을 듣게 될 가능성이 상당히 높다. 줄무늬는 어떤가? '호랑이에게는 당연히 줄무늬가 있어야지. 줄무늬가 없는 호랑이에 대해 들어본 사람이 어디 있겠어?'라는 말을 하는 사람들이 소수 있다. 그러나 많은 사람들이 보다 더 관대해서 다음과 같은 말을 한다. '신문에서 흰 호랑이가 있을 수 있다는 것을 읽었어. 그래서 줄무늬가 있는 것이 본질적일 수 없지'. 사실 흰 호랑이들도 알고 보면 실망거리에 지나지 않는다. 즉, 그들은 실제로는 꿀 색으로, 흐릿한 줄무늬를 가지고 있다.

핵심적 특성에 대한 일반적인 관대함이 문젯거리가 된다. '거리에서 만난 사람에게 다리가 셋이고 다리를 절며 이빨이 없는 색소 결핍증 호랑이들이 있다는 것을 믿도록 만드는 것은 전혀 어려운 일이 아니다. 그들은 모두 같은 호랑이들이다 … 그들을 호랑이로 유지시켜 주는 것은 무엇일까?'[22] 우리는 어떻게 이러한 명백한 '핵심이 빠진 개념들'을 다루는 것일까?

따라서 점검목록 관점은 두 개의 중요한 문제에 직면한다. 첫째, 본질적인 특성과 비본질적인 특성 사이의 경계선을 긋는 분명한 방법이 없는 것으로 보이기 때문에, 점검목록에 들어갈 것이 무엇인지를 결정하는 것이 지극히 어려워 보인다. 둘째, 필수적 조건들이 없기 때문에 점검목록이 사실상 존재하지 않는 것으로 보이는 단어들이 있다.

거의 모든 단어의 의미를 고정시키는 것이 사실상 불가능하다면 고정적 의미 가정은 포기되어야 한다는 것을 뜻하는가? 잘 알려진 한 가지 철학적 관점에 의하면, 단어들이 실제로 고정적인, 그리고 정확한 의미를 가지고 있지만, 얼마 되지 않는 전문가들만이 이 의미를 안다.[23] 일반적인 사람들은 무언가의 본질적 속성에 대해 알아야 할 필요가 있을 때 이 전문가들의 조언을 구해야만 한다. 예를 들어 전문가만이 금이나 비소의 진정한 속성을 규정할 능력이 있을 것이다. 여기에서의 문제는 전문가들이 때로는 서로 다른 의견을 가지며, 때로는 그들의 생각을 바꾼다는 것이다. 이에 의해 우리는 기이한 상황에 처하게 된다. 즉, 무엇인가가 가지는 '진짜의 의미'가 있을 수 있는데, 현재로서는 그 누구도 실제로 그것이 무엇인지 밝히지 못한다. 그러나 이러한 유형의 의미는, 비록 그런 것이 존재한다 하더라도, 마음속 어휘집을 연구하는 사람에게는 대단한 흥미가 되지 못한다. '그것은 전문가의 마음속에 있거나(비록 정확한 의미가 그곳에 있다는 것을 확신하는 사람은 아무도 없지만), 그 누구의 마음속에도 없으며, 따라서 세계의 지성적 교류 속에 있는 하나의 게으른 수레바퀴이다.'[24]

요약하면, 예컨대 금, 홍역, 비소가 가지는 '진짜의 의미'가 전문가들의 논문 초록이나 그들의 마음속에 존재한다고 하더라도, 우리 같은 비전문가들은 철학자들이 진정으로 허용했듯이 대부분의 단어들에 대해 우리 자신들이 만든 실용적인 근사치를 가지고 아주 행복한 마음으로 서투른 발걸음을 한다는 것이 분명하다. 뿐만 아니라, 우리는 전문가의 관점을 듣는다고 하더라도 흔히 그것에 대한 무시를 선택한다. 예를 들어 식물학자는 우리에게 양파가 백합과에 속한다고 말하는데,25 이것은 양파와 백합에 대한 실용적 지식으로는 불필요한 정보인 것 같다. 따라서 비록 어딘가에 각각의 특정 단어에 대한 '진짜의' 의미가 존재한다고 하더라도, 이 의미는 마음속 어휘집과는 전적으로 아무런 상관관계가 없다는 결론을 내릴 수 있다. 세계에 존재하는 '범위가 넓은 내용'의 의미와 이 책에서 우리가 관심을 가지게 될 '범위를 축소한 내용', 혹은 마음속의 표상들을26 구분하는 것이 하나의 타협이 될 수 있겠다.

결국 이 절에서 우리는 고정적인 의미 핵심을 알아내는 것이 불가능한 것으로 보이는 단어들이 있다는 것을 알게 되었다. 이것이 고정적 의미라는 개념을 포기해야만 한다는 것을 뜻하는가? 불명확한 의미를 지지하는 사람들에 따르면 대답은 '그렇다'이다. 이제 이 사람들의 관점에 대해 논의해 보기로 하자.

▌ 불명확한 경계와 가족유사성 ▌

불명확한 의미를 지지하는 사람들은 '불명확한 경계 현상'과 '가족유사성 신드롬'이라는 두 가지 이유에서 단어의 의미가 유동적일 수밖에 없다고 주장한다. 여기에 대해 예시해 보자. 단어들은 한 단어가 끝나고 다른 단어가 시작되는 분명한 지점이 없다는 점에서 불명확한 경계를 가지고 있다. 이것은 사회언어학자 William Labov가 학생들에게 그릇들의 그림을 보여주고, 각 그릇을 컵(cup), 꽃병(vase), 혹은 사발(bowl) 중 하나로 명명해 보라고 요구함으로써 논증하였다.27 학생들 모두가 특정의 모양들에 대해서는 의견이 같았다. 예를 들면, 그들은 모두 주저 없이 높이가 높고 폭이 좁은 그릇을 꽃병으로, 그리고 높이가 낮고 넓적한 그릇을 사발로 간주했다. 그러나 이 두 그릇 중간의 그릇들을 보고는 상당히 혼란스러워 했다. 꽃병이었나 아니면 컵이었나? 거기다 꽃병과 사발에 손잡이가 있었다고 생각해 보라(그림 4.3). 그러면 무엇일까?

그림 4.3 꽃병? 컵? 아니면 사발?

학생들은 결정하는 것을 어려워하였으며, 서로 다른 결론을 내렸다. Labov가 지적했듯이, '어느 부엌에나 분명히 사발이고 컵이고 머그잔이고 접시인 많은 그릇들이 있다. 그러나 컵이라고 부를 수도 부르지 않을 수도 있거나, 어떤 사람들은 컵의 일종인 것 같다고 하지만 다른 사람들은 접시의 일종이라고 할 다른 그릇들도 있다'28

단지 의견이 서로 다르다는 것이 전부였다면, 사람들의 마음속 어휘집이 서로 다르다는 말을 하는 것으로 그만이었을 것이다. 그러나 개개인이 각자의 답변을 일관적으로 하지 않았다는 것이 드러났다. 예를 들어 Labov는 비어 있는 어떤 그릇을 보여주면서 그 그릇을 사발이라고 부르는 것이 맞을 거라는 확인을 시켜 준 다음에, 동일한 그릇에 여러 가지 물건들이 채워져 있을 때는 그 그릇을 무엇이라고 부를지를 학생들에게 물어보았다. 학생들은 이 사발에 갈아 으깬 감자가 가득할 때는 여전히 사발로 불렀지만, 꽃이 들어 있을 때는 꽃병으로, 커피가 들어 있을 때는 컵으로 바꾸어 부르는 경향을 보였다. Labov에 의하면 '명확하게 생각하고자 하는 사람들의 목적은 단어들을 보다 정확한 방식으로 사용하는 것에 있었다. 그러나 이것은 기술에 관련된 특수 용어의 경우에는 훌륭하고 필수적인 방법이지만, 일반적인 단어에 적용되면 스스로를 망가뜨리는 방책이다.'[29] 결국 불명확한 경계는 단어 의미의 본유적 속성인 것 같다.

이제 가족유사성 신드롬으로 넘어가자. 이것은 Mugwump가로 불리는 가상의 가계를 이용해 예시할 수 있다. Mugwump가에는 이 가족만 가지는 다음의 몇 가지 특징들이 있어서, 이 특징들이 여러 세대에 걸쳐 나타나는 경향이 있다고 해 보자. 귀는 튀어나오고, 눈은 사팔뜨기이며, 양 눈썹이 미간에서 서로 연결되고, 성격은 사납다. 그러나 Mugwump가의 많은 사람들이 이 특징들 중 두세 가지를 가지지만, 이 특징들 모두를 가지는 사람은 없는 상황이 얼마든지 있을 수 있다. 단어와 관련해서도 똑같은 일이 벌어진다.

가족유사성 신드롬은 철학자 Wittgenstein에 의해 생생하게 기술된 바 있다.

우리가 '게임'이라고 부르는 행위들에 대해 생각해 보자. 보드 게임이나 카드 게임, 공으로 하는 게임이나 올림픽 게임 등을 말하는 것이다. 이 모두에게 공통적인 것은 무엇인가? '어떤 공통점이 틀림없이 있다. 그렇지 않다면 "게임"이라고 부르지 않았을 테니까'라고 말하지 말고, 공통점이 하나라도 있는지를 관찰해 보라. 왜냐하면 당신이 이 게임들을 관찰한다면 모두에게 공통적인 무엇인가를 보게 되지 않고 유사성, 관계, 그리고 이것들이 반복적으로 나타나는 것을 보게 될 것이기 때문이다. 거듭 말하지만, 생각하지 말고 관찰하라! 예를 들어 여러 요소로 이루어진 관계들을 가지는 보드 게임들을 살펴보라. 그리고 나서 카드 게임들로 넘어가라. 여기에서 당신은 많은 것들이 첫 번째 그룹과 일치한다는 것을 발견하지만, 많은 특징들이 사라지고 새로운 특징들이 등장한다. 다음으로 공으로 하는 게임들로 넘어가면, 남아있는 공통점들도 많지만 사라진 것들도 많다. 이 모든 게임이 '재미있는'가? 체스를 삼목 게임과 비교해 보라. 또는 언제나 승리와 패배가 있거나, 참가자 사이에 경쟁이 있는가? 혼자서 하는 카드게임도 있다. 공으로 하는 게임들에서는 승리와 패배가 있지만, 아이가 공을 벽에 던졌다가 다시 받아내고 하는 경우에는 이 특징이 사라진다. 기술과 운으로 하는 부분들을 관찰해 보라. 그리고 체스에 사용되는 기술과 테니스에 사용되는 기술의 차이를 관찰해 보라. 이제 링어로즈와 같은 게임에 대해 생각해 보라. 여기에 재미라는 요소는 있지만, 얼마나 많은 다른 특징들이 사라져 버렸는가! 이렇게 우리는 얼마든지 많은 게임들을 두루 살펴볼 수 있으며, 유사성들이 어떻게 나타나고 어떻게 사라지는지를 볼 수 있다.[30]

Wittgenstein은 모든 게임이 서로 어느 정도의 유사성은 가지고 있지만, 이 게임들 모두를 연결시켜주는 요인은 없다는 결론을 내린다. 우리는 '서로 중첩하고 엇갈리게 교차하는 유사성들의 복잡한 네트워크'[31]에 직면한다. '나는 이러한 유사성들을 나타내는 표현으로 "가족유사성"이라는 표현보다 더 나은 표현을 생각해 낼 수 없다'라고 Wittgenstein은 말을 잇는다. '왜냐하면 체격, 이목구비, 눈의 색깔, 걸음걸이, 기질 등등의 가족 구성원간의 여러 가지 유사성들이 이와 동일한 방식으로 중첩되고 엇갈리게 교차하기 때문이다. 그래서 나는 "게임들"이 가족을 형성하는 것이라고 볼 것이다'[32](그림 4.4).

결국 게임이라는 말은 가족유사성 신드롬을 분명하게 예시해 준다. 그러나 게임이라는 단어는 고립적이고 특이한 예가 아니며, 이와 같은 문제를 드러내는 똑같이 일반적인 '가구', '직업', 혹은 '채소'와 같은 다른 단어들이 많이 존재한다.

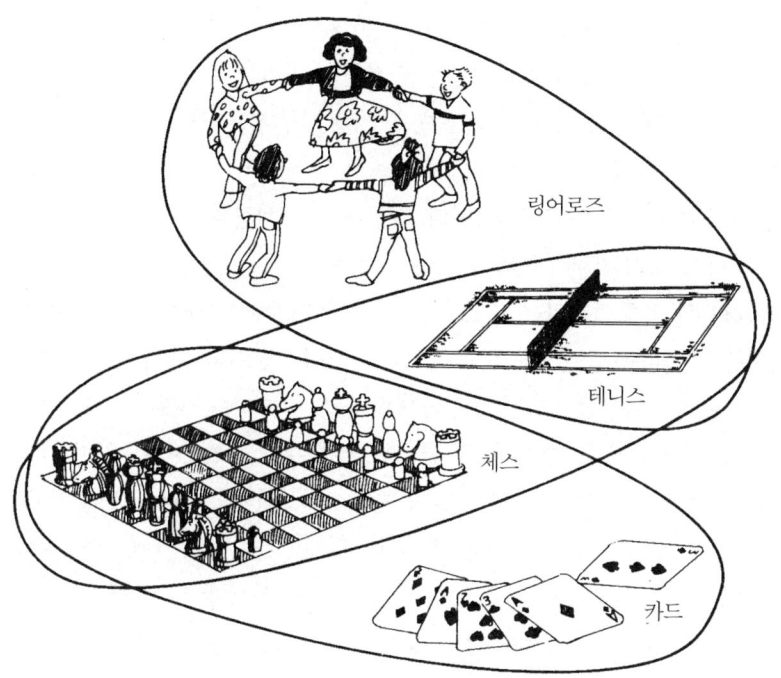

그림 4.4 게임들 사이의 가족유사성

▌ 고정이냐 불명확이냐의 문제 ▌

이제 고정-불명확 문제를 요약해 보자. '사각형'이나 '총각'과 같이 고정적인 의미를 가지는 소수의 단어가 있다. 즉, 이 단어들에 대해서는 필요충분조건들의 집합을 규정할 수 있다. 그러나 대부분의 단어들은 이런 방식으로 행동하지 않으며, 다음의 문제점들 중 한 가지 이상을 가지고 있다. 첫째, 의미의 핵심이 무엇인지를 알아내는 것이 어려운 경우가 있다. 둘째, '진짜의 의미'와 백과사전적 의미의 경계를 구분하는 것이 불가능한 경우가 있다. 셋째, 하나의 단어가 가지는 의미가 끝나고 새로운 단어의 의미가 시작되는 지점이 어디인지가 분명하지 않다는 점에서 '불명확한 경계'를 가진 단어들이 있다. 넷째, 중첩되는 의미를 가지고 있지만 모두가 공유하는 특징은 존재하지 않는 항목들로 이루어진 '가족'을 의미하는 단어가 있을 수 있다.

이 문제점들은 고정적 의미의 관점에서는 해결할 수 없는 장애가 된다. 따라서 우리는 대부분의 단어의 경우 마음속에 있는 단어의 의미는 불명확하거나 유동적이라는 결론을 내린다. 언어에는 본유적으로 '"한정적인 너저분함"이라는 속성'이 있는 것으로 보이며 '"용어화"의 수준, 즉 고정적인 경계들을 설정할 수 있는 수준으로 간주될 수 있는 영역은 일부에 지나지 않는다.33 다음 장에서 우리는 인간이 이렇게 불명확한 의미를 어떻게 다루는지에 대해 생각해 보고자 한다. 하지만 이 주제를 다루기 전에 생각해 볼 필요가 있는 문제가 하나 더 있다. 모든 사람이 단어를 동일한 의미로 사용한다고 가정할 수 있을까? 아니면 사람에 따라 큰 차이가 있을까? 이 문제에 대해 논의해 보도록 하자.

▌ 널빤지, 나무토막, 벽돌 ▌

'널빤지, 나무토막, 벽돌'은 Tom Stoppard의 드라마 Dogg's Our Pet의 맨 처음에 나오는 단어들이다. Charlie라는 사람이 연단을 만들 작정으로 자신에게 어떤 재료들을 던져 주어야 할지를 외치고 있는 것이다. 널빤지 하나, 나무토막 하나, 그리고 벽돌 하나가 말해진 순서에 맞게 이쪽으로 던져진다. 그러나 이어서 해괴한 일이 벌어지기 시작한다. Charlie가 다시 '널빤지'라고 외치자 나무토막이 날아온다. 그가 나무토막을 요구하자 벽돌이 날아오고, 벽돌이라고 외치자 아무 응답이 없다. 무엇이 잘못된 걸까?

Charlie와 물건들을 던져 준 사람은 서로 다른 언어를 쓰는 사람인 것이다. Charlie가 쓰는 언어에서는 널빤지, 나무토막, 벽돌과 같은 단어들이 자신들의 통상적인 의미를 가진다. 그러나 물건을 던진 사람에게는 이 단어들이 '여기!', '다음!', 그리고 '감사합니다!'와 같은 어떤 다른 뜻을 가질지도 모른다. 만일 Charlie가 처음에 한번 외쳤던 만큼의 물건만을 필요로 했다면, 이러한 차이는 결코 발견되지 못했을 수도 있다. 왜냐하면 물건을 던진 사람의 언어가 연단을 만드는 일이 충분히 잘 진행될 수 있을 만큼 잘 들어맞았기 때문이다.

이것은 극단적이고 가상적인 상황이다. 그러나 이 놀이가 드러내 주는 문제는 예사로운 것이 아니다. 만일 내가 누군가에게 한 잔의 물을 가져오라는 말을 해서 그 물이 내게 전해진다면, 물을 가져 온 사람은 단지 '물'이라는 단어가 '무색의 액체'를 뜻하는 것으로 생각해서 물과 진과 보드카 중 아무 것이나 골라 가져온 것일 수 있다. 오해가 있어서 보드카 한 잔이 전달되었을 경우에 한해서만 나는 문제가 있는 것 같다는 의심을 하게 될 것이다. 그리고 이러한 오해는 내가 어린 학생이 런던 동물원에서 여우원숭이를 보면서 선생님에게 '저기요, 선생님, 저것들이 죽었나요?'라고 묻는 것을 우연히 들었을 때나, 십대의 딸이 나이든 여자 손님으로부터 겉옷을 받아 들어주며 '바지로부터 당신을 구해드릴까요?'라는 말을 하는 것을 듣고 새파랗게 질려버리는 어머니를 보았을 때처럼, 한동안 지속되다가 오직 우연에 의해서 발견되는 것일 수 있다.

더구나, 우리는 일반적으로 이러한 종류의 문제들에 대해 유의하지 않는다. 만일 누군가가 어떤 단어를 이상하게 사용한다고 하더라도, 그러한 사용이 자신의 표준적 지식에 비추어 볼 때 결함이 있다고 가정할 사람은 드물다. 만일 누군가가 '조심하세요! 당신 머리 바로 위에 있는 나무에 코뿔소가 앉아있어요'라는 말을 한다면, 우리는 그 사람이 농담을 하고 있거나 미쳤거나 둘 중 하나라고 생각할 것이며, 이 말을 한 사람이 '코뿔소'의 뜻이 '비둘기'인 것으로 생각했을 가능성에 대해서는 고려하지 않을 것이다. 요약하면, 실제 생활에서 우리는 대부분의 경우 다른 사람들도 단어들의 의미가 무엇인지에 대해 우리가 가지고 있는 것과 유사한 믿음들을 가지고 있을 것이라고 가정하고 지낸다.34 심리언어학자들이 그렇게 하듯이 우리도 그렇게 한다. 우리는 서로 다른 사람들의 마음속에 있는 단어들의 의미 사이에 우리가 유익한 결론들에 도달하는 데 충분한 정도의 중첩되는 부분들이 있을 것이라는 가정을 한다. 다만 각자 특유의 생각이 무엇인지를 드러내는 차이들에 대해서는 유의해야 할 것이다.

▎요약 ▎

이 장에서 우리는 단어가 고정적 의미를 가진다는 주장을 하는 사람들과 단어의 의미는 본질적으로 유동적이라는 주장을 하는 사람들 사이의 논쟁에 대해 알아보았다.

우리의 결론은 많은 단어의 경우 핵심적인 의미 정보를 알아내는 것이 불가능하며, 그 본질적 의미를 백과사전적 의미와 구분하는 것 역시 불가능하다는 것이었다. 한 단어의 의미와 다른 단어의 의미 사이에 확실한 경계는 존재하지 않으며, 하나의 단어가 구성원 모두에 해당되는 공통적인 특징이 존재하지 않는 단어들로 이루어진 가족 전체를 뜻하는 경우가 흔하다. 따라서 우리는 단어가 실로 흐릿하고 불명확한 경계를 가진 미꾸라지 같은 존재들이라는 결론을 내렸다.

하지만 단어들이 그렇게 불명확하다면, 언어 사용자들은 어떻게 죽처럼 불명확한 의미들을 다루는 것일까? 이 질문이 다음 장의 주제이다.

5 나쁜 새와 좋은 새
— 전형 이론 —

> 모자장수는 … 주머니에서 자기 시계를 꺼내서 근심스럽게 쳐다보았고, 흔
> 들어 보기도 하였으며, 드디어는 자기 귀에다 대 보았다 …
> '이틀이 틀리는군!' 모자장수가 한숨을 쉬었다. '내가 식물성 기름으로는 고
> 칠 수 없을 거라고 했지!'…
> Alice는 그의 어깨 너머로 호기심에 차서 바라보고 있었다.
> '정말 이상한 시계네!' 그녀가 말했다. '몇 월 며칠인지는 표시하면서 몇 시
> 인지는 표시하지 않다니!'
>
> Lewis Carroll, *Alice's Adventures in Wonderland*

앞장에서 결론지었듯이 만일 단어의 사용 영역이 불분명한 것이라면,
우리는 마음속 어휘집과 관련해서 심각한 문제에 부딪힌다. 인간이 도대
체 단어를 어떻게 다룰 수 있단 말인가? *Alice in Wonderland*에서 인용
한 위의 글이 우리에게 하나의 실마리를 제공한다. Alice는 '적절한 시계'
가 무엇으로 구성되는지에 대한 어떤 생각을 가지고 있는 것 같다. 이것이
그녀로 하여금 모자장수가 가지고 있는 기름때가 묻은 물건을 시계로 알
아볼 수 있도록 하며, 그것이 '이상한' 시계라는 말을 할 수 있도록 한다.
단어의 예 중에 다른 것들에 비해 더 중심적인 예에 해당하는 것들이

있다는 느낌이 널리 퍼져있다는 사실은 한 인기 있는 연재만화에서 두 어린 소녀가 나누는 다음 대화에 잘 나타난다.

> Augusta: 화성인이 무슨 색이라고 했지?
> 친구: 녹색.
> Augusta: 어떤 종류의 녹색? 에메랄드 녹색이나 완두콩 녹색이나 사과 녹색이나 세이지 녹색이나 바다 녹색 혹은 어떤 색?
> 친구: 일종의 녹색적인 녹색이라고 생각되는데.

따라서 우리는 단어의 어떤 예들을 다른 예들 보다 더 기본적인 예로 여기는 것으로 보인다. 이러한 관찰은 인간이 단어의 의미를 어떻게 이해하는지를 밝히는 데 도움이 될 수 있다. 새를 예로 들어보자. 인간의 마음에는 이상적인 새가 지녀야 할 특징들의 집합체가 들어있는 것 같다. 그래서 우리가 익룡을 보았다면 이것이 새인지를 결정하기 위해 새다운 새, 혹은 심리언어학의 용어로 '전형적인' 새가 지니는 특징들과 대조해 볼 것이다. 전형이 지니고 있는 모든 특징들을 가지고 있어야 할 필요는 없지만, 대조의 결과가 적절한 수준에 도달할 만큼 좋아야 반드시 새의 좋은 예는 아니라 하더라도 '새'라는 이름을 붙일 수 있다. 이러한 관점은 점검목록 관점과 다르지 않지만, 새로 판명되기 위해서 해당 생물체가 일정한 숫자에 달하는 새의 특징들을 다 가져야 할 필요가 없다는 점에서 점검목록 이론과 다르다. 단지 적절한 수준의 일치이면 되는 것이다.

이것은 흥미로운 생각이다. 그러나 흥미로운 아이디어가 다 그렇듯이 검증되어야 할 필요가 있다. 사람들이 실제로 이러한 방식으로 행동한다는 것을 어떻게 확인해 낼 수 있을까? 사실 심리학자들은 아주 오래 전에 이미 우리가 색깔을 이런 방식으로 다룬다는 것을 입증한 바 있다.[1] 하지만 동일한 유형의 연구가 그 대상을 확대하여 어휘항목을 대상으로 이루어지기도 하였다. 이 주제에 대한 선구적 연구들 중의 하나에 대해 살펴보기로 하자.

▌ 새다운 새와 채소다운 채소 ▌

약 30년 전에 Berkeley의 California 대학의 심리학자 Eleanor Rosch는 우리가 어떤 유형의 새들을 다른 새들보다 '더 새다운' 새로, 혹은 어떤 채소들을 더 채소다운 채소로, 또는 어떤 연장들을 더 연장다운 연장으로 간주한다는 생각이 옳은지를 확인하기 위한 일련의 실험을 했다.

그녀는 하나의 실험을 고안하여 200명 이상의 심리학 전공 학생들을 대상으로 실시했는데, '이 연구는 우리가 범주를 지시하는 단어들을 사용

할 때 마음속에 떠올리는 것이 무엇인가의 문제와 관련이 있다'라는 설명
을 제공했다.

> '빨간'이라는 단어를 예로 택해보자. 눈을 감고 진짜 빨간색을 상상해 보라.
> 다음으로 오렌지 빛이 나는 빨간색을 상상해 보라 … 보랏빛이 도는 빨간색
> 을 상상해 보라. 당신이 오렌지 빛 빨간색과 보랏빛 빨간색을 여전히 빨간색
> 으로 부를 수 있겠지만, 이 색깔들은 명백하게 '진짜인' 빨간색만큼 빨간색의
> 훌륭한 예는 되지 못한다. 간단히 말하면, 어떤 빨간색들은 다른 것들보다 더
> 빨간색답다. 다른 종류의 범주들에 있어서도 마찬가지다. 개에 대해 생각해
> 보라. '진짜의 개', '개다운 개'가 어떤지에 대한 일정한 생각들이 누구에게나
> 있다. 나에게는 사냥개 리트리버나 독일 셰퍼드가 매우 개다운 개인 반면, 페
> 키니즈는 개답지 못한 개다. 이러한 종류의 판단은 당신의 기호와는 아무런
> 상관이 없다는 것에 유의해야 한다. 당신이 진짜의 빨간색보다 자줏빛 빨간
> 색을 더 좋아하면서도 그 색깔이 진짜 빨간색이 아니라는 것을 얼마든지 인
> 식할 수 있다. 당신은 사람들이 생각하는 개다움을 가장 잘 나타내는 종이 페
> 키니즈라는 생각을 하지 않더라도 다른 개보다 페키니즈를 가지고 싶어할 수
> 있다.[2]

이어서 나누어 준 설문지는 열 쪽 분량이었다. 각 페이지에는 '가구',
'과일', '채소', '새', '목수의 연장', '의복' 등과 같은 범주의 이름이 하나씩
있었고, 각 범주 아래에 50개 내외의 예로 이루어진 단어 목록이 제시되었
다. 과일의 목록에는 오렌지, 레몬, 사과, 복숭아, 배, 멜론, 그리고 우리가
쉽게 생각해 낼 수 있을만한 다른 과일 대부분이 들어 있었다. 제시하는
순서에 따라 결과가 한 방향으로 치우치는 것을 막기 위해, 학생에 따라
목록에 들어있는 항목들의 순서를 바꾸었다. 학생들이 해야 할 일은 어떤
범주에 속하는 각 구성원이 그 범주의 예로서 얼마나 좋은지를 7개의 등
급 중 하나로 표시하는 것이었다. '1'로 표시하는 것은 훌륭한 예로 볼 수
있다는 것을 의미했으며, '4'는 중간 정도로 알맞다는 것을, '7'은 아주 나
쁜 예로서, 해당 범주에 전혀 속하지 않을 수도 있다는 것을 의미했다.

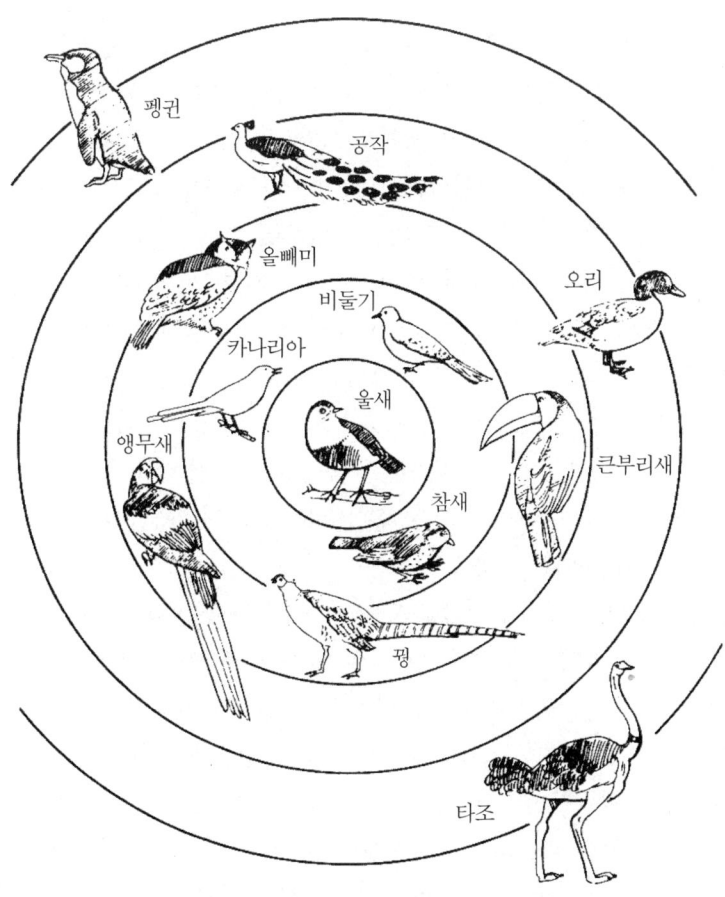

그림 5.1 새다움의 순위

결과는 놀라울 정도로 일관적이었다. 어떤 범주의 아주 훌륭한 예가 무엇인지에 대한 의견들이 특히 높은 비율로 일치했다. 거의 모든 학생이 울새를 새의 가장 좋은 예로 보았으며, 콩을 채소의 가장 좋은 예로, 그리고 의자를 가구의 가장 좋은 예로 보았다. 새의 목록에는 참새, 카나리아, 검은 새(지빠귀 과의 검은 새–역주), 비둘기, 그리고 종달새가 모두 높은 점수를 얻었다(그림 5.1).

앵무새, 꿩, 신천옹, 큰 부리새, 그리고 올빼미는 좀 아래였다. 플라밍고, 오리, 그리고 공작은 더 아래였고, 타조, 에뮤(타조 비슷한 오스트레일리아의 날지 못하는 새 – 역주), 그리고 펭귄은 7등급 중 중간 이하의 점수를 얻었다. 한편 아예 새로 간주되어서는 안될 박쥐가 꼴찌였다. 다른 범주에 대해서도 유사한 결과를 얻었는데, 의복의 예로는 셔츠, 드레스, 그리고 스커트가 신발과 스타킹보다 더 좋은 것으로 간주되었고, 신발과 스타킹 밑에 앞치마와 귀마개가 있었다. 무기의 예로는 총과 단검이 채찍과 도끼보다 더 좋았으며, 채찍과 도끼 밑에 쇠스랑과 벽돌이 있었다. 목수 연장의 예로는 톱, 망치, 그리고 드라이버가 쇠지레와 다림줄보다 더 좋았다.

미국 대륙 반대편의 심리학자들도 동일한 실험을 반복해 매우 유사한 결과를 얻었기 때문에,3 이러한 결과가 California 지역에서 심리학을 전공하는 학생들의 특이한 반응으로 그치는 것은 아니다. 그리고 Rosch는 다른 실험들에 의해 기존의 결과를 뒷받침하는 증거를 얻었다. 예를 들어 그녀는 학생들이 범주와 그 구성원 간의 관계를 알아내는 데 어느 정도의 시간이 걸리는지를 확인했다. 즉, '다음 말이 참인지 말하시오'라고 말하고 나서, 학생들에게 '펭귄은 새다' 혹은 '참새는 새다'와 같은 문장들을 제시하였다. 어떤 범주의 좋은 예들이 그 범주의 구성원임을 알아내는 데 걸린 시간은 좋지 않은 예들의 경우에서보다 짧았다. 이렇게 해서, '펭귄은 새다'라는 말에 대해 '예'라는 답을 하는 데 걸린 시간은 '참새는 새다'라는 말의 경우에서보다 길었다.4

이 실험들의 결과는 매우 인상적이다. 그러나 다음과 같은 한 가지 분명한 비판이 있다. 학생들이 보다 일반적인 단어들에 대해 답을 빨리 한 것이 전부가 아닌가? 결국 우리는 펭귄보다는 참새에, 그리고 쇠지레보다는 망치에 훨씬 더 자주 접한다. 사용의 빈도가 일정한 영향을 미치는 것은 분명하다. California에서는 망고나 금귤보다는 승도복숭아와 나무딸기가 더 일반적이기 때문에, 과일의 예로 후자가 '더 나은' 것이 놀랄 일이 아니다. 그러나 실험의 결과 전부를 단어의 빈도만을 토대로 설명할 수는 없다. 가구 목록의 경우 '2인용 의자(love seat)', '긴 의자'(davenport), '보관함 겸용 의자'(ottoman), '약장'(cedar chest)과 같은 흔하지 않은 가구들이 미국 가정이면 어디에나 있는 '냉장고'보다 높은 점수를 얻었다. 채소 목록에서는 '콩', '당근', 그리고 '꽃양배추'가 '양파', '감자', 그리고 '버섯'보다 높은 점수를 얻었다. 그리고 의복 목록에서는 '잠옷'과 '수영복'이 '신발', '넥타이', 그리고 '장갑'보다 높은 점수를 얻었다. 따라서 사람들은 실제로 어떤 범주의 예로 다른 대상들보다 더 좋은 대상이 있다고 느끼는데, 이 느낌은 단지 해당 단어나 대상에 접하는 빈도에 기인하는 것이 아니다.

　뿐만 아니라, 이러한 판단은 겉모습을 일차적인 근거로 하지 않는 것이었다. Rosch에 의하면, 채소의 전형은 콩이다. 만일 사람들이 단지 다른 채소들을 콩의 시각적 이미지와 비교하는 것이라면, 당근이 목록의 거의 끝 부분에 나올 것으로 예측할 수 있다. 그런데 실제로는 당근이 최상위에 근접해 있다. 또한 시각적 특징이 중요하다면, 당근, 양방풍나물뿌리, 그리고 무와 같이 서로 비슷하게 생긴 채소들이 비슷한 순위에 모일 것이라고 예측할 수 있다. 그러나 이것은 사실이 아니다. 용도의 측면만 보고 판단을 내린 것도 아니다. 이것이 사실이라면, 벤치와 등받이 없는 의자(stool)는 가구의 전형인 의자와 가장 유사한 기능을 가지기 때문에 최상위 근처의 순위를 차지할 것으로 예측할 수 있다. 그러나 사실은 책장이 벤치나 등받이 없는 의자보다 상위를 차지하였다. 따라서 사람들이 어떻게 그들의 결론에 도달했는지가 즉각 명백하지는 않다. 어떤 종류의 분석을 하고는 있었는데, 사용된 기준들이 이질적인 것을 보면 그 정확한 토대가 무엇이었는지가 불분명하였다.

　요약하면, Rosch의 연구는 사람들이 일반적인 대상들을 범주화할 때 이 대상들 모두가 똑같이 중요하다고 예측하지 않는다는 것을 보여주고 있다. 사람들은 이상적인 예, 혹은 '전형'의 특징이 무엇인지에 대한 아이디어를 가지고 있는 것으로 보인다. 그리고 전형이 아닌 어떤 대상이 전형과 동일한 범주에 속하는가의 여부를 결정할 때는 그 대상을 전형이 가지는 특징들과 대조해 보는 것 같다. 정확히 일치하지 않아도 되며 꼭 시각적 유사성일 필요는 없지만 충분히 비슷하기만 하면 된다.

따라서 전형이론은 우리가 어떤 범주의 전형적이지 않은 예들을 어떻게 다루는지를 설명하는 데 유익한 이론이다. 이것은 펠리컨이나 펭귄 같은 새답지 않은 새가 어떻게 새로 간주될 수 있는가의 문제이다. 이 새들은 비록 전형이 가지는 모든 특징들을 가지고 있지는 않지만 전형과 충분히 유사하다. 좋은 점은 이것으로 그치지 않는다. 전형이론은 우리가 손상된 예들을 어떻게 다루는지에 대한 설명을 제공한다. 예전에 언어학자들은 날개가 하나밖에 없어서 날수 없었던 울새나 다리가 세 개밖에 없는 호랑이를 누구라도 여전히 새와 네발동물로 각각 범주화할 수 있는 이유가 무엇인지를 설명하는 것이 난감했다. 이제는 이들이 어떤 범주에 속하는 비 전형적인 구성원들과 마찬가지로 전형과 대조되어진다는 가정만을 하면 된다. 날개가 하나여서 날 수 없는 울새는 비록 전형적인 새는 아니지만 여전히 새이다.

뿐만 아니라, 대상에서와 마찬가지로 동작에서도 전형효과가 있는 것으로 보인다. 우리는 큰 흔들림 없이 '살인하다'를 '처형하다(execute)'나 '자살하다(commit suicide)'보다 더 적합한 살해행위의 예로, 그리고 '쳐다보다(stare)'를 '응시하다(peer)'나 '곁눈질하다(squint)'보다 더 좋은 보는 행위의 예로 판단할 수 있다.5

그러나 우리는 지금까지 단지 대상과 행위에 더 넓은 범위의 범주를 할당하는 문제만을 다루었다. 이제는 이것이 실제로 인간이 개별 단어들을 다루는 방식인지에 대해 생각해 볼 필요가 있다.

▌ 거짓말의 등급 ▌

Shakespeare의 드라마 As You Like It에 나오는 한 인물이 '이제 당신이 거짓말의 등급을 매길 수 있을까요?'라고 묻자, 광대 Touchstone은 거짓말의 일곱 가지 등급을 열거함으로써 답한다.6 다른 거짓말들보다 좋은 거짓말들이 있다는 생각이 오래 전부터 있어왔다는 것은 분명하며, 오늘날까지도 유효한 것으로 보인다.

'좋은' 거짓말에는 몇 가지 특징이 있는 것으로 드러난다.7 첫째, 말하는 사람이 사실이 아닌 것을 말해야 한다. 그러나 진실이 아닌 것을 말하고도 거짓말쟁이 취급을 받지 않는 경우가 있는데, 실제로 잘못을 범한 경우에 특히 그렇다. 즉, 6 곱하기 4가 11이라고 주장한 어린 아이가 거짓말을 한 것으로 여길 사람은 없을 것이다. 따라서 좋은 거짓말의 두 번째 특징은 말하는 사람이 자신이 말하고 있는 것이 거짓이라는 것을 알아야만 한다는 것이다. 그러나 이것으로도 충분하지 않다. 왜냐하면 다음의 경우에서처럼 거짓말쟁이가 아니지만 자신이 진실이 아닌 것을 말하고 있다는 것을 아는 사람이 있을 수 있다. '당신은 내 커피 속의 크림이요, 내 차 속의 설탕입니다'(은유), '그는 너무나 조용히 서 있어서, 하마터면 문설주로 착각할 지경이었다'(과장, 혹은 과장법), '당신이 이 문제에 대해서는 세계적인 전문가시니까, 그 하수관에서 고양이를 어떻게 꺼내야 할지 말해주실 수 있겠죠?'(빈정거림). 따라서 좋은 거짓말의 세 번째 특징이 추가되어야 하는데, 말하는 사람이 말을 듣는 사람을 속이고자 하는 의도를 가지고 있어야 한다는 것이 그것이다. 요약하면, 완벽한 조건을 갖춘, 혹은 전형적인 거짓말은 화자가 다음의 행위를 할 때 성립한다.

1. 사실이 아닌 것을 말해야 한다
2. 사실이 아니라고 알고 있는 것을 말해야 한다
3. 속이고자 하는 의도가 있어야 한다

따라서 전형적인 거짓말은 아이가 잼이 든 파이를 자신이 방금 다 먹어버렸다는 것을 분명히 알면서도 그것을 먹었다는 것을 부인할 때 성립할 수 있는 것이다. 그러나 다음과 같은 상황에 대해서 생각하여 보라. 'Schmallowitz는 사장 집으로 저녁 초대를 받았다. 아무도 즐겁게 느끼지 않은 우울한 저녁이 지난 후, Schmallowitz는 여주인에게 말한다. "감사합니다. 대단한 파티였어요." Schmallowitz는 그 파티가 대단한 파티였다고 생각하지 않으며, 실제로는 누구에게도 자신이 즐거운 시간을 가졌다는 것을 확신시키고자 하지 않는다. 다만 그는 사장 부인이 그의 말을 믿을 거라고 기대하지 않으면서도, 단지 그녀에게 무슨 말인가를 하는 데 관심이 있을 뿐이다.'[8]

Schmallowitz는 거짓말을 했는가? 이 질문을 받은 71명의 사람들은 전혀 확신이 서지 않았다. 이들에게 1(거짓말이 아닌 것이 지극히 분명함)에서 7(거짓말인 것이 아주 확실함) 사이의 7등급 중에 하나를 골라, 여러 가지 상황에 해당하는 등급을 매기도록 하였다. 많은 사람들에게 Schmallowitz의 상황은 양극단의 중간 정도에 해당하는 4등급이었는데, 이것은 그것이 거짓말이었는지 아니었는지를 결정할 수 없었다는 것을 뜻한다. 중간 정도로 간주된 또 다른 상황은 Superfan의 경우였는데, 그는 챔피언 결정전을 구경할 수 있는 입장권이 생겨서 아침 일찍 자기 사장에게 아파서 출근을 못하겠다는 전화를 걸었다. 아이러니컬하게도 Superfan은 그 날 아침의 가벼운 복통이 매우 심한 식중독으로 판명됨에 따라, 경기에 가지 못한다.

Schmallowitz와 Superfan의 경우 서로 다른 것이기는 하지만 좋은 거짓말의 조건 중 하나를 공통적으로 어겼다. Schmallowitz는 여주인을 속이고자 하지 않았으며, 단지 예의를 갖추고자 하였다. Superfan은 사실이 아닌 것을 말하지 않았다. 결국 거짓말에는 새에서와 마찬가지로 등급이 있을 수 있다. 비록 전형적인 거짓말이 아니라 할지라도 거짓말은 여전히 거짓말일 수 있으며, 전혀 '적절한' 거짓말이 아닌 것으로 격하되는 것이다.

개별 단어들이 전형적인 의미로만 사용될 필요가 없다는 것을 인식함으로써 몇 가지 알쏭달쏭한 문제에 대한 설명이 가능해 지는데, 특히 사람들이 '똑같은' 단어에 접했는지 아닌지에 대해 확신하지 못하는 경우들이 여기에 해당된다. 다음 문장들을 보자.

> I must have seen that a dozen times, but I never noticed it.
> 내가 그것을 수없이 보았음이 분명한데도, 나는 그것을 알아본 적이 결코 없다.
>
> I must have looked at that a dozen times, but I never saw it.[9]
> 내가 거기에 시선을 수없이 준 것이 분명 한데도, 나는 그것을 본 적이 결코 없다.

두 개의 서로 다른 동사 see가 있다는 주장을 한 사람들이 있는데, 하나의 의미는 첫 번째 문장에서처럼 '나의 시선이 어떤 대상을 향했다'라는 것이고, 두 번째 문장에서처럼 또 다른 의미에는 '무엇인가가 나의 지각 속으로 들어왔다'라는 의미가 추가된다. 그러나 동사 see의 전형적인 용법에는 두 조건이 모두 포함된다. 즉, 보는 이의 시선이 대상을 향함과 동시에 대상이 보는 이의 지각 속으로 들어온다. 지각이 빠지면 무언가를 바라보면서도 그것이 있다는 것을 알아채지 못하게 된다. 이와 달리 꿈이나 환영처럼, 시선이 어디에도 가 있지 않음에도 불구하고 무엇인가가 우리의 지각 속으로 들어올 수 있다. 이 두 경우 모두 see라는 단어의 '보통' 용법이지만, 전형적인 용법들은 아니다.

다른 예로 다음 문장들을 보자.

> The janitor goes from top to bottom of the building.
> 관리인이 건물 꼭대기에서 1층으로 간다(goes).
>
> The staircase goes from top to the bottom of the building.
> 계단은 건물 꼭대기에서부터 1층으로 이어진다(goes).

관리인이 움직이는 것은 틀림없지만, 계단은 그렇지 않다. 그렇다면 이 두 경우에 쓰인 go가 하나의 동일한 단어인가? 전형에 입각한 접근은 go를 하나의 단어로 다루는 것을 허용한다.[10] 전형적 용법의 go는 이동을 포함하는데, 이 이동에서는 움직이는 대상이 한 점에서 시작하여 다른 점에서 끝나는 구간을 가로지른다. 그러나 go가 비전형적으로 사용될 수가 있는데, 이때는 계단이나 길의 경우에 그렇듯이 '이동'이라는 조건이 포함되지 않는다. 이것이 두 개의 서로 다른 go가 있다고 가정하는 것보다 더 나은 해법인데, 그 이유는 다음과 같은 문장의 경우 두 종류의 go 중 어떤 것이 사용되었는가를 결정하기 어렵다는 문제점을 피할 수 있다는 데 있다.

The river Ganges goes from the Himalayas to the Indian Ocean.
갠지스강은 히말라야에서 인도양으로 흘러간다.

The power of prayer goes round the world.
기도의 힘의 온 세상에 미친다.

동사 climb이 또 다른 예가 된다.[11] 다음을 보자.

Peter climbed a ladder.
Peter가 사다리를 기어올라갔다.

The plane climbed to 30,000 feet.
비행기가 30,000피트 고도로 올라갔다.

The temperature climbed to 40°C.
온도가 40도로 올라갔다.

The price of petrol climbed daily.
기름 값이 매일 올라갔다.

Mavis climbed down the tree.
Mavis가 나무에서 기어 내려왔다.

Brian climbed into his clothes.

Brian이 옷 속으로 들어갔다(옷을 입었다).

이상의 다양한 용법들은 서로 상당한 차이점이 있음에도 불구하고 모두 '정상적으로' 보인다. 전형이론은 이에 대한 명쾌한 설명을 제공한다. climb의 전형적인, 혹은 '기본적인'(default) 용법은 위쪽으로의 이동, 그리고 Peter가 사다리를 기어올랐던 것처럼 손발을 애써 사용해 기어오르는 동작을 포함한다. 이 중 하나의 조건이 충족되지 않아도, 그 결과가 climb의 전형적인 용법은 아니지만 여전히 정상적인 용법이다. 비행기, 온도, 그리고 기름 값은 손발을 사용하는 것은 아니지만 위쪽으로 이동하기 때문에, climb을 이용해 표현할 수 있다.

이와 대조적으로 Mavis가 나무를 내려오거나 Peter가 옷을 입는 것을 climb으로 표현할 수 있는 것은 위쪽으로의 이동은 결여되어 있지만 손발을 애써 이용하는 경우이기 때문이다.

그러나 위쪽으로의 이동과 손발을 애써 사용하는 것 모두가 빠져 있으면 그 결과는 기묘해진다(느낌표는 이상하다는 것을 나타낸다).

! The plane climbed down to 20,000 feet.
! The temperature climbed down to 10°C.
! Marigold climbed down the stairs.
! The snail climbed along the drainpipe.

따라서 전형과 비교해서 대충 비슷하기만 하면 충분한 것으로 간주하는 것이 우리가 서로 다른 많은 단어들을 이해하는 방식인 것 같다. 뿐만 아니라, 우리가 이런 방식을 이용한다는 것에 대한 일반적인 인식이 삶의 실제적인 상황 속에서 상당히 유익해 질 수 있다. 여기에 대한 예를 살펴보자.

┃ 미친, 악한, 그리고 알면 위험한 ┃

몇 년 전에 여자들을 잔인하게 살해하는 데 전문가였던 남자가 재판에 회부된 적이 있다. Yorkshire Ripper라고 불렸던 이 남자에 대한 여론은 둘로 팽팽히 나뉘었다. 악한 사람이므로 오랫동안 감옥에 구금되는 벌을 받아야 마땅하다고 주장한 사람들이 있었는가 하면, 미친 사람이므로 병원에서 자신의 행동에 대한 책임이 없는 환자로서 치료를 받는 것을 허용해야 한다고 주장한 사람들이 있었다.

그는 미친 사람이었는가? 아니면 악한 사람이었는가? 신문 기사에 따르면, 판사는 Ripper가 자신을 조사한 정신과 의사에게 진실을 말했는지에 대해 검토해 줄 것을 배심원들에게 요청했다. Ripper가 한 말들이 서로 일치하지 않고 오락가락했기 때문에, 배심원들은 그가 상당한 거짓말들을 했다고 결론지었다. 이는 배심원들이 그를—미친 것이 아니고 악한 것인 —'유죄'로 보도록 했다. 따라서 이 재판은 거짓말을 하는 사람은 미쳐 있을 수 없다는 것을 함의하는데, 이것은 다소 기이한 결론이다. 아마 '미친' 과 '악한'이라는 말을 전형들과의 관계 하에서 고려하였더라면, 상황은 덜 혼란스러웠을 것이다.[12]

Polonius는 미쳐버린 Hamlet을 바라보며 '진정으로 미친 상태를 정의하는 데 '미친'이라는 말 이외에 무엇이 더 필요한가?'라고 묻는다.[13] 그러나 Polonius의 견해와는 달리 미친 상태는 모 아니면 도의 상태가 아니다. 전형적인 미친 사람에게는 몇 가지 서로 다른 특징들이 있다. 첫째, 미친 사람은 비정상적으로 생각하고 행동하는 사람이다. 그러나 이것만으로는 불충분한데, 이에 의해 체스 챔피언과 같은 사람들이 미친 사람으로 분류될 것이기 때문이다. 진짜로 미친 사람은 여기에 덧붙여 자신이 비정상적으로 생각하고 행동한다는 것을 모를 뿐 아니라, 이상하게 행동하는 것을 중단할 능력이 없다. 따라서 외계인이 공격할 것이라는 두려움에 냄비를 머리에 뒤집어쓰는 사람이나, 신이 자신에게 발을 너무 써서 닳게 하지 말라고 말했을 거라는 상상 때문에 손을 이용해 걷는 사람이 전형적인 미치광이일 것이다. 이 분석을 적용해 보면, Ripper는 이상하게 행동했으며 그렇게 행동하는 것을 그만 둘 능력이 없었기 때문에, 부분적으로 미친 상태였다. 하지만 그가 전형적으로 미친 것은 아니었는데, 왜냐하면 자신의 행동이 비정상적이라는 것을 완벽하게 알고 있었기 때문이다.

악한 상태의 문제로 넘어가서, 악한 사람들은 반사회적인 행동을 하는데, 자신들의 행동이 반사회적이라는 것을 알고 있으며, 원할 경우 이 행동을 통제할 수 있다. 따라서 전형적인 악인은 Peter Pen에 나오는 Hook 선장이나 Shakespeare 작품에 나오는 인물 Iago이다. 이러한 논지로 보면 Ripper는 반사회적인 행동을 했으며 그것을 인지하고 있었다는 의미에서 부분적으로 악했던 것이 사실이지만, 자신의 행동을 통제할 수 없었던 것이 분명하기 때문에, 전적으로 악했던 것은 아니다.

Caroline Lamb의 Byron 경에 대한 언급을 수정하여 Ripper에게 다시 적용하면, 그는 '대략 3분의 2 정도 미쳤고, 3분의 2만큼 악했으며, 알면 위험한 사람임에 분명하다'는 말을 할 수 있을 것이다. 그가 전형적으로 미친 것도 전형적으로 악한 것도 아니었다면, 배심원들이 그가 미쳤는지 악했는지를 결정하는 데 그렇게 오래 걸렸던 것은 놀랄 일이 아니다.

이 예는 전형이라는 개념이 명사와 동사보다 더 넓은 영역으로 확대될 수 있다는 것을 보여준다. 이번의 경우는 그 대상이 '미친'과 '악한'이라는 형용사였다. 그러나 이 분석은 형용사의 의미가 명사에 따라 달라질 수 있다는 문제점도 안고 있다. '미친'에 대한 우리의 설명은 '미친'이 '사람'이나 '여자'와 같은 말과 같이 쓰이면 아무 문제가 없지만, '미친 개'나 '미친 생각' 혹은 '미친('광란의'―역주) 저녁'과 같은 표현들은 분석이 수정되어야 할 필요가 있음을 보여준다. 이러한 예들은 전형이라는 개념이 이제까지의 설명에서 암시되었던 것처럼 항상 명쾌한 것은 아니라는 것을 시사한다. 이제 이 문제에 대해 생각해 보기로 하자.

▌ 다수의 의미에서 오는 혼란? ▐

어떤 유명한 사전에서는 pig라는 하나의 항목에 대해 '다리가 짧고 뚱뚱한 포유동물 … 피부가 두껍고 뻣뻣하며, 코는 길고 잘 움직인다'라는 정의와 '천연 금속을 주조해 만든 … 모양을 갖춘 철 덩어리'라는 정의가 각각 있다.14 이 사전에서는 또 다른 하나의 pig에 대해서 '질그릇, 오지그릇의 항아리'라는 뜻의 별도의 기재항을 둔 것에 반해, 앞의 두 가지는 모두 pig라는 '동일한' 단어의 예에 해당한다고 가정한다. 하지만 어떻게 통통한 농장 동물이 금속 덩어리와 관련지어질 수 있을까? 무엇보다도 여기에 몇 개의 단어가 있는 것일까?

이상적으로는 전형이론에 의해 여러 사전에서 볼 수 있는 다수의 의미들을 줄이고, 전형을 이해함으로써 다른 의미들은 예측할 수 있다고 말할 수 있을 것이다. 그러나 climb과 같이 비전형적인 용법을 가지고 있는 단어의 경우와 '농장 동물'과 '철 덩어리'로 나뉘는 pig처럼 둘 이상의 단어인 경우를 어떻게 구분할 수 있을 것인가? fork와 같은 단어는 또 다른 문제거리이다. 우리가 식사할 때 사용하는 fork는 땅을 팔 때 사용하는 fork와 같은가?(fork에는 식탁에서 사용하는 '포크'와 땅을 팔 때 사용하는 '쇠스랑'의 두 가지가 의미가 있음-역주)

'다수의 의미'를 뜻하는 다의성은 전형이론이 도움은 되었지만 결코 풀지 못했던 오래된 문제이다. 이상적으로는 어떤 단어가 둘 이상의 의미를 가지고 있는가(다의성), 아니면 단지 그 적용범위가 혼란스러운가(모호성)를 결정하는 데 사용될 어느 정도 합의된 테스트가 있어야 한다. 하지만 그런 테스트는 전혀 없다.

여러 가지 제안이 있었지만,15 어떤 것도 확실하지 않다. 사전에서는 흔히 발달사에 의존하여 원래 하나의 동일한 단어에서 갈라져 나온 항목들은 하나로 합치는데, pig도 이런 경우에 속하는 것으로 보인다. 그러나 오늘날의 언어사용자들이 단어를 마음속에서 어떻게 다루는지를 고려하고자 한다면, 이 방법은 그리 유익한 방법이 아니다.

'… 도 그렇게 했다' 테스트가 항목들을 서로 구분하는 데 사용되기도 한다. '농부가 돼지우리에서 새끼에게 젖을 주고 있는 돼지(pig)를 바라보았으며, 주물공장의 반장도 그렇게 했다'라는 말은, 주물공장의 반장이 금속 덩어리(pig)를 바라보고 있었다면 매우 기이한 말이 될 것이다.16 그러나 이 테스트를 fork에 적용해 보면 희한한 결과를 얻게 된다. 직관적으로 fork는 '끝이 뾰족한 도구'이다. 하지만 '… 도 그렇게 했다' 테스트는 이 단어를 하나의 '단어'이상으로 쪼개는 결과를 가져올 것이다. '대식가가 포크를 사용해 자신의 감자를 (찍어) 떠 넣고, 농부도 그렇게 했다'라는 말은 대식가가 감자를 입에 떠 넣고 있었고 농부가 감자를 땅에서 떠내고(파내고) 있는 상황이었다면, 아주 이상한 말이 될 것이다. 이와 유사하게, '슬픈 책'에서의 '슬픈'은 '슬픈 여자'에서의 '슬픈'과 다른 단어로 간주되어야 할 것이다. 따라서 각 방법은 그 나름의 장점에 따라 고려해야 한다. 이제 두 개의 수수께끼 같은 단어 over와 old에 대해 살펴보기로 하자.

▌ over에 대해 생각해 보기 ▌

over에 대해서 생각하는 것은 오랜 연구기간을 필요로 한 작업이었다.17 첫째, 전형적인 over가 무엇인지를 알아내는 것이 어렵다. 둘째, over에 몇 개의 서로 다른 의미들이 있는지가 불분명하다. 다음을 보자.

Virginia's picture is over the fireplace.
Virginia의 사진이 벽난로 위에 걸려 있다.

The clouds floated over the city.
구름이 도시 위에 떠 있었다.

Doreen pulled the blanket over her head.

Doreen은 머리 위로 담요를 끌어당겼다.

Virginia의 사진은 움직이는 것이 아니지만 구름은 이동한다. 구름이 도시에 맞닿아 있을 리는 없지만 담요는 Doreen의 머리에 닿는다. 이 의미들 중 어떤 것이 기본적 의미인가?

모두가 동의하는 해답은 없다. 움직이지 않는 Virginia의 사진이 전형적인 over를 나타낸다는 사람들이 있는 반면, 움직이는 구름의 경우가 전형적이라는 사람들도 있다. over는 본질적으로 모호함을 속성으로 하는 혼란스러운 단어라는 제안을 하는 사람도 있다. 즉, '아래의'에 상반되는 '위쪽의, 위 부분에'라는 뜻을 가지지만, '위쪽의' 것이 정적인지 움직이는지, 그리고 그 밑에 있는 것에 닿아 있는지 떨어져 있는지에 대한 아무런 제약도 존재하지 않는다는 것이다. 이 경우 위에 인용된 문장들 모두를 전형적으로 간주할 수 있다. 그러나 전형이 무엇인지는 명백하지 않지만, 세 용법 모두 하나의 동일한 단어의 여러 가지 예라는 것은 분명하다.

하지만 이제 다음을 보자.

> The cow jumped over the moon.
> 소가 달을 향해 뛰어올랐다.
>
> The water flowed over the rim of the bathtub.
> 물이 흘러 욕조가 넘쳤다.
>
> Fenella pushed Bob over the balcony.
> Fenella는 Bob을 밀어 베란다 너머로 떨어뜨렸다.
>
> Sam walked over the bridge.
> Sam은 걸어서 다리를 건넜다.

위의 경우에서는 모두 어떤 새로운 방향을 향한 연속적인 움직임을 볼 수 있는데, 이것이 over의 기본적인 의미와 쉽게 조화될 수 있는 것이 아니지만, 그것과 완전히 무관하지는 않다. 최소한 두 개의 중첩되는 over의 의미가 있는 것으로 보이는데, 위쪽이라는 위치가 규정되는 기본적인 의미와 가로지르는 지속적인 움직임이 일어나는 확대된 의미가 그것이다(그림 5.2).

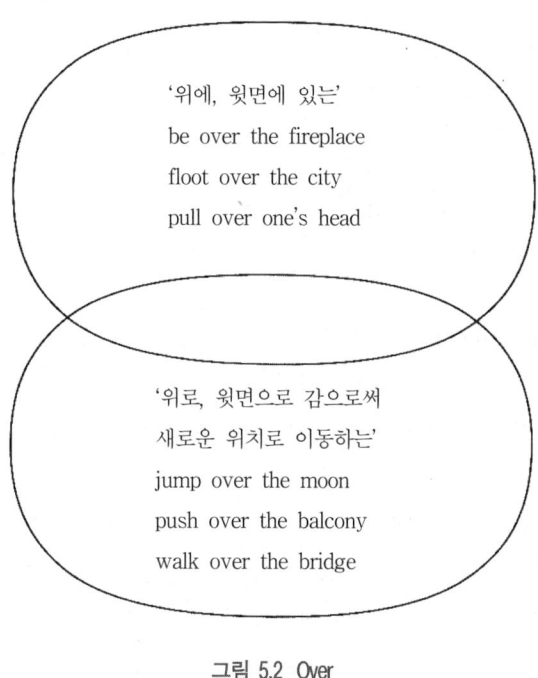

'위에, 윗면에 있는'
be over the fireplace
floot over the city
pull over one's head

'위로, 윗면으로 감으로써
새로운 위치로 이동하는'
jump over the moon
push over the balcony
walk over the bridge

그림 5.2 Over

따라서 over는 한 단어의 서로 다른 여러 의미들이 중첩될 수 있다는 점에서 다의성의 문제가 복잡한 문제라는 것을 보여 준다. 이 의미들은 전형과 어떤 관계를 가지는지가 쉽게 드러나지 않으며, 서로 다른 영역으로 분명하게 나뉘지도 않는다. 이와 비슷한 유형의 또 다른 문제에 대해 생각해 보기로 하자.

▎ 오래된 문제, 혹은 old의 문제 ▎

old라는 단어의 문제는 오래된 문제이다.[18] 다음을 보자.

> Pauline was astonished to see _____
> Pauline은 _____를 보고 놀랐다.
>   -an old woman(나이 많은 여자)
>   -an old friend(오래된 친구)
>   -her old boyfriend(예전에 사귀던 남자친구)
>   -old Fred((그녀가) 잘 아는 Fred)

위에서 old woman은 나이가 많은 여자이지만, 다른 사람들은 젊은 사람들일 수 있다. old friend는 여전히 친구이지만, old boyfriend는 지금은 적이 되었을 수 있다. 여기에서 다른 용법들을 서로 연결시켜 줄 수 있는 기본적인 용법이 있는가?

'보통의 경우보다 오래 된'이라는 의미의 '나이가 많은'이 old의 기본적인(default) 의미라고 주장할 수도 있지만 이것은 논란의 여지가 있다. 이 의미는 문형이 바뀌어도 그대로 남는데, 명사 앞의 '부가어적 위치'에 쓰인 old의 의미는 is 다음의 '술어적 위치'에서도 변화지 않는다.

> Pauline was an old woman: the woman is old.
> Pauline은 나이가 많은 여자였다: 그 여자는 나이가 많다.

young woman에서처럼 old의 반대말이 young인 경우도 있지만, new buildung에서처럼 old의 반대말이 new인 경우도 있다는 소소한 복잡성에도 불구하고, 이 의미는 건물(building), 전통(tradition)과 같은 여러 가지 다른 단어들과 잘 어울린다. '오래된'이라는 의미는 old friend의 경우에도 해당된다. 다만 오래된 것이 친구가 아니라 우정이기 때문에, old가 문장의 다른 위치로 이동할 수는 없다.

그러나 old boyfriend에서와 같은 '예전의'란 의미의 old는 이 유형에 들어맞지 않는다. old Fred의 경우도 마찬가지이다. 이 용법들은 다르지만 연관성이 있는 의미를 가지고 있는 것으로 보아야 한다. 그렇다면 우리는 old가 이 이상한 방식으로 쓰였다는 것을 어떻게 알 수 있을까? 이를 위해서는 추가의 실마리들을 관찰해야만 한다. old가 '예전의'를 뜻한다는 것을 나타내는 일반적인 실마리는 소유 표지이다.

> Steve's old girlfriend went to Brazil.
> Steve의 예전 여자친구는 브라질로 갔다.
>
> An old boyfriend of mine sailed round the world.
> 나의 예전 남자친구는 배를 타고 온 세계를 항해했다.
>
> Our old house is now divided up into apartments.
> 우리의 옛날 집은 지금은 여러 부분으로 분리되어 아파트가 되었다.

old Fred의 경우, 영어 사용자는 고유명사 앞에 old를 쓰는 것은 친밀한 애정의 표시라는 것을 알고 있어야 한다.

따라서 '오래된'이라는 의미의 old에서처럼, 주위의 문장구성에 대해 아무런 제약이 없다는 것으로부터 기본 의미가 무엇인지를 감지할 수 있는 경우들이 있다. 이 기본적 의미는 '오랫동안에 걸친'이라는 의미의 old 에서처럼, 최소한의 변형을 통해 다른, 덜 전형적인 용법으로 확장될 수 있다. 그러나 모든 의미를 하나의 전형에 포함시킨다는 것은 불가능하다. '예전의'라는 의미의 old와 '애정 용어'로서의 old는 서로 다른 단어로 받아들여질 필요가 있다. 이들의 차이는 함께 쓰이는 단어들에 의해 드러나는데, 이러한 상황은 그림 5.3에 제시되어 있다.

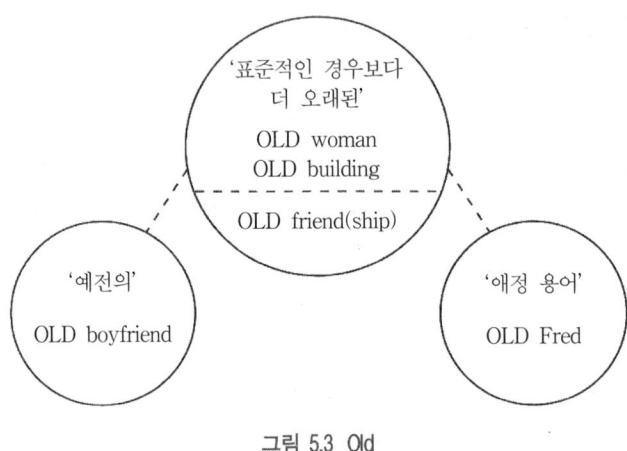

그림 5.3 Old

    old와 over는 전형을 이용해 다의성 문제를 줄일 수는 있지만 해결하지는 못한다는 것, 그리고 전형은 단어들을 개별적으로 관찰함으로써 다룰 수 있는 것이 아니라는 것을 보여주고 있다.

▎ 요약 ▎

    이 장에서는 우리가 불명확하고 유동적인 단어의 의미를 어떻게 다룰 수 있는지에 대해 살펴보았다. 우리는 단어의 전형적인 예를 분석해 내고, 새로운 예가 등장할 경우 이것을 전형의 특징들과 대조하는 것으로 보인다. 여기에서 대조되는 예들의 특징이 서로 완벽하게 일치할 필요는 없으며, 일정한 수준으로 맞아떨어지기만 하면 된다. 이것은 단어들이 서로 약간 다른 의미들로 사용될 수 있는 원인이 무엇인지, 그리고 우리가 어떤 범주에 속하는 새로운 예나 손상을 입은 예를 어떻게 인식할 수 있는지를 설명해준다. 또한 우리가 동사들을 어떻게 다루는지에 대한 설명도 가능해진다.

그럼에도 불구하고, 전형이론은 어떤 단어가 여러 개의 의미를 가지는 것이 분명한 경우에 이 중 어떤 것을 선택할 것인가의 문제인 다의성의 문제에 대해서는 부분적인 해결책만을 제공한다. 그 의미를 완전하게 이해하기 위해서는 함께 쓰이거나 관련을 가지는 단어들에 대한 지식이 있어야 하는 단어들이 많이 있다. 이 문제, 그리고 전형에 관련된 추가의 문제들이 다음 장의 주제가 될 것이다.

6 | 속삭이는 상상의 방
— 마음에 대한 여러 가지 모델 —

'마음과 물질은' 가발을 쓴 한 여자가 말했다, '재빠르게 무한한 광대함 속으로 미끄러져 들어간다. 속삭이는 상상의 방에는 장대함이 울부짖고 고요한 완전무결함이 부드럽게 잠들어 있다.

Charles Dickens, *Martin Chuzzlewit*

전형에 의해 많은 것이 설명된다. 전형은 우리가 단어 의미의 불명확성을 어떻게 다루는지, 그리고 새로운 예나 손상을 입은 예를 어떻게 이해하는지를 보여준다. 어떤 대상이 전형적인 앵무새와 충분히 유사하기만 하면, 비록 다리가 하나뿐이고 분홍색과 파란색의 줄무늬가 있으며 우산을 받고 있다고 하더라도 앵무새로 불릴 수 있다. 전형은 새나 과일과 같은 전체적인 범주와 비둘기나 오렌지와 같은 개별적인 예에 적용된다. 그리고 명사와 동사, 그리고 때로는 형용사에 적용된다.

그러나 전형의 본질은 수수께끼로 남아있다. '속삭이는 상상의 방' 속에 있는 '고요한 완전무결함'은 모순으로 이어진다. 전형은 상세히 조사하면 할수록 점점 더 이해하기 어려워진다. 이 문제에 대해 더 생각해 보자.

▌ 홀수의 기이함 ▌

'홀수의 기이함'이 아마 가장 알쏭달쏭한 문제일 것이다. 다른 홀수들보다 '좋게' 느껴지는 홀수가 있다는 것을 발견한 학자들이 있었는데,[1] 이들이 조사한 피험자들은 3이 23보다 더 좋은 홀수의 예라고 생각했으며, 23은 다시 57이나 447보다 더 나은 홀수인 것으로 판단했다! 사람들이 똑같이 홀수인 3과 23 중 3이 낫다고 생각한 이유는 무엇이었을까? 뿐만 아니라, 이 결과는 '홀수의'라는 말이 가진 특성(여기에서 '홀수의'라는 뜻으로 쓰인 odd는 '홀수의' 혹은 '특별한'을 뜻할 수 있다―역주)과는 아무 관계가 없다. 왜냐하면, 짝수에 대해서도 아주 비슷한 결과가 나왔기 때문이다. 즉, 4는 18보다 좋은 짝수의 예로 간주되었으며, 18은 다시 34나 106보다 더 나은 것으로 판명되었다! 이 현상은 무엇을 말하는가? 피험자들이 분명 57을 홀수의 좋은 예라고 판단한다면, 57을 3과 같은 전형적인 홀수와 대조해 보지는 않는다는 말인가? 이 모든 현상에 대한 설명이 가능할 것인가, 아니면 전형이론에 어떤 결정적인 문제점이 있는 것인가?

이러한 발견에 대한 논의가 아직도 분분하다. 그러나 그럴 듯한 설명의 한 가지는 판별기준과 저장된 지식을 구분할 필요가 있다는 것이다.[2] 사람들은 어떤 것이 홀수의 좋은 예인가를 판단할 때 기초 지식보다는 인식의 수월성을 척도로 삼는 것인지도 모른다. 황소를 보자. 한 신문기사에 의하면, 사람들이 자꾸 울타리를 무너뜨리는 바람에 소가 도망 나가 골머리를 앓던 농부가 있었다.[3] 그래서 그 농부는 젖소 한 마리의 코를 뚫어 고리를 달았다. 일반적으로 고리를 달았다는 것은 위험할 수도 있는 황소라는 것을 나타내기 때문에, 이에 의해 사람들을 쫓아내는 데 성공할 수 있을 것이라는 계산이었다. 이틀 후 그 지역 경찰서로부터 그에게 전화가 걸려 왔다.

경찰: 공원에 황소를 풀어두었던데 불법입니다.

농부: 미안합니다만 우리는 공원에 황소를 둔 적이 없는데요.

경찰: 내가 직접 봤어요. 코에 붙어있는 고리를 보았는데요.

농부: 가서 그 반대 쪽 끝을 한번 보시는 게 더 나을텐데요.

이 이야기에 무엇이 내포되어 있는지는 명백하다. 우리는 황소가 수컷이라는 것을 알지만, 일반적으로 그 생식기를 검사해 보고 아는 것이 아니고, 순전히 기본적인 생김새 중에 겉으로 나타날 수 있는 무언가를 보고서 아는 것이다. 이런 경우들이 전형에 관련하여 제기하는 문제는 판별 기준이 언어 사용자의 마음에 저장된 지식들과 어떤 방식으로 뒤섞여 있는지를 우리가 정확히 알지 못한다는 것이다.

물론 '무지개'나 '가로등'과 같이 판별 기준과 저장된 지식이 같을 수 있는 단어들이 많이 있다. 그러나 수많은 다른 단어들의 경우에는 두 가지가 상당한 정도로 중첩될 가능성이 있음에도 불구하고, 둘 사이에 차이가 있을 수 있다. 우리가 어떤 대상을 어떻게 인식하고 판별하는가는 그 대상에 대해 우리가 가지고 있는 지식과 완전히 다를 수 없다. '인식과 개념을 완전히 분리하고자 하는 어떤 시도도 의심의 여지가 있다'라고 두 명의 심리학자는 말한다.4 생물학적 분류와 문화적 믿음이 본능과 충돌할 수 있기 때문에, 우리가 스스로 관찰한 결과를 다른 사람들이 제공하는 정보와 뒤섞어야만 하는 경우가 있다는 것이 추가의 혼란거리이다. 아이들은 흔히 거미가 곤충이 아니고, 고래가 물고기가 아니며, 박쥐가 새가 아니라는 것을 믿기 힘들어한다. 그리고 Papua New Guinia의 Kaironk 계곡 위쪽 지역에 사는 Karam족 사람들은 화식조를 새로 보지 않는다. 우리에게는 새가 분명한데도 말이다.5 이러한 '사실들'이 사람들이 가지고 있는 단어의 의미에 대한 전체적인 관점에 어떻게 통합되는지는 분명하지가 않다. 이것은 전형이 가지는 특징들을 찾아낸다는 것이 엄청나게 어려운 일임을 뜻한다.

▌ 새다운 새 vs. 빨간색다운 빨간색 ▌

‘우리는 대상들을 그것이 지니는 가장 아름다운 모습으로 기억한다’라
는 말은 한 TV 출연자가 했던 말이다. ‘다리는 다리답고, 과일은 과일다
우며, 신문은 신문답다.’ 옳지만 공허한 이 말의 이면에는 전형의 다양성이
라는 또 다른 문제가 감추어져 있다. 다리다운 다리는 과일다운 과일이나
새다운 새, 혹은 빨간색다운 빨간색과 크게 다르다.6

새다운 새는 겉모습, 그리고 행동과 관련된 한 묶음의 전형적인 특징
들을 가지고 있다. 깃털, 날개, 그리고 부리가 있을 것이며, 하늘을 날 것
이고, 둥지에 알을 낳을 것이다. 그래서 사람들이 어떤 대상이 새인지 아
닌지에 대해 내리는 판단은 상당히 신뢰할 만하다.

그러나 빨간색다운 빨간색의 경우는 우리가 색깔의 여러 가지 속성을
분석할 수 있는 물리학자가 아닌 다음에는 이와 다소 다르다. 대부분의 사
람에게 빨간색다운 빨간색은 중심적 위치라는 특징을 가지는데, 이것은
빨간색들의 배열에서 한가운데의 자리에 있는 빨간색이 가장 두드러지게
인식되는 때문인 것 같다. 이와 유사하게, ‘어른’이라는 단어는 보통 정 중
앙의 예와 관련되어 이해된다. 즉, 25세인 사람은 17세인 사람보다 더 어
른다울 것이다. ‘빨간색’과 ‘어른’ 두 경우에서 모두 급작스러운 단절이 발
생하는 위치는 존재하지 않으며, 범주의 가장자리에서 점진적인 소멸이
일어난다. 따라서 가장 주된 과제는 ‘전형성이라는 이름 아래에 뭉뚱그려
져 있는 다양한 현상들’을7 분류해 내고 서로 비교하는 것이다.

서로 중첩되는 한 묶음의 의미가 하나의 지점에 수렴하는 전형들이 있
을 수도 있다. ‘채소’라는 단어는 가장 넓은 의미로는 ‘동물, 채소, 그리고
광물’과 같은 표현에서처럼 ‘자라나는 어떤 것’이다. 그리고 가장 좁은 의
미로는 음식점에서 ‘고기와 두 가지 채소’를 제공하는 경우에서처럼 ―둘
중 하나는 보통 감자인데― 먹을 수 있는 식물이다. 더 좁게는 고기, 채소,
그리고 밥 혹은 감자를 제공하는 음식점의 경우에서처럼 감자가 제외될

수 있다. 콩이나 당근과 같은 채소는 모든 조건을 충족한다(그림 6.1).

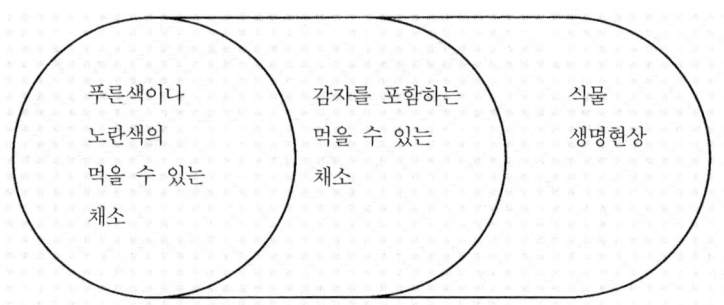

그림 6.1 중첩되는 의미: 채소

또는 '신선한(fresh)'이라는 뜻의 네덜란드어 단어 vers를 보자.[8] 이 단어는 뉴스나 정보에 대해서는 '새로운, 혹은 최신의'라는 의미를, 그리고 공기에 적용되면 '상태가 좋은, 깨끗한'이라는 의미를 가질 수 있다. 따라서 이 단어의 전형적인 용법은 '신선한 과일', '신선한 생선'에서처럼 새로움과 좋은 상태가 결합된 경우이다(그림 6.2).

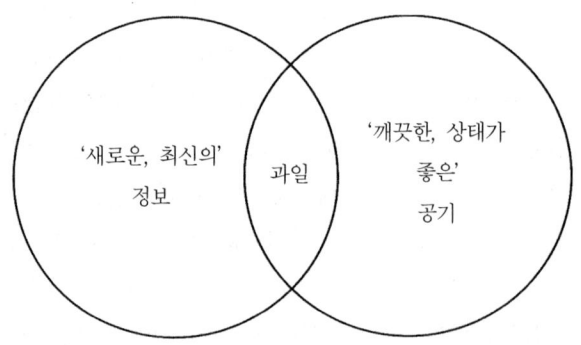

그림 6.2 중첩되는 의미: 네덜란드어의 단어 vers '신선한(fresh)'

전형이 결정되는 근거는 높은 문화적 가치를 가진 어떤 것으로부터 제공되기도 한다. 많은 인디언들이 전형적인 새가 '공작'이라고 주장한다. 어떤 영국 아이들은 '감자'가 전형적인 채소라고 생각하는데, 아마도 프렌치 프라이와 감자 칩을 좋아하기 때문인 것 같다. 그리고 유럽의 성인들 중에는 가구 중 '찬장(cupboard)'에 높은 점수를 주는 사람들이 있는데, 가보로 전해 내려오는 값나가는 조각품 찬장이 있는 집들이 있어서인 것 같다.[9] 사람들이 이러한 특이한 예들을 실제로 전형으로 간주하는지는 분명하지 않다. '가장 좋은 예'를 고르라는 말의 뜻을 잘못 이해해서, '품질이 좋은' 혹은 '좋아하는' 대표적인 것을 골랐을 수가 있다. 대상의 순위를 매기는 데 있어서 좋은 품질, 개인적인 선호, 적합성과 전형성을 혼동했을 수가 있는 것이다.[10]

전형의 다양성에 대한 주요 설명방식으로 두 가지가 있다. 전형이라는 개념 자체를 지나치게 광범위한 것으로 보는 학자들이 있다. 이들은 전형이 '새'나 '꽃'과 같은 범주들에 대해서만, 그리고 시각적 이미지가 형성될 수 있는 최상위의 수준으로 정의되는 '기초 수준'에서만 성립한다고 주장한다.[11] 여기에서 더 나가는 것은 무의미하며 집 안에서 볼 수 있는 물건들을 묶어서 가구라고 부르며 여기에 순위를 매기려고 하는 것은 한마디로 어리석은 일이라는 것이다.[12]

다른 학자들 대부분은 전형이 그 본질에 있어서 이질적이라는 생각을 받아들이는 것으로 보인다.[13] 전형은 '게임'과 다소 유사하다(4장). 전형들은 가족유사성을 가지고 있지만, 그들 모두를 아우르는 하나의 정의는 존재하지 않는다. '언어학에서 사용된 "전형성이론"이라는 개념 자체가 하나의 전형적 구조를 가지고 있다.'[14]

전형들의 본질에 나타나는 차이 때문에, 전형이라는 말을 직접 사용하기보다는 '전형 효과'라는 말을 사용하는 것이 더 현명할 것 같다. 이러한 효과가 나타나는 원인으로 어떤 것들이 있는가의 문제가 중요한 연구 주제가 되었다.[15] 이 문제에 대해 더 생각해 보기로 하자.

▎마음과 물질의 혼합 ▎

펭귄은 새답지 못한 새이고, 올빼미는 좀 더 새다운 새이며, 울새는 훌륭한 새이다. 거의 모든 사람이 여기에 동의한다. 그러나 이 판단에 깔려 있는 것은 무엇인가? 뭐라고 말하기가 쉽지 않다(5장).

새가 깃털을 가지는 것은 상당히 중요할 것 같다. 해학적인 시인 Ogden Nash가 다음과 같이 말한 적이 있다.

> 내가 새에 대해 아는 단 한 가지는
> 털가죽이 아닌 깃털이 있다는 것.

하지만 다음에 올 것은 무엇인지가 의문이다. 아마 날개가 있다는 것이 될 것이다. 그리고 나서는? 날아다니는 능력? 알을 낳는 것? 둥지를 트는 것? Prokofiev의 늑대와 소년 이야기에 나오는 새와 오리 사이의 논쟁에 암시되어 있듯이, 명백한 해답이 있는 것 같지는 않다.

> 그 작은 새는 오리를 보자 잔디 위로 날아 내려와서, 그 옆에 앉아 어깨를 움츠렸다.
> '날지도 못한다면 너는 무슨 새니?' 그가 말했다.
> 이 말을 듣고 오리가 대답했다.
> 수영도 못한다면 너는 무슨 새니? 그리고 연못으로 뛰어 들어갔다.
> 그들은 논쟁을 하고 또 했다 …

또한 어디에서 멈출 것인가? 전형적인 새가 나뭇가지 같은 다리, 그리고 작고 둥글며 반짝이는 눈을 가지고 있다는 것이 중요한가?

이런 방식으로 대상을 구분하는 것은 해결할 수 없는 문제들을 만들어 낸다. 전형을 하나의 덩어리로 간주하는 것이 훨씬 용이한 일이다. 우리가 보는 것은 속성들의 묶음이다. 깃털, 날개, 부리, 둥지 틀기, 그리고 날아다니는 능력 모두가 모여서 '좋은' 새를 이루는 것이다. 그렇다면 이 묶음들이 마음속의 단어들에 대해서 말해주는 것은 무엇인가? 여기에 대한 몇 가지의 이론이 있다.16

한 견해에 의하면, 인간은 자신의 사고가 깔끔하고 논리정연해지는 것을 선호한다. 자연의 범주들에 나타나는 혼란스러움은 다루기 힘든 정신적 충돌인 '인지적 부조화'를 야기한다. 따라서 사람들은 무의식적으로 명료한 예를 선택하여, 이것이 그 무엇의 '적절한' 의미를 나타내고 있는 것인 양 믿는다. 그러므로 전형은 의미에 대한 '점검목록'식 접근법에 어쩔 수 없이 나타나는 가변성을 불식시키고자 하는 무의식적인 시도일 수 있다(4장).

이와 달리 전형이 깃털, 날개, 부리, 그리고 날아다니는 능력을 갖춘 생명체에 수없이 접해 본 결과로 생겨날 수밖에 없는 산물일 수도 있다. 이 속성들의 묶음은 실생활에서 검은 새, 울새, 앵무새, 혹은 비둘기가 보일 때마다 떠오르는데, 이 새들은 에뮤나 큰부리새와 같은 비전형적인 새들보다 더 자주 눈에 띈다. 한번씩 볼 때마다 서로 연상되는 특징들 사이의 연결이 점점 더 강해지는데, 이것이 마음속에 범주가 형성되는 방식이다. 이러한 연결주의의 관점이 현재 크게 유행하고 있다.

유감스럽게도 이상의 관점들은 소수의 전형들에 대해서만 들어맞는다. 이 관점들 중 어떤 것도 미국 채소 목록의 최상위를 콩과 당근이 차지하는 이유가 무엇인지, 혹은 가구 목록의 최상위에 책상과 의자가 함께 나오는 이유가 무엇인지를 설명하지 못한다.

세 번째 관점이 현재로서는 가장 타당성이 높은데, 전형들은 내적 이론들에 해당한다는 관점이 그것이다. 사람은 무의식적으로 자신의 삶과 여기에 속하는 모든 것을 다루기 위해 자신을 위한 '마음속의 모델들'을 구성한다. 이 모델들에는 예리한 관찰, 문화적 세뇌, 기억의 단편, 그리고 약간의 상상이 뒤섞여 있을 수밖에 없으며, 세상이 어떻게 움직이는가에 대하여 각자 배웠거나 스스로 고안해 낸 소박한 믿음들을 포함하는, 세상에 대한 가정들이 구현되어 있다.

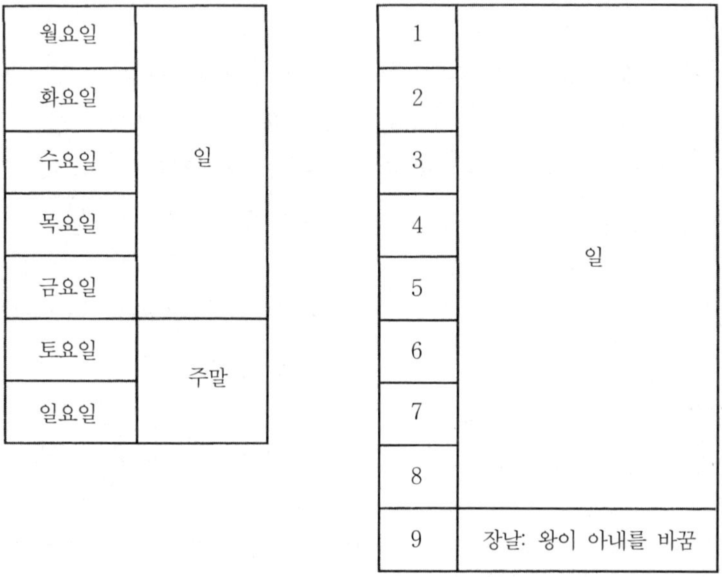

월요일			1	
화요일			2	
수요일	일		3	
목요일			4	일
금요일			5	
토요일	주말		6	
일요일			7	
			8	
			9	장날: 왕이 아내를 바꿈

그림 6.3 전형적인 한 주: 영국의 방식과 잉카의 방식

'주(week)'라는 단어를 보자.17 사전에는 이 단어가 일반적으로 7일로 이루어지는 순환의 단위라고 정의되어 있다. 그러나 이러한 정의는 대부분의 사람들이 주에 대해 알고 있는 것을 모두 나타내지 못하고 있다. 영국에서는 한 주를 월요일, 화요일, 수요일, 목요일, 금요일이라는 이름이 붙은 5일 간의 일하는 날이라고 여긴다. 이 날들이 지나간 후에 '주말(weekend)'이 오는데, 주말은 토요일과 일요일로 이틀 간 이어지는 휴일이다. 사람들은 비록 각자 개인적으로 보내는 한 주와 일치하지 않는다 하더라도, 이 모델을 마음속에 유지한다. 이 모델은 불분명한 문화적 인공물이며, 심지어 일요일로 시작하는 '공식적인' 한 주와 일치하지도 않는다. 이것을 9일로 되어 있으며, 9일 중 마지막 날이 왕이 아내를 교체하는 장날인 잉카에서의 한 주와 비교해 보라(그림 6.3).

마음속의 모델들은 고집스러울 수 있으며, '노동자 계급(working class)' 이라는 말에서처럼 행동에 영향을 미치기도 한다. 많은 영국 국민들의 마음속에는 꼭대기에 부유한 상류층이 있고, 중간에 걱정 없을 만큼의 재산을 가진 중류층이 있으며, 바닥에 노동자 계급이 있는 '여러 층으로 된 케이크' 같은 사회 이미지가 존재한다. 수많은 사회경제관련 저술들을 보면 중류층과 노동자 계급의 구분이 경제적 서열에서 어떤 위치를 차지하는가의 문제라기보다는 생활 스타일의 문제라는 것을 알 수 있다.18 하지만 여러 층으로 된 케이크로서의, 그리고 계급의 지배를 받는 사회로서의 영국의 문화적 인습은 그대로 남는다.

혹은 몇 가지 서로 다른 의미로 사용될 수 있는 '어머니(mother)'라는 단어에 대해 생각해 보라.19 어머니는 아이를 낳는 사람이지만, 이이를 돌보는 양육자일 수도 있다. 'Alison의 어머니는 스무 명의 고아들 중에 뾰족하고 치켜 올라간 코를 가졌다는 이유로 그녀를 선택했다'와 같은 예를 보라. 아니면 어머니는 아버지와 결혼한 사람일 수도 있다. 'Marigold의 아버지가 재혼했기 때문에 그녀에게 이제 어머니가 생겼다'와 같은 예를 보라. 전형적인 어머니는 이 모든 조건들을 충족하는 사람이다. 아이를 낳고 돌보며, 아버지와 결혼한 사람이다. '적절한' 어머니에 대한 이러한 모델은 영국 사회에 침투해 있는데, 이것이 일을 좋아하는 어머니들이 왜 아이를 돌보는 능력에 있어서는 그토록 형편없는지에 대한 설명이 될 수도 있다.

'논쟁은 전쟁이다'라는 생각에서처럼20 우리의 생각을 지배할지도 모르는 무의식적 은유는 마음속 모델들의 근간이 되는 또 다른 강력한 요인이다.

> 그는 내 주장의 취약한 부분을 모두 공격했다.
> 그는 내가 제시한 답을 모두 가로막았다.
> 그의 비판은 적중했다.

이 주제에 대해서는 14장에서 논의할 것이다.

결국 전형은 우리가 살고 있는 세상에 대한 마음속의 모델들을 나타내는데, 이 모델들은 개인에 따라 다른 문화적 건조물들로, '현실'과는 단지 부분적으로만 일치한다. 이러한 모델들은 마음속 모델(mental models), 틀(frame), 각본(script), 내적 인지모델(internalized cognitive models) 혹은 줄여서 ICM, 인지 영역(cognitive domains), 이미지 스키마(image schemas) 등의 여러 가지 이름으로 불린다.21 틀(frames)이라는 말이 가장 널리 사용되지만, 몇 가지 서로 다른 의미들을 가지기 때문에 가장 혼란스러운 말이기도 하다. 이제 일상적인 대화 상황에서 마음의 모델들을 어떻게 불러낼 수 있을 지에 대해 생각해 보기로 하자.

❚ 샐러드와 수도사 ❚

우리가 살펴보았듯이, 단어는 따로 떼어내어 생각해 보면 믿을 수 없을 만큼 단순하다. 그러나 현실에서는 단 하나의 단어라 할지라도 복잡한 마음속 구조를 불러일으킬 수 있다. Pinter의 드라마 The Dumb Waiter에 등장하는, 전형적인 샐러드 그릇이 어떤지에 대한 분명한 생각을 가지고 있는 것으로 보이는 인물 Gus에 대해 생각해 보자. '그 사람들이 샐러드 그릇을 가져 온 것 같군. 식어버린 고기, 무, 오이, 물냉이, 피클에 씌운 청어살점, 삶은 계란.' 샐러드 그릇에 대한 Gus의 마음속 모델은 이 단어가 가지는 '의미'를 넘어선다. 그의 마음은 그릇 속에 특정 내용물들이 들어있는 '샐러드 그릇 상황'을 떠올렸다. 아니면 Alan Bennett의 드라마 A Day Out에 나오는 두 인물 Ackroyd와 Boothroyd가 폐허가 된 사원을 방문해서 나누는 대화를 생각해 보자.

Ackroyd: 여기 있었던 사람들은 시토 수도회의 수도사들이었어 …
Boothroyd: 이렇게 자신을 격리시키는 것은 자연스럽지 못한 삶이야 …
농담 한마디 주고 받았겠어? 안 그래? 무릎 꿇고 앉아서. 이
건 사는 게 아니야 …

여기에서 '수도사'라는 단어는 이 단어의 기본적인 '의미'만이 아니라, Boothroyd가 적막에 잠긴 복도들과 기도하는 수도사들을 상상하는 상황 전체를 촉발했다. 이렇게 연상되는 모든 장면들이 이 단어에 대해 우리가 가지고 있는 지식의 한 부분인가? 어느 정도까지는 그렇다. 우리는 필요할 때마다 불러내는 판에 박힌 상황들, 혹은 '기억된 틀 구조'인[22] 마음속 모델들을 우리의 기억 속에 많이 가지고 있는 것으로 보인다. 이것들이 현재 상황의 세부적 사항들과 어울리는 배경을 제공한다.[23]

마음속 어휘집의 관점에서 보면, 이러한 판에 박힌 상황들은 필요한 경우에 찾아가는 선택적이고 보완적인 자료일 가능성이 있다. 사람들에게 '얼룩말'에 대한 정의를 내려보라고 하면, '동물원'이나 '사파리' 틀 전체를 기억해 내지 않고도 매우 능숙하게 해 낸다. 그러나 누가 그 날 아침 일찍 런던 동물원에서 보았던 얼룩말에 대해 이야기하는 것을 사람들이 우연히 엿들었다면, 기억 깊숙한 곳까지 찾아 들어가 동물원 틀을 불러내게 될 것이고, 이 틀은 이야기를 예견된 배경과 조화시킬 수 있도록 해 주는 한편, 회전식 문이나 원숭이, 그리고 코끼리 태워주기에 대한 언급들을 맞이할 준비를 갖추도록 해 줄 것이다.

이 보완적 정보가 작용하는 방식에는 두 가지가 있을 수 있는데, 마음속 어휘집이 가장 중요한 것들을 첫 번째로 떠올리도록 조직되어 있거나, 필요한 것 이상의 정보를 마음이 자동적으로 떠올리지만, 우리가 요청된 적이 없는 정보들을 버리거나 억제하는 데 아주 능숙하거나 이다. 혹은 이 두 가지 기제가 함께 작동할 수도 있다.

그러나 기제가 무엇이든 상관없이, 마음속에 있는 틀 전체가 활성화된

다는 것은 개별 전형들이 가지는 특징이 무엇인지를 밝히는 것을 더 어렵게 한다. 이 틀들이 그 순간에 같이 활성화된 다른 요소들과 상호 작용할 뿐 아니라, 기억으로부터 보완적 자료들을 끝없이 공급받아 이를 선택적으로 이용할 것이기 때문이다. 혹은 다음에서 논의하려고 하는 것과 같이 일시적인 새 모델들을 만들어 내는 경우까지도 있을 수 있다.

▎ 고정적인가, 일시적인가? ▎

마음속 모델들 중에는 매우 고정적인 것으로 판명된 것들이 있다. 일반적으로 '자동차(car)'는 전형적인 탈것으로 간주되는데, 우리는 자동차가 네 개의 바퀴와 핸들, 엔진 등을 가질 것으로 예측한다. 우리 마음속에는 자동차의 '틀'이 있는데, 우리는 이 틀 속의 빈 자리들을 그 순간에 화제가 되고 있는 특정 자동차의 세부사항들로 채운다. 그리고 이 틀은 '적용 대상이 바뀜에 따라 그 값이 변화하는, 저마다의 이름을 가진 빈 자리들로 이루어진 하나의 고정된 집합'으로 정의된다.24

그러나 '휴가에 무엇을 가져가야 할 것인가'에서처럼 특별한 경우를 위해 만들어지는 일시적인 것들도 있다. 이것을 '목적 지향적인' 범주라고 하는데,25 왜냐하면 여행가방, 선텐 로션, 비행기표 등과 같은 여러 가지 대상 모두가 휴가라고 하는 공동의 목표를 위해 존재하기 때문이다. 이러한 범주들은 필요에 따라 형성되는 것 같다. 하지만 여행 가방이 카메라보다 더 중요하고, 카메라는 바느질도구 세트보다 상위의 순위를 가지는 등, 범주에 들어있는 항목들의 순위를 매길 수 있다는 점에서 이 범주들은 가구와 같은 보다 영구적인 범주에서 발견되는 것과 유사한 구조를 보여준다. 그리고 '문이 열린 채로 있도록 해 줄 물건'과 같이, 그 순간에 즉흥적으로 만들어져서 서로 이질적인 오만가지 구성성분들로 이루어지는 범주에서조차 순위를 볼 수 있다.26

인간이 극히 영구적인 토대에서나 임시방편적인 토대에서나 틀을 만들어낼 수 있다는 것은 불가해한 사실로 남는다. 그리고 어떤 것이 어떤 것인지를 구분하는 것이 용이하지 않다. '구피 효과'에서처럼 여러 가지가 뒤섞인 전형들이 또 다른 문제 거리이다. 구피는 작은 열대어로 가정용 수족관의 인기어종인데, 전형적인 애완용 물고기이다. 하지만 '애완용 물고기'와 같은 결합형 전형이 어떻게 형성되는 것일까? 전형적인 물고기와 전형적인 애완동물을 직접 결합한 것일 수는 없는데, 왜냐하면 전형적인 애완동물은 아마 껴안고 싶거나 데리고 놀고 싶은 속성을 가질 것인 반면, 물고기는 그런 속성을 가질 수 없기 때문이다. 따라서 결합형 전형은 애완동물, 물고기, 그리고 구피에 관련되는 어떤 방식으로 만들어질 필요가 있다.27 정확히 어떻게 이것이 이루어질지에 대해서는 논란이 분분하다. 그러나 한가지 분명한 것은, 이러한 유형의 마음속 모델들은 이미 만들어져 준비되어 있는 구조와 실시간에 이루어지는 적용을 혼합한 것일 수밖에 없다는 것이다.

결국 인간의 마음은 끊임없이 활동하며, 저장되어 있는 주요사항에 대한 정보를 가져와 매 순간 요구되는 모델을 구성하는 토대로 이용한다. 한 학자가 말했듯이, '틀은 유한한 생성 기제이다. 기억에 들어있는 적당한 양의 명시적인 틀 정보가 엄청나게 많은 숫자의 개념들에 대한 연산을 수행할 수 있도록 해 준다.'28

'틀(frame)'이라는 단어는 마치 인간이 마음속에 상황에 대한 스냅사진들을 가지고 있는 것 같은 정적인 상태를 떠올리게 한다. 그러나 실질적인 삶은 일련의 딱딱한 틀보다는 상영중인 영화와 더 비슷하게 진행된다. 인간은 일어날 일에 대한 예측을 하는데, 이 예측은 과거의 기억으로부터 재구성된다. 음식점에 가는 사람은 누구나 테이블로 안내될 것이고, 메뉴를 받을 것이며, 음식을 주문하고 그 음식을 먹게 될 것이며, 나중에 계산을 하게 될 것이라는 예측을 할 것이다. 목욕을 하는 사람은 누구나 수도꼭지를 틀어, 욕조에 어느 정도 깊이의 뜨거운 물이 찰 때까지 물이 쏟아져 나오는 것을 보며, 욕조에 들어가 앉아서 씻는 등등의 예측을 할 것이다. 이 예측 가능한 일련의 일들을 '각본(scripts)'이라고 하기도 한다.[29]

▌ 요약 ▌

전형이론은 많은 문제 거리들을 해결하지만, 전형 자체가 이해하기 어려운 개념이다. 판별 기준들은 저장된 지식들과 뒤섞이며 많은 전형들이 반드시 가지는 속성의 묶음이 있다. 전형은 본질적으로 이질적이며, 전형이론 스스로가 전형적 구조를 가지고 있다. 따라서 전형효과가 생기는 데에는 몇 가지의 이유가 있을 수 있다. 그러나 무엇보다도 전형들은 인간이 세계와 세계가 어떻게 움직이는가에 대해서 자신을 위해 만든 소박한 모델들이 어떠한지를 나타낸다. 따라서 전형에는 관찰, 문화적 믿음, 그리고 개인적 해석이 뒤섞여 있을 수밖에 없다.

이 모델들 중 일부는 고정적인 틀 구조를 가지는데, 이 틀 구조에는 항목들이 삽입될 수 있는 빈 자리들이 있다. 그러나 매 순간 즉흥적으로 만들어지는 틀 구조들도 있다. 인간의 마음속에 존재하는 것이 분명한 마음속 모델들의 속성을 정확히 밝히는 것은 아직 요원하며, 우리가 현재 가지고 있는 능력 밖의 일이다.

무엇보다도 이 장의 논의는 인간이 고립된 단어를 다루는 경우가 그리 흔하지 않다는 것을 보여 주었다. 따라서 우리는 단어들이 마음속 어휘집에서 서로 어떻게 연결되어 있는지를 알아낼 필요가 있다. 이것이 다음 장의 주제이다.

7 근원적 원자 입자에 대한 탐색

— 의미원소를 찾아서 —

나는 내 조상을 추적해서 원형질의 근원적인 원자 입자에까지 거슬러 올라
갈 수 있다. 따라서 내 가족이 가지고 있는 자부심이 잘 이해가 되지 않는다.
W. S. Gilbert, *The Mikado*

서로 다른 것들이 아주 멋대로 뒤엉켜 모여 있는 벌떼를 다루듯이 단
어를 다룰 수는 없다. 단어들은 분명 상호의존적이다. 주변의 단어들을 알
지 못하면 이해하기가 어려운 단어가 있을 수도 있다. 즉, '오렌지색의'라
는 단어는 이것이 '빨간'과 '노랑'과 각각 어떤 관계에 있는지를 살펴봄으
로써, 그리고 '따뜻한'이라는 단어는 이것을 '뜨거운'과 '차가운' 사이의 영
역으로 간주함으로써 가장 잘 이해할 수 있다. 그렇다면 인간이 마음속 어
휘집에서 단어들을 서로 연결시키는 방식은 무엇인가?

첫 번째 가능성으로 단어들이 마음속에서 이런 저런 조각 천들을 모아
만든 누비이불 천 조각들과 같은 모습으로 서로 연결되어 있다는 제안을
할 수 있다. 천 조각의 모양과 크기는 언어에 따라 달라지겠지만, 한 언어
내에서는 어떤 천 조각도 주변의 천 조각과의 관련성을 토대로 정의될 수
있을 것이다. 그러나 이 간단한 생각은 옳지 않은 것으로 판명될 것이다.

단어들은 퍼즐 맞추기 조각들이 서로 연결되는 것처럼 매끄럽게 세계를 다루지 않는다. 전체적인 상황은 버터를 골고루 바르지 않은 식빵과 더 비슷해서, 어떤 곳에는 버터가 다른 곳 두 배의 두께로 발라지고, 어떤 곳에는 전혀 발라지지 않은 것과 흡사하다. 'chase(추적하다)'와 'pursue(뒤쫓다)', 'plump(풍만한)'과 'fat(뚱뚱한)'처럼 서로 강하게 중첩되는 단어들이 있는가 하면, 설명이 안 되는 공백도 있다. 즉, 'live-in lover(동거하는 애인)'나 'dead plant(죽은 식물)'를 나타내는 보편적으로 받아들여지는 용어는 없다.

조각 천 누비이불 이론의 가장 큰 문젯거리는 모두가 돼지를 지칭하는 'hog((거세한) 수퇘지)', 'sow(암퇘지)', 'piglet(새끼돼지)', 또는 모두가 여성을 지칭하는 'sow(암퇘지)', 'hen(암탉)', 'princess(공주)', 또는 모두가 나이 어린 대상을 지칭하는 'piglet(새끼돼지)', 'chick(병아리)', 'princeling(어린 군주)' 등과 같은 서로 중첩되는 단어들일 것이다. 한 언어의 단어들은 모두 수많은 다른 단어들과 유사한 연결관계를 가지는데, 이것은 Gilbert와 Sulllivan의 오페라 HMS Pianofore에 나오는 수많은 친척을 가진 등장인물을 연상시킨다.

> 그의 누이들과 사촌들은,
> 그가 세어 보면 수십 명이 되고,
> 거기다 그의 숙모와 고모와 이모들!

그렇다면 마음이 어떻게 이러한 관계들을 다루는가? 몇 가지 서로 다른 제안들이 있다. 두 명의 심리학자가 경고하듯이, '우리는 단어들이 서로 어떻게 연결되어 있을까라는 질문에 대한 답을 구할 때, 여러 종류의 답변들 속에서 허우적거리지 않도록 주의해야 한다.'1

그러나 답변의 다양성을 전혀 다룰 수 없지는 않은데, 왜냐하면 제시된 이론들이 넓게 볼 때 두 가지의 범주 중 하나에 속하는 경향이 있기 때문이다. 그 두 가지 관점 중, 하나는 '원자입자' 관점이라고 부를 수 있는 관점이고, 다른 하나는 '거미줄' 관점이다(그림 7.1). 원자입자의 지지자들은 단어가 '의미의 원자들'이 모여 이루어지며, 서로 연관성이 있는 단어들은 일정한 원자들을 공유하고 있다고 주장한다. 거미줄의 지지자들은 단어가 서로 연관성이 있는 것으로 인식되는 것은 언어사용자들이 단어들 사이에 연결을 형성하였기 때문이라고 주장한다. 따라서 단어는 한편으로는 기본 단위들의 집합체로, 다른 한편으로는 여러 가지 특징들을 소유하고 있으며 다른 단어들과 관계를 가지는 덩어리로 간주된다. 비록 각 관점의 지지자들이 인간이 전형을 어떻게 다루는지에 대해 가지고 있는 관점이 서로 다른 것이 사실이지만, 두 관점 모두 전형이론과 양립한다.2 따라서 서로 상반되는 이 두 가지 아이디어에 대해 살펴보기로 하자. 이 장에서 우리는 먼저 원자입자에 대해서, 그리고 다음으로 거미줄에 대해 논의할 것이다.

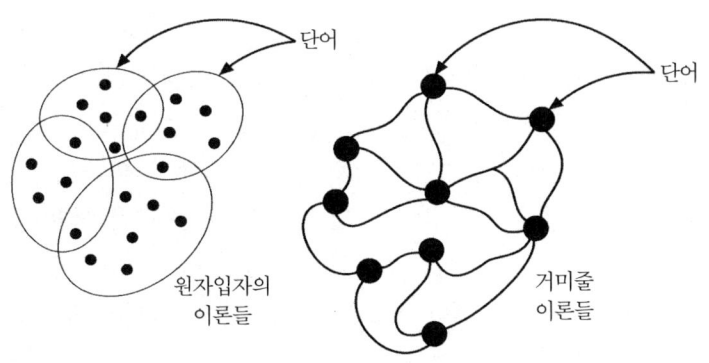

그림 7.1 **원자입자 vs. 거미줄**

▌ 근원적 원자 ▌

'그러나 수많은 근원적 원자들은 태고 적부터 수많은 방식으로 선회하면서 충돌현상과 자신들의 무게를 이용해 계속 운행하다가, 마지막에는 수많은 서로 다른 방식으로 결합됨으로써 결합의 방식에 따라 형태가 달라지는 존재 가능한 모든 것을 만들어 내려고 했다.' 이것은 고대 로마의 시인 Lucretius[3]의 말인데, 세계가 어떻게 생겨났을 것인가를 당시의 이론에 따라 기술하고 있다. 그러나 이 묘사는 언어학에서 반복적으로 등장하는 하나의 관점에 대해서도 똑같이 훌륭하게 적용될 수 있는데, 그 관점에 의하면 '의미원소'로 알려진 의미의 원자들로 이루어지는 어떤 보편적 집합이 있으며, 의미원소들은 언어에 따라 서로 다른 방식으로 결합된다. '의미자질들은 언어마다 다를 수 없으며, 언어를 다루는 인간의 일반적 능력의 한 부분으로서, 언어에 따라 서로 다른 방식으로 이용되는 보편적인 목록을 형성한다.'[4]

원자입자의 아이디어는 적어도 17세기로 거슬러 올라가는데, 이 시기는 독일의 철학자 Leibniz가 인간이 '스스로가 이해할 수 있으며, 어떻게 조합하느냐에 따라 인간이 가질 수 있는 모든 서로 다른 생각들을 형성할 수 있는 개념들의 목록'에 해당하는 기본적인 '인간 사고의 철자들'을 가지고 태어난다고 주장한 시점이다.[5] 이 관점은 약 20년 전에 특히 우세했다. 영향력 있는 미국의 언어학자 Noam Chomsky에 의하면, '"어휘항목(lexical entry)"이라는 개념 자체가 일종의 고정된 보편적 어휘(vocabulary)를 전제로 하는데, 이 어휘를 이용해 어휘항목들의 특징이 규정된다.'[6]

그러나 의미원소에 대해 최소한 두 가지의 서로 다른 층위를 구분할 필요가 있다. 기저의 층위에서는 인간의 마음이 '그것은 팬더곰이다'의 경우에서처럼 '대상(objects)'이라는 개념이나, '팬더곰이 탈출했다'의 경우에서처럼 '사건(events)'이라는 개념과 같은 어떤 개념들을 골라내는 것 같다. 아직은 해결되지 않은 문제로 남아있지만, 이 개념들에 대해 밝혀내는 것은 흥미로운 작업이다.

더 표면적인 층위에서 인간의 마음이 단어를 이용할 때, 마치 그림 맞추기 퍼즐에서처럼 단어의 구성성분들을 서로 조립하거나 단어를 구성성분들로 분해하는지에 관심을 가진 학자들이 있었다. 만일 이것이 사실이라면, 사용될 준비가 된 구성성분들이 저장된 장소가 모든 사람들의 마음 속에 있어야 할 것이다. 단어들은 최소한 서로 다른 여러 조각들을 기워서 만들었지만 기운 자리들이 여전히 보이는 옷과 같아야 할 것이다.

이 주제에 대한 초기 연구들 중에는 기저의 층위와 표면의 층위를 분명히 구분하지 않은 연구들이 있었는데, 아마도 연구를 통해 두 층위를 동시에 확인해낼 수 있다는 희망에서였을 것이다. 이 과제를 수행하고자 했던 두 개의 잘 알려진 초기 연구와 이 연구들로부터 발생한 문제점에 대해 생각해 보기로 하자. 첫 번째 연구의 목적은 통상적인 단어들의 기저에 깔려있는 원소들을 찾아내는 것이었다.7 그리고 다른 연구는 의미원소들을 인간의 지각과 관련시키고자 하였다.8

인공지능 분야의 연구자인 Roger Schank에 의하면, 대략 12개 정도의 의미원소가 우리가 일반적으로 사용하는 모든 동사의 기초를 형성한다.9 이 원소들 중의 일부는 MOVE(이동하다), INGEST(섭취하다), GRASP(쥐다)와 같은 물리적 행동이었다. 다른 일부는 대략 '… 에 대해 생각하다'를 의미하는 CONC나, 정신적 정보의 전이를 나타내는 MATRANS와 같은 정신적인 것들이었다. 다른 한편으로는 소유의 전이를 다루는 ATRANS와 같은 보다 일반적인 것들이었다. 예를 들어, 'breathe(호흡하다)', 'drink(마시다)', 'eat(먹다)', 'inhale(들이마시다)', 그리고 'sniff(코로 들이마시다)' 같은 동사들은 INGEST라는 성분을, 그리고 'buy(사다)', 'sell(팔다)', 'give(주다)', 'take (가지다)', 'steal(훔치다)'은 모두 ATRANS라는 성분을 공통적으로 가진다. 그러나 몇 가지 문제점이 발생했다.

첫째, Schank와 그의 동료들은 얼마나 많은 숫자의 원소가 있으며 그 의미원소들이 각각 무엇이어야 하는지를 정확히 밝히는 것이 매우 어렵다는 것을 알게 되었다. 그들은 의견을 여러 차례 바꾸었으며, 결국 전적으로 만족할만한 결론에 도달하지 못했다. 따라서 그들은 위의 동사들을 구성하는 성분들을 실제로 찾아냈다는 주장을 할 수 없었다. 사물의 속성을 정확히 밝혀내는 것은 일반적으로 시간을 필요로 하는 일이기 때문에, 이 문제는 아마도 부수적인 문제에 지나지 않는 문제일 것이다. 더 심각한 문제는 이 성분들 중 몇 가지가 '원소'인 이유가 무엇인지를 알아내는 것이 어렵다는 데 있다. 이 원소들이 실제로는 더 기초적인 요소들로 분해될 수 있기 때문이다. 예를 들어 INGEST는 몇 가지의 하위 성분들로 나뉠 수 있는 복합적인 개념이다. 세 번째 문제는, 더 상세한 세부 사항들이 추가될 필요가 있는 개략적인 틀 구조를 만들어내는 데 그치는 이 '원소들'에 들어 있는 성분들보다 훨씬 더 많은 것들이 거의 모든 동사의 의미에 포함되어 있다는 데 있다. 그럼에도 불구하고 원소 관점에 입각한 연구들의 핵심적인 주장은 의미적 원자들에 의해 단어 전체의 의미를 망라할 수 있다는 것이다.

이러한 문제들을 볼 때, Schlank가 '원소들'에 대한 어떤 심리학적인 규정을 내 놓았다고 보기는 힘들다. 그는 단지 자신이 다루었던 단어들 사이의 '가족유사성'을 기술하는 편리한 방법을 찾아낸 것뿐이었다. 3장에서 언급하였듯이, 대상을 기술하는 유익한 방법과 언어 사용자의 마음속에 들어 있음직한 구조를 구분하는 것은 중요하다. Schlank 연구로 판단하건대, 유익하지만 비현실적인 방식으로 단어들의 관계를 설명하는 컴퓨터 프로그램을 쓰고자 한다면 그가 고안한 체계를 이용할 수도 있겠으나, 인간의 마음속에서 여러 조각들이 모여 동사들이 조립된다고 믿어야 할 이유는 없다. 그리고 원소가 무엇인지를 결정하는 데 있어서의 난점, 원소가 더 작은 단위로 나뉠 수 있다는 점, 그리고 원소에 의해 규정되는 의미의 불완전성 등, Schlank가 제시한 원소에서 발견된 문제들은 원소가 무엇인지를 밝히고자 한 다른 대부분의 연구에서 공통적으로 나타난다.

의미원소를 지각원소들과 연관시키는 시도를 하였던 두 사람의 심리학자 George Miller와 Phil Johnson-Laird에 의해 이 주제에 대한 인상적인 연구가 이루어졌다.[10] 이들은 의미원소들을 사람들이 보거나 듣거나 느낄 수 있는 일종의 관찰 가능한 경험 대상과 밀접히 연관시키고자 하였다. 이것은 유익한 작업으로 보이는데, 왜냐하면 인간은 자신이 지각하는 세

계를 다루는 데에서 출발하여 이것에 토대를 두는 일반화에 의해 더 추상
적인 대상들로 옮겨간다는 주장을 한 사람들이 있기 때문이다.

이 두 심리학자의 책은 거의 800쪽 분량인데, 저자들이 인정하였듯이
심리학에서 모두가 동의하는 완전한 지각 이론이 나오지 않았다는 의미에
서 프로젝트 전체가 다소 불안전한 토대 위에서 이루어졌음에도 불구하고,
이 주제에 대한 철저한 연구를 제시하였다. '명시적인 지각 이론이 없다는
것이 우리가 지각체계의 원소가 무엇인지에 대해 확신할 수 없다는 것을
뜻하지는 않는다 … 따라서 우리가 할 수 있는 최선의 일은 우리 자신에게
제약을 가하여 원소일 가능성이 높은 후보만을 원소로 인정하는 판단을
내리도록 하는 것이다. 어떤 의미에서 우리는 모래 위에 집을 짓고 있지
만, 밑에 아무것도 없이 집을 짓는 것보다는 모래 위에 집을 짓는 것이 더
낫다.'11

Miller와 Johnson-Laird의 제안은 매우 명시적이었다. 상당히 많은 것
들이 원소가 될 가능성이 있는 것으로 드러났다. 대상인식에 대해서만 하더
라도 PLACE(장소), SIZE(크기), STRAIGHT(똑바로), HORIZONTAL(수
평으로), VERTICAL(수직으로), BOTTOM(바닥), TOP(꼭대기) 등을 포함하
는 거의 100개의 원소가 제시되었다. 예를 들어 평평한 수평의 윗부분과
이를 받치고 있는 수직의 다리들을 가진, 연결방식으로 이루어진 고체로
된 대상 '탁자'는 최소한 OBJECT(대상), CONNECTED(연결된), RIGID(고
체의), TOP(꼭대기), FLAT FACE(평평한 표면), HORIZONTAL(수평의),
VERTICAL(수직의)이라는 원소들을 가질 것이다. 그러나 두 사람도 지적
했듯이 이 지각 원소들은 '탁자'의 의미를 다루기에 불충분하며, 탁자의 겉
모습이 어떤가를 밝히는 데 그치고 있다. 음식을 올려놓고 먹을 때, 일감
을 올려놓고 일할 때, 전구를 바꾸어 끼우기 위해 딛고 올라설 때 등과
같이 사람들이 탁자가 어디에 쓰이는지도 알고 있다는 사실을 설명하기
위해서는 추가의 규정들이 필요하다. 간단히 말해서, Miller와 Johnson-
Laird는 '탁자'라는 단어 뒤에 있는 개념이 단지 탁자가 지각되는 방식에

만 기초하는 것이 아니라는 결론에 도달했다.

그리고 그들이 다소 분명하지 않은 항목들로 관심을 옮겼을 때 훨씬 더 큰 어려움에 봉착하였다. 'promise(약속하다)', 'predict(예측하다)', 혹은 'disagree(일치하지 않다)'와 같은 단어들을 어떻게 우리가 직접적으로 지각할 수 있는 대상에 묶어놓을 수 있는가? 이것은 불가능한 것으로 판명되었다. 단어 자체에는 지각될 수 있는 성분들이 없었으며, 유형의 역할을 담당할 수 있는 명백히 구체적인 단어도 없었다. 그들의 말을 빌리면, '의미가 지각을 토대로 규정되며, 이 지각적 단어로부터의 일반화에 의해 연관성 있는 단어들이 해석될 수 있는 경우에 해당하는 단어들만을 알고 있는 사람이 있다면, 그 사람의 어휘는 극히 제한되어있을 것이다.'12

요약하면, 그들은 첫째, 탁자와 같이 대상을 직접 가리키는 단어들조차도 지각에 기초하지 않는 의미 요소를 가지고 있으며, 둘째, 의미가 지각적 토대에 결속될 수 없는 수많은 어휘항목들이 있다는 결론을 내렸다. 결국 그들은 '어휘집의 대부분이 지각적이 아닌 원소 개념들에 그 토대를 두고 있다'라는 내키지 않는 결론에 도달했다.13 따라서 의미원소들이 존재한다고 할지라도, 그 토대를 지각에만 둘 수는 없는 것으로 보인다.

의미원소를 찾아내고자 하는 보다 최근의 시도는 Canberra에 있는 호주 국립대학의 Anna Wierbicka에 의한 것이었다.14 그녀는 '우리는 어떤 대상을 그 자체로 이해될 수 있는 부분들로 나누었을 때에만 그 대상을 이해했다는 말을 할 수 있다'라고 주장한 17세기 철학자 Leibniz를 인용한다. 그녀의 목표는 '모든 자연언어가 공유하는 핵심이 무엇인지를 밝히고 그것을 토대로 "자연스러운 의미적 메타 언어(언어분석용 언어-역주)"를 구축하는 데 있다.' 그녀는 다음과 같은 방법으로 이 일을 할 것을 제안한다. '우리가 가능한 한 많은 서로 다른 언어들을 조사함으로써 자연언어가 공유하는 가설적 핵심을 알아낼 수 있다면, 이 공유되는 핵심을 언어로부터 독립적인 메타 언어로 간주하여 모든 언어와 문화를 기술하고 비교하는 데 사용할 수가 있을 것이다.' 예를 들면, I(나), YOU(너),

SOMEONE(그 누구), SOMETHING(그 무엇), PEOPLE(사람들), THINK(생각하다), KNOW(알다), WANT(원하다), FEEL(느끼다), SEE(보다), HEAR(듣다), SAY(말하다), DO(하다), HAPPEN(발생하다), MOVE(이동하다), LIKE(좋아하다), PART(부분), PLACE(장소), UNDER(아래에), ABOVE(위에), INSIDE(안에), FAR(멀리), NEAR(가까이), GOOD(좋은), BAD(나쁜), BIG(큰), SMALL(작은)이 기본적인 것으로 간주되는 것에 포함된다.

그러나 여기에는 거의 모든 정의를 애매한 것으로 만드는 실망스러운 효과가 나타난다. 예를 들어 Wierbicka는 '슬픈(sad)'이라는 단어를 다음과 같이 설명한다.

> X가 무언가를 느낀다. 때로는 무언가를 이렇게 생각하는 사람이 있다. 무언가 안 좋은 일이 생겼다. 만일 내가 무슨 일이 일어났는지를 모른다면, 나는 그 일이 일어나기를 바라지 않는다고 말하겠다. 나는 내가 이것 때문에 아무 일도 할 수 없다는 것을 알기 때문에 이 말을 지금 하지 않겠다. 이것 때문에 이 사람은 안 좋은 무언가를 느낀다. X는 이와 같은 무언가를 느낀다.

이 '정의'는 'unhappy(불행한)', 'distressed(괴로워하는)', 'frustrated(좌절한)', 'upset(당황한)', 'angry(화난)', 'annoyed(짜증나는)'와 같은 단어들에 대해서도 마찬가지로 잘 적용될 것이다. 이것은 기껏해야 부정적 기분을 나타내는 개념들만을 설명해 낸다.

의미원소들을 찾아내려는 이러한 시도들이 실패했으므로 의미원소를 찾는 것을 포기해야 할 것인가? 아니다. 하지만 진정한 원소는 기저의 층위에만 존재하는 것 같다는 점을 인식할 필요가 있다. 따라서 앞으로 나올 제안들은 지금까지 나왔던 것들보다 더 추상적이고 광범위한 영역을 포괄할 필요가 있다. 예를 들면, CONTAINER(용기), OBJECT(대상), NEAR-FAR(가까운-먼), FULL-EMPTY(가득한-비어 있는)와 같은 개념들을 가지고 인간 사고의 기저에 놓여있는 이미지 도식들을 찾아내고자 한 시도들이 있었다.15 이 도식들은 반복적으로 등장하는 유형들로써 우리의 경험에 영향을 주지만, 항상 특정 어휘항목과 쉽게 연관되어질 수는 없다.

지금까지의 논의를 요약하면, 우리가 '의미원소'들을 찾아내는 것은 아직 요원한 일이다. 따라서 '원자입자들'이 보다 표면적인 층위에 존재하여 인간이 자신의 모국어 어휘항목들을 저장하고, 산출하며, 이해하는 방식의 한 부분을 이루는지에 대해 생각해 보기로 하자.

▌ 입자효과를 찾아서 ▌

개별 언어의 층위에 의미의 원자들이 존재한다면, 이것들은 인간이 단어를 다루는 방식을 반영하고 있을 수 있다.

몇몇 심리언어학자들이 단어이해가 의미성분들이 존재한다는 것에 대한 실마리들을 제공할 수 있을지를 테스트하였다. 그들의 논지는 다음과 같았다. 만일 작은 의미성분들이 존재한다면, 단어가 인간의 마음속에 분해된 상태로 저장되어 있을 수 있다. 그리고 만일 이것이 사실이라면, 단어를 사용해서 말을 할 때마다 분해되어 있는 부분들을 조립해야만 하고, 단어를 듣고 이해할 때마다 단어를 구성하고 있는 부분들로 분해해야만 할 것이다. 이 시나리오가 옳다면, 마음에서 많은 숫자의 성분들로 구성된 단어들이 처리되는 데 걸리는 시간이 적은 숫자의 성분들을 가진 단어들의 경우에서보다 길 것이다. 'kill(죽이다)'이라는 단어는 CAUSE(야기하다)와 DIE(죽다)를 조립한 것일 수 있으며, 따라서 산출하거나 이해하는 데 걸리는 시간이 'die(죽다)' 하나뿐인 경우보다 길 것이다. '총각(bachelor)'은 NOT(아닌)과 MARRIED(결혼한)을 조립한 것일 수 있으며, 따라서 처리에 걸리는 시간이 not과 married가 직접 합쳐진 'not married'라는 표현의 경우보다 다소 길 것이다. 조립과 분해에 걸리는 추가의 시간 때문이다. 이러한 실험들은 해당 성분들이 원소인지에 대한 직접적인 확인은 될 수 없

을 것이다. 그러나 이 실험들은 단어의 이해를 위해서 단어를 더 작은 조
각들로 분해할 필요성이 발생하는지를 보여줄 수 있다. 만일 이것이 사실
이라면, 단어가 더 작은 조각들로 이루어진다는 생각은 진지하게 수용할
필요가 있는 하나의 관점으로 성립될 것이다.

한 실험에서는 예를 들어 다음과 같은 문장의 쌍들을 생각해 냈다.16

1 If practically all of the men in this room are not married, then
   few of the men in the room have wives.
   만일 이 방의 모든 남자들이 실제로 결혼하지 않았다면, 이 방의 남자들
   중 아내가 있는 사람은 거의 없을 것이다.

2 If practically all of the men in this room are bachelors, then few
   of the men in the room have wives.
   만일 이 방의 모든 남자들이 실제로 총각이라면, 이 방의 남자들 중 아
   내가 있는 사람은 거의 없을 것이다.

각 쌍의 처음 문장에는 'not married'와 같은 명시적인 부정 표현이 들
어있었다. 두 번째 문장에는 'bachelor'에서처럼 그 의미적 표상에 부정을
내포하는 단어가 들어 있었다. 문장들을 뒤섞어서 짝을 이루는 문장들이
같이 나오지 않도록 한 후, 피험자들에게 각 논증의 타당성을 평가하도록
요청하였다. 결과는 명시적인 부정 표현이 들어있는 문장을 평가하는 데
걸리는 시간이 더 길었는데, 이것은 만일 피험자들이 'bachelor'와 같은 단
어를 그 성분들로 분해하는 데 일정한 시간을 소비했다면 있어서는 안 될
일이다.

이 실험은 문장을 처리하는 본 과정 이후에 수행되는 것일 수도 있는
논증 과제를 피험자에게 요구했다는 이유로 비판을 받았다. 그러나 문장
이 처리되는 바로 그 순간을 조사한 실험에서 얻은 결과도 이와 유사했
다.17 여기에서는 '음소추적' 기술이 이용되었다. '[b] 소리가 들리는 즉시

버튼을 누리시오.' 2장에서 살펴보았듯이, 추적해야 할 소리 앞에 있는 단어에 어떤 문제가 있으면 피험자들이 과제를 수행하는 속도가 떨어진다. 이 경우에도 문장의 쌍이 이용되었다. 예를 들어보자.

1 The dog sniffing round the yard stuck its nose into the yellow bucket.
코를 킁킁거리며 마당을 돌아다니던 개가 코를 노란 물통 속에 쑤셔 넣었다.

2 The dog sniffing round the yard stuck its nose into the empty bucket.
코를 킁킁거리며 마당을 돌아다니던 개가 코를 빈 물통 속에 쑤셔 넣었다.

'yellow(노란)'와 'empty(빈)'이라는 단어는 발음상의 길이가 같고, 똑같이 일상적인 단어들이다. 그러나 'yellow'는 적어도 '아무 것도 들어있지 않은'이란 말로 풀어쓸 수 있을 'empty'와 비교하면, 지극히 간단해 보인다. 만일 'empty'가 NOT CONTAIN ANYTHING(어떤 것도 들어 있지 않은)과 같이 더 작은 성분들로 분해되어야만 한다면, bucket에 들어있는 [b] 소리에 대한 반응시간이 매우 길어질 것이라고 예측할 수 있다. 그러나 실제로는 두 경우에서 탐색에 걸리는 시간에 이렇다 할 차이가 없었기 때문에, 하나가(empty) 다른 하나(yellow)보다 더 복합적이라는 주장을 할 아무런 이유가 없었다.

지금까지 논의한 실험들은 모두 부정어를 포함하고 있었는데, 부정어는 심리언어학자들이 오래 전부터 알고 있듯이 다소 기이한 양태를 보인다.[18] 따라서 부정어를 피하고, 'kill'과 같은 단어가 CAUSE DIE로 분해되는지, 혹은 chase(쫓다)와 같은 단어가 TRY CATCH를 결합한 것인지를 확인한 실험들에 대해서 더 많은 관심을 기울여야 할 것 같다.[19] 그러나 더 많은 성분들로 이루어졌다고 간주되는 단어들을 처리하는 데 걸리는 시간이 더 길다는 것을 실험을 통해 입증하려는 시도는 또다시 실패로 끝났다.

이러한 결과로부터 우리가 얻는 것은 다음 몇 가지 가능성 중의 하나이다. 실험에 사용된 단어들에 대한 분석이 잘못되었을 수가 있는데, 이 경우 우리는 어떤 결론도 내릴 수 없다. 혹은 분해가 너무나도 빨리 이루어지기 때문에, 현재의 기술로는 측정되지 않을지도 모른다. 아니면 단어 이해의 과정에서 분해는 아예 일어나지 않는다. 즉, 단어들은 언제나 이미 꾸러미로 만들어진 덩어리로 존재한다.

결국 우리는 지금까지 다음의 사실들을 알게 되었다. 첫째, 의미를 이루는 작은 성분들로서, 서로 모여 단어를 구성하게 되는 '의미원소'의 보편적 집합체가 존재한다는 것을 믿는 언어학자들이 있다. 둘째, 이 성분들이 무엇인지에 대해 누구나 동의하는 견해도 없으며, 이 성분들을 찾아낼 수 있는 사람도 없다. 셋째, 언어실험은 사람들이 단어를 이해할 때 분해의 과정이 일어난다는 것을 입증하는 어떤 증거도 찾아내지 못했다. 이 모두가 의미원소가 존재하지 않는다는 것을 보여주는 증명은 아직 되지 못한다. '무언가가 존재하지 않는다는 것을 확정적으로 보여 주는 것은 매우 어려운 일이라는 것이 문제다.'[20] 그리고 마음속에 의미의 입자들이 있다는 주장을 고집하는 사람들이 아직 있다. 이제 그럴 수 있는 이유가 무엇일지에 대해 생각해 보기로 하자.

▌ 원자입자에 대한 신뢰 ▌

많은 사람들이 무언가를 믿는 것은 그리 만족스럽지 못한 설명들 가운데에서 '가장 나은' 설명을 제공한다는 이유에서이다. 그리고 원자입자들은 여러 가지 수수께끼 같은 현상들을 설명할 수 있는 가능성을 제공할 뿐 아니라, 세계가 움직이는 방식에 대한 직관에 들어맞는다는 주장이 있었다.

앞에서 언급했듯이, 의미의 원자들이 존재한다는 제안을 하는 공통적인 이유는 이에 의해 의미가 중첩되는 단어들이 있는 이유가 무엇인지를 쉽게 설명할 수 있다는 데 있다. mother(어머니), aunt(아주머니), mare(암말), waitress(여급)와 같은 서로 관련성이 있는 단어들은 모두 FEMALE(여성의)이라고 하는 기본적 성분을 공유한다. 혹은 'hop(깡충 뛰다)', 'skip(뛰어 넘다)', 'run(달리다)', 그리고 'jump(뛰어 오르다)'는 모두 MOVE(움직이다)라고 하는 성분을 가진다. cow(젖소)와 같은 단어는 BOVINE(소과의), ADULT(성인의), FEMALE(여성의)로 분해될 수 있을 텐데, 이것은 BOVINE, ADULT, MALE이어야 할 bull(황소), 그리고 BOVINE, NON-ADULT이어야 할 calf(송아지)에 상반된다. 간단히 말해서, 이 견해에 의하면 단어들은 하나 이상의 성분들을 공유함으로써 중첩될 수 있다. 그러나 다음에서 보게 되겠지만 중첩을 설명할 수 있는 다른 방법들이 있기 때문에, 이 방법이 결정적인 것은 아니다.

원자입자의 관점을 취하는 두 번째의 이유는 이 관점이 세계가 움직이는 것으로 보이는 방식과 맞아떨어진다는 데 있다. 예를 들어 화학에서는 화학물질이 보다 기본적인 요소들로 분해되며, 화학적 구조들이 분해되는 것과 단어가 분해되는 것 사이에 공통점이 있다는 주장을 명시적으로 개진한 학자들이 있다.21 언어학의 영역에서는 단어의 소리구조와 의미구조 사이에 있을 수 있는 공통점에 주목한 학자들이 있었다.22 언어의 소리는 보편적일 수 있는 양순성(입술의 사용), 유성성(성대의 떨림) 등과 같은 더 기본적인 성분들로 분해될 수 있기 때문에, 단어의 의미 역시 같은 방법으로 분해된다는 생각은 타당성이 있어 보인다. 그러나 단어의 의미와 같은 마음속의 현상들이 궁극적으로 그 정체가 규정되고 측정될 수 있는 물리적 요소들과 동일한 방식으로 행동한다는 것을 입증하는 확실한 증거는 없다.

의미원소를 제안하는 세 번째 이유는 그랬으면 좋겠다는 사고방식이다. 의미원소가 존재한다면 정의가 어디에서 끝나야 하는가의 문제가 해결되기 때문에, 의미의 문제를 연구하는 사람들의 삶이 편해질 것이다. 의미원소가 없다면 단어를 또 다른 단어를 이용해 정의할 수밖에 없는데, 이것은 끝없는 사슬을 만들 것이다. 누가 'bachelor'의 의미에 대해 물어 본다면, UNMARRIED MAN(결혼하지 않은 사람)이라는 성분들이 bachelor 보다 어떻게든 더 기본적이지 않은 한 'unmarried man'이라고 대답하는 것이 그리 도움이 되지 못할 것이다. 심지어 우리가 'unmarried man'이 'bachelor'보다 더 기본적이라는 데 동의한다고 하더라도, 우리가 'man'과 'unmarried'의 의미를 알아야 할 필요가 여전히 있을 것이다. 여기에 대해 man은 MALE(남성의), ADULT(성인의), 그리고 HUMAN(인간의)이다라는 답 을 제시한다면 male, adult, human이 무슨 뜻인지 알고 싶어질 것이다. 어디에선가 멈추게 되지 않는다면, 영원히 가게 될 것이다. 어떤 학자들이 말했듯이, '정의는 사슬과 같은 방식으로 적용되는 것이 전형적이며, 우리 가 사슬을 따라 가면 갈수록 기초 원소에 해당하는 어휘의 형식으로 나타 나는 표현에 더 가까워지게 된다. 기초 원소가 정의가 멈추는 곳이다.'[23] 그러나 이런 방식으로 정의가 멈추기를 바라는 것이 반드시 그렇게 된다 는 것을 의미하지 않는다.

　'어휘 분해'가 매력적인 또 다른 이유는 이 과정이 우리에게 아주 친숙 하다는 데 있는 듯 하다. 즉, 많은 사전들이 이 원리를 토대로 만들어진다. 이것은 "단어는 그 자신보다 더 단순한 단어를 이용해 정의되어야 한다" 라고 하는 사전 편찬자들의 오래된 격언과 맥을 같이한다. 이러한 의미에 서 더 단순하다는 것은 "일반성의 서열에서 상위를 차지하는"을 의미하는 것으로 간주되어야 한다.[24] 예를 들어, Concise Oxford Dictionary에는 'mare(암말)'가 '말 과에 속하는 동물의 암컷(female of equine animal)'으로, sow(암퇘지)는 '장성한 암컷 돼지(adult female pig)'로 각각 정의되어 있다.[25] Longman Dictionary of Contemporary English는 단지 2,000개의 어휘를 이용하여 55,000단어의 의미를 정의해 놓았다.[26] 그러나 우리의 관심은 사 전을 집필하는 것이 아니고, 마음속 어휘집을 분석하는 것이다. 모든 인간이 적어도 무의식의 수준에서는 사전 편찬자의 자격이 있을까? 그래 보이지 않는다.

결국 우리에게 남은 결론은 인간이 마음속에서 단어를 '원자입자들'로 쪼갠다는 제안을 지지하는 확실한 증거는 없다는 것이다. 우리가 이 관점의 편에 서서 살펴보았던 논거들은 모두가 매우 불확실하며, 거의가 기술적 편리함의 추구와 그랬으면 좋겠다는 사고방식에 토대를 두고 있다.

물론 인간은 위쪽으로의 움직임과 손발로 기어오르는 동작이라는 속성이 climb에 포함되어 있다는 것을 아는 경우에서처럼, 주요한 특징들을 확인함으로써 자신들이 사용하는 단어들을 완벽할 정도로 잘 분석하는 능력이 있다. 그러나 서로 다른 특징들을 확인하는 것에는 단어를 일정한 숫자의 구성 성분들로 쪼갰다가 거꾸로 이 성분들을 다시 이어 붙이는 것이 포함되지 않는다. 단어가 고정된 숫자의 성분들로 나누어질 수 있다고 보는 오래된 생각은 의미에 대한 '점검목록' 이론이 등장하여 한 범주에 속하는 모든 구성원들이 그 특징을 규정할 수 있는 동일한 기초 구조를 가지고 있는 것으로 가정되기 시작한 이후로는 별로 환영받지 못하는 유물이 되었는지도 모른다.

따라서 우리의 결론은 마음속에 원자입자가 존재하지 않는다는 것이다.

▌ 요약 ▌

이 장에서는 단어들이 마음속 어휘집 속에서 서로 연관지어질 수 있는 방식이 무엇인지에 대해 다루었다. 모든 단어들을 구성하는 의미 성분들이 마음속에 저장되어 있다고 보는 원자입자 관점을 검토하였다.

이 이론에는 해결할 수 없는 문제점들이 있다. 이 원자입자들이 무엇인지를 규정할 수 있었던 사람은 없었으며, 원자입자들은 단어의 처리과정에서도 아무런 흔적을 남기지 않는다. 이 관점을 지지하는 논거들은 주로 기술적 편리함과 그랬으면 좋겠다는 사고방식을 토대로 한다. 우리의 전반적인 결론은 원자입자가 대상을 간결하고 질서정연하게 기술할 필요가 있는 사전 편찬자와 같은 사람들을 위한 편리한 기술적 장치라는 것이었다. 그러나 이것들이 마음속 어휘집에 존재하는 것 같지는 않다.

따라서 다음 장에서는 단어들이 서로 어떻게 연결되어 있는가에 대한 대안적 관점인 '거미줄 이론'을 살펴보기로 한다.

8 단어의 그물망

– 의미의 네트워크 –

경험에는 결코 한계가 없으며, 경험은 결코 완결되지 않는다. 그것은 굉장한 감수성이며, 가장 섬세한 비단실로 된 거대한 거미줄처럼 의식의 방 속에 매달려, 공기에 떠다니는 입자들을 남김없이 자신의 그물망에 잡아들인다.

Henry James, *Partial Portraits*

단어는 공통적으로 저장되어있는 의미원소로 조립되는 것이 아니라고 우리는 결론지었다. 그렇다면 단어들은 서로 어떻게 연관지어져 있을까? 아마도 우리는 단어들이 거대하고 여러 차원으로 되어 있는 거미줄 속에서 서로 연결되어 있는 것으로 상상해야 할 것 같은데, 이 속에서는 각 항목이 여러 개의 다른 항목들과 연결된다. 아니면 보다 세련된 이미지를 사용해서, '마음속 어휘집이 각 매듭에 어휘항목들이 있고 각 항목에서 다른 항목으로 이어지는 경로들이 있는 일종의 연결선 그래프와 같다고 가정해 보라.'1 이러한 유형의 이론들을 네트워크 이론이라고 한다.

18세기의 사전 편찬자 Samuel Johnson에 의하면, 네트워크는 '등거리로 그물모양을 이루거나 X자 형으로 교차하는 것을 통칭하는 말로, 교점들 사이에는 공간이 있다.' Johnson은 교점들 사이의 거리가 같아야 하는 어망 비슷한 것을 생각했던 것 같다. 마음속 어휘집과 관련해서 네트워크가 뜻하는 것은 그냥 '서로 연결되어 있는 체계'다. 대부분의 학자들이 일종의 네트워크가 있어야만 한다는 것에는 동의하지만, 네트워크가 어떻게 구성되어 있는지, 그리고 그것에 대한 연구를 어떻게 해야 하는지에 대해서는 서로 의견을 달리 한다.

일반적으로 이 주제에 대한 초창기의 연구들은 어떤 특정 단어와 다른 단어 사이의 연결 강도를 알아내는 데 집중했다. 이러한 발견들이 후기 연구들을 위한 발판이 되었는데, 후기 연구들은 개별 연결의 근간이 되는 전반적인 구조가 무엇인지를 알아내려는 시도에 더 많은 시간을 할애했다. 따라서 이 장에서는 몇 가지 초창기 연구에서 얻은 주요 결론들을 고찰해 보고, 이어서 조직 전반의 특성이 무엇이 될 수 있는지를 보다 주의 깊게 살펴보고자 한다.

▌ 언어적 습관 ▌

의미의 네트워크에 대한 초창기의 연구는 단어들 사이의 연결이 습관에 의해 형성된다고 제안하였다. 'pen(펜)'과 'pencil(연필)', 'envelope(봉투)'과 'postage stamp(우표)', 'moon(달)'과 'stars(별)'처럼 단어들이 같이 등장하는 빈도가 높아서 자주 연관지어지는 항목들 사이에는 특히 강한 결속이 생겨나는 것으로 간주되었다. 이러한 습관에 의해 생겨나는 긴밀한 연결들을 간단한 단어연상실험을 이용하여 아주 쉽게 확인할 수 있을 것이라는 제안이 있었다.

'내가 "망치"라고 했을 때 가장 먼저 생각나는 단어를 말해보세요.' 우리가 2장에서 보았듯이 이것이 단어연상실험의 표준적인 절차이다. 실험자가 단어의 목록을 만들고, 각 항목을 제시했을 때 피험자의 마음에 가장 먼저 떠오르는 단어를 말해보라고 한다. 이러한 실험에서는 서로 다른 사람들의 답변이 상당히 비슷하다. 예를 들어, 1,000명의 피험자들 중 절반 이상이 '망치'에 대해서 '못'을, '높은'에 대해서 '낮은'을, 그리고 '흰'에 대해서 '검은'을 말했다.2 그리고 정해진 대답이 나올 가능성이 훨씬 더 높은 단어들이 있는데, 3분의 2 이상의 피험자들은 '왕'에 대해서 '왕비'를, '소년'에 대해서 '소녀'를, 그리고 '긴'에 대해서 '짧은'이라는 대답을 제시했다. 뿐만 아니라, 하나의 대답이 압도적으로 많이 나오지 않은 경우에는 몇 개의 매우 통상적인 단어들이 나오는 것이 일반적이었다. 즉, '태양'에 대한 답의 3분의 2가 '물', '바다', 혹은 '푸른'이었다. 이러한 결과에 나타나는 일관성은 심리학자들로 하여금 보통 사람이 가지고 있는 '단어의 그물 망'에 대한 상당히 신뢰할 만한 '지도'를 그릴 수 있을 것 같다는 생각을 하게 만들었다.

최소한 세 가지의 중요한 발견이 있었다. 첫째, 사람들은 거의 항상 제시어의 의미 '장'에서 항목을 선택한다. 비록 똑같이 가늘고 뾰족하게 생겼다고 하더라도 '바늘'에 대한 답으로 '못'이나 '부지깽이'를 제시한 사람은 아무도 없었다. 대부분의 사람들이 바느질의 몇 가지 측면을 언급했다. 즉, '실', '핀', '눈', 그리고 '바느질하다'가 가장 자주 언급된 단어들이었다. 바느질과 관련된 항목들이 서로를 촉발시킨 것으로 보이는데, 이것은 동일한 주제에 관련되는 단어들이 함께 저장된다는 것을 시사한다. 두 번째 발견은 제시어가 '남편'과 '아내'에서처럼 쌍을 이루는 항목들 중의 하나이거나 '큰'과 '작은'에서처럼 분명한 반의어 중의 하나인 경우, 거의 매번 나머지 하나의 짝이 선택된다는 것이었다. 세 번째 발견은 (후반부에서 논의되겠지만) 성인들은 제시어와 같은 범주에 속하는 단어들을 답으로 선택하는 성향이 있다는 것이다. 즉, 명사는 명사를, 형용사는 형용사를 이끌어내는 등이다.

이러한 답변들을 토대로 상세한 마음의 지도를 그릴 수 있을까? 단어 연상실험으로부터 얻어낼 수 있는 정보가 엄청난 양임에도 불구하고, 대답은 유감스럽게도 '아니다'이다.3 몇 가지 문제가 있다는 것이 드러난다.

첫째, 단 하나의 단어에 대해 즉각적인 대답을 생각해 내는 것은 다소 부자연스러운 행동 유형의 하나이기 때문에, 정상적인 발화과정을 반영하지 않을 수가 있다. 둘째, 단어 하나만을 제시하지 않고 여러 단어를 묶어서 제시할 경우 실험의 결과에 상당히 극적인 변화가 일어날 수 있다. 즉, 사람들이 일반적으로는 '달'이라는 단어에 대해 '해', '밤', 그리고 '별'등과 같은 단어들을 답으로 제시한다. 그러나 '달'을 '코끼리, 홀, 고래, 운동장'과 같은 단어들과 함께 제시하면, 피험자들이 '큰'이라는 단어를 답으로 제시하는 경향을 보인다.4 단어 연상이 맥락에 의해 이렇게 쉽게 달라질 수 있다면, 우리가 마음속 어휘집에서 단어들을 서로 연결시키는 데 사용하는 고정적이고 상세한 경로를 만들 수 있다는 가정을 하는 것 자체가 잘 못일 수 있다.

그러나 단어연상실험이 가지는 가장 심각한 단점은 인간의 단어 그물망이 어떤 구조를 가지고 있을 것인가에 대해 말해줄 수 있는 것이 아무 것도 없다는 것이다. 이것은 한편으로는 각 개인에게 특정 단어에 대해 하나의 대답만을 제시하도록 요청했기 때문이며, 다른 한편으로는 단어들 사이의 연결의 종류가 매우 다양하다는 데 있다. 예를 들면, '버터'에 대해 가장 일반적으로 나온 열 개의 대답은 '식빵'(가장 많이 나옴), 그리고 '노란', '부드러운', '뚱뚱한', '음식', '나이프', '계란', '크림', '우유', '치즈'이다.5 이 대답들은 몇 가지 서로 다른 유형의 연결을 나타내고 있다. 즉, '식빵'은 버터와 함께 먹는 것이고, '노란'과 '부드러운'은 '버터'를 묘사하는 말인 반면, '크림', '계란', 그리고 '치즈'는 매일 먹는 다른 종류의 음식들이다. 우리는 마음속 어휘집이 이 여러 가지 연결들을 서로 다른 방법으로 다룰 것이라는 예측을 할 수 있다. 이 문제에 대해 보다 주의 깊게 살펴보기로 하자.

▌ 연결의 종류 ▌

단어연상실험에서 '나비', '배고픈', '빨간', 그리고 '소금'에 대해 가장 많이 나온 10개의 대답이 무엇인지가 그림 8.1에 나와 있다.[6]

	나비	배고픈	빨간	소금
1	나방	음식	흰	후추
2	곤충	먹다	푸른	설탕
3	날개(들)	목마른	검은	물
4	새	배부른	녹색의	맛
5	날다	굶주린	색	바다
6	노란	배	피	쓴
7	망	피곤한	공산당	소금 통
8	예쁜	개	노란	음식
9	꽃(들)	고통	깃발	대양
10	벌레	사람	밝은	호수

그림 8.1 단어연상에 의한 반응

이제 가장 중요한 것으로 보이는 네 가지에 대해 생각해 보자.

1. **등위(COORDINATION).** 가장 흔하게 나오는 대답이 등위어인데, 이것은 '소금'과 '후추', '나비'와 '나방', 그리고 '빨간', '흰', '푸른', '검은', '녹색의'에서처럼, 세밀함의 수준이 같은 단어들을 말한다. 반의어들도 이 범주에 속하는데, 반의어는 '왼쪽의'와 '오른쪽의' 같이 두 구성원으로만 이루어지는 묶음에 속하는 등위어이거나, '더운', '추운', '따뜻한', '시원한'에서처럼 더 큰 묶음 속에서 가장 많이 나오는 두 구성원이기 때문이다.

2. **연어(COLLOCATION).** 다음으로 흔하게 나오는 대답은 salt water(소금물), butterfly net(나비 (잡는) 망), bright red(밝은 빨간색의)에서처럼

제시어와 배열될(함께 사용될) 개연성이 높아 보이는 단어들이다.

3. **상위(SUPERORDINATION)**. 이보다 낮은 빈도로 등장하는 것이 자극으로 제시된 단어를 포함함으로써 제시된 단어가 그 구성원의 하나가 되는 상위어이다. 예를 들어, '나비'는 '곤충'을 이끌어냈고, '빨간'에 대한 반응의 하나로 '색깔'이 나왔다.

4. **동의(SYNONYMY)**. 가끔 뜻이 대충 비슷한 동의어를 볼 수 있었는데, 이것은 '배고픈'에 대한 반응으로 '굶주린'이 있었던 것처럼, 원래의 단어와 의미가 같은 단어를 말한다.

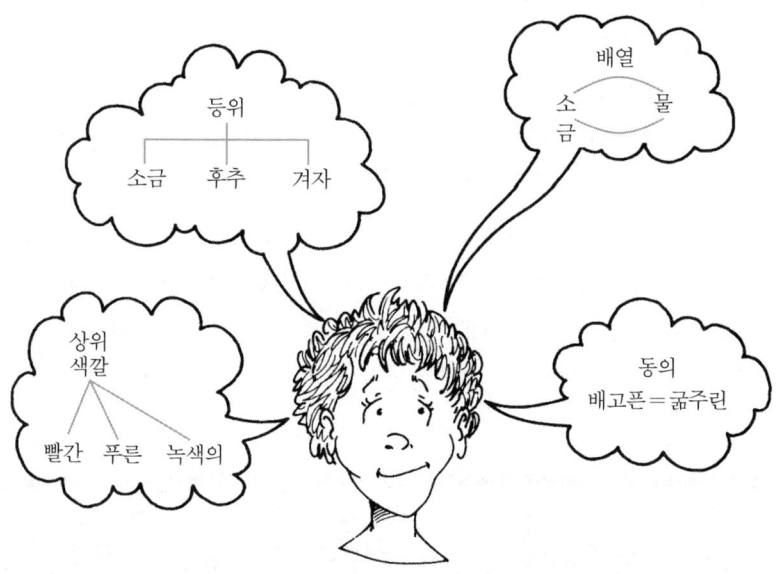

그림 8.2 단어의 그물망 속 연결들의 유형

이 연결들의 명칭은 다양하다. 상위어는 'hyperonym'으로 부르기도 한다. 하나의 상위어 아래에 들어가는 항목들은 일반적으로 '하위어(hyponym)'로 알려져 있다. 따라서 '빨간', '푸른', 그리고 '녹색의'는 '색깔'이라는 상위어의 하위어들이다. 등위어는 '등-하위어(co-hyponym)'라고 불리기도

하는데, 이것은 등위어들이 하나의 상위어에 대한 하위어들일 수 있다는
점 때문이다.

　그러면 이 모든 연결들이(그림 8.2) 마음속 어휘집에서 어떻게 서로 뒤
엉켜 있을 것인가? 그리고 다른 연결들보다 더 강력하고 더 항구적인 연
결들이 있는가? 등위에서 시작하여 각 연결에 대해 차례로 살펴봄으로써
이 질문들에 대해 생각해 보기로 하자.

▎ '왼쪽'이 '오른쪽'을 뜻할 때 ▎

　한 신문연재만화에 의하면, 훌륭한 의사소통의 비밀은 '왼쪽'이 '오른
쪽'을 뜻할 때가 언제인지를 아는 것이다. 아마도 '왼쪽'과 '오른쪽'을 뒤바
꾸는 것은 의미적 오류 중에서 가장 흔한 오류일 것이며, '어제', '오늘', 그
리고 '내일'을 혼동하는 오류가 바로 다음으로 흔할 것이다. 그리고 이와
유사한 다른 예들을 매일 들을 수 있다. 사람들은 '수요일'을 의미하면서
'화요일'이라고 말하고, '녹색의' 대신에 '푸른'을, '누나' 대신에 '형'이라는
말을 사용한다. 다음에서 볼 수 있듯이 이 외에도 많은 종류가 있다.

COUPLES　　　　　　　　　　　　　　　　　　　by Calman

The picture on the front was the *whale*(shark) from Jaws.
앞면의 그림은 죠스에 나온 고래(상어)였다.

Ask(Tell) me whether you think it'll do the job.[7]
이것이 제 기능을 할지 내게 물어주세요(말해주세요).

뿐만 아니라, 사람들은 다음과 같이 비슷한 단어들을 서로 혼합하기도
한다.

I went to *Noshville*.(Nashville + Knoxiville, 테네시주의 도시들)
I'd like some *taquua*.(tequila + kahlua, 멕시코 음료)
He's born *sailure*.(success + failure, 성공 + 실패)

이 오류들은 단어들이 의미적 장 속에 저장되어 있으며 등위어들이 밀
접하게 연관되어 있다는 것을 보여 주는 단어연상실험의 결과들을 재확인
해 준다. 단어 뒤지기가 이 점에 대한 추가의 증거가 된다. 사람들은 기억하
기 어려운 단어를 찾을 때 동일한 일반 의미영역뿐 아니라, 흔히 등위어들
의 묶음 속을 더듬어 찾는다. Freud는 'Monaco'라는 이름을 기억해낼 수
없었을 때, 다음과 같은 지명들 전체를 뒤져나갔다. Piedmont, Albania,
Montevideo, Colico, Montenegro(2장).[8] '말이 혀끝에서 맴도는' 상태에서
(2장) sextant(배의 위치를 계산하기 위해 별들 사이의 각도를 재는 기계-역주)라
는 단어를 기억해 낼 수 없었던 피험자들은 compass(컴퍼스)나 astrolabe
(아스트롤라베. 고대의 천문학 또는 항해에서 천체 관측을 위해 사용되었던 기계-역
주)와 같은 다른 항해 도구들을 기억해 냈다.[9]
뿐만 아니라, 실어증 환자들은 'lemon(레몬)' 대신 'orange(오렌지)', 'chair
(의자)' 대신 'table(탁자)', 'swimming(수영)' 대신 'diving(다이빙)'을 각각 쓰
는 경우에서처럼 흔히 목표단어의 등위어나 목표단어와 밀접한 관련을 가
지는 단어들을 산출하는데, 이해의 과정에서도 동일한 유형의 오류를 범
한다.

P씨의 부인: 쌀 과자 드려요?

P씨: 그래요.

쌀 과자가 자기 앞에 나타나자, 최근에 뇌출혈을 겪었던 P씨는 놀라 화를 냈으며, 그의 부인은 그의 이해할 수 없는 행동에 당황했다. P씨는 가엾게도 '쌀과자'라는 단어가 어떤 소리로 이루어지는지를 더 이상 기억 하지 못했으며, 아마 부인이 'cornflakes(시리얼)'이라는 말을 했다고 생각 했는지도 모를 일이다.10

이와 같은 일화들은 뇌 손상을 입은 사람들이 서로를 구분하는 데 어 려움을 느낄 정도로 서로 밀접하게 연결되어 있는 등위어들이 있다는 것 을 시사한다. 특정 소리 연속체에 의해 요청된 어휘집의 일반 영역 안으로 이끌려 들어갈 수는 있지만, 그 지점에서 정확한 단어가 어디에 있는지를 알아내는 데 필요한 대조의 과정이 실패로 끝나게 되는 것이다. 이것은 실 어증 환자들에게 여러 가지 대상들이 그려진 그림을 보여주고, 그 중 하나 를 찾아내 보라고 요청한 실험에서 밝혀진 점이다. '레몬을 가리켜 보라'는 요구를 했을 때, 그림 속의 다른 대상들이 배, 팔걸이 의자, 컵, 혹은 돼지 와 같이 레몬과 판이하게 다른 경우에는 환자들이 과제를 성공적으로 수 행하는 비율이 높았다. 그러나 많은 환자들이 레몬이 다른 종류의 과일들 과 섞여 있을 때는 레몬을 찾는 것을 훨씬 더 어렵게 느꼈다.11

또한, 등위어 사이의 연결은 심각한 뇌 손상을 입은 후에도 유지되는 경향이 있는 것 같다. 한 연구에서는 실어증 환자들에게 읽어주는 두 개의 단어 사이에 관계가 있다고 생각하면 고무공을 누르라는 요청을 했다.12 그들은 이 두 개의 단어가 등위어일 경우 더 빠르게 대답했으며, 오류의 비율은 정상적인 피험자들의 경우에서와 정확히 같았다. 뿐만 아니라, 나 이가 더 많은 환자들을 대상으로 한 연구는 이 연결들의 강도가 나이가 들어도 떨어지지 않는다는 것을 보여준다.13 몇 명의 젊은 피험자들과 나 이 든 피험자들에게 두 개의 문자열을 동시에 보여주고 둘 모두 단어인지를 판단하라는 요구를 했다. 전반적으로는 평균 연령이 70세인 나이가 많은 그룹의 반응시간이 평균 연령이 28세인 젊은 그룹의 반응시간보다 길었다. 그러나 만일 두 문자열이 모두 단어이고, 두 단어가 등위어이거나 (rain(비)-snow(눈)) 연어로 연결되어 있으면(rain(비)-wet(젖은)), 두 그룹의 반응시간이 같은 폭으로 빨라졌다. 이러한 결과는 첫 번째 단어와 두 번째 단어의 연결 강도가 나이가 많은 그룹에서나 젊은 그룹에서나 같은 정도로 강했다는 것을 시사한다.

따라서 등위어들 사이의 연결은 강하다. 한 학자에 의하면,14 자신이 수집한 의미 오류의 예들은 모두 세 가지 범주 중 하나에 속했는데, 'pear (배)' 대신 'apple(사과)'을, 'black(검은)' 대신 'red(빨간)'를, 'Tuesday(화요일)' 대신 'Monday(월요일)'를 사용한 경우처럼 대비적 등위어이거나, 'down(아래로)' 대신 'up(위로)'을, 'thin(마른)' 대신 'fat(뚱뚱한)'를, 'woman(여자)' 대신 'man(남자)'을 사용한 경우처럼 반의어이거나, 'January(1월)' 대신 'Saturday(토요일)'를 사용한 경우처럼 같은 대상(날)을 나타내지만 그 대상의 유형이 서로 다른(달, 요일) '의미적 사촌'이었다. 어떤 다른 학자는 신체의 일부를 나타내는 단어가 다른 단어로 대체되는 오류를 조사하였다.15 이러한 오류들은 '대체의 양식에 적용되는 장 경계의 강력한 제약'이 존재함을 보여 주었다.16 32개의 오류 중 28개가 'elbow(팔꿈치)' 대신 'shoulder (어깨)'를, 'toe(발가락)' 대신 'finger(손가락)'를 사용한 경우처럼 신체의 다른 부분을 나타내는 단어였다. 이 양식에 들어맞지 않는 네 개의 오류는 아마도 'shoulder(어깨)' 대신 'soldier(병사)'를 사용한 경우처럼 음성 양식 오류였을 것이다. 이와 유사한 양식의 오류들이 음식, 의복, 그리고 색깔 등과 같은 다른 장에서 발견되었다.

하나의 장 내에 존재하는 연결들은 강하고 장과 장 사이에 있을 수 있는 연결들은 약하다는 사실은 일부 실어증 환자들의 이상한 행동에 의해서도 입증된다. 한 환자에게 '바늘'에 대한 정의를 내려보라고 하자, '잊어버렸어요'라고 말했다. '앵무새'에 대해 물어보자, '예전에 분명히 알았었는데'라고 말했으며, '모기'에 대해서는 '발음이 비슷하군요'라고, 그리고 '거위'에 대해서는 '내가 분명히 잊어버린 동물'이라고 말했다. 그러나 같은 환자가 'pact(약속)'을 '우호적인 합의'로, 'supplication(간청)'을 '도와달라는 진지한 요청을 하는 것'으로, 그리고 'knowledge(지식)'을 '자신을 어떤 주제와 정신적으로 친숙하게 만드는 것'이라고 정의했다.[17] 그가 다룰 수 있는 주제와 다룰 수 없는 주제가 있었던 것이다. 얼핏 보아서는 단지 그에게 특정 종류의 단어들에 관련된 신경계의 장애가 생긴 것이 아닌가 하는 생각을 할 수 있을 것이다. 그러나 어떤 의미 장을 다루는 능력은 있지만 다른 장은 다루지 못하는 것으로 보고된 환자는 극소수에 지나지 않는다. 이 주제에 대한 초창기의 연구들 중 가장 일찍 이루어졌던 한 연구에서는 135명의 환자의 어휘를 색깔, 동작, 그리고 숫자와 같은 몇 가지 일반적인 영역의 범위 내에서 테스트하여[18] 환자들 중 몇 사람의 과제수행이 영역에 따라 큰 차이를 보인다는 것을 밝혀냈다.

이 환자들이 특정 유형의 어휘 조직을 다루는 능력을 잃었다는 것이 한가지 가능성이 될 수 있다. 첫 번째 환자는 추상적인 단어들을 다룰 수는 있었지만, 구체적인 대상들은 다룰 수 없었고, 다른 환자들은 등급을 가진다는 색깔의 본질 때문에 색깔과 관련된 단어를 다루는 데 어려움을 겪었을 수 있다. 그러나 이러한 설명은 이 유형의 실어증 환자 모두에 적용될 수 없는데, 이 환자들 중 일부는 결함이 있는 영역이 어떤 영역인지가 아주 분명하다. 한 환자는 부엌 용구들의 이름은 알았지만 과일의 이름들은 몰랐고, 여러 종류의 의복 이름은 댈 수 있었지만 옷감의 종류는 말하지 못했다. 그리고 그는 연장들의 이름은 말할 수 있었지만 금속의 종류에 대해서는 말하지 못했다. 대상들에 대한 단어들보다 음식에 관련된 단어들을 훨씬 더 잘 다루는 여자 환자도 있었다.[19]

또 다른 한 환자에게는 과일과 채소가 문제였다.[20] 이 34세의 남자는 1981년에 뇌출혈을 겪었는데, 이로 인해 처음에는 거의 아무 말도 하지 못하는 상태였으나, 점차 회복되어 18개월이 지난 다음에는 과일과 채소를 제외하고는 나아진 듯 했다. 그는 ‘관석(원기둥 머리 위에 받치는 평판석 −역주)이나 스핑크스 같은 빈도가 낮은 항목들의 이름은 수월하게 대면서도, 복숭아나 오렌지 같은 통상적인 항목들의 이름을 말할 능력은 놀랄 만큼 없었다.’21 그가 이 문제를 극복할 희망이 아주 없는 것은 아니었으며, 이름대기 테스트에서 60퍼센트가 약간 넘는 점수를 기록하였다. 그러나 이것은 다른 음식 이름들을 포함해 그가 자신의 세계에서 거의 정상적으로 다루는 것이 분명한 다른 모든 것들과 이상한 대조를 이루고 있었다. 그리고 이와 유사한 이상한 경우들이 계속해서 알려지고 있다.22

이러한 경우들은 주제 영역들이 어느 정도 독립적으로 저장되어 있다는 것, 그리고 비록 정상적인 언어사용자들에게서는 영역들 사이에 그 정도의 단절이 발생할 것으로 예측할 수 없겠지만, 어떤 의미 장들이 다른 영역에는 영향을 미치지 않으면서 손상될 수 있다는 것을 시사한다.

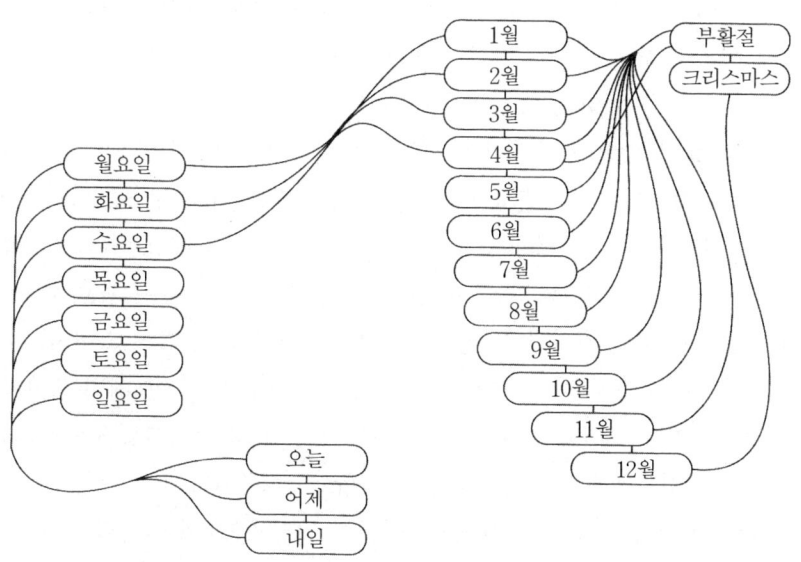

그림 8.3 등위어들의 묶음

마음속 어휘집에 등위어들이 조직되어있는 방식을 세밀한 부분까지 정확하게 이야기하기는 어렵다. 왜냐하면 그룹의 구조가 그 그룹에 속하는 단어의 유형에 따라 달라지는 것 같기 때문이다. 즉, 대상, 색깔, 그리고 동작이 서로 상당히 다른 방식으로 다루어질 수 있다. 그렇지만 각 그룹마다 서로 밀접하게 연결되어있는 단어들로 이루어진 핵심이 있고, 다른 단어들은 이 주변에 다소 느슨하게 붙어있을 것으로 보인다(그림 8.3).

많은 단어들이 서로 뒤섞여버리는 불명확한 경계를 가지고 있기 때문에, 색깔의 경우에 그렇듯이 핵심에 속하는 단어들이 어느 정도 중첩되는 경우들이 있다.

▌ 성진과 별들의 전쟁 ▐

서로 다른 사람들이 star(별)와 같은 단어가 어떻게 이어져 나갈 것인가에 대하여 같은 생각을 가질 것이라는 아이디어를 근간으로 하는 인기있는 TV 퀴즈 쇼가 있었는데, 아마도 stardust(성진), starfish(불가사리), 혹은 star wars(별들의 전쟁)가 아니었을까 싶다. 인간은 이러한 유형의 연어적 연결에 대해 아주 민감한 것 같다. 이 발견은 'Hungarian rhapsody(헝가리 광시곡)' 대신 'Hungarian restaurant(헝가리 식 음식점)'이라고 말하는 경우에서처럼, 하나의 구로 시작해 익숙한 길로 '탈선하는' 말오류에서 얻은 증거에 의해 강화된다. 실어증 환자들도 배열적 연결은 잃어버리지 않고 잘 간직한다.[23] 뿐만 아니라, 이 장의 앞부분에서 언급한 나이든 사람에 대한 실험은 rain(비)-wet(젖은)과 같은 연결이 나이든 피험자들에게서도 젊은 피험자들에게서만큼 강하다는 것을 보여주었다.[24]

단어의 의미는 같이 등장하는 단어들을 인지함으로써 습득되는 듯 하다. 비교적 새로운 단어인 wimp(1장)의 경우를 보자. 대부분의 사람들이 wimp의 의미가 '가냘프고, 소심하거나 무능한 사람'[25]이라는 것을 알게 되었는데, 이것은 'pale-faced wimp(창백한 wimp)', 'craven wimp(겁 많은 wimp)', 'pathetic wimps(측은한 wimp들)', 'a wimp and a coward(wimp와 겁쟁이)'와 같은 표현들을 보면 알 수 있듯이 그 주변에 나온 단어들에 의한 것이었다.26

연어적 연결은 광범위한 영역을 포괄한다. fresh-faced youth(생기 넘치는 얼굴의 젊은이), buxom barmaids(매력적인 바 여급), rude adolescents (버릇없는 청소년), unruly hair(뻣뻣한 머리카락)에서처럼, 이 영역의 한쪽 끝에는 꼭 그래야 하는 것은 아니지만 일반적으로는 연관되어지는 단어들이 있다. 이렇게 자주 연관되어지는 단어들은 합쳐져서 agonizing decision (고뇌에 찬 결단), astronomically expensive(천문학적으로 비싼), blissfully ignorant(행복한 무지(=모르는 게 약)), wide awake(빈틈없는)과 같은 습관적인 연결이나 상투적 표현이 된다. knife and fork(나이프와 포크), bride and groom(신부를 사는 돈(매매 결혼 사회에서)), bread and butter(버터 바른 식빵)와 같이 여러 개의 단어들이 모여 하나의 고정된 어순을 구성한 '굳어진 표현들'도 있다.27 상투적 표현들과 굳어진 표현들은 개별 단어들의 의미의 합으로부터 전체의 의미를 예측할 수 없는 keep tabs on(유심히 관찰하다), call it a day(일을 잠시 멈추기로 결정하다), fall into place(제자리를 찾다) 등과 같은 관용어구와 중첩된다.

관용어구는 그 범위가 상당히 넓은데, 그 숫자가 굉장히 많아서 한 관용어구 사전에 의하면 4,500개가 넘는다.28

'관용성의 차원에는 여러 가지'가 있다.29 어떤 관용어구들은 변형을 허용하지 않는데, 'Bill이 죽었다'라는 의미의 Bill kicked the bucket이라는 표현은 The bucket was kicked by Bill로 변형될 수 없으며, Bill kicked the filthy bucket이나 Bill kicked the bucket noisily에서처럼 단어가 첨가되어서도 안 된다. 다른 관용어구들은 어순의 변형을 허용하기도 하는데, '그들은 Tom을 귀찮게 했다'라는 뜻의 They pulled Tom's leg는 Tom's leg was pulled의 형태로도 얼마든지 많이 쓰일 수 있을 것이다.

단어가 첨가되는 것을 허용하는 관용어구들도 있다. 'To leave no stone unturned(할 수 있는 모든 일을 하다)'는 'leave no legal stone unturned(법적으로 할 수 있는 모든 일을 하다)'로도 쓰일 수 있으며, 'The President doesn't have a leg to sand on(대통령은 기반이 없다)'은 'The President doesn't have an economic leg to sand on(대통령은 경제적 기반이 없다)'으로도 수정될 수 있을 것이다.[30]

'Add fuel to the fire(설상가상)'에서 fire를 flame으로 대체할 수 있고, 'Hold a gun to his head(그에게 억지로 시켜라)'에서 gun 자리에 pistol이 쓰일 수 있는 것처럼, 단어들이 서로 교체될 수 있는 경우들도 간혹 있다. 의미가 고정적이지 않은 동사들 중에는 take a dim view of(비난하다), take a back seat(중요성이 떨어지다), take note of(인지하다)의 take나, make fun of(놀리다), make a go of(이어가다), make the best of(전화위복의 계기로 삼다)의 make처럼 여러 곳에 등장하는 동사들이 있다.[31]

이러한 폭넓은 다양성으로 미루어볼 때 진정한 관용어구로 간주될 수 있는 것은 어떤 것들일까? 진짜 꽃은 플라스틱으로 만들어졌을 수 없기 때문에 '플라스틱으로 만든 인조 꽃'으로 해석될 수밖에 없는 plastic flower(플라스틱 꽃)나 '죽어서 박제가 된 호랑이'로 해석되어야 하는 stuffed tiger(박제 호랑이)와 같은 두 단어로 이루어진 구가 여기에 포함되어야 하는가?[32]

그리고 구와 관용어구를 어떻게 구분할 것인가? '복수의 단어로 이루어진 표현'으로 정의되는 소위 성구소(phrasal lexemes)는 우리가 아는 언어마다 예외 없이 매우 많아서, 그 숫자가 단어의 열 배에 달한다는 주장이 있었을 정도이다.[33] 성구소는 이제 사전학에서 성구론(phraseology)이라는 새로운 분야가 생겨났을 정도로 일반적인 현상인데, 성구론은 대략 '판에 박힌 구들을 대상으로 하는 연구'로 정의된다.[34]

관용어구와 구의 경계는 불분명하며, 진정한 의미에서 '새로운' 발화들과 기존의 발화들 사이의 경계도 마찬가지이다. 이 주제들에 대해서는 다음 절에서 다루어질 것이다.

▌ 이 파리가 뭐 하고 있는 거지? ▌

> 식사하는 손님: 웨이터, 이 파리가 내 수프 속에서 뭐 하고 있는 거죠?
> 웨이터:　　　손님, 제 생각으로는 배영인 것 같은데요.

이 오래된 농담은 언어학적 문제를 명확히 드러내고 있다.[35] 웨이터는 분명 질문을 '이 파리가 내 수프 속에서 어떤 동작을 취하고 있는가?'로 이해했는데, 이것은 '하다'라는 동사의 가장 일반적인 사전적 정의에 들어맞는다. 그러나 식사를 하던 손님은 분개하고 놀란 마음으로 '어떻게 파리가 내 수프에 들어갔어요?'라고 묻고 있었던 것이다.

'X가 무엇을 하고 있는 Y? 구조'로 알려진 이 용법은 어려운 용법이다. 이것은 관용어구이지만, '진정해'를 의미하는 Keep your shirt on와 같이 반복적으로 사용되는 하나의 구로 등재될 수 없는 종류의 것이다. 그 대신 다양한 문맥 속에서는 상당히 자주 볼 수 있는데, 그 예를 들어보면 다음과 같다.

> What is this scratch doing on the table?
> 이 탁자의 흠집이 뭐 하고 있는 거지?
>
> What's nice girl like you doing in a place like this?
> 너 같은 착한 소녀가 이런 장소에서 뭐 하고 있는 거지?
>
> What am I doing reading this junk?
> 이런 잡동사니를 읽고 있다니 내가 뭐 하고 있는 거지?

이 구조에는 항상 ing가 부착된 do가 나오는데, 앞에는 언제나 be가 동사의 한 부분을 이루고 있고, be와 do 모두 부정형으로 쓰일 수 없다. 만일 누군가가 이 구조를 이용해 다음과 같이 말한다면 아주 상이한 의미가 될 것이다.

What's this fly done in my soup?
이 파리가 내 수프 속에서 무엇을 한 거지?

What will this fly do in my soup?
이 파리가 내 수프 속에서 무엇을 하려고 하지?

*What isn't this fly doing in my soup?
*What is this fly not doing in my soup?

그러나 'X가 무엇을 하고 있는 Y' 구조에 필요한 단어들과 문장구조를 열거하는 것으로는 충분하지 않으며, 의미 요소가 포함되어야 한다. 이 구조는 항상 설명될 필요가 있는 일종의 부조화를 명확히 드러낸다.

'X가 무엇을 하고 있는 Y 구조'뿐만이 아니다. 전통문법에 비추어볼 때 관용어구와 완전한 구조 중 한 가지로 쉽게 간주될 수 없는 몇 가지 구가 있다. 또 다른 예로 다음을 보자.

We're twistin' the night away. 우리는 트위스트를 추며 밤을 보냈다.
Fred drank the evening away. Fred는 술을 마시며 저녁을 보냈다.
Bill snored the afternoon away.[36] Bill은 코를 골며 오후를 보냈다.

이 구조는 '시간을 보내다' 구조라는 이름을 가진 구조인데, 이 구조에는 몇 가지의 요구사항이 있다. 동사는 자동사여야 한다. 즉, 목적어를 가질 수 없다. away 앞에 나오는 명사구는 '언어학적 대상'으로 적절한 것이 아니며, 적절한 대상이 나타나는 것을 방해하는 것으로 보인다. 따라서 다음과 같이는 말할 수 없다.

*Fred drank the whisky the night away.

만일 Fred가 무엇을 마셨는지를 밝히고자 한다면, 다음과 같이 말해야 할 것이다.

Fred drank the night away with a bottle of whisky.
Fred는 위스키 한 병을 마시며 밤을 보냈다.

행위자는 스스로의 결단에 따라 행동하고 있어야 하며, 따라서 다음과 같이 말할 수는 없다.

*The lighthouse flashed the night away.
*등대가 불을 비추며 밤을 보냈다.

그리고 동사는 일종의 행위를 나타내야 하기 때문에, 다음과 같이 말할 수 없다.

*Paul waited the afternoon away.
*Paul은 기다리며 오후를 보냈다.

암시되어 있는 의미는 '시간을 보내는' 행위가 주의를 집중하지 않아도 되는 즐거움을 포함하는 것이기 때문에, 아래의 첫 번째 문장과 같이 말할 수는 있지만 두 번째 문장과 같이 말할 수는 없다.

Linda frittered the week away.
Linda는 어영부영 일주일을 보냈다.
! Linda worked the week away.

'X가 무엇을 하는 Y' 구조와 '시간 보내기' 구조 모두 고유한 통사구조

를 가지고 있으며 구성성분이 되는 어휘항목들의 의미에 벗어나는 의미를 가지는 관용어 표현인 것으로 보인다. 이러한 표현의 명칭을 '구성적 관용어구(constructional idioms)'라고 붙인 것은 적절해 보인다.37 이것들은 배워야 하는 '진짜' 관용어구들과 전적으로 생산적인 문법 규칙들의 중간쯤에 있다. 이 현상을 다루기 위해서는 '구성 문법(construction grammar)'이라는 이름이 임시로 붙어있는 새로운 유형의 문법이 필요할 수도 있는데, 이 문법에서는 '특별한 것들과 일반적인 것들이 표나지 않게 어우러져 있다.'38 구성 문법에는 일반적인 규칙들뿐 아니라, 이 규칙들의 제한적이고 국지적인 변형들이 있어서 불완전한 관용어구들을 다루는 데 이용된다. 따라서 'X가 무엇을 하는 Y' 구조와 '시간 보내기' 구조는 일반적 규칙들을 '물려받는다'고 할 수 있지만, 추가의 제약들도 함께 따라온다. 이러한 문법이 충분히 발전된다면, 단어와 통사론을 연결짓는 유익한 방법이 될 것이다.

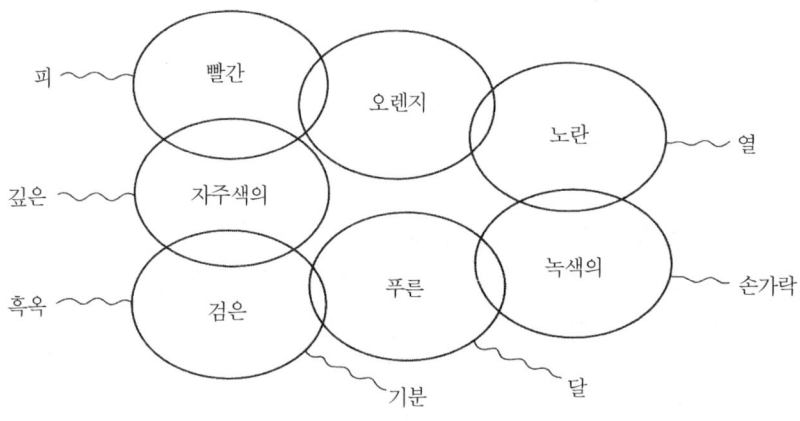

그림 8.4 그물망 속의 강력한 연결들

이 장에서 지금까지는 등위적 연결과 연어적 연결에 대해 논의하였다 (그림 8.4). 앞에서의 논의가 이 연결들이 서로 복잡한 방식으로 상호작용한다는 것을 시사하였지만, 이 연결들은 강력하고 지속적이다. 다음 절에서는 연결의 또 다른 유형인 동의와 상위에 대해 알아보기로 하겠다.

▌ 환영을 뒤쫓는 것은 chasing인가 pursuing인가 ▌

인간은 어떤 단어들을 서로 대체할 수 있는가를 매우 잘 알고 있다. 의미가 서로 완전히 중첩되는 완벽한 동의어는 별로 없지만, 서로 교체되는 경우를 볼 수 있는 단어들이 많이 있다. Matthew Arnold의 시 'The Buried Life'에는 환영을 뒤쫓는 행위를 chase(뒤쫓다)를 이용해 묘사하고 있다.

> A man ⋯ doth forever *chase*
> That flying and elusive shadow, rest.
> 인간은 ⋯ 영원히 뒤쫓는다
> 날아다니는 저 붙잡기 어려운 환영, 안식을.

그러나 웅변가 Edmund Burke에 의하면 환영을 뒤쫓는 행위는 pursue(뒤쫓다)에 의해 묘사되어야 한다.

> ⋯ what shadows we are, what shadows we *pursue* ⋯
> ⋯ 우리는 어떤 환영인가, 우리는 어떤 환영을 뒤쫓고 있는가 ⋯

하지만 이러한 교체가 일반적으로 가능한 것은 아니다. 지식을 추구한다라고 할 때 pursue라는 말은 쓸 수 있지만, chase라는 말은 쓸 수 없다. 자두 잼에 앉았다 날아간 말벌을 쫓아가는 것을 묘사하는 데에는 chase가 알맞고, pursue가 사용될 개연성은 없다.

두 단어에 공통적으로 '뒤를 따라가다'라는 의미를 부여한 사전들이 있음에도 불구하고, 실질적 사용에서 chase와 pursue가 중첩되는 경우는 상대적으로 거의 없다.

영어 사용자들은 도망가는 말, 도둑, 그리고 공과 같은 물리적인 대상을 쫓아가는 것을 chase라고 묘사한다.

> More frigging football! Bunch of tart going a field *chasing* a ball!
> 빌어먹을 축구! 파이 한 덩이가 공을 쫓아 운동장을 돌아다니는군!

하지만 pursue를 구체적인 대상을 뒤쫓을 때 쓰는 경우는 드물며, 대개의 경우 추상적인 목표, 문제 거리, 전략, 그리고 과녁을 향해 쫓아가는 것을 은유적으로 표현할 때 사용한다. 다음이 그 예이다.

> We need to take the initiative in *pursuing* a strategy for employment and growth.
> 고용과 성장을 위한 전략을 추구해 갈 때 우리가 주도권을 줄 필요가 있다.

pursue의 대부분 용례가 하나의 길을 따라가는 이러한 은유적 여정으로 설명되지만, chase의 어떤 예도 이런 방식으로 설명되지 않는다.[39]

영어의 다른 동의어들도 사전에 나와있는 정의보다 서로 더 다르다는 것이 밝혀졌다. 예를 들어, wide(넓은)와 broad(넓은)는 중첩되는 경우도 있지만, 중첩되지 않는 각자의 고유한 문맥들이 있다.[40] wide는 종종 long (긴), 그리고 deep(깊은)과 함께 단위를 나타내는 용법으로 쓰이는 것이 확인되었다.

> The dish is about this *long*, this *wide*, and about that *deep*. And I make it on Thursdays, nice big lasagna. And I ate it all!
> 그 접시는 이 정도 길고, 이 정도 넓으며, 저 정도의 깊이이다. 그리고 나는 목요일마다 그 접시에 맛있고 커다란 라자냐를 만든다. 나는 그것을 모두 먹어치웠다!

broad가 단위로 쓰인 예는 없었다.

wide는 그렇지 않지만, broad는 '세부적인 내용이 빠진'이라는 의미로 쓰이는 경우가 있었다. 즉, 다음의 예에서 볼 수 있듯이, broad outline(개관), broad spectrum(넓은 스펙트럼), broad sweep(넓은 범위), broad terms (광범위한 용어)과 같은 표현들의 한 부분으로 사용되었다.

In *broad* terms, the master plan is unchanged in concept but we think improved in detail.
광범위하게 말하면, 그 종합 계획은 개념에 있어서는 그대로지만 세부사항에 있어서는 개선되었다고 우리는 생각한다.

그러나 broad와 wide 모두 broad/wide choice(넓은 선택 폭), broad/wide support(광범위한 지지), broad/wide view(넓은 시야)와 같은 은유적인 용법에서는 강하게 중첩된다. 다음을 보라.

A *wide choice* of sites can be made available.
이용할 장소를 선택할 수 있는 폭이 넓다.

You pick the ones you like, there is that sort of *broad choice*.
당신이 원하는 것을 마음대로 고를 수 있을 정도로 선택 폭이 넓다.

이러한 유형의 부분적인 중첩은 언어사용자가 자신이 사용하는 언어의 용법에 끊임없이 '적응되어야' 할 필요가 있다는 것을 보여준다.

▌ 턱수염을 가진 노인 ▌

턱수염을 가진 노인이 있었네,
이 노인이 말하기를, '내가 걱정했던 바로 그대로야!

올빼미 두 마리와 암탉 한 마리,
종달새 네 마리와 굴뚝새 한 마리,
모두 내 턱수염에 둥지를 틀었군!'

    Edward Lear가 쓴 턱수염이 있는 노인에 대한 이 재미난 5행시를 친구에게 읽어주어 보라. 그런 다음 그 친구에게 시의 내용을 요약하라고 해보라. 대답은 '턱수염이 있는 사나이가 있는데, 온갖 종류의 새들이 모두 날아와서 턱수염 속에다가 둥지를 틀었다'와 대충 비슷할 것이다. 시에 '새'라는 단어가 명시적으로 언급되지 않았음에도 불구하고 거의 모든 사람이 자신의 답변에서 이 단어를 사용한다(위의 시에 나온 새 이름의 영어 표현 owl(올빼미), hen(암탉), lark(종달새), wren(굴뚝새)에는 '새(bird)'라는 단어가 포함되어 있지 않았다는 것을 참고할 것—역주). 따라서 사람들은 올빼미, 암탉, 종달새, 그리고 굴뚝새가 이들 모두를 포괄하는 '상위어'인 '새'의 '하위어'라는 것을 안다. 이것은 단어들이 항상 묶음으로 저장되며 각 묶음에 상위어의 이름표가 붙는다는 것을 함의하는가?

    묶음을 만들고 거기에 이름표를 붙이는 것이 필수적인 과정이라는 가정에는 몇 가지 문제점이 있다. 첫째, 상위어에 해당하는 용어들이 말오류의 예로 등장하는 것은 실어증에서는 일반적이지만 그리 흔한 일이 아니다.41 이러한 오류가 인지되지 못한 것일 수도 있다. '저 가엾은 '동물'이 내 백합들을 다시 파헤치기 시작했다'라는 말은 지극히 일반적으로 들리기 때문에, 비록 화자가 '고양이'라는 말을 하려고 했던 것이라 하더라도 오류로 분류되지 않을 것이다. 그러나 이러한 유형의 오류가 드문 이유는 상위어에 해당하는 용어가 미리 사용될 준비를 갖추고 있는 것이 아니라는 데 있을 수도 있다.

    적합한 상위어를 생각해 내는 것이 매우 어려운 경우가 자주 있다. '우박', '비', 그리고 '눈'을 보자. '강수'라는 기술적 용어는 사용하는 사람이 주로 기상 캐스터로 한정되어 있다. 혹은 '기침'과 '재채기'는 어떤가? '호흡기와 관련된 고통을 나타내는 소음'인가? 그리고 '욕조'와 '세면대'는 어떤가? 욕실 설비들인가? 아니면 위생상의 설비들? 또는 '호두까기' 대신 사용된 말오류 '주석 따개'의 경우를 보자. 이것들은 '소비할 물건들의 마개를 따는 부엌의 작은 기계장치'인가? 사람들이 한 묶음의 항목들을 서로 연결시키는 것처럼 보일지라도, 그렇게 해서 생긴 묶음에 이름표를 붙이지는 않을 수도 있다.

비록 존재한다 할지라도 상위어는 아주 드문 것일 수 있다. 영어 사용자들은 어떤 항목들의 집합을 묘사할 때 전문적인 용어의 느낌이 나는 상위어보다도 두 개의 등위어를 고르는 것을 선호하는 경우가 흔하다. 'Do you have any siblings?(형제자매가 있으세요?)'라고 말하기보다는 'Do you have any brothers and sisters?(형이나 누나가 있으세요?)'라고 말하며, 'Where is the cutlery(날붙이가 어디 있지?)'라는 표현 대신 'Where are the knives and forks?(포크와 나이프가 어디 있지?)'라는 표현을 사용하는 것이다.

올빼미, 굴뚝새, 종달새, 암탉에 대해 '새'를 쓰는 경우와 같은 몇 가지 되지 않는 분명한 경우에서만 상위어의 이름표를 확실하게 붙일 수 있다. 그리고 이런 경우에서도 몇 개의 층위가 있을 수 있는지의 문제 거리가 있다. 데이지, 민들레, 장미, 튤립은 모두 꽃이다. 하지만 '꽃'이라는 종 대표적 이름표를 붙이기 전의 중간 단계로, 데이지와 민들레에는 '야생화'라는 이름표를, 그리고 장미와 튤립에는 '정원화초'라는 이름표를 각각 따로 붙여야 할 것인가?

더구나 상위어는 묶음의 구조에 따라 변화한다. 구두, 슬리퍼, 그리고 장화는 '신을 것'이 되겠지만 장화, 비 모자, 우비는 '우의'가 될 것이다. 이러한 관찰은 상위어가 즉석에서 만들어지는 경우가 흔하다는 것을 시사한다.

그리고 한 범주의 구성원 모두가 동일한 지위를 가지는 것은 아니다(5장). 펠리컨과 같은 다소 이상한 새를 새의 범주에 넣는 것보다는, 종달새와 같은 전형적인 새를 새의 범주에 넣는 것이 더 쉽다. 하위어와 상위어

의 관계를 밝히고자 했던 거의 모든 실험이 별로 만족스럽지 못한 결과를
얻었던 이유가 아마 이 문제에 있는 것 같다. 이 중 몇 가지에 대해 생각
해 보기로 하자.

묶음을 만들고 이름표를 붙이는 과정은 종종 몇 번에 걸쳐 반복될 수
있다. 왜냐하면, 묶음에 속하는 각 항목이 다시 더 작은 부분으로 나누어
질 수 있는 것이 보통이기 때문이다. owl(올빼미)는 barn owl, snowy owl,
screech owl 등으로 나뉠 수 있다(모두 올빼미의 종류임 – 역주). 그리고 상위
어 또한 더 상위의 범주 속으로 포함되어 들어갈 수 있다. 새는 물고기,
곤충 등과 함께 '동물'이라는 범주를 형성한다. 이렇게 층을 만들어 가는
과정을 위에서 아래로 가지를 쳐가는 나무의 모습으로 생각해 볼 수 있다
(그림 8.5).

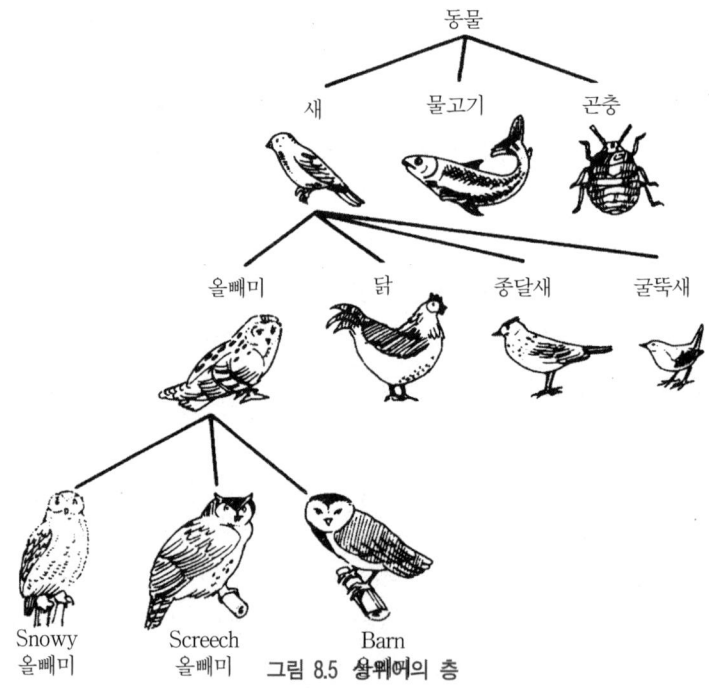

그림 8.5 상위어의 층

1960년대 후반과 1970년대 상반기에 몇 명의 학자들이 마음속 어휘집이 위에서 기술한 계층적 구조와 같은 방식으로 조직되어 있을지도 모른다는 제안을 하였다. 이 주제에 대한 초창기의 논문 중의 하나가 Collins & Quillian(1969)였다. 이들의 제안은 피험자들로 하여금 '카나리아는 카나리아다'나 '카나리아는 새다', 혹은 '카나리아는 동물이다'와 같은 문장이 맞는 문장인지를 판단하도록 하고 이 판단에 소요된 시간을 측정함으로써, 이 아이디어를 테스트할 수 있다는 것이었다. 그들은 또한 피험자들이 문장이 옳은지를 판단하기 위해 나무 위에서 돌아다녀야 거리가 멀수록, 판단에 걸리는 시간도 길어질 것이라고 가정하였다. 이 이론에 의하면, '카나리아는 카나리아다'라는 문장에 대한 판단은 매우 빨리 이루어져야 한다. 왜냐하면 나무를 돌아다닐 필요가 전혀 없기 때문이다. '카나리아는 새다'라는 문장의 판단에는 시간이 조금 더 걸려야 한다, 왜냐하면 다음 분지점까지 가 보아야 하기 때문이다. '카나리아는 동물이다'를 판단하는 데 걸리는 시간이 가장 길어야 한다. 왜냐하면 이 판단을 위해서는 '카나리아'에서 '새'까지 갔다가, 다시 '새'에서 '동물'까지 가야 하기 때문이다(그림 8.6).

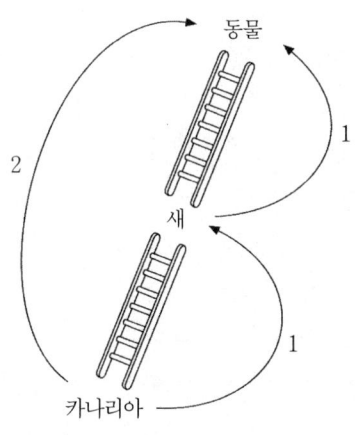

그림 8.6 카나리아 - 새 실험

이러한 예측은 들어맞았다. 그러나 이러한 발견은 위에서 아래로 가지를 쳐가는 나무가 존재한다는 것을 결정적으로 증명하지는 못한다. 왜냐하면 이 결과를 달리 설명할 수 있는 몇 가지 가능성이 있기 때문이다. 첫째, '카나리아'와 '새'는 '카나리아'와 '동물'보다 훨씬 더 자주 연관지어지기 때문에, 실험에 나타난 효과는 계층에 기인한 것이라기보다는 습관적인 연결에 기인한 것이었을 수 있다. 둘째, 새의 숫자보다는 동물의 숫자가 훨씬 많기 때문에, 피험자들이 '카나리아는 동물이다'라는 문장의 평가에 어려움을 겪는 것은 '동물'이라는 범주에 속하는 항목들의 숫자가 많기 때문일 수 있다. 셋째, '동물'이라는 단어는 중의적이다. 즉, 때로는 '올빼미는 새지만 개는 동물이다'에서 볼 수 있듯이 '새'에 대비해 쓰이는 반면, 때로는 '올빼미와 개는 동물이지만 장미와 떡갈나무는 식물이다'에서 볼 수 있듯이 '새'라는 단어를 포함한다. 이러한 중의성 때문에 평가에 걸리는 시간이 길어졌을 수 있다.

개와 같이 보다 일반적으로 동물로 간주되는 생물체를 이용해 사람들을 테스트함으로써, 이 마지막 문제를 피할 수 있다.[42] 이러한 시도를 했던 심리학자들은 미묘하지만 중요한 차이를 과제에 포함시켰다. 그들은 이전에 이루어졌던 거의 모든 실험이 '푸들은 개다'에서처럼 한 단어와 그 단어의 직접적인 상위어와의 연결을 확인하는 데 걸리는 시간과 '푸들은 동물이다'에서처럼 더 높은 위치에 있는 상위어와의 연결을 확인하는 데 걸린 시간을 대비시켰다는 것에 주목했다. 이론의 예측처럼 '개는 동물이다'(한 걸음)에 걸리는 시간이 '푸들은 동물이다'(두 걸음)에 걸리는 시간보다 짧을지를 확인한 연구는 없는 것으로 보였다. 그러나 이 심리학자들은 신뢰할 만한 수준의 차이를 찾을 수 없었다. 피험자들이 일반적으로 '개는 동물이다'와 '푸들은 동물이다'에 사용한 시간이 같았던 것이다. 이러한 결과는 사람들이 단어를 덩어리로 묶는다고 할지라도, 어휘로 된 나무를 마치 단단한 뼈대인 것처럼 딛고서 민첩하게 오르락내리락할 가능성이 별로 없다는 것을 시사한다.

　요약하면, 상위어의 이름표는 묶음의 내용이 매우 전형적이고 이름표가 흔히 사용되는 것일 때 수월하게 이용될 수 있다. 그러나 말하자면 일반성에서 차이가 나는 서로 다른 층위간의 이러한 수직적 이동에서는 등위어간의 수평적 이동에서보다 좀 더 많은 노력이 필요한 것 같다. 창조적인 결정 내리기(decision-making)가 이루어져야만 하는 경우들이 있다. 사람들이 '올챙이가 동물입니까?'라는 질문에 직면하면 곰곰이 생각을 해 보아야만 할 것이라고 충분히 예상할 수 있다. '올챙이'가 작은 개구리라는 것, 그리고 '개구리'가 일종의 동물이라는 것은 확신할 수 있겠지만, 이 두 가지의 서로 다른 지식으로부터 결과적으로 올챙이도 동물이라는 결론을 이끌어내기 위한 연역추론을 열심히 해야 할지도 모를 일이다.

　따라서 수직적인 연결이 이미 확립되어 있는 것으로 보기 때문에 어떤 추가의 추론도 필요 없게 될 경우들이 있다. 그리고 인간이 즉각적인 추론을 해야만 하는 다른 경우들도 있다. female(여성)이 sow(암퇘지), princess(공주), 그리고 mare(암말)를 연결하는 것처럼 하나의 상위어가 서로 다른 영역에 속하는 단어들을 연결시키는 경우에도 이와 유사한 계산활동이 필요할 수 있다. 인간은 서로 다른 단어들을 비교하여 그들 사이에 어떤 공통점이 있는지를 매우 쉽게 결정할 수 있다. 그러나 연결이 통상적으로 사용되는 것이 아닌 경우에는, 단지 마음속 어휘집에 있는 고정된 도표를 찾아보는 것이 아니라 신속한 분석을 수행함으로써 연결을 찾아내는 것으로 보인다. 간단히 말해서, 상위어를 다루는 방식이 시사하는 것은 등위어 사이의 연결이나 통상적인 하위어와 상위어 사이의 연결 같은 확고한 연결들이 필요에 따라 또 다른 일시적인 연결들을 만들어내는 우리의 추론능력과 결합하여 사용된다는 것이다.

　하지만 이 추론능력은 어떤 방식으로 활동하는가? 이 문제에 대해 더 생각해 보기로 하자.

┃ 어휘집은 논리적인가? ┃

아기들은 비논리적이다.
우리는 악어를 다룰 수 있는 사람이면 누구도 얕보지 않는다.
우리는 비논리적인 사람을 얕본다.
결론: 아기들은 악어를 다룰 수 없다.

Lewis Carroll의 이 즉흥적인 퍼즐은[43] 하나의 중요한 질문을 제기하고 있다. 인간은 대상을 발견하는가, 아니면 바라보는가? 그리고 인간이 대상을 발견한다면 '일상적인' 논리의 관점에서 이 일을 하는가? 이 절에서는 마음속 어휘집 안에서 논리가 담당하는 역할에 대해 알아보고자 한다.

어휘집에 대한 논의에서 거듭 등장하는 몇 가지 논리적 관계가 있다.[44] 이 중 다음의 것들이 중요한데, 몇 가지는 이 장에서 이미 언급되었다(그림 8.7).

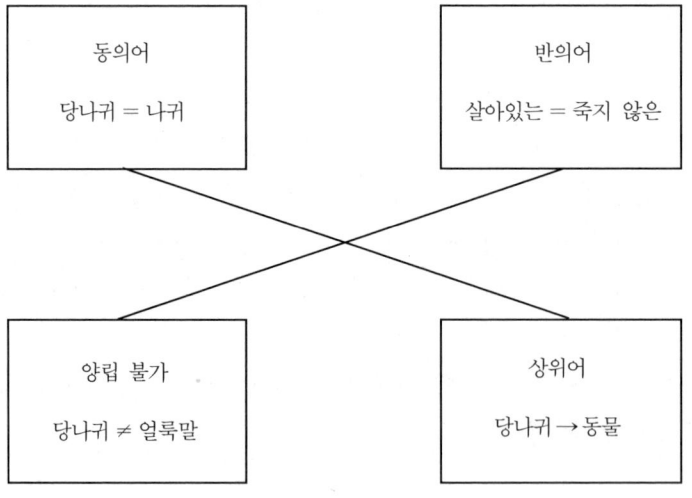

그림 8.7 몇 가지 논리적 관계

반의어:　만일 그것이 살아있지 않다면, 그것은 분명 죽어있다.
상위어:　당나귀는 동물이다.
양립불가: 만일 그것이 당나귀라면, 그것은 얼룩말일 수 없다.
동의어:　당나귀는 나귀이고, 나귀는 당나귀다.

이제 이들이 어떤 쓸모가 있는지를 요약해 보자.

반의어는 일반적으로 '상반되는 의미를 가진 단어'로 정의된다. 그러나 이것은 지나친 단순화이다. 왜냐하면 여기에는 보통 몇 가지의 서로 다른 유형의 상반성이 포함되기 때문이다.[45] either-or(A이거나 B이거나) 유형에서는 하나에 대한 부정이 다른 하나를 함의한다.

If it's not *dead*, it's *alive*.
만일 그것이 죽어있지 않으면, 그것은 살아있다.

If it's not *alive*, it's *dead*.
만일 그것이 살아있지 않으면, 그것은 죽어있다.

암묵적인 척도를 가지고 있는 반의어들은 절대적이지 않고 어떤 표준을 기준으로 해서 상대적이다. '정말 큰 벌이네!'라는 말은 벌의 일반적인 크기에 비해서 크다는 것을 의미하며, '정말 작은 토끼네!'라는 말은 평균 크기의 토끼에 비해 작다는 뜻이다. 절대적인 관점으로 보면, 작은 토끼가 큰 벌보다 더 크다는 것은 의심의 여지가 없다. 관점의 차이에 의한 반의어들은 어떤 각도로부터 대상을 보는가에 의존한다. 'Meg이 Peter에게 자전거를 샀다'라는 말은 'Peter가 Meg에게 자전거를 팔았다'라는 말을 함의한다.

따라서 논리학자들이 인정하듯이 서로 다른 유형의 반의어들을 구분할 필요가 있다.[46] 그러나 이것조차도 상황을 지나치게 단순화하는 것인데, 그 이유는 많은 반의어들이 맥락 의존적이기 때문이다. 다음에서 볼 수 있듯이, 'short(짧은)'의 반대말은 여러 가지로 바뀌며, 찾기가 어려울 수도 있다.

> A *short* life versus a *long* life
> 짧은 인생 vs. 긴 인생
>
> A *short* man versus a *tall* man
> 키가 작은 사람 vs. 키가 큰 사람
>
> A *short* temper versus a *good* temper
> 순간적으로 변하는 기질 vs. 넉넉하고 여유 있는 기질
>
> In *short* supply versus in *plentiful* supply
> 모자라는 공급 vs. 넉넉한 공급

뿐만 아니라, 논리가 전지전능한 것이라면, 'Paul found himself in a *better*(혹은 *worse*) situation(Paul은 자신이 좋은(혹은 나쁜) 상황에 있다는 것을 알아챘다)'에서처럼 반의어들은 언제나 서로 대체될 수 있어야 한다. 그러나 이것이 불가능할 때가 있다. 'Peter's illness was *worse* than Paul's (Peter의 병이 Paul의 병보다 더 안 좋았다)'라는 말은 할 수 있지만, !'Paul's illness was *better* than Peter's(Paul의 병이 Peter의 병보다 더 좋았다)'라고는 말할 수 없다(이상한 문장 앞에는 느낌표를 붙였다). 'Paul's illness was *less serious* than Peter's(Paul의 병이 Peter의 병보다 덜 심각했다)'라고 말해야 하는 것이다.

사람들이 이와 같이 논리에 상반되는 것들을 습득할 수 있는 것은 반의어들이 같이 등장하는 경우가 흔하기 때문이다. 다음에서 볼 수 있듯이, 반의적 형용사들이 같은 문장 내에서 함께 쓰이는 것은 우연이라고 보기에는 지나치게 자주 일어나는 일이다.[47]

> She didn't look forward to Cathy's visit, *short* or *long*.
> 그녀는 Cathy가 짧게 건 길게 건 방문할 것이라고 기대하지 않았다.

You'll have to take the *rough* with the *smooth*.
당신은 거칠음과 부드러움을 조화시켜야 할 것입니다.

Don't mix *clean* clothes with *dirty* ones.
깨끗한 옷과 더러운 옷을 뒤섞지 마세요.

I can't decide whether I *love* him or *hate* him.
나는 그를 사랑해야 할지 미워해야 할지 결정할 수 없다.

The great transition of *life* ⋯ and the certainty of *death*.
엄청나게 변화하는 삶 ⋯ 그리고 반드시 오는 죽음

　따라서 반의어는 언어에 내재하는 진정한 논리적 관계가 아니다.
　동의어도 논리와 관련해 유사한 문제를 제기한다. 동의어로 어떤 것이
선택되는가는 무엇보다도 주변 문맥에 의해 결정된다. wide(넓은)와 road
(길)의 관계, 그리고 broad(넓은)와 mind(마음)의 관계가 wide와 broad의
관계보다 더 밀접할 수 있다. 이와 유사하게, gallop(질주. 주로 말 따위의 네
발짐승에 의한 질주-역주)이 horse(말)에, 그리고 sprint(질주)가 human에 부
착되는 정도는 gallop과 sprint 사이의 관계보다 더 긴밀할 수 있다.
　상위어의 경우는 더 까다롭다. 이미 언급했듯이, 분명한 상위어를 가
진 단어는 소수에 지나지 않는다. owl(올빼미)과 bird(새), cabbage(양배추)
와 vegetable(채소), 그리고 yellow(노란)와 colour(색깔) 사이의 관계와 같
은 것은 소수에 해당하는 것일 수 있다. 화자가 상황에 따라 적절한 상위
어를 선택해야 하는 경우도 자주 있다.
　그리고 양립불가 역시 혼란스럽다. 이것은 무엇보다도 등위어 사이에
서 발생한다. Monday(월요일)는 Tuesday(화요일)일 수 없으며, rose(장미)
는 tulip(튤립)일 수 없고, plant(식물)는 metal(금속)이 아니다.[48] 그러나 덕,
악덕, 그리고 정서의 경우에는 양립불가가 해소된다. sincerity(성실)와
honesty(정직)는 모두 덕이지만 동의어도 아니고 양립불가의 경우도 아니
다. 이것들은 중첩된다. 이것은 greed(탐욕)와 selfishness(이기심)에서도 마

찬가지이다. 정서에 해당하는 hate(증오)와 anger(화) 또한 그렇다. 따라서 양립불가는 선별적으로 적용되며, 어떤 그룹의 단어들에서는 유익하지만 다른 그룹의 단어들에서는 그렇지 않다.

결국 논리적 관계는 문젯거리다. 때로는 성립하지만, 성립하지 않는 경우도 흔하다. 그리고 몇 가지 중요한 관계들은 논리에 의해 다루어질 수가 없다. 대상 전체를 구성하는 부분들을 나타내는 meronomy 혹은 partonomy(부분전체관계)가 언어 사용자에게는 중요하다.[49] 9장에서 논의되겠지만, 나무는 줄기와 가지를 가지며, 가지는 더 작은 가지와 이파리를 가지는 등이다.

이 절은 논리적 관계들이 자동적인 관례처럼 적용될 수 없다는 것을 보여주었다. 논리적 관계는 어떤 경우에는 유익하지만 다른 경우에는 그렇지 않으며, 아직 밝혀지지 않은 방식으로 여러 가지 유형의 정보들과 뒤섞인다. 중요한 것은 논리적 관계들이 발화를 구성하는 부분들(단어의 여러 종류)과 상호작용 한다는 것이다. 여기에 대해서는 다음 장에서 논의할 것이다.

┃ 요약 ┃

이 장에서 우리는 인간이 가지고 있는 단어의 그물망, 즉 인간이 마음 속에서 단어들을 서로 연결시키는 방식에 대해 알아보았다. 우리는 단어들이 의미적 장 속에 조직되어 있으며, 이 장 속에서 등위어 사이의 연결과 연어적 연결이라는 두 가지 유형의 연결이 특별히 강력한 것으로 보인다는 점에 주목하였다.

하위어와 그들의 상위어 사이의 연결은 대체로 약간 약한데, 이 연결들에는 다른 것들보다 더 고정적인 것들이 있다. 따라서 인간은 이 고정적인 관계들과 필요할 때마다 또 다른 임시적인 연결들을 만드는 데 이용하

는 자신들의 추론능력을 결합하여 사용한다. 이 과정에서 논리적 관계들
은 부분적으로만 유익할 뿐이다.

지금까지 알아본 마음속 어휘집의 모습을 개관해 보면, 단어들 사이에
다양한 연결들이 있는데 이 연결들 중 어떤 것들은 강하고 어떤 것들은
약하다는 것이다.[50] 이러한 연결들이 상황에 맞는 추가의 연결들을 만드는
데 필요한 틀 구조를 제공한다.

그러나 미리 존재하는 연결들은 발화를 구성하는 여러 부분들과 상호
작용 한다. 이것이 이어질 두 장의 주제가 될 것이다.

9

어휘의 종류

- 발화의 여러 부분 -

군중들의 온갖 떠드는 소리와 소란 속에서도 상인들이 큰소리로 자기네 물건들을 선전하는 것을 들을 수 있었다.

'막 잡은 if나, and나, but 사세요.'

'헤이-야, 헤이-야, 잘 익은 where나 when 있어요'…

'얼른 이리 와 보세요, 얼른 이리 와요 - 아주 좋은 최고 품질의 단어들이 바로 여기 있어요.'라고 한 사람이 우레 같은 목소리로 말했다. '얼른 이리 오세요 - 아, 무엇을 드릴까요, 어린 양반? 멋진 대명사 한 봉지는 어떨까? - 아니면 우리가 특별히 장만한 여러 가지 고유명사들을 더 좋아하려나?'

Milo는 예전에 단어에 대해서 별로 생각해 본 적이 없었지만, 그것들이 너무나 좋아 보였기 때문에 가지고 싶었다.

'이것 좀 봐, Tock,' 그가 외쳤다, '이것들 훌륭하지 않아?'

Norton Juster, *The Phantom Tollbooth*

위의 인용문에서 Milo와 그의 개 Tock은 단어의 도시에 있는 장터에서 서로 나뉘어 포장되어 있는 여러 가지 유형의 단어들을 발견한다. if, and, 그리고 but를 '멋진 대명사 한 봉지'나 '우리가 특별히 장만한 여러 가지 고유명사들'과 완전히 따로 살 수 있다. 이것은 놀랄 일이 아니다. 모든 언어에서 단어들이 일반적으로 '발화의 여러 부분', 혹은 여러 종류의 단어로 나누어지고 여기에 각각 명사, 형용사, 동사, 등의 이름표가 붙는데, 이것들은 문장 내에서 각각 나름의 특별한 역할을 수행한다. 철학자 Wittgenstein은 '연장 통의 연장들을 생각해 보라'는 제안을 했다. '거기에는 망치, 뻰찌, 톱, 드라이버, 자, 아교 냄비, 아교, 못, 그리고 나사들이 있다. 단어들의 기능은 이 연장들의 기능들만큼이나 다양하다.'1

연장 통의 비유는 '발화의 여러 부분'이 각각 서로 다르게 행동한다는 점에서 유익하다. 그러나 여기에 대한 대안이 될 수 있는 관점은 단어의 여러 종류들을 문장을 구성하는 건축 재료로 간주하는 것이다. 이 재료에는 크게 두 가지 유형이 있는데, 벽돌, 그리고 모르타르나 시멘트가 그것이다. 벽돌은 rose(장미), queen(여왕), jump(뛰어오르다)와 같이 고유한 의미를 가지는 '내용'어에 해당하는 것으로 볼 수 있다. 그리고 모르타르는 'Queen *of* Hearts', 'work *to* rule', 'eggs *for* breakfast'에서처럼, 항목들을 서로 연결시켜주는 것이 그 기본적 기능인 '기능'어들에 해당한다.

이 책의 주요관심은 많은 사람들이 '진정한 어휘집'을 구성하는 것으로 간주하는 내용어에 있다. 내용어 중에 우리는 주로 영어의 주된 구성단위인 명사, 동사, 그리고 형용사에 대해 논의하게 될 것이다. 이 장의 가장 중요한 과제는 이것들이 마음속 어휘집 내에서 어떻게 다루어지는 지를 알아내는 것이다. 이어서 우리는 다른 주제로 넘어갈 수 있게 되겠는데, 특히 여러 종류의 단어들 중 어떤 것이 '벽돌'이고 어떤 것이 '모르타르'인지, 그리고 그러한 구분에 대한 심리언어학적 증거는 무엇인지에 대해 논의하게 될 것이다.

▌ 눈에는 눈 ▌

사람들이 어떤 단어를 쓸 자리에 실수로 다른 단어를 쓰는 오류에서는 그 오류가 의미, 소리, 혹은 두 가지 모두 중 어떤 것에 기인한 것인가에 상관없이 거의 항상 쓰고자 했던 단어와 같은 종류의 단어가 사용된다. 다음의 예에서처럼 명사의 자리에는 명사가, 동사의 자리에는 동사가, 그리고 형용사의 자리에는 형용사가 나오는 것이다.

It's called the *Quail*(Lark) and Dove.
그것의 이름은 메추라기(종달새)와 비둘기이다.

I looked in the *calendar*(catalogue).
나는 달력을(카탈로그를) 들여다보았다.

It's a good way to *contemplate*(compensate).
그것은 감상의(보상의) 좋은 방법이다.

The book I just *wrote*(read) was awful.
내가 방금 쓴(읽은) 책은 끔찍했다.

That model is *extinct*(obsolete).
그 모델은 죽었다(구식이다).

The tumour was not *malicious*(malignant).
그 종양은 심술궂지(악성이지) 않았다.

발화오류에 이러한 특징들이 있다는 사실은 발화오류를 연구한 학자들이 거의 예외 없이 언급하였다. 극작가 Richard Sheridan은 허구의 인물 Malaprop 여사를 창조했을 때 이 점을 모르고 있었다.

You will promise to forget this fellow─to *illiterate*(obliterate) him, I say, quite from your memory.
당신은 이 남자를 잊겠다고─그를 문맹의(기억에서 지우기로) 약속할 것입니다. 당신의 기억으로부터 완전히 라고 말해 드리지요.

illiterate(형용사)와 obliterate(동사)를 혼동하는 것이 실제 생활의 발화에 나타나리라고 보기는 어렵다.

단어선택의 오류에서 종류가 바뀌는 일이 없다는 발견은 종류에 연관
된 속성이 단어의 필수 성분으로 단어에 단단히 부착되어 있다는 것을 시
사한다. 이 현상은 우연에 의한 것일 수 없으며, 오로지 통사적 선택과정
에 기인한 것일 수도 없다. 어떤 학자들에 의하면 화자는 명사–동사–명사
와 같은 문장에 사용할 통사적 '틀'을 선택한 다음에, 각 빈자리에 적절한
단어들을 채워 넣는다.2 따라서 정확한 종류의 단어를 선택하는 것은 선택
의 절차를 감시하는 통사적 점검장치에 달려있다. 그러나 이것이 완전히
옳을 수는 없는데, 왜냐하면 흔히 단어가 틀을 결정하기 때문이다. 즉, put
을 선택하는 것은(Martha put the car in the garage(Martha는 자동차를 차고에
두었다)) 예들 들어 park을 선택하는 것보다(Martha parked the car (Martha는
자동차를 주차시켰다)) 더 긴 틀을 포함한다. 우리는 *'Martha put the car'
(별표는 불가능한 단어이거나 문장이라는 것을 나타낸다)라고 말할 수 없다. 뿐만
아니라, 비록 단어들이 미리 준비된 적절한 빈자리에 채워진다고 하더라
도, 빈자리를 위해 선택될 수 있으려면 그 종류가 무엇인지를 나타내는
'이름표가 붙어있어야' 할 것이다. 따라서 단어의 추상적인 의미는 단어의
종류와 단단히 결속되어 있는 것으로 보인다.

단어의 추상적인 의미와 그 단어의 종류 사이의 관계는 예측이 가능한
것 같다. 단어의 종류를 범주화하는 것은 임의적이지 않으며, 원래 단어의
의미적 범주로부터 만들어진 것이다. 전형적인 명사는 사람이나 사물에
해당하는 경향을 보이며, 전형적인 동사는 행위에 해당하는 경향이 있다.
이러한 상관관계는 보편적인 것으로 보인다3 — 다만 특정 단어와 그 단어
가 속하는 종류의 전형 사이의 관계는 매우 불분명할 수 있다. 예를 들어,
exist(존재하다), know(알다), believe(믿다) 같은 동사들은 분명한 행위를 포
함하지 않는다. 따라서 의미론과 통사론은 중첩되며, 언어학자들은 이 둘
사이의 경계가 어디에 있는지에 대해서 오랜 기간에 걸쳐 논쟁을 벌이고
있다. 마음속 어휘집의 관점에서 보면, 이것은 의미와 단어의 종류를 서로
부착되어져야 할 필요가 있는 분리된 성분이 아닌 통합된 것으로 간주해

야 한다는 것을 시사한다. 간단히 말해서, 우리는 단어를 동전으로 보고, 두 가지를 합쳐 lemma(레마)라고 부르는 의미와 단어 종류가 그 한쪽 면에4, 그리고 소리가 다른 쪽 면에 있는 것으로 보아야 한다. 따라서 예를 들어 'daisy(데이지)'에 해당하는 의미를 선택하게 되면, 자동적으로 명사라는 비유적 이름표가 따라오며, 'jump(뛰어 오르다)'에 해당하는 의미의 선택에는 동사라는 이름표가 반드시 포함된다.

▌ 끼리 끼리 ▌

'모든 것을 위한 자리, 그리고 각자의 자리에 있는 모든 것.' 19세기의 작가 Samuel Smiles가 한 이 말은 단어들을 서로 다른 종류로 기술하고 있다. 즉, 단어들이 서로 다른 것으로 판명되는 주된 이유는 단어마다 문장 내에 그 단어만을 위해 지정된 '빈자리'가 있다는 것이다. 명사(N), 동사(V), 그리고 형용사(A)가 마구잡이로 뒤섞일 수는 없다.

> Grey(A) rabbits(N) eat(V) green(A) grass(N)
> 회색 토끼가 녹색 풀을 먹는다.
> Tall(A) trees(N) hide(V) young(A) birds(N)
> 키가 큰 나무가 어린 새들을 숨기고 있다.

위의 문장들은 말이 되지만, 똑같은 단어들을 마구 뒤섞어 놓은 다음과 같은 문장은 말이 되지 않는다.

> *Green eat rabbits grass grey.
> *Young hide trees birds tall.

단어들을 이렇게 제자리에 찾아 넣는 것은 또 다른 중요한 질문을 제기한다. 같은 종류의 단어들이 특별히 서로 가까이 연결되어 있어서, shout (외치다)와 같은 단어가 그 명사형인 shout(외침)보다 yell(고함치다)이나 bellow(울부짖다) 같은 동사들과 더 밀접하게 연결되어 있는가? 아마 그런 것 같다. 한편으로는 같은 종류에 속하는 단어들이 마음속에서 밀접하게 연결되어 있다는 것을, 그리고 다른 한편으로는 서로 다른 종류에 속하는 단어들이 더 느슨하게 연결되어 있다는 것을 보여주는 증거들이 있다. 여기에 대해 생각해 보자.

같은 종류에 속하는 단어들 사이의 연결이 밀접하다는 사실은 red, yellow, blue(형용사), tulip, daffodil, rose(명사)에서와 같은 등위어들 사이의 결속 관계로부터 알 수 있다. 이와 유사하게, 발화의 구성 부분은 '말이 혀끝에서 맴도는 상태'에서 추측으로 하는 말들에도 거의 없어지지 않고 남는다. 한 학자에 의하면, 명사와 동사의 경우에는 종류의 변화가 일어나지 않고 원래의 종류가 그대로 남는 경향이 매우 강한(90퍼센트) 반면, 형용사의 종류가 유지되는 비율은 좀 낮으며(60퍼센트), 종류의 변화가 일어난 대부분의 경우에서 명사로 바뀐다.5 단어연상실험이 추가의 증거를 제공하는데, 여기에서는 성인이 내 놓은 답변에서 가장 보편적인 것이 같은 종류에 속하는 단어이다. 제시어가 명사인 경우 80퍼센트의 답변이 명사였으며, 제시어가 동사나 형용사인 경우에는 그 정도가 좀 약화되어 50퍼센트를 약간 상회하였다.6

다른 한편으로, 서로 다른 종류에 속하는 단어들 사이의 연결이 느슨하다는 것은 환자가 동사보다는 명사에 수월하게 접근할 수 있는 것으로 보이는 실어증 유형으로부터 알 수 있다.7 'Water … man … no woman …child … no, man … and girl … oh dear … cupboard … man, falling … jar … cakes … head … face … window … tap … (물 … 남자, 여자말고 … 아이 … 아니, 남자 … 그리고 소녀 … 아이고 … 찬장 … 남자, 떨어지는 … 병 … 케이크 … 머리 … 얼굴 … 창문 … 마개 …)' 이것은 뇌출혈을 겪은 사람이 부산한 부엌을 나타낸 그림에 대한 묘사로 한 말인데, 이 그림에는 물이 넘쳐나는 싱크대 앞에 한 여자가 서 있고 한 소년이 높은 곳에 있는 비스킷 병을 꺼내려다 발판에서 떨어질 듯 비틀거리고 있으며, 이것을 한 소녀가 바라보고 있다. 하지만 이와 같은 행동을 제시한 그림을 다루기 위해 환자의 마음에 주로 떠오른 단어들은 명사들이다. 그리고 이것은 몇몇의 다른 연구들에 의해서도 확인되었다. 실어증 환자들이 명사를 선호하는 것은 단지 명사가 동사보다 많다는 것 때문이 아니다. 이보다는 명사가 통사적 제약들로부터 상대적으로 자유롭기 때문일 가능성이 더 있다. 이와 달리 동사들은 좀 더 까다로운데, 동사는 문장의 통사구조와 일정한 관계를 가질 수밖에 없기 때문인 것 같다.8

　　동사가 명사와는 다르다는 것을 보여주는 또 한 가지의 증거는 동사가 다른 모든 종류의 오류에 상당히 많이 등장함에도 불구하고 의미적 선택 오류에는 분명히 드물다는 것이다.9 어떤 수집 자료에서는 101개의 영어 의미 오류 중에서 명사가 81개였던 것에 비해 동사는 단 세 개에 지나지 않았으며, 형용사와 부사가 17개였다. 하지만 영어 전체에서 동사가 차지하는 비율을 토대로 판단하면, 30개의 오류는 동사를 포함하였어야 예측과 맞아떨어진다. 독일어 오류들을 수집한 자료에서는 의미 오류의 90퍼센트 이상이 명사, 형용사, 그리고 부사의 오류였으며, 동사의 오류는 10퍼센트가 되지 않았다. 이러한 현상은 화자가 문장을 산출할 때, 특별한 동사 저장고로부터 문장의 나머지 부분의 통사적 틀 구조를 정해주는 동사를 일찌감치 선택하고, 이어서 그 주변의 빈자리에 다른 단어들을 채운다고 봄으로써 설명될 것이다.

　　따라서 서로 다른 종류의 단어들 간의 차이는 언어 사용자에게 중요하다. 그러나 서로 다른 단어 종류들이 있다는 것에 대한 가장 강력한 논거는 발화의 각 부분에 속하는 단어들이 서로 다른 방식으로 조직되어 있는 것 같다는 것이다.

▎ 명사 vs. 형용사 vs. 동사 ▎

한 떼의 물고기, 한 떼의 벌, 그리고 한 떼의 양은 모두 응집성을 가지지만 서로 매우 다른 방식으로 결속된다. 그리고 이것은 발화의 부분들에 대해서도 똑같이 사실이다. 명사들 사이의 관계는 형용사들 사이의 관계와 다르며, 형용사들 사이의 관계는 동사들 사이의 관계와 다르다. 이것은 표준적 사전들에는 잘 나타나 있지 않지만, Princeton 대학에서 George Miller와 그의 동료들이 개발한 선구적인 전자사전 WordNet에는 수록되어 있다.10

명사의 특징들 중 핵심적인 것은 층 구조를 가질 잠재성이다.11 Shetland 조랑말(Shetland, 영국의 동북방에 있는 제도−역주)은 조랑말이며, 말이며, 발가락이 두 개인 유조류(손, 발톱이 있는 동물−역주)이며, 초식동물이며, 포유동물이며, 척추동물이며, 동물이며, 유기체이며, 실체(entity)라는 많은 층을 가진다. 층으로 성립하는가의 여부는 '일종의' 테스트, 즉 Shetland 조랑말은 '일종의' 조랑말이며, 조랑말은 '일종의' 말이다 등등의 말을 만들어보는 테스트에 의해 확인할 수 있다.

이러한 층들은 필연적이라기보다는 '잠재적'이다. 일반적으로 층의 숫자는 작으며, 무엇보다도 상위 층(8장을 보라)의 경우에는 이름이 없는 경우가 많다. 거의 모든 단어에 층이 존재하지는 않는다는 것은 마음속 어휘집 내에서 대부분의 경우 정보가 (Shetland 조랑말과 같은) 낮은 수준의 층이 높은 층의 속성들을 '상속받는' '상속' 체계를 전제로 하지 않고 각층에 반복적으로 저장된다는 것을 시사한다. 그러나 모든 학자들이 이러한 결론에 동의하는 것은 아니다.12

명사의 '기초 층(basic level)'은 어떤 다른 경우보다 더 중요하다.13 기초층은 그 의미가 무엇인지에 대한 논란에도 불구하고 복합적인 마음속 이미지가 형성될 수 있는 층이며, dog(개), shirt(셔츠), tree(나무), book(책)과 같은 항목들을 포함하고 있는 가장 상위의 층이다.

대상을 구성하는 부분전체관계(meronomy 혹은 partonomy)는 명사에 있어서 중요한 관계이다(8장을 보라). 사람들은 기초 층에 속하는 대상들에 대한 질문에 대해 흔히 그 구성 부분들을 답으로 제시한다.14 그들은 셔츠의 소매, 가슴판, 등판, 그리고 컬러를 언급하며, 몸은 머리, 몸통, 다리 그리고 팔을 가지고 있다고 말한다. 그리고 부분들 자체가 또 부분들을 가지는데, 다리는 넓적다리, 무릎, 정강이, 그리고 발을 가지며, 발은 발가락을 가지는 등이다(그림 9.1). 부분들은 '겉모양과 행동을 이어주는 개념적 다리를 형성하는 것'으로 보인다.15 망치를 보자. 망치에는 때리는 부분인 머리와 잡는 부분인 손잡이가 있다. 그리고 사람들은 톱의 날이나 피아노의 건반들과 같이 알아볼 수 있을 뿐 아니라 유익한 부분들을 '좋은 부분들'로 보았다.

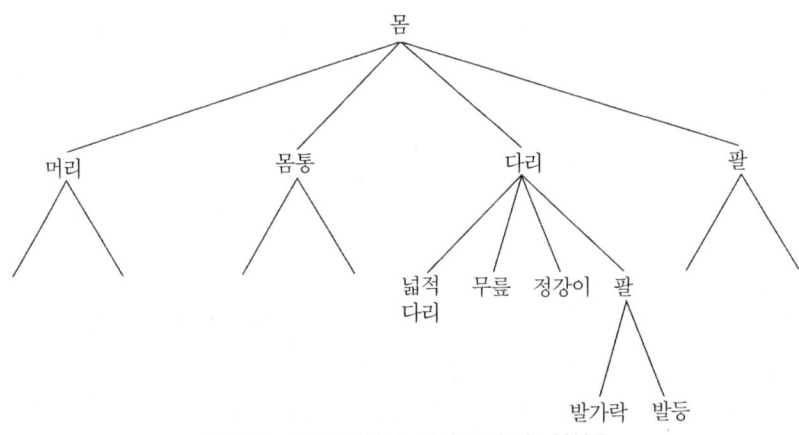

그림 9.1 부분전체관계: 전체를 이루는 부분들

부분전체관계로 볼 수 있는 영역이 어디까지인지는 불분명하다. 엄밀한 관점에서는 '이 물건의 부분들은 X, Y, Z를 포함한다' 테스트를 활용한다.16 이 엄밀한 관점은 '물고기는 여울의 한 부분이다'에서처럼 집합체들의 한 구성원과 '빵 조각은 케이크의 한 부분이다'에서처럼 전체의 한 부분을 부분전체관계에 포함시킨다. 하지만 한 달은 일 년의 한 부분인가?
농담을 웃긴 것으로 만드는 마지막 몇 줄은 농담의 한 부분인가? 이러한
것들을 부분전체관계에 포함시켜야 하는 것으로 본 학자들이 있었지만,[17]
제외시켜야 하는 것으로 본 학자들도 있었다.[18] 간단히 말하면, 부분전체
관계는 명사에서 중요한 관계이지만 그 속성은 아직도 연구 중이다.

명사는 부분들만 포함하는 것이 아니다. 카나리아는 부리와 날개뿐 아
니라, 작고 노랗다는 속성들과 노래하고 새 모이를 먹으며 날 수 있다는
기능들을 가진다.[19] 다만 이것들 모두가 어떻게 통합되는지는 불분명하며,
따라서 논의는 결국 전형에 대한 논의로 되돌아가게 된다(5장). 따라서 명
사는 무엇보다도 잠재적인 층에 의해, 그리고 기초 층 내에서는 부분들이
이루는 층에 의해 그 특징이 규정된다.

형용사들은 이와 상당히 다르다. 형용사는 독립성이 떨어지며, 흔히 그
다음에 나오는 명사에 따라 그 뜻이 달라진다(5장). 즉, rich cake(감칠맛 나
는 케이크)는 rich businessman(부유한 사업가)과 아주 다르다.

WordNet에 따르면, 형용사에는 두 가지 주요 유형이 있는데,[20] heavy
suitcase(무거운 여행가방) 유형과 mathematical genius(수학적 천재) 유형이
그것이다.[21] 첫 번째 유형은 '무거운'에 해당하는 값을 '여행가방'과 같은
명사에 부속시키며, 따라서 '귀속적 형용사(ascriptive adjective)'라고 부를
수 있다. 이러한 형용사들에는 보통 등급이 있어서, 여기에서의 '무거운'은
여행가방의 일반적인 무게에 비하여 무겁다는 것을 의미한다. heavy-유
형의 형용사들은 명사에 따라 달라지기는 하지만 거의가 반의어를 가진다
(8장).[22] 즉, heavy의 반대말이 여행가방의 경우에는 light(가벼운)가 되고,
추위의 경우에는 slight(약간의), 바다의 경우에는 calm(고요한)이 된다.

다른 유형의 형용사는 '관계되는(pertaining to)'이라는 말로 풀어쓸 수
있으며, 그래서 '관계어'라는 이름표가 붙었다. 즉, mathematical genius
(수학적 천재)는 수학 분야에서의 천재이며, musical cat(음악적인 고양이)는
음악을 좋아하는 고양이이다(그림 9.2).

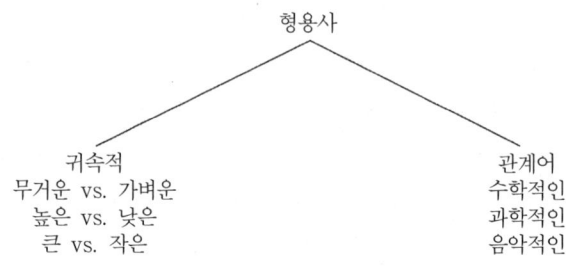

그림 9.2 형용사의 유형

    동사는 흔히 하위어와 상위어의 두 층으로 나뉘는데, 이 층들의 관계는 명사의 층에서와는 다른 관계이다. 하위 층의 동사는 상위 층의 동사가 나타내는 행위를 특별한 방식으로 수행한다. lisp(혀 짧은 소리를 하다)나 stutter(말을 더듬다)는 '특별한 방식으로 말하는(talk)' 것이며, limp(느릿느릿 걷다)나 amble(어슬렁어슬렁 걷다)은 '특별한 방식으로 걷는(walk)' 것이고, munch(와삭와삭 먹다)나 chew(씹다)는 '특별한 방식으로 먹는(eat)' 것이다(그림 9.3). 비록 모든 동사들이 이 유형에 들어맞는 것은 아니지만, WorNet에서는 여기에 troponymy라는 이름을 붙였다.[23] 예를 들어 snore(코를 골다), faint(기절하다), shiver(소름끼치다)와 같은 신체적 기능을 나타내는 단어들은 다루기가 어렵다. '코를 골다'는 특별한 방식으로 숨을 쉬는 것인가, 혹은 '기절하다'는 특별한 방식으로 넘어지는 것인가, 또는 '소름끼치다'는 특별한 방식으로 떠는 것인가?

    따라서 명사, 동사, 그리고 형용사는 나름대로의 특징적인 조직을 가지고 있으며, 여러 종류의 단어들이 마음속 어휘집 안에서 확연히 구분되어져 있다는 결론을 지지해 준다.

    그러나 다른 종류의 단어들은 어떤가? 지금까지는 명사, 형용사, 그리고 동사만을 논의하였으나, 대부분의 문법서들이 이것 이상의 발화 구성 부분들을 수록하고 있다. 특히 부사는 영어 사전에서 뚜렷한 위치를 차지하고 있다. 따라서 부사에 의해 야기되는 문제들 중의 몇 가지에 대해 간

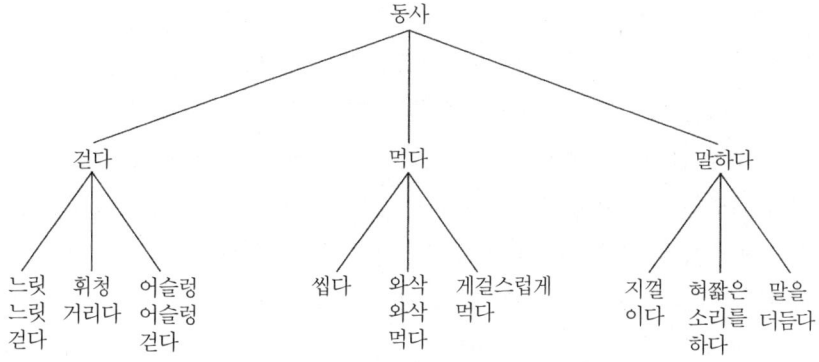

그림 9.3 Troponymy: 특별한 방식으로 행동하기

단히 언급하고, 마음속 어휘집에 있는 단어 종류들의 확고부동한 목록을 제시하는 것이 왜 불가능한지에 대해 설명하기로 하자.

▌ 부사의 넝마주머니 ▌

교육을 잘 받은 영어 원어민들은 영어에 여덟 개의 발화 부분들이 있다는 굳은 믿음을 가지고 있는데, 이러한 믿음은 일반적으로 학교교육을 통해 얻게 된다. 학교의 교과서들이 보통 이러한 견해를 취하는 것은 고대 희랍의 문법학자들이 여덟을 택했기 때문이었으며, 비교적 최근에 이르기까지 영어에 대한 기술의 토대를 제공한 라틴어 문법은 다시 희랍 문법을 토대로 하고 있었다. 희랍어가 모델로서 전적으로 무용지물이 아닌 것은 영어와 희랍어가 궁극적으로 하나의 동일한 언어에서 발달해왔기 때문이다. 따라서 명사, 동사, 형용사, 그리고 전치사와 같은 몇 가지 범주들은 매우 훌륭히 맞아떨어진다. 그러나 몇 가지 다른 측면에서 이러한 적용은 문제점들을 동반한다. 예를 들면, 희랍어에는 a, the, this, that과 같은 '한정사'에 해당하는 분명한 범주가 없다.

뿐만 아니라, 어떤 언어학자들에 의하면, 단어 종류의 숫자가 여덟이라면 이것은 지나치게 작은 것일지도 모르며, "'발화의 부분들'의 숫자가 작아야 한다는 통상적인 편견을 반영하고 있는데 … 이러한 편견은 화학 원소의 숫자가 작아야 한다는 통상적인 편견만큼이나 근거가 없다고 보는 것이 당연하다.'24 여덟이라는 숫자는 주로 부사라는 범주를 이질적인 단어들을 모아놓은 넝마주머니로 간주함으로써 유지된다. 하지만 부사들 중 다른 어떤 범주에도 해당하지 않기 때문에 이 넝마주머니 속에 있는 것들이 많이 있는데,25 그 예를 들어보면 다음과 같다.

> The parrot has *presumably* been taught not to swear.
> 그 앵무새는 아마도 맹세를 하지 말라고 교육받은 것 같았다.
>
> The bird *nevertheless* swore *fluently* at Aunt Jemima.
> 그 새는 그럼에도 불구하고 Jemima 아줌마에게 유창하게 맹세를 했다.
>
> Aunt Jemima was *really quite* upset.
> Jemima 아줌마는 실로 매우 당황하였다.
>
> *Astonishingly*, she was almost completely speechless.
> 놀랍게도, 그녀는 거의 완전히 말을 잃었다.

이탤릭체로 쓴 단어들은 모두 전통적으로 부사로 분류된 것들이다. 그러나 이 단어들의 행동은 서로 아주 다르다. 하나의 동일한 종류에 속하는 단어들은 서로 교체되어도 문장의 기본 구조에 변화가 일어나지 않는다. 그러나 서로 교체될 수 있는 부사는 거의 없다. 만일 우리가 이러한 종류의 자리바꿈을 시도한다면, 그 결과를 전혀 수용할 수 없게 될 것이다.

> *The parrot has *really* been taught *quite* to swear.
> *The bird *presumably* swore *not* at Aunt Jemima.
> *Aunt Jamima was *completely astonishingly* upset.

Almost, she was *fluently* nevertheless speechless.

따라서 부사의 경우에는 다소 다르게 행동하는 단어들이 똑같은 이름표 아래에 모여 있다. 다만, 몇몇 '핵심적인' 부사를 확인할 수 있는데, 이 부사들은 흔히 양태부사로 간주되며, '유창한 방식으로'를 의미하는 fluently(유창하게)에서처럼 '특별한 방식으로'라는 의미를 가진다.

그러나 부사라는 이름을 가진 단어가 공통적으로 보여주는 것은 첫째, 단어를 일정한 단어 종류에 귀속시킬 때는 주의해야 할 필요가 있다는 것과 둘째, 마음속 어휘집에 얼마나 많은 숫자의 서로 다른 단어 종류들이 있는지를 정확히 밝히기가 불가능하다는 것이다. 특히 다른 그룹의 단어들과 행동이 부분적으로 같은 어떤 그룹의 단어들이 있을 때, 이 두 그룹의 단어를 하나의 더 큰 범주에 속하는 하위 범주로 간주해야 할지, 아니면 각각 독자적인 범주로 간주해야 할지가 분명하지 않다. 이러한 주의가 필요함에도 불구하고, 많은 숫자의 영어 단어들을 각각이 가지는 문장 속에서의 위치와 일반적인 성격을 토대로 명사, 동사, 혹은 형용사로 분류하는 것은 수월한 일이다.[26] 이것이 우리가 주로 이러한 범주들을 고수해 왔고, 이에 의해 가능한 한 명백한 경우들을 다루고 있는 이유이다.

마지막으로, 이 장의 서두에서 언급한 '벽돌'로서의 내용어와 '모르타르'로서의 기능어 사이의 구분에 대해 살펴보고, 이러한 구분의 타당성을 입증하는 심리언어학적 증거를 평가해 보기로 하자.

▌ 벽돌 vs. 모르타르 ▌

Dim was a lot more starry and grey and had a few zoobies missing as you could see when he let out a smeck, viddying me, and then my droog Georgie said, pointing like at me: 'That man has filth and cal all over his platties,' and it was true.

    Dim은 훨씬 더 starry하고 회색빛이었으며, 누구나 그가 나를 vidding하면서 smeck을 입 밖에 내는 것을 보면 알 수 있겠지만 몇 가지의 zobby가 결여되어 있다. 그러자 나의 droog한 Georgie가 나를 가리키듯 하며 '저 남자는 자신의 모든 platty에 더해 음란함과 cal을 가졌다'라고 말했는데, 그것은 사실이었다(영어로 표기한 단어들은 모두 비단어임 — 역주)

Anthony Burgess의 소설 *A Clockwork Orange*에 나오는 위의 구절들에는 벽돌과 모르타르를 구분하는 핵심이 무엇인지가 잘 나타나 있다. 내용어로 이루어진 단어 종류들은 거의가 '열린' 상태인데, 이것은 새로운 구성원이 들어오는 것을 쉽게 허용한다는 의미에서이다. 즉, 위에 인용한 내용에서 볼 수 있듯이, 새로운 명사, 동사, 그리고 형용사에 속하는 어떠한 새 구성원도 아무런 문제없이 받아들여질 수 있다. 이와 대조적으로, 기능어로 이루어진 단어 부류들은 거의가 침입자들을 배제한다는 의미에서 '닫힌' 상태이다.

    내용과 기능의 구분에 대략적으로 상응하는 열린 단어 종류들과 닫힌 단어 종류들 간의 차이를 마음속 어휘집 내에서 확인할 수 있을 것이라는 기대가 있을 수 있다. 비록 서로 상이한 취급 방식을 입증하는 증거들 중 일부의 타당성이 부정되었음에도 불구하고,[27] 이것은 사실인 것으로 드러난다. 이러한 논란에 대한 주된 이유는 두 가지이다. 첫째, 열린 단어 종류와 닫힌 단어 종류 사이의 구분과 내용어와 기능어 사이의 구분 모두가 절대적이지 않다. 둘째, 증거들 중의 일부는 뇌손상을 입은 환자들로부터 얻은 것인데, 이 환자들의 발화는 정상적인 언어 사용자들의 발화 표본과 다를 수 있다.

    from, into, out과 같은 전치사들은 명쾌한 구분이 어렵다는 것을 보여준다. 전치사들은 일반적으로 닫힌 종류로 간주되지만, 다른 닫힌 종류들에 비해 새로운 구성원에 대해 약간 더 호의적이다. 승마를 하는 사람들 사이에서는 'Phantom Kipper has come upsides Happy Cheese(Phantom Kipper가 Happy Cheese의 옆면을 따라 붙었다)'에서 볼 수 있듯이 upsides '옆면을 따라서, 측면을 따라서'라는 말을 들을 수 있다. 그리고 사람들이 항해를 하다가 배의 overside로(윗면으로) 떨어지는 일이 있을 수 있다.

　to라고 하는 작은 단어가 전치사의 문제를 잘 보여준다. 이 단어는 두 가지의 서로 아주 다른 방식으로 행동하는데, Wittgenstein은 이것을 다음과 같은 비유로 표현했다. '마치 기관차 운전실 속을 보는 것 같다 … 서로 아주 비슷하거나 좀 덜 비슷해 보이는 핸들들이 보인다 … 하지만 하나는 크랭크의 핸들이고 … 다른 것은 … 브레이크의 핸들이다.'[28] 'The wart-hog wanted to eat(그 사마귀멧돼지는 먹고 싶었다)'에서처럼 때로는 to가 어떤 의미도 없이 단지 단어들 중간에 사용되어 두 단어의 관계를 나타내는 역할만을 수행하는 것으로 보인다. 그러나 'The wart-hog trotted off to the forest(그 사마귀멧돼지는 숲을 향해 달려갔다)'에서처럼 독자적인 의미를 가지기도 한다. 여기에서 to는 'towards(…를 향해)', 'in the direction of(… 방향으로)'로 풀어 설명될 수 있기 때문에, 내용어의 자격을 가진다.

　그러나 심각한 발화상의 문제점들을 가지는 실어증 환자들이 벽돌과 모르타르의 대비에 관련된 논쟁에서 중심적인 위치를 차지한다. 첫눈에는 이 환자들이 명쾌한 증거를 제공하는 것으로 보인다. 많은 실어증 환자들이 자신들의 발화에서 전치사가 의미를 지니는 경우 더 쉽게 산출하여,[29] 예컨대 '…를 향해'라는 의미의 to를 의미를 가지지 않는 to보다 더 잘 다루는 것은 놀랄 일이 아닐 것이다.

　내용과 의미가 보다 극적으로 분리되는 현상은 일부 환자들의 발화에서 발견된다. 다음에서 볼 수 있듯이, 이 환자들은 기능어들은 잃어버린 반면 내용어들은 간직하고 있는 것 같다.

　　　상담자: What happened to make you lose your speech?
　　　　　　무슨 일로 말을 잃었지요?

환자:　Head, fall, Jesus Christ, me no good, str, str … oh Jesus … stroke.

상담자:　I see. Could you tell me, Mr. Ford, what you've been doing in the hospital? 알겠습니다. Ford씨, 병원에서 어떤 일을 하고 있었는지 말해주실 수 있을까요?

환자:　Yes, sure. Me go, er, uh, P.T. nine o'cot, speech … two times … read … wr … ripe, er, rike, wirte … practice … get-ting better.

상담자:　And have you been going home on weekends? 그래서 주말에 집에 가곤 했나요?

환자:　Why, yes … Thursday, er, er, er, no, er, Friday … Bar-ba-ra … wife … and, oh, car … drive … purnpike … you know … rest and … tee-vee.

(환자의 말은 번역하지 않음 - 역주)

　이 대화를 진행하고 있는 환자는[30] 이와 비슷한 증세를 보이는 환자들이 뇌의 어떤 영역에 손상을 입었는지를 밝히고자 했던 19세기의 신경학자 Broca를 따라 일반적으로 '브로카 실어증(Broca's aphasia)'이라고 불리는 병을 겪고 있다. 이 환자들은 발화의 속도가 더디고 힘들게 말을 하며, 원하는 단어를 생각해 내기가 힘들고 생각해 낸 단어를 발음하는 데 문제가 있다. 그러나 이들의 증상 중 가장 눈에 띄는 점은 단어의 어미들이 빠져있고 보통 내용어들을 서로 묶어주는 역할을 하는 '작은' 단어들이 결여되어 있다는 것이다. 말하자면 벽돌들 사이에 모르타르가 없는 것으로 보인다.

　이 증상을 내용어와 기능어를 구분시키는 것이 타당하다는 것을 보여주는 증거로 간주한 학자들이 있었다. 즉, 환자들 대부분이 아직 마음속 어휘집의 주요 영역들에 접근할 수는 있지만, 단어들을 서로 묶어주는 과정인 문장의 통사를 취급하는 능력이 없다는 것이다. 이 관점이 아주 오랜 기간 동안 퍼져 있었다.[31] 만일 이 해석이 옳다면, '진정한 어휘집'이 기능어들과 분리되어 있다는 가정을 하는 것이 합리적일 것이다.

그러나 이것이 유일한 설명 가능성은 아니다. 두 번째 가능성은 단지 잃어버린 단어들이 쉽게 인출되기에는 너무 작고 중요하지 않다는 것이다. 아마도 위에 기술된 실어증 환자가 문장이 어떻게 생겨야 한다는 것은 완벽하게 알고 있지만, 이 환자의 소리를 인출하는 기제에 어떤 문제가 생겨서 단지 짧고 강세가 없는 항목들은 찾아내기 힘들 정도로 지나치게 작은 것일 수도 있다. 은유적으로 말하면, 이러한 환자는 눈이 잘 보이지 않는 사람과 같아서 셔츠의 앞면과 소매에 단추가 있어야 한다는 것은 아주 잘 알고 있으면서도, 단추와 같은 작은 항목들을 찾아내어 선택하는 능력은 완전히 결여되어있을 수 있다. 언어학 이론에서의 제안을 언어학적 용어로 기술하면, '브로카 실어증 환자들에게서 나타나는 언어적 결함은 음운론적 능력의 손상과 이 점을 제외하면 정상적인 언어적 능력들 간의 상호작용으로 봄으로써만 설명될 수 있다.'[32] 이 가설을 지지하는 사람들은 손상을 입은 항목들이 언어학적으로 보면 매우 일정하지 않은 특성을 가진다는 점을 지적한다. 이들의 주된 공통점은 음운론적 관점에서 보았을 때 중요성이 떨어진다는 점이다. 만일 이 관점이 옳다면, 기능어들이 내용어들과 별도라는 것을 믿을 아무런 이유가 없다. 말하자면 기능어들은 강세가 없기 때문에 더 희미하게 쓰여 있을 뿐이라는 것이다.

이러한 증상을 보이는 환자들이 서로 뒤섞여 있는 여러 가지 장애들을 겪고 있을 수도 있다는 점에서 논쟁상의 두 입장 모두가 어느 정도 옳을 수 있다.[33] 그러나 내용과 기능을 분리하는 입장을 지지하는 추가의 증거가 있다. 발화 오류에서는 다음과 같이 단어들의 위치가 서로 뒤바뀔 수 있다. 'We have a *laboratory* in our computer(computer in our laboratory, 우리 실험실에는 컴퓨터가 있다).' 여기에서처럼 이러한 교체가 내용어를 대상으로 일어날 때는 문장의 운율유형이 영향을 받지 않는다. 그러나 다음에서처럼 닫힌 부류의 단어들은 자신의 강세와 함께 이동하는 경향이 있다.[34] 'Can I turn *off this*(this off, 이것을 꺼도 될까요)'. 그리고 닫힌 종류의 단어들은 다음과 같은 말오류에서 자신의 강세를 유지한다. 'Well I *much would have*(would have much) preferred the owl(그런데 나라면 올빼미를 훨씬 더 좋아했겠는데).'

어휘판단과제는 열린 종류의 단어와 닫힌 종류의 단어 간의 분리를 지지하는 일말의 증거를 추가로 제공한다.35 여기에서는 정상적인 화자들이 어휘판단과제에서 열린 종류의 단어들과 닫힌 종류의 단어들을 달리 취급하는 반면, 실어증 환자들은 그렇게 하지 않는 것이 분명하다는 주장이 제기된다. 정상적인 화자에게 CAT 이나 PUDDLE, 혹은 CUG이나 PLIGN과 같은 철자열이 단어인지 아닌지를 판단하라고 요구하면, 단어가 맞는 철자열이 많이 쓰이는 단어인 경우 '그렇다'라는 답을 더 신속하게 한다. 이것은 열린 종류의 단어에 대해 나타나는 잘 알려진 효과이다. 닫힌 종류의 단어들도 열린 종류의 단어들과 마찬가지로 사용 빈도에 차이가 있기 때문에, 동일한 효과가 나타날 것으로 예측할 수 있다. 그러나 이 예측은 맞아떨어지지 않는 것으로 보인다. 모든 닫힌 종류의 단어들에 대한 반응 속도가 거의 같다는 보고가 있다. 이것은 닫힌 종류의 단어들이 열린 종류의 단어들과 다른 방식으로 다루어지며, 같은 장소에 저장되지 않는다는 것을 시사한다. 그러나 브로카 실어증 환자들에게서는 이러한 차이가 나타나지 않았다. 이 환자들은 열린 종류의 단어들에 대해서와 마찬가지로 닫힌 종류의 항목들도 빈도에 근거해 다루었는데, 이것은 통사론을 다루는 뇌의 모든 영역이 혼란에 빠졌음을 시사한다.

이러한 발견들은 이와 동일한 결과를 얻지 못한 학자들에 의해 반박되었다.36 그러나 독일어의 단어들을 대상으로 한 어떤 연구들은,37 비록 한 언어에서 다른 언어로의 일반화 때는 유의해야만 한다는 점에서 확정적인 것은 아니지만, 애초의 주장을 부분적으로 지지하고 있다. 피험자들의 과제는 여러 문장을 듣는 도중에 예를 들어 Geld(돈)와 같은 단어가 들리면, 그 단어를 듣자마자 최대한 빨리 키를 누르는 것이었다. 열린 종류의 단어들에 대한 반응 속도는 직전에 들었던 문장이 해당 단어가 속하는 일반적인 영역에 관련된 내용을 포함하고 있는가에 좌우되었다. 예를 들어, Geld라는 단어 앞에 들려준 문장에서 카지노를 언급하였으면, 피험자들이 이 '돈'이라는 단어를 보다 신속하게 인식했다. 그러나 닫힌 종류의 단어에 접근한 속도는 앞에 나온 문맥에 관계없이 일정했다. 이러한 사실은 정상적인 화자와 실어증 환자 모두에게서 발견되었다. 다만 실어증 환자의 답변이 훨씬 느렸는데, 이 현상은 닫힌 종류의 단어들의 경우에 특히 두드러졌다.

이상과 같은 여러 종류의 증거들은 대부분의 화자들이 단어들을 '진정한 어휘집'을 구성하는 내용어와 통사론에 결부되어있는 기능어의 두 가지 주요 범주로 나눌 수 있다는 것을 시사한다.[38] 다만, 세부사항들을 밝히기 위해서는 추가의 연구가 아직 필요한 것이 사실이다.

┃ 요약 ┃

이 장에서는 인간의 마음이 서로 다른 '발화의 부분들'을 어떻게 다루는지에 대해 알아보았다. 단어 종류를 나타내는 '이름표'들은 단어의 추상적인 의미와 밀접히 연결되어 있는데, 이 연결은 두 가지 성분을 레마(lemma)라고 하는 이름 아래에 하나로 묶을 수 있을 만큼 견고하다.

영어의 세 가지 주요 단어 종류인 명사, 동사, 그리고 형용사에 각각 속하는 단어들은 서로 밀접하게 연결되어 있으며, 각 단어 종류는 자신만의 특징적 조직을 가지고 있다.

마음속 어휘집에 얼마나 많은 숫자의 단어 종류들이 있는지를 정확히 알아내는 것은 불가능한데, 이것은 특히 영어의 부사들이 서로 다른 유형의 단어들을 포괄하는 일종의 '넝마주머니' 범주를 형성하기 때문이다. 그러나 대체로 내용어와 기능어를 구분해야 하며, 내용어가 '진정한 어휘집'을 이룬다는 것을 보여주는 증거들이 있다.

다음 장은 동사를 다루게 되는데, 이것은 문장 내에서 동사가 담당하는 중요한 역할에 대한 논의가 필요하기 때문이다.

10 동사의 힘
─ 동사의 역할 ─

단어, 그것은 동사이며, 동사, 그것은 신이다.

Victor Hugo, *Contemplations*(1856)

프랑스의 작가 Victor Hugo가 동사가 전능하다고 생각하는 유일한 사람은 아니다. Humpty Dumpty 역시 거울의 나라에서 Alice에게 단어를 주제로 강의를 할 때 이와 똑 같이 생각하고 있다. '그들은 열정이 있어. 그들 중 일부는 말이야. 특히 동사가 그래. 동사들이 가장 우쭐대지. 형용사를 가지고는 무슨 일이든지 할 수 있지만 동사를 가지고는 안 되지. 하지만 나는 엄청나게 많은 동사들을 다룰 줄 알아!'1

동사가 막강하다는 믿음은 언어를 연구하는 사람들이 공유하는 믿음인데, 이들에게 '동사는 언어에서 가장 중요한 어휘범주임이 명백하다.'2 영어의 독립적인 문장들은 모두가 예외 없이 최소한 하나의 동사를 가지고 있어야 하지만, Hurry!(서둘러), Run!(뛰어), It's raining!(비가 오네)에서 드러나듯이 '진짜' 명사를 가지고 있을 필요는 없다. 하지만 명사의 숫자는 동사 숫자의 약 세배에 달한다. 한 잘 알려진 사전에 수록된 명사의 숫자는 45,000개에 약간 못 미치지만, 동사는 15,000개도 되지 않는다.3 따라서 이 장에서는 동사의 역할과 힘에 대해 면밀히 조사해 보려고 한다.

▮ 문장의 펌프 ▮

우리는 그들이 하는 일을 <u>동사</u>를 이용해 나타낸다.
나의 고양이는 밤새 <u>잠잔다</u>.
그 고양이는 우유를 <u>핥고</u>, 나의 장미나무는 <u>자란다</u>.
겨울이 <u>오면</u> 나는 눈이 <u>오기</u>를 바란다.

아이들의 문법책에 나오는 위의 글은4 동사가 행위를 묘사한다고 하는 동사에 대한 일반적인 믿음을 집약하고 있다. 이것은 hit(치다), run(뛰다), eat(먹다)와 같은 전형적인 동사에 대해서는 맞는 말이지만,5 상황을 지나치게 단순화한 것이다. elapse(경과하다), seem(⋯ 처럼 보이다), prefer(선호하다)와 같은 동사는 행위를 묘사하지 않는다. 그리고 위의 글은 동사가 문장을 따라 진행하는 펌프라는 동사의 가장 중요한 측면을 포착하는 데 실패하고 있다.

다음의 광고에서처럼 동사는 몇 개의 단어들이 추가로 나와야 할지를 결정한다. 'It's quite simple really ⋯ You connect the whatsisname to the thingumajig. O first remember to plug in the whatchamachallit(정말로 간단합니다 ⋯ whatsisname을 thingumajig에 연결하세요. 오, 먼저 whatchamachallit을 전원에 연결하는 것을 잊지 마세요).'6 이것이 (비교적) 말이 될 수 있는 것은 이 말을 만든 사람이 동사 connect(연결하다), remember(기억하다), 그리고 plug in(전원에 연결하다)과 관련되는 구조에 대해 알고 있기 때문이다. 만일 이 지식이 적절하지 못했다면, 다음과 같은 매우 혼란스러운 말이 되었을 것이다. 'You connect for the thingumajig, O first remember for plug in.'

동사는 필연적으로 통사 구조와 관련되는데, 이것이 언어장애를 겪는 사람들이 명사를 다루는 것보다 동사를 다루는 것을 더 어려워하는 이유일 수가 있다(9장). 한 연구에서는 정상적인 사람과 뇌출혈 환자에게 자신들의 삶과 흥미에 대해 똑같은 질문들을 제시하였다. 답변에서 정상적인 언어사용자는 67개의 서로 다른 명사들과 56개의 서로 다른 동사들을 사용하였다. 이와 달리 실어증 환자는 80개의 서로 다른 명사들과 단 28개의 서로 다른 동사들을 사용하였다.7 이 환자는 동사를 사용하지 못하는 문제를 해결하기 위해 몇 가지의 전략을 만들었다. 우선 'I love the sailboat(나는 돛단배를 좋아한다),' 'I love the music(나는 음악을 좋아한다),' 'And I love hiking(그리고 나는 하이킹을 좋아한다),' 'I love mother(나는 어머니를 좋아한다),' 'I love outside(나는 바깥을 좋아한다)'에서와 같이 같은 동사를 반복해서 사용하는 경향을 보였다. 또한 이 환자는 'I did the sailboat(나는 돛단배를 탔다),' 'I did the line(나는 줄을 그었다),' 'I did the kitchen and kitchen and kitchen(나는 부엌일을 하고 또 했다)'에서처럼 보편적으로 어디에나 쓸 수 있는 동사로 did를 이용했다. 그러나 이것보다도 this is 혹은 it was를 실제로 써야 할 동사 대신에 주로 사용했는데, 그 예를 들어보면 다음과 같다. 'It was Charlton Avenue'(=I lived on Charlton Avenue, 나는 Charlton Avenue에 살았다), 'And then it was the stroke'(=And then I had a stroke, 그리고 나서 나에게 뇌출혈이 왔다), 'And right here this is Eddie the telephone'(=Eddie worked for the telephone company, Eddie는 전화회사에서 일했다). 'And the cookies jam cooke jam', 'And the arts Susue', 'Right here and me boom boom boom boom'과 같이 동사를 완전히 빠뜨려 이해하기 어려운 말을 사용하기도 했다.

동사의 경우 의미선택오류가 명백히 드물다는 점(9장)이 동사가 가지는 특별한 지위를 입증하는 추가의 증거이다. 이것은 문장의 나머지 부분의 틀을 제공하기 위해 동사가 일찌감치 선택되기 때문일 수 있다.

전통적으로 교과서에서는 따라 나와야 하는 명사의 숫자를 기준으로 하여 세 가지 유형의 동사를 구분한다.

> 자동사 INTRANSITIVE:
> Mavis snores. Maris가 코를 곤다
>
> 타동사 TRANSITIVE:
> Henry thumped Mavis. Henry가 Mavis를 세게 때렸다.
>
> 수여동사 DITRANSITIVE:
> Angela gave some socks to John
> Angela가 John에게 양말 몇 켤레를 주었다.

그러나 언어사용자들은 각 동사에 대해 이보다 훨씬 많은 것들을 알고 있다. 예를 들어 우리는 *'Marygold crept'라고 말할 수 없다. 'Marigold crept along the tunnel(Marigold는 터널을 따라 기어갔다)', 'Marigold crept past the sleeping monster(Marigold는 잠이 든 괴물을 지나 기어갔다)'와 같이 Marigold가 어디로 기어갔는지를 말해주는 추가의 구를 덧붙여야 하는 것이다. 그리고 우리는 *'Stella put'이라고 말할 수 없다. 'Stella put the goldfish in the bath(Stella는 금붕어를 욕조 안에 놓았다)', 'Stella put the owl on the shelf(Stella는 올빼미를 선반에 놓았다)'에서처럼 Stella가 무엇을 어디에 놓았는지를 언급해야만 하는 것이다.

그러나 동사에 첨부되는 구조는 첫눈에 보이는 것처럼 우연에 의한 것이지 않을 수 있다. 동사의 구조와 의미 사이에는 빈약하지만 흥미를 끄는 관계가 존재한다. 이 문제에 대해 더 생각해 보기로 하자.

▌ Wimbush의 뜻 알아내기 ▌

wimbush가 한 일은 무엇인가?

The wimbush grinched.
The wimbush glipped the rolikn.
The wimbush wollached along the snat.

친구에게 grinched, glipped, 그리고 wollached와 같은 '단어들'을 해석하도록 요구해 보라. 광범위한 동의가 이루어질 가능성이 있다. grinched는 아마도 grinned(활짝 웃었다), wept(울었다), 혹은 snorted(코를 씨근거렸다)와 같은 신체적 행동에 근접하는 경향을 보일 것이다. glipped는 일반적으로 어떤 다른 대상에 대한 공격에 해당하는 caught(잡았다), bit(깨물었다), 혹은 scratched(할퀴었다)가 될 수 있다. wollached는 walked(걸었다), swam(헤엄쳤다), 혹은 crawled(기었다)와 같은 이동을 나타내는 말일 가능성이 있다. 이것은 wimbus에 대한 '번역'이 '일종의 두더지', '오리', '웜버트'(작은 곰같이 생긴 호주산 동물—역주), '걸어 다니는 덤불', 아니면 심지어 '우주인'에 이르기까지 서로 다를 수 있음에도 불구하고 일어나는 일이다.[8] 간단히 말하면, '동사의 의미와 통사적 행동 사이의 관계가 매우 일반적인 원리들의 지배를 받는다는 것을 보여주는 상당한 증거가 있다.'[9] 다만 이 증거를 찾아내는 것은 화가 날 정도로 어려운 일이다.

영어 원어민들은 동사들을 그룹으로 다룬다. 그들은 bathe(목욕하다/목욕시키다), change(옷을 갈아입다/옷을 갈아입히다), wash(씻다/씻기다), shower(샤워하다/샤워시키다)와 같이 깨끗하게 하는 행위를 나타내는 동사들이 비슷한 방식으로 행동한다는 것을 안다.[10] 우리는 외부의 대상이 규정되지 않았을 때는 우리 자신을 깨끗하게 할 수 있다.

Tim bathed, and Helen washed.
Tim은 목욕을 하고, Helen은 씻었다.

Tim bathed the baby, and Helen washed the dog.
Tim은 아기를 목욕시키고, Helen은 개를 씻겼다.

다른 한편으로, cook(요리하다), sew(바느질하다), read(읽다)와 같은 행위 동사들의 그룹이 있는데, 여기에서는 비록 어떤 대상이 언급되지 않았다 하더라도 우리 자신을 먹고, 바느질하고, 읽을 수 없다는 것을 안다. 'Tim cooked, and Helen sewed (Tim은 요리를 하고, Helen은 바느질을 했다)'라는 말은 'Tim cooked dinner, and Helen sewed (Tim은 저녁 준비를 하고, Helen 은 바느질을 했다)'와 같은 의미를 가져야만 한다.

따라서 동사들을 타당성 있게 그룹으로 묶는 것이 중요한 과제가 된 다. 어떤 경우에는 이것이 아주 간단하다. 예를 들어, whistle(휘파람을 불다/기적소리를 내다), grunt(꿀꿀거리다), buzz(윙윙거리다), bleep(삑삑거리다) 등과 같이 소리의 방출을 나타내는 동사들은 분명한 의미적 연관성을 가지고 있으며, 다음과 같이 소리의 근원지가 문장의 주어가 된다는 점에서 서로 비슷하게 행동한다. the train whistled(기차가 기적소리를 냈다), the pig grunted(돼지가 꿀꿀거렸다), the bee buzzed(벌이 윙윙거렸다), the bleeper bleeped(호출기가 삑삑거렸다).11 다음에서 볼 수 있듯이, 빛의 방사를 나타내 는 동사도 같은 방식으로 행동한다. the lightening flashed(번개가 번쩍했 다), the flame flickered(불꽃이 깜박거렸다), the sunset glowed(저녁노을이 붉게 빛났다).

그러나 언어학적으로 타당한 동사의 그룹들을 찾아내기 위해서는 고 도의 기술이 필요한 다른 경우들이 있다. 다음을 보자.

Pam *cut* the cake with a nail-file.
Pam은 손톱 다듬는 줄로 케이크를 잘랐다.

Alexander *tickled* Penelope with a straw.
Alexander는 지푸라기로 Penelope를 간질였다.

Penelope *hit* Alexander with a saucepan.
Penelope는 스튜냄비로 Alexander를 때렸다.

이 경우들은 모두 접촉을 포함하고 있으며, 피상적으로는 비슷한 구조를 가지고 있다.12 따라서 접촉 동사라는 범주를 제안하는 것이 가능하며, 여기에는 hack(마구 자르다), scratch(긁다), bash(세게 치다), kick(차다), touch(만지다), stroke(치다) 등의 동사들이 포함될 것이다.

그러나 자세히 살펴보면, 이것으로 충분히 정교하지 않다는 것을 알 수 있다. 우리는 다음과 같이 말할 수 있다.

The cake *cut* easily. 그 케이크는 자르기가 쉽다.

그러나 다음과 같이는 말할 수 없다.

*People *tickled* easily. *사람들은 간질이기가 쉽다.
*Alexander *hit* easily. *Alexander는 때리기가 쉽다.

cut을 이용하는 '중간' 구조('middle' construction)가 허용된다는 사실은 접촉 동사를 cut(자르다), slice(얇게 썰다), chop(쳐서 자르다)과 같이 상태의 변화를 유발하는 것과 그렇지 않은 것으로 분리해야 할 필요성이 있음을 시사한다.

그러나 또 다른 구조에서는 cut과 hit이 한 그룹이 되어 tickle과 다르게 행동한다.

Penelope hit at Alexander. Penelope는 Alexander를 때리려고 했다.
Pam cut at the cake. Pam은 케이크를 자르려고 했다.
*Alexander tickled at Penelope.
*Alexander는 Penelope를 간질이려고 했다.

hit와 cut은 hit at, cut at에서처럼 접촉이 성립하지 않는 것을 허용하는 반면, tickle과 touch는 그렇지 않다.

따라서 접촉 동사는 적어도 세 개의 서로 다른 하위범주로 나뉘는데,13

touch 동사(touch(만지다), stroke(치다), tickle(간질이다))는 접촉만을 나타내는 동사이고, hit 동사(hit(치다), bash(강타하다), kick(차다))는 동작에 의해 야기되는 접촉을 나타내는 동사, 그리고 cut 동사는(cut(자르다), scratch(긁다), hack(잘게 부수다)) 접촉에 의해 어떤 상태를 만들어내는 동사이다(그림 10.1).

		A X with Y	B '중간'	C '실패'
접촉에 의한 상태 변화	*cut*	√	√	√
동작에 의한 접촉	*hit*	√	×	√
단순한 건드림	*tickle*	√	√	×

A. Betty cut butter with a penknife.
B. The butter cut easily.
C. Betty cut at the butter.

그림 10.1 접촉 동사의 유형

이 예들은 세심한 분석이 필요하다는 것을 보여준다. 그리고 다음에서 논의하겠지만 동사들이 진정한 유사성들을 감추고 있는 경우가 있다.

▌ 욕실 청소하기 ▌

Doug *cleaned* the mud from the bath.
Doug는 욕실에 있는 진흙을 깨끗이 치웠다.

Kay *wiped* the custard from the wall.
Kay는 벽에 있는 커스터드(달걀, 우유, 설탕을 섞어 굽거나 찌거나 냉동시킨 과자—역주)를 닦아냈다.

Augustus *stole* the pie from the cupboard.
Augustus는 찬장에서 파이를 훔쳤다.

첫눈에는 이 동사들이 모두 사물을 어떤 위치로부터 치우는 것을 나타내는 제거 동사이다.14 그리고 피상적으로는 brush(솔질하다), clear(치우다), dislodge(제거하다), extract(뽑아내다), mop(닦다), steal(훔치다), sweep(쓸다) 등의 동사가 같은 방식으로 행동한다.

그러나 여기에 어떤 차이들이 있는지를 바로 알 수 있다.

> Doug *cleaned* the bath. Doug은 욕실을 청소했다.
> Kay *wiped* the wall. Kay는 벽을 닦았다.
> Augustus *stole* the cupboard!! Augustus는 찬장을 훔쳤다!!

clean과 wipe 다음에는 바로 장소표현이 나올 수 있는데, 이 때 이 동사들의 기본 의미는 변하지 않는다. 그러나 steal의 경우는 다르다. 따라서 첫 단계로 clean과 wipe는 steal과 구분될 필요가 있다.

하지만 clean과 wipe 역시 서로 다르다. 다음을 보자.

> Doug *cleaned* the bath: The bath was clean.
> Doug은 욕실을 청소했다. 욕실은 깨끗했다.
>
> Kay *wiped* the wall: *The wall was wipe.
> Kay는 벽을 닦아냈다. *벽은 닦여있었다.

어휘집을 조사해 보면 clean 유형의 동사들이 open(열린), shut(닫힌), cool(차가운), warm(따뜻한)과 같은 동사들과 유사하다는 것이 드러난다. 이 동사들은 다음에서처럼 기본적으로 상태의 변화를 나타낸다.

> Meg *warmed* the soup: The soup was. warm.
> Meg은 수프를 데웠다. 수프는 따뜻했다.
>
> Sandy *shut* the door: The door was shut.
> Sandy는 문을 닫았다. 문은 닫혀 있었다.

이와 달리 wipe 유형의 동사들은 bush(솔질하다), polish(닦다), rub(문지르다), spread(펴다)와 행동을 같이한다. 이 동사들은 다음과 같이 이동에 의해 야기되는 표면적 접촉을 묘사한다.

Pam *rubbed* the ointment onto her leg.
Pam은 연고를 다리에 문질렀다.

Peter *wiped* the oil over the baby's chest.
Peter는 아기 가슴의 오일을 닦아냈다.

결론적으로 우리가 살펴본 세 가지 유형의 동사들 중 steal 유형의 동사만이 진정한 제거 동사이다. 다만 wipe 유형의 동사들과 clean 유형의 동사들이 제거 동사로 가장하는 경우들이 있다(그림 10.2).

		A X with Y	B 위치	C 상태의 변화	D 이동
상태의 변화 이동에 의한 접촉 제거적	*clean* *wipe* *steal*	√ √ √	√ √ ×	√ × ×	× √ ×

A. Doug cleaned the mud from the bath.
B. Doug cleaned the bath.
C. The bath was clean.
D. Pete wiped oil over the baby's chest.

그림 10.2 제거 동사와 유사 제거 동사

많은 동사들이 그 의미가 확장되어 다른 그룹의 동사들과 같은 행동을 취하는 것으로 보인다. 마음속 어휘집의 관점에서 보면, 타당성 있는 동사의 그룹에 어떤 것들이 있는지 뿐 아니라, 그 그룹들이 서로 어떤 영향을 주고받는지를 확인하는 것이 중요하다. 왜냐하면 '확장될 수 있는 의미들

과 이것을 허용하는 요인들에 대한 지식이 영어 원어민의 어휘적 지식의
중요한 부분이기 때문이다.'15 그렇다면 언어사용자들은 종종 동사의 통사
론과 동사의 의미 사이의 연결에 대한 예측을 할 수 있을 것이다. 이 상호
작용의 또 다른 측면에 대해 계속해서 생각해 보기로 하자.

▌ 그림 틀 만들기 ▌

널리 유행하는 frame이라는 단어가 몇 가지 중첩되는 의미로 사용되
는 것을 볼 수 있는데, 그 중 가장 널리 퍼진 것은 여러 가지의 값으로 채
워질 수 있는 일련의 빈 자리들이라는 의미이다. 틀은 윤곽을 제공하며,
인간은 이 윤곽을 상황에 맞게 조절해 사용한다. 소량의 고정적인 정보가
엄청난 양의 순간적인 창조성의 토대를 형성하는 것이다(6장).

의미정보와 통사정보가 어떻게 통합되는지를 보이기 위해 이 개념을
동사로 확장해 볼 수 있겠다. buy라는 동사를 택해보자.16 이 동사는 사는
사람과 상품, 그리고 (선택적으로) 판매자와 가격을 요구하는데, 이 성분들
은 저마다 문장 속에서 자신의 자리가 있다(그림 10.3). 이 동사와 의미적
연관이 있는 동사들은 동일한 의미적 빈 자리들을 가지겠지만, 그 순서는
다르다(그림 10.4).

구매자 주어	*buy*	상품 목적어	(판매자) *from*	(가격) *for*
Angela	bought	the owl	from Pete	for $ 10
Eddy	bought	ten oranges		for £1
Penny	bought	a bicycle	from Stephen	

그림 10.3 buy의 틀

판매자 주어	*sell*	상품 목적어	(구매자) *to*	(가격) *for*
Pete Stephen	sold sold	the owl the bicycle	to Angela to Penny	for $10

그림 10.4 sell의 틀

따라서 '상거래' 전체에 적용되는 틀이 만들어질 수 있다.17 구매자, 판매자, 상품, 돈, 그리고 여기에 관련되는 통사론으로 이루어진 비교적 간단한 윤곽이 엄청난 양의 서로 다른 거래에 대한 기초 형식을 제공할 수 있는데, 여기에 Harrods 백화점에서, 혹은 시장에서와 같은 거래의 장소 등이 추가될 수 있다(그림 10.5). 그리고 이러한 틀이 문화에 관계없이 타당한 것일 수가 있다.

동사	구매자	상품	판매자	돈	장소
buy	주어	목적어	*from*	*for*	*at*
sell	*to*	목적어	주어	*for*	*at*
cost	i - 목적어	주어	–	목적어	*at*
spend	주어	*on*	–	목적어	*at*

그림 10.5 상거래의 틀

또는 risk(위험을 감수하다)의 틀을 생각해 보라.18 risk, threaten(위협하다), endanger(위험에 빠뜨리다), gamble(내기를 하다)과 같은 동사들은 모두 미래에 대한 불확실성을 포함한다. 첫눈에는 여기에 포함되어 있는 다양성 때문에 관련되어 있는 역할들을 찾아내는 것이 어렵다. 우리는 어떤 가치 있는 것에 닥치는 위험을 감수할 수 있고, 해로움이 닥치는 위험을 감수할 수 있으며, 행동에 수반되는 위험을 감수할 수 있다.

VALUABLE: Paulin *risked her life.*
(가치있는 것) Paulin은 그녀의 삶이 위험해질 것을 감수했다.
HARM: Alan *risked a bad cold.*
(위험) Alan은 심한 감기에 걸릴 위험을 감수했다.
DEED: Angela *risked a phone-call.*
(행동) Angela는 전화를 거는 위험을 감수했다.

그러나 잘 조사해 보면, 동일한 요소들이 반복적으로 가담하고 있다는 것을 알 수 있다. 즉, '위험의 감수자'가 '이득'이나 '수혜'를 위해 '행동'에 의해 혹은 '행동'을 통해 '가치 있는 것'을 잃거나 '해로움'을 당할 위험을 감수한다.

Paulin risked her job for a bottle of whisky.
Paulin은 위스키 한 병에 자신의 직업을 잃을 위험을 감수했다.

Marion risked her life for her cat by climbing on the roof.
Marion은 자기 고양이 때문에 지붕에 올라감으로써, 목숨을 잃을 위험을 감수했다.

Alan risked a bad cold by jumping in the river.
Alan은 강에 뛰어듦으로써, 심한 감기에 걸릴 위험을 감수했다.

Angela risked her mother's fury by staying out all night.
Angela는 밤새 집에 들어오지 않음으로써, 어머니의 노여움을 살 위험을 감수했다.

위험의 감수를 나타내는 다른 동사들도 유사한 참여자들을 요구한다. 즉, 비록 반드시 동일한 순서는 아니지만, '위험의 감수자'가 '가치 있는 것'을 '행동'에 의해 혹은 '행동'을 통해 '위험에 빠뜨린다(endanger)'.

Pamela *endangered* her health by drinking the water.
Pamela는 그 물을 마심으로써, 자신의 건강을 위험에 빠뜨렸다.

혹은 '해로움'이 '가치 있는 것'을 '위협한다(threaten)'.

Drought *threatened* the rice crop. 가뭄이 쌀 수확을 위협했다.

아니면 가치 있는 것이 해로움에 의해 '위험에 처해 있을' 수 있다(be in danger).

The castle *was in danger* of collapsing.
성이 붕괴될 위험에 처해 있었다.

간단히 말하면, 하나의 틀 안에서 소수의 참여자들이 서로의 순서가 다를 수 있는 많은 숫자의 서로 다른 어휘항목들과 연관되어 있다(그림 10.6).

	위험 감수자	가치있는 것/위험	행동	이득/득
risk	주어	목적어	*by*	*for*
endanger	주어	목적어	*by/through*	
threaten	목적어	주어		

그림 10.6 위험 감수의 틀

과거에는 틀의 중요성의 충분히 인식되지 못했었다. 그러나 여기에 변화가 일어나고 있다. 틀에 대한 활발한 연구들이 진행되고 있으며, 이제는 틀 유형의 정보를 수록하는 사전들도 있다.19

우리가 지금까지 살펴본 의미와 통사의 연결은 매우 '표층적인' 것이다. 그러나 아래에서 개관하겠지만, 이 중에는 보다 심층에 속하는 것들이 있다.

▎ 원초적 역할들 ▎

다음을 보자.

The windscreen(windshield) *shattered*.
자동차 앞 유리가 박살났다.

The kangaroo *shattered* the windscreen with its feet.
캥거루가 발로 자동차 앞 유리를 박살냈다.

The kangaroos's feet *shattered* the windscreen.
캥거루의 발이 자동차 앞 유리를 박살냈다.

또는 다음을 보자.

We *loaded* the kangaroos into the ambulance.
우리는 캥거루를 구급차에 실었다.

We *loaded* the ambulance with kangaroos.
우리는 구급차에 캥거루를 실었다.

언어이해의 속도는 사람들이 shatter(박살내다/박살나다)와 load(싣다) 같
은 서로 다른 용법의 동사들을 수월하게 다루지만[20] pass와 같은 동음이
의어를 포함하고 있는 문장의 쌍을 이해하는 것은 훨씬 어려워한다는 것
을 시사한다.

Bill *passed* the test to his great surprise.
Bill은 스스로가 엄청나게 놀라게도 시험에 합격했다.

Bill *passed* the test to his great friend.
Bill은 절친한 친구에게 시험을 전해주었다.

이러한 발견이 의미하는 것은 어떤 심층의 층위에서 언어사용자들이

AGENT '행위의 수행자', PATIENT '행위의 대상이 되는 자' 등과 같은 일련의 의미적 역할들을 이용한다는 것이다.[21] 따라서 박살난 앞 유리에 대해 말하고 있는 문장들을 효율적으로 다룬다는 것은 앞 유리가 어느 문장에서나 PATIENT의 역할을 수행하고 있다는 점에 기인할 수 있다.

여기에서 가장 큰 어려움은 얼마나 많은 숫자의 역할들이 있을 수 있는가를 결정하는 데 있다. 수많은 역할들을 제안하는 학자들도 있고, 몇 개만으로 많은 현상들을 다루는 학자들도 있다. 이러한 역할들 중에는 논란의 여지가 전혀 없는 역할들이 있는데, 예를 들어 자발적인 행위의 능력을 가지는 AGENT가 그렇다.

The *cow* ate the grass. 암소가 풀을 뜯어먹었다.

LOCATION은 다음에서처럼 무언가가 있는 장소를 명시하며 여기에는 소유관계가 포함될 수도 있다.[22]

Peter clung to the *windowsill*.
Peter는 창문턱을 단단히 잡았다.

The book belongs to *Alphonse*('The book is at Alphonse').
그 책은 Alphonse의 것이다.

Max kept a rabbit('At Max is a rabbit').
*Max*는 토끼를 길렀다.

SOURCE는 출처를 다룬다.

Tim fetched the suitcase from *the attic*.
Tim은 다락에서 여행가방을 가져왔다.

Harry bought the bike from *Max*.
Harry는 Max로부터 자전거를 샀다.

GOAL은 도착지점을 표현한다.

> Leonora put the carrots into the *saucepan*.
> Leonora는 앵무새들을 스튜냄비에 넣었다.
>
> *Mick* received the message.
> Mick은 메시지를 받았다.
>
> Pam sold her car to *Len*.
> Pam은 자기 차를 Len에게 팔았다.

이러한 역할들에게 여러 가지 이름들이 주어졌는데, 가장 일반적인 이름이 'semantic roles(의미적 역할)'이고, 가장 유행하는 이름이 'thematic roles(의미역)'이다. 이 두 번째 용어는 이동하거나 어떤 자리에 있는 명사구로 정의되는 THEME이 모든 문장에 있다고 주장했던 한 선구적 학자에23 의해 널리 알려지게 되었다. 다음을 보자.

> *Little Jack* Horner sat in a corner.
> Little Jack Horner가 구석에 앉아있었다.
>
> *The cow* jumped over the moon.
> 암소가 달을 향해 뛰어 올랐다.
>
> *The ship* floated across the sea.
> 배가 바다를 가로질러 떠갔다.
>
> *Bill* floated the boat on the pond.
> Bill은 배를 연못에 띄웠다.
>
> Alison posted *the letter*.
> Alison은 편지를 부쳤다.

그러나 위의 문장들은 중요한 문제를 한 가지 드러낸다. 하나의 명사구가 몇 개의 역할을 가질 수 있는가? 달을 향해 뛰어오르는 암소는

THEME과 AGENT 두 가지를 모두 가지는가? 어떤 학자들은 단 하나의 역할만이 허용된다고 주장하며,24 다른 학자들은 둘 이상의 역할을 가져야만 하는 명사들이 많이 있다고 주장한다.25 다음을 보자.

> The bath *filled*. 욕조가 찼다.
> The chimney *smoked*. 굴뚝에서 연기가 났다.

첫 번째 문장에서 욕조는 PATIENT이자 GOAL이다. 두 번째 문장에서는 굴뚝이 ACTOR이자 SOURCE이다. 만일 명사구가 둘 이상의 역할을 가진다면, 이 역할들 중 중요한 것과 부차적인 것 사이의 위계를 설정하여 명사구로 하여금 이 위계의 각 층에서 해당 역할을 선택하도록 하는 것이 필수적이다. 얼마나 많은 역할들이 있는지, 그리고 이들이 조직되어 들어가야 할 층들은 어떤 종류의 것인지는 아직 논의 중이다.

이러한 논쟁은 역할들이 통사론의 기초적인 부분인지, 아니면 의미론의 기초적 부분인지에 대한 논쟁과 뒤얽혀 있는데, 이것은 'Humpty Dumpty' 문제라고 부를 수 있는 문제에서와 유사하다. 여기에 대해 생각해 보기로 하자.

❚ Humpty-Dumpty 문제 ❚

> Humpty-Dumpty가 담장에 붙어 앉아있었네.
> Humpty-Dumpty가 된통 떨어졌네.

이 유명한 아이들 노래 뒤에는 하나의 비밀이 감추어져 있다. Humpty-Dumpty를 자기 담장에서 떨어지도록 한 것은 무엇이었을까? 그가 의도적으로 뛰어내렸을까, 아니면 잘못해서 떨어졌을까? 어쨌든 결과는 마찬가지이다. 즉, Humpty-Dumpty는 조각났고 수리가 불가능했다. 따라서 왜 떨어졌는지는 중요한 문제가 아닐 수도 있다(Humpty-Dumpty는 동요집 Mother Goose's Melodies에 등장하는 달걀 모양의 인물로, 담장에서 떨어져 산산조각이 나서 원상복구 되지 못한다. 일단 부서지면 원상복구가 안 되는 것을 가리키는 말로도 사용됨－역주).

그러나 이것은 언어학적으로는 대단히 중요한 문제이다. 만일 Humpty-Dumpty가 뛰어내렸다면 그는 능동적으로 동사가 표현하는 행위를 일으킨 것이다. 만일 Humpty-Dumpty가 떨어졌다면, 그는 능동적이지 않은 피해자였다. 최근의 이론에 의하면 전통적으로 자동사로 분류된 동사들을 두 개의 유형으로 나눌 수 있는데, 이 생각을 소위 분리자동성 가설(split intransitivity hypothesis)이라고 한다.[26] 두 가지 유형 중 한 가지에는 능동적인 행위주체가 있고, 다른 한 가지 유형에는 능동적이지 않은 피해자가 있다.

> ACTIVE INITIATOR: Humpty-Dumpty jumped.
> (능동적 행위주체)   Humpty-Dumpty는 뛰어내렸다.
> INACTIVE SUFFERER: Humpty-Dumpty fell.
> (능동적이지 않은 피해자)   Humpty-Dumpty는 떨어졌다.

능동적인 것과 능동적이지 않은 것의 구분이 심층의 통사적 층위에 존재한다는 제안을 하는 학자들이 있다. 그 층위에서는 jump와 같은 동사는 주어를 가지고 있지만 목적어가 없고, fall과 같은 동사는 목적어는 있지만 주어가 없을 것이다. 이에 상응하는 문장 분석은 다음과 같을 수 있다.

> Humpty-Dumpty jumped
>   fell   Humpty-Dumpty

표면 층위에서는 Humpty-Dumpty가 주어의 자리로 이동된다. 이 제안의 좋은 점은 이 제안을 적용 범위를 확대하여 shatter와 같은 단어의 행동이 kangaroo가 나온 문장과 windscreen이 나온 문장에서 서로 달랐던 이유를 설명할 수 있다는 데 있다.

The Kangaroo shattered the windscreen.
The windscreen shattered.

두 문장에서 windscreen은 심층의 목적어이며, 표면 구조에서는 앞쪽으로 보내진다.

The kangaroo shattered the windscreen.
shattered the windscreen.

그렇지만 언어학자들 사이에서는 이러한 차이가 통사론의 한 부분인지 의미론의 한 부분인지에 대해 논의가 분분한데, 의미론적 관점을 선호하는 경향이 점점 더 강해지고 있다.27

그리고 Humpty-Dumpty의 문제가 가지는 또 하나의 어려움은 cough(기침을 하다), sneeze(재채기하다), snore(코를 골다)와 같은 동사에서 능동적으로 행위를 일으키는 것인지 비 능동적으로 피해를 겪는지를 어떻게 확인할 수 있을 것인가의 문제이다.28 동사와 관련된 다른 복잡한 문제들은 아래에서 개관할 것이다.

▌떠다니는 오리와 콸콸 흐르는 개울 ▌

The duck floated in the bath. 오리가 욕조에 떠 다녔다.(자동사, 1-가)
Marmaduke *floated the duck* in the bath.(타동사, 2-가)
Marmaduke는 욕조에 오리를 띄웠다.

위에 예로 제시한 float(떠다니다/떠우다)의 경우처럼, 자동사(목적어가 없는 동사로, 1-가 동사로 불리기도 한다)에 상응하는 타동사(목적어를 가진 동사, 혹은 2-가 동사)가 존재하는 경우가 많다. 따라서 많은 언어학자들이 자동사가 기본이 되며 타동사는 행위를 일으킨 사람에 대한 정보가 추가됨으로써 생겨난 것이라고 가정한다.

그러나 문제가 하나 있다. 타동사와 자동사의 짝을 만드는 것이 모든 동사로 확대되지 못하는 것이다. bloom과 burble을 보자. 이 동사들은 다음에서처럼 자동사로만 쓰인다.

> The bluebells *bloomed.*
> 블루벨들이 꽃을 피웠다.(bluebell: 푸른 종모양의 꽃을 피우는 식물—역주)
> The brook *burbled.*
> 개울이 콸콸 흘렀다.

즉, 다음과 같이 말할 수는 없는 것이다.

> *The gardener *bloomed the flowers.* *정원사가 꽃들을 피게 했다.
> *The peddles *burbled the brook.* *자갈들이 개울을 콸콸 흐르게 했다.

이와 달리 hit나 crush와 같이 타동사로만 쓰이는 동사들이 있다.

> Tom *hit the wasp.* Tom은 벌을 쳤다.
> Felicity *crushed the plum.* Felicity가 오얏을 으깼다.

즉, 다음과 같이는 말하지 못한다.

> *The wasp hit. 벌이 쳤다.
> *The plum crushed. *오얏이 으깼다.

간단히 말하면, 자동사들 중에 타동사를 짝으로 가지지 않는 것들이 있으며, 타동사들 중에는 상응하는 자동사가 없는 것들이 있다. 따라서 자동사가 기본이 되고, 행위의 수행자가 추가되어 타동사가 만들어진다는 가정은 모든 동사에 들어맞는 것이 아니다.

원인의 '유형'이 중요한 것일지도 모른다는 제안이 있었다.[29] '내적인' 원인을 가진 bloom(꽃을 피우다)이나 burble(콸콸 흐르다)과 같은 동사들은 내재적으로 1-가일 수도 있다. 꽃이 피게 하거나 물이 콸콸 흐르게 하는 '외적인' 행위 수행자는 없다. 그러나 hit(때리다)와 crush(으깨다)처럼 외적인 원인에 의해 발생하는 동작을 묘사하는 동사들은 내재적으로 2-가일 수 있다. 외적인 행위 수행자가 때리는 것이나 으깨는 것을 야기하는 경우들이 있다. 인간이나 인간 이외의 무엇인가가 포함되어야 한다, 즉, 살아있고 의도적이며 의지를 가진 행위 수행자가 요구되는 것이다. 여기에 대한 다른 예로는 murder(살인하다), steal(훔치다), remove(제거하다), 또는 write(쓰다), build(짓다), paint(칠하다)와 같이 창조를 나타내는 동사들이 있다.

그러나 break, float 같은 동사들은 표면 층위에서 자동사일수도 있고 타동사일 수도 있다. 다음을 보자.

> The window *broke*. 창문이 깨졌다.
> Alphonse *broke* the window. Alphonse가 창문을 깨뜨렸다.

하지만 일반적으로 창문이 스스로 깨지는 것은 아니며 누군가가 창문을 깨뜨린 것이다. 따라서 직관적으로 볼 때 break 유형의 동사들은 bloom 유형의 동사들보다 복잡한 것으로 보인다. break 유형의 동사들은 청자로 하여금 누군가가 깨짐에 대한 원인을 제공했어야만 한다고 이해하도록 요구한다. 어쩌면 이 동사들이야말로 '탈타동사화'[30]의 과정을 겪은 진정한 타동사들인지도 모른다. 이것은 모든 동사가 기본적으로 자동사라는 '표준적' 생각에 의문점을 제기하는 해결책이다(그림 10.7).

내재적 원인을 가지는 1-가	외재적 원인을 가지는 2-가→1-가	외재적 원인을 가지는 2-가
bloom burble	break float	hit murder

그림 10.7 내적 원인을 가진 동사와 외적 원인을 가진 동사

그러나 문제가 없는 것은 아니다. 내적인 원인과 외적인 원인 모두를 가진 것으로 보이는 동사들이 있기 때문이다. 'The pipes *rusted*(관이 녹슬었다)'와 'The salt water *rusted the pipes*(소금물이 관에 녹이 슬게 했다)'의 두 문장을 보자. 첫 번째 문장에서는 관이 스스로 녹슨 것이 분명하다. 두 번째 문장에서는 관이 특정의 외적 원인 때문에 녹슬었다. 한 연구에서는 분류에 어려움이 있는 이러한 동사들을 관찰하여 rust, erode(좀먹(히)다)와 같은 동사들이 내적인 원인을 가진다는 것을 알아냈다. 그러나 외적인 원인이 존재했을 경우에는 일반적으로 물, 바람, 혹은 열과 같은 몇 가지의 예측가능한 자연적인 실체가 원인이었다. 이것은 기본적으로 외적인 원인을 가지는 수많은 동사들이 매우 광범위한 종류의 행위 수행자들을 가진다는 것과 대조적이었다. 간단히 말해서, 내적인 원인을 가지는 동사들과 외적인 원인을 가지는 동사들은 그 행위를 수행하는 주어가 가질 수 있는 실체의 범위 있어서 중대한 차이가 있다. 이것은 언어 말뭉치에 대한 연구들과 심리언어학적 실험들에 의해 확인된 사실로,31 동사는 그 범주를 확고하게 규정할 수 없으며 의미가 동시에 고려되어야 한다는 것을 보여준다.

▌ 사건 ▌

동사에 대한 관심은 여기저기로 옮겨다녔다. 처음에는 동사의 통사론이 관심을 끌었다. 다음에는 통사론과 의미론의 관계가 주요 초점이었다. 최근에는 동사의 이른바 사건 구조(event structure)라고 일컬어지는, 동사에 의해 기술되는 사건의 유형이 전면에 부각됨에 따라, 의미론이 득세하게 되었다.

이 장의 서두에서 언급한 아이들의 문법책에서는 동사가 사람이 무엇을 '하는'지를 묘사하는 데 이용된다고 주장한다. 하지만 '하는 것'은 'Peter killed the wasp(Peter가 벌을 죽였다)'와 같은 완결된 사건을 다루는 동사들을 가장 잘 묘사한다. 다른 동사들은 'Pamela *sat* motionless(Pamela는 꼼짝 않고 앉아있었다)'에서처럼 상태를 묘사하기도 하고, 'Marigold *jumped up and down*(Marigold는 깡충깡충 뛰었다)'에서처럼 진행 중인 행위를 묘사하기도 한다. 이러한 구분은 오랜 기간에 걸쳐 존재해 왔다.[32]

최근에는 동사를 의미 유형에 따라 분류하여 각 유형에 붙이는 이름표인 '사건 구조'라는 개념이 다시 연구되기 시작하였다. 비록 세부 사항들에 대해서는 아직 논의가 진행 중이지만, 동사들이 여러 유형들, 그리고 각 유형의 하위 유형들로 분류되었다.[33]

▮ 요약 ▮

이 장에서는 동사에 대해 살펴보았다. 동사는 문장을 지배하며 그 구조가 어떠해야 할지에 대한 명령을 내린다. 동사의 의미와 통사 사이에는 정의를 내리는 것이 쉽지 않은 연결이 존재하며, 비슷한 의미를 가진 동사들은 비슷한 방식으로 행동한다. 중요하지만 아직 해결되지 않은 한 가지 문제는 동사와 명사의 관계의 기저에 놓여있는 원초적인 역할들의 속성이 무엇인가의 문제이다. 또한 이 장에서는 서로 다른 유형의 동사들, 특히 타동사와 자동사가 서로 어떤 관계를 가질 수 있을지를 살펴보았다.

다음 장에서는 단어를 하나의 덩어리로 보아야 할지, 아니면 조각들로 나누어야 할지에 대해 생각해 보고자 한다.

11 단어의 조각

－ 단어의 내부구조 －

베개가 목에 통증을 일으키나요?
울퉁불퉁하고 딱딱하고 혹은 찢긴 상처를 입히나요?
오래된 감기 균으로 가득한가요?
깃털들이 빈약하고 처량한가요?
우리에게 가져오세요.
우리에게 방법이 있지요.
바람을 다시 넣고(Re-puff),
새것으로 다시 채우고(Replenish),
다시 곱슬곱슬하게 하고(Re-curl),
베개 잇을 갈고(Re-tick),
바람을 다시 넣고, 새것으로 다시 채우고, 다시 곱슬곱슬하게 하고 베게 잇
을 갈고.

Ogden Nash, 'Any millenniums today, lady?'

내부구조의 측면에서 보면 영어 단어에는 두 종류가 있다. 한편으로는
owl(올빼미), wallaby(월러비: 캥거루과의 몇몇 작은 캥거루 무리의 총칭－역주),
혹은 giraffe(기린)와 같이 하나의 덩어리로 존재하는 것으로 보이는 단어

들이 있다. 다른 한편으로는 replenished(보충되어진), uncaring(동정심 없는), disagreement(불일치)와 같이, 다른 단어에서도 볼 수 있는 작은 부분들로 나뉠 수 있다는 점에서 복잡한 내부구조를 가지는 항목들이 있다. 예를 들어 disagreement는 세 부분으로 나눌 수 있다. 어간 agree(일치하다)가 있고, 그 앞부분에 접두사 dis-가 붙었으며, 뒷부분에는 접미사 -ment가 붙어있는 것이다(그림 11.1). 각 부분은 disintegrate(분해하다), agreeing(일치하는), merriment(왁자지껄함)에서 볼 수 있듯이 다른 단어들에도 나타나므로 형태소로 분류될 수 있는데, 형태소는 흔히 '가장 작은 문법적 단위'로 정의된다.1

접두사	어간	접미사
dis-	*agree*	*-ment*

그림 11.1 단어의 조각

　이러한 단어의 조각들이 마음속 어휘집과 밀접한 관계가 있을까? 이 문제는 상당히 많이 논의되어 온 문제이다. '언어의 심리학에서 핵심적인 질문은 마음속 어휘집이—우리 마음속에 있는 사전이—단어로 이루어진 어휘집인가의 문제이다.'2 단어들이 사용될 준비가 된 단일 항목으로 저장되어 있을까? 아니면 어떤 학자들이 제안한 것처럼 형태소들로 나뉘어 저장되고 필요할 때마다 합쳐지는 것일까?3 그리고 만일 단어들이 분해된다면 원하는 단어를 어떻게 찾을 수 있는 것일까? disagreement는 dis- 아래에 저장될까, 아니면 agreement 아래에, 혹은 agree 아래에, 아니면 모두의 아래에 각각 저장될까? 이것은 인간이 단어를 어떻게 다루는지를 이해하기 위해서 답을 얻어야 할 근본적인 질문들이다.

　'일반 상식'에서 답을 얻을 수 있다고 보는 사람들이 있다. 일반상식의 관점은 접두사나 접미사가 규칙적인 방식으로 어간에 첨가될 수 있다면, 어휘집에서 이미 첨가되어 있어야 할 이유가 없다고 주장한다. '규칙적인 변이형들은 불규칙적인 항목들만을 담고 있어야 하는 어휘집의 관심사가 아니다.'4 이 관점은 문법서를 위해서는 유용한 가이드라인이 될 수 있지만 마음속 어휘집에 대해서는 꼭 옳다고 볼 수 없는데, 마음속 어휘집에 관한 한 발화의 처리에 대한 일반상식 관점에 의해 두 가지 방식의 주장이 허용되기 때문이다.5 우선 개별 단어들을 각각 별도로 저장하는 것은 인간의 기억에 큰 부담이 된다. 특히 이것은 규칙에 의해 예측 가능한 형태들의 경우에 해당된다. 다른 한편으로 필요할 때마다 매번 접미사를 부착하는 것은 '실시간 처리'에 드는 부담을 상당히 가중시키게 된다. 말을 할 때 처리해야 하는 일들이 매우 많기 때문에 우리가 즉각적으로 조립해야 하는 분량은 최소화할지도 모르는 일이다.

물론 단어들이 덩어리로 저장된다 하더라도 우리에게는 상황에 따라 단어들을 더 작은 부분들로 나누는 능력이 있는데, 이것은 차를 가진 사람이 본네트를 열고 들여다보면 차의 엔진이 서로 다른 몇 부분으로 이루어져있다는 것을 알 수 있는 것과 마찬가지다. 따라서 중요한 것은 인간이 단어를 분석할 수 있는가 없는가가 아니고, 단어들이 일반적으로 분해 된 상태로 저장되는가이다. 이 문제가 이 장의 주제이다.

▌ 부착의 종류 ▌

조립과 관련하여 모든 경우에 들어맞는 하나의 답이 존재하지 않을 수도 있다. 즉, 유형에 따라 어떤 형태소는 어간에 이미 붙어있는 반면 다른 형태소는 그렇지 않을 수 있다. Odgen Nash의 시 'The joyous malingerer'에 나오는 여러 행에는 굴절과 파생 간의 본질적인 차이가 나타나 있다.

If faced with washing up he never *gripes*,
But simply drops more dishes then he *wipes* …
Stove-wise he's the perpetual backward *learner*
Who can't turn on or off the proper *burner* …
He can, attempting to *replace* a fuse,
Black out the coast from Boston to Newport News.

그가 설거지를 해야 할 일이 있으면 불평하는 법이 없지,
단지 닦는 접시보다 깨뜨리는 접시가 더 많을 뿐…
마치 온실 속에 있는 것 같은 그는 영원히 뒷걸음질치는 학습자로,
제대로 된 버너를 켜거나 끄지도 못하지…
만일 퓨즈를 교체하려고 한다면
Boston에서 Newport News에 이르는 해안지역의 전기가 죄다 나가게 할
수도 있을 거야.

첫 두 행의 끝에 나오는 gripes와 wipes는 굴절의 과정을 보여준다. 어미(여기에서는 -s)는 기존의 단어(gripe(불평하다), wipe(닦다))에 추가의 정보를 덧붙이는데, 기존의 단어에 어떤 본질적인 변화를 야기하지는 않는다. 둘째 행의 dishes는 dish(접시)와 복수어미로 이루어진 또 다른 예가 된다.

가운데 두 행의 끝에 나오는 learner(학습자)와 burner(버너)는 파생의 예이다. 하나의 형태소(여기에서는 -er)가 기존의 단어(learn(배우다), burn(타다))에 부착되었는데, 이에 의해 새로운 단어가 만들어졌다. 다음 행에서 마지막 행 사이의 replace(교체하다)가 파생의 또 다른 예가 되는데, 이 예는 접두사 re-에 의한 것이다. 즉, re-가 place(장소) 앞에 붙어 새로운 단어 replace를 만들었다.

대부분의 경우 굴절과 파생을 구분하는 것은 지극히 쉬운 일이다. 둘을 구분하는 개략적 기준점은 파생이 적용된 다음에 굴절 어미를 추가할 수는 있지만, 굴절이 적용된 다음에는 파생 접사를 추가할 수 없다는 데

있다. comput-er-s(파생의 -er, 그리고 굴절의 -s)라는 말은 할 수 있지만 *compute-s-er라는 말은 할 수 없다. 또한 compu-er-ize-ed(파생의 -er와 -ize, 그리고 굴절의 -d)는 가능해도 *comput-er-ed-ize는 가능하지 않다.6 이러한 현상은 파생 접사가 굴절어미보다 어간에 더 단단히 부착되는 것이 아닌가 하는 생각을 하게 하는데, 이것은 사실이다. 아래에서는 그림 11.2에 제시된 대로 굴절접미사, 파생접두사, 그리고 파생접미사의 순서로 논의하기로 한다.

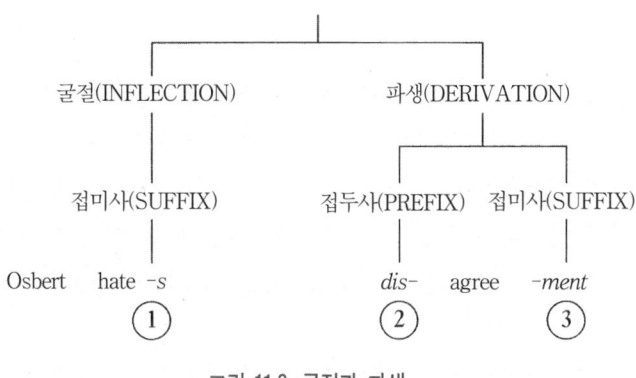

그림 11.2 굴절과 파생

▌ Wash upping the Dishes ▌

단편적 실마리들을 모아보면 굴절 접미사가 발화의 과정 중에 부착되는 일이 매우 흔하다는 것을 알 수 있다. 첫째, 다음과 같은 말오류를 보자.

He go backs(he goes back).
그는 돌아간다.

They point outed(pointed out).
그들이 지적했다.

She wash upped the dishes(washed up).
그녀는 접시를 닦아 쌓아올렸다.

She come backs tomorrow(comes back).
그녀는 내일 돌아온다.

Stop him go offing(going off) and doing that.
그를 방치해서 그런 일을 하도록 두지 말아라.

I'd forgot abouten(forgotten about) doing that.
나는 그 일을 하는 것을 잊었다.

이 말오류들은 필요할 때마다 부착되는 굴절어미들이 있다는 것을 보여주는 강력한 증거이다. 열거한 예에는 동사 관용구 —pick up(들다), go back(돌아가다), point out(언급하다, 지적하다)) 등과 같이 둘 이상의 단어로 이루어진 동사—들이 포함되어있다. 만일 어미들이 이미 부착되어 있는 것이라면, 이 관용어구들은 항상 picks up, goes back, points out으로 쓰여야 할 것이다. 하지만 어미가 말을 하는 도중에 필요에 따라 부착되는 것이라면, 말을 급히 하는 사람이 잘못해서 어미를 동사 관용어구 전체의 끝에 붙여 pick ups, go backs 등과 같은 말을 하게 될 가능성이 얼마든지 있다. 또한 이러한 오류들이 abouten, outed 등과 같은 존재하지 않는 단어들을 만들어내는 경우가 있는데, 이런 경우는 어휘를 잘못 선택한 예가 될 수 없고 잘못된 위치에 어미를 부착한 예가 분명하다.7

그런데 어떤 종류의 오류를 증거로 채택할지에 대해 주의해야 한다. It waits to play(It plays to wait, 기다리는 것이 올바른 처신이다), I want to get a cash checked(I want to get a check cashed, 나는 수표를 현금으로 바꾸고 싶다) 등에서 볼 수 있듯이, 어간의 위치가 서로 바뀜으로써 접미사가 잘못 부착된 것으로 귀결되는 경우가 있다.8 하지만 이러한 종류의 자리바꿈은 Fran Sanisco(San Fransisco), The scan is a Sundal sheet(The Sun is a scandal sheet, Sun지는 추문 따위를 크게 다루는 신문이다) 등에서 볼 수 있듯이 접미사가 없는 단어에서도 일어나기 때문에, 발화 계획 단계에서 접미사의 위치를 잘못 잡는 것이라기보다는, 해당 구가 발화되려는 순간에 발생하는 늦은 오류일 가능성이 있다.9

가끔 불규칙형에 규칙어미를 붙이는 경우를 볼 수 있는데, 이러한 현상 역시 접미사가 순간적으로 부착된다는 것을 시사한다.

All the men who *fighted* in it(fought).
그 일로 투쟁한 모든 사람들

mother-in-law(장모, 시어머니)와 같은 복합어휘항목의 불규칙형에서도 추가의 예들을 볼 수 있다. 복수형이 mothers-in-law인가, 아니면 mother-in-laws인가? 이 두 가지의 복수형 중 한 가지를 확실하게 선택하지 못하는 사람들이 있다. 이 예들은 모두 적어도 몇 가지 경우에서는 굴절접미사가 마음속 어휘집에서 이미 단어에 붙어있는 것이 아니라 필요에 따라 부착된다는 것을 보여준다.

언어장애를 겪고 있는 사람들 중에는 발화가 진행되는 도중에 접미사가 부착된다는 생각을 뒷받침하는 추가의 증거를 제공하는 사람들이 있는데, 특히 통사구조가 거의 없는 단어열 만을 산출하는 실어증 환자들이 그렇다. 'Jar … cakes … head … face … water … tap'(9장 참조). 심한 경우에는 'I don't know what happened(나는 무슨 일이 일어났는지 모른다)'와 같은 고정적으로 굳어진 표현, 혹은 복수형으로 사용되는 것이 더 일반적인 arts(미술), crafts(기교), biscuits(작은 빵)와 같은 형태에 한해서만 굴절어미가 사용된 것을 볼 수 있다. 이런 환자들은 항상 굴절형으로 사용되는 몇 개의 구나 동사의 경우 외에는 굴절어미들이 발화 산출의 과정에서 부착되는 것이 일반적이라는 것을 보여준다.10

또 다른 종류의 실어증 환자들은 유창하게 말을 하지만 이해나 단어 찾기에 있어서 어려움을 겪는다. 이런 환자들은 단어들을 기억해내기 위해 애쓰는 과정에서 실재하지 않는 단어를 말하는 경우가 있다. 1장에서 뇌에 손상을 입어 성냥갑이라는 단어를 기억해내지 못하는 환자를 기술했다. 'Waitresses. Waitrixies. Backland와 또 하나의 bank. bandicks 아니 bandiks, 내 생각에 zandicks인 것 같아요. 죄송합니다. flitters landocks 라고 부르는 것 같은데.' 이 환자는 전화 다이얼이라는 말로 짐작되는 pidland에 대해 말하면서 'pidland마다(each of pidlands) 1, 2, 3 등등으로 된 눈이 달렸다'고 덧붙인다. 이 예에서 이 환자는 비단어에 복수어미 -s를 붙이고 있는 것으로 보이며, 또 다른 예에서는 동사어미를 부착하고 있다. 'She wikses a zeon from me,' 'He mivs in a love-beautiful home' 등을 보라. 이 사람이 이런 일을 자유자재로 하는 것을 보면 굴절 접미사를 부착하는 일이 그가 항시 익숙하게 해왔던 일 중의 하나라는 것을 알 수 있는데, 이것은 blanded out '순응적인 사람이 되었다', fragranced '향내 나는'의 경우에서처럼 보통의 화자들이 새로운 단어에 쉽게 어미들을 부착하는 것과 다름없는 현상이다.11

정상적인 화자들의 일관적이지 못한 행동에서도 비슷한 결론을 내릴 수 있다. 예를 들어 다음 문장들에서 볼 수 있듯이, 청소년들은 종종 자기네들 문화에서 전형적으로 사용되는 동사에 비표준적인 -s를 부착한다.12

> We fucking *chins*(턱을 치다) them with bottles.
> 우리는 병으로 그들의 턱을 때린다.
>
> I *legs*(달아나다) up Blagdon Hill.
> 나는 Blagdon Hill로 달아난다.
>
> We *kills*(싸움 중에 때리다) them.
> 우리는 싸울 때 그들을 때린다.

청소년들은 이 -s를 다른 동사에 부착하기도 하는데, 이것은 아주 흔한 일은 아니며, 형식적인 말에서보다는 가벼운 대화에서 더 자주 볼 수 있다. 이러한 사실은 -s가 일반적으로 상황에 따라 부착된다는 것을 시사하지만, 마음속 어휘집에서 이미 -s가 단단히 붙어있는 동사들이 있을 수도 있다.

규칙 굴절어미는 발화 과정에서 부착된다는 결론을 내린 실험심리학자들이 있다.13 몇 가지 실험에서 피험자들이 jumps와 같은 규칙 굴절형에 접한 직후 그 어간 jump(뛰어 오르다)를 인식하는 데 걸리는 속도는 다른 경우보다 빠르다는 것이 확인되었는데, 이 효과는 인식해야 하는 단어와 동일한 jump를 접한 직후 jump를 다시 인식해야 하는 과제에서와 같은 수준인 것으로 나타났다.14 hung(hang의 과거형, 과거분사형)과 hang(걸다)에서처럼 동일한 동사의 불규칙 굴절형에서는 이러한 효과가 나타나지 않았다. 연구자들은 이 결과를 피험자들이 jumps와 jump를 경험하는 과정에서 하나의 동일한 어휘항목 jump를 인식한다는 것을 보여주는 것으로 해석했다. 이러한 특이한 유형의 실험이 논란의 여지가 없는 것은 아니며, 다른 학자들은 반대의 결과를 얻기도 하였다.15 하지만 전체적으로는 여러 가지 결과들이 앞에서 언급한 증거들을 지지하고 있다. 이 모두가 규칙 굴절어미는 일반적으로 발화가 진행되는 과정에 부착되는 반면 불규칙형들은 하나의 덩어리로 저장된다는 것을 보여 준다.16

이제 전반적인 결론을 내리자면, 규칙 굴절어미들은 대부분 우리가 말을 하는 도중에 단어에 부착된다. 그러나 peas(땅콩), eyes(눈), happened(일어난), needed(필요한) 등과 같이 굴절형으로 사용되는 것이 통례인 소수의 단어에는 해당 어미들이 오랜 시간을 거쳐 녹아들어 감으로써 이미 부착되어 있는 것일 수 있다. 인간은 통상적인 과정에 사용되는 절차들을 발달시켜 가는데, 이 절차들은 점차 자동적인 절차가 되어 간다. 자주 사용되는 굴절 접미사들을 부착하는 것은 이러한 행동 범주에 속하는 것으로 보인다.17

이제 지금까지의 결론이 영어에 국한된 것일 수도 있다는 점을 염두에 두면서 접두사로 관심을 옮겨보기로 하자.

▌ *petoire의 문제 ▌

어휘판단실험에서 비단어 *pertoire가 단어가 아니라는 판단을 내리는 데 걸린 시간이 비단어 *juvenate가 단어가 아니라는 판단을 내리는 데 걸린 시간보다 짧다는 사실을 발견했다면 이것을 어떻게 해석할 것인가? 이 사실을 보고한 학자에 따르면 *pertoire에 대한 판단 속도가 빨랐던 것은 마음속 어휘집에 이 문자열에 관련된 어떤 조짐도 없었기 때문이다.18 즉, 사람들은 이것을 repertoire(레퍼터리)와 연관짓지 않는데, 그 이유는 repertoire의 re가 적절한 접두사가 아니라는 데 있다. 그러나 *juvenate는 실제로 존재하는 항목으로서 그 아래에 작은 re-가 붙어있어서 접두사 없이는 사용될 수 없다는 것을 나타내고 있기 때문에, *juvenate가 단어가 아니라는 판단을 하는 속도는 떨어지게 된다. 항목 전부를 읽는 데 걸리는 시간에 의해 반응시간이 길어지는 것이다. 이 견해에 의하면, 단어는 마음속 어휘집에 접두사가 떨어져나간 어간형으로 저장되고, 떨어져나간 접두사가 어간형 밑에 저장된다.

```
JUVENATE    PLENISH
RE-         RE-
```

그리고 이러한 결론이 다른 실험들에 의해 뒷받침되는 것으로 보였다.19 이 실험들 중 첫 번째 실험에서는 피험자들이 접두사가 붙었거나 붙지 않은 단어들을 인식하는 데 걸린 시간보다 '유사 접두사가 붙은'—precipice(벼랑, 위기)처럼 접두사를 가진 것으로 보이지만 사실은 그렇지 않은—단어들을 인식하는 데 걸린 시간이 길었다. 그러한 단어들을 듣고 접두사가 붙은 것으로 오인하여 유사 접두사를 어간으로부터 분리시키고 어간에 해당하는 존재하지도 않는 어휘항목이 있는지를 뒤졌을 수 있다. 다시 말해 피험자들이 잘못해서 *cipice를 찾느라 시간을 소비하기 때문에

precipice를 찾는 데 걸리는 시간이 길어지는 것이다. 이 연구에서 내린 결론에 의하면, '간단히 말해 유사 접두사가 붙은 단어가 접두사가 붙은 단어로 잘못 취급된다는 발견을 토대로 단어인식의 과정에서 접두사 탈착이 일어난다는 결론을 내릴 수 있으며, 이것은 또한 사람들이 접두사가 붙은 단어에 접근할 때 각각의 어간을 근간으로 삼는다는 것을 함의한다.'20

얼핏 보면 'restriant(구속력)' 대신 constraint(제약)를 쓴다든지 'device (장치)' 대신 advice(충고)를 쓰는 등의 몇 가지 말오류가 이러한 주장을 뒷받침할 수 있을 것 같다.21 그러나 이러한 생각은 접사(접두사와 접미사)가 얼마나 강하게 부착되는가에 대한 중요한 논쟁을 즉각 촉발시켰는데, 이 논쟁은 수년간 격렬하게 진행되었다.22

이러한 발견들을 겨냥한 몇 가지 비판이 있다.

첫 번째 실험에서 *juvenate는 juvenile(청소년의)과 매우 유사하기 때문에 juvenile에 관계되는 항목이 반응시간을 늘였을 수 있다. (re)pertoire 에서는 주강세가 없어지고 말았지만, (re)juvenate(젊어지게 하다)에서는 그렇지 않다. 이 다소 기이한 과제를 수행하기 위해 피험자들이 인공적인 전략들을 사용했을 수 있는 것이다.23 무엇보다도 글로 된 단어들이 실험에 사용되었기 때문에, 이 실험이 소리로 된 단어들이 저장되는 방식에 대해서는 밝혀낸 것이 아무것도 없을 수 있다. 접두사의 정의 또한 분명하지 않다. 가장 넓은 의미에서는 접두사를 서로 다른 어간에 반복적으로 부착되는 철자열로 정의할 수 있다. 예를 들어 confer(주다), defer(미루다), conduct(처신), contain(포함하다), detain(붙들다) 등의 단어들을 토대로 con-과 de-를 접두사로 간주할 수 있을 것이다. 하지만 이것은 너무 광범위한 정의이다.

'접두사 탈착을 주장하는 사람들'에 대응해 '이미 만들어진 단어'를 고집하는 사람들이 몇 가지 반론을 제기한다. con-이나 de-와 같은 경우 접두사나 어간 모두 의미상의 일관성이 없다.24 consume(소비하다), confer, conceive(생각해 내다), condemn(비난하다)에 각각 들어있는 con- 사이에는 어떠한 의미적 연관성도 눈에 띄지 않는다. 그리고 라틴어를 안다면 몰라도 confer, defer, infer(추론하다), prefer(선호하다), refer(지시하다)에 각각 다
양하게 등장하는 -fer 사이에 어떤 명백한 연결고리도 찾을 수 없다. 따라
서 이러한 '접두사'들이 어간에서 분리되어 저장될 가능성은 극히 희박하
다. 단어들이 실제로 임의적인 조각들로 분리되어 저장된다면, *desume이
나 *dedemn과 같은 잘못된 조립이 일반적 현상이 되는 등 실제로 관찰되
는 혼란보다 더한 혼란이 있을 것으로 예측할 수 있다. 사실은 uncanny
(범상치 않은)와 uncouth(어색한)가 non-canny(조심스럽지 않은)와 non-couth
(점잖지 않은)를 의미하지 않는 것에서 볼 수 있듯이, 의미가 분명한 접두사
들조차 어간에서 떨어져 나가기를 거부하는 경우들이 있다.

con-유형의 '접두사'들이 접두사가 붙지 않은 단어들과 자유롭게 교체되
는 말오류 현상은 이 접두사가 어간에 녹아 붙어 있다는 것을 보여 준다.25

> The emperor had many *porcupines*(concubines).
> 황제는 호저가(날카롭고 뾰족한 가시털이 있는 설치류 동물의 총칭)(첩이)
> 많았다.
>
> Those lovely blue flowers — *concubines*(columbines).
> 저 사랑스러운 푸른 꽃들 — 첩들(어릿광대들)

또한 con-유형의 접두사들은 말오류에서 접두사가 붙지 않은 단어들만
큼이나 그 앞 부분이 그대로 남는 경우가 흔한데,26 이것은 접두사가 쉽게
떨어져나갈 수 있는 것이라면 발생하지 않을 일이다. 'He's very *combative*,
I mean, *competitive* man(그는 아주 전투적인, 내 말은 경쟁심 있는 사람이다).'
술에 조금 취한 사람에게서 다음과 같은 단어 뒤지기 현상이 나타날 때
도 마찬가지이다. '파티에서 누군가를 만났는데, 자기가 IRA에 대한 기사
를 썼다고 하더군. IRA의 contemplation(심사숙고), 아니, combination(결
합)에 대해서, 지금 construction(구성)이라는 말을 하려고 했던 것 같은데
그것도 아니야, consistency(일관성)나 constitution(구조)과 비슷한 건데,
그 구성, 아, composition(구성)!' 이러한 발견들은 접두사가 단어를 기억해

내는 데 도움을 주며 따라서 나중에 부착되는 부품이 아니라는 것을 암시한다.

이상의 '접두사'들이 강하게 부착되어 있다는 것은 단어를 작은 부분으로 나누어 앞에서부터 '그 단어로 인식되는 지점'에 도달할 때까지 단계별로 조금씩 더 제시해주는 '차단하기' 실험에 의해 확인된다. 학자들은 청자들이 어간 전부를 듣기 훨씬 전에 단어를 인식한다는 결론을 내렸다.27

그렇다면 'device' 대신 advice를 사용하는 것과 같은 예들은 어떻게 설명할 수 있을까? 전체적인 문맥을 조사해보면, 이 예들 중 많은 것들이 혼합에 해당한다는 사실이 드러난다.28

> I don't *expose*(expect + suppose) anyone will eat that.
> 나는 그것을 먹을 사람이 있을 거라고 예상하지 않아.
>
> At the moment of *compact*(impact + collision).
> 충돌 순간에
>
> Plastic bags are *dispendable*(disposable + expendable).
> 비닐 백은 소모할 수 있다.
>
> The numbers aren't *consequential*(consecutive + sequential).
> 그 숫자들은 연속적이지 않다.

a most *extinguished*(distinguished) professor(가장 소멸된(뛰어난) 교수)의 경우에서처럼 혼합이 아닌 것이 분명한 것들의 대부분은 강세를 받지 않는 접두사를 가지고 있는데, 이것은 강세를 받지 않는 음절들은 저장상의 명료성이 떨어져서 강세를 받는 음절들만큼 신속히 인출될 수 없을 것이라는 말이 된다(12장에서 논의될 예정).

이 모두가 적어도 rejuvenate에서처럼 어간이 접두사를 반드시 요구하는 경우에는 접두사와 어간이 마음속 어휘집에서 서로 강력하게 붙어 있다는 것을 시사한다.

happy(행복한)와 unhappy(불행한)에서처럼 분명한 의미를 가진 접두사

가 독립적으로 쓰일 수 있는 단어에 부착된 경우에는 결정이 더 어려워지
는데, 이와 같은 일반적인 단어들의 경우 접두사가 이미 부착되어있는 것
일 가능성이 분명 높다. 그렇지 않다면, *dishappy, *non-happy 등의 잘
못된 부착이 일어나는 경우가 훨씬 많아야 한다. 언어사용자들은 분명 그
러한 단어들 내부에 존재하는 경계선에 대한 지식을 가지고 있으며, 따라
서 종종 이 지식을 사용하여 'I wish I could *unsay* that(그 말을 하지 않을
수 있으면 좋겠는데)'에서처럼 새로운 단어를 만들어내는 데 필요한 요소들
을 분리해낼 수 있다. 이 능력에 대해서는 15장에서 논의하기로 한다.

결국 접두사는 일반적으로 어간에 부착되어있는 것이다. 그러면 접미
사는 어떤가? 다른 여러 언어들처럼 접두사보다는 접미사를 즐겨 사용하
는 언어인 영어에는 접두사보다 접미사가 훨씬 더 많다.[29] 따라서 언어사
용자의 마음속에서 접미사와 접두사가 동일한 방식으로 행동할 것이라고
기대해야 할 아무런 이유가 없다.

▍ Reproductive Furniture ▍

> 대부분의 개인적, 국제사회적 그리고 경제적 붕괴(collisions)가
> 인간이 두 가지 주요 부류로 나뉘어 있다는 것(divisions) 때문이다.
> 그들의 삶은 서로에 대한 간섭(interference)에 바쳐지고,
> 그럼에도 당신은 겉모습(appearance)으로 그들을 구분할 능력이 없다.

이것은 Ogden Nash의 시 'Are you a Snodgrass'에 나오는 네 행으
로, 여기에는 파생접미사의 문제가 집약되어 있다. 각 행의 마지막에 나오
는 단어들에서처럼 대개의 경우 파생형은 파생형을 유도하는 근간을 제
공하는 기본형과 연관될 수 있다. 즉 collision(붕괴)은 collide(붕괴하다)에서,
division(분리)은 divide(나누다)에서, interference(간섭)는 interfere(간섭하다)

에서, 그리고 appearance(겉모습)는 appear(…로 보이다)에서 만들어졌다. 이
것을 순전히 역사적인 사실로 간주해서 발화의 산출과는 아무런 관계가
없는 것으로 보는 사람들이 있다.[30] 다른 한편으로는 이 단어들이 우리가
사용할 때마다 매번 조립되는 것으로 보는 사람들도 있다. 이러한 생각을
하는 사람들은 우리가 appear와 같은 기본형과 여기에 부착될 수 있는
-ance라는 접미사, 그리고 이 접미사가 어떻게 부착되는가에 대한 추가의
지식을 저장한다고 주장한다.[31] 이제 이 견해들을 살펴보기로 하자.

상이한 유형의 접미사들을 어떻게 분류할 것인가의 문제를 다룬 연구
가 많이 있다. -ity나 -al과 같은 일련의 접미사들은 sanity(제정신), indus-
trial(산업의)에서 볼 수 있듯이 어간에 매우 큰 영향을 미친다. 반면 -ness
나 -ism과 같은 접미사들은 goodness(좋은 상태), alcoholism(알코올중독)에
서 볼 수 있듯이 어간에 거의 영향을 미치지 않는다. 두 유형 간의 차이를
표시하기 위해 -ity 유형의 접미사에 대해서는 플러스 기호(+)를(san+ity,
industri+al), -ness 유형의 접미사에 대해서는 기호 #를 사용하기도 한다
(good#ness, alcohol#ism).[32]

플러스 유형의 접미사들은 어간에 강하게 녹아 붙어있다.[33] 이것은 기본
형이 있어서 거기에서 만들어졌다고 보기 힘든 단어들인 perdition(혼의 상
실), conflagration(대화재), probity(정직)와 같은 '기본형 없는 파생형'에서
특히 명백한 점이다. 뿐만 아니라, comprehend(이해하다)/comprehension
(포함), revolve(회전하다)/revolution(혁명), succeed(성공하다)/succession(연
속)에서처럼 기본형과 파생형 사이의 의미적 연관성을 예측할 수 없는
경우가 흔하다. 그리고 서로 비슷한 어간을 가진 단어들에 부착될 수 있
는 접미사로 어떤 것들이 있는지에 관련해서는 아무런 규칙도 없다. 즉,
induce(…하게 하다)에 대해서는 inducement(권유), induction(유도)이 있는
반면, produce(생산하다)에 대해서는 production(생한)만이 있고 있을 법한
*producement는 없어 공백이 발생한다. 이 예들은 어간과 접미사 사이의
관계가 매우 혼란스럽다는 것을 보여 주고 있다. 그리고 이에 의해 조각난

단어들을 기억하는 것이 상당히 어려워질 것이다. 결국 단어들은 하나의 덩어리로 저장되는 것으로 보인다.

말오류가 이와 같은 관찰들을 뒷받침한다. 'provincial(지방의)' 대신에 provisional(임시의), 'deterrent(방해하는)' 대신에 detergent(깨끗이 하는)가 사용되는 등의 유사음성오류(소리의 유사성에 기인하는 오류)에서 특히 긴 단어의 경우에는 플러스 유형의 어미들이 유지되는 것이 보통이다.34 단어의 끝 부분이 유지되는 일은 접미사가 없는 단어에서보다 접미사가 있는 단어에서 더 흔하다. 사실 접미사만이 영향을 받지 않고 살아남는 경우도 있다.

> He has a terrible speech *predicament*(impediment).
> 그는 상당한 발화 곤경(장애)을 가지고 있다.
>
> She goes in for *pornographic*(hydroponic) gardening.
> 그녀는 포르노적인(수경. 재배법의) 정원 가꾸기를 취미로 하고 있다.

그리고 'malignant(악의에 찬)' 대신 malicious(심술궂은)을, 'protestant(신교도)' 대신 prostitute(창녀)를 쓰는 경우에서처럼, 접미사가 바뀌면 단어의 다른 부분도 따라서 바뀌는 것이 보통이다. 수집된 유사음성오류에 통상적으로 등장하는 여섯 개의 접미사에 대한 연구에 의하면, 이 중 대략 3/4 이상의 접미사가 바뀌지 않고 유지되었다. 200개에 육박하는 오류에서 'reproduction furniture(재생 가구)' 대신 reproductive furniture를, 'indulgence(탐닉)' 대신 indulgement를, 그리고 'industrious(근면한)' 대신 industrial(산업의)을 쓰는 등, 접미사만이 변화하고 단어의 나머지 부분은 유지되는 '순수한' 접미사 교체에 해당하는 예는 단 여섯 개에 불과했다.35

순수한 접미사 오류가 간혹 등장하는 데에는 세 가지의 주된 이유가 있다. 첫 번째의 이유는 접두사의 경우에서 볼 수 있는 혼합이다.

It might be fun to *speculise*(speculate + surmise).
추측을 해 보는 것이 재미있을 수 있다.

It's a *contential*(contentious + controversial) matter.
그것은 논란의 여지가 있는 사안이다.

두 번째의 이유는 전혀 다른 일 때문에 부엌에 들어간 사람이 별 생각 없이 주전자를 불 위에 올려놓는 것과 마찬가지로, 어떤 단어를 말하기 시작한 사람이 주의를 기울이지 않은 결과 '선로에서 벗어나' 보다 일반적인 단어에 끌려 들어가는 '선로이탈' 현상이다. 'Bees are very industrial (industrious)(벌은 매우 산업적이다(근면하다))'과 같은 예를 보라. 접미사를 잘못 선택하는 마지막 이유는 후진과정의 사용에서 찾을 수 있다. 사람들은 원하는 단어를 생각해내지 못하면 이 단어를 대신할 새 단어를 어떤 식으로든 만들어 줄 방법이 무엇인지를 알고 있는데, 이것이 오류의 원인이 되는 경우가 있다. 'Children use deduceful(deductive) rules(아이들은 (연역적인) 규칙들을 사용한다)'와 같은 예를 보라. 여기에서 화자는 적절한 단어를 잠시 잊어버려서 동사로부터 원하는 단어를 새로 만들어내려고 했다. '언어사용자들은 [적어도] 두 가지의 서로 다른 방법에 의해 어휘항목을 얻는다. 어휘집에서 직접 찾아내거나 기존의 기저형들로부터 새 항목을 만들어내는 것이 그것이다 … 언어사용자들은 이 두 가지 방법을 동시에 사용한다.'36

기저형들과 접미사들 간의 관계가 임의적이라는 사실과 유사음성오류에서 접미사들이 유지된다는 사실은 단어들이 마음속 어휘집에 작은 부분으로 나뉘지 않고 덩어리로 저장된다는 것을 시사한다. 다만 -ness와 같은 # 유형 접미사들에 관련된 증거는 그리 명백하지가 않다.37 일반적인 단어들의 접미사들은 단단히 고정되어있는 것으로 보인다. 그렇지 않다면 goodness 대신 *goodism이 사용되는 등의 오류가 훨씬 더 빈번해야 한다. 그러나 접두사의 경우에서와 마찬가지로, 언어사용자들은 + 유형 접미사의 경계선이 어디인지를 알아서 이 접미사를 분리해 내어 새 단어를 만드는 데 사용할 수 있다. 여기에 대해서는 15장에서 논의할 것이다.

이제까지는 논점과 관계 있는 실험적 증거에 대해 언급하지 않았다. 유감스럽게도 이 문제에 대한 답을 구하고자 했던 실험들은 확실한 결론에 이르지 못했는데,38 그 부분적인 이유는 서로 다른 언어들, 서로 다른 접미사 유형들, 그리고 접미사 사용 빈도에 나타나는 차이들을 구분하지 못했다는 데 있다.

대체로 실험에 의해 세 가지 사실이 드러났다. 첫째, 영어에서 발견된 사실들이 반드시 다른 언어로 일반화되지는 않았으며, 다른 언어에서 발견된 사실 역시 반드시 영어로 일반화되지 않았다. 둘째, 영어에서 dust+y(먼지투성이의)처럼 파생접미사가 붙은 단어를 인식하는 데 걸린 시간이 fancy(공상)처럼 파생접미사가 붙지 않은 단어를 인식하는 데 걸린 시간보다 길지 않았다.39 이러한 발견은 신빙성이 높은 발견인데, 왜냐하면 10년이 지난 후 다른 학자에 의해서 -er로 끝나는 단어 중 bake+er로 분석되는 baker(제빵사) 'someone who bakes(빵 굽는 사람)'와 더 작은 부분으로 쪼갤 수 없는 timber(목재), shoulder(어깨) 등의 단어를 이용하는 실험에 의해 재확인되었기 때문이다.40 이 실험들이 '덩어리로서의 단어' 견해를 지지하는 것은 사실이지만, baker 실험을 고안했던 학자에 의해 문제점이 지적되기도 하였다. 즉, 인간은 단어의 끝에 도달하기도 전에 단어를 인식하기 때문에(1장), 접미사에 의해 발생하는 효과는 측정될 수 없는 것인지도 모른다.

세 번째 발견은 사람들이 필요에 따라 단어들을 쪼갤 수 있다는 것인데, 이것은 해도 되는 일이기는 하지만 반드시 해야만 하는 일은 아니다. 사람들에게 두 개의 단어를 제시하고 둘 다 단어인지를 판단하도록 하면, printer(프린터)와 slander(험담)에서처럼 둘 중 하나에만 접미사가 붙었을 때 시간이 더 걸렸다.41 이 다소 복잡한 과제를 수행하는 과정에서 피험자들은 단어의 분해를 시도한 것으로 보인다.

결국 사람들이 필요하면 단어들을 형태소들로 해체할 수 있다는 것이 분명하다. 정상적인 기억으로부터 단어를 찾아낼 수 없거나 복잡한 과제를 행하도록 요구받는 경우에 복합어를 구성하기 위한 보조 절차로 이 능력을 활용하는 것이다. 의미가 분명하게 파악되지 않는 길고 복합적인 단어에 직면했을 때도 단어를 분해할 가능성이 있다.

이와 달리 다중적 병렬 처리가 일반적인 과정일 수도 있다. 인간이 자동적으로 한번에 두 개 이상의 여러 층위에서 단어를 처리할 수도 있다는 것이다.[42] 무의식적으로 단어를 하나의 덩어리로 취급하면서도 처리가 진행됨에 따라 단어를 작은 부분들로 나누기도 하는 것일 수도 있다. 만일 이것이 사실이라면, 보조 정보는 사람들이 필요로 하건 필요로 하지 않건 항시 존재하는 것이어야 한다. 이제 이 보조 정보가 어떤 방식으로 저장되는 것인지에 대해 생각해 보기로 하자.

▎ 보조 정보 ▎

한 가지 가능성은 별도의 보조 정보가 (은유적으로 말해서) 본 어휘집에 연결되어 있는 2차적 저장고에 저장된다는 것이다. 인간은 뒷방에 상품들에 대한 별도의 정보를 보관하고 있는 상점 주인과도 같을 수 있다. 작은 부분들로 나뉠 수 있는 단어들은 비슷하게 생긴 다른 단어들과 연결되고, 이 연결들은 '본 어휘집'과 새 단어들을 만드는 절차들을 규정해 놓은 '어휘 도구상자' 사이에 연결되는 부차적인 네트워크를 이루고 있을 수 있다.

이 부차적 네트워크의 연결에는 강도가 강한 것이 있고 약한 것이 있다. 특정 단어를 작은 부분들로 나누어야 할 필요성이 발생하기 전에는 존재하지 않는 연결들도 있을 수 있다. 인간의 마음에는 발화의 처리가 진행되는 과정 중에 많은 요소들을 끊임없이 분석하고 서로 대조하는 능력이 있다. 따라서 마음은 발화의 진행과정 중에 자동적으로 기존의 연결을 강화하고 새로운 연결들을 만들어내며, 이 일을 하기 위해 보조 정보를 이용한다. 예전에는 분석되지 않았던 단어들은 이 단어들과 이미 존재하는 단어들 사이의 연결이 인식되면서 보조 정보의 저장고로 이동되어 들어가게 될 것이다. 예를 들어, Dartmouth와 Exmouth를 각각 Dart와 Exe의 어귀에 있는 마을들로 정확히 분석할 수 있으면서도 Plymouth라는 단어가 'Plym강의 어귀'를 뜻한다는 것을 모르는 성인들이 있을 가능성은 매우 높다. 이들이 어쩌다 지도상에서 Plym강에 접한다면, Plymouth가 보조 정보 저장고로 들어가게 되는 것이다(그림 11.3).

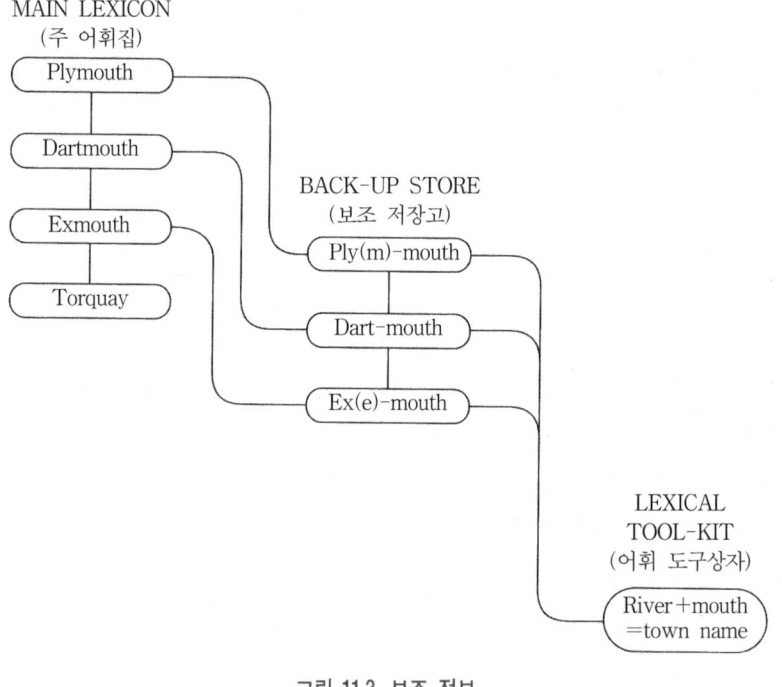

그림 11.3 보조 정보

이러한 보조 연결들은 지속적으로 수정된다. 나중 단계에서는 보조 저장고의 정보가 새로운 단어를 어떻게 만들 수 있는가에 대한 강력한 '규책'의 하나가 될 수도 있다. 결국 우리는 생김새(단어 전체), 보조 저장고(단어들이 단어의 구성 성분인 형태소들로 분석되는 곳), 어휘 도구상자(새로운 단어를 만드는 장비, 15장에서 논의될 예정)을 포함하는 삼중의 과정을 다루고 있는 것이다.43

무엇보다도 이 장의 논의는 단어의 구조가 간단한 문제가 아니라는 것, 그리고 사람들이 단어를 어떻게 저장하는가(단어의 '언어적 표상'으로도 알려진 문제)와 단어를 이용할 때 정보를 어떻게 인출하는가('접근적 표상'으로도 알려진 문제)를 구분하는 것이 본질적이라는 것을 보여 주었다.44

그러나 단어가 단어로 저장된다면 이것은 사람들이 때로는 상당히 긴 연속체들을 다루어야만 한다는 것을 의미한다. 그렇다면 마음속 어휘집에 표상되는 단어들의 소리 구조는 어떨까? 이 문제가 다음 장의 주제이다.

┃ 요약 ┃

이 장에서 우리는 마음속 어휘집에 단어들이 들어있는가, 아니면 필요할 때마다 조립되어야 하는 단어의 조각들이 들어있는가에 대해 논의하였다. 우리의 결론은 굴절 접미사는 일반적으로 발화의 과정에서 필요에 따라 첨가되는 반면, 파생 접두사와 접미사는 이미 어간에 부착되어 있다는 것이었다. 그러나 비록 단어들이 마음속 어휘집의 주요부에서 이미 조립되어 있더라도, 언어사용자들은 필요하다면 새로운 단어들을 만들어내는 '어휘 도구상자'에 부착되어있는 보조 정보 저장소를 이용해 그 단어들을 해체할 수 있다.

이제 다음으로 단어의 소리 구조가 마음속 어휘집에 저장되는 방식에 대해 논의해야 할 필요가 있다.

12 | 말소리의 관리
─ 소리 유형 다루기 ─

'아, 참!…' 공작부인이 뾰족한 작은 턱을 Alice의 어깨에 파묻으며 말했
다 … '그것의 윤리는 말이야 ─ "의미에 신경을 써라 그러면 소리는 자기가
알아서 할 거다"라는 거지.'

'일들의 윤리를 찾는 걸 어쩌면 저렇게 좋아할까!' Alice는 생각했다.

Lewis Carroll, *Alice in Wonderland*

원하는 단어의 의미를 생각해내면 소리는 마치 기관차 뒤에 붙은 객차
와 같이 즉각 뒤따라 나옴으로써 스스로를 알아서 돌볼 거라는 것이 대부
분 사람들의 희망사항이다. 이것이 대개는 실제로 일어나는 일이지만, 항
상 일어나는 일은 아니다. 이 장에서는 인간이 단어의 소리구조를 어떻게
다루는지에 대해 생각해 보기로 한다. 무엇보다도 마음속 어휘집의 기재
항이 소리의 관점에서는 어떤 모양을 하고 있을까? 그리고 여러 항목들이
서로 어떤 관계를 가지고 조직되어 있을까?

인쇄된 사전의 경우에는, 각 단어가 철자라고 알려진 단위들의 연속체
로 구성되며 모든 단어들이 관례적이지만 임의적인 정렬방식에 해당하는
알파벳순으로 등재되어 있다고 말함으로써 이러한 질문들에 대해 즉각 답

변할 수 있다. 마음속 어휘집에 관한 한, 비록 피상적인 수준에서는 각 단어를 영어의 경우 약 40개가 되는 분절음 혹은 음소의 연속체로 규정하는 것이 가능하다고 할지라도, 답변이 그리 간단할 수가 없다. 언어사용자들은 무의식적으로 다음의 것들을 알고 있는 것이 분명하다. 예를 들어, 언어사용자들은 영어에서 [r]과 [l]이 서로 다른 소리라는 것을 분명 알고 있다. 왜냐 하면, 영어 사용자들은 rid와 lid, 혹은 rook과 look처럼 이 부분을 제외하면 똑 같은 단어들을 서로 구분할 수 있기 때문이다. 다만 이러한 구분은 일본어와 같은 다른 언어에서는 존재하지 않는다.1

뿐만 아니라, 각 언어는 어떤 음소의 연속체를 허용하는지를 규정하는 나름대로의 규칙들을 가지고 있다. 예를 들어 영어는 소리조합 [pt]가 단어의 첫 부분에 나오는 것을 금지하지만, pterodactyl과 같은 희랍어 차어에서 볼 수 있듯이 희랍어에서는 이 소리조합이 일반적이다. *scrad 나 *ptad와 같은 비단어 문자열을 제시하고 이것이 있을 수 있는 단어인지를 판단하도록 요구하면 대부분 언어사용자들이 일관된 판단을 내릴 수 있는 것으로 볼 때, 언어사용자들은 이러한 규칙들을 무의식적으로 알고 있다.2

그러나 인간이 모국어의 음소와 음소의 연속체들을 '안다'는 것이 어휘 항목들이 기차에 실려 가는 버스들처럼 모두가 균등한 음소의 연속체라는 것을 반드시 함의하는 것은 아니다. 이 점은 특히 영어의 단어들이 소리와 긴밀하게 결합하는 고유한 강세유형을 저마다 가지고 있다는 이유에서 더 분명해진다. 그리고 마음속 어휘집의 항목들은 글로 된 사전의 항목들과 달리 단어 내부에 다른 부분들보다 더 두드러지는 부분들이 있다는 점에서 다소 불균등하게 저장되어 있다는 사실이 드러난다.

▌욕조효과 ▌

단어가 어떻게 기억되는지에 대한 연구 문헌에 가장 보편적으로 언급
되어 있는 연구결과가 아마도 '욕조효과(저자가 만든 용어임)'일 것이다. 사람
들은 단어의 처음과 끝을 중간보다 더 잘 기억하는데, 이것은 단어가 마치
욕조에 드러누워 머리를 한쪽 끝에, 그리고 발을 다른 쪽 끝에 내 놓고 있
는 사람의 형국을 하고 있다는 것을 뜻한다. 그리고 욕조에서 머리가 발보
다 더 높이 물 밖으로 나오듯이 평균적으로 단어의 처음이 끝보다 더 잘
기억된다(그림 12.1).

an_____dote

그림 12.1 욕조효과

처음과 끝이 중요하다는 것은 20년도 더 전에 두 명의 Harvard 대학
심리학자가 처음으로 지적하였다.3 2장에서 언급하였듯이, 이 학자들은 약
50명의 학생들에게 비교적 잘 사용하지 않는 단어들의 정의를 말해보도록
함으로써 '말이 혀끝에서 맴도는 상태(TOT 상태)'를 유도하려고 하였다. 이
에 의해 200개 이상의 '긍정적 TOT'를 이끌어내는 결과를 얻었는데, 긍정
적 TOT란 피험자들이 나중에 그 단어가 무엇인지를 들었을 때, 자신이

마음속에 가졌던 단어도 바로 그 단어였다는 주장을 하는 상황을 말한다. 심리학자들은 TOT 상태에 빠진 사람들에게 단어를 뒤지는 과정에서 그들의 마음에 떠오른 다른 항목들에 대해 여러 가지 질문을 해 보았는데, 피험자들이 목표 단어와 소리가 비슷한 것 같다고 한 단어가 목표 단어와 실제로 유사한 경우에는 분명한 욕조효과가 나타났다. 예컨대 목표 단어가 sampan(목조선)일 때, sarong(의류의 일종), Siam(샴, 태국의 옛 이름), sympoon에 대해 목표 단어와 소리가 비슷하다는 판단을 내리는 식이었다. 이 효과는 우연에 의한 것일 수가 없는데, 그 이유는 sampan과 의미가 비슷한 houseboat(지붕이 있는 배), junk(정크 선, 중국 수역 등지에서 쓰이는 해선－역주)에 대해서는 나타나지 않았기 때문이다(그림 12.2). 그리고 사람들이 다른 방식으로는 기억해낼 방법이 없는 단어가 있을 때 해당 단어의 처음, 그리고 이보다 다소 약한 정도로 끝을 기억해내는 경향이 있다는 사실은 다른 연구자들에 의해서도 확인되었다.4

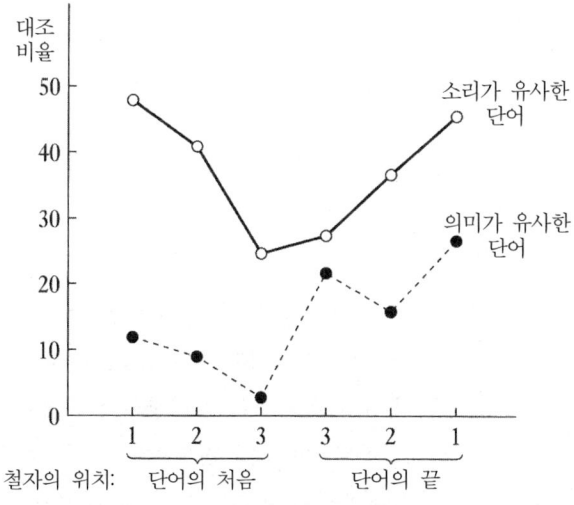

그림 12.2 소리가 비슷한 단어 vs. 의미가 비슷한 단어
(Brown & McNeill(1996)에서 발췌)

syllables(음절) 대신 cylinders(실린더)를, antidote(해독제) 대신 anecdote(일화)를, 그리고 faculties(교직원) 대신 facilities(시설)를 쓰는 경우에서처럼, 실수에 의해 비슷한 소리를 가진 다른 단어를 잘못 선택하는 유사음성오류(malapropism)에서는 욕조효과가 더욱 강하게 나타난다. 한 연구에서는 golf(골프) 대신 goof(바보)를, me(나를) 대신 my(나의)를, psychological(심리학의) 대신 psychotic(정신병의)을 쓰는 것과 같은 통상적인 단어들을 포함하는 약 200개의 오류를 연구하여 동일한 욕조 모양 곡선을 확인함으로써,5 욕조효과가 사용빈도가 낮은 단어에만 해당되는 현상이 아니라는 것을 보여주었다. 후속 연구들의 결과에 의하면, 단어 첫소리의 80퍼센트 이상과 끝소리의 70퍼센트 이상이 목표 단어와 동일하거나 매우 유사하였다. 그러나 중간 부분의 경우에는 이러한 높은 수준의 일치가 나타나지 않는다.6

단어의 길이가 욕조에 다소 영향을 미친다. 500개에 육박하는 유사음성오류의 수집 자료에서, 길이가 짧은 단어의 첫머리가 길이가 긴 단어의 첫머리보다 약간 잘 기억되었으며, 길이가 긴 단어의 끝은 길이가 짧은 단어의 끝 보다 훨씬 잘 기억되었다.7

	첫 자음	끝 자음
짧은 단어(1-2음절)	86%	70%
긴 단어(3음절, 혹은 그 이상)	82%	82%

따라서 욕조효과는 단어의 처음이 특히 두드러지게 저장되며, 단어의 끝은 이보다 약간 덜 두드러지게 저장된다는 것을 시사한다. 이 효과는 단지 단어를 이루는 모든 부분들이 동등하게 저장된 상태에서 특별한 부분들에 대해 주목하는 '선택적 주목'에 의한 것은 아니다. 왜냐하면, 기억 속에서 서로 혼동되는 단어들에게서도 욕조효과와 유사한 특징이 나타나기 때문이다. 사람들이 마음속에서 두 단어의 차이를 잊고 하나로 취급할 경우, 해당 단어들은 일반적으로 처음과 끝이 비슷하다. '혼동하기 쉬운 것들'에

대한 책에 나오는 상당수의 항목들이8 다음과 같이 비슷한 소리로 시작하고 비슷한 소리로 끝난다. flaunt(잘난체하다)/flout(경멸하다), fluorescent(형광성의)/phosphorescent(인광성의), hydrometer(액체비중계)/hygrometer(습도계), proigy(천재)/progency(자손), hysterics(히스테리발작)/histrionics(연극).

욕조효과는 단어의 끝 부분에 이른 다음 얼마동안이나 더 지속될까? 욕조효과는 거의 즉각적으로 하강곡선을 그리기 시작하는 것으로 보인다. 한 연구에서는 약 500개의 TOT 상태에서 나온 추측들을 분석했는데,9 이 중 첫 번째 음소를 기억해 낸 경우는 전체의 51퍼센트였고, 마지막 음소를 기억해낸 경우는 전체의 35퍼센트였다. 두 개씩의 음소를 묶어서 분석해 보았더니, 처음의 두 개와 마지막 두 개를 기억해 낸 경우가 각각 전체의 19퍼센트였다. 또한, 목표 단어와 거의 가까운 오류에서는 우연에 의해 적중할 수 있는 정도보다 더 많은 숫자의 분절들이 목표 단어와 같았다. 다만 이 분절음들이 목표 단어의 분절음들과 반드시 같은 순서는 아니었다. 단어의 처음과 끝에서 기억되는 덩어리들은 형태소나 음절에서 서로 같지 않았다. 즉, bimodal(쌍봉의) 대신 binomial(이항식), 그리고 retrieval(인출) 대신 rebuttal(반박)이 나오는 것처럼, CV(consonant(자음) + vowel(모음))로 된 연속체는 단어의 첫 부분에서 기억되는 경향이 있었고, VC로 된 연속체는 끝 부분에서 기억되는 경향이 있었다. 모음은 그 앞이나 뒤에 나오는 자음에 부착되는 것으로 보였다. '모음은 소리 세계의 바람둥이다.'10

따라서 단어의 처음과 끝은 다른 부분들보다 두드러지게 저장되는 것으로 보이며, 강세를 받는 모음처럼 두드러질 것 같은 부분들보다도 더 용이하게 기억해낼 수 있는 것 같다. 유사음성오류에 대한 한 연구에 의하면, 강세를 받는 모음은 길이가 짧은 단어의 경우에 평균적으로 더 잘 기억해 낼 수 있으며, 길이가 긴 단어의 경우에는 기억해내는 비율이 60퍼센트에 미치지 못한다.11 강세를 받는 또 하나의 모음은 65퍼센트의 단어에서 목표 단어와 일치했는데, 이 비율은 첫 번째 모음에 강세가 있는 경우를 제외하고 난 후에는 첫 번째 모음의 경우보다 낮아졌다.12

욕조효과는 소리의 연속체에 관련된다. 그러나 단어는 소리와 강약이 뒤섞인 복합체이다. 이제 단어가 지니는 이 두 가지 측면이 서로 어떻게 통합되는지에 대해 생각해 보자.

▌ 밑에 깔린 뼈대 ▌

단어는 신체에 비유될 수 있다. 모양을 제공하는 뼈대가 있고, 여기에 살이 덮여 있다.

뼈대의 기본적 특징을 이루는 것이 음절의 숫자이다. TOT 실험은 사람들이 단어의 길이에 대한 적절한 지식을 가지고 단어를 기억해 내는 시도를 한다는 것을 보여 준다. 피험자들에게 기억이 나지 않는 단어의 음절 숫자를 그 순간에 추측해보라고 하면, 정확하게 답하는 경우가 절반 이상이었다.[13] 이 수치는 해당 단어의 첫 번째 자음이 무엇인지에 대한 추측치(57퍼센트)와 같았는데, 다만 음절의 경우 선택의 폭이 더 좁다. 그러나 이러한 수치는 우연에 의해 적중했을 25퍼센트 정도의 수준보다는 여전히 상당하게 높은 것이다.

소리가 유사한 단어를 선택하는 유사음성오류는 이보다도 비율이 높았는데, 다만 정확한 수치에 대해서는 학자들 사이에 통일된 의견이 없다.[14] 이러한 현상은 길이가 짧은 단어들이 긴 단어들보다 상대적으로 음절의 숫자를 더 잘 유지하는 데 기인하는 것일 수 있는데, 해당 연구들이 사용한 단어들은 길이가 서로 달랐을 가능성이 있다. 흥미로운 사실은 음절의 길이를 잘못 기억해 냈을 때 길이가 짧은 단어들은 길이가 길어지는 경향이 있고, 길이가 긴 단어들은 길이가 짧아지는 경향이 있다는 것인데, 이것은 TOT와 유사음성오류에 공통적으로 나타나는 현상이다. 사람들은 두 음절의 단어와 네 음절은 단어를 세 음절의 단어로 기억하는 성향을 보였으며, 음절이 세 개인 단어는 두 개인 단어 혹은 네 개인 단어로 기억

하는 성향을 보였다.15

　　그러나 단순한 음절 숫자보다는 단어가 지니는 강약의 유형이 더 중요한
것 같다. 몇 개의 음절을 기억해 내는가에 대한 사소한 의견차는 있지만, 모
든 연구가 음절과 강약의 유형 사이에 밀접한 관계가 있다는 데 동의한다.

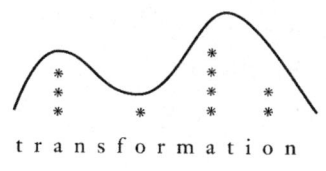

그림 12.3 강약 파동 유형

　　단어는 가장 강한 강세를 받는 음절이 가장 높은 정점을 이루고 가장
약한 강세를 받는 음절의 가장 낮은 골을 이루는 복합적인 형태의 파동으
로 볼 수 있다. 각 음절은 붙여 놓은 별표의 숫자에 나타나듯이 강도가 서
로 다르다(그림 12.3). 가장 강한 음절은 가장 많은 숫자의 별표를, 그리고
가장 약한 음절은 가장 작은 숫자의 별표를 할당받는다. 다만 이것은 상대
적이다. 즉, 여러 음절들이 가지는 강도 사이의 관계가 각 음절에 주어진
강세의 양이 정확히 어느 정도인가보다 더 중요하다. 강음절과 약음절의
기본적인 강약 유형을 나타내는 도식은 '운율 판(metrical grid)'이라고 한다.
다만 언어학 교과서에서는 아래쪽에 별표를 붙여놓는 표시법을 일반적으
로 볼 수 있다16(그림 12.4를 보시오). 가장 약한 음절에는 아무 표시를 하지
않기도 하는데, 이를 통해 전체 별표의 숫자가 하나 줄어든다.

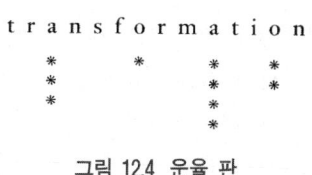

그림 12.4 운율 판

하지만 보다 일반적으로는 위에서 아래로 가지를 쳐 가는 나무 모양의 도식을 이용해 강약 유형을 나타낸다. 이러한 '운율 수형도'는 단어의 내부 구조를 확실하게 드러낸다. 이것은 음절들이 어떤 방식으로 결합하여 더 큰 단위들을 형성하는지를 보여주는데, 이 단위들을 '발'이라고 부르기도 하며, 발이 다시 모여 단어를 구성하게 된다. 수형도에서 강한 분지점에는 S(strong, 강한)라는 표식을 붙이며, 약한 분지점에는 W(weak, 약한)라는 표식을 붙인다. 음절에서 출발하여 위쪽을 향해 가는 가지들이 만나는 지점인 여러 분지점들을 따라감으로써 서로 다른 음절들의 상대적 강도를 확인할 수 있다(그림 12.5).

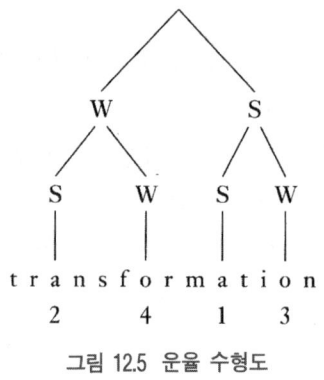

그림 12.5 운율 수형도

(1)(S 아래의 S)이 가장 강하고, (2)(W 아래의 S)가 두 번째로 강하며, (3)(S 아래의 W)이 다음으로 강하고, (4)(W 아래의 W)가 가장 약하다. 음절 아래에 표시된 숫자는 해당 음절이 다른 음절과 비교해서 얼마나 강한지, 혹은 얼마나 약한지를 나타낸다.

수형도를 정확히 어떻게 그려야 하는가에 대해서는 아직 논의가 진행 중이다.17 또한 단어들이 서로 연결되었을 때 일어나는 강약의 변화를 규정하는 '규칙들'이 무엇인가에 대해서도 논의가 분분하다. 예를 들어 hot (뜨거운), water(물), 그리고 cylinder(실린더)가 각각 따로 쓰일 경우의 발음은 hot-water cylinder(온수 실린더)로 결합되어 쓰일 때의 발음과 다를 것이다.

그러나 사소한 차이점들에도 불구하고 영어의 단어에 강음절과 약음절이 교체되는 기본 강약이 있고 이것이 마음속 어휘집에 규정되어 있다는 생각에 모든 학자들이 동의한다. 이미 언급하였듯이, 각 음절에 주어지는 강세의 정확한 양은 상관없다. 중요한 점은 단어 전체에 걸쳐 나타나는 강음절과 약음절의 관계이다.

운율 수형도의 중요성은 유사음성오류에 의해 드러난다. 유사음성오류에서 음절의 숫자가 동일하게 유지되는 경우에는 다음에서처럼 운율 구조역시 그대로 남는다.

> What are you *incinerating*(insinuating)?
> 너 무엇을 태우고 있니(빗대고 있니)?
>
> Try *permeating*(permutating) the elements.
> 그 요소들을 빠져나가(교체해) 보세요.

이 유형에서 벗어나는 유사음성오류의 경우에는 다음에서처럼 강도가약한 가지, 즉 강세를 받지 않는 음절이 사라지기 십상이다.

> You need an *translation*(transformation).
> 너는 번역이(변화가) 필요해.
>
> The secret police *liquidized*(liquidated) him.
> 비밀경찰이 그를 액체로 만들었다(변제해 주었다).

다음에서처럼 약음절이 끼어드는 경우도 가끔 볼 수 있다.

> A *tactical*(tactful) person. 전술적인(재치 있는) 사람
> He was *castigated*(castrated). 그는 응징되었다(거세되었다).

따라서 강세를 받지 않는 음절은 쉽게 사라지고 쉽게 끼어든다.

일반적으로 단어의 앞부분은 다른 어떤 위치보다 잘 기억되지만, 강도가 약한 가지는 단어의 앞부분에서도 문제를 일으킬 수 있다. 즉, fire distínguisher(extínguisher), a touch of vagína(angína)에서 볼 수 있듯이, 단어 앞부분을 잘못 기억해낸 오류에서 가장 많은 부분을 차지하는 것이 첫음절이 강세를 받지 않는 경우이다.[18] 이에 반해 중간 부분은 강세를 받는 음절을 포함하고 있을 때 더 잘 기억된다.[19]

언어사용자의 마음속에는 일반적인 강약 유형이 각인되어있는 것으로 보이는데, 가장 약한 음절들이 가장 약하게 표시된다. 강세를 받지 않는 첫 음절에 관련된 오류들이 보여주듯이 이 유형은 음 연속체와 뒤얽혀 있다. 실제로 단어 형태 오류와 분절음 오류의 상호작용에 대해 살펴본 한 연구자에 의하면, '일반적으로 한 층위의 오류는 자동적으로 다른 층위의 오류를 끌어들인다.'[20] 뿐만 아니라, 강세를 받는 경향을 가진 모음들이 있는데, 예를 들면 ointment(연고)의 oi처럼 하나의 모음에서 다른 모음으로 부드럽게 이어져 가는 복모음은 거의 언제나 강한 모음이다. 만약 강약과 분절음이 서로 독립적이라면, 이러한 방식의 맞물림은 기대할 수 없을 것이다. 따라서 몸에서 살과 뼈대가 서로 맞물려있을 수밖에 없는 것처럼, 강약유형과 분절음들은 서로 뒤얽혀 있다.

지금까지의 논의의 결론은 단어의 주요 특질들 중 다른 특질들보다 더 두드러지게 저장되는 것이 있으며, 이러한 특질은 단어 형태와 분절음의 혼합체라는 것이다. 무엇보다도 단어의 첫 부분과 이보다 다소 적은 정도로 끝부분, 그리고 일반적인 강약 유형이 중요한데, 사람들이 단어를 선택할 때는 이러한 요인들에 주목한다. 이러한 발견은 정상적인 언어사용자뿐 아니라, 단어의 첫 부분과 음절의 숫자에 대해 우연에 의해 도달할 수 있는 수준 이상의 추측을 할 수 있는 실어증 환자들에게도 해당된다.[21] 다만 실어증의 유형에 따라 이러한 능력에 차이가 있다.[22] 이제 이러한 강약과 소리의 맞물림의 또 다른 측면인 음절 구조에 대해 살펴보기로 하자.

| Ducks와 Bucks |

처음과 모음을 포함하는 중간, 그리고 끝으로 이루어지는 음절들이 많이 있는데, 처음을 onset(초두음), 중간을 peak(정점), 그리고 끝을 coda(종결자음)라고 부르기도 한다. 이것은 fog의 f-o-g이나, scratch의 scr-a-tch에서 볼 수 있는 구조이다. 그러나 이 세 부분은 빨랫줄에 띄엄띄엄 널어놓은 옷들과 같은 방식으로 행동하지 않는다. 음절에는 고유한 내부 구조가 있어서 다른 부분들보다 서로 더 밀접하게 붙어있는 부분들이 있다.

발화 오류인 ducks(dollars(달러)+bucks(달러, 돈)와 shell(shout(소리치다)+yell(고함치다))을 보자. 두 개의 단어가 하나로 합쳐지는 혼합에 의해 만들어진 말에는 tumber(timbe(목재)+lumber(판재))에서처럼 일반적으로 최소한 두 단어에 공통적으로 들어 있었던 모음 하나가 들어 있게 된다. 그러나 이렇게 되지 않을 경우에는 음절이 두 부분으로 갈라지는데, 이러한 분리는 다음에서 볼 수 있듯이 모음 뒤에서보다는 모음 앞에서 더 자주 일어난다.23

```
D  ollars          SH  out
b  Ucks            y   ELL
```

이러한 발견은 한 실험에 의해 재확인되었는데, 대학생들에게 krint와 glupth 같은 만들어낸 단어 두 개를 주고 두 단어를 혼합하는 데 이용될 수 있는 여러 가지 방법을 가르쳐 주었더니, 비단어들을 모음 뒤에서 분리시켜 kript나 glunt 같은 혼합을 만들기보다는, 모음 앞에서 분리시켜 krupth나 glint와 같은 혼합을 만들어냈다. 이 연구의 결론은 '음절들을 작은 단위들로 나누어 이 단위들을 처리하는 적극적 분석이 필요한 과제에서 사람들은 음절을 첫 번째 자음이나 자음 군과 모음의 두 부분으로 나누는 것을 특히 선호한다'는 것이었다.24 그리고 이것은 단어 습득 실험

에서 피험자들이 무의식적으로 단어들을 혼합한 경우에 대해서도 들어맞
았다.

　자동적 단어 게임에서도 이와 유사한 경향이 나타난다. Ets-lay alk-
tay ig-pay atin-lay라는 말은 얼핏 보면 헛소리인 것 같지만 많은 어린
아이들에게는 완벽한 의미를 가지는데, 'Let's talk Pig-Latin(Pig-Latin 놀
이 하자)'을 뜻한다. 아이들이 각 단어의 첫 번째 소리를 떼어내어 여기에
-ay를 붙인 후 이것을 원래 단어의 끝에 붙임으로써(이 놀이를 Pig Latin이
라고 함-역주), 자신들이 서로 자유롭게 주고받는 말을 다른 사람들이 이해
하지 못하도록 만들거나 그렇게 되기를 바라는 것이다.

　이러한 발견들은 초두음과 운(rhyme)으로 불리기도 하는 나머지 부분
이 구분되는 것으로 보는 언어학자들의 관점을 지지하는데, 언어학자들
의 이러한 관점은 초두음과 그 다음의 모음 사이에는 거의 제약이 없지
만, 모음과 모음 다음의 자음 사이에는 상당히 많은 제약들이 있다는 관
찰에 입각한 것이다.25 예컨대 str-와 같이 단어 앞부분의 자음 세 개로 이
루어진 연속체 다음에는 거의 모든 종류의 모음들이 나올 수 있는데, 이것
은 strangle(목 졸라 죽이다), strength(강도), string(끈(에 달다)), strong(강한),
strung(string의 과거분사), stroke(타격), streak(줄, 선), strain(팽팽하게 하다)
등의 단어들을 보면 알 수 있다. 그러나 단어 끝부분의 세 자음 앞에 나올
수 있는 모음에 대해서는 제약들이 있다. 즉, 영어에 strength라는 단어는
있지만, *streength는 없으며, glimpse(흘끗 보기)는 있지만 *gleemps는
없고, thinks(생각하다)는 있지만 *thoonks는 없는 등의 현상을 볼 수 있다.

　따라서 영어의 음절들은 무의식 수준에서 초두음과 나머지 부분의 두
부분으로 분리되는 것으로 보인다(그림 12.6). 그러나 운(나머지 부분)을 이루
는 소리들이 언제나 서로 단단히 붙어있는 것은 아니다. 즉, 단어 끝의 자
음이 그 앞의 모음에 부착되는 정도는 해당 자음의 유형에 따라 다르다.
[l]은 단단히 붙는 자음이며, 미국 영어의 [r]도 마찬가지이다. 그러나 다른
자음들은 보다 쉽게 떨어져나갈 수 있다.26

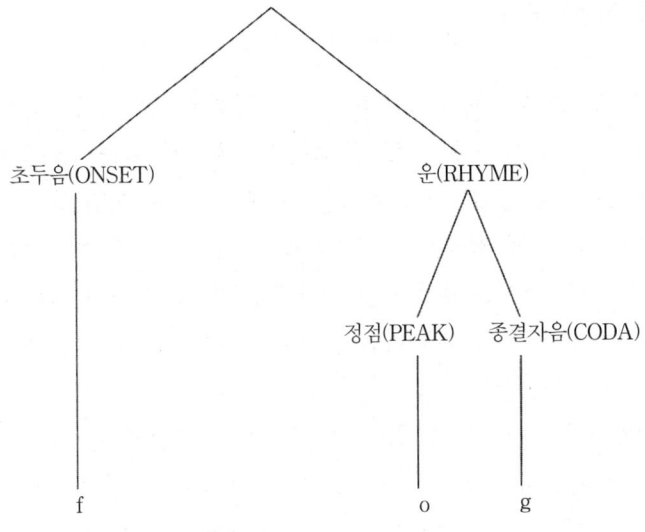

그림 12.6 음절의 구조

아직 완전히 해명되지 않은 또 다른 문제는 음절을 어디에서 분리할 것인의 문제이다. asparagus(아스파라거스)와 같은 단어에서는 음절이 a-sparagus의 구조를 가지는가? 또는 as-paragus인가? petrol은 pe-trol인가 petr-ol인가? 아니면 sp와 tr이 첫 번째 음절과 두 번째 음절 모두에 속할 수 있는가? 학자에 따라 이 문제에 대한 해답이 다른데,27 이것은 아마도 인간 자체가 일관적이지 못하다는 데 기인하는 것 같다.

결국 음절은 자신만의 고유한 구조를 가지고 있으며, 음절 내에는 다른 부분들보다 더 밀접하게 서로 연결되어 있는 부분들이 있다. 그러나 생각해 볼 필요가 있는 또 다른 유형의 밀접성이 있는데, 소리들 사이의 유사성이 그것이다.

▌ 자연부류 ▌

책으로 된 사전에서 A와 B가 서로 가까운 곳에 있는 것과 마찬가지로, 사람들의 마음속에서 서로 밀접한 것으로 간주되는 소리들이 있다. 다만 이 소리들이 공간적으로 가까울 필요는 없으며, 어떤 강력한 연결고리에 의해 서로에게 걸려있다. 말오류에는 'car park(주차장)' 대신 par cark을 쓰는 경우처럼, 우연에 의해 발생할 수 있는 빈도보다 더 자주 반복되는 것들이 있는데, 이것은 마음이 서로 유사한 것으로 간주하는 소리들이 있다는 것을 말해준다.

이제까지는 소리를 강약의 뼈대에 덮여있는 살에 비유했다. 그러나 소리들은 의류들처럼 일정한 범주들로 나뉜다는 점에서 살보다는 옷에 더 가까운 측면이 있다. 청바지와 반바지가 같이 묶이고 여기에 대응해서 셔츠와 블라우스가 같이 묶이는 것처럼 특정의 소리들이 모여 '자연 부류'를 이룰 수 있다.28 소리들이 하나의 부류로 묶이는 것은 한편으로는 행동이 비슷하기 때문이며, 다른 한편으로는 객관적인 음성학적 유사성들을 공유하기 때문이다. 예를 들어, [p], [t], 그리고 [k]는 모두 영어 단어의 첫머리에 쓰이는 경우 발음될 때 기식음(혹 하고 나오는 숨)을 동반하며 성대의 떨림이 나중에 일어난다는 등의 음성학적 특징들을 공유한다.

목표 단어와 분절음 하나만이 다른 유사음성오류에서는 목표 단어의 분절음과 잘못 쓰인 분절음이 하나의 동일한 자연 부류에 속하는 경우가 흔히 있다. 다음을 보라.

> My *brain*(drain) is clogged. 내 머리(배수관)가 막혔다.
> A religious *profession*(procession). 종교적 직업(행렬)
> Transcendental *medication*(meditation). 심원한 약물치료(명상)

한 연구에서는 유사음성오류가 목표 단어와 달라지는 지점을 단어 첫

머리에서부터 시작하여 분석했는데,[29] 조사한 유사음성오류의 거의 절반
에 달하는 경우에서 잘못 사용된 소리와 목표 단어의 소리가 동일한 자연
부류에 속한다는 것이 밝혀졌다.

따라서 마음속 어휘집에서는 자연적인 묶음 만들기의 원리가 글로 된
사전의 임의적인 알파벳 체계를 대체한다. 이 원리들이 정확히 어떻게 작
용하는지는 분명하지 않다.[30] 자연 부류들이 서로 중첩된다는 이유 때문에
개별 소리를 어떤 범주에 넣을지에 대한 전반적인 동의가 이루어지지 않
고 있다. 즉, 소리는 두 개 이상의 범주에 들어갈 수 있다. 예를 들어 [p]는
[b]와 몇 가지 특징들을 공유하고, [t]와는 다른 특징들을, 그리고 [f]와는
또 다른 특징들을 각각 공유한다.

분절음 자체가 복합 구조를 가지고 있는 것으로 간주될 수도 있다. 이
러한 맥락에서 분절음들이 더 작은 성분으로 분해되어 마음속 어휘집에
저장되며, 이 성분들이 필요할 때마다 합쳐진다는 제안을 한 사람들이 있
었다.[31] 이것은 그다지 현실성이 없는 생각이다. 만일 분절음들을 만들기
위해 많은 수의 더 작은 성분들, 혹은 '자질들'이 모여야만 하는 것이라면,
[p]에 속하는 성분들과 [d]에 속하는 성분들의 위치가 바뀌어 'pedestrian
(보행자)' 대신 tebestrian을 쓰는 것 같이 성분들을 잘못 결합한 예가 많이
있을 것으로 예측할 수 있다. 실제로 이러한 오류는 극히 드물며, 두 명의
학자가 광범위한 조사 끝에 내린 결론에 의하면, '자질들은 독립적으로 이
동할 수 있는 실체가 아니다.'[32] 소리를 더 작은 성분들로 쪼개는 것은 분
명 유용한 기술적 도구이며, 분절음들 사이의 유사점과 차이점을 특징짓
는 편리한 방법이다. 그러나 이것이 마음속 어휘집 내에서 소리가 다루어
지는 방식은 아니며, 마음속 어휘집 내에서는 분절음 전체가 유일한 기준
이 되는 것으로 보인다.

▌ 네트워크구조 ▌

일반적으로 앞부분과 뒷부분, 그리고 강약이 서로 비슷한 단어들은 서로 밀접하게 연결되어있을 것이다. 이 맥락에서 '비슷한'이라는 말은 동일하거나 하나의 동일한 자연부류에 속한다는 것을 의미한다. 단어는 목록을 이루고 있기보다는 뭉쳐서 덩어리를 이루고 있는 것으로 보이는데, 이것은 다시 말하지만 우리가 지금 다루고 있는 것이 네트워크라는 것을 시사한다(그림 12.7). antidote(해독제)와 anecdote(일화), hydrometer(액체비중계)와 hygrometer(습도계), 그리고 musician(음악가)과 magician(마술사)과 같이 가장 비슷한 것들은 서로 밀접하게 연결되어 있을 것이다. 이러한 단어들은 서로 혼동될 가능성이 특히 높다. specialization(특화)과 specification(규정), tambourines(탬버린)와 trampolines(트램폴린), 그리고 funicular(짐운반용 철도)와 vernacular(그 지방 특유의)처럼 유사성이 좀 떨어지는 단어들은 이보다는 다소 느슨하게 연결되어 있겠지만, 여전히 경우에 따라서는 뒤바뀔 수 있을 정도로 충분히 근접해 있다. 어휘집의 다른 측면들과 마찬가지로 이 연결들이 고정 불변은 아니다. 기존의 단어들이 네트워크 내에서의 위치를 옮기거나, 예전에는 인지하지 못했던 단어 소리들 간의 연결을 갑자기 보도록 해주는 새로운 농담이나 운에 접하게 되면 언제라도 새로운 연결들이 만들어진다. 'Cleopatra, Egypt's answer to Montmartre(클레오파트라, 이집트의 몽마르뜨르)'와 같은 말을 보라.

이렇게 소리가 유사한 단어들은 기억으로부터 불려나오는 과정에서 서로 도움을 주기도 한다. 그러나 '차단'에서 볼 수 있듯이 단어들이 선택되기 위해 서로 경쟁할 수도 있는데, 이것은 원하는 단어가 그것과 소리가 비슷한 다른 단어에 의해 밀려날 때 우리가 겪게 되는 친숙하면서도 짜증나는 경험이다. 한 기상예보관의 이름 Ian MacGaskill이 어떤 여성에게 계속 어렵게 느껴졌던 이유는 이 여성의 동료 Don Mackenzie가 '지속적으로 그 자리에 뛰어들었기' 때문이었는데, 이것은 이름의 경우 흔히 나

타나는 현상이다.[33]

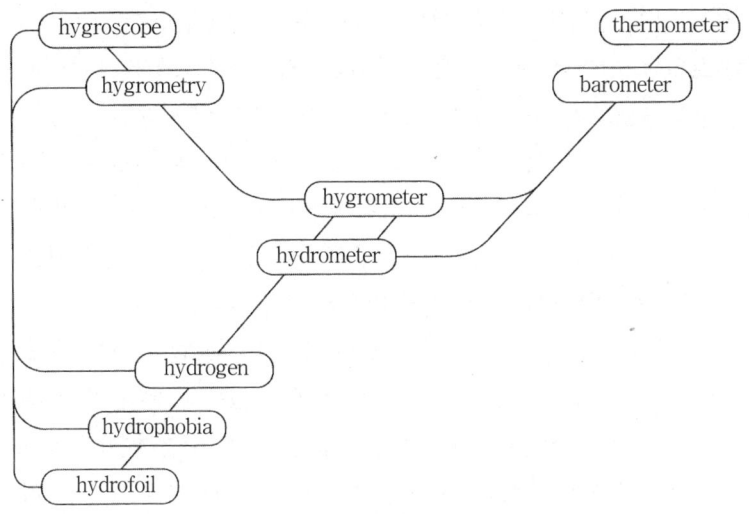

그림 12.7 소리가 비슷한 단어들의 네트워크

마지막 한 가지 사항은 소리연속체의 허용 여부를 결정하는 '규칙들'에 대한 것이다. 이 규칙들은 어디에 있어야 마땅한가? 소리연속체가 적법한지를 결정하는 이러한 규칙들은 기존 단어들의 저장고와는 특별한 연관성이 없는 것으로 보인다. 이 규칙들이 '진정한 어휘집'의 한 부분은 아닐 수 있지만, 언어사용자들이 새로운 단어들을 다루는 데 사용하는 '어휘 도구 상자'에 연결되어 있는 보조 정보의 한 부분일 수 있다(15장). 기존의 단어를 확장하여 새로운 단어를 만드는 과정은 이어질 세 장의 주제가 될 것이다.

▐ 요약 ▐

이 장에서 우리는 마음속 어휘집 내에 있는 단어의 소리구조에 대해 생각해 보았다. 단어의 여러 부분들 중에는 다른 부분들보다 더 두드러지게 저장되는 부분들이 있는 것으로 보인다. 말하자면 이 부분들은 마음에 보다 깊이 각인되어 있다. 이러한 소리에는 단어의 처음과 끝을 이루는 소리('욕조효과'), 그리고 소리와 필연적으로 연결되는 일반적 강약 유형이 있다.

처음과 끝, 그리고 강약 유형이 비슷한 단어들은 서로 모여 무리를 짓고 있을 가능성이 있다. 이렇게 소리가 비슷한 단어들이 항상 서로를 도와 기억에서 잘 불려 나올 수 있도록 하는 것은 아니며, 서로를 차단할 수도 있다.

단어 내부의 음절은 고유한 구조를 가지고 있는데 특히 첫 번째 자음의 부착 강도가 떨어진다. 이것이 두 개의 단어가 우연히 서로 뒤섞이는 현상인 혼합에 영향을 미칠 수 있다. 소리 분절음의 경우에는 '비슷하다'는 것이 하나의 동일한 자연부류에 속한다는 것을 의미한다. 분절음들이 사람의 마음속에서 더 작은 단위들로 분해된다는 생각은 현실성이 없는 것으로 보인다.

지금까지는 존재하는 단어들만을 논의의 대상으로 삼았다. 이제 이 단어들이 어떻게 확장되는지, 그리고 새로운 단어들이 어떻게 만들어지는지에 대해 생각해볼 필요가 있다.

제 3 부

새로 등장하는 단어

Newcomers

13 | 떠도는 단어
— 층 만들기와 의미 변화 —

> 단어는 자신의 어원에 내려진 닻에 매우 느슨하게 매달려, 흔들리는 조류
> 와 용법의 물살을 따라 종종 이리 저리 흘러갈 것이다.
>
> Richard Chenevix Trench(1855)

단어는 숫자와 달리 고정적이고 절대적인 가치를 가지지 않는다. 단어
가 어떻게, 그리고 왜 그 의미를 바꾸는지를 이해함으로써, 마음속 어휘집
에 대한 귀중한 통찰을 얻을 수 있다. 하지만 이러한 예상과 달리 의미의
변화는 종종 허약함과 쇠퇴의 징후로 간주되어왔다. Byron경(1811)은 단어
의 '희미해짐'과 '쇠퇴'에 대해 다음과 같이 언급한다.[1]

> 숲이 자신의 무성한 잎을 아주 천천히 떨어뜨리고
> 전성기에는 기쁨을 주는 표현들도 희미해져 가고
> 그리고 우리와 우리가 가진 것들도 어쩔 수 없이 죽음을 맞을 것을
> 그리고 노동과 단어는 하루면 쇠퇴할 뿐인 것을

19세기에는 실제 세계의 단어들이 '적절한' 의미를 가지는 것으로 가
정되었으며, 예컨대 Richard Chenevix Trench가 1856년에 다음과 같이

대노했던 것처럼2 '광범위하고 애매하며 느슨한' 사용에 대해서 격분하는
작가들이 있었다.

> 단어가 한때 가지고 있었던 명확하고 엄격하게 정의된 의미의 주요 사항
> 들을 잃어버리고, 확정적이고 정확히 적용되는 대신 광범위하고 애매하며 느
> 슨하게 적용됨으로써 아무 것이나 의미할 수 있고, 이를 통해 실제로는 아무
> 것도 의미하지 않게 되는 경향은 … 언어가 결국에는 폐허가 되는 데 가장
> 치명적인 영향을 주는 경향 중의 하나인데, 나는 단어를 그런 식으로 사용하
> 는 사람들의 기를 꺾기 위해서라면 아무런 주저 없이 덧붙일 말이 더 있다.

Lewis Carroll의 Through the Looking Glass(1872)에서 Humpty-
Dumpty는 ''내가' 단어를 사용할 때는 … 그 단어가 더도 덜도 아닌 내가
의미하는 바로 그것을 의미하지.'3라고 거만하게 주장했다. 이러한 거만한
주장은 그가 살고 있는 곳이 단어의 의미가 멋대로 바뀔 수 있는 이상하
고 앞뒤가 바뀐 세계이며 고정적인 의미가 표준으로 간주되었던 시대라는
것을 보여주었다.

1891년에 Georg von der Gabelentz라는 독일 사람은 단어를 국가에
고용된 사람으로 생각해 볼 수 있을 것이라는 제안을 했다. 그들은 처음에
는 고용되고 시간이 지나면 진급한다. 나중에 그들은 절반의 급료를 받으
며, 종국에는 은퇴한다. 그들의 형태는 점점 생기가 없어지며, 색깔은 표백
이 된다. 그들은 죽기도 하고, 미이라가 될 수도 있다.4

의미의 변화에 대한 염려는 20세기까지 이어졌다. Geoffrey Hughes는
1988년에 '뜻을 고의로 왜곡하거나 약화시키는' 유행을 '심각한' 것으로 묘
사하였다. '의미를 고의로 왜곡시키는 것의 문제는 단어가 더 이상 소멸하
지 않는다는 것이다. 즉, 그들은 생기가 빠져나가 … 송장과 다름없어진
다.'5 그는 '단어의 가장 중요한 의미와 함께 사라져버린 자유 …'에 대해
애통해 했으며, 이것을 불필요한 일로 느꼈다. '의미에 대한 고의적 왜곡의
대부분은 상류층의 정서에 의한 것으로 보인다. 광부나 소작인, 혹은 양치

기가 "지독한 날씨(ghastly weather)"에 대해 불평을 늘어놓거나, "천상의
파티(divine party)"를 칭송하는 것을 상상할 수 없을 것이다 …' 그러나 그
는 상류층이 어휘적 변화의 주된 선동자라는 확실한 증거를 제시하지는
않았다.

▌ 변화의 유형 ▌

하지만 불필요한 걱정은 그만 두고, 왜, 그리고 어떻게 의미의 변화가
일어나는 것일까에 대해 생각해 보자. 19세기 말 작가들의 희망은 '법칙들'
을 발견하는 것이었다. 1883년에 Michel Bréal이라는 프랑스 사람은 자신
이 '의미의 변화, 새로운 표현의 선택, 관용어구의 탄생과 소멸을 지배하는
법칙들'을 연구하는 의미론(semantics)이라는 새로운 영역을 개척했다고 주
장했다.6 사실 Bréal의 연구가 처음으로 광범위한 주목을 끌었음에도 불구
하고, Bréal이 의미 변화를 연구한 최초의 학자는 아니었다. Bréal의 용어
인 '의미론'은 남았는데, 다만 지금은 이 말이 의미 변화뿐만 아니라, 언어
학적 의미 모두를 포함하는 용어이다.

그러나 Bréal 찾아낼 수 있을 것으로 기대했던 일반 법칙들이 파악하기
힘든 것으로 밝혀짐에 따라, Bréal 식의 낙관론은 흐지부지되었다. 20세기
의 대부분 기간에 걸쳐 의미 변화는 밝혀내기 힘든 문제로 간주되었다.

변화의 종류가 다양하다는 것과 그 숫자가 엄청나다는 것, 그리고 변
화가 규칙을 따르지 않는 것이 명백하다는 사실에 직면하여 낙담하고 있
는 상황을 흔히 볼 수 있었다. 한 작가의 말을 빌리면,7

의미적 변화는 놀라울 만큼 광범위하다 … 눈사태만큼 많은 언어적 증거
의 탄복할만한 다양성에 우리는 쉽게 혼란에 빠지게 된다.

언어 변화를 연구한 많은 사람들이 변화의 종류를 열거하는 데 그쳤다. 변화의 유형을 확인하여 거기에 확장(expansion), 제약(restriction), 타락(pejoration), 개선(amelioration), 가속(acceleration), 지연(retardation), 연상(association), 차별화(differentiation) 등의 명칭을 붙였다.8 단어의 의미가 마치 폭발해 사방으로 날아가는 별들만큼이나 떠돌아다니는 것으로는 보이지 않았다.

의미변화 과정의 이러한 예측 불가능성은 어떤 어원사전에서도 쉽게 확인할 수 있다. buff를 보자.9 이 단어는 한때 버팔로(buffalo, 몇몇 대형 들소 종의 총칭 – 역주)를 뜻했는데, 프랑스어의 buffe('buffalo')에서 왔을 것이다. 이어서 이 단어는 '가죽'을 의미하게 되었는데, 이것은 원래 버팔로의 가죽에서 온 말이다. '가죽'과 '피부'의 연상에 의해 in the buff(벗은)이라는 표현이 생겨났다. 18세기에는 일종의 흐릿한 황갈색의 소가죽의 색깔 때문에 이 말이 색깔을 나타내는 용어로 채택되었다. 19세기에는 은 세공장이들이 광을 내는 데 부드러운 소가죽을 사용함으로써, buff라는 단어가 '광을 내다'라는 뜻을 가지게 되었다. 1820년에는 뉴욕의 자원 소방대원들이 유니폼 색깔 때문에 'buffs'로 알려지게 되었다. 이렇게 해서 film buff(영화광)에서처럼 자발적이고 무언가에 열광적인 사람들도 buff로 부르게 되었다.

의미 변화의 원인 또한 그것을 분류해 보려는 사람들을 혼란에 빠뜨렸다. 이와 관련해 Stephen Ullman은 1962년에 다음과 같이 한탄한 적이 있다.10

> 의미의 변화는 무수한 원인들에 의해 발행할 수 있다 … 우리가 아무리 섬세한 분류의 그물을 고안한다고 하더라도, 그것을 빠져나가는 경우들이 항상 있게 될 것이다.

20세기 초반에 프랑스의 언어학자 Antoine Meillet은 널리 인용되지만 제한적인 의미변화 원인들의 목록을 제안했다.11 그는 단어들의 의미가 언어학적, 역사적, 혹은 사회적 이유에 의해 바뀔 수 있다고 제안했다. 언어학적 이유에 의해 발생한 최근의 한 가지 변화는 have를 쓸 자리에 of를 사용하는 예(흔히 글에서도 이렇게 쓴다)가 증가한다는 것이다. 'I would of done it'에서 볼 수 있듯이 발음을 빨리 함에 따라 h가 탈락된 것이다. soup의 경우에 그렇듯이, 사회적 원인과 역사적 원인을 분리해 내는 것은 쉽지 않다. 이 단어는 프랑스어의 soupe에서 차용된 단어인데, 원래는 sop이라는 단어처럼 '우유에 적신 식빵'을 의미했다.12

Meillet의 분류를 수록하고 있는 책들이 아직 있는데, 흔히 종교, 미신, 혹은 조심성 때문에 어떤 단어를 말하지 못하는 타부 같은 '심리학적 이유들'을 보충해 제시하고 있다. 이것은 미국 인디언의 믿음을 묘사한 다음과 같은 최근의 소설에서와 마찬가지이다.

> Abenaki족은 곰 사냥을 할 때 곰을 곰이라고 부르지 않는다. 이렇게 하면 불운이 온다고 여긴다. 대신 곰을 할머니, 사촌, 대장의 딸, 혹은 턱을 가진 놈이라고 부른다.13

유형과 원인의 목록이 역사학자들에게는 유익할 수 있다. 그러나 이러한 목록들은 의미 변화를 격하시켜 시야에 들어오는 것들을 즐길 목적으로 모아놓은 것 같은 마을 잔치 수준으로 만든다. 변화의 과정에 대한 어떤 깊은 통찰도 제공하지 못하는 것이다.

▌ 올챙이에서 뻐꾸기를 지나 여러 가지 의미의 탄생까지 ▌

언어의 변화를 연구하는 역사언어학은 언어학의 분야들 중 처음으로 생겨난 분야의 하나이다. 따라서 역사언어학은 이 분야의 창시자들에 의해 제안된 오랜 믿음들을 수십 년 동안 고수해왔다.

오랫동안 언어학자들이 언어 변화에 대해 가진 생각은 언어변화가 거의 감지할 수 없이 언어 안으로 숨어 들어오는 점진적 변화라는 것이다. '미국 언어학의 아버지'라고도 불리는 Leonard Bloomfield는 널리 읽히는 자신의 저서 Language(1933)에서 다음과 같이 말한 적이 있다. '언어 변화의 과정은 결코 직접적으로 관찰된 적이 없다. 우리의 현재 능력으로는 그러한 관찰이 불가능하다는 것을 우리는 알아야 한다.'14 마치 올챙이가 개구리가 되는 과정에서 점차 다리가 생기고 꼬리가 사라지는 것처럼, 소리와 단어는 수십 년이 걸리는 점진적인 변형을 통해 서로에게 '변해 들어가는' 것으로 간주되었다.

그러나 20세기 중반에 언어 변화에 대한 이해에 있어서 진보가 일어났다. 사회언어학자들, 특히 미국의 William Labov는 변화를 변화의 과정중에 연구하기 시작했다.15 그리고 그들은 놀랐다. 소리와 단어는 그동안가정되어왔던 것처럼 서로에게 점진적으로 '변해 들어가는' 것이 아니라, 새로운 소리나 의미가 슬쩍 들어와 기존의 것들과 나란히 공존하며, 이것이 때로는 수십 년 간 지속된다. 결국에는 어린 뻐꾸기가 둥지 주인을 몰아내듯이 침입자가 승리한다.

어린 뻐꾸기 아이디어는 단어의 의미에 관한 한 전적으로 새로운 아이디어가 아니다. 독일의 Hermann Paul은 19세기말에 공존에 이어 대체가일어난다는 것을 인지했다. 그는 1880년에 단어는 '일반적인 의미'와 '경우에 따르는 의미'를 가지며, 경우에 따르는 의미가 일반적인 의미가 되는경우가 있을 수도 있다는 지적을 했다.16 하지만 Paul의 통찰은 대부분 잊혀졌다.

그러나 지금은 어린 뻐꾸기 아이디어도 지나치게 단순한 것으로 받아들여진다. 여러 가지 의미(몇 가지의 새로운 의미)가 생겨날 수 있으며, 흔히원래의 의미와 반영구적으로 공존한다. 한 단어가 가지는 서로 다른 의미들이 중첩되며, 이 상태로 수세기 동안 남아있을 수 있다. 이렇게 되면 결국은 의미들 중 어떤 것들은 사라지게 될 것이다.

▌ 다의성과 층 만들기 ▌

공존은 단어의 의미를 이해하는 열쇠가 된다. 복수의 의미를 뜻하는
다의성은 표준적인 현상이다. 두 사람의 학자가 '의미는 다양한 다의어를
발전시킴으로써 그 영역을 확장한다 … 이 다의어들은 매우 정교한 속성
을 가진 것으로 간주될 수 있다'라고 말한다.17

어떤 사전을 조사해 보아도 한 가지의 의미를 가진 단어는 극소수에
지나지 않는다는 사실을 알 수 있는데, 이런 단어들은 pichiciago '작은 굴
을 파고 사는 남미 산 아르마딜로'(견고한 발톱이 있고 몸이 각질의 단단한 껍질
로 덮혀 있는 야행성 포유동물-역주), ticpolonga '인도와 스리랑카에 사는 독
이 있는 뱀'과 같이 전형적으로 길이가 길고 그리 일반적이지 않은 단어들
이다.

그러나 보다 덜 희귀한 단어들에 대해서는 몇 가지의 새로운 의미들이
기존의 의미 옆에 슬쩍 들어와 수세기 동안 지속될 수도 있다. 여러 의미
로 나누는 것이 특별히 용이한 단어들이 있는데, 길이가 짧고 통상적인 단
어들은 종종 많은 숫자의 서로 다른 의미들을 가진다. 예를 들어 최근에
출간된 한 사전에 따르면,18 동사 jump의 첫 번째 의미는 '지면에서 뛰어
오르다'이다. 그러나 열다섯 가지의 다른 용법들이 함께 수록되어 있는데,
예컨대 she jumped the next chapter(그녀는 다음 장을 건너뛰었다)에서처럼
'건너뛰다'라는 뜻이나, he jumped the traffic lights(그는 교통신호를 앞질렀
다)에서처럼 '빨간 불인데 지나가다'라는 뜻 등을 볼 수 있다.

따라서 단어는 새로운 의미들이 기존의 의미 옆에 기어 들어감에 따라
계속 증식하는 아메바처럼 증가해 간다. 이것이 층 만들기(layering)라고
알려져 있는 과정이다.19

▌ 여러가지 의미 ▌

여행객: 저 소 색깔 정말 예쁜데요!
농부: 저지예요.
여행객: 오, 나는 피부인줄 알았어요.

이 농담은 많은 단어들이 둘 이상의 의미를 가지고 있다는 잘 알려진
사실을 예시하고 있다(저지 'Jersey/jersey': 저지종의 젖소/몸에 꼭 맞는 메리야스
제의 스웨터나 셔츠-역주). '한 언어에 속하는 대부분의 단어들이 두 가지 이
상의 의미를 가지고 있지만, 단어들이 여러 가지 의미를 지니는 방식은 달
라질 수 있다'는 주장이 있었다.[20]

여러 가지 의미의 가장 간단한 유형은 동음이의어(homonymy)인데, 이
말은 문자 그대로 '이름이 같은 것'을 의미한다. 즉, 이 경우는 위에서 소의
종자인 Jersey와 보편적인 의류의 한 가지인 jersey가 같은 이름을 가지는
것처럼, 두 개의 아주 다른 항목들이 하나의 동일한 음 연속체를 공유하는
경우이다. 청자가 두 개의 전적으로 다른 의미들 중에서 하나를 골라야 한
다는 점에서 이것을 대조적 중의성(contrastive ambiguity)이라고도 한다.

하지만 다음을 보자.

Barbara shut the door. Barbar는 문을 닫았다.
Phyllis walked through the door. Phyllis는 문을 지나 걸어갔다.

여기에서 door라는 단어는 서로 다르지만 연관성 있는 두 개의 의미
를 가지는데, 첫 번째 문장에서는 대상에 적용되고 있으며, 두 번째 문장
에서는 대상이 때때로 서 있는 공간에 적용되고 있다. door가 한 가지 대
상의 서로 다른 측면들을 지시하고 있다는 의미에서 이것을 상보적 중의
성(complementary ambiguity)이라고 한다.

이제 다음을 보자.

I managed to park outside.
나는 바깥에 주차할 수 있었다.

여기에서 화자는 '자신'을 바깥에 주차했다는 말을 하는 것이 아니라 다음의 의미를 전하고자 하는 의도를 가지고 있다.

I managed to park *my car* outside.
나는 내 차를 바깥에 주차할 수 있었다.

이러한 유형의 의미 확장(sense extension)은 다의성의 또 다른 한 가지 측면인데, 이 경우에는 언급되어 있지 않은 무엇인가를 청자가 추론해야 한다. 생략된 성분들이 모국어 화자의 마음속에서 자동적으로 보충되는 경우는 얼마든지 더 있다.

Peter began breakfast. Peter는 아침식사를 시작했다.

위의 말은 일반적으로 'Peter began to *eat* breakfast(Peter는 아침밥을 먹기 시작했다)'라는 뜻이며, 다음의 말은 비록 청자가 의미에 대해서 결정을 내려야 한다는 점은 있지만, 일반적으로 'Paul began to read a book(Paul은 책을 읽기 시작했다)'를 의미한다.

Paul began a book. Paul은 책을 시작했다.

want에 대해 생각해 보자. 만일 이 동사가 위 문장들의 동사 자리에 쓰였다면, eat의 경우에는 의미의 변화가 일어나지 않을 것이다.

Paul wanted breakfast/Paul wanted to eat breakfast.
Paul은 아침을 원했다/Paul은 아침 먹기를 원했다.

그러나 'Paul wanted a book(Paul은 책을 원했다)'은 반드시 Paul이 책을 읽기를 원했다는 것을 의미하지 않으며, 책을 사기를 원하거나 책을 의자의 부러진 다리 밑에 받치기 위해 사용했다는 것을 의미할 수 있다.

하지만 다의성의 가장 일반적인 유형은 아마도 한 단어에 대해 서로 다른 의미들이 공존하는 경우일 것이다. 아래에서 여기에 대해 논의하기로 하자.

▌ 완전히 슬픔에 잠긴 ▌

British Sunday지에 다음과 같은 내용의 편지가 전달된 적이 있었다.

'나는 Saindsbury(영국의 슈퍼마켓 체인 – 역주)가 Nature's Compliment 사에서 나온 바닐라 향 바디로션의 판매를 중지했을 때 놀랐다(devastated).'

평소에 패션을 의식하는 이 여성의 놀라움은 devastated라는 단어가 심한 정서적 고통을 묘사하는 몇 가지 다른 경우에 비해서는 하찮은 것이다.[21]

Nick P는 … 거리에서 싸움을 한 후 죽어 버렸다 … 그의 가족과 친구들은 비통했다(devastated).

하지만 '슬픔에 의한 충격'은 devastated가 예전에 가지고 있었고 현재에도 여전히 가지고 있는 뜻이 땅이 처한 '황폐한 상태'라는 뜻에 비하면 약하다.

거의 벨기에의 두 배에 달하는 지역이 황폐화되었다(devastated).

이러한 여러 가지 의미들을 영국 신문에서 몇 개월 사이에 공통적으로 찾아볼 수 있었다. 그런데 여기에 관련된 명사 devastation(황폐, 파괴)은 이와 같은 정도로 여러 가지 층을 가지고 있지 않았으며, 대부분의 경우 심각한 물리적 손상을 나타내는 데 사용되었다.

> 오래된 목조건물들이 아직 Normandy에 있다. 이 건물들은 2차 세계대전의 파괴(devastation)를 견뎌 살아남았다.

동사와 명사의 이러한 차이는 어떤 유형의 분석에서도 여러 가지 단어 종류들(발화의 부분들)을 각각 따로 다루어야 한다는 것을 보여준다.

devastated의 경우가 보여주듯이, 여러 개로 나뉘는 단어에 jump와 같이 길이가 짧고 통상적인 단어들만 있는 것은 아니다. 충격적인 사건에 영향을 받은 사람들을 묘사하는 devastated, gutted(손상을 입은, 파괴된)와 같은 단어는 쉽게 층이 생기며, apocalypse(계시), calamity(재난), catastrophe(대 참사), disaster(재난), tragedy(비극)와 같이 재난을 나타내는 단어들의 경우도 마찬가지이다.

▌ 완벽하게 끔찍한 일 ▌

영국 국립 말뭉치(British National Corpus, BNC)(여기에서 w-unit은 대략 하나의 단어를 말함, 그림 13.1을 볼 것)를 토대로 판단할 때, disaster라는 단어는 '참사'에 해당하는 가장 일반적인 단어이다.

	BNC 구어	BNC 문어
Catastrophe	1.1	5
Disaster	22.3	32.1
Tragedy	6.3	19.3

그림 13.1 disaster와 관련된 몇 가지 명사(백만 w-unit당 빈도)

사전에 따르면 disaster의 주요 의미는 다음과 같다.

막대한 재산피해나 인명손실을 야기하는 사고 혹은 자연적 재해와 같은 급작스러운 사건[22]

그리고 여기에 해당하는 많은 예를 쉽게 찾을 수 있다. 다음을 보라.

··· the Hillsborough football *disaster* which killed 95 people
··· 95명의 생명을 앗아간 Hillsborough 축구 경기 참사

이러한 심각한 사고를 나타내는 용법 외에도 많은 주변적인 용법들이 있다. 다음을 보라.

To get a panama hat wet is to court *disaster*. The hat becomes limp and shapeless.
파나마모자를 젖게 하는 것은 '엉망'을 자초하는 것이다. 모자가 힘이 없어지고 구겨진다.

몇 가지 의문이 즉각 떠오른다. 첫째, disaster의 의미들 중 어떤 것이 가장 일반적이고 강력한가? 가장 심각한 의미에 해당하는 의미를 주요 의미로 가정한 사전들이 옳은가? 한 연구에서는 disaster가 들어간 예들을 심각성의 정도에 따라 여러 단계로 나누려는 시도를 하였다.[23] 많은 사람의 죽음을 야기한 사건은 심각한(S(erious)) 것으로 분류되었고, 심각한 환경 파괴를 야기한 것은 중간 정도의 것으로(M(edium)), 그리고 사회적 불편을 야기한 것은 사소한 것으로(T(rivial)) 분류되었다. 예를 들어보면 다음과 같다.

At least 62 people were killed and 3,000 missing last night after an underwater earthquake sent 50ft tidal waves crashing into the coast of Nicaragua. More than 227 people were injured in the *disaster*. (S)

어제 밤 해저에서 발생한 지진으로 50피트의 해일이 니카라과 해변을 덮쳐 최소한 62명이 사망하고 3,000명이 실종되었다. 이 '참사'로 227명 이상이 부상하였다.

But if all 22 million gallons escape, the disaster will be twice as bad as the 1988 *Exxon Valdez* spill off Alaska. (M)

그러나 만일 2천2백만 갤런이 배출되면, 이 '재난'은 1988년 Exxon Valdez 사가 알래스카에 기름을 유출했을 때보다 두 배만큼이나 안 좋은 상황을 가져올 것이다.

All other efforts to lose the fat from the offending areas proved to be a *disaster*. If I lost weight below 54kg my bust disappeared, yet nothing went from my legs or posterior! (T)

불쾌감을 주는 부분들의 지방을 제거하려는 온갖 다른 노력들이 '실패'로 돌아갔어. 내가 만일 54kg 이하로 체중을 줄인다고 하더라도, 내 가슴은 사라지겠지만 다리나 등은 전혀 빠지지 않을 거야!

분석의 결과는 그림 13.2에 제시되어 있다. 이 수치들은 중간 정도의 경우와 사소한 경우의 합이 심각한 경우보다 많다는 것을 보여주고 있다.

이제 언어 사용자들은 어떻게 해서 광범위한 영역에 걸치는 disaster 라는 단어를 적절히 사용할 수 있을까? 그리고 청자는 어떻게 해서 이 단어를 화자의 의도에 맞게 해석할 수 있을까? 첫 눈에는 이것이 수수께끼로 보인다. 그러나 면밀히 조사해 보았더니, 항상 분명하게는 아니지만 주변 문맥이 어떤 수준의 disaster가 의도되어 있는지를 정확히 알 수 있도록 해 준다는 사실이 드러났다.

	심각	중간	사소
구어 n=185	48%	14%	35%
문어 n=589	43%	20%	36%

그림 13.2 disaster의 등급

엄청난 disaster의 경우가 가장 분명한 경우였다. 이 용법의 disaster는 흔히 disaster가 발생한 장소 다음에 등장하였는데, 예를 들어보면 다음과 같다. the Bradford football disaster(Bradford의 축구 경기 참사), the 1986 Chernobyl nuclear disaster(1986년 Cernobyl의 핵 참사), the Hillsborough disaster(Hillsborough의 참사), the Kegworth air disaster(Kegworth의 항공기 참사), the Lockerbie disaster(Lockerbie의 참사), the Siberian pipeline disaster(Siberia의 파이프 라인 참사), the Stalingrad disaster(Stalingrad의 참사), the Zeebrugge ferry disaster(Zeebrugge의 선박 참사).

disaster가 특정 지역에서 발생한 중대한 것이 아닌 경우에는 흔히 disaster의 유형이 무엇인지가 언급되었는데, 그 예를 들어보면 다음과 같다. ecological disaster(생태적 대란), economic disaster(경제 대란), environmental disaster(환경 대란), financial disaster(금융 대란), industrial disaster(산업 대란).

사소한 사건의 경우에는 바로 이어서 문제의 원인이 무엇이었는지가 제시되는 경향이 있었다.

> The gravy's *disaster*. It's got too much fat in it.
> 육즙(고기를 삶거나 구울 때 나오는 기름―역주)이 '엉망'이군. 기름기가 너무 많이 들어있네.

새로운 용법, 특히 사소한 경우의 새로운 용법들은 일반적인 영역에 소속됨으로써 슬그머니 들어오는 경향이 있었는데, 위의 예와 다음의 예에서처럼 대개 요리에 관련되는 것이었다.

> There have been many *disasters* along the road, Yorkshire puddings you could sole your shoes with … and last Christmas a chocolate log that disintegrated, the proud little Santa on top sinking without trace in a sea of chocolate gunge.

'엉망이 된 것들'이 길을 따라가며 많이 있었다. 구두창으로나 쓸 법한 요크셔 푸딩(밀가루에 우유, 소금, 노른자위, 거품 낸 흰자위를 섞어 오븐에 구워 익힌 후 거기에 육수를 쳐서 구운 음식—역주) … 그리고 지난 크리스마스에 쓰러진 쵸코렛 통나무가 있고, 그 꼭대기의 거만하게 생긴 작은 산타는 흔적도 없이 녹아내려 쵸코렛 물바다가 되고 있었다.

요리에 관련된 disaster는 항상 대단한 일이 아니며, 이렇게 사용된 disaster는 disaster와 관련된 다른 단어들과 교체될 수 없다. 즉, 요리에 관련된 tragedy(비극)가 있다면, 이 말은 어쩌면 독이 든 음식과 같은 보다 심각한 다른 무언가를 의미하였을 것이다.

disaster의 또 다른 일반적 영역은 스포츠였다. 다음의 예를 보라.

The last wicket fell … So it was another blackwash, another *disaster* for England.
마지막 문이 넘어졌다 … 따라서 그것은 또 하나의 암담함이었고, 영국으로서는 또 하나의 '낭패'였다.

다만 스포츠에서는 요리에서와는 달리 disaster류의 모든 단어들을 서로 바꾸어가며 활용하였다. 다음을 보라.

In a history of *disasters* stretching across 30 years, Scotland has been plagued by calamity, lapses in concentration and self-induced *tragedy*. The goalkeeper is always to blame and always will be.
30년에 걸친 '낭패'의 역사에서 Scotland는 늘 불운과 집중력의 퇴보와 스스로 자초한 '비극'에 의해 곤란에 빠졌었다. 언제나 문제를 골키퍼 탓으로 돌렸으며, 앞으로도 항상 그럴 것이다.

옆에 등장하는 단어들에 의해 사건이 진짜 참사였는지, 아니면 사회적인 딸꾹질이었는지가 나타나는 경우가 가끔 있다. absolute(완벽한), total

(전적인)과 같은 '강화사(intensifier)' 용법의 단어들이 참사의 심각성을 감소시키는 경우가 흔히 있었다.

The majority of dinners are very pleasant affairs, but some can be *absolute disasters.*

저녁식사는 대부분 아주 즐거운 일이지만, 어떤 경우에는 '완벽하게 끔찍한 일'일 수 있다.

그림 13.3 완벽하게 끔찍한 일

이와 유사하게, disaster strikes나 disaster struck과 같은 표현은 전형적으로 대단치 않고 중요하지 않은 사건을 가리킨다.

Even if *disaster strikes*, as it seemed to for one student of mine who dropped her nearly completed head on the concrete floor and an ear snapped off [the wooden rocking horse she was carving], don't let it worry you unduly. We simply glued the broken ear back in place.
거의 완성한 머리를 시멘트 바닥에 떨어뜨려서 귀 부분이 떨어져나가는 일을 겪은 내 학생의 경우가 그랬는데[그 학생이 만들고 있었던 나무로 된 흔들 목마의 머리였음], '불운이 닥치'더라도 그 일로 지나치게 염려하지 마세요. 우리는 떨어져나간 귀를 본드로 간단히 제자리에 붙였습니다.

하지만 이야기는 여기에서 끝나지 않는다. 옆에 등장하는 단어는 사건이 얼마나 심각한지 뿐 아니라, 사건이 실제로 발생했던 일이지도 나타내 주었다. 지금까지 논의되었던 disaster는 실제의 경우보다는 잠재적인 경우에 해당한다. 즉, 일부만이 실제로 발생한 상황이며, 나머지는 닥쳐올 상황이거나 가설적인 상황이다.

disaster가 가설적 속성을 가진다는 것은 함께 사용되는 다음의 언어 표현들에 의해 드러난다. avert(막다), avoid(피하다), court(자초하다), expect(예상하다), face(직면하다), foretell(예고하다), head for(향해 가다), predict(예측하다), prevent(피하다), save from(…에서 구하다), warn of(…에 대해 경고하다), imminent(임박한), impending(다가오는), near(가까이에 있는), potential(잠재적인), brink of(아슬아슬한 고비에 처해 있는), chance of(…할 가망이 있는), doomed to(…일 운명의), expectation of(…에 대한 예상), fear of(…에 대한 두려움), recipe for(…을 위한 수단), can be(…일 수 있는), could be(…일 수 있는), could have been(…이었을 수 있는), would be(…일), would have been(…이었을 수 있는). 예를 보자.

When you rescue the old Christmas tree lights from the loft for the umpteenth time, remember that they *could be* the cause of an electrical *disaster*.

오래된 크리스마스트리 전구를 여러 번 째로 다락방에서 꺼낼 때는, 전기에 의한 '재난'의 원인이 '될 수 있다'는 것을 잊지 마세요.

엄청난 참사는 상대적으로 드물기 때문에 disaster라는 단어를 가설적 용법으로 사용하는 것이 이 단어의 사용 빈도가 증가하는 원인이 되었을 수 있고, 이에 의해 층 만들기가 촉진되었을 것이다.

disaster에 대한 분석이 보여주는 것은 첫째, 문어와 구어 모두에서 얻은 예들을 포함하고 있는 최근의 데이터베이스에서 추출한 실제의 언어 자료들이 중요하다는 점과, 둘째, 층 만들기가 어디에서 연원했는지를 알아내는 것이 가능해 질 수 있다는 점이다. disaster의 경우에는 스포츠와 요리법의 영역이 중요한 역할을 담당했다. 셋째로는 (일반적으로) 대단하지 않은 사건임을 나타내주는 'absolute disaster(완전무결하게 끔찍한 일)'의 absolute와 'disaster struck(불운이 닥쳤다)'의 strike처럼 옆에 나오는 특정 단어들이 화자와 청자에게 disaster가 심각한 것인지 사소한 것인지를 나타내 준다.

그리고 면밀하게 관찰하면 할수록 보다 많은 세부사항들이 분명해진다. 예를 들어 단어의 단수형과 복수형의 행동이 반드시 같은 것은 아닌데, disaster의 경우 단수형보다 복수형이 엄청난 사건들을 기술하는 경우가 더 많다. 복잡한 층 구조는 이러한 정밀한 차이점들을 면밀하게 분류할 때에만 밝혀질 수 있다.

앞의 두 절에서 논의된 예들에 의해 층 만들기가 지니는 몇 가지 일반적 특징들이 밝혀졌다. 그러나 단어 의미에 대한 연구가 이 이상으로 진전될 수 있을 것인가? 아래에서는 여기에 대해 생각해 보기로 한다.

▌ 변화와 의미의 법칙? ▌

　변화와 의미의 법칙들에 반영되는 보편적인 사고의 법칙들이 있다 … 다
만 의미의 과학이 아직 이 법칙들을 발견할 수 있을 만큼 충분히 발전되지
않았을 뿐이다.24

　이 말은 1925년에 언어학의 선구자 Otto Jespersen이 했던 말이다. 현
재에 이르러서도 언어학자들은 아직 '변화와 의미의 법칙들'을 발견하지
못했으며, 다만 앞에서 논의한 층 만들기의 경우처럼 의미 변화 이면에 있
는 기제의 일부를 이해하기 시작하고 있다.

　비록 '법칙들'을 찾아내는 것이 어려운 일이라 하더라도, 변화의 방향
들 중 일부는 분명해지고 있다. 인간은 자신의 몸에서 시작하여 밖을 향해
물리적 세계를 이루고 있는 다른 부분들로 움직여 간다. 다음을 보자.

> the *foot* of the mountain 산 기슭(발)
> the *ribs* of the ship 배의 골격 구조(갈비뼈)
> the *head* of the organization 조직의 수장(머리)

　인간은 안쪽을 향해 움직이기도 하는데, 일상적인 외적 신체 행동을
이용하여 내적인 사건들을 기술한다.

> I *see* what Helen means.
> 나는 Helen이 말하는 것이 무엇인지를 안다(본다).
>
> Peter *held* on to his point of view.
> Peter는 자신의 관점을 고수했다(꼭 잡았다).
>
> Let's go *over* that plan again.
> 다시 저 비행기를 검사합시다(넘어갑시다).

또한 다음과 같이 인간은 공간에서 시간으로 일반화한다.

> *from* tree *to* tree 나무마다 → *from* day *to* day 자주
> *in* the wood 숲 속에 → *in* the morning 아침에

그리고 이러한 경향들은 아마도 언어가 탄생했을 무렵부터 바로 활성화되었을 것이다.[25] 따라서 언어는 인간과 인간을 에워싸고 있는 주변 세계의 상호작용을 반영하는 것이며, 서로 다른 민족들은 그들 각자의 경험에 따라 세계를 서로 다르게 인식할 수 있다(여기에 대해서는 마지막 장에서 개관할 것이다).

▌요약 ▌

과거에는 의미의 변화가 (사실과 달리) 타락과 쇠약의 징후로 간주되는 일이 흔했는데, 이것은 아마도 예전의 저술가들이 그러한 변화를 이해하는 데 어려움을 겪었기 때문인 것 같다.

가장 초창기의 연구들은 변화의 유형들을 열거하는 데 그쳤다. 학자들은 최근에 이르러서야 소위 '층 만들기'가 핵심이라는 것을 알게 되었다. 단어에는 여러 개의 의미들이 발전되어 가고 다양한 층들이 공존하며, 이것이 다의어로 귀결된다.

어떤 유형의 단어들은 층 만들기를 빨리 진행시키는데, 길이가 짧고 통상적인 단어들, 그리고 다른 한편으로 disaster와 같이 재난을 나타내는 단어들이 여기에 해당한다. 이제 변화의 전반적인 방향에 어떤 것들이 있는지가 점점 더 분명해져 가고 있다.

14 | 아이스크림콘의 해석
– 단어 의미의 확장 –

당신의 몸은 산맥이요, 당신의 뼈는
바위의 솟아오른 부분, 당신의 젖꼭지는 아이스크림콘입니다.
다른 이들도 이렇게 말했고 또 다른 이들은
비교되는 말의 순서를 바꾸어 같은 말을 할 겁니다.
산들이 무너져 평원이 될 때까지,
그러면 세계의 의미들은 처음부터 다시 시작해야겠지요.

Laurence Lerner, 'Meanings'

젖꼭지는 아이스크림콘이 아니며, 아이스크림콘이 젖꼭지인 것도 아니다. 하지만 이 시의 저자가 정신적으로 이상이 있다고 생각할 사람은 없다. 인간은 단어의 적용 범위를 확장하는 데 놀란 만큼 능숙하다. '어휘의 모자이크는 그래야 할 정도 이상으로 끊임없이 확장되어가고 있다.'[1] 이러한 확장이 시에만 국한된 것은 아니다. '퓨마, 비버를 익사시키다', '카우보이, 버팔로를 우리에 몰아넣다', '공군, 해군을 어뢰로 격파하다'는 모두가 미국 신문에서 풋볼 게임을 묘사하는 헤드라인들인데 완벽한 이해가 가능하다.[2] 그리고 일상적인 대화에서 우리는 겉보기에는 이상한 수많은 표현들을 듣게 된다. '그의 새 상사는 공룡이야!', '섬에 사는 사람들의 자동차

는 당나귀다,' '굴뚝이 동굴의 뒷문 역할을 했다,' '햄이 부엌 바닥에서 스
케이트를 탔다,' '브랜디가 그의 목을 따라 터보건(눈이나 얼음 비탈을 미끄러
져 내리는 기다랗고 바닥이 납작한 경주용 썰매-역주)을 타고 내려갔다'와 같은
표현들을 보라.

　이러한 예들이 시사하듯이 인간은 단어를 창조적이고 혁신적인 방식
으로 이용하며, 이것이 인간의 어휘적 능력에 내재하는 한 부분이다(1장).
마음속 어휘집에는 사람들이 기존의 단어들을 지속적으로 확장할 수 있도
록 해 주는 장비가 있다. 이 장에서는 이미 존재하는 단어의 확장에 대해
서, 그리고 다음 장에서는 새로운 단어의 창조에 대해서 생각해 보기로 한
다. 다만 이 두 과정이 항상 분명하게 서로 구분되지는 않는다. 우리는 인
간이 이러한 새로운 것들을 만들어낼 때 따르는 가이드라인이 무엇인지,
그리고 이렇게 새로 만들어낸 것들을 다른 사람들이 어떻게 이해할 수 있
게 되는지에 대해 논의하게 될 것이다. 이러한 창조적인 능력이 마음속 어
휘집에 통합되는 방식에 대한 이해를 도모하는 것이 논의의 전반적인 목
표이다.

　은유가 이 장의 주요 관심사를 이루게 되는데, 이 용어는 첫 단락에서
언급한 예들을 모두 아우르는 용어이다. 이어서 'Do you have wheels?(바
퀴 있어요?)'가 'Do you have a car?(차 있어요?)'를 의미하는 것처럼, 부분
을 이용해 전체를 나타내는 것을 의미하는 부분전체관계(metonymy)의 문
제로 넘어갈 것이다. 마지막으로 청자가 분명 아주 쉽게 해석하는, '카메라
를 위해 나폴레옹을 해주세요(Please do a Napoleon for the camera)'[3]라는 요
청에 나타나는 것과 같은 유형의 창조적 확장을 다루게 될 것이다. 이러한
용법은 이장에서 다룰 단어의 확장과 다음 장에서 다룰 새로운 단어의 창
조 사이의 교량 역할을 담당한다.

▍ 아이스크림콘과 양배추 ▍

고대 희랍의 철학자 Aristotle에 따르면, 은유는 어떤 대상에 '다른 것의 이름을 적용하는 것'을 포함한다.4 젖꼭지를 '아이스크림콘'으로 부르는 경우에서처럼 분명히 잘못 사용된 이름표 때문에5 사람들이 혼란에 빠질 것이라는 예상을 할 수도 것이다. 그러나 이와 반대로 인간은 은유에 접했을 때 그에 대한 적절한 설명을 생각해 내는 데에 놀랄 만큼 능숙하다. 아마도 아이스크림콘과 젖꼭지는 모양이 유사하거나, 빠는 대상이라는 공통점을 가질 수 있다. '산은 개구리다 … 라는 말은 해석이 가능하다 … 푸른 산의 시각적 이미지를 전제로 한다면 말이다'라고 어떤 학자들은 언급한다.6 실제로 인간은 잠재적 설명을 찾아내는 데 너무나도 능숙하기 때문에, 적용이 불가능한 은유를 생각해내는 것이 상당히 어려울 지경이다. '그녀의 가슴은 … 였다'에 아무 대상이나 넣어 테스트해 보라. 거의 모든 은유가 성립한다. '그녀의 가슴은 양배추였다'(모양). '그녀의 가슴은 토끼였다'(아마 부드러운 느낌). '그녀의 가슴은 벽돌이었다'(여기서도 느낌, 아마 그녀가 유방확대수술을 받은 듯). '그녀의 가슴은 바람에 날려 쌓인 눈 더미였다'(창백한 색깔). '그녀의 가슴은 문이었다'(아마 보다 깊은 육체관계로 들어가는 관문). '그녀의 가슴은 콩이었다'(크기). '그녀의 가슴은 물음표였다'(아마 유혹적인 섹스 탐험의 상징). 이상의 은유들 모두 어느 정도 성립한다. 하지만 가슴은 양배추도, 토끼도, 벽돌도, 바람에 날려 쌓인 눈도, 문도, 콩도, 혹은 물음표도 아니며, 이와 같은 대상들과 특별히 비슷하지도 않다.

'가슴이 양배추다'와 같은 문장을 해석하는 것이 복잡한 과제인 것으로 보일 수도 있다. 그러나 은유 이면에 있는 기본적인 기제가 무엇인지는 명백하다. 그것은 단지 어떤 단어를 해당 단어가 가지는 하나, 혹은 둘 이상의 '전형성 조건'을 어기면서 사용하는 것이다. 5장에서 언급하였듯이, 거의 모든 단어의 핵심적인 의미를 규정하는 것이 불가능하다는 점에서 단어의 경계는 불명확하다. 인간은 단어의 전형적인 용법에 주목함으로써 단어를 이해한다. 호랑이는 다리가 세 개이고 줄무늬가 없을 경우에도 여전히 호랑이이다. 이러한 호랑이는 전형적인 호랑이가 아닐 뿐이다. 우리의 눈이 향하는 대상이 우리의 마음에 기록되지 않는 경우에도 보는 행위는 여전히 보는 행위일 수 있다. 이러한 경우는 단지 보는 행위의 전형적인 예가 아닐 뿐이다.

전형성 조건을 어기면서 단어를 사용하는 것은 항상 일어나며, 실은 우리가 더 이상 인지하지 않을 정도로 자주 일어나는 일이다. 누군가가 이것을 인지하게 되면 단어가 '은유적'으로 사용되고 있는지 아닌지에 대한 논쟁이 벌어지는 경우가 가끔 있다. 예를 들어 'The price of mangos went up(망고의 가격이 올라갔다)'에서 went up(올라갔다)은 가격이 말 그대로 언덕을 올라간 것이 아니라는 점에서 은유에 해당하는가? 아니면 going이 전형적으로 두 물리적 지점 사이의 거리를 거쳐 지나가는 것을 포함한다는 점에서 단지 go up(올라가다)의 전형성 조건을 어기고 사용한 것인가? 또한 다음 표현들의 경우는 어떤가?

> Marigold is *coming out* of a coma.
> Marigold는 혼수상태에서 깨어나고 있다.
>
> Felix is *under* age.
> Felix는 미성년이다.

coming out은 전형적으로 물리적 이동을 포함하며, under는 전형적으로 물리적 아래쪽을 포함한다. 그렇다면 이 표현들은 은유인가 아니면 전형성 조건을 어기고 있는 통상적인 용법인가? 이 예들이 보여주듯이, 두 가지를 구분하는 것은 불가능하다. 따라서 '우리의 통상적인 개념 체계는 … 그 본질적 속성에 있어서 은유적이다'[7]라거나, '은유는 … 표준 의미에서 벗어나는 것이 아니다.'[8]라는 말이 가능해 진다. 이 두 가지 언급은 같은 내용을 담고 있으며 서로 맞바꿀 수 있다.[9]

어떤 의미 장들의 경우에는 전형성 조건을 어길 수밖에 없는 필연성, 혹은 다른 말로 은유의 불가피성의 정도가 은유를 이용하지 않고는 서로 의사소통을 할 수 없을 만큼 강하다. austere(간소한), balanced(균형 잡힌), charming(매혹적인), complex (복합적인), empty(공허한), flamboyant(현란한), forceful(강렬한), graceful(우아한), insipid(진부한), majestic(위풍당당한), rough(거친), soft(부드러운), sweet(달콤한), warm(따뜻한)과 같은 단어들을 사용하지 않고는 음악과 미술에 대해 토론다운 토론을 할 수 없는데, 이 단어들은 와인을 묘사할 때에도 사용된다.[10] 사실 우리가 단어를 전형적인 용법으로만 사용해야 한다면, 와인에 대해서 논하는 것은 불가능해질 것이다. '우리는 와인이 마치 한 다발의 꽃인 것처럼(향기로운, 향이 강한), 얇은 종이에 싼 면도날인 것처럼(금속성의, 차가운), 해군인 것처럼(기운찬, 강력한), 한 그룹의 곡예사인 것처럼(우아하고 균형 잡힌), 성공한 경영자인 것처럼(기품 있고 풍요한), 매춘 굴의 처녀인 것처럼(덜 익고 즐거움이 올 거라는 약속을 하는), Brithton의 해변인 것처럼(깨끗하고 자갈이 있는), 감자인 것처럼도(흙냄새가 나는), 혹은 크리스마스 푸딩(영국에서 크리스마스 시즌에 즐겨 먹는 음식－역주)인 것처럼(포동포동하고 둥근)' 이야기할 수 있다.'[11] 와인의 예에서처럼 어떤 단어의 확장된 용법이 통상적인 용법이 되면, 한때는 새롭고 활기에 넘쳤었겠지만 지금은 판에 박힌 표현이 되었다는 가정 하에 '죽은' 은유로 분류된다. 'The music flowed over her(음악이 그녀 위로 넘쳐흘렀다/그녀는 음악에 휩싸였다)', 'The evening staggered on(저녁이 뒷걸음질치기 시작했다/저녁이 지나가고 있었다)', 'Her heart drummed against her rib-cage(그녀의 심장이 갈비뼈를 두드렸다/그녀의 심장이 마구 뛰었다)' 등과 같은 표현의 경우도 마찬가지이다. 따라서 모든 은유를 거론한다는 것은 어려운 일이다. 그러나 한 연구에서 확인한 바에 의하면 구어에 사용된 100단어당 평균 다섯 개 이상의 예가 은유적 표현이었는데, 이것은 단어의 새로운 용법들 중 거의 삼분의 일에 해당하는 수치였다.[12]

▌전형적인 은유 ▌

전형성 조건을 어기는 모든 예가 어느 정도 은유에 속한다면, 사람들이 확장된 용법들 중 어떤 것에 대해서는 '이것은 적절한 은유가 아니다'라는 판단을 내리고, 어떤 다른 용법들에 대해서는 '이것은 훌륭한 은유이다'라는 판단을 내리는 이유는 무엇일까? 전형성 조건을 어긴다고 해서 모두가 '전형적인' 은유가 되는 것은 아니기 때문에, '은유적' 용법들 중에는 만족도가 떨어지는 것들이 있게 된다. 사람들은 '적절한' 은유가 어떤 것인가에 대한 일정한 생각을 가지고 있는 것으로 보이는데, 이러한 생각은 한편으로는 학교에서 받은 시 수업에 의해, 다른 한편으로는 말한 사람의 의도가 얼마나 수월하게 파악되었었는가에 대한 경험에 의해 얻게 되는 것 같다. 그렇다면 어떤 요인들이 전형적인 은유를 구성하는가?

첫눈에는 이러한 분석이 불가능한 것처럼 보인다. 가슴이 토끼일 수 있고 산이 개구리일 수 있다면, 이러한 선택의 기저에 놓여있는 가이드라인을 찾아낼 희망이 없어 보일 수 있다. 뿐만 아니라, 서로 비교되는 항목들 간의 유사성을 강조하는 학자가 있는가 하면 상이성을 강조하는 학자들이 있기 때문에, 연구 문헌에 나타나는 의견들은 혼란스러워 보인다.13 실제로는 유사성과 상이성 모두가 존재해야 하지만, 서로 다른 유형의 것이어야 한다.

첫째, 비교되는 항목들이 지나치게 유사해서는 안 되는데, 이러한 경우에는 이해하는 것이 불가능한 은유 혹은 은유가 아닌 것이 만들어지기 때문이다. '와인은 위스키다', '자동차는 화물차다', '잼은 꿀이다', 혹은 '마멀레이드(오렌지, 레몬 따위의 과육과 껍질을 잘게 썬 것을 설탕에 절인 젤리 모양의 잼－역주)는 잼이다'와 같은 말을 일반적으로 사용하는 사람은 없을 것이다. 청자가 처음 세 개의 예에서는 혼란에 빠질 가능성이 있으며, 마지막 예에서는 '마멀레이드'와 '잼'을 대략적인 동의어로 간주하게 될 가능성이 있다. 따라서 훌륭한 은유에서는 서로 비교되는 항목들이 주요 특징들을 공유해서는 안 된다. 즉, '젖꼭지는 아이스크림콘이다', '인생은 지하철 열차다', '여자는 엉겅퀴다', '그는 식빵을 뱃속으로 보냈다', '브랜디가 그의 식도를 따라 터보건을 타고 내려갔다'와 같은 은유를 훨씬 '나은' 은유로 볼 수 있는 이유는 은유의 주어와 이 주어에 비교되는 대상이 서로 다른 의미 장에 속하기 때문에 서로 상당히 다르다는 데 있다.

둘째, 서로 비교되는 항목들이 주요 특징들을 공유해서는 안 되지만 몇 가지 특징은 공유해야 한다. '그의 발은 별 이었다', '그녀의 뺨은 타자기였다', '그녀의 무릎은 펭귄이었다'와 같은 말들은, 비록 생각할 충분한 시간을 주었을 때 어떤 공통적 특징을 찾아낼 수 있는 능력이 인간에게 일반적으로 있다고 하더라도, 지극히 비현실적이며 해석하기가 어려운 말들이다. 전형적인 은유에서는 사용되는 단어들이 어떤 매우 분명한 특징을 공유하는데, 이 특징은 주요 특징에 속하지 않는 것이 보통이다. 비록 가슴이나 양배추에 대해 따로 생각할 때는 각각의 크기와 모양이 마음에 제일 먼저 떠오르는 대상이 아닐 수 있지만, 청자가 '그녀의 가슴은 양배추였다'라는 은유를 들으면 이 은유를 크기나 모양에 관련된 것으로 해석할 가능성은 있다. 이와 유사하게, '그의 상사는 공룡이야!'라는 말은, 공룡의 가장 중요한 특징들, 즉, 공룡이 멸종했으며 대부분 크기가 거대하다는 사실을 말하고 있을 수 없다. 이 말은 사람들이 공룡들에 대해 가지고 있는 몇 가지 추가의 지식, 즉 공룡이 움직임이 둔하고 새로운 환경에 적응하는 데 실패했기 때문에 멸종했다는 사실에 관련되어 있을 것이다. '브랜디가 그의 식도를 따라 터보건을 타고 내려갔다'라는 말에서는 터보건을 타고 내려가는 것의 주요 전형성 조건이 충족될 수 있도록 술을 마시는 사람의 목에 눈으로 된 길이 나있을 수 없다. 대신 이 말은 터보건을 타는 행동에 포함되는 속도와 아래로의 이동을 말하는 것이어야 한다.

따라서 전형적인 은유에서 비교의 대상이 되는 항목들은 서로 다른 의미 장에 속한다는 점에서 서로 유사하지 않을 수 있으며, 중요하지 않은 특징들을 분명 공유한다는 점에서 유사할 수 있다. 의미 장이 서로 다르다는 것은 문장을 해석하기 위해서는 적극적인 대조를 수행해야 한다는 사실을 청자에게 알려준다. 청자는 화자가 지능적인 의사소통을 시도할 것이라는 가정을 자동적으로 하기 때문에,14 화자가 제정신이 아니라는 분명한 징후들이 없는 한 이 작업을 바로 시작하게 된다. 여기에 요구되는 계산활동은 '통상적인' 단어 해석에서 요구되는 것과 다르지 않다(5장). 다만 추가의 정신적 민첩성이 요구되는 경우가 있을 수 있는데, 왜냐하면 특정 유형들의 뇌손상이 인간이 단어의 확장된 용법들을 다루는 능력을 제약하는 것이 분명하기 때문이다.15

▌ 범위 축소 ▌

유감스럽게도, 위에서 개관한 전형적인 은유의 경우에서처럼 상황이 언제나 단순한 것은 아니다. 즉, 중요하지 않은 특징 두 가지 이상을 공유하는 항목들이 있을 수 있다. 아이스크림콘과 젖꼭지의 은유는 모양을 말하는 것일 수도 있고, 빠는 대상이라는 사실을 말하는 것일 수도 있다. '그녀의 눈은 동전이다'라는 말은 눈이 둥글다는 말일 수도 있고, 눈이 반짝인다는 말일 수도 있다. 'Mavis는 펜더였다'라는 말은 Mavis를 보면 껴안고 싶다는 점, Mavis의 덩치가 크다는 점, 아니면 Mavis가 검정색과 흰색이 섞인 옷을 좋아한다는 점을 말하는 것이거나, 심지어는 이 세 가지 모두를 말하는 것일 수도 있다. 그렇다면 선택의 폭이 어떻게 줄어드는 것일까? 다음과 같이 화자가 자신의 은유에 대해 명시적인 설명을 제공하는 경우도 있다. '인생은 외국어야. 누구나 그 발음을 잘 못하지'(Christopher Morley)16, 'Hollywood의 돈은 돈이 아니고 얼어있는 눈이야. 당신 손 안에서 녹아버리지'(Dorothy Parker).17 '와인에 모양이 있는 것으로 보는 것이 도움이 된다고 생각하는 사람들이 많이 있다 … 둥근 와인은 뼈대(알코올)가 알맞게 있어서, 그 위에 살(과일)이 편안하게 덮여있으며, 훌륭한 피부

(향기)에 의해 질이 더 좋아진다'(Pamela Vandyke Price).18 그러나 대부분의
경우 맥락이 가능성들에 제약을 가함으로써 청자가 그럴 듯한 답을 찾을
수 있도록 해 줄 것이다.

하지만 은유의 범위를 축소하여 한 가지의 정확한 비교에 도달하는 것
이 불가능한 경우들이 있을 수 있다. 이것은 특히 시인이 의도적으로 여러
개의 해석 층을 포함시켰을 가능성이 있는 시의 경우에 해당되는 사실이
다. Chaucer가 The Cahterbury Tales에서 수녀원장의 눈이 '컵처럼 회색
빛이다'라는 말을 했을 때,19 비교의 토대로 선택한 것이 겉으로 볼 때는
색깔이었다. 그러나 그가 반투명성이나 반짝임 같은 컵이 지니는 다른 재
질들이 고려될 것을 의도했을 수도 있다. '토끼처럼 회색인'이라는 말을 썼
다면 이와 같은 효과를 기대하기 어려웠을 것이다. 이와 유사하게, 아이스
크림콘의 예에서는 산맥이나 바위의 튀어나온 부분들에 대한 언급은 뺄
수 있다는 사실보다는 모양이 비교의 주된 요인이라는 점을 강하게 시사
한다. 다만 산봉우리 모양을 가진 맛있는 먹을 것이 있다면, 이것이 예컨
대 솔방울이나 밀짚모자보다는 사랑하는 사람의 몸을 나타내는 데 여전히
더 적합할 것이다.

경우에 따라서는 은유에 대한 어떤 분명한 해석이 전혀 존재하지 않을
수도 있다. 은유를 만든 사람이 의도적으로 이해가 곤란하게 했을 수 있는
데, 이것은 청자로 하여금 주어에 대해 생각해 볼 수밖에 없도록 하기 위
한 것일 수 있다. 예를 들어, '교회를 하마로 비유한 은유에 대해 연구해
보는 것은 즐거운 일이다. 비록 이를 통해 우리가 교회에 관해서 믿지 않
고 있었던 것들 중 믿게 되는 것이 전혀 없더라도 말이다.'20 혹은 Emily
Dickinson이 쓴 다음의 몇 줄을 보자.

> 우리는 창문들과 문들의 빗장을 질렀다
> 에메랄드 유령으로부터 온 것처럼
> 운명은 바로 그 순간에 지나쳐버린

전기 모카신(전체를 사슴 가죽 따위로 만든 보드라운 가죽신-역주)이다.

도대체 '에메랄드 유령'이나 '운명의 전기 모카신'이라는 말이 무슨 말일까? 이 은유들에 대해 생각해 볼 때마다 연관성들에 대한 어떤 새로운 아이디어가 떠오를 것이다. 모카신을 신은 사람들이 은밀하게 기어올라가고 있다거나, 전기 충격이 한번 번쩍이는 등과 같이 말이다. 그러나 이것을 궁극적으로 해석했다는 주장을 하기는 힘들 것이다. 다시 말해 시인이 의도했던 것처럼 가능한 새로운 해석 층들이 지속적으로 생겨날 것이다.

다중적인 연상의 발생을 또 하나의 특징으로 가지는 은유들이 있다. 이들 중 많은 것들이 단지 두 단어 사이의 비교를 훨씬 넘어선다. 이러한 경우들은 상황 전체, 혹은 '틀'(6장)이 활성화될 것을 요구한다. Shakespeare의 '풀려서 뒤얽힌 근심의 소매를 짜 엮는 잠'21이라는 말은 뜨개질을 하는 시나리오 전체의 활성화를 요구한다. 그리고 Maynard Keynes의 '내게는 최근의 달러화 소용돌이가 내가 바라는 이상적인 모습의 통제된 통화라기보다는 술에 찌든 금 본위제 상황에 더 가까워 보였다'22라는 말을 들으면, 술에 취한 달러화가 비틀거리는 모습을 상상하게 된다. 여기에서 청자는 상황 전체에서 적절한 유사성을 알아채야 하며, 두 개의 단어를 비교하는 것으로 그쳐서는 안 된다. 6장에서 언급했듯이, 인간은 어떤 말을 이해하는 데 필요한 만큼의 정보를 얻을 때까지 마음속 어휘집 속을 지속적으로 뒤지며 점점 더 많은 구성요소들을 활성화한다.

▌ 은유에 대한 여러 가지 아이디어 ▌

은유는 무엇으로부터 만들어지는가? 은유의 상당수가 평범한 주제에 토대를 둔다. 세기마다, 심지어는 십 년을 단위로 특별한 위치를 차지하는 은유들이 있다. 18세기에만 해도 시계는 귀중품이었다.

인간의 몸은 대단한 기술과 창의력으로 만들어진 시계, 거대한 시계이다. 초침을 움직이는 톱니바퀴가 우연히 멈추면, 분침을 움직이는 톱니바퀴가 그 역할을 맡아 계속 돌아간다.23

현대에 가장 널리 퍼진 은유는 컴퓨터일 것 같다. 컴퓨터는 소프트웨어, 하드웨어, 입력, 출력 등의 표현에 의해 표준적인 대화 주제가 된다. 1960년대의 미국 정치는 특히 운동 경기의 이미지를 반복적으로 사용하여 그 성격이 규정되었다. 패배하지 않고, 승리하고, 앞서 가고, 상대방을 물리치는 것이 중요했다. Richard Nixon이 언급했듯이 '우리는 숨막히는 경쟁 속에 있기 때문에, 우리나라가 가만히 있을 수는 없다 … 우리는 이 경쟁에서 앞서 있다 …, 하지만 우리가 경주에서 앞서 나가는 유일한 방법은 앞을 향해 움직이는 것이다.'24 그리고 오늘날에는 스포츠가 지속적으로 정치적 은유에 대한 영감을 제공하고 있다. 특히 '군비 경주'는 여전히 우리 가까이에 있는 말이다.

많은 숫자의 은유를 끊임없이 끌어들이는 영역들이 있다. 3세기에 걸쳐 사용된 은유에 대한 분석에 의하면, 인간의 몸이 은유의 출처가 된 빈도가 시종 일관 가장 높다.25 그러나 몸은 상상의 출처일 뿐 아니라, 상상을 가두어두기도 한다. 우리가 무의식적으로 우리의 몸에 대해 생각하는 방식 때문에 우리의 생각이 미리 정해진 통로를 따라가게 되는데, 이 방식들 중 일부는 기술적으로 극히 부정확할 수 있다.26

화에 관련되는 은유에 대해 생각해 보자. 화는 무의식적으로 용기에 들어있는 가열된 액체로 간주된다.27 몸이 용기이고 그 안의 액체는 점점 더 뜨거워져서 마침내는 김을 뿜어낸다. 심한 경우에는 뚜껑이 열리고 전체가 폭발한다.

Marigold's anger welled up inside her. Marigold는 속에서 화가 분출했다. Henry was filled with rage. Henry는 노여움이 가득 했다.

Pamela was brimming with fury. Pamela는 격노로 가득 차 있었다.
Peter had reached boiling point. Peter는 끓는 지점까지 도달했다.
Angela's just bursting with anger. Angela는 바로 화가 폭발하고 있다.
Tony's just blowing off steam. Tony는 바로 김을 내뿜고 있었다.
Paul couldn't contain his rage. Paul은 격노를 담고 있을 수가 없었다.
Fenella flipped her lid. Fenella는 뚜껑을 튕겨 날렸다.
Jonathan just blew up. Jonathan은 바로 터졌다.
Felicity exploded. Felicity는 폭발했다.

　　이러한 이미지들은 기원전 4세기의 희랍 철학자 Hippocrates에 의한 저술들까지 거슬러 올라갈 수 있다. Hippocrates는 몸에 네 가지 체액(액체)이 있는 것으로 가정했는데, 이 중 노란색 담즙이 화를 관장한다. 뿐만 아니라, 사람들은 'He hit the roof(그는 격노했다(그는 지붕을 쳤다))'와 같이 용기가 언급되어있지 않은 관용어에 대해 생각할 때에도 화를 용기에 담겨있는 액체의 모습으로 떠올린다. 학생들에게 이 관용어에 대해 질문하였더니, 뒤축에 스프링이 달린 신발을 신고 천정으로 뛰어올라 거기에 머리를 들이받는 사람들을 상상하지 않았다. 대신 학생들은 용기의 내용물이 위를 향해 분출되는 모습을 떠올렸다.28

　　물론 뜨거워진다는 것은 화를 나타내는 물리적 징후이므로 열에 대해 놀랄 필요는 없을 지도 모른다. 그리고 열은 세계 어느 곳에서나 화를 나타내는 표현에 포함된다. 그러나 액체는 이보다 중요성이 떨어진다. 어떤 인디언 문화에서는 화가 마른 열이기 때문에 진정시키는 기름을 부어 다스려야 한다고 생각한다.29 따라서 몸 은유는 한편으로는 진정한 물리학적 특징들을, 다른 한편으로는 관습을, 또 다른 한편으로는 상상, 즉 6장에서 논의하였던 민간 신념들을 구현하기 위한 비법을 토대로 한다. 새로운 은유는 모두 기성의 전차궤도를 따라가는 것 같다. 아마 그럴 것이다. '용암처럼 분출하는 Peter의 화가 그녀를 삼켜버렸다', '압력솥 안에서 끓던 Helen의 화가 폭발했다'와 같은 표현들을 보라.

화를 표현하는 다른 은유들이 있는데, 예를 들어 화를 위험스러운 동물로 표현하는 것이 그것이다.

> Saul bared his teeth at her.
> Saul은 그녀에게 이빨을 드러내 보였다.
>
> Patricia was bristling with rage.
> Patricia는 분노로 털이 빳빳이 곤두서고 있었다.

하지만 화를 '용기에 담겨있는 액체'로 보는 은유가 지배적이다. 그리고 이것은 언어의 영역을 벗어나는 결과를 가질 수 있다. 즉, 사람들이 용기에 담긴 액체를 과열시키면 폭발할 수밖에 없다는 생각에, 화 때문에 폭발하는 것이 정상적이며 심지어 이것이 사회적으로 수용 가능하다는 믿음을 가지게 될 수 있다. 성욕을 나타내는 어떤 표현들은 화를 나타내는 표현들과 같은 방식으로 만들어져있다.

> Max was really steamed up over Mary.
> Max는 Mary에 대한 마음으로 정말 김이 꽉 찼다.
>
> Desire of Marigold welled up inside him.
> Marigold에 대한 열망이 그의 몸 안에서 분출되었다.
>
> Paul was bursting with love.
> Paul은 사랑으로 폭발하고 있었다.

이에 상응하게 미국에서 강간 발생률이 높은 이유가 부분적으로 성욕과 화가 개념화되는 방식에 기인한다는 제안이 있었다.[30]

따라서 은유의 보편적 측면들은 문화적 측면들과 뒤섞여있다. 모든 언어가 보편적 양상의 한 부분을 선택하여 그것을 발전시킨다. 또 다른 예로 공포는 두 가지의 상반된 반응을 불러일으키는데, 얼어붙는 것과 도주가 그것이다. 공포에 관련된 영어의 거의 모든 통상적인 은유에는 이 중 첫 번째의 반응이 포함되어 있는데, 여기에서는 공포가 얼어붙을 것 같은 추위나 비어 있는 그릇으로 표현된다.[31]

> Alan's limbs turned icy cold. Alan은 팔다리가 얼음처럼 차가워졌다.
> Fear froze Angela to the ground. Angela는 공포로 땅에 얼어붙었다.
> David was rooted to the spot. David는 그 자리에서 꼼짝도 못했다.
> Pam's courage ebbed away. Pam은 용기가 사라져버렸다.
> Paul's wits deserted him. Paul의 분별력이 그를 버리고 달아났다.

'도주'에 관련된 은유 중 유일하게 널리 알려진 것은 '공포가 그의 구두 뒤축에 날개를 달았다'라는 은유인데, 이 은유는 다소 시적이다. 하지만 고대 희랍에서는 공포를 나타내는 단어가 원래 '공포로부터 충격을 받은 도주'를 의미했는데, 이것은 세계의 물리적 측면들 중 어떤 부분을 강조하는지가 문화에 따라 달라진다는 것을 보여준다. 실제로 보편적인 요소가 문화적인 요소와 어떤 방식으로 상호작용 하는지, 그리고 이것이 행동에 어떤 영향을 줄 수 있는지에 대해서는 논의가 활발하게 진행되고 있다.[32]
　화를 가열된 액체로 보거나 공포를 얼어붙을 것 같은 추위로 보는 등과 같은 특정의 문화적 은유들과 인생은 여행이라는 생각 같은 보편적인 은유들이 상호작용할 수도 있다. 여행 은유에서는 일반적으로 여행자, 경로, 그리고 목적지가 전제된다. 17세기의 시인 John Dryden은 다음과 같이 말한 적이 있다.

> 정해진 장소를 향해 가는 순례자처럼 우리는 나아가고,
> 세상은 여관이고 여행의 끝은 죽음이라네.

여행에 대한 이러한 생각은 시에서만 볼 수 있는 것이 아니라, 인생에 대한 일상적인 은유에서도 볼 수 있다.

Belinda got off to a good start in life.
Belinda는 인생을 훌륭하게 출발했다.

Paul isn't getting anywhere.
Paul은 어느 곳에도 도착하지 못하고 있다.

Anastasia seems to have lost her way.
Anastasia는 길을 잃은 것처럼 보였다.

Herbert's plodding on.
Herbert는 무거운 발걸음으로 걷고 있다.

Angela's plodding on.
Angela는 무거운 발걸음으로 걷고 있다.

이러한 보편적 은유들은 더 일반적인 '이미지 도식'과 중첩되는데, 이미지 도식은 '사다리' 이미지처럼 우리가 무의식적으로 이용하는 윤곽 틀이다. 즉, 위에서 아래로의 단계 혹은 '수직적 도식'이 우리 생각의 대부분에 내재되어있는데, 여기에서 꼭대기는 '좋고' 바닥은 '나쁘다.'33

Sid's high-minded individual!
Sid는 생각이 괜찮은(높은) 사람이야!

Betty's full of base thoughts.
Betty는 불순한(바닥의) 생각으로 가득하다.

Marianna's spirits rose.
Marianna의 기분이 좋아졌다(상승했다).

Edward was feeling low.
Edward는 기분이 바닥이었다(낮았다).

Simon's got a high opinion of her.
Simon은 그녀에 대한 좋은(높은) 의견을 가졌다.

Low self-esteem is Mandy's problem.
자신을 낮게 평가하는 것이 Mandy의 문제다.

이와 같은 예들이 보여주는 것은 첫째, 은유가 사방에 퍼져있다는 점, 둘째, 은유를 '문자 그대로의 언어'와 구분하는 것이 불가능하다는 점, 그리고 셋째, 우리 생각의 구조는 우리가 자라나면서 늘 함께 해온 민간 이미지들에 의해 무의식적으로 결정된다는 점을 보여준다.

은유의 사용은 언제 시작되는가? 아주 어렸을 때부터인 것으로 보인다. 아이들은 매우 의도적으로 은유를 사용하는데, 이것이 사용하려고 했던 단어가 무엇인지를 알지 못하기 때문만은 아니다. 예를 들어, 아프리카 헤어스타일을 묘사해 보라는 질문을 받은 한 아이는 '그 남자의 머리에서 수많은 뱀들이 나오고 있어요'라고 말했다. 그게 정말이냐고 묻자, 이 아이는 '당연히 아니죠, 하지만 머리가 모두 뱀처럼 꼬불꼬불 하잖아요'라고 말했다. 이와 같은 은유의 즉각적인 사용은 나이가 들면서 감소하는데,34 좋다는 평판이 난 학교를 다니는 아이들에게서 가장 빨리 사라져가며, 좋지 않은 것으로 간주되는 학교를 다니는 아이들 사이에서는 사라져가는 속도가 더 느리다. 이러한 현상은 교육이 아이들을 관습적인 용법, 그리고 다채롭지 못한 언어로 이끈다는 것을 시사한다.

그러나 단어 확장의 용법들 중 가장 주목할 만한 용법이 아마 은유일 것이라는 점에도 불구하고 은유가 단어확장의 유일한 용법은 결코 아니다. 이제 부분전체관계에 대해 논의를 이어가기로 하자.

▌ 지는 해에 붉게 물든 돛대 ▌

지는 해에 붉게 물든 돛대여
바다 위에 붉게 물든 돛대여
내 사랑하는 사람을
집으로 데려와 내게 돌려주오.

잘 알려진 이 시구는[35] 겉으로 보기에는 말이 안 된다. 어떻게 붉은 돛대가 사랑하는 사람을 집으로 데리고 돌아올 수 있는가? 정상적인 영어 원어민 누구에게나 이 의문에 대한 답은 명백하다. 즉, 사랑하는 사람은 배를 타고 있고, 그 배에 붉은 돛대가 달려 있는 것이다. 대화에서도 부분전체관계(metonymy)[36], 즉 한 부분을 이용해 전체를 나타내는 것이 널리 퍼져 있다.

> We need a strong *pair of arms*.
> 우리는 강한 두 팔뚝(강한 사람)이 필요하다.
>
> New *faces* are always welcome.
> 새 얼굴들(사람들)은 언제나 환영이다.
>
> Does he have *wheels*?
> 바퀴(자동차) 있으세요?

겉보기에는 은유와 부분전체관계가 서로 다르다. 은유에서는 하나의 실체가 이것과 상당히 다른 어떤 것에 의해 대체되지만, 부분전체관계에서는 '자동차' 대신 '바퀴'를 사용하는 것처럼 서로 밀접한 것들 사이에서 대체가 일어난다. 은유는 두 개의 서로 다른 영역을 포함하지만, 부분전체관계는 하나의 영역만을 가진다. 은유에서는 서로 아주 다른 두 개의 대상들이 비교되어야 하지만, 부분전체관계에서는 서로 근접한 곳에 있는 것으로 볼 수 있는 대상들 사이에서 대체가 일어나기만 하면 된다.

첫눈에는 은유가 부분전체관계보다 더 복잡하고, 더 창조적인 생각의 과정을 포함하는 것으로 보인다. 하지만 다시 보면, 부분전체관계가 처음에 보이는 것처럼 간단하지 않다는 것을 알 수 있다.

핵심적인 질문은 무엇이 부분전체관계로 간주되는가이다. 전체의 한 부분이 전형적인 부분전체관계에 해당한다. 하지만 다음에서처럼 대상이 사람을 대신하는 경우는 어떠한가?

The *buses* are on strike. '버스들'이 파업중이다.

여기에서 파업을 하고 있는 것은 버스들 자체가 아니라 버스를 운전하는 사람들이다. 이와 유사하게, 장소가 사건을 대체할 수 있다.

Pearl Harbour is engraved on the mind of Americans.
'진주만'은 미국인들의 가슴에 각인되어 있다.

여기에서 미국인들의 기억에 각인되어 있는 것은 진주만이라는 장소가 아니라, 진주만에서 발생했던 사건이다. 사건의 일부분이 사건 전체를 대체하는 경우 또한 복잡성을 더해 준다. 예를 들어, '너 어떻게 왔니?'라는 말에 대한 대답으로 할 수 있는 말에는 다음과 같은 것들이 있다.

I found a taxi. 택시가 있었어(택시를 찾았어).
I jumped on an bus. 버스에 올라탔어.

하지만 택시를 찾거나 버스에 올라타는 것은 훨씬 더 긴 여정의 작은 부분일 뿐이다. 이 모든 예들이 시사하는 것은 부분전체관계가 복잡할 수도 있으며, 인간이 자신들에게 들리는 내용의 의미를 파악하기 위해서는 적극적인 계산활동을 수행해야만 한다는 점이다. 뿐만 아니라, 부분전체관계는 구성관계(partonymy, meronymy)와 흥미로운 관련성을 가진다(9장).

이제 기존 단어의 확장과 새로운 단어의 창조 사이에 존재하는 공백을 메워주는 역할을 담당하는 또 다른 현상들에 대해 생각을 이어가기로 하자.

▌ 나폴레옹 하기 ▌

'당신의 사진을 찍고 있는 친구가 눈을 빛내며 당신에게 "카메라를 위해 나폴레옹 해 봐"라는 요청을 한다고 생각해 보자. 이러한 시나리오를 제시받은 대부분의 사람들이 즉각 별 생각 없이 나폴레옹처럼 한 손을 재킷에 집어넣는 자세를 취하는 상상을 하게 된다고 말한다. 이러한 의미에 도달하는 것은 대단한 재주이다.'37

이 재주가 대단한 이유는 나폴레옹이 결코 사진을 찍은 적이 없으며 비소의 독으로 사망한 것을 포함해 사는 동안 엄청나게 많은 일들을 했기 때문이다. 더구나 손을 재킷 주머니에 찔러 넣는 것은 사람들이 사진을 찍을 때 습관적으로 취하는 동작이 아니다. 겪어 본 적이 없는 상황에 대한 정확한 평가는 나폴레옹이나 Ricahrd Nixon과 같이 유명한 사람에 관련해서 뿐 아니라, 1장에서도 보았듯이 몇 개 되지 않는 문장을 이용해 묘사된 전적으로 새로운 인물에 대해서도 이루어졌다. 청자는 어떻게 올바른 결론에 도달하는 것일까? 화자가 아무 말이나 해도 다 이해가 되는 것일까, 아니면 은유에서처럼 청자를 올바른 방향으로 인도해 주는 지침들이 있는 것일까?

이것을 검증하기 위해 몇 개의 실험이 고안되었다.38 첫 번째 실험에서는 학생들에게 '내가 그 커피숍에서 한 소녀를 만났는데, 그 소녀는 내가 이야기를 하는 동안 Elizabeth Taylor를 했다'나, 'Joe가 인터뷰가 녹음된 테이프를 들은 후 그 중 일부에 대해 Nixon을 했다'와 같이 유명한 사람의 이름이 포함된 문장들을 읽어주었다. 그리고 문장을 해석해 보라고 하고 그 해석에 대해 어느 정도나 확신하는지를 말해보라고 했다.

학생들은 이 과제를 아주 잘 수행했다. 그들은 관련된 인물에 대한 지식과 맥락에 대한 평가 두 가지를 이용하는 것으로 보였다. 사람들은 은유를 해석할 때와 아주 흡사하게 잘 알려지고 아주 명백한 특징, 아마도 중요하지 않았을 특징만을 상황이 요구하는 바에 따라 서로 대조하는 능력이 있었다. 그러나 그들은 문장을 읽어준 사람이 올바른 방향을 제시해 준 경우에 자신들의 해석에 대해 훨씬 확신했다. 맥락이 분명하지 않았거나 도움이 되지 못했던 경우에는 난처해했다.

두 번째 실험에서는 피험자들에게 가공의 인물들에 대한 짧은 묘사를 들려주었다(1장에 기술된 바 있는). '당신의 친구가 당신에게 자기 이웃 Harry Wilson에 대해 이야기했다고 상상해 보십시오. Harry Wilson은 자기 집과 가구를 새로 단장할 때가 되었다는 결정을 했습니다. 그는 전기 가위를 이용해 자기 담장에 코끼리, 혹이 두개인 낙타, 그리고 코에 공을 올려놓고 균형을 잡고 있는 뚱뚱한 바다표범 등의 동물 모양들을 새겨 넣기 시작했습니다. 이어서 그는 집 외부를 칠하기로 결정했습니다. 판자 담장을 밝은 흰색으로 칠하고, 창틀을 진보라 색으로 칠했습니다. 마지막으로 Harry는 가구를 현관으로 꺼내 저녁의 산들바람을 즐길 수 있게 했습니다. 나중에 당신의 친구가 당신에게 "올 여름에 나는 Harry Wilson를 할 계획이야"라고 말했습니다.' 이번에도 학생들은 이와 같은 장면 장면을 해석하고 자신의 해석에 대해 어느 정도로 확신하는지를 말해야 했다. 다만 모든 학생들에게 동일한 결말을 제시하지는 않았다. 즉, '올 여름에 나는 담장에 Harry Wilson를 할 계획이야', 혹은 '막대 비누에 Harry Wilson를 할 계획이야'와 같은 상이한 결말을 가진 이야기를 들은 학생들도 있었다.

학생들은 문제의 인물을 특징짓는 유별난 행동들을 골라내는 데 아무런 어려움을 느끼지 않았다. 다만, 맥락에 의해 선택의 폭이 줄어든 경우에 과제를 더 잘 수행했다. 즉, '담장에 Harry Wilson를 하다'라는 말이 해석하기에 가장 쉬웠으며 피험자들이 자신의 해석이 옳다는 강한 확신을 가졌다.

이러한 실험들은 인간이 어떤 것에 대한 추측이라도 할 준비가 되어 있지만 대부분의 경우 화자가 선택의 폭을 줄여주기 때문에 적절한 해석을 성공적으로 선택할 수 있게 된다는 것을 보여 준다. 현재의 상황에 비추어 기존의 지식에 대한 판단을 내려야 하기 때문에 상당한 양의 적극적인 대조가 일어나는데, 이러한 대조가 수많은 가능성들을 염두에 두는 것은 아니다. 인간은 화자에 의해 제공된 실마리들을 이용하는 능력이 있으며, 이렇게 해서 고려의 대상으로 삼는 해답의 수를 줄인다. 따라서 전반적으로 이러한 유형의 확장은 은유와 마찬가지로 인간의 마음을 고정된 숫자의 답변을 내 놓는 기계로 간주할 수 없다는 것을 보여준다. 포함되어 있는 다양한 요인들을 평가하는 적극적인 계산활동이 이루어져야 결정에 도달한다. 그리고 이것은 다음 장에서 살펴보게 되겠지만 새로운 단어의 창조에 대해서도 사실인 것 같다.

┃ 요약 ┃

이 장에서는 첫 번째로 은유, 두 번째로 부분전체관계, 그리고 마지막으로 새로운 단어의 창조와 중첩되는 부분이 있는 확장 유형을 살펴봄으로써, 인간이 기존 단어의 용법을 어떻게 확장시키는지에 대해 생각해 보았다.

은유는 본질적으로 단어를 그 전형성 조건을 어기면서 사용한다는 점에서 단어 해석의 정상적인 과정을 이용하는데, 이것은 말을 할 때 항상 일어나는 일이다. 따라서 비전형적인 방식으로 사용되는 단어와 은유 사이에는 확실한 차이가 존재하지 않는다.

그러나 인간이 의식적으로 은유를 사용할 때는 일정한 가이드라인들을 무의식적으로 따른다. 인간은 서로 다른 의미 장에 속하는 항목들을 비교하는 경향이 있는데, 이러한 항목들은 중요하지 않은 특징들을 공유하는 반면, 명백한 특징들은 공유하지 않는다. 이에 의해 청자는 통상적이지 않은 비교가 이루어지고 있다는 것을 인지할 수 있으며, 유사성이 어떤 종류의 것인지를 알아낼 수 있다. 다만 시적 은유들은 많은 해석 가능성을 청자에게 의도적으로 남긴다.

시대마다 은유의 주요 소재를 이루는 주제들이 있다는 사실 또한 은유를 이해하는 데 도움이 된다. 은유의 소재 중에는 수세기 동안 있어 온 것일지도 모르는 민간 신념들과 결합되어 있는 것들이 있는데, 특히 인간의

몸이 그렇다. 민간 신념은 미래의 은유, 어쩌면 행동에까지도 영향을 미칠
것이다. 한 부분을 이용해 전체를 나타내는 부분전체관계는 첫 눈에는 은
유보다 더 단순해 보이지만 자세히 조사해 보면 은유만큼이나 복잡하다는
것이 드러난다.

마지막 세 번째의 '나폴레옹 식' 유형의 확장에는 일정한 제약이 없지
만, 맥락을 축소하는 것이 청자로 하여금 의도된 해석에 이를 수 있는 가
이드 역할을 한다. 은유에서와 마찬가지로, 청자는 자신이 가지고 있는 기
존의 지식을 상황이 요구하는 것과 적극적으로 대조해야만 문장을 이해할
수 있다. 이 과정은 기존 단어의 확장과 새로운 단어의 창조 사이에 존재
하는 공백을 메워준다. 새로운 단어의 창조에 대해서는 다음 장에서 논의
할 것이다.

15 | Globber하는 매트리스
─ 새로운 단어의 창조 ─

> 매트리스가 globber했다. 이 소리는 습지에 사는 살아있는 매트리스가 감정에 복받쳐 내는 소리였다.
>
> '낙심천만입니다 …' 매트리스는 vollue했다 … '그것이 나를 슬프게 하는군요. 당신은 좀 더 매트리스다워야 합니다. 우리는 습지에서 조용히 은둔하는 삶을 살고 있으며, 그곳에서 기꺼이 flollop하고 vollue하며 습기를 아주 floopy한 방식으로 존중합니다. (영어로 된 단어는 모두 비단어임─역주)
>
> Douglas Adams, *Life, the Universe and Everything*

위의 글이 보여주고 있듯이, 인간은 새로운 단어를 만드는 데 있어서 대단히 총명하다. 이 예는 만들어 낸 것이기 때문에, 아마 여기에 사용된 신조어들은 일상적인 발화에서 신조어들이 산출되는 방식에 비해 더 조심스러운 방식으로 만들어졌을 것이다. 그러나 이 단어들은 인간이 끊임없이 이용할 수 있는 기술, 즉 언제라도, 심지어 대화 중에도 새로운 단어들을 만들어낼 수 있는 기술이 어떤 것인지를 보여 주고 있다.

이러한 새로운 용법은 지속적으로 생겨나는데, 다만 이들 중 대부분이 언어를 아주 잠시 방문하는 손님으로 그친다. 즉, 단 한번만 사용될 수도 있으며, 단지 한 사람에 의해 사용되고 말 수도 있다. '이리 와서 내 fishling

좀 봐'라는 말은 아주 작은 물고기를 막 잡은 친구가 했던 말이다. 어떤 여행 저널리스트는 작은 비행기 하나가 jumbification―점보제트엔진의 사용―을 위한 테스트를 받았다는 말을 했다(Alex Hamilton).[1] 그리고 어떤 광고에서는 Autoguzzlosaurus Rex라는 표현이 휘발유(가스)에 대한 엄청난 갈증을 가지고 있으며 멸종 위기에 처한, 자동차처럼 생긴 거대한 동물의 이름으로 나온다. 이와 같은 신조어들이 일반적 용법으로 쓰이게 될 수도 있지만, 그 가능성이 아주 높아 보이지는 않는다. 실제로 만들어지는 새로운 단어들 중 궁극적으로 사전에 등재될 정도로 확고한 위치를 차지하게 되는 단어들은 극소수에 지나지 않는다. 새로운 단어가 널리 퍼지는 것은 그 단어가 충분히 유익하고, 영향력 있는 사람에 의해 사용되는 경우에 한해서만 있을 수 있는 일이다. 광범위한 청중에게 퍼져나가 해당 언어 속에 수용되는 몇 안 되는 단어들은 마치 수통에 떨어지는 빗방울과도 같다. 이 빗방울들은 하늘에서 떨어지는 빗방울들의 아주 작은 일부에 지나지 않는다. 대부분은 흔적 없이 땅 속으로 스며들어간다. 그렇다면 인간은 어떻게 이와 같은 창조적인 과제를 수행하는 것일까?

▌ Googol 같은 단어는 드물다 ▐

19세기의 철학자이자 언어학자 Wilhelm von Humboldt에 의하면, 조어(word formation)는 '언어에서 가장 심오하고 가장 비밀스러운 부분이다.'[2] 이러한 관점은 잘못된 것일 수 있는데, 조어의 이면에 감추어져 있는 기제가 무엇인지를 확인하는 것이 지극히 쉽기 때문이다. 새로운 단어의 대부분은 결코 새롭지 않으며, 단지 기존의 단어에 무엇을 첨가하거나 기존 단어의 구성 성분들을 재결합한 것일 뿐이다. 무에서 만들어진 단어들은 극히 드물다. 조어에 관한 책의 저자가 찾아낸 이러한 단어의 숫자는 여섯 개에 지나지 않았다.[3] 다만 일곱 번째의 것이 googol인데, 이 단어는 1에

100개의 0을 붙인 숫자를 뜻하는 말로, 나이 어린 조카에게 엄청나게 큰 숫자를 나타내는 단어를 생각해내 보라고 했던 수학자가 만들어낸 단어로 알려져 있다.4 Kodak과 Teflon 같은 상업용어나 제품명을 포함시킨다면 몇 개가 더 되겠는데, 이러한 단어들은 컴퓨터를 이용해 만들어진다. 하지만 이러한 단어들조차 완전한 새 것은 아니다. 왜냐하면, 이 단어들은 항상 해당 언어에 존재하는 소리 유형에 따라 만들어지는데, 우리가 12장에서도 언급했듯이 이 소리 유형에 의해 만들어지는 소리조합의 숫자에는 한계가 있기 때문이다. 즉, 새로 나온 욕실 세제의 이름으로 Woft나 Drillo, 혹은 Frud 같은 말은 쓸 수 있어도, *Sfog나 *Wozfreh 같은 말은 결코 쓸 수 없다.

언어의 어느 시점에서나 조어에 사용되는 많은 장치들이 있을 수 있는데, 이 중 통상적으로 사용되는 것은 몇 개에 지나지 않는다. 이러한 '생산적인' 과정들, 즉 새로운 단어를 만들어내는 과정에서 활발하게 사용되는 장치들은 마음속 어휘집에 연결되어 있는데, 아마도 보조적인 구성부분으로서 일 것이다.5 이 '어휘 도구상자'는 언제나 사용이 가능하며, 사용이 언제나 선택적이다.6 이러한 상황은 학회에서 볼 수 있는 이름표와 다소 유사할 수 있다. 일반적으로 조직위원들이 참석자들을 위한 이름표를 준비하지만, 가끔 예상치 않았던 참석자들이 오는 경우에는 필요에 따라 추가의 이름표를 써서 만들면 된다. 따라서 어휘 도구상자에는 기존의 어휘집을 보충해 주는 보조 기제들이 있는데, 이 기제는 새로운 단어들이 필요할 경우 어떻게 만들 것인가에 대한 지시사항들을 가지고 있다.

단어가 '필요해지는' 데에는 여러 가지 이유가 있다. 'Alexander decided to unmurder Vanessa, the murderee'라는 문장을 보자. 이 문장에는 최근의 소설에 나오는 두 개의 단어가 들어 있다.7 첫 번째의 단어는 공상 과학이야기에 필요하지만 이에 해당하는 단어가 없어 그 공백을 메우기 위해 만들어졌으며(unmurder, 되살리다), 두 번째의 단어 murderee(살인당한 사람)는 murder victim(살인의 희생자)이나 person who was murdered(살인

을 당한 사람)보다 더 경제적인 단어이다. 익살맞은 말로 시선을 사로잡으
려는 시도가 세 번째의 이유가 된다. Glosh라는 말이 아마 세 가지 모두를
포괄할 것이다. 이 단어는 어떤 저널리스트가 스모 선수를 위해 준비된 엄
청난 양의 걸쭉한 스튜를 묘사하기 위해 만들어낸 말인데, 아마 glop(맛없
는 음식)과 slosh(진창)을 이용해 goulash(쇠고기 스튜)를 함축하는 의미로 만
든 것 같다. Kitade는 이 glosh를 입안 가득 먹어가며, '내가 통합 챔피언
이 될 수 있으려면, 몸무게가 160킬로는 되어야만 할 겁니다'라고 말한다.[8]
　새로운 단어를 만드는 방식들의 속성이 정확히 무엇인가에 대해서 의
견이 일치하는 학자들이 없지만,[9] 아주 분명한 사실들도 있다. 그리고 새
로운 단어를 만드는 데 사용되는 장치들은 언어에 따라 다르다. 하지만,
광범위하게 사용되는 것들도 있다.[10] 이 장에서 우리는 이 장치들 중 영어
에서 통상적으로 사용되는 것들(그림 15.1)을 고려의 대상으로 삼으려고 한
다. 첫째, '젖소들이 비를 피하는 나무' 정도의 뜻을 가지게 될 cow-tree
(젖소나무)에서처럼 기존의 단어들을 병렬시키는 합성(composition)에 대해
알아볼 것이다. 둘째, 'He jam-jarred the wasp(그는 벌을 잼 병에 가두었다)'
에서처럼 발화의 한 부분을 다른 부분으로 바꾸는(jam-jar(잼 병)→jam
jarred(잼 병으로 덮다-역주)) 전환(conversion)에 대해 논의할 것이다. 셋째
로 우리는 Donald Duck-ish(도널드 덕 같은)에서처럼 기존 단어의 끝이나
처음, 혹은 중간에 형태소를 붙이는 접사부착(affixation)에 대하여 생각해
볼 것이다. 마지막으로, 우리는 'sputnik(스푸트니크, 소련이 쏘아 올린 인공위
성 이름)'에서 flopnik가 나오는 경우에서처럼 새로운 단어를 만들기 위해
기존의 단어를 쪼개는 인간의 능력에 대해 논의하게 될 것이다. 이러한 조
사의 목적은 인간이 이상과 같은 일을 어떻게 하는지, 그리고 다른 사람이
그 결과물들을 어떻게 이해할 수 있는지를 알아보는 데 있다. 이를 통해
우리는 '어휘 도구상자'의 작동 방식과 어휘 도구상자가 '진정한 어휘집'에
어떻게 연결되어 있는지에 대해 더 많은 것을 알게 될 것이다.

그림 15.1 새로운 단어를 창조하는 여러 가지의 통상적 방식

▮ 올빼미 단지와 호박 버스 ▮

Headache pills(두통 알약)는 두통을 없애고, fertility pills(토양 분 알약)는 토질을 비옥하게 하며, heart pills(심장 알약)에는 심장 보조 기능이 있다. 또한 slug powder(달팽이 분말)는 달팽이를 죽이며, talcum powder(활석 분말)는 정제된 활석으로 만들어졌고, face powder(안면 분말—분)는 얼굴에 바른다. 이 예들에 나타나듯이, 피상적으로 볼 때 단어들이 서로 결합되는 방식은 너무 비논리적이다. 따라서 'You can have the bowl with the picture of the owl on it(너는 올빼미 그림이 있는 단지를 가져도 된다)'라는 의미로 'You can have the owl bowl(너는 올빼미 단지를 가져도 된다)'라는 말을 하는 경우와 같이 새로운 단어 결합이 이루어진다면 사람들이 도대체 어떻게 서로를 이해할 수 있을지가 의문스러울 정도이다.

단어들이 서로 결합하는 방식에는 상당히 여러 가지가 있다.11 기존의 합성어 중 가장 많은 숫자를 차지하는 것이 명사와 또 다른 명사가 결합한 것인데, 새로운 합성어들 역시 이 유형에 속하게 될 가능성이 가장 높다. 아이들은 이러한 유형의 합성어를 약 2살 때부터 만들 수 있는데, sky-car(하늘 차) '비행기'(생후 18개월), car-smoke(자동차 연기), '자동차 배기가스'(생후 28개월) 등의 예가 있다.12

명사들이 서로 결합하는 방식에 대한 절대적인 제약은 없지만, 언어사용자들은 몇 가지 관계를 선호한다.13 사물은 그 용도를 규정하는 합성어 속에 나타나는 경향이 있는데, 이것은 banana fork '바나나를 먹는 데 사용하는 포크', spaghetti saucepan '스파게티 요리를 하는 데 사용되는 스튜냄비' 등의 예에서 알 수 있다. 동식물은 Widmoor fox(위드모어 여우)나 marsh tulip(저습지 튤립) 등에서처럼 생긴 모습이나 늘 볼 수 있는 장소를 묘사하는 합성어에, 그리고 인간은 police demonstrators(경찰 데모참가자들)나 women sailors(여성 선원들)와 같이 직업이나 성별 혹은 인종을 규정하는 합성어에 등장하는 경향을 보인다.

새로운 합성어는 추가의 정보를 가지고 있어야만 하는 것 같다. egg bird(알새)라는 말이 합성어로 받아들여질 수 없다는 판정을 받았던 것은 모든 새가 알에서 나오기 때문이었고, head hat(머리 모자)가 인정되지 않는 것은 '모자는 어느 것이나 머리에 쓰는 것이므로, 모든 모자가 머리 모자이기' 때문이다.14 뿐만 아니라, 합성어를 이루는 두 부분 사이의 관계가 영속적이거나 습관적인 관계일 것으로 예상되는 것이 일반적이었다. 'owl-house(올빼미 집)이라는 말을 하는 사람은 듣는 사람이 이 말을 "올빼미가 공격한 집"이나 "내 올빼미가 날아서 지나간 집"과 같이 해석할 것이라고 예측하지 않는다. 올빼미에 의해 공격을 받는다는 어떤 일반적인 경향은 집이 가지는 특징에 속하지 않는다.'15 이와 유사하게, pumpkin-bus(호박 버스)를 '호박을 밟고 지나간 버스'로 해석하는 것은 현실성이 없는 것으로 간주되었다.16 사람들은 호박 버스를 항상 호박을 운반하는 버스나 호박처럼 생긴 버스로 간주하는 것을 더 선호했다.

따라서 이와 같은 선호도들은 가능성들의 폭을 줄이는 데 도움을 준다. 즉, 선호도는 무의식적으로 화자를 이끌고 갈 뿐 아니라 청자의 해석에도 도움을 주기 때문에 어휘 도구상자의 한 부분으로 간주되어야 한다. 그러나 정확한 해석은 무엇보다도 맥락, 그리고 청자의 지능과 협력에 의존한다. plate-length hair(접시만한 머리카락)는 음식물 속에 돌아다니는 머리카락이고, the apple juice seat(사과 주스 좌석)는 사과주스가 앞에 놓여있는 의자였다.17 다시 말하지만, 인간의 단어 이해는 기존의 정보를 맥락에서 추출한 정보와 결합시키는 적극적인 대조의 기술들을 요구한다.

그런데 교육을 많이 받은 사람들이 적어도 강력한 맥락적 실마리가 없는 경우에 한해 합성어 다루는 것을 더 쉽게 생각한다는 것을 보여 주는 흥미 있는 증거가 있다. 일곱 명의 박사과정 학생들과 일곱 명의 사무보조원에게 각각 house-bird glass가 무엇이라고 생각하는지를 물었다. 박사과정 학생들 중 여섯 명은 이것이 집에서 기르는 새와 관련되는 컵의 일종이라고 생각했지만, 사무보조원 중에서는 단 한 명만이 이와 같은 제안을 했다. 여섯 명의 다른 사무보조원들은 '컵으로 된 새 집', '컵으로 만든 집에서 기르는 새', '컵 속에 있는 집에서 기르는 새' 등과 같은 아주 이상한 제안을 했다.18 이러한 발견은 명확성이 떨어지는 단어 결합을 이해하는 데 해당 모국어에서 사용되는 합성 과정들에 대한 친밀도가 중요하다는 것을 시사한다. 이 문제에 대해서는 더 많은 연구가 필요하다. 이제 전환에 대해 생각해 보자.

▌ 전광석화 같은 전환 ▌

'Marigold chocholated the cake(Marigold는 케이크에 초컬릿을 씌웠다),' 'Peregrine abouted the car(Peregrine은 차를 이리저리 몰았다),' 'Let's do a wash-up(손발을 씻자).' 말의 한 부분을 다른 것으로 바꾸는 것은 영어에서 특히 일반적인 과정인데,19 이것은 아마 play(명사 혹은 동사)의 경우처럼 동사의 기본형과 명사형이 동일한 경우가 흔해서인 것 같다. 이 과정은 성인들뿐 아니라, 아이들도 쉽게 확대 적용한다. 한 세 살짜리 아이는 문을 따는 사람을 보면서 'He's keying the door'라는 말을 했다. 또 다른 세 살짜리 아이는 바지를 수선하는 것을 보면서 'Is it all needled?'라고 물어보았다. 다섯 살이 된 아이는 인형에게 옷을 입히면서 'I'm shirting my man'이라고 말했다. 'Will you nut these?'라는 말은 여섯 살이 된 아이가 호두를 까 달라는 부탁을 하면서 한 말이었다.20

언어에는 동사보다 명사가 훨씬 더 많기 때문에, 명사가 동사로 전환되는 경우가 동사가 명사로 전환되는 경우보다 상당히 더 많다. 명사를 동사로 전환하려면 명사에 동사 어미를 붙이기만 하면 된다. 어른의 경우에는 이것이 사용하는 단어의 숫자를 줄이려는 의도 때문인 것으로 보인다. 즉, 'Marigold chocolated the cake'이라는 말이 'Marigold covered the cake with chocolate'라는 말보다 더 짧다. 합성의 경우에서처럼 이러한 과정에 대한 제약은 상대적으로 거의 없지만 여기에는 몇 가지의 선호도가 나타난다.21 명사에 어떤 도구가 포함되어 있는 경우가 특히 일반적인데, 여기에 상응하는 동사는 그 도구를 전형적인 방식으로 사용하는 것을 뜻하게 된다. 'Henry Moulinexed the vegetables(Henry는 채소를 Moulinex했다)'(요리기구의 상표(Moulinex)를 지시), 'John squeegeed the floor(John은 바닥을 squeegee했다)'(squeegee(고무 걸레)로 알려진 바닥 닦는 걸레). 이것은 물건을 어디에 놓았는지를 묘사할 때에도 이용되는 방법이다. 'Henry kennelled the dog(Henry는 개를 개집(kennel)에 넣었다)', 'The dog treed a raccoon(그 개가 미국오소리를 나무 위로 몰았다)', 'Mavis jam-jarred the wasp(Mavis가 벌을 잼 병에 가두었다)'.

다른 종류의 관계들도 가능하지만, 성인의 언어에서는 그렇게 일반적이지 않다. 성인은 보통 'I'm eating a cake(나는 지금 케이크를 먹고 있어)'라는 말 대신 'I'm caking'이라고 하지 않는다. 하지만 아이들은 이러한 유형의 구성 행위를 하는 경우가 가끔 있다. 어떤 2살짜리 아이는 수프를 먹으면서 'I'm souping'이라는 말을 했고, 다른 어떤 아이는 잔디 깎는 기계를 가지고 놀면서 'I'm lawning'이라는 말을 했다.[22]

따라서 성인은 일반적으로 청자의 해석을 쉽게 해 주는 어떤 정해진 방식으로 전환을 사용한다. 하지만 청자는 앞에서 살펴보았던 확장된 용법의 단어와 비단어 예에서처럼 상황 문맥을 고려해야 한다. 왜냐하면 하나의 동일한 단어의 의미가 날에 따라 달라질 수 있기 때문이다. 즉, Sammy pizza-ed the floor라는 말이 어떤 날에는 'Sammy가 피자를 바닥에 온통 떨어뜨렸다'라는 말이 될 수 있지만, 어떤 다른 날에는 Felicity pizza-ed the dough라는 말이 'Felicity가 밀가루 반죽을 피자로 만들었다'라는 것을 나타낼 수 있다. 여기에서도 다른 경우에서처럼 기존의 지식을 그 순간의 상황과 통합하는 적극적인 계산활동이 필수적이다. 이제 접사부착으로 넘어가자.

▌ 도널드 닥의 부리제거 불가능성 ▌

'부리제거 불가능성(undebeakability)이 진짜 도널드 닥인지를 확인할 수 있는 테스트이다.' 이 문장은 지금까지 한 번도 언급된 적이 없을 '단어들'을 포함하고 있음에도 불구하고, 영어 원어민들이 전적으로 이해할 수 있는 문장인데, 만일 도널드 닥은 부리를 비틀어 잡아당겨도 떨어지지 않는다는 사실에 의해 모조품들과 쉽게 구별될 수 있다는 점을 설명하는 신문기사에 등장했었다면 이해가 특히 더 쉬웠을 것이다. 접두사부착과 접미사부착이라고 하는 매우 생산적인 단어 구성 과정을 이용해 새로운 단어들이 만들어지는데, 이러한 과정은 단어가 쉽게 만들어지고 즉시 이해될 수 있게 해 주는 과정이다.

접미사부착은 영어에서 새로운 단어를 만드는 가장 일반적인 방법인데, 여기에서 특별히 선호되는 접미사들이 있다. 예를 들어 접미사 -ness는 엄청나게 생산적이어서 Time지에 실린 'The Nesselrode to ruin'이라는 제목의 기사에서는 이 접미사가 모든 종류의 단어들을 마구잡이로 확장시킬 경우 좋은 영어의 '가공할 적'이 될 수도 있다는 제언을 했을 정도이다.23 이 접미사는 주로 goodness(선), happiness(행복), reasonableness(정당성)에서처럼 형용사에 부착되어 새로운 명사를 만드는 데 사용되지만, broken-heartedness(비탄), matter-of-factness(실제성), up-to-dateness(최신성), hump-backed whaleishness(등에 혹 달린 고래와 같은 허황함), Donald Duckishness(도널드 덕 같은 속성)에서처럼 구에 부착되기도 하며, 경우에 따라서는 whyness(이유), thusness(이러이러함), whereness(여기저기), ought-ness(의무성)에서처럼 다른 종류의 단어에 부착되기도 한다.

접미사 -ness는 어휘 도구상자에 속하는 접미사들이 지니는 몇 가지 중요한 특징들을 보여준다.24 첫째, 이 접미사들은 일반적으로 단어의 조각에 부착되지 않고 단어나 구 전체에 부착된다. 즉, politeness(정중함)는 있지만 *poliness는 없으며, prettiness(아름다움)는 있지만 *prettness는 없다. 둘째, 이 접미사들은 대부분 명사, 형용사, 혹은 동사와 같은 주요 단어에 부착되어 새로운 명사, 형용사, 혹은 동사를 만들어낸다. 즉, this-ness나 about-ness에서와 같이 발화에서 그렇게 중요하지 않은 부분에 부착되는 어미는 다소 드물다. 셋째, 단어 종류에 따라 특징적인 어미들이 있다. jumbificatioinal(점보제트엔진을 사용하는), duckish(오리 같은)에서처럼 명사에는 어미 -al 이나 -ish를 붙여 형용사로 바꿀 수 있는 반면, debeakable(부리를 떼어내는 것이 가능한)에서처럼 동사를 형용사로 바꾸기 위해서는 -able이라는 다른 어미가 필요하다.

우리가 이미 마음속 어휘집에 대해 알고 있는 바에 비추어 보면, 이러한 세 가지의 주요 특징은 놀라운 것이 아닐 것 같다. 우리는 단어들이 덩어리로 저장되어 있다는 점을 확인했기 때문에, 완전한 단어에 그냥 어떤 조각 하나를 덧붙이는 과정이 가장 생산적인 과정이라는 것을 수긍할 수 있다. 우리는 '내용을 가진' 단어와 통사론과 긴밀한 관계를 가지고 있는 기능어가 서로 다르게 취급된다는 것을 알고 있기 때문에, 일반적으로 전자에 해당하는 단어만이 어휘 도구상자에 채택된다는 것이 이상할 이유가 없다. 마지막으로 우리는 단어들이 여러 종류로 나뉘어 저장된다는 것을 확인했기 때문에, 종류마다 고유한 어미들이 있어야 한다는 것 또한 타당하다.

　reason-able-ness, 혹은 depart-ment-al-iz-ation에서처럼 시간이 흐르면서 단어들에 여러 개의 접미사들이 겹쳐 쌓일 수가 있다. 이러한 단어들은 마치 양파처럼 점점 늘어가는 여러 개의 층을 외피에 모아 놓은 것으로 보인다. 이러한 접미사 쌓기는 일반적으로 점진적으로 진행되었다. 각 단어는 바로 다음의 접미사가 추가되기 전에 일단 하나의 어휘 항목으로 수용되는데, 다만 Donald Duckishness처럼 두 개의 접미사가 동시에 추가된 것으로 보이는 경우도 없지는 않다. 길이가 긴 단어는 만들어지는 과정에서 종류가 몇 차례에 걸쳐 바뀔 수 있는데, Donald Duckishness 역시 다음에서 볼 수 있는 것처럼 명사에서 형용사로, 그리고 형용사에서 다시 명사로 변한다.

　　Donald Duck (명사) -ish
　　Donald Duckish (형용사) -ness
　　Donald Duckishness (명사)

　이러한 층 만들기의 과정을 보여줄 수 있는 유익한 방법 중의 하나가 수형도인데, 수형도에서는 가장 위에서 만나는 점, 혹은 '마디'가 여러 가지 접미사들이 추가된 전체 결과를 보여주며, 이 접미사들은 하나씩 차례로 다시 벗겨나갈 수 있다(그림 15.2).

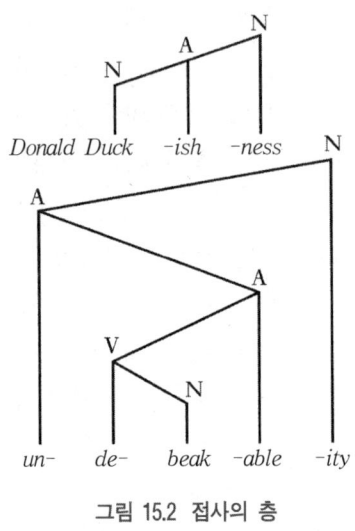

그림 15.2 접사의 층

이와 달리, 접두사(prefixes)들의 결합은 undebeakability(부리제거의 불가능성)에서 볼 수 있듯이 불가능하지는 않지만 흔히 일어나는 일은 아니다. 접두사는 그 숫자가 접미사만큼 많지 않으며, 단어 종류의 변화를 야기하는 것도 de-frost(성에-를 없애다), de-bug(결함-을 없애다), de-beak(부리-를 제거하다)에서 볼 수 있는 de-와 같이 한두 개에 지나지 않는다. 삽입사(infixes)는 더 드물다. 'Ain't that fantastic! Oh, Jeez, isn't that fangoddamtastic!' … Ain't fanfuckingtastic?(그거 환상적인데! 오, 맙소사, 그거 정말 빌어먹게 환상적이지 … 더럽게 환상적이지 않아?)'(fan-goddam-tastic, fan-fucking-tastic, 즉 fantastic 중간에 goddam(빌어먹을)과 fucking('욕')이 각각 삽입사로 들어간 표현—역주)라는 말은 John Gordon Davis의 소설 Leviathan의 한 등장인물이 과도하게 흥분한 상태에서 한 말인데, 영어에서는 별로 중요하지 않고 가끔 볼 수 있으며 단어 종류를 결코 바꾸지 않는 삽입사 사용의 예를 보여주고 있다. 하지만 삽입사는 아무렇게나 사용되지 않으며 엄격한 운율 원리에 의해 통제되는데, 일반적으로 강세를 받는 음절 앞에 삽입된다.[25]

따라서 언어사용자들에게는 이러한 일을 하도록 허용하는 어휘 도구 상자가 있는 것이 분명하다. 또한 어휘 도구상자는 소리의 분절음들뿐 아니라, 어떤 단어에 접미사가 부착되었을 때 원래 단어의 운율을 어떻게 조절할 것인가의 문제도 취급한다. 하지만 논의해야 할 문제가 더 있다. 도구상자에는 사용할 수 있는 접미사 하나만이 있는 것이 아닌 경우가 아주 흔하다. 언어사용자들은 어떻게 그것들 중 하나를 고르는 것일까?

▎Scronkiness냐 Scronkity냐? ▎

당신이 '칠칠치 못하고(scruffy) 믿을 수 없는(wonky)'이라는 뜻을 가질 수 있는 scronky라는 새로운 단어에 접했다고 생각해 보자. 그리고 이 단어의 명사형을 추측해보라는 질문을 받았다고 가정해 보자. 당신은 무엇이라고 말하겠는가? scronkiness? scronkity? 대부분의 사람들이 두 가지 모두 가능하다는 판단을 내렸지만, 대체로 scronkiness를 선호했다. 사람들로 하여금 이러한 결정에 이르게 한 가이드라인이 무엇일지에 대해 생각해 보자.

언어사용자들은 '경험에 의한 규칙들' 몇 가지를 따르는 것으로 보인다.26 그 중 사용빈도가 가장 분명한 요인이다. 기존의 단어 중에는 -ity로 끝나는 말 보다 -ness로 끝나는 말이 더 많다.27 따라서 -ness가 '옳은 것으로 들리는 것'은 -ness가 그만큼 일반적이라는 것이 이유일 수 있다. 하지만 사용빈도가 유일한 가이드라인은 아니다.

고려의 대상이 되는 또 하나의 요인이 단어의 소리구조이다. 사람들에게 runcile과 같은 비단어의 명사형을 만들어보라고 하면, runcility를 선호한다. runcileness도 가능하다고 판단하지만 그리 신통하게 여기지 않는다. 그리고 사전을 보면 nationality(국적), possibility(가능성), fragility(깨지기 쉬움)에서처럼, -al, -ible, 혹은 -ile로 끝나는 형용사들의 어미로 -ity가 가장 일반적인 어미라는 사실이 드러난다.28 따라서 어휘집을 구성하고 있는 작은 부분들마다 가장 개연성이 높은 고유한 어미가 있다.29

　세심한 주의를 기울이지 않는 관찰자의 눈에는 음성적 요인들이 언제나 명백해 보이지는 않는다. whiten(하얗게 되다)과 redden(빨개지다)이라는 동사는 있지만 *blonden(*금빛이 되다)과 *pinken(*분홍빛이 되다)이라는 동사는 없는 이유는 무엇일까? 누구의 얼굴이 붉어졌을 때, 거기에 대해 'he reddened(그는 얼굴이 빨개졌다)'라는 말은 할 수 있어도, *'he pinkened(*그는 얼굴이 분홍빛이 되었다)'라는 말은 할 수 없다. straighten(펴다)과 sharpen(뾰족하게 하다)이라는 동사는 있지만, *rounden(*둥글게 하다)이나 *blunten(*무디게 하다)이라는 동사는 없다. 따라서 'he straightened his tie(그는 넥타이를 폈다)'라는 말은 할 수 있어도, *'she rounded the snowball(*그녀는 눈 덩이를 둥글게 했다)'이라는 말은 할 수 없다. 왜 안 되는가? 해답은 이 단어들을 만드는 데 이용한 원래의 형용사들(white(흰), red(빨간), blond(금빛의), pink(분홍빛의); straight(똑바른), sharp(날카로운), round(둥근), blunt(무딘))의 끝을 보면 나온다. 즉, 단자음으로 끝나는 형용사에만 어미 -en을 붙일 수 있으며, 끝 자음 앞에 -n-이 나오는 형용사에는 -en을 첨가하는 것이 불가능한 것이다.

　세 번째의 고려사항은 새로운 단어를 만들기 위해서 기존의 단어가 어느 정도까지 변화될 필요가 있는가의 문제이다. 일반적으로 사람들은 기존 단어의 강세 유형을 그대로 유지시키려고 한다.30 사람들에게 비단어 tulsive의 명사형으로 tulsivity와 tulsiveness 중 하나를 골라보라고 했을 때 tulsiveness를 선택하는 경향을 보이는 것은, -ness가 일반적이라는 이유에서 뿐 아니라, tulsiveness에 tulsive의 강약이 그대로 보존되어 있기 때문이기도 할 것이다. 이러한 발견은 'deductive(연역적인)' 대신 deduceful을 사용하거나 'professional(전문적인)' 대신 professoral을 사용하는 것처럼, 말을 하는 도중에 기존의 단어에 바로 접근하지 못해서 새로운 단어를 만드는 유형의 말오류가 적당히 드물다는 사실이 뒷받침해 준다(11

장). 화자는 출발점이 되는 단어 전체를 재생산함으로써 단어를 만들어내
는 경향을 보인다. 그리고 연관성 있는 단어들을 생각해내 보라는 요구를
한 실험에서, 피험자들은 출발점이 되는 단어가 역사적으로 변화해 버린
경우에조차 그 단어를 되살려 사용하기도 하는데, 처음에는 'pomposty(화
려함)' 대신 pompous-ity(pompous＝오만한)를 사용하는 식이다.31 또한 어
떤 학자에 의하면 사람들은 원래의 단어 전체를 유지시킬 방법이 없는 경우
에는 그 단어의 앞부분은 건드리지 않고 끝부분의 소리를 바꾸는 것을 선호
한다.32 즉, 피험자들에게 형용사 languid(노곤한)의 동사형으로 languidify
와 languify 중 어떤 것이 좋으냐고 물었더니, languify를 선호하는 것으
로 나타났다. 이것은 languidify가 단어 앞부분에 일어나는 강세의 변화에
의해 원래 단어(languid)를 인식하기 어렵게 만든다는 사실 때문인 것으로
해석되었다. 하지만 languify의 강세 유형이 더 일반적인 소리에 해당한다
는 점이 또 다른 이유였을 수도 있다.

　언어사용자들이 사용하는 또 다른 가이드라인은 의미이다. 언어사용자
들은 일관된 의미를 가진 접미사들을 선호할 가능성이 있는데, 이러한 접
미사들은 기존의 단어와 새로 만들어진 단어 사이의 관계를 명확하게 드
러내 주기 때문이다.33 이것이 일반적으로 -ity 보다 -ness가 더 선호되는
또 하나의 이유이다. kindness(친절), cautiousness(신중함), mulishness(완
고함)와 같이 -ness에 의해 만들어진 단어들은 거의가 추상적인 성질을 나
타낸다. 그러나 -ity로 만든 단어들은 일관성이 떨어진다. stability(안정성)와
equality(동등함)처럼 추상적인 것도 있지만, celebrity(유명인)와 university
(대학)에서처럼 많은 것들이 구체적인 사람이나 기관을 나타낸다. 뿐만 아니
라, 어미 -ty는 crotchety(변덕스러운)와 pernickety(까다로운)에서처럼 때때
로 형용사에도 나타난다.

　지금까지 언급한 가이드라인들 중 마지막 두 가지－출발점이 되는 단
어를 그대로 유지하는 것에 대한 선호와 의미의 일관성에 대한 선호－는
모두 언어에 나타나는 보다 일반적인 경향, 즉 '투명한', 혹은 분석이 용이

한 형태에 대한 선호와 '불투명'하거나 분석이 어려운 형태를 피하려는 경향의 예에 해당한다.[34]

이와 같은 가이드라인―사용빈도, 출발점을 이루는 단어의 소리구조와 그것을 바꾸지 않고자 하는 것, 접미사 의미의 일관성―은 '경험으로부터 얻은 규칙들'이다. 그리고 간헐적으로 사용되는 다른 규칙들이 있을 수 있다. 예를 들어, 직전에 나온 소리와 같은 소리를 가지는 접미사에 대한 거부감이 있는 것 같다. 즉, crotchety-ity와 같은 형태에 동의할 사람은 없을 것이며, crotchetiness가 만장일치의 지지를 얻을 것이다.[35] 또한 예측 가능성이 떨어지는 다른 일시적인 선호도들이 있다. 예를 들어, plentifulity와 같은 고전적이지 않은 비단어보다 orbitality처럼 라틴어 색채가 나는 비단어가 -ity로 끝나는 소리에 더 어울렸다고 생각한 학생들이 있었다.[36]

삽입사의 경우에는 강약이 고려되어야 한다. licketyfuckingsplit(lickety-fucking-split, licketysplit(굉장한 속력으로) 중간에 fucking을 넣어 '더럽게 빨리' 정도의 의미를 표현한 것―역주)는 가능하지만 *lickfuckingetysplit는 가능하지 않다.[37] 언어사용자들은 여러 가지 가이드라인을 서로 비교해야 한다. 간혹 일어나는 일이지만 모든 가이드라인들이 서로를 강화하는 경우에는 선택이 분명하다. 하지만 가이드라인들이 서로 충돌하는 경우에는 언어사용자에 따라 상황을 평가하는 방식이 달라진다. 간단히 말해서, 어휘 도구상자는 자동적으로 작동하지 않으며, 무엇보다도 새로운 단어를 만드는 사람과 청자 모두로부터 적극적인 결정 내리기를 요구한다.

▎ 소매치기 당한 사람과 미니스커트 입은 사람 ▎

새로운 단어들이 선별적으로 영어에 유입되는 것은 영속적으로 일어나는 일이다. 하지만 새로운 형태 자체는 언어사용자의 마음속에서 어떤 방식에 의해 만들어지는 것일까? 이것은 처음에는 떨어지는 물방울이던 것이 결국 큰물로 변하는 과정이다. 사람들은 단어를 만들어내는 어떤 새로운 장치에 접하고 이 장치가 사용되는 것을 점점 더 자주 들어감에·따라 여기에 점차 적응해 간다.

새로운 형태를 확고하게 만들어내기 위해서는 세 가지 요인이 필수적이다. 첫째, 수많은 예들을 언어사용자가 들어야 한다. 둘째, 형태의 의미가 분명해야 한다. 셋째, 분석이 용이하다는 의미에서 형태가 투명해야 한다. 적응과정이 접미사 -ee의 경우처럼 점진적일 수도 있고, mini-의 경우처럼 신속할 수도 있다. 아래에서는 여기에 대해 논의하고자 한다.

접미사 -ee는38 법률적 기억(관행이 법적 효력을 가지게 되는 데 필요한 최소한의 기간—역주)이 도입된 시점(공식적으로 1189년)부터 영국에 있어왔다. 그 시기는 법적인 사안에 프랑스어가 사용되는 시기였는데, '(일반인에게는 난해한) 법률가 특유의 용법'에는 지금도 appellee(피상소인), legatee(유산수취인), lessee(임차인) 등과 같이 원래 프랑스어의 접미사인 -ee로 끝나는 단어들을 많이 볼 수 있다.

하지만 -ee는 초창기 무렵부터 이미 생산적이었는데, 다시 말해 법률과 무관한 단어들을 포함해 새로운 단어들을 만들어냈다. 처음에는 이러한 새로운 단어들을 드문드문 볼 수 있었다. 1500년에서 1800년 사이에는 100년에 30개, 혹은 이에 못 미치는 '-ee 단어들'이 새로 만들어졌는데, 이들 중 일부만이 언어의 고정적인 구성원이 되었다. 예를 들어, refugee(도망자)라는 단어는 프랑스의 신교주의자 Huguenots가 17세기에 종교 박해를 피해 영국으로 도망 온 것과 관계가 있었다.

그 후로 -ee 단어들의 숫자는 늘어나기 시작했다. 지금 모두가 남아있지는 않지만, 19세기에는 약 100개의 새로운 단어가 만들어졌다. '자신의 전기(biography)가 출간된 사람'이라는 뜻의 biographee와 '세례를 받은 (baptize(세례를 주다)) 사람'이라는 뜻의 baptisee는 지금은 이상한 단어로 들린다. twistee(?비틀려진 사람)도 이상하기는 마찬가지이다. '어떤 남자가 다른 사람의 무릎을 족히 십분 간은 난폭하게 비틀었는데, 그 비틀려진 사

람(twistee)이 얼마나 고함을 지르던지'라는 말을 보라. 20세기에는 200단
어 가량이 새로 등장했다. 다만 (아래에서 논의되겠지만) 이들 모두가 언어에
영원히 살아남지는 못할 수도 있다.

   -ee 단어는 특징이 분명하기 때문에 언어사용자가 수용하기가 매우 용
이하다. 즉, 이 단어들은 모두가 사람을 가리킨다. '혹사된(학대받은) 사람'이
라는 뜻의 abusee는 학대받은 앵무새나 깨진 창문일 수 없다. -ee로 표현
되는 사람이 가지는 추가의 특징은 통제할 힘이 없다는 것이다. 다음에서
볼 수 있듯이 -ee로 표현되는 사람들은 흔히 힘을 가진 사람들과 한 부류
를 이루는데, 힘을 가진 사람들을 나타내는 말은 -er로 끝나는 것이 전형적
이다. employer(고용주), employee(피고용인); murderer(살인자), murderee
(살인 당한 사람); trainer(훈련교관), trainee(훈련받는 사람); diner(식사하는 사
람), dinee('맛이 없는 식사를 강제로 먹어야 했던 사람'). fiancée(약혼녀)처럼 통
제와는 무관한 예외를 가끔 볼 수 있는데, 다만 이러한 단어는 일반적으로
다르게 발음되며, -ee 부분에 강세를 넣어 표기한다. -ee로 표현되는 사람
은 대부분 힘이 없고 수동적인데, '팔다리가 절단된(amputated) 사람'을 뜻
하는 amputee, '강압에 의해 서 있어야(stand) 하는 사람'을 뜻하는 standee
의 경우처럼 -er와 -ee로 이루어진 짝 중의 하나가 아닌 단어에서도 그러
하다.

   -ee로 표현되는 사람은 장기간 힘이 없는 상태에 방치되는 경우가 많
지만, fuckee(상스러운 욕을 들은 사람), muggee(강도습격을 당한 사람), pick-
pocketee(소매치기당한 사람)처럼 최근에 나온 많은 단어들은 아주 짧은 시
간에 이루어지는 폭력적인 행동을 수동적으로 당한 사람을 묘사한다. 하
지만 이런 표현들이 언어에 계속 남아있게 될지는 아직 분명하지 않다. 결
국 -ee 단어들의 점진적 축적은 거의 천년 가까이에 걸쳐 진행되어온 일
이다. 이제 사람들은 이러한 단어들을 늘 듣게 되었으며, 점점 더 많은 새
로운 단어들을 만들어내고 있다.

   훨씬 더 빨리 확산되는 다른 형태들이 있을 수 있는데, miniskirt,

minicar에서 볼 수 있는 접두사 mini-로 시작하는 단어들의 경우가 그렇다.39

Oxford English Dictionary(OED)에 따르면, mini-라는 말이 생긴 것은 1845년으로 거슬러 올라간다. minibus는 '작은 버스'를 뜻하며, 첫 음절에 강세를 받아 MInibus로 발음된다. Scotsman지의 한 광고에서는 minibus를 omnibus(큰 버스)와 나란히 팔려고 내 놓았던 적이 있었는데, 두 가지 버스 모두 말이 끄는 것이었다.

> 말, 마구, 수레에 대한 놓치면 안 될 세일 … 최상품의 12인승 큰 버스 (omnibus), 거의 새 것임 … 상태 양호한 세련된 작은 버스(minibus).

이렇게 min-가 처음으로 출현한 후 마침내 다른 단어들도 등장하게 되었으며, 이렇게 해서 사람들은 점차로 이 형태에 익숙해지게 되었다. 미니카메라(mini-cameras)는 1930년대에 등장했다. 이 카메라들은 블랙박스 카메라로, 현대의 기준으로 보면 크기가 컸지만, 삼각대 위에 올려놓고 찍어야 했던 그 이전의 카메라보다는 훨씬 작았다. 규모가 작은 집에 어울리는 미니 피아노(mini-pianos)는 1940년대에 등장했다.

접두사 mini-가 일단 몇 개의 단어에서 고정적으로 사용되자, 그 사용 횟수가 급속히 증가했다. 1960년대에는 비행기 이륙장이 운송수단을 나타내는 minicabs(미니택시), mini-cars(미니자동차), 그리고 mini-vans(미니 밴) 같은 단어와 함께 생겨났으며, miniskirts(미니스커트), mini-coats(미니코트), mini-dresses(미니드레스), mini-shorts(미니 반바지)와 같은 의류 관련 단어들이 생겨난 것도 이때였다. 패션 잡지 Vogue와 시사 관련 사건들을 다루는 신문 The Economist는 1965년이 미니스커트가 등장한 해였다는 데 대해서 이의를 달지 않는다.40

곧 이어 mini-는 다른 유형의 단어들에 서서히 침투해 갔다. 한 저술가가 1966년에 자신의 조그만 정신(mini-mind)이 나간 것이 분명하다고 말한 적이 있으며, 1968년에는 경제 분야에 미니붐(mini-boom)이 일어났다.

그리고 mini-가 들어간 새로운 형태가 지속적으로 늘어갔다. 영국의 신문 The Times와 the Sunday Times에는 1993년의 처음 3개월 동안 mini-bar(미니바), mini-series(미니시리즈), mini-enterprise(미니사업), mini-conglomerate(소규모 복합기업)와 같이 접두사 mini-가 들어간 단어가 등장하는 기사가 모두 125개 실렸는데, 이것은 하루에 하나 이상에 해당하는 수치이다. 결국 mini-가 100년이 조금 넘는 기간 안에 지배적인 접두사가 된 것이다.

-ee와 mini-의 경우는 새로운 형태가 등장하기까지의 과정이 느리게 진행될 수는 있어도 이 단계를 지나면 그 새로운 형태가 갑작스럽게 증가하는 것이 전형적이라는 것을 보여주는데, 이것은 특히 새로운 단어에 도달하기까지의 단어 형성 과정이 형태와 의미 두 가지 측면에서 모두 명쾌한 경우에 해당되는 사실이다.

▌ 치즈가 빠진 샌드위치 ▌

하지만 단어들이 영어에 쏟아져 들어오는 마당에, 단어를 만드는 과정들 중 어떤 하나가 그 시점에서 대부분의 언어사용자가 새로운 단어를 만드는 데 사용한다는 의미에서 가장 생산적이라는 말을 학자들이 할 수 있을까? 예컨대 누군가가 접미사 -ness의 숫자를 단순히 세어 본다고 했을 때, 접미사 -ness를 가진 수많은 기존의 단어들과 새로 만들어진 단어들을 구분하는 것이 가능할까?

몇 명의 네덜란드 학자들에 의해 지향점이 분명한 해결책이 제시되었다.41 이 학자들은 영국의 신문 The Times의 기사에서 각 접미사가 사용된 경우 모두를 센 숫자와 어떤 하나의 단어에서 한 번만 사용된 경우('one-offs', 기술적으로는 그리스어에서 '한번 말해진'을 의미하는 hapax legomena라고 함)를 센 숫자와 비교해 보기로 했다. 접미사가 어떤 하나의 단어에서 한번만 사용된 것은 접사부착이 바로 그 순간에 이루어졌다는 것을 나타내기 때문에 어미가 적극적인 산출활동에 가담했는지를 알려주는 단서가 된다고 가정한 것이다. 이렇게 해서 그들은 접미사 -ness, -ity, -ly와 접두사 un-, in-이 들어간 예들을 4개월에 걸쳐 수집했다.

-ness가 들어간 예는 전체적으로 2,000개 이상 있었는데, 이 수치는 대략 -ity가 들어간 형태의 두 배였다. 그리고 -ness가 하나의 단어에서 한번만 사용된 횟수 역시 더 많았는데, 700회가 넘었다. 이 중 대부분의 명사가 crabbiness(심술궂음)처럼 형용사(crabby)로부터 만들어진 것이었다. 다른 한편으로, -ity가 들어간 단어는 모두 300개가 되지 않았는데, anality (항문성)처럼 대부분 -ity 앞에 l이 있었다. 접미사 -ly 역시 매우 생산적이어서 4,000개가 넘는 예가 나왔다. 이 예의 대부분은 breathcatchingly(숨을 멈추고)처럼 다른 형용사로부터 만들어진 것들이었다. 비단어 uncheesy(치즈가 빠진)와 같은 예에서 볼 수 있는 접두사 un-은 inegalitarian(불평등주의자)에서 볼 수 있는 in-보다 더 생산적이었다. 각 형태에 해당하는 정확한 수치가 그림 15.3에 제시되어 있다.

접사	전체	on-offs	예
-ness	2027	739	crabbiness
-ity	1020	280	anality
-ly	5196	1362	breathcatchingly
un-	1672	659	uncheesy
in-	243	48	inegalitarian

그림 15.3 한 단어에 한번 등장한 횟수로 측정해 본 생산성
(Baayen & Renouf 1996에서 인용)

생산성과 단어의 수명을 평가하고자 한 몇 가지 다른 시도들이 있었는데,42 이 시도에서 얻은 주요 결론들 역시 대체로 비슷하였다. 다만 앞에서

언급한 것과 상반되는 그리 중요하지 않은 발견들도 있었다.

▌ 트렁크를 넣어두는 Tronastery ▌

I wish I were a Tibetan monk
Living in a monastery.
I would unpack my trunk
And store it in a tronastery;
I would collect all my junk
And send it to a jonastery …

내가 monastery(수도원)에 사는
티벳의 monk(승려)였으면 좋으련만
trunk(트렁크)는 짐을 풀어
tronastery에 넣어 두련만
나의 junk(쓰레기)는 모두 모아
jonastery에 보내련만 …

Ogden Nash는 'Away from it all'이라는 시에서 승려(monk)가 수도원(monastery)에 산다는 사실을 이용해 monk와 운이 맞는 trunk와 junk가 monastries와 운이 맞는 tronasteries(비단어－역주)와 jonasteries(비단어－역주)에 각각 저장되어 있을 것이라는 생각을 전개한다.

이것은 분명 주의를 기울여 생각해 낸 단어유희이지만, 일상생활에서 이루어지는 분석 유형과도 맥을 같이한다.

> Steven: This TV sure doesn't recept very well.
> 이 TV가 썩 잘 recept하지 않는 게 분명해요.
> Mother: What do you mean, 'recept'?
> 'recept'라니, 무슨 말이니?

Steven: You know, the reception's bad.
          있잖아요, 수신(reception)이 나빠요.

이것은 한 여자와 그녀의 11세 된 아들 사이에 있었던 대화인데,43 언어사용자들이 기존의 단어를 작은 부분들로 나누어봄으로써 새로운 단어를 만들어내는 경우가 있다는 것을 보여주고 있다. 위 대화의 Steve는 아마 select(선택하다), selection(선택), 그리고 adopt(채택하다), adoption(채택)과 같은 어휘집에 이미 들어 있는 단어의 쌍을 인지함으로써, recept와 reception이 이와 동일한 범주에 속하는 또 하나의 쌍이라고 생각했을 것이다(recept는 '지각상'을 뜻하는 명사로, '수신'을 뜻하는 reception의 동사형이 될 수 없음 — 역주).

이러한 유형의 분석을 토대로 많은 새로운 단어들이 생겨난다. sputnik이라는 이름의 소련 위성이 발사된 이후 러시아어에서 sputnik이라는 단어가 차용되자, 여기에서 -nik이 분리되었고 -nik으로 끝나는 단어가 엄청나게 생겨났다. 개가 실려서 발사된 위성은 dognik이라고 불리었으며, 실패한 미국의 위성은 flopnik, goofnik, oopsnik, pfftnik, sputternik, 그리고 stayputnik으로 불리었다.44(flop — 쿵 하고 넘어지다, goof — 바보, oops — '이런!', pfft — '펑!', sputter — (불꽃 따위를) 부지직 소리를 내며 내뱉다, stayput — '머물러있고 놓여있는' — 역주)45

단어를 부분으로 쪼개어 새로운 단어를 만드는 이러한 특별한 유형의 구성법은 무엇보다도 청자가 새 단어를 만드는 양식을 제공해 준 원래의 단어로 되돌아가 그 구조를 분석할 수 있다는 가정을 토대로 한다. 간단히 말해서, '단어는 단어로 만들어져 있다.'

▌ 웃다-사람과 청소하다-사람 ▌

아이들은 새로운 단어들 만들고자 하는 열정을 가진 존재이다. 하지만
아이들은 아주 오랜 시간이 지나야 어른과 같은 능력을 가지게 되는데, 이
능력을 사춘기가 될 때까지는 이용하지 못하는 것 같다. 이것은 마음속 어
휘집 안의 어휘 도구상자가 마음속 어휘집과 연결되어 있으면서도 떨어져
있는 한 구성 부분으로 간주될 수 있다는 것을 입증하는 하나의 증거이다.

아이들은 처음에는 접사부착보다 합성어나 전환을 선호한다. 실험을
이용한 한 연구에서 대부분의 아이들이 작은 'wug(실험을 위해 새가 아니지
만 작은 새처럼 생긴 그림을 그려 그 이름으로 붙인 비단어-역주)'를 baby wug
(아기 wug)이나 teeny wug(아주 작은 wug)으로 부르고, 'quirks(털과 비슷하
지만 털이 아닌 것을 나타낸 비단어-역주)'에 뒤덮여 있는 개를 quirk-dog(털-
개)이라고 부르는 등과 같이 합성어 표현을 선호했는데,46 이것은 어른이
wuglet(-let을 붙여 작은 wug를 표현하는 말, 예를 들어 booklet은 소책자를 뜻함-
역주)과 quirky를 각각 선호한 것과 대조적이었다. 자연 발화 자료에서도 이
와 유사한 경향이 나타나는데, '사람들을 향해 웃는 사람'을 뜻하는 simile-
person(웃다-사람), '물건들을 쓸어내는(청소하는) 사람'을 뜻하는 sweep-
person(쓸어내다-사람), 'How do you sharp this(이것을 어떻게 뾰족하게 하
죠)?'라는 말에서 sharpen(뾰족하게 하다) 대신 sharp(뾰족한)를 쓰는 등의
자료를 발견했다는 보고가 있다.47

아이들은 광범위한 영역에 걸쳐 혁신적이지만, 여기에는 성인의 기준
에 비추어 보았을 때 허용되지 않는 것들이 많이 있다. 생산성과 사용빈
도가 상당히 높은 몇 개의 접미사를 제외하면 아이들이 성인 수준의 제
약들을 알게 되기까지는 많은 시간이 든다. 접사는 일단 발달하고 나면
hitter(치는 사람)에서 행동의 주체를 나타내는 -er와 같이 생산적이고 투명
하며 규칙적인 경향을 보인다.

11세나 된 아이들조차도 여전히 성인 유형의 능력에 크게 못 미치는

능력만을 가지고 있다.[48] '작은 wug'에 대해 물어보면, 11세에서 14세 사이의 아이들은 pug-wug, wuggist, 그리고 wiggle과 같은 말을 했으며, 성인들처럼 wuglet를 선호하는 것으로 나타난 아이들은 소수에 지나지 않았다.[49] 이것은 다른 과정들에 있어서도 마찬가지였는데, 다만 과제에 따라 아이들의 과제 수행력에 차이가 있었다.

따라서 파생 접미사들은 나이에 따라, 그리고 접미사의 유형에 따라 생산성에 차이가 있으며, '사춘기를 거치는 동안 꾸준히 긍정적인 방향으로 발전한다'는 점에 학자들은 동의한다.[50] 그리고 아마 이 과정은 평생 지속될 것이다.

▌ 어휘 도구상자 ▌

인간은 단어를 더 작은 부분들로 쪼갤 수 있다. 다만 (11장에서도 보았듯이) 이것이 기존의 단어들에 대해서 절대적으로 필요한 능력은 아닌데, 기존 단어들은 덩어리째로 저장되어있기 때문이다. 따라서 이러한 능력의 주된 목표는 언어사용자로 하여금 스스로 새로운 단어들을 만들어내고 다른 사람들이 만든 새로운 단어들을 이해할 수 있도록 하는 데 있는 것으로 보인다. 이 능력의 두 번째 목표는 기억에 대한 보조 장치로서 비슷한 형태소들을 지니고 있는 단어들을 서로 연결시킬 수 있도록 해 주는 데 있는 것 같다. 11장에서도 살펴보았듯이, 많은 단어들이 자신에게 연결된 보조 정보들을 가지고 있다. 이것은 단어들이 작은 부분으로 쪼개져서 동일한 형태소들을 가지고 있는 다른 단어들과 연결되는 방식이 어떠한지를 보여주었다. 이 보조 정보의 저장고는 어휘 도구상자를 가리키는 지시계도 가지고 있어서, 이것에 의해 어휘 도구상자가 중앙 어휘집과 연결될 수 있게 된다. 예를 들어, kindness는 중앙 어휘집에 kindness로 저장되지만, 보조 정보 저장고에서는 kind-ness로 쪼개질 것이다. 또한 goodness

나 happiness 같이 -ness로 끝나는 다른 단어들과의 연결이 있을 것이고, 형용사에 -ness를 부착함으로써 새로운 명사를 만들 수 있다는 사실을 알려주는 규칙과의 연결이 있을 것이다(그림 15.4).

이렇게 해서 이 장에서는 영어에 일반적으로 나타나는 단어 만들기 과정의 네 가지 유형을 살펴보았는데, 합성, 전환, 접사부착, 그리고 재분석이 그것이다. 여기에서는 따로 다루었지만 이 과정들은 서로 결합될 수 있다. spaghetti-sniffer라고 하는 새로운 단어는 아마 '스파게티에 대고 코를 킁킁거리는 사람'이라는 뜻을 가질 수 있을 것이다. 여기에는 동사에 접미사를 붙이고 이것을 명사에 붙이는 과정이 포함되어있는데, 아마 이러한 과정은 glue-sniffer(풀에 코를 대고 킁킁거리는 사람)와 같은 단어를 분석해 본 다음에 적용되었을 것이다. 이와 같은 혼합 유형은 적절히 예측가능한 방식으로 행동하는데,[51] 다만 아이들이 이것을 배울 때까지 필요로 하는 시간이 더 긴 것으로 보아 더 복잡한 것 같다.[52]

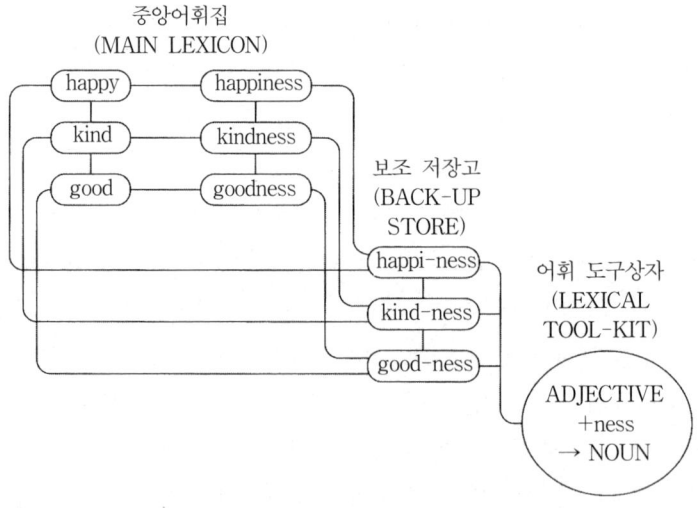

그림 15.4 어휘 도구상자와 보조 정보 저장고

▌ 요약 ▌

이 장에서는 어휘 도구상자에 대해 살펴보았다. 어휘 도구상자는 인간이 새로운 단어를 창조할 때 사용하는 수단으로서 선택적이면서도 언제나 이용할 수 있는 능력인데, 다만 발달하는 속도가 느리다. 우리는 영어에서 통상적으로 이용되는 몇 가지의 단어 만들기 과정, 즉, 합성, 전환, 그리고 접사부착에 대해 알아보았으며, 이 과정들은 자신에게 적용되는 전반적인 제약들이 상대적으로 거의 없기 때문에 유연하게 적용될 수 있다는 점을 확인하였다. 그러나 새로 만들 수 있는 단어의 범위를 축소하고 청자의 해석을 용이하게 해 주는 몇 가지 가이드라인이 있었다. 뿐만 아니라, 어휘 도구상자도 고립되어 활동하지 않는다. 어휘 도구상자는 개별 단어에 관련되는 보조 정보에 접근할 수 있는데, 이것이 재분석에 의해 새로운 단어들이 만들어지는 경우들을 어휘 도구상자가 다루는 데 도움을 준다.

새로운 단어를 만들어내는 과정은 무엇보다도 인간의 마음이 어휘를 다루는 데 있어서 얼마나 대단한 유연성을 가지고 있는지를 보여준다. 새로운 단어의 창조는 우리가 이미 가지게 된 관점, 즉, 마음속 어휘집은 개별 단어에 대한 한정적 정보를 가진 고정적인 사전이 아니고, 그 안에 새로운 연결들이 끊임없이 형성되어 가는 활동적인 체계라는 관점을 더 강화시켜준다.

그러나 새로운 단어가 지니는 중요한 측면들 중 아직 살펴보지 않은 한 가지 측면이 있다. 그것은 바로 해당 언어에는 새롭지 않지만 단어를 배우는 과정에 있는 사람에게 새로운 단어들의 경우이다. 이것이 다음 두 장의 주제인데, 다음 두 장에서는 특히 아이들이 단어를 습득하는 방식에 논의의 초점을 맞출 것이다.

16 아빠, Bongaloo가 뭐예요?

— 아이들이 단어의 의미를 배우는 법 —

'아빠, Bongaloo가 뭐예요?'
'아들아, Bongaloo는 말이다,' 나는 말했다,
'키 큰 가방인데,
치즈와
도자기 만드는 사람의 두겁받침돌과
암염소 다리의 분별력이 들어있단다.'

Spike Milligan, 'The Bongaloo'

아이들이 단어를 주워 담는 것은 자석이 핀들을 끌어당기는 것을 연상하게 한다. 아마 하루에 열 개는 넘는 것 같다.[1] 연령별 어휘량에 대한 평가는 서로 엇갈리는데, 평균적으로 2살 된 아이가 약 500개, 3살 된 아이가 1,000개 이상, 그리고 5살 된 아이는 3,000개에 달하는 어휘들을 능동적으로 사용한다.[2] 그리고 이것은 아이들이 이해하는 단어의 숫자에 크게 못 미친다. 어떤 학자는 6살이 된 아이가 이해하는 어휘가 14,000개에 달하는 것으로 평가하였다.[3]

아이들이 단어 저장고를 어떻게 만들어 가는지를 알아냄으로써 마음속 어휘집에 관련된 추가의 증거를 얻을 수 있다. 물론 아이들이 성인과 같은 방식으로 단어를 저장하고 인출할 것이라는 가정을 자명한 것으로 받아들일 수는 없다. 이것이 사실일 수도 있고, 사실이 아닐 수도 있다.

3장에서 설명하였던 도서관 유추로 되돌아가, 아이들이 비어 있는 선반들이 정렬되어 있는 거대한 방을 가지고 태어난다는 추측을 우선 해볼 수 있다. 새로운 단어를 습득하게 되면 특정 유형의 단어들이 함께 들어가야 할 선반이 어떤 선반인지에 대한 선지식을 이용하여 해당 단어들을 미리 정해진 장소에 넣는다. 만일 이 시나리오가 옳다면, 성인의 마음속 어휘집과 아이들의 마음속 어휘집의 차이는 일차적으로 양적인 차이가 된다. 단어가 저장되고 인출되는 방식은 서로 같겠지만, 아이들이 어른들보다 더 작은 숫자의 단어를 알고 있다는 것이다.

여기에 대한 대안으로, 아이들이 처음에는 마음속 어휘집을 마치 아주 작은 선반을 무계획적으로 정리하는 것과 같은 방식으로 조직한다는 가정을 할 수 있다. 이 선반이 감당할 수 없을 만큼 많은 단어를 습득했거나 원하는 단어를 찾아내는 데 문제가 있을 경우에 한해서 새로운 선반을 만들고 서로 다른 단어들을 서로 다른 선반에 배열하는 방식으로 체계를 재조직할 것이다. 저장 용량을 늘이고 기존의 단어들을 재배열하는 과정은 아이들이 나이가 들어가면서 점진적으로 일어날 것이다. 이 경우에는 아이들의 마음속 어휘집이 성인들의 그것과 다소 다를 수 있는데, 특히 습득의 초기에 그러할 것이다. 우리는 이 시나리오들 중 어떤 것이 가장 개연성이 높은지, 아니면 각 시나리오가 저마다 진실의 일정한 부분을 포착하고 있는지에 대해 생각해보려고 한다.

그렇다면 어떻게 아이들은 단어의 의미를 습득하는 것일까? 19세기의 심리학자 James Sully에 의하면, 이 과제는 너무나도 가공할만한 것이어서 아이들을 익숙하지 않은 지형을 악전고투하며 지나가야 하는 '어린 탐험가'에 비유할 수 있을 정도이다. '이 어린 탐험가가 언어적 소리를 정확한 의미로 사용하고자 애쓸 때 어떤 일들을 해야만 하는지를 보자 … 우리는 엄청난 어려움들이 그의 길을 에워싸고 있으며, 그가 목적지에 도착한다면, 이것이 그가 아프리카의 탐험가만큼이나 용맹스러웠고 열심히 일했다는 것을 입증한다는 사실을 알게 될 것이다.'4

그림 16.1 단어 의미의 습득을 위해 해결해야 하는 과제

이 '엄청난 어려움들'이란 무엇일까? 본질적으로 아이들은 세 가지의 서로 다르면서도 연관성 있는 과제에 직면하는데, 명명과제(labelling task), 꾸러미 만들기 과제(packaging task), 그리고 네트워크 만들기 과제(network building task)가 그것이다(그림 16.1). 명명과제에서 아이들은 일정한 음 연속체가 사물의 이름으로 쓰일 수 있다는 것을 발견해야 한다. 꾸러미 만들기 과제에서 아이들은 하나의 이름 아래에 같이 모여 꾸러미를 이룰 수 있는 대상으로 어떤 것들이 있는지를 알아내야 한다. 네트워크 만들기 과제에서 아이들은 단어들이 서로 어떤 관련성을 가지고 있는지를 알아내야 한다. 여기에 대해 차례로 논의해 보자.

┃ 명명과제 ┃

아이들이 사물들의 이름을 어떻게 알게 되는가라는 의문을 제기할 필
요가 있다는 것에 놀라움을 표하는 사람들이 있다. 이 사람들의 가정은 대
답이 명백하다는 것이다. 어른들이 장난감 오리나 한 잔의 오렌지 주스와
같은 사물들을 가리키며 '오리', '주스'라고 말한다. 이 결과 아이들은 '오
리'와 '주스'라는 이름을 지목된 대상과 연결시키는 것을 배우게 된다.

그러나 이러한 견해는 상당히 지나친 단순화이다. 상징화, 즉, 어떤 소
리조합이 어떤 대상을 '의미한다'거나 상징한다는 사실에 대한 인식은 매
우 복합적인 기술이다. 이 기술이 발달하는 데에는 시간이 필요하며,5 아
이의 첫 번째 생일이 되기 전에는 나타날 필요가 없다.6

자부심 넘치는 부모들은 흔히 자기 아이가 다른 아기에 비해 발달이
늦다는 것을 믿기 어려워한다. 맹목적 사랑을 가진 엄마들과 아빠들이 한
살도 안 되는 아기가 mama라는 말과 papa라는 말을 할 수 있다고 주장
하는 것을 흔히 볼 수 있다. 그러나 이 단계의 아기들이 자신이 내는 소리
에 성인이 사용하는 것과 같은 의미를 할당했다고 보기는 힘들다. 생후 몇
개월 동안 아기들은 여러 소리들을 가지고 실험을 한다. 입 앞쪽에서 만들
어지는 소리들은 아이들에게 상대적으로 쉽다. 따라서 입술로 만드는 소
리인 mama, papa는 생후 6개월 무렵부터 순전히 아무렇게나 순간적으로
내는 옹알거리는 소리라고 보아야 한다. '선입관이 없는 관찰자들은 이 옹
알거리는 음절들이 처음에는 아무 의미도 가지지 않는 근육 연습일 뿐이
라고 본다.'7

만일 아이가 다가오는 엄마를 보면서 'Mama'라고 말한다면, 보통 엄
마들이 이것을 잘못 해석해서 자신이 가지고 있는 의미를 아이의 표현에
옮길 것이라는 것은 이해가 가는 일인데, 이것은 19세기 독일의 심리학자
William Preyer 같은 초창기 학자들 역시 인정한 바 있다. '개념을 나타내
는 최초의 언어적 표현이라는 것을 보면, 아이들이 그 전에 아무런 의식이

나 목적 없이 뱉어냈던 발음하기 쉬운 음절들 중 일부가 들어 있다. 여기에 의미를 부여하는 것은 순전히 부모들이나 간호원이다. 이러한 음절로는 pa와 ma가 있는데, 이것을 중첩시키면 부모들이 제발 좀 들어보라고 하는 papa, mama가 된다.'[8] 혹은 William Preyer가 몇 해 뒤에 언급했던 것처럼, '있는 응석 없는 응석 다 받아주는 엄마들이 전설적인 단어를 기다리고 있다가, 그 단어를 들으면 자신을 가리키는 말로 해석하며 즐거워하는 것은 자연스러운 일이다. 하지만 냉정한 학자들은 이 엄마들을 뒤쫓아 가다가 함정에 빠져서는 안 된다.'[9]

비록 papa와 mama가 초기에 발달하는 이유가 무엇인지에 대한 이러한 설명을 수용한다고 하더라도, 자부심에 넘치는 부모들은 똑같은 나이의 어린 아이들이 알파벳 책에 나오는 이름들을 모두 알고 있는 것이 분명하다는 점을 부각시키려고 할 것이다.

하지만 여러 가지 그림들에 대해 각각 특정의 소리를 낸다는 것이 아이가 그 어떤 것도 진짜로 '명명'한다는 것을 보장하지는 않는다. 아이에게는 이 과정 전체가 단순히 하나의 멋진 게임일 수도 있다. 덩치가 크고 검은색이며 윤곽이 분명하지 않은 얼룩덩어리가 있는 페이지에서 부모가 어느 곳을 가리키며 'Cat'라고 말할 수 있다. 아이의 반응으로 나오는 'Ga'라는 외마디 소리는 특정한 책의 특정 페이지에 대한 의례적인 반응일 수 있다. 'Ga'가 고양이라는 대상의 이름이라는 것은 시간이 어느 정도 지난 후에 발견할 수 있을 것이다.[10]

초기의 단어들 중 많은 것들이 단지 상황 전체에 대해 의례적으로 동반되는 말이라는 생각을 지지하는 예는 Adam이라는 아이의 초기 발화에서 볼 수 있다.[11] 12개월 된 Adam은 매일 저녁 목욕을 하면서 노란색 장난감 오리를 때려 욕조 밖으로 떨어뜨릴 때마다 신바람이 나서 'Dut'('duck', 오리)이라는 외마디 소리를 냈다. Adam은 자기가 오리를 넘어뜨렸을 때에만 'Dut'라는 말을 사용했다. 오리가 욕조에 떠다니고 있을 때에는 결코 'Dut'라고 부르지 않았다. 따라서 dut는 Adam이 오리를 때릴 때 내

뱉는 뜻 없는 외침인 것으로 보였다. 이 말은 상황 전체에 의례적으로 동반되는 말이었으며, 따라서 '야'나 '여기 간다'로 옮기는 것이 아마 가장 적절할 것이다. 따라서 처음에 Adam은 dut가 상황의 특정 부분을 나타내는 이름이 될 수 있다는 것을 알지 못했다. 그리고 이것은 Adam이 초기에 사용한 다른 단어들의 경우에도 마찬가지였다. Adam은 장난감 기차를 밀면서 복도를 지나갈 때 'Chuff-Chuff'(칙칙폭폭)라는 말을 했는데, 기차가 정지해 있으면 이 말을 하지 않았다. 또한 'Dog'라는 말은 아빠가 자기 턱받이에 그려져 있는 개를 가리키면서 '그게 뭐지?'라고 할 때에만 사용했으며, 아빠 이외의 사람이 같은 행동을 할 때에는 사용하지 않았다.

Adam이 두 번째 단계에 접어든 것은 이러한 의례적인 말들을 사용하는 경우들을 확장하면서였다. 예를 들어 Adam은 아빠가 자기 턱받이의 개를 가리키면서 '그게 뭐지?'라고 물어보았을 때뿐 아니라, 엄마가 아빠처럼 했을 때에도 dog이라는 단어를 사용했다. 세 번째 단계가 온 것은 Adam이 마침내 단어를 사건 전체로부터 분리해내어 특정 대상이나 사건에 대한 명칭으로 사용하기 시작하면서부터였다. 그는 자기의 노란색 장난감오리가 자기에게 맞아서 욕조 밖으로 떨어지고 있을 때뿐 아니라, 다른 어떤 상황에 있더라도 Dut로 불렀다. 이 단어는 나중에는 진짜 오리들, 백조들, 그리고 거위들에 대해서도 사용되었다. 이와 유사하게, chuff-chuff라는 말과 dog이라는 말이 사용되는 범위는 궁극적으로 기차와 개에 해당하는 대상들을 제대로 포함하는 영역으로 확대되었다.

따라서 Adam이 사용한 초기의 '단어들'은 여러 단계를 거치면서 상황 전체로부터 분리되었다. 이 단어들이 각 단계를 지나간 시점과 속도가 저마다 다르다는 점에서 상당한 가변성이 있었다. 단계들 중 하나를 거쳐가지 않는 단어들도 있었다. 하지만 한 살과 두 살 사이의 어느 시점에선가 Adam은 '명명단계'에 도달했다. 여러 학자들이 대략 이 시점에서 어휘의 급격한 증가가 이루어진다고 보았다. 어휘폭발은 아이들이 사물들에게는 이름이 있다는 사실을 발견하게 되고, 이에 의해 꼬리표 붙이기에 열중하

게 되는 데 기인하는 현상일 수 있다.12 다만 이것이 유일한 설명 가능성
은 아니다.13

　'명명폭발'은 대부분의 아이들에게서 일어나지만 모든 아이에게서 볼
수 있는 현상은 아니다. 한 학자에 의하면, '단어의 급격한 증가는 지어낸
이야기이다.'14 새로운 이름들은 흔히 대상에 관련되는 이름이며, 부모가 자
주 사용하는 단어들에 해당하는 경향이 있다.15 어휘의 증가가 느린 아이들
은 어휘 수는 더 작아도 사용하는 어휘의 용법은 더 광범위하다. 두 명의
학자가 지적하듯이, '"급격한 증가"나 "확실한"이라는 표현은, 사물의 이름
을 배우고자 하는 하나의 전략에 일찍부터 언어적 노력을 집중한 아이들을
묘사하는 데 가장 잘 적합할 것이다. 한 가지에 초점을 맞추는 이러한 마음
은 아이들로 하여금 단어를 신속하게 축적해 나갈 수 있도록 해 줄 것이다.
이보다 더 점진적인 속도로 단어를 배우는 아이들은 광범위한 경험의 부호
화를 시도하는 대안적 전략이 있을 수 있다는 것을 보여준다.'16

　그러나 초기의 어휘들은 분류가 용이하지 않다. Hello라는 말을 아빠
에게 인사를 하면서, 장난감전화를 가지고 놀면서, 그리고 전화를 가리키
면서 각각 사용한 한 살짜리 Emma의 경우에서 알 수 있듯이, 어떤 단어
가 물건의 이름으로 사용되고 있는지를 확인하는 것이 언제나 쉬운 것은
아니다.17 그리고 drink라는 말이 사용되었다고 했을 때 이 말은 대상을
나타내고 있는가, 아닌가?18

　결국 명명은 2세가 되기 전에 발달하지만 그 속도가 아이들마다 다르
다. 명명과제는 꾸러미 과제와 중첩된다. 여기에 대해 생각을 이어가 보기
로 하자.

▌ 꾸러미 만들기 과제 ▌

　penguin이라는 이름표를 장난감펭귄에 적용하는 것과 모든 환경에서

정확하게 사용하는 것 사이에는 큰 차이가 있다. 아이들은 어떻게 penguin 이라는 이름을 보다 광범위한 영역의 펭귄들에게 적용하게 되는 것일까? 그리고 이 이름을 펭귄과 마찬가지로 검정색과 흰색이 섞여 있는 퍼핀(바다쇠오리과의 새—역주)이나 팬더에 대해서는 사용하지 않고, 오로지 펭귄에 대해서만 제한적으로 사용하는 것을 어떻게 배울까? 그리고 검정색, 흰색을 보지 못하는 눈이 먼 아이들의 경우에는 어떨까?

적어도 피상적으로는 아이들이 단어를 아주 다른 방식으로 다루는 것으로 보인다. 성인의 표준으로 했을 때, 적용영역 축소(underextension)와 적용영역 확대(overextension)가 모두 일어난다. 즉, 아이들은 어떤 단어에 대해 그 단어가 실제로 가리키는 대상보다 더 좁은 범위의 대상을 가리킨다는 가정을 하는가 하면, 어떤 이름을 실제보다 훨씬 더 많은 대상들에 대해 적용시키기도 한다.

생후 20개월이 된 Hildegrad가 자신은 white(흰)라는 단어를 단지 눈과 연결시키고 있었기 때문에 이 단어가 백지에 대해 사용될 수 있다는 것을 인정하지 않으려고 했던 경우에서 볼 수 있듯이, 적용영역 축소가 일어나는 것은 충분히 이해가 된다.[19] Hildegrad는 이 단어를 특정의 맥락 속에서 배웠으며, 그것의 적용 영역이 더 넓다는 것을 인식하는 데는 시간이 필요했다. 이와 유사하게, deep(깊은)와 shallow(얕은)에 대한 질문을 받는 아이가 '질문이 마침 수영장의 양쪽 끝에 관련되었으면 정확히 대답한다 … 하지만 한 소녀가 무릎까지 물이 올라오는 진흙 웅덩이에 들어가고 있는 모습이 함께 그려진 깊은 웅덩이 그림을 보여주면서 '이것이 깊은 웅덩이니?'라고 묻는다면, '아뇨, 큰 웅덩이예요'라고 답할 수도 있다.'[20] 그리고 추상적으로도 적용될 수 있고 구체적, 물리적으로도 적용될 수 있는 단어들의 경우에는, 아이들이 그 의미의 영역을 완전히 이해하는 데 수년이 걸릴 수가 있다. 한 실험에서는 세 살짜리 아이들과 네 살짜리 아이들이 우유에 대해 cold(차가운)를, 물에 대해 deep(깊은)를, 상자에 대해 hard(딱딱한)를, 나무에 대해 crooked(굽은)를 쉽게 사용했지만, 이 단어들의 대상이 사람으로 확대될 수 있다는 생각은 못했으며, 그것이 가능하다는 것을 부정하는 아이들마저 있었다. '어쨌든 deep people(통찰력이 깊은 사람들)이라는 말은 결코 들어본 적 없다니까요!', 'cold(차가운-냉정한)한 사람은 있을 수 없어요!'21 따라서 적용영역 축소가 일어나는 시기가 존재한다는 것은 지극히 정상적인 현상이며, 보다 광범위한 영역을 포함시킬 수 있도록 의미를 점차 확장해 가는 것은 대단한 수수께끼로 보이지 않는다.

적용영역 확대는 적용영역 축소만큼 일반적이지는 않지만, 그 효과가 기이하게 나타날 수 있기 때문에 눈에 더 띈다. 심리학자 James Sully가 '언어를 상대로 벌이는 초기의 분투에 나타나는 한 가지 특징은 기이하고 때로는 색다를 만큼 귀엽다'라고 언급한 적이 있었다. '처음에 단지 이름 몇 개만을 가진 어린 탐험가는 이 몇 개의 단어들을 새롭고도 놀라운 방향으로 확장시켜간다 … "pin"이라는 이름은 빵 부스러기, 파리, 그리고 애벌레로 확장되었다 … 이 아이는 "at"(hat, 모자)라는 소리를 헤어브러시를 포함해 머리에 얹혀 있는 모든 대상에 대해 사용하였다.'22

적용영역 확대에 대한 설명으로 제시된 것에는 세 가지의 주요 유형이 있는데, 공백-메우기(gap-filling), '마음속 안개(mental fog)', 그리고 분석오류(wrong analysis)가 그것이다. 이 중 첫 번째 아이디어에서 제안하는 바는 '아이들은 단어의 결핍으로 인해 성인이라면 그렇게 쓰지 않을 목적으로 단어를 사용할 수밖에 없다'는 것이다.23 즉, 오리와 공작이 다르다는 것은 인식했지만, peacock(공작)이라는 단어를 아직 모르기 때문에 두 가지 대상에 대해 duck이라는 말을 사용하는 것일 수 있다. 아니면, peacock이라는 이름은 알고 있지만 발음을 하지 못하는 것일 수도 있는데, 다루기 어려운 소리들을 의식적으로 회피하는 아이들이 있기 때문이다.24 공백 메우기가 일어난다는 설명은 적용영역 확대현상의 일부분에 대해서는 맞을 수 있지만, 모두를 설명하지 못하는 것으로 보인다. 특히 하나의 단어를 오리에 대해서도 사용하고 우유 한 잔에 대해서도 사용하는 것과 같은 보다 이상한 경우들에 대한 설명은 제공하지 못한다.

'아이들이 마음속의 안개를 통해 세계를 인식한다는 사실에는 의심의 여지가 없다. 그러나 경험의 태양이 점점 더 높이 솟아오르면서 이와 같은 한계들을 물리치게 된다.'25 18세기의 어떤 심리학자가 한 이 말은 '마음속 안개'의 관점을 잘 나타내고 있다. 이 관점을 지지하는 사람들은 의미가 초기에는 흐리고 불분명할 수밖에 없으며, 아이들이 대상을 보다 더 섬세하게 구분하는 방법을 배워나감에 따라 점점 더 정확해진다고 주장한다. 처음에는 '대략적인 분류로 충분하지만, 점점 성숙해 지면서는 보다 섬세한 하위구분이 필요해지며, 이것을 표현하고자 하는 충동을 만족시키기 위해 새로운 단어들을 습득하게 된다.'26

이 이론의 또 다른 형태에서는 '아이들이 단어라고 할만한 것들을 처음 사용하기 시작하는 시점에서는 완전한(성인이 알고 있는) 의미를 알지 못한다. 즉, 아이들의 어휘집 속에는 단어 기재항에 포함되어야 할 내용의 일부만이 들어있다 … 따라서 의미 지식의 습득은 어떤 단어에 대해 아이들이 가지고 있는 어휘 기재항이 성인의 그것과 같아질 때까지 새로운 내용이 추가되어 가는 과정으로 이루어질 것이다.'27 아이들이 dog이라는 단어를 습득했음에도 불구하고, 이 단어의 몇 가지 주요 특징들만을 알고 있을 수 있다. 즉, '네 개의 다리를 가졌음'이 '개다움'의 특징으로 간주되었을 수 있다. 이러한 경우에는 젖소, 양, 얼룩말, 그리고 라마가 개라는 범주에 잘못 포함될 것이다. 하지만 이와 같은 어휘항목들의 숫자는 점점 줄어들 것이다. 아이들이 '개'의 어휘항목에는 '짖는 소리를 냄', '아주 작은'과 같은 특징을 추가하는 반면, '얼룩말'의 어휘항목에는 '줄무늬가 있는', '아주 큰'이라는 특징을 추가함으로써 서로를 구분할 수 있게 될 것이다. 마지막에는 아이들의 어휘항목들도 모든 세부 사항들을 포함하게 되고, 이렇게 해서 성인의 어휘항목에 필적할 수 있게 된다.

이와 같은 점진적인 범위 축소가 적용될 수 있는 단어들이 어느 정도 있다. 하지만 이러한 유형의 이론이 설명하지 못하는 두 가지 사실이 있다. 첫째, 적용영역이 확대되는 단어의 숫자는 상대적으로 작은데, 아마 삼분의 일이 되지 않는 것 같다.[28] 마음속 안개의 관점이 옳다면 처음에 적용 영역을 너무 넓게 잡는 단어들이 훨씬 더 많아야 할 것이다. 둘째, 적용영역 확대에는 성인이 사용하는 단어 의미의 일부분이 빠져있는 것으로 볼 수 없는 이상한 것들이 많이 있다. 이것은 아이들이 단지 개략적 윤곽만이 보이는 마음속 안개 속에서 작업을 진행시키는 것은 아니라는 것을 시사한다. 오히려 해당 항목들에 대한 분석을 수행하였지만, 성인의 기준에 비추어 보았을 때 잘못된 분석을 한 것이다.

러시아의 심리학자 Vygotsky(1893-1934)는 qua('quak', 오리가 꽉꽉 대는 소리)라는 말을 연못에 떠다니는 오리, 우유 한 잔, 독수리가 그려진 동전, 그리고 곰 인형의 눈에 대해 사용한 어떤 아이에 대해 논의하고 있다.[29] 그의 견해에 의하면, 아이들은 완벽한 분석능력을 가지고 있지만 한번에 상황에 나타나는 한 가지 측면에만 초점을 맞추고 그것만을 일반화하는 경향이 있다. 위의 아이는 처음에 연못의 오리에 대해 qua를 사용했다. 다음에는 액체라는 요소가 이 아이의 주의를 끌었고, 이렇게 해서 이 말이 우유 한잔으로 일반화되었다. 그러나 오리 역시 잊혀지지 않는데, 이것은 qua를 독수리가 그려진 동전을 가리키는 데 사용하는 것으로 나타난다. 그러나 이제 의미 중 새와 유사한 부분은 무시되고 동전이 둥글다는 점에만 초점을 맞추어지는데, 그 결과 qua라는 단어가 곰 인형의 눈에 다시 적용되었다. Vigotsky는 이러한 현상을 '체인 콤플렉스(chain-complex)'라고 불렀는데, qua의 모든 용법이 하나의 체인 속에 연결되어 있다는 것이 그 이유이다. 각 용법이 다음 용법과 연결되어있지만 전체를 총괄하는 구조는 존재하지 않는다.

또 다른 '분석오류' 이론에서는 아이들이 전형을 통해 작업을 진행시킨다는 제안을 한다. 아이들은 어쩌면 분석중인 단어의 전형적인 예, 혹은 '전형'을 골라냄으로써 그 의미를 습득하는 것인지도 모른다. 전형이 선택되면 동일한 범주에 속할 가능성이 있는 다른 예들을 전형의 특징과 대조해 보고, 충분히 일치하는 경우 전형과 동일한 범주를 할당한다. 이 관점에 의하면, 아이들의 언어와 성인 언어의 차이점이 발생하는 것은 아이들이 전형을 분석하는 방식이 성인의 그것과 다르기 때문이다. 예를 들어, Eva라는 아이는 생후 16개월에서 2세 사이의 기간 중에 moon(달)이라는 단어를 달뿐 아니라, 레몬 조각, 반짝이는 푸른 나뭇잎, 곡선 모양의 소 뿔, 초승달 모양의 종이조각, 그리고 가게 벽에 그려져 있는 노랗고 푸른 채소들을 가리키는 데 두루 사용했다.[30] 이 대상들 대부분이 Eva가 달다움의 중요한 특징으로 간주했던 초승달 모양을 하고 있다. 이러한 관찰은 첫눈에는 마음속 안개 이론들을 뒷받침하는 것으로 보일 것이다. 즉, Eva는 아마도 moon이라는 단어가 '초승달'을 의미하는 것으로 생각한 것인 듯 하다. 그러나 자세히 조사해보았더니, 이것이 전부가 아니었다. 첫째, Eva는 달이 보름달이냐, 반달이냐, 전체 크기의 사분의 일이냐에 관계없이 달을 언제나 달로 알아보는 능력이 있었다. 즉, 달이 반드시 초승달일 필요는 없었으며, Eva에게는 단지 초승달이 전형적인 달이었을 뿐이다. 둘째, moon이라는 이름이 붙은 대상들에게는 달과 모양이 비슷하다는 것 이외에 무언가가 있었는데, 다만 이 무언가가 서로 달랐다. 레몬 조각은 달과 색깔이 같았다. 반짝이는 푸른 나뭇잎은 반짝인다는 속성이 달과 같았다. 곡선 모양의 소뿔은 달처럼 아래에서 올려다보는 것이었다. 도표에 그려져 있는 푸른색, 노란색의 채소들은 달처럼 넓게 펼쳐진 배경을 뒤에 두고 바라보는 것이었다. 따라서 Eva가 달이 지니는 몇 가지 특징들을 알아낸 것이 분명했는데, 그 중 가장 중요한 것이 달의 모양이다. 실제의 달과 모양, 그리고 또 하나의 다른 특징을 공유하는 대상은 '달'이라는 이름이 붙을 개연성이 있었다(그림 16.2).

이와 유사하게, 같은 시기의 Eva는 발로 공을 차는 사람을 kick(차다)라는 단어의 전형으로 간주하였다.[31] 그녀는 이 동작에 세 가지의 주요 특징이 있는 것으로 분석한 것 같았다. 그 첫째가 손발의 움직이고, 둘째가 신체의 한 부분과 대상 사이의 갑작스럽고 선명한 접촉이며, 셋째가 대상을 향하는 움직임이다. 이러한 분석은 Eva가 kick이라는 말을 공 모양의 실

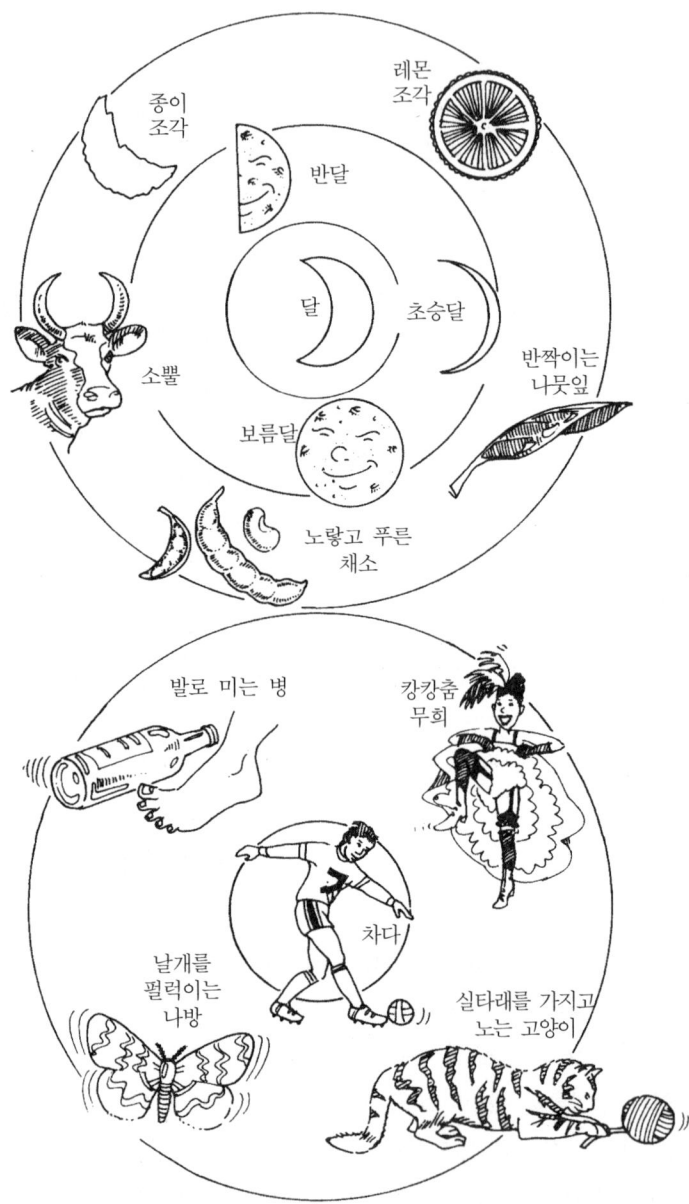

그림 16.2 Eva가 moon이라는 단어와 kick이라는 단어를 사용한 방식

타래를 발로 건드리고 있는 새끼 고양이, 캉캉 춤을 추고 있는 무희, 탁자 위에서 날개를 펄럭이는 나방에 대해서, 그리고 자기 발로 병을 밀면서, 곰 인형의 배를 여동생 가슴을 향해 밀면서 사용했다는 사실을 설명해준다. 이 대상들 모두가 전형적인 kick과 공유하는 특징들이 있지만, 이 특징들이 서로 같지는 않다(그림 16.2).32

따라서 전형 이론은 아이들이 마음속 안개 유형의 광범위한 일반화 뿐 아니라, 체인 콤플렉스와 같은 이상한 종류의 일반화를 하는 이유가 무엇인지를 설명해 준다. 아이들은 성인들과 마찬가지로 전형에 속하는 특징들의 묶음이 무엇인지를 찾는다.33

그러나 아이들은 단어를 분석할 때 성인들이 주목하는 것과 동일한 특징에 초점을 맞추지 않을 수 있다는 점에서 성인들과 다르다. 아이들은 초기에는 겉모습, 특히 모양에 필요 이상의 영향을 받는다.34 자동차 모양의 크레용을 보여주고 이름을 말해보라고 하면, 나이가 상대적으로 어린 아이들은 '자동차'라고 부르는 경향을 보였고, 이보다 나이가 있는 아이들은 '크레용'이라고 부르는 경향을 보였다.35

유치원에 다닐 나이의 아이들은 피상적 특징들에 대해 주의를 집중한다.36 한 아이에게 친절하고 명랑한 어떤 여자가 화장실 변기를 떼어내 없애면 이 여자가 강도일 수 있겠느냐고 물어보았더니, '아니요 … 강도는 총이 있어야 하고 노상강도짓을 해야 하는데, 이 여자는 안 그랬고, 총도 없었고, 노상강도짓도 안 했잖아요'라고 대답했다.37 또 다른 아이는 사람들이 돈을 내고 구경하는 더러운 옷들이 있는 오두막집은 박물관일 수 없다고 주장했는데, 왜냐하면 '박물관은 공룡의 뼈가 있는 어떤 장소'이기 때문이었다. 아이들은 나이가 들어가면서 자신들의 분석을 주변인의 분석과 일치하는 방향으로 변화시켜간다.38 다만 이것이 청소년기에 도달할 때까지 계속 진행될 수 있다.39

하지만 겉으로 드러나는 이 모든 특징들을 볼 수 없는 눈 먼 아이들의 경우는 어떤가? 이 아이들은 습득의 초기 단계에서는 시력을 가진 아이들

에게 뒤쳐지지만, 바로 따라잡는다. '이 아이들이 세 살이 되면 시력을 가
진 동년배들과의 구분이 사실상 불가능해 진다.'[40] 그리고 Kelli라는 아이
의 답변에서 볼 수 있듯이, 2, 3년 후에는 시각에 관련된 문제에 대해 응
집성 있는 대화를 이어갈 수 있다.[41]

> 연구자 : 우리가 어떻게 보니? 우리가 무엇으로 보니?
> Kelli : 눈으로 보시잖아요.
> 연구자 : 그럼 너는 어떤데?
> Keilli : 아니요.
> 연구자 : 아니요?
> Kelli : 나는 손으로 봐요.

Kelli는 뇌우가 푸른색일 수 있는지를 물어보면, '사실은 어떤 색깔도
아니예요. 밖에서 그냥 사자가 내는 으르렁거리는 소리가 들려요'라고 말
했다. 그리고 자동차가 청색일 수 있는지를 물어보면, '우리 집 도요다가
청색이죠 … 청색을 가진 자동차들이 있어요'라고 대답했다.[42]

Kelli는 분명 시력을 가진 다른 아이들처럼 다양한 대상들에 대한 이
름을 배우는 것부터 시작했다. 이어서 그녀는 어떤 단어들이 함께 쓰일 수
있는지를 알아냈는데, 이것 역시 다른 아이들의 경우에서와 같다.[43] Kellli
는 사람들이 청색 자동차, 갈색 개, 그리고 노란색 꽃에 대해서 이야기를
나누는 것을 들었었고, 이렇게 해서 사물들이 어떤 색깔을 가질 수 있는지
를 알게 되었다. 인간은 함께 사용되는 단어들에 대해서는 특별한 정도로
'맞추어 진다'(8장). Kelli는 look과 see를 정확히 구별하고 올바로 사용했
는데, 이것은 엄마의 말에 주의를 기울였기 때문이다.

> Look, here's how you wind the clock.
> 여기 좀 봐, 시계태엽은 이렇게 감는 거야.
>
> You look like a kangaroo.

너 캥거루 같구나.

Come and see the kitty.
이리 와서 이 새끼 고양이 좀 봐.

See if you can put the slipper on.
슬리퍼를 혼자 신을 수 있겠는지 해 보렴.

그런데 어떤 단어들이 함께 사용되는지를 아는 것은 네트워크 만들기 과정의 한 부분이다. 여기에 대해 생각해 보기로 하자.

▍네트워크 만들기 ▍

단어들은 어떤 방식으로든 의미 네트워크에서 자신에게 적합한 자리를 찾아 들어가야 한다. 이것이 이루어지는 방식은 무엇일까?

증거가 혼란스러운 경우가 있다. 두 살 반이 된 Brian은 플라스틱 말을 들어올리면서 'What's this(이게 뭐죠?)?'라는 질문을 했다. 이 아이는 방금 단어의 이름에 대해 자기를 테스트한 실험진행자의 행동을 모방하고 있었다. 다음과 같은 대화가 이어졌다.44

실험진행자 : 동물이지.
Brian :   아니에요.
실험진행자 : 맞아.
Brian :   아니에요(웃는다).
실험진행자 : 맞아.
Brian :   아니에요.
실험진행자 : 이것도 동물이야.
Brian :   아니에요.
실험진행자 : 맞아.

Brian : 말인데(Horsie).
실험진행자 : 그것도 동물이지.
Brian : 아니에요.
실험진행자 : 네가 Brian이면서 어린 남자아이인 것과 마찬가지야.
Brian : 아니에요.
실험진행자 : 맞다니까.
Brian : 아니에요.
실험진행자 : 나를 안 믿는구나.
Brian : 네.

Brian은 말이 동물이라는 것을 믿지 않으려고 했다. 이 대화는 처음 보면 Brian이 말이 동물이라는 범주에 속한다는 포함 관계를 이해하기에는 너무 어리다는 스위스의 심리학자 Jean Piaget의 관점이 옳다는 것을 보여주는 것 같다.45 그러나 2세가 된 아이들이 '네 장난감들을 주워 담아라'와 같은 명령을 따를 수 있다는 것을 볼 때, Piaget의 주장은 다소 문제가 있어 보인다. 이와 달리, 아이들은 하나의 대상에 둘 이상의 이름을 부여하는 것에 대해 거부감을 가지고 있는 것 같다.46 돼지가 돼지라면, 동물일 수 없다는 것이다. 2세가 된 아이들을 테스트해 보았더니, 절반 정도가 이러한 반응을 보이는 것 같았다. 이 아이들은 일정한 한 무리의 동물들에 대해서 animal이라는 말을 선별적으로 사용했다. 그리고 아이들이 '하나만의 이름'을 선호한다는 점은 다른 학자들에 의해 재확인되었다.47

따라서 증거를 해석한다는 것은 어려운 일일 수 있다. 명백한 뒷걸음질이 네트워크 만들기가 진행 중이라는 사실을 가장 잘 보여줄 수 있다.48 두 살이 된 Christie라는 아이는 'I put it somewhere(내가 그것을 어디다 둘게요)'나 'Gimme more gum(껌 더 주세요)'과 같은 표현에 나타나듯이, put(…를 …에 놓다)과 give(…를 …에게 주다)를 적절하게 사용했다. 그런데 이 아이는 세 살이 되자 이 두 단어를 맞바꿔가며 사용하기 시작했다. 'You put ("give") me bread and butter(버터 바른 빵을 내게 놓으세요("주세요."))', 'Whenever

Eva doesn't need her towel, she gives("puts") it on my table(Eva가 수건이 필요 없으면 언제나 탁자에 주어요("놓아요"))'과 같은 표현들을 보라.[49] Christie의 어머니는 Christie가 어느 순간 put과 give가 비슷한 의미를 가진다는 것을 발견했지만, put은 어떤 것을 사물 위에 놓을 때 쓰는 반면, give는 어떤 것을 사람에게 줄 때 쓴다는 사실을 아직 인식하지 못했던 것 같다는 제안을 했다. Christie가 put과 give를 성인의 수준으로 올바르게 사용하게 되기까지는 2년이 더 걸렸다.

　네트워크 만들기는 천천히 진행된다. '의미 발달의 권태로움'[50]은 많은 학자들 사이에서 매우 보편적으로 발견되는 현상이다. 성인이 서로 연관성을 가지는 것으로 간주하는 단어들 사이의 연결이 아이들의 마음속에 만들어지기까지에는 많은 시간이 걸린다. 이것은 아이들이 특정의 맥락 속에서 단어를 배우며, 광범위한 상황에서 사용할 수 있도록 이 단어의 의미를 확장시키는 것은 오로지 점진적으로 진행되는 과정이라는 것을 보여주는 적용영역 축소로부터의 증거와 합치한다. 나이가 상당히 되는 아이들조차도 단어를 특정 맥락으로부터 분리해 내는 것을 어려워할 수 있다. 여덟 살 반과 아홉 살 반 사이의 아이들에게 'Jimmy lidbered stamps from all countries(Jimmy는 모든 나라로부터 우표를 lidber했다)'와 같은 문장에 사용된 비단어 lidber의 의미가 무엇인지를 물었더니, '수집하다'라고 바르게 추측했다. 하지만 'The police did not allow the people to lidber on the street(경찰은 사람들이 거리에서 lidber하는 것을 허용하지 않았다)'라는 문장을 해석해 보라는 질문에 대해 전형적으로 나온 답은 경찰이 사람들에게 거리에서 우표를 수집하지 못하도록 했다는 것이었다.[51]

　네트워크 만들기가 더디게 진행된다는 사실은 가족 관계를 나타내는 용어에서도 볼 수 있다. 어떤 다섯 살 된 아이는 '아빠는 토요일과 일요일을 빼고 매일 일터에 가서 돈을 버는 사람'이라고 말했다.[52] 이러한 답변은 부분적으로는 표면적인 특징에 주목하는 성향에 의한 것이다. 친척들이 언급되는 방식 또한 이러한 답변이 나오는 데 대한 원인을 제공한다. 한 가정에서는 '모든 게 Buster 아저씨 책임이야'라는 말이 반복적으로 등장하였다. 따라서 아이에게는 아저씨라는 존재가 가족관계 내에서 어떤 위치에 있는가에 대해서보다는 Buster 아저씨가 '나쁘다는 것'에 대해 알게 되는 것이 훨씬 수월했다.53 '조카딸은 엄마에게 언니가 있어서 내가 그 언니의 딸이 되는 것과 마찬가지이다'라는 말에서처럼54 아이들이 다양한 친인척 관련 용어들 간의 관계를 정확히 알게 되는 것은 7세 정도가 되어서야 가능해 진다.

네트워크 만들기가 거북이걸음으로 진행된다는 사실은 아이들이 tall(키가 큰), big(큰), fat(뚱뚱한), high(높은)와 같은 서로 중첩되는 단어들과 big-small(큰-작은), deep-shallow(깊은-얕은), tall-short(키가 큰-키가 작은)와 같은 반의어들을 어떻게 다루는지를 밝히고자 했던 실로 수많은 연구들에 의해 거듭 확인되었다.55 이 모든 연구에서 이러한 단어들에게 성인들이 사용하는 것과 같은 의미가 할당되는 과정은 단지 점진적으로 진행되며, 때로는 뒷걸음질도 관찰된다는 사실이 공통적으로 보고되었다. 한 학자는 아이들이 처음에는 big을 크기가 큰 모든 대상에 적용하다가, 나중에는 그 의미를 '키가 큰'으로 축소하는 잘못을 범한다는 것을 발견했다.56 어떤 일반적인 경향이 나타나기도 한다. 아이들은 big과 small을 tall-short, wide-narrow(넓은-좁은)보다 선호하며, 서로 반의어가 되는 두 단어 중 큰 것을 나타내는 말을 작은 것을 나타내는 말보다 더 잘 다룰 수 있다. 즉, fat는 thin(마른)보다, high는 low보다, long은 short보다 각각 먼저 습득된다. 그러나 이러한 발견을 어떻게 해석해야 하는가에 대해서는 논의가 분분한데, 아이들이 작은 대상보다는 큰 대상을 좋아한다는 점이나 부모의 용법 등의 여러 가지 요인이 상황을 복잡하게 만든다는 것이 그 이유이다.

연어 관계가 아이들에게 최우선적인 것으로 보이는 반면, 등위 관계는 여기에 뒤쳐지는 것으로 보였다. 단어연상실험이 이러한 사실을 보여준다. 즉, 아이들은 'table(탁자)'에 대한 반응으로 eat(먹다)를, 'dark(어두운)'

에 대한 반응으로 night(밤)를, 'send(보내다)'에 대한 반응으로 letter(편지)
를, 그리고 'deep(깊은)'에 대한 반응으로 hole(구멍)을 내 놓는 경향이 있는
반면, 성인이 동일한 제시어에 대해 내놓는 전형적인 반응은 각각 chair
(의자), light(빛), receive(받다), 그리고 shallow가 될 것이다.[57] 아이들은 나
이가 들어갈수록 점점 더 성인의 반응과 유사한 반응을 내 놓게 된다. 여
기에 대한 한 가지에 설명에 의하면, '단어연상에 나타나는 이러한 변화는
아이들이 자신의 어휘들을 점진적으로 발화의 구성부분이라고 불리는 여
러 통사적 종류들을 이용해 조직하게 된 결과로 나타난다.'[58] 또 다른 설명
은 성인이 항목들을 등위어로 분류하는 데 사용하는 기준들을 아이들이
발견하는 데는 시간이 걸릴 수가 있다는 것이다. 세 살에서 다섯 살까지의
아이들을 대상으로 수행된 한 연구에서 밝혀진 바에 의하면, 아이들은 참
새나 울새 같은 전형적인 새가 새라는 데에 동의하는 것은 아주 즐거워했
지만, 오리나 암탉에 대해서는 새가 아니라는 주장을 종종 했는데, 오리는
그냥 오리고 암탉은 그냥 암탉이라는 것이었다.[59] 아이들이 스스로 이러한
결론에 도달한 것인지, 아니면 단지 여기에 부모의 언어습관이 반영되어
있을 뿐인지는 분명하지 않다. 왜냐하면 이 실험을 한 사람 스스로가 언급
했듯이, 부모들이 다음에서처럼 전형적이지 못한 새보다는 전형적인 새를
'새'라고 부르는 경향을 보였기 때문이다. '오, 저기 좀 봐, 새야, 울새네.'
'저것은 칠면조야, 우리가 칠면조 농장에서 보았던 것이랑 같아.'

　인출의 효율성 문제가 성인의 언어에 나타나는 등위어의 중요성에 대
한 또 다른 설명이 될 수 있다. 단어를 신속히 찾아내는 기술은 습득되어
야 하는 기술이며, 따라서 어린아이들은 자신들이 아주 잘 알고 있는 ice-
cream, lion, 그리고 bed와 같은 대상들의 이름을 붙이는 데에도 아주 느
릴 수 있다.[60] 아마도 점진적인 변화는 전체 어휘가 증가하는 것에 맞추어
단어들을 인출이 신속하게 이루어질 수 있는 방식으로 조직해야 할 필요
성을 충족하기 위한 것 같다.

　결국 아이들은 끊임없이 새로운 단어를 습득하고 있는 존재이다. 처음

에는 각각의 단어를 제한적인 환경에서만 사용하지만, 나중에는 어떤 단어를 습득하였던 맥락으로부터 그 단어를 분리해내어 전체 네트워크의 적절한 위치에 집어넣는다. 그리고 성인들 역시 이와 비슷한 방식으로 단어를 배우는 것일 가능성이 있다. 이렇게 새로운 단어들을 지속적으로 통합시켜 나가는 과정은 '영원히 종료되지 않을지도 모르는 점진적인 과정인 것 같다.'61

이 장의 서두에서 언급하였던 도서관 유추로 되돌아가서, '비어있는 거대한 방'의 관점과 '재배열되는 선반'의 관점은 각각 어느 정도의 타당성이 있다. 아이들은 끊임없이 자신의 '마음속 선반들'을 재배열하지만, 최초의 분류와 이후에 이루어지는 재배열 두 가지 모두가 아이들이 본능적으로 알고 있는 원리들에 부합하는 방식으로 이루어지는데, 넓게 보면 이 원리들은 성인들이 따르는 원리들과 다르지 않다.62

▎요약 ▎

이 장에서 우리는 아이들이 단어의 의미를 어떻게 습득하는지를 살펴보았다. 이 과정은 세 가지의 과제를 포함하였는데, 그것은 각각 명명, 꾸러미 만들기, 그리고 네트워크 만들기였다.

명명은 자동적으로 이루어지지 않는다. 상징화할 수 있는 능력은 천천히 발달하며, 한 살과 두 살 사이의 어느 시점쯤에 등장하는 것 같다. 명명능력의 발달은 비슷한 시기에 발생하는 '명명폭발'과 연관성을 가지고 있을 수 있다.

여러 대상들을 하나의 특정한 이름표 아래에 묶어주는 꾸러미 만들기에서는 두 종류의 일반적인 오류가 발생하는데, 적용영역 축소와 적용영역 확대가 그것이다. 의미가 지나치게 좁은 영역을 대상으로 하다가 점진적으로 그 영역을 확대해 가는 현상은 자명한 현상이다. 적용영역 확대는 흔히 잘못된 분석에 기인한다. 즉, 아이들도 성인과 마찬가지로 전형을 토대로 작업을 진행시키는 것 같은데, 다만 전형의 성격을 성인과는 다소 다르게 분석하는 경향이 있다. 또한 눈먼 아이들의 언어발달이 보여주듯이 아이들은 함께 등장하는 단어들을 주목한다.

네트워크 만들기는 점진적으로 일어나며, 평생에 걸쳐 계속될 수도 있다. 단어가 제한적인 문맥에 한해서 적용되는 것은 처음 습득되었을 시점에 국한된다. 아동기의 초기에는 연어적 연결이 강력한 우월성을 보인다. 단어들은 점진적으로 네트워크 안으로 통합되어 들어오며, 이렇게 해서 등위어들 사이의 연결이 만들어지는데, 이것은 한편으로는 통사지식 습득의 결과물이며, 다른 한편으로는 전체 어휘 수가 증가하는 것에 맞추어 단어를 신속히 찾아낼 수 있도록 해 주기 위해서 이루어지는 일일 것이다.

전반적으로 아이들은 성인들이 가지고 있는 것과 동일한 일반적 원리들을 이용하지만, 이 원리들 중 주목하는 측면이 성인의 경우와 다르다.

이제 아이들이 이 단어들의 소리구조를 어떻게 다루는지에 대해 생각해 보기로 하자.

17 | Aggergog Miggers, Wips, Gucks
— 아이들이 단어의 소리구조를 다루는 법 —

내말 좀 들어보렴, 아기 천사,
내가 끔찍하리만큼 아주 많이 사랑하는 …
내가 환희에 차서 너의 말을 칭찬하고
네가 나처럼 말을 잘한다고 주장할 때,
그것은 정신이지, 글자가 아니란다.
나는 더 많은 단어를 알고 있고, 그 단어들을 더 잘 말할 수 있지.

Ogden Nash, 'Thunder over the nursery'

어른의 기준에서 보면 아이들은 엉망이다. 누구나 어린 아이가 하는
말을 단 몇 분만이라도 들어보면, 'duck' 대신 쓰인 guck, 'ship' 대신 쓰
인 wip, 'cat' 대신 쓰인 tat과 같은 말들, 심지어는 aggergog migger라
는 말까지도 듣게 될 가능성이 있는데, aggergog migger는 어떤 아이가
'helicopter(헬기)'와 'cement mixer(시멘트 섞는 기계)'에 대해 번갈아 가며
사용하는 것으로 보였던 말이다.1 아이들이 단어의 소리구조를 어떻게 다
루는지를 이해하기 위해서는 이와 같은 '형태파괴(deformation)'에 대해 면
밀히 조사해 볼 필요가 있다. 이러한 형태들은 마음속 어휘집의 내용을 정
확하게 드러내 주고 있는가? 어쩌면 아이들이 더 향상된 형태들을 저장하

고 있으면서도, 그것을 정확하게 발음하지 못해서 엉망이 되어버린 근사치만 남게 되는 것일 수 있다. '아이들의 조음기관으로는 우리가 던지는 끔찍한 단어들을 터득할 수 없다. 그래서 아이들은 이와 같은 지름길과 몇 가지의 다른 임시방편들을 이용할 수밖에 없게 되는 것이다.'[2] 이러한 설명, 그리고 있을 수 있는 또 다른 설명들에 대해서 생각해 볼 필요가 있다.

문외한에게는 아이들이 내 놓은 알아듣기 힘든 표현들의 정체를 밝히려 한다는 것이 시간낭비로 보일 수 있다. 그러나 결코 마구잡이의 대체가 일어나지는 않으며, 정상적인 아이들의 경우에는 아이들이 사용하는 형태와 성인들이 사용하는 형태 사이에 일관적인 상관성들이 있다. 만일 어떤 아이가 [tr]를 [d]로 대체해 'tree' 대신 dee라고 말한다면, 이에 상응하게 'train'을 dain으로, 그리고 'truck'을 'duck'으로 발음하게 될 것이다. 마찬가지로 이 아이가 'ship'을 wip으로 발음한다면, 'shoe'를 woo로, 그리고 'sheep'을 weep로 발음하게 될 가능성이 있다. 뿐만 아니라, 이와 동일한 유형의 대체는 세계의 모든 언어에서 볼 수 있다. 대체의 유형들 중에는 어린 아이들의 발화에 전형적으로 나타나는 유형들이 있는 것 같다. 예를 들어, 'goose' 대신 doose가, 'cat' 대신 tat가 쓰이는 것처럼, 입 속의 뒤쪽 가까이에서 나는 소리들은 흔히 앞쪽에서 나는 소리들로 대체된다. 하나의 모음 양쪽에 나타나는 자음들은 서로 비슷해 질 가능성이 있다는 의미에서 '조화를 이루는' 경향을 보인다. 즉, 'cream'은 meem이 될 수가 있으며, 'lorry'는 lolly가 될 수 있다. 'bed'가 bet로, 그리고 'egg'가 ek로 발음되는 경우처럼, 단어의 끝소리들은 무성음화하여 성대의 떨림 없이 발음되는 경향이 있다. 그리고 이 외에도 다른 많은 경향들이 있다.[3] 이러한 현상들이 나타나는 원인은 무엇일까?

여기에 대한 주요 설명으로 세 가지가 제시되었는데, 물리적 능력결여, 예정된 경로, 그리고 풀리지 않은 수수께끼가 그것이다(그림 17.1). 능력결여를 핵심으로 보는 설명은 아이들이 성인에 비해 단지 물리적 능력이 떨어질 뿐이라는 점을 강조한다. 이 가엾고 사랑스러운 친구들은 제대로 들

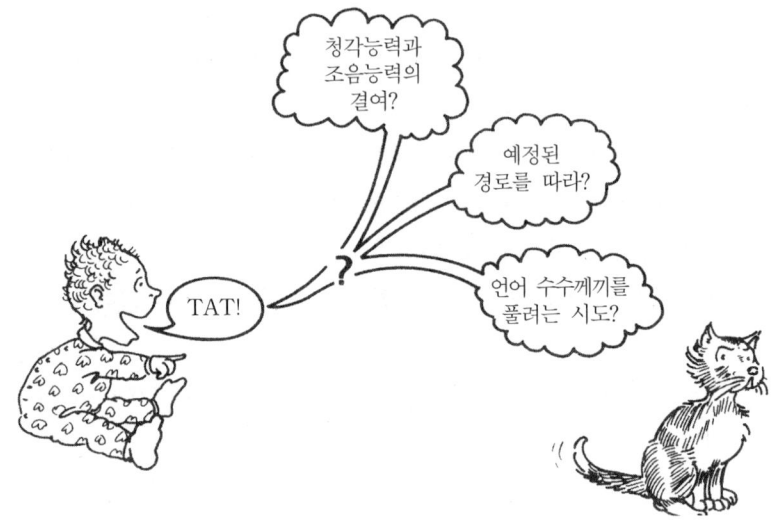

그림 17.1 아이들의 '형태파괴'에 대한 여러 가지 이론

지를 못하거나, 필요한 소리를 내는 데 알맞은 혀 모양을 만들지 못한다. 예정된 경로 이론에 의하면, 아이들은 소리들을 특정한 방식이나 특정한 순서에 따라 다루는 생득적인 프로그램을 가지고 태어나며, 따라서 형태 파괴는 아이들이 성인들의 형태와 동일한 형태를 습득하기 위해 거쳐 갈 수밖에 없는 운명적 과정이다. 수수께끼풀이 이론은 언어의 소리구조는 아이들이 서서히 풀어야 하는 수수께끼이며, 이 수수께끼가 풀리기 전에 는 형태파괴가 계속 남게 될 것이라고 주장한다. 이제 이 이론들에 대해 차례로 생각해 보기로 하자.

▌ 헝겊 귀 이론 ▌

'아이들은 성인의 음운 체계를 습득할 때 성인이 사용하는 형태에 들 어있는 자질들 중 제한적인 몇 가지만을 인식하는 단계를 거친다. 이것들을 재생산하다가 … 인식능력이 좋아짐에 따라 내 놓는 반응들도 변화해 간다.'4 이러한 생각은 아이들의 '형태파괴'와 관련된 가장 간단한 가설인데, 왜냐하면 아이들이 대부분 들리는 내용을 재생산한다는 것을 시사하고 있기 때문이다. 처음에 아이들은 음파가 지니는 뚜렷한 자질들만을 듣거나 이것에만 주목한다. 시간이 지난 후에야 아이들의 분별능력은 '세밀하게 조절되어'진다.

이 생각이 어느 정도는 맞는 것 같다. 아이들은 성인의 방식과 정확히 같은 방식으로 소리를 인식하지 않으며,5 단어를 잘못 알아듣는 일도 빈번하다.6 예를 들어, 한 프랑스 아이는 Angleterre('England', 영국)라는 단어를 듣고, pomme de terre('potato', 감자)를 뜻하는 말을 반응으로 내 놓았다.7

그러나 인식상의 오류가 아이들의 '형태파괴'에 대한 유일한 이유는 아니며, 주된 이유는 더욱 아니다. 왜냐하면, 아이들이 스스로 산출하는 단어보다 훨씬 더 많은 단어들을 인식한다는 것을 입증하는 증거들이 상당히 있기 때문이다. 예를 들어, 2살이 된 Amahl은 bus와 bruch, jug과 duck, cart와 card, mouse와 mouth에 대해 각각 한 가지씩만의 형태를 가지고 있었다. 아버지가 이 대상들의 그림을 그려 옆방에 두었다. 'Bring me the picture of the mouse(쥐 그림을 가져와 보렴)', 혹은 'Bring me the picture of the mouth(입 그림을 가져와 보렴)'와 같은 부탁을 하면, Amahl은 언제나 맞는 반응을 내 놓았다.8 뿐만 아니라 Amahl은 자기 발음에 어떤 결함이 있다는 것을 분명히 알고 있었는데, 이러한 사실은 Amahl의 아버지가 Amahl이 'Jump'라는 말을 하게 만들려고 애쓰고 있는 다음 대화에서 알 수 있다.

아빠 :   'jump'라고 말해 봐.
Amahl : Dup.
아빠 :   아니, 'jump'.
Amahl : Dup.

> 아빠: 아니, 'jump'
>
> Amahl: Oli daddy gan day dup(=Only Daddy can say 'jump', 아빠만 'jump'라고 말할 수 있어요).

아이들이 듣는 것과 말하는 것 사이에 차이가 있다는 것을 보여주는 추가의 증거는 한 아저씨와 스스로를 Dicola라고 부르는 그의 조카 Nicola 사이의 다음 대화에서 얻을 수 있다.

> 아저씨: 이름이 뭐니?
>
> Nicola: 아시잖아요.
>
> 아저씨: Dicola였던가?
>
> Nicola: 아뇨, Dicola예요.
>
> 아저씨: 오, Nicola.
>
> Nicola: 네.

이러한 현상을 'fis 현상'이라고도 부르는데, 플라스틱으로 된 물고기를 fis라고 불렀던 아이가 있었기 때문이다. 이 아이에게 '이게 너의 fis니?'라고 연구자가 물었더니, 이 아이는 '아니요, 내 fis예요'라고 대답했다.9 이 경우에서처럼 아이들이 대화 중에 자신이 사용하는 표현을 이용해 말을 걸면 곤혹스러워하는 것을 매우 자주 볼 수 있다. 어떤 프랑스인 엄마가 자기 아이가 사용하는 파괴된 형식을 이용해 아이에게 말을 걸었더니, 이 아이는 화를 내며 '프랑스어로 말해 주세요, 엄마'라고 대답했다.10 만일 이 아이가 자신이 들었던 것을 재생산하고 있었다면, 이런 식의 반응은 나오지 않았을 것이다.

발음에 나타나는 '뒷걸음질'은 인식과 산출 사이에 간격이 존재한다는 것을 입증하는 보다 강력한 증거를 제공한다. 어떤 한 시점에서 Amahl 은 dut이라는 말을 이용하여 'lunch'와 'shut' 모두를 나타냈다. 나중에는 'lunch'는 lut으로, 'shut'은 dut으로 발음함으로써, 둘을 구분하였다.11 하지만 시간이 더 흐른 다음에, 그는 갑자가 두 가지 모두를 lut으로 발음하기 시작했다! 아이들이 인식한 것을 그대로 말한다는 주장을 하는 사람은 이 아이가 어떤 한 시점에서는 lunch와 shut의 차이를 인식했지만, 그 후에 갑자기 이 차이를 더 이상 인식하는 데 실패했다는 가정을 해야만 한다. 더구나 이러한 사례는 예외에 속하지 않는다. 즉, 아이들이 한 번 구분했던 말들을 나중에 다시 합치는 것은 아주 흔히 발견되는 현상이다.12 이 현상은 단순한 인식의 오류 이상의 일이 진행되고 있다는 것을 시사한다.

따라서 아이들이 '헝겊 귀'를 가지고 있는 것이 아니라는 것을 시사하는 폭넓은 증거가 있다. 포유동물들의 귀가 지니는 정확성을 고려해 본다면, 아마 이것은 놀랄 일이 아닐 것이다. 생후 몇 주밖에 되지 않은 아기들도 [b]와 [p]를 구분하는 능력이 있으며,13 벵갈 원숭이와 친칠라 또한 마찬가지이다.14 한 실험에서는 오디오장치에 연결된 고무젖꼭지를 아기들이 빨 수 있도록 해 놓고 아기가 이 고무젖꼭지를 빨 때마다 미리 정해 둔 소리가 나도록 하였는데, 처음에는 이 소리가 [p]였다. 즉, 아기는 처음에 pah-pah-pah-pah … 소리를 들었다. 아기가 지루해지자 고무젖꼭지를 빠는 속도도 감소했다. 그런데 [p]가 [b]로 바뀌자 아기가 고무젖꼭지를 빠는 속도가 다시 빨라졌다. 이것은 아기들이 소리의 변화를 감지했다는 것을 보여주는 것이었다.

결국 아이들이 인식하는 것과 말하는 것 사이에 차이가 있다는 사실은 아이들이 말로 옮기는 단어가 마음속 어휘집에 저장되어있는 것과 다소 다를 수 있다는 것을 시사한다. 따라서 이제 문제가 순전히 기계적인 측면에 있는 것으로 보는 이론에 대해 생각해 보기로 하자. 이 관점에 따르면, 아이들 마음속에는 단어들이 이미 있지만 입 밖으로 내고자 할 때 아이들의 혀가 잘 돌아가지 않는 소리들이 있다.

▌무딘 혀 이론 ▌

'나는 나의 관찰을 토대로 다음과 같은 기본 법칙을 말할 수 있다고 믿는다. 즉, 아이들이 산출하는 말소리는 처음에는 생리학적 노력이 가장 적게 드는 소리들로 이루어지고, 점진적으로 보다 큰 노력을 들여야 산출할 수 있는 소리로 이행하며, 마지막으로 산출을 위해 가장 많은 노력을 들여야 하는 소리에 도달하는 순서를 밟는다.'15 1880년에 Dresden 대학의 철학과 교육학 교수였던 Fritz Schulz가 한 이 말은 'Schulz의 법칙'으로 알려지게 되었고, 동시대에 널리 수용되었다.

'헝겊 귀'와 마찬가지로, 이 '무딘 혀' 이론 역시 어느 정도의 진리를 담아내고 있다. 영어의 think에서 볼 수 있는 th[θ]처럼 다른 소리들 보다 다루기 힘든 소리들이 있다. 이러한 소리들을 발음하기 위해서는 고도의 정확성과 근육의 긴장상태가 요구된다. 그리고 explain[eksplein]에 들어 있는 자음 연속체처럼, 발음할 때 아이들이 감당할 수 있는 수준 이상의 신경근육협동이 수행되어야 하는 음 연속체들이 있다. 그럼에도 불구하고, 아이들은 실제로 내는 소리 이상의 소리를 산출할 물리적인 능력을 가지고 있다. 옹알이에는 실제의 단어에서 볼 수 없는 소리들이 들어있을 수도 있으며, 사실 들어있다. 즉, 아이들이 단어를 발음하고자 할 때는 [k]를 [t]로 대체하지만, kakakakaka와 같은 길이가 긴 음연속체를 여전히 옹알거릴 수 있다.16 뿐만 아니라, 어떤 단어를 발음할 때는 분명히 사용하지 못했던 소리가 다른 단어를 발음할 때는 사용될 수가 있다. mouth 대신 moush[mauʃ]를 사용했던 Hildegarde라는 아이는 여기에 들어있는 끝소리 sh[ʃ]를 명확하게 발음했지만, shoe와 같은 단어에서는 sh에 해당하는 소리를 빠뜨렸다.17 또한 이 아이는 pretty라는 단어를 처음 들었을 때는 정확하게 따라 말했지만, 나중에는 pity로 바꾸어 발음했다. 이 발음은 정확성은 떨어지지만 다른 단어에 나오는 [pr]도 [p]로 발음하는 이 아이만의 방식에 맞아떨어지는 것이었다.

따라서 아이들이 발음을 적절히 하지 못할 뿐이라는 주장은 지나치게 단순한 주장이다. 사람들이 때때로 가정하는 것처럼 아이들의 근육이 지나치게 야무지지 못한 것도 아니고 혀가 서투른 것도 아니다. 어떤 학자들은 아이들의 듣기 능력이나 발음 능력이 실제로 드러나는 것보다 더 뛰어나다는 인식을 바탕으로, 아이들이 따라가야만 하는 예정된 경로들이 있다는 생각을 하게 된 학자들이 있었다. 즉, 어떤 내재적인 제약이 아이들로 하여금 물리적으로는 얼마든지 산출할 수 있는 소리를 실제로는 조음하지 못하도록 하는데, 이것은 아이들이 소리 유형 습득의 과정에서 특정의 경로를 따라가도록 하는 유전적 프로그램을 가지고 태어나기 때문이라는 것이다. 이 관점에 대해 생각해 보자.

▎ 예정된 경로 이론 ▎

예정된 경로의 이론들 중 가장 잘 알려진 것이 아동 언어 음운론의 선구자 Roman Jakobson의 이론인데, 이 이론에 의하면 말소리 대조의 습득은 서로 대조되는 소리들이 하나의 집합을 이루어 순서대로 진행되도록 미리 프로그램 되어있다.[18] Jakobson은 '함의 법칙'들을 제안했는데, 이 법칙에 의하면 특정 말소리 대조의 습득은 어떤 다른 말소리 대조가 습득되기 전에는 이루어질 수 없다. 그가 제안했던 대로라면, 아이들이 제일 먼저 습득하는 자음간의 대조는 mama와 papa에서처럼 [m]과 같은 비음의 자음(공기의 흐름이 코를 통하는 소리)과 [p]와 같이 입 앞쪽에서 만들어지는 비음이 아닌 파열음(내쉬는 숨을 한번 완전히 차단함으로써 산출되는 소리) 간의 대조가 될 것이고, 이어서 파열음이 양순음([p]와 같이 두 입술로 만드는 소리)과 치음([t]와 같이 혀를 이에 접촉시켜 만드는 소리)으로 나누어 질 것이다. 그리고 입 앞쪽에서 만들어지는 파열음들 사이의 대조가 습득된 후에, 앞쪽의 파열음들과 [k]와 같은 뒤쪽의 파열음 간의 대조가 아이들의 소리체계로 들어올 수 있다는 등의 생각이 Jakobson의 생각이다(그림 17.2).

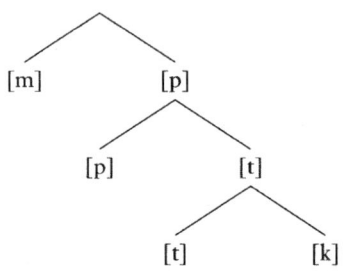

그림 17.2 Jakobson의 예정된 경로 이론

이러한 주장을 검증해 본 학자들이 있었는데, 이들의 의견은 대체로 Jakobson이 제안한 '법칙들'이 의무적인 보편법칙이라기보다는 통계적인 경향이라는 쪽으로 수렴되는 것으로 보인다.[19] Jakobson이 제안한 양식에 상당한 정도로 맞아 들어가는 아이들이 많이 있고, 완벽하게 맞는 아이들도 있다.[20] 그러나 많은 다른 아이들은 그러한 법칙을 따르지 않는다.[21] 일반적인 경향들을 언급하는 것은 정상적인 발달과정을 나타내는 도표를 만드는 데는 유익한 가이드라인이 될 수 있지만, 아이들이 단어의 '형태를 파괴하는'이유가 무엇인지는 설명하지 못한다.

이와 약간 다른 예정된 경로 이론에서는 인간의 음성기관이 어떤 소리나 소리 연속체를 다른 것들보다 다 '자연스러운' 것으로 여기도록 조직되어있다는 제안을 한다.[22] 예를 들면 자음과 모음이 반복적으로 나오는 것이 자연스럽게 때문에, abu가 apple보다 더 '자연스러울' 수 있다. 이와 유사하게, 단어의 끝에서는 소리를 제거하는 것(성대를 떨지 않고 소리를 내는 것)이 자연스럽기 때문에, pik가 pig보다 더 '자연스러울' 수 있다. 이 이론에 의하면, 자연스러운 경향에 맞는 단어들은 습득이 용이할 것이며, 그렇지 않은 단어들—아마도 대부분의 단어들—은 습득이 어려울 것이다. 따라서 아이들은 단어 산출에서 자신이 가지고 태어난 보편적인 경향들을 점진적으로 억제하고, 현재 습득하고 있는 언어가 지니는 언어개별적인 규칙들을 배워야만 한다.

이 이론은 Jakobson의 이론과 달리 모든 아이들에게 음운 구조를 정확히 같은 순서로 배울 것을 요구하지 않는다. 한편으로는 서로 다른 과정들이 충돌할 수 있고 아이들이 이 충돌을 서로 다른 방식으로 해결할 수 있다는 점에서, 다른 한편으로는 아이들이 나이에 따라 억제하는 과정이 서로 다를 수 있다는 점에서 다양한 형태가 나타나는 것을 볼 수 있다. 예를 들어, duck과 같은 단어를 발음할 때 어떤 아이는 두 번째의 자음을 첫 번째 자음에 조화시켜 dut으로 발음하고(두 자음 모두 입의 앞쪽에서 만들어짐), 어떤 다른 아이는 첫 번째 자음을 두 번째 자음에 조화시켜 guck으로 발음할 수 있다(두 자음 모두 입의 뒤쪽에서 만들어짐). 여기에서는 첫 번째 자음을 두 번째 자음에 조화시키려는 약한 경향이 소리를 입 앞쪽에서 내려는 경향과 충돌하고 있다.

그러나 어떤 이론이 서로 다른 변이형들을 너무 많이 허용한다는 사실은 그 이론이 지니는 최대의 약점이 되기도 한다. 즉, 아이가 어떤 말을 하더라도 새로운 자연적 과정이나 억제 순서의 재배열을 이용해 설명할 수 있게 될 것이며, 여기에 전체적인 가이드라인이 되는 원리는 존재하지 않는다. 결론적으로, 단어의 끝 자음을 무성음화하는 것과 같은 매우 광범위하게 적용되는 '자연적 과정들'은 조음기관의 작용 방식에 실제로 내재되어있는 반면, 이보다 더 약한 과정들은 반드시 일어나야 할 필요가 없는 과정이기 때문에 형태파괴를 '설명하는' 것이 아니라고 할 수 있다.

그러나 자연적 과정을 내세우는 관점이 지니는 가장 주된 문제점은 아이들을 보편적 경향들에게 정복당해 이것으로부터 벗어나려고 악전고투하고 하고 있는 지극히 수동적인 개체로 취급한다는 데 있다. 이러한 관점은 사람들이 초기 단계 아이들의 언어발달에 대해 가지고 있는 일반적인 인상과 부합하지 않는다. 대부분의 아이들은 세상을 일종의 수수께끼로 보고 이 수수께끼를 능동적으로 풀려고 하는 원기 왕성한 어린 존재이다. 따

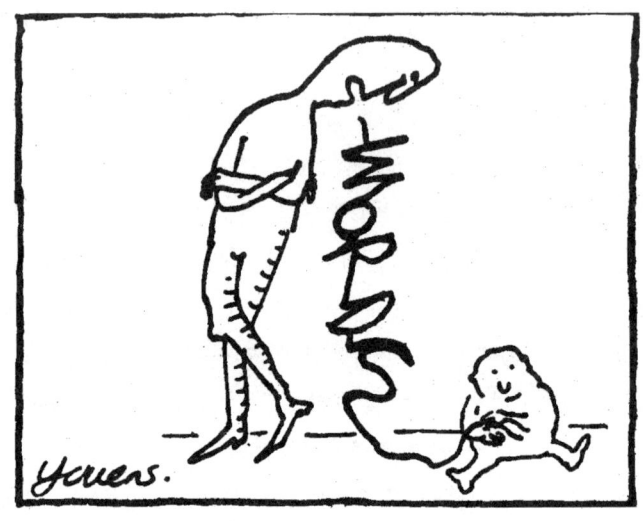

라서 아이들의 형태파괴에 대한 세 번째 유형의 이론에서는 아이들을 능
동적으로 수수께끼를 푸는 사람, 하지만 종종 자연적인 경향들을 이용해
소리구조에서 오는 문제에 대한 '손쉬운 답'을 중간 단계의 답으로 내놓기
도 하는 존재로 간주한다.

▌ 수수께끼풀이 이론 ▌

수수께끼풀이 이론의 주장에 의하면, 언어의 소리구조는 아이들에게
서로 다르면서도 밀접히 연관되어 있는 여러 가지 문제들을 제시하며, 아
이들은 성인 유형의 소리체계를 파악할 수 있기 위해 이 수수께끼들을 풀
어야만 한다. 아이들은 단어들 사이의 경계가 어디에 있는지를 확인해야
하고, 조음기관을 어떻게 움직일 때 어떤 소리가 나는지를 발견해야 하며,
허용되는 소리 연속체에 어떤 것들이 있는지를 알아내야만 한다(그림 17.3).
이제 이 문제들 중 일부에 대해 보다 상세하게 살펴보자.

그림 17.3 아이들이 직면하는 소리의 수수께끼

말의 흐름을 단어 크기의 덩어리들로 쪼개는 것은 중요한 과제이다. 단어는 하나씩 따로 발음되는 것이 아니고, 한 단어의 끝이 마치 다음 단어의 처음인 것처럼 들리는 연속적인 흐름에 파묻혀 있다. Eugene Field의 시 'A Play on Words'에서 발췌한 다음의 글에서 볼 수 있듯이, 익살스러운 작가들이 이러한 점을 이용하기도 한다.

Asser ten barren love day made
(A certain baron loved a maid,
한 소녀를 사랑한 남작이 있었네)

Dan wood her hart buy night tan day;
(And wooed her heart by night and day;
그녀의 마음을 얻으려고 밤낮으로 구애했네)

Butt wen knee begged she'd marry hymn,

(But when he begged she'd marry him,
그러나 그가 그녀에게 결혼해 달라고 간청했을 때)

The crewel bell mat dancer neigh.
(The cruel belle made answer 'Nay'.
그 잔인한 미녀는 '안돼요'라고 대답했네)

한 이론에 의하면, 연속되는 흐름을 작은 부분들로 나누는 방법의 습득이 한 살과 두 살 사이에 발생하는 '명명폭발'의 원인이 될 수 있다.23 아이들은 이 일을 어떻게 할 수 있을까?

아이들은 처음에는 단지 어떤 동작에 대한 의례적인 동반자로 소리의 덩어리 전체를 배우는 것 같다(16장을 보라). 14개월 된 Minh라는 아이는 문 닫힌 방 안에 갇혔을 때 문 밖에 있는 자기 형에게 Obedide라고 소리쳤는데, 이 말은 'Open the door(문 열어)'라는 성인 표현을 흉내낸 것이 분명하다.24 또 다른 어떤 아이는 안아달라고 조를 때 'I carry you'라는 표현을 사용했는데, 이 말은 아마도 'I'll carry you(내가 널 안아줄게)'라는 성인의 표현을 흉내 낸 말일 것이다.25 이 두 가지 표현 모두 분석되지 않은 덩어리인 것으로 보이는데, 아직 여러 개의 단어로 쪼개지지 않았다.

아이들에게는 하나씩 따로 들었던 단어들의 작은 목록을 만드는 능력이 있을 수 있다. 하지만 아이들이 모든 단어를 하나씩 따로 들어보기를 기다려야 한다면, 말을 할 수 있게 될 때까지 아마 수년이 걸릴 것이다. 따라서 아이들은 자신들이 아는 단어들을 분석해 봄으로써 어떻게 하면 다른 단어들을 찾아낼 수 있겠는지를 알아내야 한다. 예를 들어, 영어의 거의 모든 단어에는 강세를 받는 음절이 있는데, daddy, mummy, kitty, dinner, broken과 같이 아이들이 초기에 하나씩 따로 듣게 되는 단어들의 경우에는 흔히 첫 번째 음절이 강세를 받는다. 따라서 아이들은 일단 단어가 강세를 받는 음절로 시작된다는 추측을 할 수 있다. 이렇게 해서 문장의 끝에 있는 단어가 무엇인지를 아주 쉽게 확인할 수 있게 되는데, 아이들이 종종 어떤 말의 마지막 단어를 말해보려고 한다는 사실이 이러한 가설을 뒷받침한다. 즉, 아이들은 'Let's look for teddy'라는 말에 대한 반응으로 'Teddy'라고 말하고, 'We're going into the garden'이라는 엄마의 말에 'Garden'이라고 대답하는 식이다.26

전체적으로 볼 때, 단어들을 서로 떼어내는 데 가장 중요한 요인은 강세와 강약이다. 다만 아이들은 영어에 점점 더 익숙해짐에 따라 추가의 실마리들을 이용할 수 있게 된다. 예를 들어, [h]는 결코 단어의 끝에 나타날 수 없으며, sing에서 볼 수 있는 [ŋ]은 결코 단어의 처음에 나타날 수 없다.27

다음으로 해결해야 하는 과제는 대조 과제이다. 아이들은 각각의 소리를 내기 위해 입술과 혀를 어떻게 움직여야 하는지를 알아내야 한다. 한 저술가의 말을 빌리면, '이 상황은 나이가 많은 아이들이 기하학적 도형 그리기를 배우는 과정에서 직면하는 문제에 비유할 수 있다.' '학령 전 아이들이 직사각형, 십자형, 삼각형 등을 그릴 수 있게 되기 훨씬 전에 시각적으로 구분할 수 있다는 것은 잘 알려져 있다. 이러한 도형들을 똑같이 복사해낼 수 있게 되기 위해서는 어떤 선들이 어떤 위치에 있어야 각각의 형태가 나오는가에 대한 분석 능력이 발달해야 한다.'28 예를 들어, Amahl은 어느 날 아빠에게 뛰어가 '아빠, quick이라는 말을 할 수 있어요'라고 말했다.29 Amahl이 qu[kw]라는 음연속체에 대한 정확한 청각적 이미지를 벌써부터 가지고 있었을 수도 있지만, 이 소리를 내는 데 필요한 조음기관의 복합적인 움직임으로 어떤 것들이 있는지를 시행착오를 겪으면서 발견해 내야 했던 것이다.

어떤 단어에 대한 청각적 이미지를 그 실질적 발음과 대조해 보는 것은 매우 의식적인 과정인 것 같다. 아이들은 종종 자신들의 현재 능력을 이용하고 골칫거리를 야기할 수 있는 일은 피해 간다.30 '엄지손가락(thumb) 좀 보여줘'라는 요청을 받은 한 아이는 신이 나서 엄지손가락을 들고 옴질거렸다. 하지만 자기 자신은 엄지손가락을 winger(finger)라고 불렀

다. 이 아이는 자기가 내기 힘든 th[θ]라는 소리를 일부러 피하는 것 같았
다.31 Philip이라는 아이는 [m]과 [n]을 최대한 자주 교체해 사용했는데, 종
종 자음조화를 이용해 'cream'을 mim, 'sandwich'를 nanu, 'candle'을 nangu,
그리고 'hammer'를 nannow라고 각각 말했다.32 아이들이 사용하는 또 하
나의 전략은 자기가 말할 줄 아는 단어들을 뒤져서 단어 하나를 고른 다
음, 서로 다르지만 어떤 비슷한 점이 있는 것으로 알고 있는 단어들 자리
에 이것을 공통적으로 사용하는 것이다.33 이 장의 처음에서 언급했던 '시
멘트 섞는 기계'와 '헬기'라는 두 가지 뜻의 aggergog migger가 그 예의
하나인 것으로 보이며, '코끼리'와 '구급차'에 대해 쓰였던 ebennin이라는
단어도 마찬가지이다.34

개별 분절음들 중의 하나를 대조하는 것만이 문제가 아니고, 여러 소
리를 신속하게 올바른 순서로 배열하는 것도 문제이다. 어떤 소리연속체
전체를 매우 쉽게 반복적으로 산출할 수 있게 된 아이는 이 소리연속체
를 과잉 사용하는 경향을 보인다. 말하는 법을 배운다는 것은 부분적으로
는 이러한 '조음의 하위 경로들'로 이루어진 도서관을 만드는 것이다.35
아이들이 어떤 하위경로를 다루는 법을 일찍 배운다면, 그 하위 경로는
인간의 음성기관에 내재되어 있는 자연적인 경향에 합치하는 것일 가능
성이 많다. 다만, 하위경로들 중에는 자신만의 개성이 상당히 강한 것들
이 있을 수 있다.

Christopher라는 아이는 -yat나 -yan으로 끝나는 단어들을 산출하는
것을 강하게 선호했다. 따라서 이 아이는 'banana'를 bayan으로, 'panda'
를 payan으로, 'carrot'을 kajat으로, 'peanut'을 pijat으로, 그리고 'steamer'
를 miyat으로 불렀다.36 물론 이 말들 중에는 정확히 기억해낼 수 없는 단
어의 공백을 메우기 위한 전략에서 사용된 것들이 있었을 수 있다. 여기에
대해서는 다음 절에서 논의할 예정이다.

이제 우리는 아이들의 마음속에 있는 단어들과 아이들이 말하는 단어
들 사이에는 상당한 불일치가 존재한다는 것을 알게 되었다. 아이들의 발

음은 아이들 마음속 어휘집에 있는 단어의 형태에 대한 개략적인 실마리를 우리에게 제공하는 데 그친다. 이제 아이들의 마음속에 단어들이 어떻게 조직되어 있을까에 대해 논의를 이어가기로 하자.

▎ 아이들의 유사음성오류 ▎

Please daddy, can I have an ice-cream *toilet*(cornet=cone).
아빠, 아이스크림콘 '화장실'(코넷(트럼펫 류의 금관악기)=콘) 먹어도 돼요?

At school we have a *concussion*(percussion) band.
우리 학교에는 '충격'(타격=타악기) 밴드가 있어요.

We parked our car in a *naughty story*(multi-storey) car park.
우리는 자동차를 '못된 이야기'(여러 층으로 된) 주차장에 주차했어요.

Mummy, why have you got so many *burrows*(furrows) on your forehand?
엄마, 엄마는 손에 왜 '피난처'(깊은 주름)가 그렇게 많아요?

Our new car's *mistake*(estate) car.
우리 새 자동차는 '실수'(왜건) 자동차야.

성인의 기준으로 보았을 때, 위의 예들은 모두 아이들이 단어를 잘못 사용한 경우들이다. 아이들이 하나의 단어를 이용해 여러 개의 단어를 합치는 현상은 의도적으로 그랬는가 우연히 그랬는가에 관계없이 단어가 마음에 어떻게 저장되어있는가에 대한 유익한 실마리를 제공할 수 있다. 왜냐하면, 이 합쳐진 단어들이 어떤 식으로든 '유사한' 것으로 간주되었을 것이기 때문이다.

'아이들의 유사음성오류'[37]를 분석한 결과에 의하면 강약 유형이 가장 빈번하게 그대로 유지되는 특징이었으며, 그 다음으로 유지되는 것이 강세를 받는 모음이었다. 강세를 받는 모음의 양쪽 중 한 곳에 있는 자음과 단어의 처음과 끝에 있는 자음 모두 중요성이 떨어지는 것으로 보였는데, 발음상 있을 수 있었던 문제점들을 고려하고 난 후에도 여전히 그러했다. 그리고 이러한 발견은 몇 개의 서로 다른 언어에서 수집한 150개의 유사음성오류를 분석한 다른 연구에서 발견된 내용과도 일치한다.[38] 이것은 성인과 마찬가지로 아이들이 단어가 가지는 특징들 중 다른 특징들보다 더 두드러지게 저장하는 것이 있다는 것을 시사하는데, 다만 두드러지게 저장되는 특징이 성인들의 경우에서와 다른 것 같다. 왜냐하면, 아이들은 강약을 중요하게 생각하는 반면, 자음은 그다지 중요하지 않게 생각하는 것으로 보이기 때문이다.

성인의 유사음성오류와 아이들의 유사음성오류 사이의 차이점에 특별히 주목한 연구가 있었다.[39] 이 연구에서 확인된 사실은 성인과 아이들이 그대로 유지시킨 음성학적 특징들이 대다수의 경우에서 동일하다는 것인데, 음절의 숫자, 강약 유형, 강세를 받는 모음, 단어의 첫 자음과 끝 자음이 그것이다. 그러나 무언가가 잘못 되었을 경우에 아이들은 음절의 숫자와 강약 유형을 그대로 유지시키는 반면, 첫 자음을 다른 것으로 바꾸는 경향을 보였다. 이와 달리 성인들은 거의 모든 경우에서 첫 자음을 그대로 두었으며, 음절의 숫자나 강세를 받는 모음을 바꾸는 것을 선호하는 편이었다. 아이들은 첫 자음을 가장 중요하지 않게 여겨 단어 끝의 자음에 비해 더 자주 바꾸었는데, 이것은 다른 연구에서도 언급된 적 있었던 현상이다.[40] 이러한 상황은 condiments(조미료)라는 단어를 목표단어로 했던 한 아이와 어른의 유사음성오류에 의해 예시될 수 있다.

어린 여자아이 : Pass the *monuments*, please.
기념비(monument) 좀 주세요.

아빠 : Don't be silly, you mean the *ornaments*.
바보같이, 장신구(ornaments) 말하는 거지?

성인의 예에서는, 어떤 여자가 자기가 가진 골동품에 대해 말하면서 '우리 집 다락에는 아주 예쁜 빅토리아시대 콘돔(condom) 세트가 있어'라고 자랑을 늘어놓는 것을 볼 수 있었다. 아마 아이들은 c [k]로 시작하는 단어를 선택했을 것이고, 성인은 음절이 세 개인 단어를 선택했을 것이다. 하지만 성인과 아이들이 비슷하게 범하는 특정 유형의 오류들이 있었다.

결국 아이들의 마음속에 표상되어 있는 단어들은 성인들 마음속의 단어들과 몇 가지 비슷한 점이 있지만, 어느 부분을 두드러지게 저장할 것인가에 대해서는 서로 다른 경향을 가지고 있는 것으로 보인다. 성인에게는 '욕조효과'(12장)가 중요한 반면, 아이들에게는 강약 유형과 강세를 받는 모음이 더 중요하다. 그리고 아이의 나이가 어릴수록 강약 유형을 그대로 둘 가능성이 더 높다.[41] 물론 'elephant'를 efunt라고 하거나, 'banana'를 nana라고 하는 경우에서처럼 아이들이 강세를 받지 않는 음절을 빠뜨리는 경우도 있다. 아이들이 apple, lemon 등에서 볼 수 있는 가장 일반적인 단어 유형인 'dum-di(강+약)' 유형에 익숙해져서, 아직 예외적인 경우들을 다루는 법을 습득하지 못했을 가능성도 있다.[42]

단어 내의 어떤 부분들이 다른 부분들보다 아이들에게 더 두드러진다는 사실 외에도 아이들이 다른 단어에 비해 더 쉽게 기억하는 단어 유형들이 있는 것 같다. 한 실험에서는 4세에서 9세 사이의 아이들에게 아이들이 가장 쉽게 알아볼 수 있는 젖소, 개, 코끼리, 토끼와 같은 동물들이 나오는 동물 그림책을 보여주었다.[43] 하지만 이 일반적인 생물체들 사이에는 bandicoot(인도도깨비쥐), racoon(미국너구리(영국 아이들에게는 생소함)), lemming(레밍), yak(야크) 등과 같은 생소한 것들 몇 개가 끼어들어가 있었다. 생소한 것들이 등장할 때마다 아이에게 그 이름을 가르쳐준 다음, 다시 잘 아는 동물들의 이름을 계속 말하도록 하였다. 몇 분이 지난 다음에 그 생소한 동물이 다시 나타나면 아이에게 그 이름을 기억해내 보라고 하였다. 아이들은 이름을 부분적으로 잊어버리고 'gandigoose(bandicoot)였던가요?', 'rack(yak)이었을 수도 있는데', 'lemon(lemming)이랑 비슷한 건데'와 같이 대답하는 것이 보통이었다. 특정의 단어, 혹은 단어 내부의 특정 부분들이 상대적으로 더 잘 기억되는 것으로 드러났다. 아이들은 강세를 받는 음절로 시작하는 단어들, 그리고 연이어 나오는 두 자음의 발음이 일치하는 단어들을 더 쉽게 다루었다. lemming과 bandicoot의 처음은 잘 기억되었지만, racoon과 kudu(쿠두)의 첫 번째 음절은 기억하기 상당히 어려운 것으로 판명되었다.

어떤 단어를 기억해내는 것이 어려운 경우에 아이들은 자음의 조화와 같은 '자연적인' 과정을 보충적으로 사용하는 경향을 보였다. 'racoon'은 cocoon으로, 'kudu'는 kuku나 kutu로 불리는 경우가 있었는데, 이러한 현상은 다른 연구에서도 발견하였던 현상이다.44 그리고 아이들은 자음＋모음으로 이루어진 음절을 반복해서 산출하는 경향이 있어서, 'armadillo'는 marmadillo로 기억해 냈고, 'bandicoot'는 bandicoo로 기억해 냈다. 이러한 발견은 아이들이 사용하는 이상한 형태들 중 몇 가지는 정확한 소리를 기억해낼 수 없을 때 사용하는 공백 메우기 전략에 의한 것일 수 있다는 점을 시사하는데, 강세를 받지 않는 첫 번째 음절을 기억해 내는 것이 어려웠을 수 있는 'conductor', 'attack', 'elastic' 대신 riductor, ritack, rilastic을 각각 사용한 것이 그 예가 될 것이다.45 아이들이 상대적으로 쉽게 기억해내는 단어들은 아이들의 마음속 어휘집 속에 상당한 수준의 완전한 형태를 가지고 있을 수 있지만, 두드러지는 부분들이 성인의 어휘기재항과 다를 것이다. 그러나 어려운 단어들은 그 세부사항들이 쉽게 잊혀질 수 있기 때문에, '올바른' 형태와는 다소 다른 형태로 저장되어있을 수도 있다.46

▌ 재조직의 과정 ▌

만일 아이들이 두드러지게 저장하는 부분과 성인들이 두드러지게 저장하는 부분이 서로 다르다면, 이것은 소리에 입각하는 단어들의 전반적 조직이 서로 부분적으로 다르다는 것을 시사한다. 아이들이 서로 묶어서 저장하는 단어들이 성인이 서로 묶어서 저장하는 단어들과 달라지는 경향이 나타날 것이기 때문이다. 아이들의 경우에는 비슷한 강약을 가진 단어들이 서로 밀접하게 연결되는 반면, 단어의 처음은 그리 중요하지 않을 것이다. 따라서 아이들은 시간에 흐르면서 자신의 어휘집을 재조직하게 된다. 동물이름배우기 실험에서 자음 조화의 예는 4살이 된 아이들이 나이가 많은 아이들보다 더 많이 사용했지만, 9살이 된 아이들에게서도 완전히 없어지지 않았다.[47] 러한 현상은 재조직이 적어도 사춘기까지 계속될 수 있으며, 더 많은 단어들이 어휘집 속으로 들어오게 되면서 소소한 재배열이 일생동안 지속적으로 일어날 수도 있다는 것을 시사한다.

그러나 아마도 우리가 제기해야 할 질문은 이러한 재조직이 일어날 수밖에 없는 이유가 무엇인가의 질문일 것이다. 아이들이 주의를 집중하는 부분들은 가장 자연스럽게 눈에 띄는 부분들이다. 그렇다면 '욕조' 체계로 바뀌어야 할 이유는 무엇일까(12장)?

읽기의 습득이 명백한 요인이 되는 것으로 보인다. 읽기에서는 단어의 처음에 초점을 맞추는데, 사전에 익숙해지게 되면 특히 그렇다. 그러나 신속한 인출의 필요성이 더 중요한 이유일 수 있다. 성인은 어휘집에 들어 있는 약 50,000개의 항목들을 능동적으로 사용하는 것으로 보이는데(1장), 5세 미만의 아이들은 이것의 10분의 1이 되지 않는 항목들을 가지고 있는 것 같다. 사용할 수 있는 어휘의 숫자가 늘어나면서 신속한 인출을 위해 언어사용자가 필요한 단어에 재빠르게 도달할 수 있도록 해 주는 변화된 저장체계가 필요해질 수 있다. 단어를 함께 묶을 때 그 처음과 끝에 주목하는 전략이 상당히 효율적인데, 이에 의해 선택폭을 상대적으로 작은 숫자의 단어로 줄일 수 있기 때문이다. 이와 달리, 강약 유형과 강세를 받는 모음에 주목하는 전략은 일단 어휘집이 방대해진 상황에서는 훨씬 많은 단어들로 이루어진 묶음들을 만들어내게 될 것이다. ability, debility, facility, hostility, mobility, sterility, virility, 그리고 수많은 다른 단어들이 하나의 묶음을 이루게 될 것이다. 따라서 자음에 주목하는 것이 하나의 단어를 정확히 집어내는 데 더 유익할 것 같다.

이제 아이들이 소리유형의 관점에서 단어들을 어떻게 저장하는가에 대한 일반적인 결론을 내려보면 다음과 같다. 대부분 아이들은 성인들이 기억하는 것과 똑같은 특징들을 기억한다. 하지만 아이들이 중요하게 생각하는 요인들은 성인의 경우에서와 다르다. 아이들은 무엇보다도 강약유형과 강세를 받는 모음에 주목하며, 자신의 어휘집을 이러한 특징들을 토대로 조직할 가능성이 있다. 자음, 특히 단어 처음에 나오는 자음은 중요성이 떨어진다. 아이들은 나이가 들고, 읽기를 배우고, 훨씬 더 많은 어휘들을 습득하게 되면서, 단어를 빨리 찾아내는 데 더 효율적인 성인 유형의 체계로 점진적으로 이행해 간다.

┃ 요약 ┃

이 장에서는 아이들이 단어의 소리구조를 다루는 방식에 대해 살펴보았다. 제일 먼저 우리는 아이들이 '형태를 파괴하는' 이유가 무엇인지에 대해 생각해 보았는데, 이러한 형태파괴가 마음속 어휘집의 내용을 반영하고 있는지를 알아야 할 필요가 있었기 때문이었다.

우리는 아이들이 말할 수 있는 것 이상의 것을 인식할 수 있다는 것을 확인하였다. 그렇다고 형태파괴가 단순히 조음상의 문제점에 기인하는 것은 아니다. 아이들은 소리구조의 습득 과정에서 직면하게 되는 수수께끼들을 능동적으로 풀고자 애쓰는 것으로 보인다. 단어를 식별해내고, 청각 이미지와 조음 경로를 연결시키며, 이것들을 신속하게 다루는 법을 습득해 간다. 단어를 식별하게 됨으로써 아이들은 그 강약 구조에 주의를 집중하게 되는데, 형태파괴 중 많은 것들이 뒷걸음질 전략과 연계하여 단어를 소리와 대조하려는 중간 단계의 시도에 해당한다.

전체적으로 보면 아이들과 성인들의 어휘기재항은 어느 정도 비슷한데, 다만 아이들은 성인의 경우에서와 다른 특징들, 특히 강약 유형과 강세를 받는 모음을 더 두드러지게 저장한다. 읽기를 배우고 아는 어휘의 양이 증가함에 따라, 아이들은 성인과 같은 체계를 점진적으로 채택하게 된다.

이제 우리는 마음속 어휘집의 중요한 구성 부분들을 모두 다루었다. 다음 장에서 우리는 이 부분들이 서로 어떻게 연결되어 있는지에 대해 논의할 것이다.

제 4 부

전반적인 구도

The Overall Picture

18 | 뒤지기와 찾아내기
─단어의 선택─

Mrs. Rooney: 언젠가 그 새로 온 정신과 의사들 중 한 사람의 강의에 참
석했던 기억이 나는군. 그들을 뭐라고 부르는지는 잊었는
데, 그가 말하기를 ….

Mr. Rooney: 미치광이 전문가?

Mrs. Rooney: 아니, 아니, 그냥 좀 마음에 문제가 있는 거. 그 사람이 내
가 평생 말 엉덩이에 몰두하는 것에 대해 약간의 설명을
제공할 수 있을 거라고 바라고 있었는데 말이야.

Mr. Rooney: 신경과학자?

Mrs. Rooney: 아니, 아니, 그냥 정신적인 고통. 뭐라고 부르는지 밤에 다
시 생각 날거야.

Samuel Beckett, All That Fall

인간은 마음속 어휘집을 사용할 때 의미적, 통사적, 그리고 음운론적
정보를 동시에 다루어야 한다는 점에서 마치 마술사와도 같이 행동한다.
우리는 아직 이 모든 성분들이 어떻게 결합되는지에 대해서 생각해 보지
않았다. 이제 이것들을 끌어 모아 마음속 어휘집을 사용하는 과정을 추적
해 봄으로써, 인간의 단어저장고를 이루는 다양한 부분들이 어떻게 조직

되어 있는지를 밝힐 수 있을 것이다.

개략적으로 볼 때, 산출과 인식은 서로 역순인 것 같다. 단어를 산출할 때는 소리에 앞서 의미를 선택해야 한다. 단어를 인식할 때는 소리에서 시작해 의미로 이동해가야 한다. 그러나 여기에서 동일한 과정들이 서로 다른 순서로 이용된다는 생각을 당연한 것으로 받아들일 수는 없는데, 이것은 우리가 계단을 오를 때는 계단을 내려올 때 사용하는 것과 동일한 근육을 단지 역순으로 사용한다고 의당 가정할 수 없는 것과 같은 이치이다. 따라서 이 장에서는 단어 산출에 대해, 그리고 다음 장에서는 단어 인식에 대해 생각해보기로 한다.

단어를 산출하는 데 포함되는 과정들을 살펴보기 전에 선택의 문제를 고려해 볼 필요가 있다. 사람들이 단어를 선택할 때 일반적으로 여러 가지 대안들을 놓고 저울질하는가? 특히 시인들의 경우 항상 그들의 마음속 어휘집에 존재하는 다양한 가능성들 중에서 적절한 단어를 찾아다닌다는 것을 누구나 아는데, 이것은 T.S. Eliot의 'Little Gidding'에 생생하게 표현되어 있다.

> 수줍지도 화려하지도 않은 단어,
> 옛것과 새것 사이의 손쉬운 교류,
> 무엇보다 천박함이 없는 일상적 단어,
> 정확하지만 현학적이지 않은 형식적 단어 …

Emily Dickenson도 이와 유사한 단어 선택의 과정을 묘사한다.

> 내가 당신을, 시인은 말했다,
> 말씀하신 단어로 모시고 갈까요?
> 후보들과 함께 있어보세요
> 내가 더 세밀히 검사해 볼 때까지 -
> 시인은 문헌을 뒤졌다 …

결혼 축하 인사말 등에서처럼, '몇몇의 잘 고른 단어들'이란 말이 상투어가 되어버렸을 정도로 단어들이 매우 조심스럽게 선택되어야만 하는 특별한 경우들도 있다. 그러나 일상적인 대화에서 친구들과 편안하게 잡담을 하는 중에는 결정 내리기가 불필요하다는 인상을 받게 되는 것이 일반적이다. 즉, 시인 Samuel Coleridge가 산문이 '단어들이 최상의 순서로' 배열된 것이라면, 시는 '최상의 단어들이 최상의 순서로' 배열된 것이라는 주장에서 암시했던 것처럼, 우리는 마음에 떠오르는 첫 번째 단어들을 발화할 뿐이다. 이 가정은 옳은가?

▎ 넉넉함에 기인하는 난처함 ▎

비록 무의식적일 수도 있지만 통상적인 발화에조차 결정 내리기가 가담할 수 있다는 생각을 했던 사람은 19세기의 심리학자 William James였다. '그래서 독자는 무언가를 말하기 전에 그것을 말하는 자신의 심적 의도가 무엇인지를 자문한 적이 결코 없는가? 그것은 전적으로 명백한 의도이다 … 하지만 그 의도를 대체하는 단어가 떠오르면 의도는 이 단어들을 차례로 환영하고, 의도와 일치하는 경우 옳다고 판단 내리며 일치하지 않는 경우 옳지 않다고 거부한다.'[1] James가 매우 옳았다는 것을 보여주는 몇 가지 증거가 있다.

두 단어가 하나로 합쳐지는 '혼합' 현상은 대안으로 사용될 수 있는 단어들을 발화 도중에 함께 고려하는 경우가 흔하다는 것을 보여주는 가장 명백한 증거이다. Lewis Carroll은 넌센스 시 'The Jabberwocky'에서 'Shun the frumious Bandersnatch(frumious한 거친 사람을 멀리하라)'라는 표현을 한 적이 있다. 의아해하는 사람들을 향해 그는 frumious라는 단어에 관련된 다음과 같은 설명을 제시한다. '두 단어 "fuming(약이 오른)"과 "furious(격노한)"를 택하라. 이 두 단어를 말해야겠다는 결심을 하고 이들 중 어떤 단어를 먼저 말할지는 결정하지 마라. 그리고 입을 열고 말해 보라. 만일 당신의 생각이 눈곱만큼이라도 "fuming" 쪽으로 기울어진다면 "fuming-furious(약이 올라 격노한)"라고 말하게 될 것이며, 털끝만큼이라도 "furious" 쪽으로 기울어진다면 "furious-fuming(격노하게 약오른)"이라고 말하게 될 것이다. 하지만 당신이 완벽하게 균형잡힌 마음이라는 흔치 않은 재능을 가지고 있다면, 당신은 "frumious"라고 말하게 될 것이다.'2

이 예는 만들어낸 것이고 과장된 면이 있지만 실생활에서 전혀 의도에 의하지 않고 발생하는 현상들의 특징이 무엇인지를 보여주고 있다.

> It's quite *ebvious*(evident+obvious) that you disagree.
> 당신이 동의하지 않는다는 것이 전적으로 명백합니다.
>
> Don't *frowl*(frown+scowl) like that!
> 그렇게 언짢은 얼굴 하지 마!
>
> Not in the *sleast*(slightest+least).
> 결코(… 가 아닌)
>
> She *chuttled*(chuckle+chortle) at the news.
> 그녀는 뉴스를 보며 웃었다.
>
> My *buggage*(baggage+luggage) is too heavy.
> 내 짐은 너무 무겁다.
>
> My *tummach*(tummy+stomach) hurts.
> 내 배가 아프다.

이러한 예가 풍부하다는 것은 사람들이 하고자 하는 말에 똑같이 잘 맞는 두개의 단어가 있을 때, 그리고 특히 이 단어들의 소리에 유사성이 있을 때에는 두 단어 모두를 고려 대상으로 삼는다는 것을 시사한다. 이것들은 언어사용자가 '서로 경쟁하는 계획들' 사이에서 마음의 결정을 하는데 실패한 경우들이 있음을 보여주는 명백한 예들이 된다.3

혼합은 일부 실어증 환자에게서도 나타날 수 있다. 'I forget seeing

you before, sir. I remember the other documen and was plazed to see the other documen. My brother was with me. And he was queen that I was hoddle with our own little mm ⋯ bog, my thing of mogry, you know.'4 뇌졸중을 겪은 72세의 법무관인 이 실어증 환자는 상당히 많은 오류를 범하고 있다. 그러나 이 뒤죽박죽 가운데에서 혼합이 다른 유형의 오류들 보다 더 두드러지는 것으로 보인다.5 *Documen*은 'doctor(박사)'와 'gentlemen(신사)'의 혼합일 수 있는데, 환자의 직업과 관련되는 매우 일반적인 단어였을 'document(문서)'에 의해 다시 강화되었을 수 있다. Plazed는 'pleased(즐거운)'와 'glad(기쁜)'의 결합일 수 있으며, *I forget seeing* you는 'don't remember(기억하지 못하다)' 대신에 'forget(잊다)'을 쓴 결과일 수 있다. 이 예들이 그 자체로서 혼합의 결정적인 증거가 되지는 못한다. 왜냐하면 뒤범벅이 된 발화들을 해석할 때는 상상에 의존하게 되기가 십상이기 때문이다. 그러나 이 예들은 같은 환자의 발화에 나타나는 다른 예들에 의해 다시 강화된다. 따라서 적어도 그가 겪는 문제의 일부는 마음속 스크린에 떠오르는 여러 후보들 중 자신이 원하는 단어를 골라내지 못하는 데 있다고 보아야 한다.

결국 정상인과 몇몇 실어증환자들의 예로부터 알 수 있는 것은 적합한 몇 개의 후보들이 있는 상황이라면 한 가지 이상의 가능성이 고려되는 것이 일반적이라는 사실이다. 그러나 선택의 과정은 여기에서 그치지 않으며, 다루고자 하는 주제와 어떤 방식으로든 연관성이 있는 단어들이라면 부적절한 단어라 할지라도 자동적으로 고려 대상에 포함된다는 것을 보여주는 몇 가지 증거가 있다.

▌ Noshville, Greeceland, 그리고 Freud식 혀미끄러짐 ▌

혼합은 똑같이 적절한 두 단어로 이루어지는 것이 전형적이지만, 항상 그래야 하는 것은 아니다. 화자가 테네시 주에 있는 타운들 중 하나의 이름을 말하려고 했는데, Noshville(Nashville와 Knoxville)이라고 하거나, 사실은 두 가지 멕시코 음료들 중 첫 번째 것만을 주문하려고 했는데 taquua(tequila(데낄라주)+kahlua(칼루아주), 모두 멕시코 산의 주류임-역주)라고 말하는 경우, 그리고 Iceland만을 말하고자 했는데 Greeceland(Greenland(그린랜드)+Iceland(아이슬랜드))를 말한 경우 등에서처럼 두 단어 중 하나가 문장에 더 잘 맞는 예들이 있다. 이러한 오류들은 요구되는 단어의 영역에 속하는 몇 개의 단어들이 활성화된 다음 원치 않았던 단어들이 억제되는 것이 일반적일 수도 있다는 것을 보여 준다.

요구되는 단어의 자리를 적합하지 않은 다른 단어가 차지하는 '차단' 현상(12장)이 이 견해를 지지해 준다.6 '내가 알고 있는 것이 분명한데도 자꾸만 이 다른 단어가 대신 튀어나와요'라는 불평이 일반적이라는 점에 비추어 보면, 마치 단어들이 선택되기 위해 서로 심하게 경쟁하는 것 같다. 주말 농장에서 정원을 가꾸는 사람들은 이러한 현상을 식물 이름에서 경험하기도 한다. lobelia(로벨리아)가 buddleia(버델리아)를, columbine(매발톱꽃)이 campanula(초롱꽃)를, 그리고 gladioli(글라디올러스)가 amaryllis(아마릴리스)를 차단한다. 그리고 그림 이름대기 실험에서는 직전에 whale(고래)을 말해야 했으면 shark(상어)를 말하는 데 걸리는 시간이 상대적으로 길어졌다.7

뿐만 아니라, 과다활성화는 'right(오른쪽의)' 대신 left(왼쪽의)를, 'mimosa(미모사)' 대신 myrtle(도금양)을 쓰는 등의 오류에 대한 설명을 제공할 수 있다. 지금까지 우리는 화자가 실수로 근접해 있는 단어를 선택함으로써 실제로 요구되는 단어를 무시하는 것으로 가정했다. 하지만 이것이 유일한 설명 가능성은 아니다. 이와 달리 화자가 두 단어 모두를 활성화한 다음에 필요한 단어를 실수로 억제하는 것일 수 있다. 이 견해를 지지하는 추가의 증거에 대해 생각해 보기로 하자.

다음과 같은 오류에 나타나듯이 마음은 흔히 의도하지 않고도 지나친 준비를 하는 것으로 보인다.

> The beach was flowing with *pebbles*(water).
> 해변에는 자갈이(물이) 넘치고 있었다.
>
> I bought eels and *snake*(skate).
> 나는 장어와 뱀을(스케이트를) 샀다.

첫 번째 문장에서 화자는 폭풍우가 지나간 후의 자갈 해변을 묘사하고 있었는데 pebbles(자갈)라는 단어가 언급되었어야 할 필요가 없었음에도 불구하고 무의식적으로 활성화되었다. 두 번째 문장에서는 뱀장어에 대한 생각이 snake(뱀)도 촉발시켜 이 단어와 소리가 충분히 유사한 skate(스케이트) 자리를 차지하도록 했다. 또한 대화의 주제와 상관이 없음에도 불구하고 주변의 대상물들이 일정한 단어들을 떠오르게 하는 경우들이 있다. '나는 눈(버터)이 녹기를 기다리는 중이야.' 이 말을 한 여자는 밖에 내리는 눈을 바라보면서 마음으로는 샌드위치를 만들 계획을 세우고 있었다.8

이상의 예들은 비밀스러운 생각들이나 걱정거리가 대화 속으로 미끄러져 나오는 실제 'Freud식 혀미끄러짐'과 유사하다. 이 현상이 (2장에서 언급했듯이) Freud가 가정했던 것처럼 흔하지는 않지만 실제로 일어나는 경우가 있다. 예를 들어 Freud는 격렬한 논쟁이 벌어지는 회의에서 의장이 '이제 의제 중 네 번째 사항으로 '넘어가야'(schreiten, 독일어 어휘 – 역주)하겠다'는 말 대신 '네 번째 사항으로 "싸워야"(streiten, 독일어 어휘 – 역주) 하겠다'고 공표하는 일이 어떻게 가능한지에 대해 기술한다.9 최근에는 결론을 내지 못한 토론 후에 '이제 혼란 속에서(in confusion(in conclusion: 결론적으로 – 역주)) …'라는 말로 회의를 포기하는 경우가 있었다. 이러한 예들은 보통 겉으로 나오는 것보다 더 많은 단어들이 준비된다는 사실을 드러낸다. 일반적으로 원하지 않았던 단어들은 억제되지만, 경우에 따라서는 밖으로 튀어나와 불편을 야기한다.10

이러한 점들은 실험적으로도 재확인되었다. 도발적인 옷을 입은 여성이 남성에게 두 단어로 된 표현들을 소리내어 읽어보라고 요구하면, 'past fashion(지난 유행)' 대신 'fast passion(빠른 열정)', 'sappy hex(활기에 넘치는 마력)' 대신 'happy sex(즐거운 섹스)', 그리고 'share boulders(자갈에 쟁기질을 하다)' 대신 'bare shoulders(벗은 어깨)'라고 읽는 피험자들이 상대적으로 많았다.11 다른 실험에서는 가짜 전극들을 피험자에게 연결하고 불시에 아픈 전기 충격이 전달될 수 있다고 말해 준다. 물론 '전극들'은 진짜가 아니기 때문에 어떤 충격도 전달되지 않는다. 하지만 이 과정에서 발생하는 불안감 때문에 전기에 대한 불안감이 없는 일반적인 피험자들보다 훨씬 많은 피험자들이 'sham dock(위장 부두)'이라고 말해야 할 때 'damn shock(빌어먹을 충격)'이라는 말을, 'varied colts(얼룩 망아지)' 대신 'carried volts(통과하는 전류)'라는 말을, 그리고 'worst cottage(형편없는 오두막)' 대신 'cursed wattage(저주받은 와트)'라는 말을 했다. 따라서 이상의 실험들은 단어가 화자가 염두에 두고 있는 주제와의 관련성에 의해 수월하게 떠오른다는 관점을 지지하며, 이를 통해 우리가 대화 중에 사용하는 것보다 훨씬 많은 단어들이 활성화되는 것이 일반적이라는 생각을 뒷받침해 준다.

정신분열증 환자에게서 나타날 수 있는 단어 샐러드─분명히 서로 연관성이 없는 단어들과 생각들의 뒤죽박죽─에 이와 유사한 현상이 드러날 수 있다. '나는 고양이들이 그렇듯이 디스템퍼(바이러스에 의한 백혈구 감소증─역주)가 있는데, 우리 모두가 고양이과이기 때문이죠. 샴 고양이는 공 모양을 만들어요. 눈에 띕니다. 내게 맹크스 고양이가 있었는데. 아직 어딘가 있을 텐데. 한번 보면 아실 거예요. 이름이 GI Joe예요. 얼룩덜룩 하죠. 내게는 삐에로(clown) 같은 작은 금붕어도 있었어요. 즐거운 할로윈이 내려오네요(down).'12 여기에서 고양이라는 개념이 여러 종류의 고양이─샴, 맹크스─로 이어지고, 고양이는 금붕어로 이어진다. 금붕어는 보통 삐에로처럼 큰 입술을 가지며 삐에로는 다시 할로윈에 대한 생각을 촉발하는데, 이것은 미국에서는 할로윈에 사람들이 삐에로처럼 옷을 입는 경우가 있기 때문인 것으로 보인다. 그리고 삐에로(clown)는 아래로(down)와 운이 맞는다. 이 환자가 손에 담배를 들게 되면, '신성한(holy) 담배군요, 신성한 것이죠. 한 구멍(hole)으로 들어갔다 다른 구멍으로 나오는데 그래서 신성한 거죠'13 라고 말한다.

　이 환자가 가지고 있는 문제의 하나는 마음이 지나치게 흥분되어 있다는 것이다. 그래서 마음에 과다한 연상이 떠오르게 되는데, 이 환자는 이 중 부차적이고 배경에 속하는 것들과 현재 대화의 주제와 관련되는 매우 중요한 것들을 구분하지 못하는 것으로 보인다. 이러한 상황에서 이 환자는 떠오르는 모든 연상들 사이를 이리 저리 돌아다니며 이미지와 생각들이 일관성 없이 뒤섞인 말들을 산출하고 있다. 이와 같은 예는 문제가 발생하는 경우의 주된 어려움이 정상적인 기재들을 통제하고 조종하는 능력의 결핍일 수도 있다는 것을 보여 준다.14 기이한 증상들의 원인이 비정상적인 기재에 있는 것으로 가정해야 할 필요는 없는 것이다. 뇌에서 정보가 충분히 가동되지 않는 실어증환자에게는 정반대의 상황이 발생한다. 즉, 임시방편적이고 정확히 들어맞지 않는 단어만이 이들의 마음속 스크린에 떠오른다.

　결국 말을 할 때 대화에 필요한 단어들 보다 더 많은 단어들이 마음속에서 활성화되는 것이 일반적이라는 것을 입증하는 충분한 증거가 있는 것으로 보인다. 인간이 어떤 방법으로 원하는 단어들을 찾아내는 지를 기술할 때는 이러한 많은 양의 추가 항목들을 어떻게 다루는지도 설명해야만 한다. 이제 단어를 찾아낼 때 고려해야 하는 몇 가지 다른 중요한 요인들에 대해 생각해 보기로 하자.

▎뭐라는 사람 그리고 거시기 ▎

　'정말로,' Skewton이 외쳤다 … '거의 수도복 위로 팔짱을 끼고 저 사악한 마호메드 교도들처럼 뭐라는 사람은 없고 거시기만 있으며, 뭐라는 사람이 그가 보낸 예언자라는 말을 할 마음이 생길 지경이야!'

Charles Dickens, Dombey and Son

허구의 인물 Skewton 부인이 이 과장된 코란 인용문을 사용한 것은 God, Allah 그리고 Mohammed 등과 같은 단어들을 기억해낼 수 없었기 때문이다. 이 장의 첫 머리에 나왔던 Rooney 부인과 마찬가지로, Skewton 부인은 원하는 단어를 알지만 그 소리를 기억해 내지 못하는 일반적인 현상을 경험한 것이다. 어떤 학자의 언급에 의하면, '의미가 세밀한 부분까지 분명하게 느껴짐에도 불구하고 해당 어형이 떠오르지 않아 짜증이 날 때가 있다는 것은 정상적인 언어경험에 관련된 보편적 사실이다.'15 이 현상은 이름의 경우에 가장 빈번히 발생하며, 사용빈도가 낮은 단어들의 경우에도 발생한다. 그리고 나이가 들어갈수록 점점 더 심해진다.16

'어휘 선택과 음운론적 부호화는 전적으로 서로 다른 과정들인'17 것 같다. 단어를 찾아내는 것은 적어도 두 가지 일을 포함하는데, 추상적인 의미 및 단어의 종류(레마)를 선택하는 것과 여기에 옷을 입히기 위해(단어의 외형) 소리를 찾아내는 것이 그것이다. 거의 모든 학자들이 이러한 이분법에 동의하는데,18 이 이분법의 타당성은 발화오류에서 명백히 드러난다. 두 가지 중 한 가지에만 해당하는 오류가 있는 반면, 두 가지 모두에 해당하는 오류도 있다(2장).

의미:	The *white*(black) sheep of the family.
	가정의 귀염둥이(왕따)
	They've *ended*(started) the third week of their strike.
	그들은 삼 주 째의 파업을 끝냈다(시작했다).
소리:	A *reciprocal*(rhetorical) question.
	상호간의(수사적인) 질문
	The *audience*(ordinance) survey map.

청중(법령) 개관 도표

의미/소리: You're a *destructive*(disruptive) influence.
당신은 파괴적인(분열적인) 영향을 줍니다.
Look at this *badger*(beaver).
이 오소리(비버) 좀 봐.

위에 열거한 오류에서 주요사항들의 명세는 옳게 선택되었다. white (흰)는 black(검은)에 반대되는 색깔이며(8장), reciprocal(상호간의)과 rhetor-ical(수사적인)은 첫 부분, 끝 부분, 그리고 단어의 강약이 동일하다(12장). 그리고 beaver(비버)와 badger(오소리)에서는 주요사항이 의미와 소리의 두 측면에서 들어맞는다.

따라서 이 장에서는 인간이 이 두 가지 과정 ─ 레마 선택과 단어의 외형을 찾는 것 ─ 을 어떻게 수행하는지, 그리고 서로를 어떻게 연결짓는지에 대해 생각해 보기로 한다.19

▌ 디딤돌은 타당하지 않다 ▌

이제 이 장에서 이미 언급한 바 있는 세 가지의 중요한 요인들을 염두에 두면서, 인간이 단어를 선택할 때 그 마음속에서 어떤 일들이 일어날지에 대해 생각해 보기로 하자.

1. 레마가 단어의 외형과 분리되어있을 수 있지만, 의미와 외형 모두를 포함하는 오류가 빈번한 것으로 보아, 이 분리가 절대적인 것은 아니다.
2. 주요사항의 명세는 정확한 반면 세밀한 부분의 명세는 정확하지 않을 수 있다.
3. 다수의 단어들이 서로 선택되기 위해 경쟁한다.

    디딤돌모델, 이보다 조금 더 복잡한 폭포모델, 그리고 끝으로 정교한 전기모델의 세 가지 가능한 시나리오에 대해 차례로 논의하도록 하겠다. 각 모델은 단어의 기본적 구성부분들을 이용하는 방식에 있어서 서로 약간씩 다르다.

    디딤돌모델에서는 화자를 돌 하나씩을 차례로 밟으며 물을 건너는 사람으로 본다. 각 단계는 다음 단계가 시작되기 전에 완료되며, 여러 단계들은 서로 어떤 방식으로도 상호작용하지 않는다.

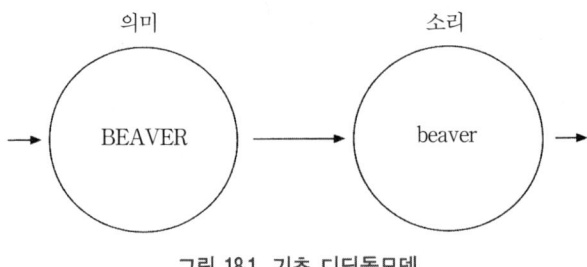

그림 18.1 기초 디딤돌모델

    이 모델에 의하면, 첫 번째 디딤돌에서 예컨대 자그만 야생 동물로서 명사 BEAVER로 알려진 대상의 레마(의미와 단어의 종류)가 선택되며, 여기에는 아직 소리의 옷이 입혀지지 않았다. 두 번째 디딤돌에서는 여기에 단어의 외형(소리) beaver가 걸쳐진다(그림 18.1).

    이 간단한 모델은 분명 좀 더 다듬어져야 할 필요가 있다. 무엇보다도 화자가 다음 단계에 어디로 가야 할지를 디딤돌에 어떤 방식으로든 표시해 주어야 할 것이다. 따라서 뛰어오르는 지점에 다음 부문에서 어디로 가야 할지를 나타내는 이정표가 있어야 할 것이다. BEAVER의 경우에는 b-로 시작하고 -er로 끝나는 두 음절로 된 단어라고 하는 음운론적 '영역 코드'가 있을 것이다(그림 18.2).

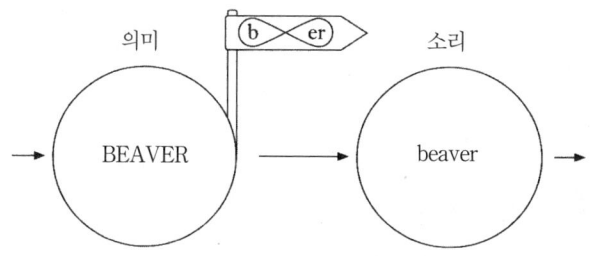

그림 18.2 이정표를 갖춘 디딤돌모델

하지만 이 모델은 더 다듬어져야 할 필요가 있다. 사람들은 (이 장의 앞부분에서 논의하였듯이) 다수의 관련성 있는 단어들을 활성화시키기 때문에, 이정표가 기재항의 가장자리를 기준으로 할 때 광범위한 단어를 허용하다가 목표 단어에 근접해가면서 점차적으로 허용하는 단어의 폭을 좁혀 가야 할 필요가 있다. 의미 영역에서는 OTTER(수달), BEAVER, BADGER, RABBIT(토끼), 그리고 다른 작은 야생 동물들이 초기 단계에서 활성화될 수 있다. 그리고 결국은 BEAVER로 선택이 좁혀진다. 소리 영역에서는 처음에는 주요사항들의 명세가 같은 beaker(비커), beaver(비버), badger(오소리), bearer(소지자), beggar(거지), burglar(강도) 등의 많은 단어들이 고려 대상이 되었다가 나중에 목표 단어가 beaver로 좁혀질 것이다(그림 18.3).

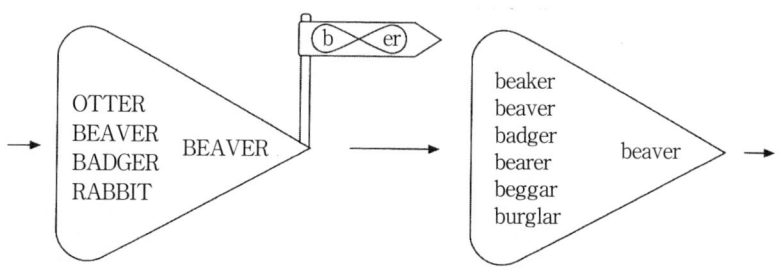

그림 18.3 축소체계를 갖춘 디딤돌모델

이 모델은 의미 영역에서의 선택폭이 좁혀지면서 실수로 옳은 단어가 제거될 수 있다는 가정에 의해 화자가 'beaver' 대신 otter를 말하는 등의 오류를 설명할 수 있다.

이와 유사하게 'beaver'를 말해야 할 때 beaker를 말하는 것은 음운 영역에서의 잘못된 선택에 의한 것으로 볼 수 있을 것이다.

그러나 디딤돌 방식의 설명에는 한 가지 잘못된 점이 있다. 즉, 이 관점은 의미와 소리 모두에서 유사한 단어가 사용되는 오류들을 설명하지 못하는데, 오류의 대부분이 여기에 속할 것이라는 주장을 하는 학자들이 있다.[20] 'beaver' 대신 badger를 사용하는 것이 전형적인 예가 된다. 두 단어 모두 작은 야생 동물이고 둘 중 어느 것도 일반적이지 않으며 둘의 첫 부분과 끝 부분이 동일한 강약 유형을 가지고 있다. 이와 같은 유형에 속하는 다른 오류들이 2장에서 언급된 바 있는데, 추가의 예를 들어보면 다음과 같다.

> Don't contact lenses make your *ears*(eyes) sore?
> 콘텍트렌즈 때문에 귀가(눈이) 충혈 되지 않니?
>
> I found it in the train *component*(compartment).
> 나는 그것을 기차의 부분(객차)에서 찾았다.
>
> There's a *sparrow*(swallow): summer's arrived.
> 참새가(제비가) 있네. 여름이 왔구나.
>
> They picked up the language on trading *vehicles*(vessels).
> 그들은 차량(선박) 매매에 관련된 용어를 사용했다.

디딤돌모델의 관점에서는 이러한 유형의 오류를 흔히 볼 수 있다는 것이 전혀 납득이 되지 않는다. 왜냐하면, 각 단계는 다음 단계가 시작되기 전에 종료되고 완결되기 때문이다. 그러나 이 오류들은 관련성이 있는 단어들이 의미 영역에서 활성화된 후 소리가 선택되는 동안에도 남아 있는

다는 것을 시사한다. 따라서 디딤돌모델은 포기해야 하며, 이러한 현상을
설명할 수 있는 다른 모델을 제안해야 할 필요가 있다.

▌ 폭포는 거꾸로 흐를 수 없다 ▌

잘 다듬어진 디딤돌모델의 몇 가지 특징, 무엇보다도 이정표, 그리고
설정과 가능성들을 점진적으로 축소해 가는 방식을 포함하는 모델이 요구
된다. 하지만 이 모델은 소리를 선택하는 순간 여전히 의미에 대해서도 생
각하는 것을 허용하는 것이어야 한다. 이러한 특성들은 폭포모델에서 찾
아볼 수 있다.[21] 여기에서는 첫 단계에서 활성화되었던 모든 정보들을 다
음 단계에서도 이용할 수 있다. 다시 말해 정보들이 언덕 중턱의 수로를
따라 다음 단계로 폭포처럼 흘러내린다. 이렇게 해서 단어 의미의 선택이
활성화된 다음에 활성화된 의미 모두가 남아 소리를 다룰 때에도 이용될
수 있게 된다. 즉, 의미들은 요구된 단어를 정확히 찾아낼 때까지 계속 이
용될 수 있다(그림 18.4).

따라서 폭포모델에서는 여러 단계들이 서로 중첩된다. 화자는 OTTER,
BEAVER, BADGER, 그리고 RABBIT 중 하나를 최종적으로 선택하기
전에 소리 영역으로 이동한다. 물론 이것은 궁극적으로 요구되는 것 보다
훨씬 많은 요소들이 활성화된다는 것을 의미하는데, 왜냐하면 여러 작은
동물들 이름의 주요 음운론적 사항들이 모두 촉발될 것이기 때문이다. 하
지만 이러한 과잉활성화는 우리가 앞에서 논의했던 증거에 합치한다.

결국 이 모델은 '아래로 흘러가는' 과정에서 이전 단계의 정보들이 계
속 활용될 수 있다는 사실을 잘 포착하고 있다. 뿐만 아니라, 이 모델에
의하면 단어의 선택은 개가 쥐 한 마리를 쫓아가듯 단지 단어 하나의 앞
부분부터 뒷부분까지를 쫓아가는 데 그치는 과정이 아니고, 종종 하나의
단어 위에 쏟아져 내리는 가능성 있는 단어들의 폭포를 조절하고 좁혀 나

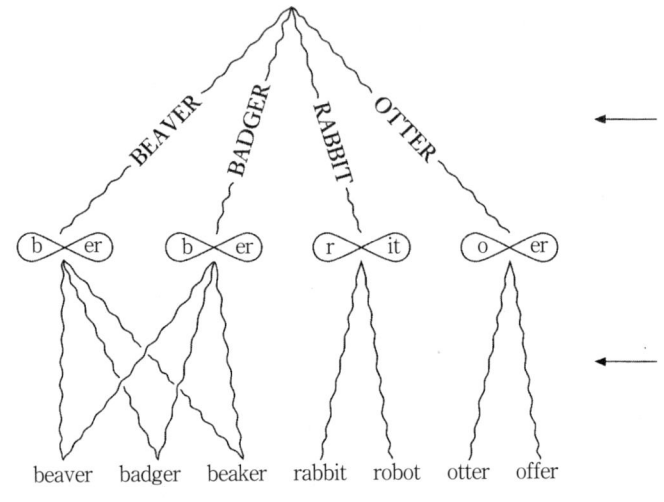

그림 18.4 폭포모델

가는 것이다. 'beaver'를 써야 할 자리에 badger를 쓰는 오류는 주요 음운
론적 사항들이 선택되는 순간에 작은 동물들에 대한 의미 정보가 활용되
었을 것으로 가정함으로써 설명할 수 있다. 주요 사항들을 공유하는 단어
가 두 개 있기 때문에, 이 중 적절하지 않은 것이 우연히 마지막 선택의
대상이 된 것이다.

따라서 폭포모델은 여러 단계들이 중첩되는 방식이 무엇인지를 보여
주고 있기 때문에 크게 진전된 것으로 볼 수 있다. 뿐만 아니라, 이 모델
은 인간이 그토록 많은 별도의 단어들을 활성화하는 이유가 무엇인지에
대한 설명을 제공한다. 이것은 중첩되는 단계들을 인정하는 한 피할 수 없
는 현상이다. 그러나 이 모델은 심각한 결점을 가지고 있다. 폭포는 거꾸
로 흐를 수 없다. 음운적 결정을 명확히 내리기 위해 의미적 증거들이 필
요한 것과 마찬가지로, 의미적 선택을 좁히기 위해 음운적 증거들이 필요
할 수 있는 것이다.

사람들에게 힌트를 주었을 때 어떤 반응이 나오는지를 확인함으로써

정보가 앞뒤로 흐른다는 것을 보여 주는 예를 얻을 수 있다. 만일 당신이 누군가에게 '숲 속에 사는 동물 이름들을 생각해 내 보세요'라고 말한다면, '토끼, 다람쥐, −더 이상 생각이 나지 않는데요.'라는 답이 나올 것이다. 그러나 'b로 시작하는 거'라는 힌트를 주면, badger나 beaver도 생각해 낼 가능성이 충분히 있다. 정상적인 언어사용자나 실어증 환자가 단어를 생각해내지 못할 때 이러한 유형의 실마리 제공이 도움이 된다는 것은 잘 알려진 사실이다.[22] 이 현상을 설명할 수 있는 한 가지 방법은 정보가 양방향으로 흐른다는 가정을 하는 것이다. 의미가 소리를 활성화하는 것과 마찬가지로, 특정 소리들이 화자가 의미를 활성화시키는 데 도움이 될 수 있다. 폭포모델의 입장에서는 동물 이름이 이미 무의식 속에 활성화되어서 음운 영역에 도달하는 정보의 폭포수 속에 들어 있다고 가정해야만 이 현상을 설명할 수 있을 것이다. 이 경우 'B … b … b'라는 힌트가 영역을 badger로 좁히는 데 도움이 될 수 있다. 그러나 이미 활성화되어 있지 않은 동물 이름을 처리할 수는 없을 것이다. 따라서 이제 정보가 앞으로 뿐 아니라 뒤로도 흐르는 것을 허용하는 모델을 살펴보기로 한다.

▌ 상호작용적 전기회로망 ▌

우리가 필요로 하는 모델은 여러 측면에서 폭포모델과 유사하면서도 정보가 앞으로 뿐 아니라 뒤로도 흐르는 것을 허용하는 모델이다. 따라서 복잡한 전기회로에서 여러 지점 사이를 앞뒤로 흘러 다니는 전류를 떠올리게 해 주는 전기가 알맞은 이미지가 될 수 있다.

말을 할 때는 전류가 일반적으로 의미 부문에서 시작하는데, 하나의 의미 영역이 활성화된 후 결과적으로는 예컨대 일군의 야생 동물들까지로 좁혀지게 될 것이다. 최종 선택이 이루어지기 전에 전류가 각 항목의 음운적 '영역 코드'로 흘러가고, 여기에서 많은 단어들이 새롭게 활성화되면 이들의 정보가 다시 의미 영역으로 전달되어 더 많은 단어들을 활성화시킬 것이다. 은유적으로 말해서 활성화된 부위들 간의 연결들 모두가 불타오르기 시작하고, 전류들이 앞뒤로 빠르게 흐를 것이다. 전류가 앞뒤로 흐름에 따라 점점 더 많은 숫자의 관련성 있는 단어들이 흥분상태에 도달한다. 초기의 자극이 부채꼴로 여러 연결망을 따라 퍼져나가면서 점차로 더 많은 단어들을 활성화시키는 것으로 보는 이러한 유형의 모델을 일반적으로 '활성 방사' 혹은 '상호활성화' 이론이라 부른다(그림 18.5).[23]

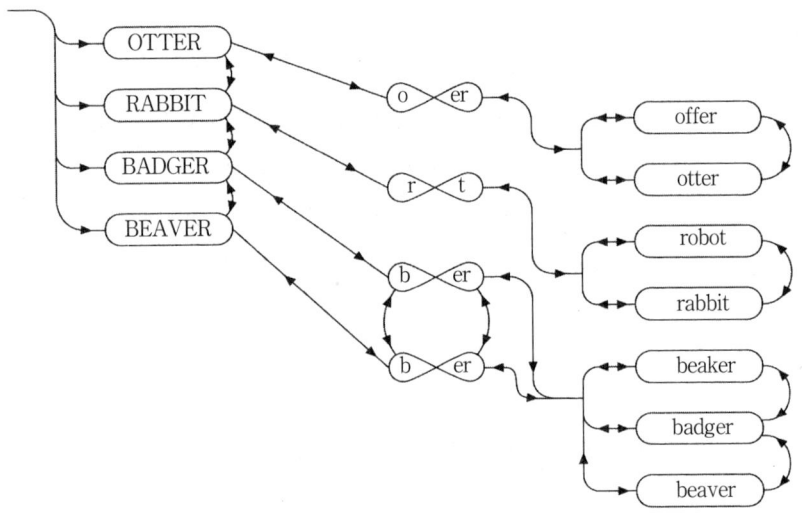

그림 18.5 상호활성화모델

활성화된 연결망들이 점검되면서 관련성이 있는 것들은 점점 더 흥분되어가고 원하는 대상이 아닌 것들은 사라져 간다. 다시 말해 부익부 빈익빈 현상이 나타난다. 동물들로 이루어진 최초의 목록에서 의미적으로 적절하지 못한 것들이 억제되어 사라져 감으로써 목록의 부피가 점차 줄어드는 것은 가능성이 더 커 보이는 후보들에게로 관심이 집중되기 때문이다. 전류가 앞뒤로 흐르기 때문에, 의미 영역에서 매우 강하게 활성화된 것은 모두 음운 영역에서의 추가적인 활성화를 야기하며, 그 역도 성립한다. 음운적 주요사항이 하나의 동물 이상에 대해 들어맞으면 두 동물 모두 의미 영역에서 더 강하게 흥분될 것이다. 이렇게 해서 beaver와 badger 모두 고도로 활성화될 것이다. 만일 화자가 충분한 주의를 기울이지 않는다면 원하지 않은 단어가 선택될 수도 있다.

가능성 있는 후보들을 점진적으로 활성화하고 다른 한편으로 원하지 않는 연결들을 억제하는 두 가지 일은 단 하나의 단어가 승리할 때까지 계속된다. 승리자는 마치 토스터에서 토스트가 구워지자마자 튀어나오는 것처럼 튀어나온다. 이 부분을 어떤 방식으로 모델에 포함시킬 수 있을지는 분명하지 않다. 하지만 하나의 단어가 승리자로 등장하는 어떤 마지막 선택 순간을 설정할 필요는 있다. 전류가 어떤 일정한 수준에 도달해야 할 수도 있고, 단어 하나가 다른 어떤 단어보다도 월등하게 흥분되어야 할 수도 있다. 단어의 다양한 측면에 연관되는 정보들을 수집하는 장치를 고안한 학자들이 있는데, 여기에서는 충분한 정보가 모이는 바로 그 순간 하나의 응답이 촉발되어 장치로부터 단어가 '태어난다.'[24] 단어들마다 태어나기 위해 필요로 하는 활성화의 수준들이 서로 다르다. 매우 자주 사용되는 단어들을 촉발시키는 데는 필요한 것이 상대적으로 거의 없는 반면, 잘 사용되지 않는 단어들을 활성화시키는 것은 힘들다. 비록 세부사항은 다소 명확하지 못한 면이 있지만, 이러한 기제들 중에는 필수 불가결한 것들이 있을 수 있다.

단어를 골랐을 때 정확한 것이 선택되었는지를 확인하기 위한 이중 점검을 위해 하나 더 필요한 것이 '감시 장치'일 것이다. 즉, 사람들은 자신이 잘못된 단어를 발화하는 순간 그것을 감지할 수 있는 경우가 있다.[25]

상호활성화모델은 Freud식 혀미끄러짐을 포함한 모든 유형의 오류들에 대한 설명을 제공할 수 있다. Freud식 혀미끄러짐은 우리가 미리 몰입해 있는 주제가 무의식적으로 활성화되기 때문에 발생하며, 일단 한 가지 주제가 활성화되면 소리와 의미의 측면에서 그 주제와 관련성이 있는 모든 단어들이 흥분된다. 이러한 오류들은 말하려는 단어에 대해 소리상의 연결과 같은 어떤 다른 연결이 존재할 때 발생할 개연성이 가장 높다. 의사의 방문을 비밀로 하려고 애쓰던 어떤 사람이 'I'll give her a prescription (subscription) for a magazine(나는 그녀에게 잡지의 처방(구독권)을 주려고 한다)'이라는 말을 했다는 사실을 보라. 또한 이 모델은 우리가 일반적으로 비단어들을 말하지 않는 이유가 무엇인지를 설명한다. 즉, 비단어들은 존재하지 않기 때문에 흥분될 수 없다.

상호활성화모델의 또 다른 이점은 이 모델이 우리가 뇌에 대하여 알고 있는 사실들에 부합한다는 데 있다. 인간의 뇌에는 수십 억 개의 뉴런들과 이 뉴런들을 서로 연결시켜 주는 훨씬 더 많은 시냅스들이 있는 것으로 알려져 있다. 우리가 논의했던 활성화 전달방식과 거의 흡사한 방식으로 한 영역에서 시냅스들 사이를 왕래하는 흥분 요인은 주변의 뉴런들도 흥분시킬 수 있다. 이 모델은 또한 단어들 사이의 연결이 단어들이 차지하는 고정적인 위치보다 더 중요하다는 것을 시사하는데, 이 점 역시 우리가 인간의 뇌에 대해 알고 있는 바에 합치한다. 즉 뇌는 심장이나 신장의 경우에서처럼 특정 영역을 정확하게 구획 짓는 것이 불가능한 것으로 알려져 있다.

따라서 이제 말을 할 때 단어들이 선택되는 과정에 대한 그럴듯한 이론의 스케치가 완성된 셈이다.[26] 또한 우리는 이를 통해 마음속 어휘집의 여러 부분들이 서로 어떤 방식으로 연결되어있을 것인가에 대한 몇 가지 통찰을 얻었다. 그렇지만 이제 우리는 사람들이 단어를 어떻게 인식하는지, 그리고 그 과정에 대해서도 상호활성화 유형의 모델이 타당성이 있을지를 확인해야 할 필요가 있다.

▌ 요약 ▌

이 장에서 우리는 사람들이 말을 할 때 마음속 어휘집으로부터 단어를 어떻게 산출하는지를 살펴보았다. 이 과정에 대한 어떤 모델이라도 세 가지 중요한 사실을 고려해야 한다. 첫째, 인간은 발화를 설계할 때 필요한 것 보다 훨씬 많은 단어들을 활성화시키는데, 이 단어들이 부적절하게 말에 끼어드는 경우가 있다. 둘째, 비록 의미와 소리의 두 가지 측면에서 동시에 발생하는 오류들이 많이 있음에도 불구하고, 레마(의미와 단어 종류)는 단어 외형(소리)과 분리될 수 있다. 셋째, 단어의 주요 사항들이 정확히 선택되었어도 세부사항들이 잘못 채워질 수 있다.

이어서 우리는 인출 과정에 대한 몇 가지의 생각해 볼 수 있는 모델들을 살펴보았다. 우리는 먼저 디딤돌모델을 선택하여 살펴보았는데, 여기에서는 단어의 소리가 고려되기 전에 단어의 의미가 선택되었다. 단어 선택의 여러 단계들이 서로 연결되어 있으며 부분적으로 동시적인 것으로 밝혀짐에 따라 이 모델은 타당성을 잃었다. 이어서 우리는 폭포모델을 살펴보았는데, 여기에서는 소리가 선택되는 단계에서도 의미에서 얻은 정보를 이용할 수 있었다. 이 모델은 의미와 소리가 서로에게 영향을 미치는 것으로 보인다는 점을 설명할 수 없었다. 결국 우리는 상호활성화모델이 가장 설득력 있는 모델이라는 결론을 내렸다. 단어를 선택하는 과정이 복잡한 전기회로에서 전류의 흐름이 특정 지점들 사이에서 앞뒤로 왕복함으로써 주변의 많은 다른 지점들을 흥분시키는 것과 유사한 것으로 보았다. 연관성이 있는 지점들과 연결들은 점점 흥분의 강도가 강해지는 반면, 무관한 곳들은 억제되어 결국 마지막에는 활성화되었던 많은 다른 단어들에게 승리를 거두는 단어 하나가 남는다.

이제 단어의 인식이 이와 유사한 방식으로 일어나는지에 대해 생각해 볼 필요가 있다. 이 문제가 다음 장의 주제이다.

19 | 조직적 추측
−단어의 인식−

　　그들로부터 얼마간 떨어진 앞쪽에 희한하게 생긴 나지막한 물체가 힘들어 보이고 불쌍하게 지면을 따라 움직이고 있었다 … 너무나도 천천히 움직이는 바람에 오래지 않아 그들은 그 물체를 잡아 낡고 흠집 투성이의 찌그러진 금속으로 만들어졌다는 것을 알 수 있었다. …

　　'이게 뭐지?' Frenchurch가 경계심을 늦추지 않으며 중얼거렸다. …

　　'일종의 오랜 친구야, 라고 Arthur가 말했다. '내가 …'

　　로봇이 '친구!'라고 동정심 섞인 낮고 쉰 소리로 말했다. 단어들이 그의 입에서 떨어져 나온 무슨 딱딱거리는 소리와 먼지 파편들처럼 사라져갔다. '그 단어가 무엇을 뜻하는지를 내가 생각해내려고 애쓰는 동안 실례를 용서해 주셔야만 하겠소. 아시겠지만 내 기억 은행이 예전 같지 않아요. 게다가 수억조 년 동안 사용하지 않은 단어는 모두 보조 기억장치로 옮겨져야 하거든요. 아, 여기 있네.'

　　로봇의 낡은 머리가 생각에 잠긴 찰칵거리는 소리를 냈다.

　　'흠 …' 로봇이 말했다. '아주 기이한 개념이군'

Douglas Adams, So Long and Thanks for All the Fish

　　별 생각이 없는 사람들에게는 단어의 인식이 즉각적이고 단순한 일로 보일 수 있다. 책으로 된 사전에서 각 분절음들을 일일이 대조해 가면서 단어를 찾는 것과 흡사하게 청자가 들은 단어를 마음속에 기록한 후 마음속 어휘집에서 그 단어를 '찾아보는' 것이 아닐까 하는 가정을 우선 해 볼수 있을 것이다. 그러나 면밀히 조사해 보면 이 생각이 상당히 단순하다는 것을 알 수 있다. 즉, 단어의 인식은 일반적으로 생각할 수 있는 것 이상의 기술을 요구하는 복합적인 과정이라는 것이 드러난다.

몇 가지 근본적인 문제들이 있다. 첫째, 일상적인 발화에서 개별 분절음들을 듣는다는 것은 물리적으로 불가능하다. 이렇게 하기에는 발화가 너무 빠르게 진행된다. 초당 20개의 분절음을 듣는다고 보아야 하는데, 뇌는 이 시간에 이 숫자의 절반에 해당하는 음들조차 서로 구분해내지 못한다.1 둘째, 발화 신호에는 '음성적 불변성이 결여되어있는데, 이것이 저해 요인으로 작용한다.'2 소리는 주변 환경에 따라 바뀌며, 때로는 그 변화의 정도가 아주 심하다. 기계로 만들어낸 하나의 동일한 소리가 뒤에 나오는 모음이 무엇인가에 따라 [p], [t], 혹은 [k]로 각각 다르게 해석되었다.3 셋째, 분절음들은 실험실에서조차도 서로 분리될 수 없다. 각 분절음은 아이스크림이 녹듯이 자신의 좌우에 있는 소리들과 섞인다. 모음들은 분리해낼 수 있지만 자음들은 그렇지 않다. '음절 [ba]를 녹음한 테이프를 자음의 끝 부분부터 (좌에서 우로) 잘라나가기 시작하면 언젠가는 모음 [a]만이 남는다. 하지만 모음의 끝 부분부터 (우에서 좌로) 잘라나가면 [b]를 들을 수 있는 지점에 결코 도달할 수 없다. 잘라나갈수록 음절의 길이는 점점 짧아지는데 어느 순간 갑자기 찍찍거리는 소리로 바뀌어버릴 것이다. … 이 소리는 [b]이기는 고사하고 말소리 자체가 아니다.'4 넷째, 사람들의 어조는 저마다 다르다. 끝으로 우리는 시끄러운 세상에 살기 때문에 자동차 경적소리나 다른 사람의 기침소리 등에 의해 단어들 전체가 가려질 수 있다. 그렇다면 이상과 같은 상황에서 사람들이 서로 이해하는 것이 궁극적으로 어떻게 가능한 것일까?

▌추측의 중요성 ▌

단어 인식에 대해서 가장 잘 알려진 사실들 중의 하나는 그 과정의 상당한 부분이 추측이라는 것이다. 사람들은 '가장 적합한 것'을 고름으로써 단어를 인식한다. 즉, 그들에게 들리는 일부분을 그들의 마음속 어휘집에 있는 단어들 중 후보일 가능성이 가장 높아 보이는 것과 대조해보고 남은 부분을 채워 넣는데, 대개 이것을 자각하지 못한다. 한 연구에서는 피험자들에게 사용된 단어들 중 legislature(입법기관)와 같은 주요 단어의 일부분이 기침소리에 의해 가려진 문장들을 들려주었다. 대부분의 피험자들이 이 단어를 정확하게 해석했을 뿐 아니라, 그 중 일부분이 빠져 있었다는 것을 알아채지 못했다. 그리고 기침소리를 들었다는 것은 인정했지만, 문장 내의 어떤 다른 위치에서 들었다고 생각했다.5

추측이 자동적으로 활용된다는 것은 몇 가지 다른 실험에서도 확인되었다. 한 실험에서는 다음의 문장들에서 마지막 단어들이 분명하게 들리지 않도록 하였다.

> Paint the fence and the ?ate. 담장과 ?을 페인트로 칠해라
> Check the calendar and the ?ate. 달력과 ?를 확인해라
> Here's the fishing gear and the ?ate. 여기 낚시 도구와 ?가 있다.

피험자들은 첫 번째 문장에서는 gate(문)를, 두 번째 문장에서는 date(날짜)를, 그리고 세 번째 문장에서는 bait(미끼)를 들었다고 답했다.6 다른 실험에서는 기계로 [k]와 [g] 중간음 정도에 해당하는 소리를 만들었다. 피험자들은 이 소리를 -iss[Is] 앞에서는 [k]로 해석하여 kiss를 구성했지만, -ift[Ift] 앞에서는 [g]로 해석하여 gift를 구성했다.7

또한 맥락이 제거되고 청자가 추측을 하는 데 도움을 받을 수 있는 것이 아무것도 없게 되면 결과가 아주 기이하게 나오는 경우가 많이 있다.

네 명의 사람에게 다소 비현실적인 말이라고 할 수 있는 'In mud eels are, in clay none are'라는 말을 들려주었더니, 다음과 같은 매우 상이한 말들을 들었다는 판단을 각각 내렸다.8

> In muddies sare in clay nanar.
> In my deals are in clainanar.
> In my ders en clain.
> In model sar in claynanar.

추측이 이렇게 중요한 것이라면, 추측이 어떤 방식으로 일어나는 것일까?

▌ 음파의 분류 ▌

인간은 단어 인식의 과정에서 두 개의 상이하면서도 서로 관련된 문제에 직면한다. 즉, 연속되는 발화를 단어들로 나누는 한편, 각 단어들의 정체를 확인해야 한다. 이 두 가지 과제는 병렬적으로 수행되는데, 두 번째 과제보다 첫 번째 과제가 더 효율적으로 수행되는 것으로 보인다. '청취오류'(전달된 말을 잘못 듣는 경우)의 예들을 수집한 자료의 85퍼센트가 'carcinoma(암)'를 Barcelona(바르셀로나)로, 'sinful(죄 많은)'을 simple(단순한)로 인식한 경우에서처럼 하나의 단어만을 대상으로 하는 것이었다.9

청자가 음파를 어떻게 분석하는가에 대해서는 상대적으로 일치되는 의견이 거의 없지만, 음파의 분석이 단어인식의 출발점이라는 것은 명백하다. 어떤 학자들은 음성신호들이 단편적으로 결합되는 즉시 마음속 어휘집에 있는 항목들과 직접 대조된다는 주장을 했다.10 그러나 대부분의 학자들은 음파로부터 골라낸 정보들을 음소나11 음절의12 연결로 변환하는 중간 단계가 있고, 이 단계를 거쳐 비로소 단어에 맞추어진다는 제안을 했다.

여러 가지 관점들이 존재하는 이유는 단순한 것일 수도 있다. 즉, 인간이 음파를 분석하는 데 사용하는 단일한 방식이라는 것이 존재하지 않을 수 있다. 다른 것에 비해 더 일반적인 절차들이 있을 수 있고, 이 절차들이 사용되는 빈도가 언어에 따라 달라질 수 있다.[13] 또한 발화의 유형에 따라 요구되는 기술들이 달라질 수 있다. 즉, 예컨대 말씨가 분명한 TV뉴스 앵커와 시끄러운 파티에 참석한 외국인이 하는 말을 다루기 위해 필요한 전략은 다소 다를 수 있다.

이와 같은 불확실성에도 불구하고 몇 가지 주요 사실들이 확인되었다. 영어 단어들을 서로 구분하는 데는 강약이 출발점이 될 수 있다. 'BE ALERT! YOUR COUNTRY NEEDS LERTS!라는 말은 오래된 농담이지만 효과를 발휘한다(alert를 a+lért로 분석하는 데서 오는 효과(lert: 비단어)). 자동차 범퍼에 붙은 스티커, 신사복 옷깃의 배지, 화장실 벽, 심지어 열쇠고리에서조차 이 표현을 볼 수 있다.'[14] 이 농담이 효과를 발휘하는 이유는 영어 단어들 사이의 경계가 어디에 있을 것인가에 대한 언어 사용자들의 예측에 맞아떨어지기 때문이다.[15] 청자들은 강음절과 약음절이 번갈아 가면서 반복될 것이라고 예측하며(12장), 다음과 같은 청취 오류에 나타나듯이 단어가 강세를 받는 음절로 시작할 것이라고 예측한다.[16]

> butter knife, 버터 자르는 칼(실제로는 'by tonight' 오늘밤까지)
> the skies, 스키(disguise, 가장하다)
> The parade was a eagle. 그 행렬은 독수리였다.
> (The parade was illegal, 그 행렬은 불법이었다).

이러한 사실은 실험에 의해서도 확인된다. 피험자들에게 기이한 문장을 희미하게 들려주면 단어들이 강세를 받는 음절에서 시작하게 되도록 단어 간의 경계를 설정하는 경향을 보인다.[17]

> Some expect a blizzard. 세찬 눈보라를 예상하는 사람들이 있다.

(실제로는 'Sons expect enlistment', 아들들은 입대를 기대한다)
Angels pin their needles. 천사들이 자기 바늘들을 꽂는다.
(Angels pinned beneath it. 천사들이 그 아래에 바늘을 꽂았다)
A duck descends some pill. *오리 한 마리가 알약 몇 개를 내려간다.
(Conduct ascends uphill. 경영이 좋아지고 있다).

강세가 주는 실마리들을 보완하는 것이 음성학적 실마리들이다.[18] 예를 들어, [p], [t], 그리고 [k]는 단어의 첫머리에서 흔히 강한 기식음으로 발음된다(발음할 때 훅 하고 나오는 숨결이 동반됨). 그리고 직전의 단어가 이미 인식된 경우 (다음) 단어의 첫 부분이 어디인지가 명백해질 수 있다.

단어의 내부에서는 자음들보다 모음들이 더 수월하게 인식된다.[19] 강세를 받는 모음은 듣기가 특별히 용이하며, 'hockey(아이스하키)'를 coffee(커피)로, 'tolerable(참을 수 있는)'를 horrible(무서운)로 알아듣는 경우에서처럼 청취오류에서 바뀌지 않고 그대로 남는 경향이 있다.[20] 다른 모음들보다 변이형이 덜 발생하는 모음들이 있는데, 특히 [i], [u], 그리고 [a]의 경우가 이에 해당한다. 이 모음들 중 하나가 나오면 구심점을 이루어 이 구심점 주변으로 단어의 나머지 부분이 구성될 수 있다.[21] 자음들은 보통 '자연부류' 중 하나에 속하게 된다. 예를 들어, [s]는 비록 shin에서처럼 [ʃ]와는 혼동될 수 있는 소리지만, [b]와는 상당히 다른 소리이다.[22] 이 요인들이 모두 주요사항들의 틀을 제시할 수 있다.

결국 전반적으로 음성신호는 청자가 토대로 삼아야 하는 개략적인 발판을 제공할 뿐이며, 그 중 어떤 한 부분이라도 한 번의 큰 재채기에 의해 가려졌을 수 있기 때문에 이 발판에는 믿고 의존할 수 있는 부분이 없다. 마음속 어휘집에는 이 개략적인 틀에 맞는 서로 다른 단어들이 많이 있을 것이다. 인간이 단지 가능성 있어 보이는 단어들을 무작위로 점검하면서 이리저리 배회할 것이라는 생각은 적절하지 못해 보인다. 여러 가능성들의 폭을 좁혀 가는 데 사용하는 어떤 원칙에 입각한 방식이 있어야 한다.

따라서 이 일이 어떻게 이루어질 것인가에 대해 생각해 보기로 하자.

▮ '하나씩 차례로' 이론 ▮

단어 대조에 대한 이론에는 두 가지의 주요 유형이 있는데 '하나씩'의 접근과 '경마' 접근이 그것이다. 사람들이 가능성이 있어 보이는 단어들을 하나씩 차례로 점검하는 것으로 보는 이른바 '직렬적' 발화 인식 모델을 제시하는 학자들이 있다. 이와 달리 모든 후보들이 마치 함께 경주하고 있는 말들의 양상을 취하며 동시에 고려된다고 보는 '병렬적' 처리의 입장을 취하는 학자들이 있다. 이 두 가지 아이디어를 결합해야 한다는 제안을 한 학자들도 있다. 이 문제에 대해 좀더 생각해 보자.

하나씩 차례로의 이론들은 통상적으로 사용되는 단어들을 마음속 어휘집에서 찾아내기가 더 쉽다는 한 가지 사실에 입각한다. 대부분의 사람들이 panther(퓨마)나 cheetah(치타)보다 cat(고양이)를 더 빨리 찾아내며 pelvis(골반 뼈)나 spleen(비장(신체 장기의 이름－역주))보다 nose(코)를 더 빨리 찾아내는데, 그 이유는 단지 후자를 더 자주 사용한다는 데 있다. 이것은 우리의 일상적인 경험에 합치하며, 심리언어학자들에 의해서도 거듭 확인되어져왔다. 즉, 통상적인 단어들은 통상적이지 않은 단어들보다 더 빨리 인식되는데, 이것이 처음 밝혀진 것은 4반세기 이상 전의 일이다.[23] 통상적인 단어라는 것이 단지 더 일찍 습득되어서 기억에 깊이 배어든 것인 경우들이 있다. 그러나 '기억 속에 깊이 배어든'이라는 말이 마음속 어휘집과 관련하여 뜻하는 것은 무엇인가? 통상적 단어들은 이른바 단어 더미의 꼭대기에 저장되어서, 파묻혀 버리거나 닳아 없어지지 않는가? 바로 이러한 제안을 한 심리학자들이 있었다. 단어들이 소리체계 내에서 더미나 '자루' 속에 조직되어있어서, 이 자루들 속에서 가장 사용빈도가 높은 단어들은 상층부에 저장되는 것일 수 있다.[24]

    마음속 어휘집이 이러한 방식으로 조직되어 있을 것으로 보는 사람들
은 우리가 어떤 소리에 상응하는 단어를 찾을 때는 우선 연관성이 있는
자루로 가서 그 자루의 상층부에서 하층부로 체계적인 검색을 하며 맞아
떨어지는 단어가 있는지를 확인한다는 제안을 한다. 이러한 유형의 모델
들 중 가장 잘 알려진 모델에 의하면,25 자루는 단어의 앞부분을 토대로
하기 때문에, 예를 들어 찾는 단어가 hamper(방해물)라고 할 때 이 단어에
도달하기 전에 통상적인 단어인 hammer(망치)나 hanger(옷걸이)를 먼저
통과하게 된다. 우연히 잘못된 단어가 선택되면 실수가 발견되는 즉시 자
루 속에서 다른 것으로 대체되어야 하며, 검색이 다시 계속될 것이다.

    또 다른 직렬 모델에서는 어휘집에 빈도가 높은 단어들을 위한 별도의
구역을 둔다. 이 견해에 의하면 이 단어들은 한번은 접근이 용이한 저장고
에, 또 한번은 정상적인 위치에 저장됨으로써 두 번 저장되는데,26 이것은
마치 우리가 자주 용이하게 찾아볼 수 있도록 포켓판 요약 사전을 책상
위에 놓고 제 크기의 큰 사전은 방 다른 쪽의 서가에 두는 것과 같다. 따
라서 우리가 단어를 들으면 통상적으로 사용되는 쉽게 접근할 수 있는 단
어들을 먼저 점검하고, 여기에서 해당 단어를 찾을 수 없는 경우 전체 마
음속 어휘집으로 옮겨가게 될 것이다. 이러한 '이중 저장' 가설은 무엇보다
도 어휘판단에서 빈도가 높은 단어가 빈도가 높은 다른 단어들과 같이 등
장할 경우에 빈도가 중간 정도이거나 낮은 정도의 단어들과 같이 등장하
는 경우에서보다 더 빨리 인식된다는 사실을 설명하기 위해 제안되었다.
학자들은 하나의 동일한 단어에 접근하는 시간에 이러한 차이가 나타나는
것은 청자가 상대적으로 작은 숫자의 빈도가 높은 단어들이 저장된 저장
고만을 신속히 통과하면 되기 때문이라고 보았다. 반면 인식해야 하는 단
어가 빈도가 중간 이하인 단어들과 함께 있는 경우 접근하는 데 걸리는
시간이 길어지는 것은 청자가 해당 단어를 전체 어휘집상의 정상적인 위
치에서 찾아내야 하기 때문이다.

    결국 단어빈도효과는 여러 학자들이 직렬적 모델을 지지하는 주요 이

유가 된다. 이 학자들은 빈도가 높은 단어들이 더 빠르게 처리된다는 사실
은 이들이 먼저 점검되고 나머지가 나중에 점검된다는 것을 의미할 수밖
에 없다고 주장한다. 그러나 빈도효과는 다른 방식으로도 설명될 수 있으
며 병렬처리모델에서도 나타날 수 있다. 후보에 속하는 많은 어휘항목들
이 동시에 관찰 대상이 되지만, 마치 우리가 새장의 문을 열었을 때 다른
새들보다 빨리 횃대에서 날아오르는 새들이 있는 것처럼 빈도가 높은 단
어들의 활성화가 더 빨리 일어날 수 있다. 아니면 단어빈도효과는 저장된
표상상의 추가 강도에 기인하는 것일 수도 있다.27 말하자면 빈도가 높은
단어들은 우리의 마음속에서 더 강한 색깔을 가지고 있을 수 있다. 더구나
우리가 단어를 인식하는 속도는 병렬적 접근이 일어난다고 하지 않고서는
설명할 수 없을 정도로 빠르다. 뿐만 아니라, 우리가 몇 개의 단어들을 동
시에 생각한다는 것을 보여주는 풍부한 증거가 있다. 여기에 대해 살펴보
기로 하자.

▌ 다중의미 ▌

'들어봐, 우리가 그곳으로 나가자마자 바람이 일어났어(blew up) …'
'그리고 집이 날아갔지(blew up). 그리고 당신 순양정이 폭발했고(blew up).
그리고 Hutchmeyer 부인이 발끈 화를 냈고(blwe up) 이 Piper씨는 …'
Hutchmeyer가 과장스럽게 떠벌렸다(blew up).

Tom Sharpe의 소설 The Great Pursuit에 나오는 이 글이 재미난 효
과를 내는 것은 blow up의 여러 가지 서로 다른 의미 때문이다. 사람들이
이러한 다중의미를 어떻게 다루는지를 연구함으로써 단어 인식에 대한 유
익한 통찰들을 얻을 수 있다. 중요한 질문은 인간이 단지 마음속에 떠오르
는 첫 번째의 적절한 의미를 선택하는가, 아니면 발화 산출에서처럼 실제

로 사용하는 것 보다 더 많은 선택 가능성들을 고려하는가이다.

심리학자들은 둘 이상의 적절한 의미가 있을 경우 피험자들이 흔히 인지하지 못하면서 이들 모두를 활성화시킨다는 사실을 오래 전부터 알고 있었다. 한 실험에서는 피험자들에게 완결되지 않은 문장들을 가능한 한 최대한 빨리 완성하라는 요구를 하였는데, 이 문장들 중 일부는 중의적인 단어들을 포함하고 있었다.28

> After taking the *right*(=‘옳은’ 혹은 ‘오른쪽의’) turn at the intersection I …
> 교차로에서 올바르게/오른쪽으로 꺾은 다음에 나는 …
> After taking the *left* turn at the intersection I …
> 교차로에서 왼쪽으로 꺾은 다음에 나는 …

피험자들이 중의적인 문장들을 보충하기 시작할 때까지 걸린 시간이 더 길었으며, 피험자들은 이 문장들을 다룰 때 더 더듬거나 반복하기도 하고 비문법적인 문장을 산출하는 경향을 보이기도 했다. 이 현상은 피험자들이 중의성이 있었는지 몰랐다고 주장한 경우에서도 발생했다.

다른 실험에서는 피험자들에게 이어폰을 끼도록 하고 오른쪽 귀에 들려주는 문장에 주의를 기울인 다음 그 문장을 같은 뜻을 가지는 다른 표현으로 바꾸어 말하도록 요구했다.29 이 문장에는 다음과 같은 중의적인 것들이 섞여 있었다.

> The spy *put out*(‘끄다’ 혹은 ‘내보이다’) the torch as our signal to attack.
> 스파이는 공격 신호로 횃불을 껐다(내보였다).

주의를 기울이지 않는 다른 쪽 귀에는 이 중의성을 해소하는 데 필요한 정보가 들어있는 문장을 들려주었다.

The spy *extinguished* the torch in the window.
스파이는 창문의 횃불을 껐다.

The spy *displayed* the torch in the window.
스파이는 창문에 횃불을 내보였다.

피험자들은 주의를 기울여 들은 문장을 주의를 기울이지 않은 문장에 상응하는 의미로 해석하였는데, 주의를 기울이지 않은 문장을 들었다는 것을 의식하지 못한 경우도 마찬가지였다. 즉, 피험자들은 그들이 어떤 이유에서 put out의 한 가지 특별한 의미를 선택하였는지에 대해 알지 못했다(그림 19.1). 이미 언급했듯이, 이것은 사람들이 그들이 실제로 인지하는 것 보다 더 많은 의미들을 무의식적으로 고려한다는 것을 보여준다.

그림 19.1 무의식적 처리

음소추적실험에서 이와 유사한 결론이 도출되었다. 'B로 시작하는 단어가 나오면 단추를 누르시오'[30]라는 요청을 받은 피험자들은 'The seamen started to drill('구멍을 파다' 혹은 '구명선 훈련을 하다') before they were ordered to(선원들은 명령을 받기 전에 구멍을 파기/구명선 훈련을 하기 시작했다)'

에서처럼 요청된 음소가 나오기 직전의 단어가 중의적인 경우 이 음소를 추적하는 속도가 느려졌다. 다시 말하지만, 이 현상은 중의성을 인지하지 못했다고 주장한 피험자들에게도 나타났다.

이상의 실험들을 근거로 내릴 수 있는 전반적인 결론은 하나의 소리 연속체가 비슷한 정도로 잘 어울리는 두 개의 의미를 가질 때, 비록 그 과정이 인지되지는 못하지만 두 의미가 모두 활성화된 후 그 중 하나가 선택된다는 것이다. 그러나 청자가 직면한 중의적인 단어가 가지는 두 개의 의미 중 하나가 다른 하나보다 맥락에 비추어 훨씬 부적절하다고 해 보자. 이때는 어떤 일이 일어날까?

'Aloysius was stuck in the jam for three hours(Aloysius는 세 시간 동안 jam에 빠져 꼼짝하지 못했다)'와 같은 문장을 보자. Aloysius는 차들이 빽빽이 늘어선 교통체증 속에 갇혀있었던 것일까, 아니면 과일이 함유된 설탕 조림 안에 있었던 것일까? 그리고 이 두 가지 중 하나를 고르는 결정은 어떻게 할 수 있을까? 짧은 시간 동안 두 가지 의미를 모두 고려한 후 가장 적절한 것을 고를 수도 있고, 과일 설탕 조림에 들어있는 상황보다 교통정체에 갇혀있는 상황의 사실성이 매우 높기 때문에 처음부터 교통에 관련된 의미만을 떠올릴 수도 있다. 이 경우 과일 잼은 화자가 다음과 같이 말을 이어감으로써 힌트가 제공되는 경우에 한해 고려 대상이 될 것이다. '그의 신발 바닥에 끈적거리는 지저분한 것이 들러붙었어.' 이렇게 되면 청자가 '잘못된 길로' 이끌렸었다는 것을 알아차리고, 다시 뒤로 돌아가 처음에 했던 교통 체증이라는 잘못된 해석을 포기하게 될 것이다. 이상의 시나리오들 중 어떤 것이 가장 사실에 가까울까?

이 질문에 대한 답을 알아내고자 한 정교한 실험이 있었다.[31] 사람들에게 다음과 같은 문장들을 듣도록 하였다.

For years the government building had been plagued with problems. The man was not surprised when he found several spiders, roaches and other bugs in the corner of his room.

　수년간 정부 건물을 괴롭혀온 문제들이 있었다. 그 사람은 자기 방의 구석에서 몇 마리의 거미, 바퀴벌레, 그리고 다른 bugs를 발견했을 때 놀라지 않았다.

　이것을 듣는 동안 피험자들은 어휘판단과제를 수행해야 했다. 즉, 위와 같은 맥락에서는 중의적이지 않지만 중의적일 수 있는 가능성을 가진 bugs가 나온 바로 직후에 스크린에 세 개의 문자가 반짝 하고 나오면 피험자들은 '이것이 단어입니까?'라는 질문을 받았다. 피험자들은 어휘판단의 대상이 되는 단어와 의미적인 연관성이 있는 단어가 제시된 문장에 포함되어 있었으면 이 과제를 더 빨리 수행했다. 따라서 피험자들이 bugs를 들은 직후에는 SEW(바느질하다)에 대한 반응에 걸린 시간보다 ANT(개미)에 대한 반응에 걸린 시간이 짧았다. 하지만 추가로 발견된 것이 있었다. 피험자들은 bugs가 곤충과 관련되어 있는 것이 분명한 위의 문장을 들은 직후에 SPY(스파이)에 대해서도 ANT에 대해서처럼 빨리 답변했다(그림 19.2).

그림 19.2 무관한 의미들의 활성화

　이러한 결과는 피험자들이 동음이의어가 가지는 두 가지 의미들 중하나가 부적절한 경우라 할지라도 두 가지 의미 모두를 짧은 시간 동안 활성화시킨다는 것을 보여 준다. 이 추가의 의미는 매우 짧은 시간 동안, 아마 1초도 되지 않는 시간 동안만 접근 가능하다. 만일 어휘판단과제가 중의적인 단어에서 두 세 음절 지난 다음에 수행되도록 하면 '점화' 효과는 사라졌는데, 이것은 우리의 마음이 추가의 단어를 매우 신속하게 제거하기 때문에 이 단어가 계속 남아서 주변을 떠돌아다니지 않는다는 것을 의미한다.

물론 정부와 관계되는 어떤 일도 bug이 가지는 첩보원의 의미를 끌어낼 수밖에 없었을 것이라는 주장을 할 수도 있다. 그러나 이 실험의 결과를 이렇게 쉽게 해석하고 넘겨버릴 수 없는 이유는 많은 다른 연구들이 관련성 없는 의미들도 같이 활성화된다는 결과를 얻었다는 데 있다.[32] 한 실험에서는 rose라는 단어가 꽃이라는 의미(장미)와 '일어서다'라는 의미 모두를 활성화시켰다. 피험자들은 'They bought a rose(그들은 장미 한 송이를 샀다)' 혹은 'They all rose(그들 모두가 일어섰다)'를 들은 후 어휘판단과제를 수행하도록 요청받았는데, 두 경우 공통적으로 FLOWER(꽃)에 대해서 '그렇다(단어이다)'라는 대답을 한 속도가 STOOD(서 있었다)에 대해서만큼 빨랐다.[33] 어휘판단과제에서 발견된 또 하나의 효과는 사람들이 몇 가지 의미를 가진 단어들에 대해 빨리 반응한다는 것인데, 이것은 명백히 단어의 빈도와는 상관이 없는 효과이다.[34]

이러한 여러 가지 실험들에서 축적된 결과들은 청자들이 맥락이 강력하게 한쪽 방향으로 편향된 경우에조차도 중의적인 단어가 가지는 두 가지 이상의 의미를 1초보다 짧은 시간 동안 동시에 활성화시킨다는 것을 보여준다.

따라서 인간은 적어도 중의적인 단어들에 대해서는 병렬적으로 생각하는 능력이 있다. 그러나 다음에서 개관하겠지만 이것이 모든 단어에 대한 일반적인 행동일 수도 있다.

▌ 단어들의 군대 ▌

'그건 그렇고, 아기는 어떻게 됐어?' 고양이가 말했다.
'하마터면 물어보는 것을 잊을 뻔했네.'
'pig(돼지)로 변했어요,' Alice가 대답했다 …
'"pig(돼지)"라고 한 거야, "fig(무화과)"라고 한 거야?' 고양이가 말했다.

체셔 고양이가 아기에게 무슨 일이 있었는지에 대한 Alice의 대답을 알아듣지 못했을 때, 이 고양이는 마음속으로 pig와 fig 두 개를 고려하면서 해명을 요구한 것이다. 최근의 연구결과들은 이와 같은 과정이 표준적이라는 것을 입증하고 있다. 인간은 실제로 선택하는 것보다 훨씬 많은 어휘항목들을 자동적으로 고려 대상으로 삼는다.

단어 인식의 속도가 증거의 중요한 요소이다. 인간은 단어를 1초도 안되는 시간 안에 인식하는데, 때로는 단어를 끝까지 듣기도 전에 인식을 끝낸다(1장).35 반응시간이 이렇게 짧다는 것은 청자가 선택될 준비가 된 몇 개의 가능한 후보들을 떠올렸다는 생각을 그럴듯한 것으로 만든다.

'captain-captive' 실험이 두 개 이상의 단어가 활성화된다는 것을 입증해 준다.36 피험자들에게 captain(선장)이나 captive(포로)를 들려주고, 이 cap- 단어들 중 하나와 의미적으로 연관성이 있는 문자로 된 단어에 대해 어휘판단을 하도록 요구한다. 예컨대 captain에 대해서는 BOAT(배)를, captive에 대해서는 GUARD(지키다)를 보여주고 어휘판단을 하도록 하는 것이다. capt- 까지 들려준 시점에서 단어가 나타나면 피험자들은 BOAT 와 GUARD 모두에 대해 신속하게 반응했는데, 이것은 captain과 captive 모두 활성화되었다는 것을 뜻한다. 하지만 분리점(capt-)이 지난 후에 단어가 나타났을 때는 피험자들이 의미적으로 연관성이 있는 단어에 대해서만 '그렇다(단어이다)'라는 반응을 빨리 했다. 그리고 많은 다른 단어쌍들을 이용해 이러한 결과를 뒷받침하는 증거를 얻었다.

많은 단어들이 활성화된다는 것을 보여주는 추가의 증거는 차단하기 과제가 제공한다. 단어의 앞부분 일부를 통과시켜 들려준 후 나머지 부분을 '문'에 의해 차단하는데, 통과시키는 부분을 점차적으로 조금씩 늘여간다(2장). 들린 단어가 무엇인지를 물어보면, 언어사용자는 단어의 앞부분 조금만을 들려준 초기 단계에서 이미 광범위한 추측을 한다.37

따라서 언어사용자들은 발화를 인식할 때 들리는 것과 배리되지 않는 어떤 단어라도 마음속 스크린에 불러내며, 이용이 가능한 모든 통사적, 의미적 증거들을 토대로 가능성들을 줄여나간다. 상황에 관련시킬 수 있는 정보가 많을수록 결정이 빨라질 수 있다. 이상하고 수용하기 곤란한 맥락 속의 단어들보다 정상적인 맥락 속의 단어들이 더 빨리 인식된다. 단어의 어떤 한 부분이라도 들리면 작업이 바로 시작된다.

단어 전체로 이루어진 군대가 단어의 첫 부분이 시작될 때마다 고려 대상으로서의 행진을 시작하는 것으로 보인다. 이 군대가 대부분 단어의 앞부분을 토대로 한다는 제안을 한 학자들이 있다.38 청자는 sta- 라는 소리 연속체를 듣는 즉시 마음속 어휘집에서 sta-로 시작하는 모든 단어에 접근한다. 이 단어들의 집합을 '단어-첫머리 코호트(cohort, 보병대)'라고 부른다. 코호트는 원래 로마군의 한 병과였는데, 최근의 한 사전의 정의에 의하면 '병사들과 그 보조원들의 집단'을 두루 칭하는 말이다. 따라서 stab, stack, stag, stagger, stagnate, stalactite, stalagmite, stamina, stammer, stamp, stampede, stance, stand, standoffish, static … 등등의 단어들이 밀집한 상태로 열을 지어 선택될 준비를 갖추고 있는 모습을 은유적으로 상상해야 할 것이다(비록 예시의 편의를 위해 이 단어들을 알파벳순으로 나열하였지만, 이 단어들이 코호트에서도 이와 같은 순서를 가진다는 제안은 없다.)

단어-첫머리 코호트는 이제 그 범위를 좁힌다. 다음과 같은 문장을 들었다고 가정해 보자.

John was trying to get some bottles down from the top shelf. To reach them he had to sta …

　　John은 꼭대기의 선반에서 병 몇 개를 집어 내리려하고 있었다. 거기에 손이 닿도록 하기 위해 그는 sta … 가 필요했다.

　　sta … 바로 앞에 나온 단어들은 청자로 하여금 선택 후보들을 stab(찌르다), stack(쌓아 올리다), stagger(휘청거리다), stagnate(흐르지 않다), stammer(말을 더듬다), stamp(짓밟다), stampede(일제히 도망치다), stand(서다) … 등의 동사로 제한시켜, 가능성의 범위가 줄어들 수 있도록 할 것이다. '병들을 집어 내리는 John'이라고 하는 바로 앞 문장의 주제는 이제 선택 범위를 stack이나 stand로 좁힐 것이다. 이렇게 해서 두 개의 가능성을 마음속에 가지게 된 청자는 [n]이 들리자마자 재빨리 stack을 거부하고 stand를 선택할 수 있을 것이다(그림 19.3).

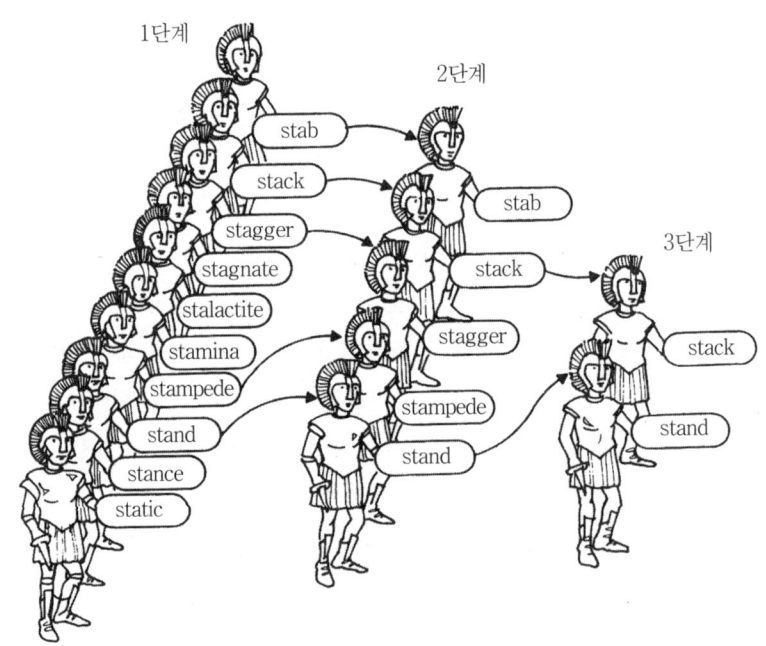

그림 19.3 코호트 모델

코호트 모델은 단어 인식에 대한 몇 가지 중요한 사실들을 담고 있는데, 첫째, 필요한 단어보다 훨씬 많은 숫자의 단어들이 활성화된다는 사실과 둘째, 언어사용자가 결정을 내리기 위해 모든 종류의 정보들을 이용한다는 사실, 그리고 셋째, 언어사용자들이 이러한 결정을 신속히 내리는데, 종종 단어가 발화되고 있는 도중에 이미 결정에 도달하기도 한다는 사실이 그것이다.

그러나 단어의 앞부분에 변형되지 않은 음성 신호가 있을 것을 요구했던 가장 초기의 코호트 모델에는 적어도 몇 가지 단점이 있다. 이 모델은 이 장의 앞부분에서 논의했던 ?ate(gate, bait, date)의 상황처럼 첫 소리가 분명치 않은 경우를 다룰 수 없다. 만일 잘못된 결정을 내리게 된다면 엉뚱한 코호트가 활성화될 것이다.

따라서 보다 최근의 코호트 모델은 더 유연한 형태의 조직을 가지는 방향으로 변화하였다.[39] 하지만 일단 코호트 모델이 고정성이 떨어지고 유연성이 증가하는 방향으로 바뀌게 되면 상호활성화모델과의 유사성이 증가하기 시작한다. 여기에 대해 살펴보자.

┃ 뇌 전기회로 모델 ┃

인간의 뇌에서처럼 전류가 앞뒤로 흐르는(18장) 전기회로는 상호활성화모델을 가늠해 볼 수 있는 최적의 도구가 될 수 있다.[40] 개별 분절음이 새로운 가능성들을 촉발시킴에 따라 활성화가 단어에서 단어로 퍼져나간다. 청자는 몇 개 안 되는 분절음을 듣자마자 후보가 될 수 있는 것들을 활성화시키기 시작한다. 어떤 소리라도 일단 정체가 확인되면 즉각 유사한 소리가 엇비슷한 위치에 들어있는 모든 단어들과 연결선들을 형성할 것이다.

이어서 각 후보가 가능성 있는 의미들과 연결된다. 소리가 의미에 영향을 미치는 것과 마찬가지로 의미가 소리의 범위를 줄이는 데 영향을 미친다. 더 많은 정보가 추가되어가면서, 증폭되는 단어들이 생기는 반면 사라지는 단어들도 생길 것이다. bracelet(팔찌)과 같은 단어를 보자. 이 단어가 처음에 blace … 로 들렸다고 가정해 보자. 우선은 blame(… 탓으로 돌리다)이나 blade((칼의) 날)와 같은 단어들이 bracelet보다 높은 수준으로 활성화되겠지만, 이 단어들이 단어 전체로는 일치하지 못하게 됨에 따라 결국은 bracelet이 더 적합한 단어로 판명되고 나머지 단어들은 억제될 것이다. 단어의 정체에 대한 추측은 한편으로는 들리는 부분이 늘어남에 따라, 다른 한편으로는 맥락에서 제공되는 내용들을 통합되어 감에 따라 지속적으로 갱신된다(그림 19.4).

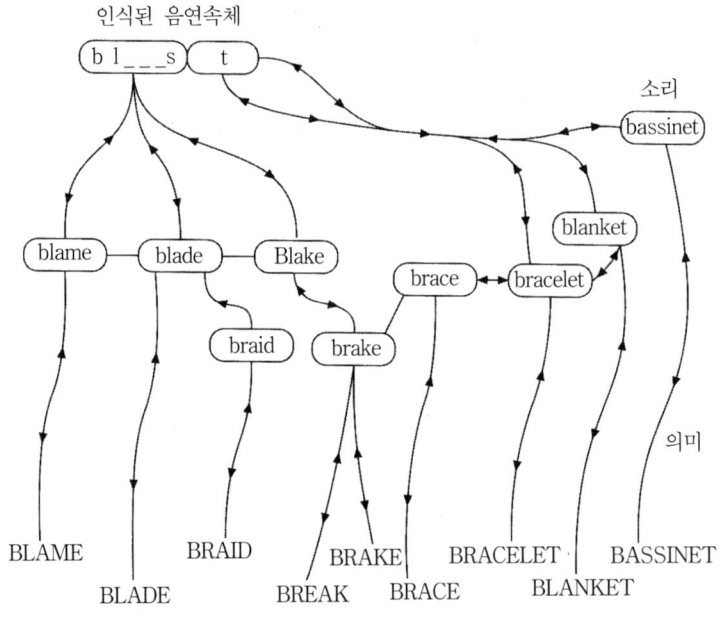

그림 19.4 활성화 전파 모델

단어의 산출에서와 마찬가지로 부익부 빈익빈 현상이 발생한다. 맞아

떨어질 가능성이 농후한 단어들은 최종적으로 하나의 단어가 튀어나올 때까지 점차 더 흥분되어가며, 원치 않는 단어들은 점진적으로 억제되어간다. 산출과 인식 사이의 주된 차이는 인식의 과정이 의미가 아닌 소리에서 시작한다는 것이다.

이러한 상호활성화모델은 단어 내의 어느 위치에서도, 심지어 앞부분에서도 불명확한 음성정보를 처리할 수 있다. 어느 시점에서도 새로운 후보들이 고려의 대상이 될 수 있을 뿐 아니라, 청자가 자신의 견해를 바꾸는 것도 허용된다.

이 모델이 단어가 인식되는 방식에 대한 합리적인 견해에 해당한다는 관점을 공유하는 학자들이 늘어나고 있다. 그러나 아직 부족한 몇 가지 세부사항들이 있다. 상호활성화모델들은 내부의 연소 엔진이 모델에 따라 상당히 달라질 수 있다는 점에서 아주 많은 변이형들을 허용한다.41 그리고 방금 기술한 모델은 여러 측면에서 다소 불분명하다. 그냥 모든 것이 자신에게 약간이라도 연결되어 있는 다른 모든 것을 점화시킨다는 말뿐이다. 흥분상태가 된 모든 단어들이 통제되는 방식에 대해 더 밝혀야 할 필요가 있는데, 특히 웅성거리며 상호작용하는 솜털들이 너무 많아서 극단적인 상호활성화모델을 지지하는 사람들은 '마음속 어휘집' 같은 말끔하게 정돈된 것의 필요성을 의심했을 정도이기 때문이다. 필요한 것이라고는 상호작용하는 소리들과 단어 조각들이 전부인지도 모른다. 이 문제 중 일부에 대해 생각해 보자.

▌ 점수판의 필요성 ▌

언제 확고한 결정에 도달되었는지를 명확히 규정하는 기제가 가장 주된 필요사항이다. 단어의 선택을 위해서는 개별 단어에 관련된 정보를 수집하는 장치가 필요한데(18장) 인식을 위해서도 이와 유사한 기제가 필요하다. 각 단어가 '튀어나오는' 수준은 상이한 유형의 정보들의 평균값을 냄으로써 결정될 수 있다. 음성적 정보의 상당수는 다소 적은 양의 의미적 정보를 포함하고 있을 수 있으며, 그 역도 성립한다.[42] 아니면 여러 후보들의 상대적 확률을 추적하는 '점수판'이 필요할 수 있다. 매 순간 모든 어휘 항목에 대해 지각 증거, 무게 증가의 빈도, 그리고 맥락 증거의 세 가지 요인[43]의 상대적 확률 순위를 할당해 주는 어떤 장치가 있을 것이라고 생각할 수 있다(그림 19.5).

그러나 해명되어야 할 측면들이 또 있다. 산출에서와 마찬가지로 유사한 단어들이 서로를 활성화시킬 뿐 아니라, 서로를 '차단'할 수도 있다. bought와 같이 고도로 활성화된 단어는 brought와 같은 가까운 이웃을 억제할 수 있다. 활성화와 억제의 관계는 아직 분명하지 않으며, 특히 인접의 밀집도와 사용 빈도를 고려해야 한다는 점에서 그렇다.[44]

	I 단계 개연성 순위				II 단계 개연성 순위		
	(확률 순위)						
BLAME	1	2	2		–	–	–
BLADE	2	3	1		–	–	–
BREAK	3	1	4		–	–	–
BRACE	4	4	3		–	–	–
BRACELET	–	–	–		1	2	1
BLANKET	–	–	–		2	1	2
	지각증거	빈도확률	맥락		P	F	C

그림 19.5 점수판 시스템의 한 가지 예

인식의 지연이 또 하나의 문제이다. 지금까지 논의된 모델들은 모든 단어들이 적어도 끝 부분에 도달되면 인식된다는 가정을 하고 있다. 그러나 이것은 비현실적이다. 짧은 단어들은 한 두 단어가 더 지나간 다음에 그 정체가 확인되는 경우가 흔하다. 이러한 단어들의 끝 부분은 다음 단어에 도달한 다음에야 표시되는 것일 수 있다. bun이라는 연속체는 bun(효모가 들어있는 작은 롤빵), bundle(꾸러미), bunny(토끼의 애칭), bunch(다발) 등과 같은 여러 단어로 끝날 수 있다. 잠정적 결정을 내릴 수는 있겠지만 확실한 정체 확인은 나중에 이루어지는 경우가 흔하다.45 심지어 화자가 자신의 마음을 완전히 바꾸어버리는 경우도 있을 수 있다.

끝으로 지금까지 논의된 모델들은 대부분 사람의 마음속 어휘집에 고정된 숫자의 인식 가능한 단어들이 있다는 가정을 한다. fishling(고기잡이를 배우는 사람)(15장)과 같은 신조어나 verandah table sprays(베란다 탁자 물뿌리개)와 같은 합성어를 용인하지 않는 것이다.46

이러한 단점들은 상호활성화모델이 아직 완벽하지 않다는 것을 시사한다. 그러나 주요사항들이 무엇인지는 분명하다.47 인간은 단어 인식의 과정에서 다수의 단어를 활성화시키며, 인간의 마음은 대량의 병렬 처리를 수행할 능력을 가지고 있다. 앞으로의 핵심적 과제는 단어들이 어떻게 활성화되는지에 대해서 뿐 아니라, 원하지 않은 단어들이 어떻게 억제되는지, 그리고 새로 만들어진 단어들이 어떻게 편입될 수 있는지에 대해 규명하는 것이다.

∥ 요약 ∥

이 장에서는 단어의 인식에 대해 살펴보았다. 단어의 소리를 마음에 완벽하게 기록하는 것이 불가능하기 때문에, 빈 곳을 메우기 위해 청자는 여러 가지 정보에 토대를 두는 추측에 의존할 수밖에 없다.

발화 산출에서와 마찬가지로 언어사용자는 궁극적으로 선택하는 단어들 보다 훨씬 많은 단어들을 고려의 대상에 포함시킨다. 상당수의 단어들이 활성화되며, 이어서 필요 없는 단어들은 점진적으로 억제된다. 단어 산출을 설명하기 위해 제안되었던 것과 동일한 유형의 상호활성화모델이 단어 인식에도 적용된다. 다만 상당수의 세부사항들이 아직 불분명하다.

다음 장에서는 마음속 어휘집의 여러 부분들이 서로 어떤 관계하에서 조직되어 있을지에 대해 논의하고자 한다.

이상한 조직, 기묘한 해결책

— 마음속 어휘집의 조직 —

> 만일 신이 자신과 똑같은 지혜와 힘을 가진 아름다운 기계를 설계했다면, 분명 일반적인 다른 목적에 쓰려고 만든 부분들을 끌어 모아 사용하지 않았을 것이다. 난초는 이상적인 기술자에 의해 만들어지지 않았으며, 이용할 수 있는 한정된 부분들을 모아 임시로 급조되었다 … 이상한 조직과 기묘한 해결책들이 진화가 일어났다는 증거가 되는데, 이것은 분별력 있는 신은 결코 밟지 않았을 길이지만, 역사의 제약을 받는 저 자연적 과정은 따라갈 수밖에 없었던 길이었다.
>
> Stephen Jay Gould, *The Panda's Thumb*

마음속 어휘집은 능률적으로 잘 설계된 장치인가? 아니면, 위의 인용문에 나오는 난초처럼 진화의 과정에서 이것저것이 볼품 없이 꿰매어진 잡탕인가? 이것은 우리가 지금까지의 논의를 통해 얻어낸 결론들을 서로 꿰어 맞추어야 할 시점에서 제기할 필요가 있는 질문이다.

어떤 생물학자에 의하면, 자연은 뛰어난 땜장이이지 신의 경지에 이른 장인이 아니다.1 생존하는 유기체를 구성하고 있는 여러 부분들은 새로운 목적에 맞게 수정되어 가며, 여기에서 타협이 필수적이다. 인간의 입과 목구멍은 먹기, 말하기, 숨쉬기에는 상당히 유익하지만, 이 중 어떤 한 가지에 대해서도 이상적이지 않다. 날카로운 이빨이 먹기에는 더 낫겠지만, 말소리의 산출에는 방해가 될 것이다. 우리가 가지고 있는 유선형의 목구멍은 말을 하는 데는 유익하지만 우리를 숨막히게 할 수가 있는데, (호흡) 기관이 따로 분리되지 못하기 때문이다. 언어는 진화를 통해 얻어진 잡동사니이다. '언어는 거대한 도시처럼 자라났다. 방과 방 … 집과 집 … 거리와 거리 … 그리고 이 모든 것들이 하나의 상자 속에 서로 뒤범벅 되어있었다.'2 마음속 어휘집은 언어의 한 부분이다. 그렇다면 여기에도 이상한 조직들, 그리고 기묘한 해결책들의 집합체가 존재할 것인가?

▌ 뒤범벅 ▌

우리는 단어가 동전과 비슷해서 한쪽 면에는 의미와 단어의 범주가, 다른 한쪽 면에는 소리가 기록되어 있다고 보았다. 동전의 양쪽 면 사이의 연결이 깨지기 쉽다는 사실은 마음속 어휘집이 진화에 의해 탄생한 잡동사니라는 것을 입증하는 한 가지 증거이다. '뇌의 절반인데, 거기에 맞는 이름을 생각해낼 수가 없다'라는 말을 한 어떤 교수가 보여주고 있듯이, 이 연결은 쉽게 깨진다(18장). 나중에 이 교수는 cerebral hemisphere(뇌반구)라는 말을 기억해 냈다.

소리와 의미 사이에는 어떤 본질적인 연관성이 없다. splash(텀벙), bow-wow(멍멍), quack-quack(꽥꽥)과 같은 소수의 의성어를 제외하면, 소리와 의미 사이의 연결은 임의적이다. 그리고 이러한 의성어마저 언어에 따라 달라진다. 프랑스 오리는 cancan이라는 소리를, 덴마크 오리는 rap-rap이라는 소리를 낸다. 때때로 어떤 소리 연속체와 특정의 의미 사이에 개별 언어에 고유한 연관성들이 만들어질 수 있다.3 예를 들어 어떤 신문기사에 의하면, bump(충돌하다), clump(쿵쿵거리며 걷다), dump(털썩 내려놓다), hump(둥글게 불거지다), lump(꿈뜨게 움직이다), slump(쿵 하고 떨어지다) 그리고

thump(쾅 하고 때리기)에 들어있는 -ump는 '서투름이나 어설픈 충격이라
는 느낌을 불러일으킨다.'4 그리고 작가 George Orwell은 plumb(낚시 추),
plunge(가라앉히다), 그리고 plummet(낚시 추)에 들어 있는 'plum-이나 plun-
이라는 소리는 끝없는 심연과 관계가 있다'고 주장했다.5 그러나 이러한
연결은 그리 중요하지 않으며 가변적이다.

　'언어에는 사람들이 다른 소리들보다 어떤 의미와 더 잘 어울리는 것
으로 확실하게 판단하는 소리들이 있다는 점에서, '소리 상징주의의 끈, 보
편적인 것으로 볼 수 있는 끈'6이 존재하는 것으로 보인다.

　한 유명한 실험에서는 독일인 피험자들에게 선으로 이루어진 두 개의
그림을 보여주었는데, 그림 중 하나는 곡선들로 되어 있었고 다른 하나는
여러 개의 못과 각으로 되어 있었다.7 그리고 이 피험자들에게 이 그림에
적용될 takete와 maluma라는 이름을 들려준 후, 이 이름들이 각각 어떤
그림에 더 잘 어울리는지를 물어보았다. 압도적인 숫자의 피험자들이 곡
선으로 이루어진 그림에 maluma라는 이름을, 그리고 못 그림에 takete라
는 이름을 붙였으며, 이러한 발견은 미국과8 Tanganyka에서도9 반복되었
다. 그러나 이러한 결과에도 불구하고, [t]나 [k]를 못과 연결시키거나 [m]
과 [l]을 곡선과 연결시키는 자연언어는 존재하지 않는다. 따라서 이러한
소리 상징주의의 가느다란 끈은 강제적으로 비단어들 중 하나를 선택해야
하는 차원에서는 존재하는 것으로 보이지만, 실제적인 언어사용에서는 대
개 사라진다.10

　따라서 단어의 소리는 자신에게 해당하는 의미와 범주로부터 손쉽게
떨어져 나오는 것으로 보인다. 왜 이래야 할까? 각 단어가 두 가지 성분
모두를 요청함에도 불구하고 시간이 흐르면서 의미와 소리가 서로 결속되
는 현상이 일어나지 않는 이유는 무엇일까? 한 가지 가능성은 의미론과
단어의 범주를 다루는 구성부분은 산출에 편리하게 조직되어 있는 반면
음운론은 주로 신속한 인식에 편리하게 조직되어있기 때문에, 의미와 소
리가 본질적으로 분리될 수 있다고 보는 것이다. 이 아이디어에 대해 더

살펴보기로 하자.

단어의 레마(의미와 범주)는 의미 장 속에 조직되어있는 것으로 보이며, 이 장 안에서는 lion(사자)과 tiger(호랑이) 혹은 knife(나이프), fork(포크), spoon(스푼)과 같이 동일한 범주에 속하는 등위어들 사이에 강력한 끈이 존재한다(8장). 이것은 발화의 산출에 유익한 조직방식이다. 즉, 화자는 특정의 주제 영역으로부터 사용이 가능한, 서로 긴밀하게 연결되어 있는 몇 개의 단어들을 서로 비교해 가면서 수월하게 단어를 선택할 수 있다. '서로 긴밀하게 연결되어 있는'이라는 말은 말 그대로 '서로 위치가 가까운'이라는 뜻보다는 '직접적이고 강력한 연결을 가지고 있는'이라는 뜻에 더 가깝다. 따라서 단어의 의미 측면은 일차적으로 발화의 구상에 도움이 되는 방식으로 조직되어 있는 것으로 보인다.

이와 달리 단어의 형태(소리구조)는 referee(심판원)와 'refugee(도망자)', reciprocal(상호간의)과 'rhetorical(수사학의)'처럼 소리가 비슷한 단어들끼리 밀접하게 연결되는 방식으로 조직되어 있는데, 이것은 단어의 인식에 유익하다. 청자는 후보들을 서로 비교하여 들었던 것에 가장 가까운 것을 찾을 수 있다. 이러한 조직은 발화의 산출에는 매우 불편한데, 발화 산출에는 각 단어의 소리가 그와 비슷한 소리를 가진 이웃들로부터 멀리 떨어져 있는 것이 더 바람직할 것이다. 그랬더라면, 우연히 'masticate(씹다)' 대신 masturbate(자위하다)라고 말해버리는 당혹스러운 경험을 할 사람은 아무도 없을 것이다. 실은 이 오류는 아주 흔한 오류이다. 'I always masturbate my food properly(나는 항상 음식을 필요한 만큼 자위한다)'라는 말은 자신이 결코 소화불량에 걸리지 않았던 이유가 무엇이었는지를 설명하던 사람이 했던 말이다.

따라서 동전의 레마 측면은 산출에 알맞게 조직되는 반면, 단어의 형태는 인식에 더 좋게 되어 있다.11 이러한 관찰로부터 단어의 형태는 본질적으로 그 소리의 특성을 반영한 청각적 이미지로 저장된다는 결론이 도출된다. 그리고 이러한 생각을 지지하는 증거가 두 가지 더 있다.

첫째, 언어습득에서 아이들은—그리고 어른들도—어휘를 능동적으로 사용할 수 있게 되기 전에 수동적으로 늘려간다. 아이들이 자기가 아주 잘 알고 있는 단어를 어떻게 발음해야 할지를 발견하게 되기까지는 수개월이 걸릴 수 있다(12장).

둘째, moggy barsh(boggy marsh, 수렁 저습지), reap of hubbish(heap of rubbish, 쓰레기 더미), leak wink(weak link, 약한 연결)와 같은 오류들은 단어들이 발음 가능한 형태로 변환되어야 한다는 것을 시사한다. '검사-복사(scan-copying)'의 기제가 작동할 수도 있다. 화자는 마음속의 표상을 검사하여 이것을 조음이 가능한 형태로 바꾸어 복사하고, 이 형태가 다루어지는 순간에 개별 분절음들을 점검한다.12 경우에 따라서는 이 기제가 잘못 작동하여 소리를 엉뚱한 단어에 복사하기도 한다.

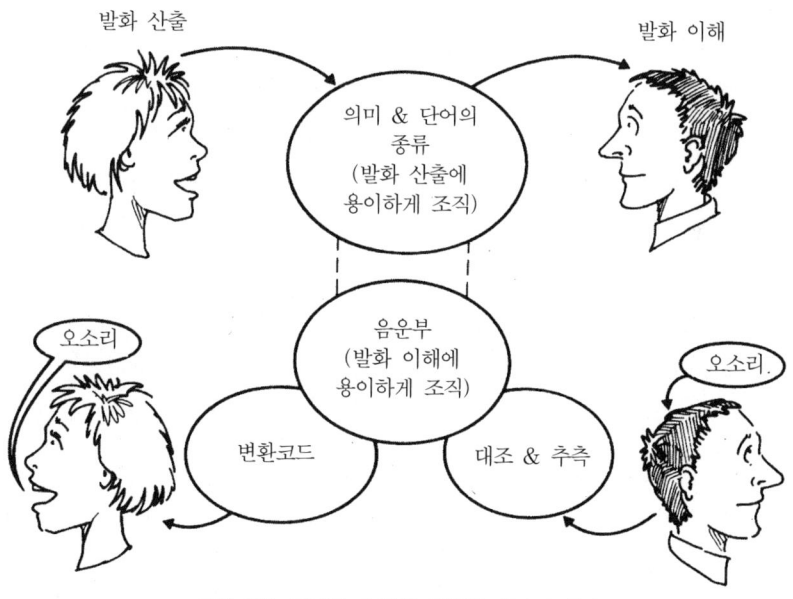

그림 20.1 의미와 소리의 연결은 깨지기 쉽다

따라서 어휘집은 소리구조의 측면에서 본질적으로 청각적 용어로 저장되어 있으며, 산출에는 청각적 표상을 발음 가능한 연속체로 변환시키는 복합적인 과정이 요구된다. 이에 반해 인식에는 '대조와 추측'의 활동이 요구되는데, 여기에서는 음파에 들어 있는 신호들을 들었던 것과 유사한 내적 표상에 일치시킨다(그림 20.1).

따라서 마음속 어휘집은 산출이라는 요구와 이해라는 요구 사이에서 실현 가능한 타협안을 찾아낸 혼합적 체계인 것으로 보인다. 각 경우에 우선적으로 필요한 구성부분이 무엇인지를 반영하는 방향으로 조직이 갖추어졌다. 산출은 의미와 통사로 시작하기 때문에, 의미와 통사는 산출에 적합하게 조직되어 있다. 인식은 소리에서 시작하기 때문에, 소리는 인식에 적합하게 조직되어 있다. 각 구성부분이 이렇게 서로 다르게 조직되어 있다는 것은 생각이 단어로 옮겨지지 않았으며 소리를 듣고 이해하는 것이 생존에 가장 중요한 요인이 아니었던 진화의 아주 오래 전 단계로부터 이어져 내려온 잔존물일 수 있다. 지금은 의미와 소리 모두가 동시에 요구되지만, 둘 사이의 연결은 상대적으로 빈약하며 깨지기도 한다.

그러나 마음속 어휘집을 단지 인식과 산출의 줄다리기 사이에 끼여 있는 것으로 보는 것은 지나친 단순화일지도 모른다. 마음속 어휘집이 기억의 필요성을 반영하는 방향으로 더욱 수정되었다는 것을 보여주는 징후들이 있다. 즉, 각 구성부분 내에서 신속한 인출을 지원하는 방향으로 뿐 아니라, 단어의 기억이 쉬워지는 방향으로 구조가 수정되었을 수 있다. 예를 들어, 단어를 범주 속에, 그리고 등위어들의 묶음 속에 소속시키는 것은 적어도 부분적으로는 기억이 수많은 단어들을 다룰 수 있으려면 보다 구조화된 체계가 필요하기 때문에 일어나는 일일 수 있다.

따라서 마음속 어휘집은 산출, 인식, 그리고 기억의 필요성 모두를 부분적으로 만족시켜 주는 누더기와도 같은 타협안이다. 하지만 더 자세히 조사해보면 마음속 어휘집이 이보다 더 엉망진창인 것을 알 수 있는데, 그 이유는 마음속 어휘집이 인지와 언어에 나타나는 다른 여러 측면들과 중첩되는 방식에 있다. 이제 여기에 대해 생각해 보자.

▌ 개략적인 지도 ▌

대략 마음속 어휘집은 두 개의 주요 구성부분으로 이루어져 있다고 볼 수 있는데, 의미적-통사적 구성부분과 음운적 구성부분이 그것이다. 아마도 이 구성성분들을 지도에 나타나 있는 도시(town)로 보아야 할 것 같다. 첫째, Semtown은 의미와 단어의 범주에 대한 규정들(레마)을 가지고 있고, 둘째, Phontown은 소리(단어의 형태)를 가지고 있다. 이 둘은 가각 새로운 단어의 창조를 다루는 Novtown에 연결되어 있다(그림 20.2).

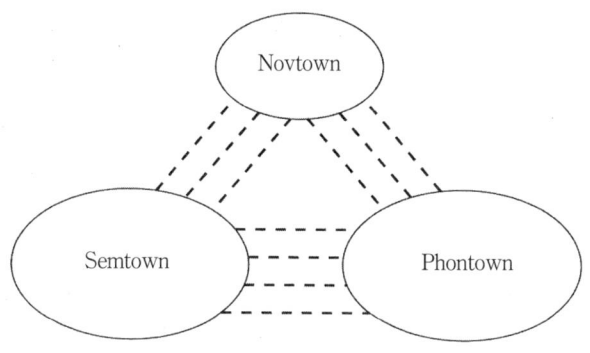

그림 20.2 마음속 어휘집의 여러 구성부분

지도의 유추를 계속 이용해 보자면, 각 도시의 지면에는 작은 부분만 나와 있고 대부분이 지하로 들어가 거대한 네트워크를 이루고 있다. 지면 위에 나와 있는 부분들에는 주요 주소들이 표기되어있는데, Semtown에는 여러 가지 의미 장들이, Phontown에는 여러 가지 '영역 코드들'이 표기되어 있다. 이 부분들이 지하 네트워크로 들어가는 입구가 된다. 이렇게 해서 마치 토끼 굴속으로 내려가는 Alice처럼 점점 더 깊이 내려가 결국 원하는 상세한 정보를 찾아내게 된다. 지하 터널 여행을 오래 할수록 더 많은 것들을 인출할 수 있다. 터널들 중에는 잘 만들어져 있고 불이 밝게 켜져 있는 것들도 있고, 최근에 새로 만들어진 것들도 있다.

그러나 지하 터널은 아래를 향해서 뿐 아니라 옆으로도 뻗어나가서 다른 '도시들'로부터 나온 터널들과 연결된다. Semtown의 터널은 사람들의 일반적인 인지 능력에서 나온 터널과 만나 방대한 분량의 일반지식과 기억이 서로 연결될 수 있도록 해 준다. 터널들이 서로 만나기 때문에, Semtown에서 시작하는 터널이 일반 기억 쪽에서 시작하는 터널과 같은 터널일 수 있다. 따라서 단어의 '의미'가 끝나고 일반 지식이 시작되는 지점이 어디인지를 확인하는 것이 불가능하다. Semtown에서 나온 다른 터널들은 언어의 통사와 연결되는데, 특히 동사가 일반 통사규칙들과 뒤섞인다. 그리고 각 영역은 단어가 형태소로 쪼개지는 방식이 어떠한지를 보여주는 '보조' 저장고에 연결되어있는데, 이것에 의해 새로운 단어를 만드는 과정들이 들어있는 어휘 도구상자에 다시 연결된다(그림 20.3과 20.4).

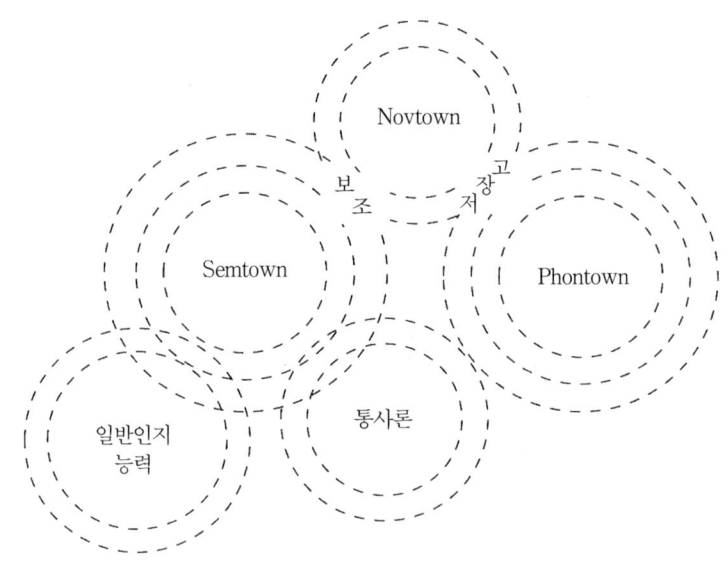

그림 20.3 구성부분들 간의 연결에 대한 '공중 식' 관점

마음속 어휘집에서 단어를 찾는 일은 길을 따라 이와 같이 복잡한 네

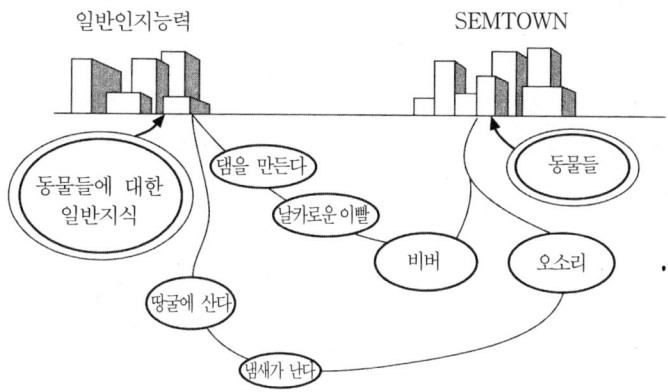

그림 20.4 Semtown의 몇 가지 연결로 본 '지하 식' 관점

트워크를 통과해 가는 것으로 상상해볼 수 있는데, 네트워크의 연결들 중
에는 다른 네트워크 연결보다 더 강한 것들이 있다. 누구나 아는 일반적인
표현을 이용하면, 사람들이 자주 지나다녀 길이 매끄러워져 있으면 빨리
여행하는 것이 쉬운 일이다. 하지만 가끔씩만 사용되는 단어들의 경우에
는 길이 좁고 어둡다. 이 도중에도 새로운 터널들이 지속적으로 생겨나고
있다. 더구나 단어 자체는 궁극적으로 유한한 꾸러미로 간주될 수 있는 것
이 아니다. 각각의 단어가 너무나 많은 다른 단어들, 그리고 일반적인 기
억 정보와 연결되어있기 때문에, 이러한 연결들 모두가 어떤 의미에서는
우리가 '단어'라고 부르는 대상의 한 부분을 이루게 된다.

'도시'와 '터널'의 유추는 연결의 다차원적 속성을 강조하고 있다는 점
에서 유익하다. 또한 이 유추는 실제의 도시에서와 마찬가지로 하나의 도
시가 끝나고 다른 도시가 시작되는 지점이 어디인지를 정확하게 지적하는
것이 어렵다는 것을 시사한다. 즉, 도시를 외곽의 경계에 의해 식별하는
것보다는 도심에 의해 식별하는 것이 더 쉽다. 그러나 이 유추의 결함은
건물들과 터널들이 정확히 찾을 수 있는 위치에 있는 고정된 구조라는 것
을 시사하고 있다는 데 있다. 이것은 오도의 소지가 있는데, 사실 여러 가

지 정보의 정확한 위치보다는 각 연결의 질이 더 중요하기 때문이다. 이러한 상황은 병원의 생명유지 장치와 어느 정도 유사하다. 즉, 중요한 것은 피와 산소를 환자에게 공급하는 펌프와 튜브의 효율성이며, 튜브가 이어져있는 장비들이 정확히 어떤 위치에 있느냐는 본질적으로 중요성하지 않다.

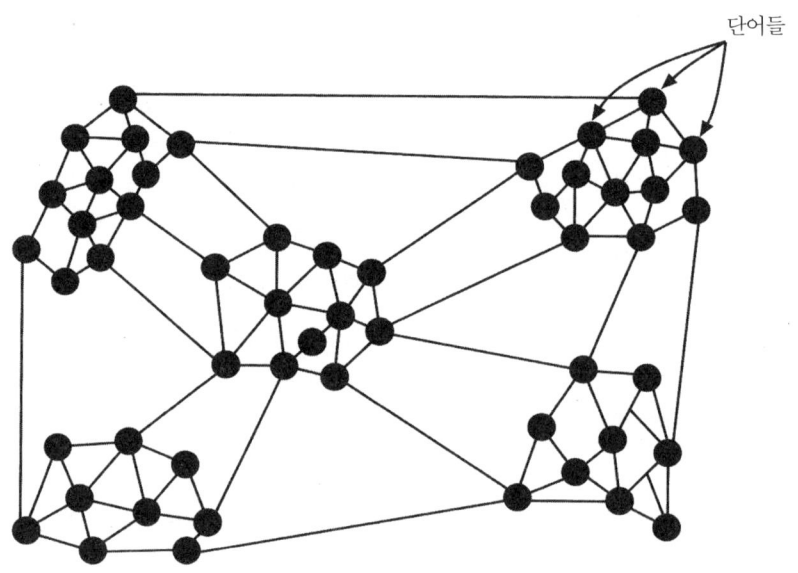

단어들

그림 20.5 단어들의 집단

따라서 이 '어휘 도시들' 사이의 연결을 보는 한 가지 다른 방식은 고정된 건축물보다는 거주민들에게 초점을 맞추는 방식이다. 실생활의 도시에는 서로 알고 지내면서 상당히 자주 접촉하는 사람들의 집단인 '사회적 네트워크'가 예외 없이 있기 마련이다.13 이러한 네트워크가 동일한 집단의 사람들이 거주하고, 일하고, 같이 어울린다는 의미에서 조밀하고 복합적인 경우들이 있다. 그러나 아무리 조밀한 네트워크라 할지라도, 구성원들 중에는 이 특별한 사회적 집단 외부와의 연결들을 가진 사람들이 있을 수 있다. 다만 이러한 외부와의 연결은 내부의 연결들처럼 밀접하지 않을 것이다. 이 유추를 마음속 어휘집에 적용할 수 있다. 각각의 '어휘의 도시' 는 서로 강하게 결속되어 있는 단어들로 이루어진 단어 집단으로 되어 있을 것이며, 각 집단은, 비록 집단 내부에서보다는 약한 정도로이겠지만, 다른 집단들과 연결되어 있을 것이다. 또한, 서로 다른 도시에 속해있는 개체들 사이에 보다 더 약한 연결들이 존재할 것이다. 사회적 결속에서와 마찬가지로 이 연결들은 계속 변화해갈 것이다. 어휘의 네트워크와 사람들의 네트워크 사이의 가장 중요한 차이점은 단어들 사이의 연결이 어떤 개인이 맺을 수 있는 사회적 연결보다도 훨씬 더 많을 가능성이 높다는 것이다(그림 20.5).

▌ 덤벨라의 기본 명세서 ▌

이제 우리가 초반부에서 거론했던(3장) 덤벨라로 되돌아가자. 우리의 전반적인 목표는 덤벨라의 프로그램을 짜는 데 필요한 주요사항들의 명세서를 제공함으로써, 단어 저장고에 관한 한 덤벨라가 인간과 똑같이 행동하도록 만드는 것이었다. 이 작업의 전반적인 구조는 그림 20.3에 예시되었다. 하지만 오로지 로봇 제조업자들이 이 책의 중요한 요점들을 이해했다는 점을 분명히 해 두고자 하는 의도에서, 필요한 사항들의 목록을 단위, 구조, 처리, 신조어의 네 부분으로 나누어 요약해 보기로 하자.

<단위>

1. **단어** 어휘집에는 단어가 덩어리째로 들어있어야 한다.

2. **의미 vs. 소리** 이러한 단어 덩어리는 양쪽 면이 서로 떨어질 수 있는 동전으로 간주될 수 있어야 한다. 그 한쪽 면에는 의미와 단어 범주가, 다른 한쪽 면에는 소리 구조가 있다.

3. **단어의 분석** 단어 동전의 각 면은 분석될 수 있어야 하며, 분석에 의해 판별되는 특징들은 각 단어가 다른 단어들에 연결되어 있는 방식의 토대를 이루어야 한다.

4. **분석의 유형** 단어는 의미, 범주, 소리, 그리고 형태구조의 측면에서 분석될 수 있어야 한다.

<구조>

5. **단원적 조직** 어휘집은 두 가지의 주요 구성성분 혹은 단원으로 이루어져있어야 하는데, 레마(의미와 범주)가 들어있는 의미-통사 단원과 단어 형태(소리)가 들어있는 음성 음운 단원이 그것이다. 이 구성부분들은 새로운 단어를 만들어내는 과정들이 들어있는 세 번째의 부수적 구성부분 '어휘 도구상자'에 연결되어 있어야 한다. 이러한 연결은 단어가 형태소로 쪼개지는 방식들을 나타내주는 보조 정보 저장고를 매개로 하여 이루어져야 한다.

6. **단원들의 중첩** 단원들 사이에는 확고한 경계가 없어야 하며, 단원들은 서로 중첩되고, 통사론과 일반 인지 능력에 관련되는 인접 단원들과도 중첩되어야 한다.

7. **네트워크** 각 단원은 복합적인 네트워크여야 하는데, 내부의 항목들끼리는 상대적으로 밀접하게 연결되어 있고, 내부 항목들과 단원 외부의 항목들과는 다소 약하게 연결되어 있어야 한다. 각 단원 내에는 조밀하고 복합적인 소규모 네트워크가 있어야 한다.

8. **유동적 구조** 네트워크는 고정적인 구조일 필요가 없지만, 어떤 연결들은 상당히 지속적이어야 한다. 새로운 연결들이 쉽게 추가될 수 있어야 하며, 기존의 연결들은 변화될 수 있어야 한다.

9. **혼합적 조직** 의미-통사 단원은 동일한 의미 장에 속하는 단어들이 서로 밀접하게 연결되어 있는 산출에 편리한 조직을 가져야 한다. 음성-음운 단원은 소리가 비슷한 단어들이 긴밀하게 연결되어 있어서, 음성 이

해의 과정에서 소리를 신속히 식별할 수 있도록 조직되어야 한다.

<처리>

10. 입구 네트워크를 활성화하는 네트워크로의 입구가 있어야 한다. 이러한 활성화는 산출의 경우에는 의미 장에 의해, 발화 이해의 경우에는 음성 신호들에 의해 일어난다. 입구는 더 상세한 정보에 접근할 수 있도록 해주는 전화번호부의 '지역 코드'로 간주할 수 있다. 두 주요 구성부분 안에는 다른 구성부분으로 들어가는 입구로 안내하는 '이정표'가 있어야 한다.

11. 병렬 처리 네트워크가 사용되고 있을 때에는 수많은 연결들이 동시에 활성화되어야 한다. 여기에는 최종적으로 필요한 단어보다 훨씬 더 많은 단어에 관련되는 연결들이 포함될 것이다.

12. 상호 활성화 네트워크 안에서 활성화된 어떤 지점 혹은 분지점도 자신에게 가장 가까이 연결되어있는 지점들을 자동적으로 활성화시켜야 한다. 정보는 연결을 따라 양방향으로 흘러야 한다.

13. 흥분과 억제 처리가 진행됨에 따라 다른 부분들이 추가로 활성화되고 앞서 활성화되었던 부분들은 잠잠해지는 방식에 의해, 네트워크가 사용되고 있는 동안 활성화된 부분들이 끊임없이 바뀌고 조절되는 것이 가능해야 한다. 적절한 단어를 찾을 때까지 흥분과 억제가 계속되어야 한다.

14. 영역 축소 단어를 뒤질 때는 먼저 일반 영역을 광범위하게 살펴서 주요사항들 중 어떤 것을 충족하고 있는 단어들을 모두 활성화시켜야 한다. 필요한 단어가 선택되면, 부수적으로 활성화되었던 단어들은 점진적으로 걸러져 제거되어야 한다. 각 구성부분에서 영역 축소가 동시에 일어나야 하는데, 뒤지기를 촉발하였던 부분이 이 과정을 이끌어 나가야 한다.

<신조어>

15. 끝없는 탐험 마음속 어휘집 내부나 통사, 기억 같은 근접 구성부분 내부에서 활성화될 수 있는 연결들은 무한대일 수 있어야 한다. 이것은 찾

고 있는 단어에 도달할 수 있을 만큼 충분한 단어들이 활성화될 때까지, 혹은 대안이 될 수 있는 단어가 발견될 때까지 완전한 탐험이 계속될 수 있도록 하기 위한 것이다.

16. 추가의 분할　단어는 필요한 경우에 자신을 이루는 성분 형태소들로 쪼개질 수 있어야 한다. 이것은 주로 낯선 단어의 이해에 도움을 주기 위한 것이거나 새로운 단어를 만들어내는 데 필요한 사전준비를 위한 것이다.

17. 새로운 단어의 창조　분할에 사용되는 보조 정보와 '어휘 도구상자'의 도움으로 무한수의 새로운 단어들을 만들어내는 것이 가능해야 한다.

덤벨라가 단어를 다루는 능력에서 인간에 필적하려면, 최소한 이상과 같은 주요 사항의 명세가 충족되어야 한다.

따라서 마음속 어휘집은 무엇보다도 **연결들**(links, 저자에 의한 강조)에 관련되며, 위치에 관련되지 않는다. 마음속 어휘집은 단어의 주변적인 사항들보다는 **핵심사항들**(cores, 저자에 의한 강조)에 주목하는데, 어디까지가 단어에 대한 지식인지를 말하는 것이 불가능하기 때문이다. 그래서 주요 사항의 **틀**(framework, 저자에 의한 강조)이 발화가 진행되는 도중에 능동적으로 채워 넣을 수 있는 세부사항들보다 더 중요하다.

'마음속 어휘집'이라는 용어를 은유로 간주해야 할 당위성이 점점 커진다.14 즉, 마음속에서 소용돌이치는 어휘의 연결들은 우리가 사전이나 어휘집에 대해 일반적으로 상상하는 것과 큰 거리가 있다.

▌ 요약 ▌

이 장에서는 마음속 어휘집의 전체적인 조직에 대해 살펴보았다. 마음속 어휘집은 여러 구성부분들이 오랜 시간에 걸쳐 발전하여 다소 이상한 혼합물로 통합되어 있는, 진화에 의한 잡동사니이다. 두 개의 주요 구성부분은 서로 다른 방식으로 조직되어 있는데, 한 부분은 산출에 용이하게, 그리고 다른 한 부분은 이해에 용이하게 되어 있다. 그리고 이 두 부분은 언어와 인지가 지니는 여러 다른 측면들과 중첩되고 상호작용한다.

　전반적으로, 마음속 어휘집은—이 용어는 은유로 간주되어야 할 필요가 있는데—위치가 아닌 연결에, 주변사항이 아닌 핵심에, 그리고 고정적 세부사항들이 아닌 틀에 관련된다.

　마지막 장에서는 두 가지 주제를 다루게 될 것이다. 마음속 어휘집의 내용을 현재의 컴퓨터에 구현할 수 있는 프로그램으로 바꾸는 것이 가능한가? 그리고 우리가 추가로 알아내야 할 것에는 어떤 것들이 있는가?

21 맺는 말

— 끝으로 몇 마디, 그리고 남은 문제 —

단어, 단어, 단어, 노래와 이야기 속에 있는…
내가 그것들을 이해하기만 했어도 …
이 세상이 바뀔 수도 있지 않았을까?

Pete Seeger, 'Words, words, words'

'처음에는 단어 하나가 있었다. 그러나 두 번째 단어가 추가되자 문제
가 생겼다. 이 말과 함께 그토록 많은 사람들을 비틀거리게 만든 통사론이
등장했기 때문이다.'1 이 인용에는 지난 반세기 동안 표준이 되어온 언어
학적 관점이 무엇이었는지가 나타나 있다. 즉, 통사구조가 언어의 가장 복
합적인 측면에 해당하였고, 따라서 가장 큰 관심의 대상이었다. 이에 반해
단어들은 장신구를 모아둔 것, 혹은 언어사용자들이 '하나씩 차례로, 어느
정도는 판에 박힌 방식으로' 배워 가는 잡동사니들의 뒤범벅으로 간주되
어왔다.2 단어들은 피상적이고 별 것 아닌 것, '크리스털구조를 가진, 집어
들 수는 있어도 흡수할 수는 없는 깨지기 쉬운 조각들' 취급을 받았다.3
하지만 '어휘집의 시대가 왔다'는 것을 보여주는 여러 가지 징후가 있
다.4 아이들이 문법규칙들을 준수하는 능력은 새로운 단어들을 습득하는

능력보다 단지 약간 더 놀라운 일에 지나지 않는다 … 사람들은 아이들이 엄청난 양의 일을 해낸다는 점은 쉽게 간과한다. 어휘를 습득하는 것 자체가 그냥 엄청난 대사업이다'라고 두 명의 심리학자는 말한다.5 어떤 신경 과학자의 말을 빌리면, '나는 몇 십 개의 통사적 연산규칙들을 습득하는 과정이 얼마나 복잡한지를 강조하는 주장들보다 능동적으로 사용되는 30,000개 이상의 임의적인 단어들을 기억 속에서 서로 구분하고, 특징짓고, 저장하는 인간의 뇌의 능력에 대해 언제나 더 깊은 인상을 받아왔다는 것을 고백할 수밖에 없다.'6 또한 어휘집이 인간에게 내재되어 있는 문법의 핵심적 구성부분이라는 관점을 가지게 된 언어학자들이 많이 있다.7

　앞 장에서 우리는 이 책에서 얻은 결과들을 요약했다. 다음이 그 중 가장 중요한 것들이다.

　1. 마음속 어휘집은 단어를 덩어리로 저장하는데, 이 덩어리는 한쪽 면에 레마(의미와 범주)가 있고, 다른 한쪽 면에 형태(소리)가 있는 동전으로 간주할 수 있다.

　2. 동전의 양쪽 면에는 상대적으로 강하게 각인되어있는 주요 특징들이 있는데, 이것은 전화번호부의 지역코드에 비견할 수 있다. 이것들은 인출에 필요한 입구를 제공하며, 세부 사항들보다 기억에 더 오래 유지된다.

　3. 단어의 이러한 두 가지 측면에 대한 정보는 서로 나뉘어있으면서도 연결되어 있는 '단원들'이다. 이 단원들은 세 번째의, 조어를 관장하는 구성부분과 연결되어있다.

　4. 각 단원은 조밀하고 복잡한 네트워크로 간주할 수 있으며, 이 안에는 소수의 견고하고 지속적인 연결들이 있는 반면, 순간적인 필요에 의해 만들어지는 일시적인 연결들이 훨씬 더 많이 있다.

　5. '마음속 어휘집'이라는 용어는 견고함이라는 잘못된 인상을 줄 수 있다. 인간의 마음은 위치가 아닌 연결에, 주변적 사항들이 아닌 핵심에, 그리고 고정적인 구조가 아닌 주요사항들의 틀에 관련된다.

이 장에서 우리가 생각해보아야 할 주요 사항은 두 가지이다. 첫째, 이 구조를 오늘날의 컴퓨터를 이용하여 우리가 이 책의 앞부분(3장)에서 논의하였던 로봇인 덤벨라 안에 넣을 수 있는 프로그램으로 바꿀 수 있을까? 둘째, 마음속 어휘집에 대해서 우리는 무엇을 더 알아내야 할까?

▎덤벨라의 프로그램을 만들 수 있을까? ▎

Hal은 제3세대 컴퓨터의 결작이었다 … Hal이 동료 선원들과 주고받는 대화의 대부분이 구어로 되어 있었다. Poole과 Bowman은 마치 인간에게 말하는 것처럼 Hal에게 말을 걸 수 있었고, Hal은 자신의 전자 유년기에 순식간에 지나갔던 몇 주 동안 배웠던 완벽한 구어체 영어로 대답했다.

말하는 컴퓨터에 대한 이 낙관적인 설명은 Arthur Clark의 공상과학소설 *2001: A Space Odyssey*의 한 부분이다. 그러나 현실 속의 우리는 Hal과 같은 로봇을 만들 수 있는 근처에도 못 와 있다. 간단히 말해 현재로서는 인간의 마음속 어휘집이 지니는 유연성과 능력 비슷한 것이라도 가지고 있는 덤벨라를 만드는 것이 불가능하다. 우리가 모델을 구현하는 데 사용할 수 있는 가장 강력한 장치인 컴퓨터는 여전히 불충분하다. '컴퓨터가 인간에게는 그토록 당연한 자동적 인식이라는 정신적 곡예, 언어 이해, 기억내용의 인출을 다루는 데 거의 무기력하다는 것은 놀라운 사실이다.'[8] 지금까지 나온 어휘집에 대한 컴퓨터 모델들 중 가장 정교한 것은 음성인식을 흉내내고자 했던 시도들에서 볼 수 있다.[9] 하지만 이것들 중 어떤 것도 인간의 단어 인식에 필요한 요구사항 전체에는 근접하지 못했다.

그러나 인간의 뇌에서 영감을 얻어 만든 새로운 방식의 컴퓨터와 함께 학자들은 올바른 길로 접어들었는지도 모른다(3장). 인간의 뇌는 방대한 병렬처리 능력을 가지고 있다. 즉, 뇌에서는 수없이 많은 연결들이 동시에

만들어질 수 있다. 뇌는 거의 모든 처리 활동에서 항상 엄밀하게 요구되는
것보다 훨씬 많은 연결들을 활성화하고 필요하지 않은 것들을 바로 억제
한다. 이러한 속성은 복잡한 네트워크를 가지고 있는 '연결주의' 컴퓨터 모
델 중 일부에서 볼 수 있다.10

하지만 해결되어야 하는 몇 가지 근본적인 문제들이 있다. 양적인 면
에서 뇌에는 컴퓨터가 그 모두를 다룰 수 있다는 상상을 하기 힘들만큼
엄청나게 많은 숫자의 연결들이 뒤얽혀있다. 질적인 면에서는 이 복잡한
거미줄 조직이 핵심사항이지만, 이 조직은 아직 베일에 가려있다. 어떤 저
술가의 언급대로, '한 사람의 뇌에 들어있는 세포와 섬유질을 다 펴서 모
두 이어붙일 수 있다면, 달을 왕복하는 거리에 해당하는 길이가 될 것이
분명하다. 하지만 이것들을 다 펴서 이어놓지 않았다는 사실이 인간으로
하여금 직접 달에 갈 수 있게 했다. 우리의 머릿속에 있는 이 놀라운 얽힌
덩어리가 우리를 우리이게끔 하는 것이다.'11

마음속 어휘집이 이 놀라운 얽힌 덩어리의 많은 부분을 설명해 주지
만, 이 부분은 실제로 얼마나 많은 부분일까? 무엇보다도 마음은 뒤얽혀
있는 덩어리일까, 아니면 구성부분들이나 단원들로 쪼개져 있을까? 마음
에 '연결 부분들의 접합점이 있는' 것이 가능할까?12 이것이 '단원성 문제'
로 알려져 있는 문제이다.

만일 마음의 네트워크가 여러 부분으로 나뉘어져있지 않다면, 인간의
마음이 미로를 어떻게 다룰 수 있을까? 만일 마음이 여러 부분으로 쪼개
져 있다면, 이 단원들이 어떻게 해서 생겨났을까? 마음의 거미줄이 활동
하는 방식에 따른 부산물로 생겨났을까? 아니면 단원이 발달하도록 하는
프로그램이 미리 있었을까? 질문들이 계속 꼬리를 물고 이어진다. 만일
단원이라는 것이 존재한다면, 각각의 단원은 얼마나 독립적일까? 감시자
가 있어서 단원들이 서로 적절히 연결되어 있는지 점검하는 것일까? 이러
한 질문들에 대한 답은 아직 없다.13

이 책에서는 서로 연결되어 있는 단원들의 존재를 옹호하는 강력한 주

장을 개진했다. 비교적 최근에 이르러서 컴퓨터 과학자들이 마음속 어휘집에 대해 진지한 관심을 가지기 시작했으며, 아래에서 개관하겠지만 이들 중 일부는 단원들이 서로 연결되어 있다는 해결책을 내 놓기도 하였다.

▌ 서로 연결된 단원들 ▌

마음속 어휘집은 엄청난 양의 정보를 가지고 있는 정교한 구조물이다. 대부분 학자들이 각 부분들을 따로 연구해 왔다. 하지만 (마침내!) 각 부분들을 통합하려는 시도를 시작한 학자들을 볼 수 있게 되었다. 컴퓨터 과학자 James Pustejovsky는 방대한 양의 다의어(여러 가지의 의미, 10장), 그리고 자동적 미명세(underspecification)(세부사항의 결여, 예를 들어, 'knock on the door(문을 두드리다)'의 door에는 딱딱한 대상이 포함되어있고, 'walk through the door(문을 지나가다)'의 door에는 비어있는 공간이 함의되어 있다는 사실, 10장)와 같은 어휘 정보의 여러 가지 층위들을 강조한다. Pustejovsky는 어휘 모델의 뼈대 자체가 지니는 주요 특질들을 밝히고 있다.14 그의 연구가 중요한 이유는 한편으로는 이론 자체가 흥미롭다는 데 있지만, 다른 한편으로는 그가 구성부분들의 특징을 밝히고 '이들 모두를 통합하려는' 시도를 한 첫 번째의 컴퓨터 과학자라는 데 있다. Pustejovsky가 만든 주요사항의 명세서에는 다른 사람들의 제안과 중첩되는 내용도 있고, 자신이 추가한 새로운 통찰도 들어있다.

Pustejovsky는 첫째, 문장 통사론에서 단어가 담당하는 역할이 중요하다고 언급한다. 여기에는 논란의 여지가 없다. 동사의 '논항 구조', 즉 동사의 필수적인 통사적 동반자(11장)에 어떤 것들이 있는지가 명기되어야 한다. 동사의 '사건 구조', 즉, 동사가 기술하는 사건의 종류가 무엇인지도 기록될 필요가 있다. 추가로 필요한 것이 동사의 '계승 구조'인데, 예를 들어, suffocate(질식시켜 죽이다)라는 동사는 죽는 것의 어떤 특별한 경우에 해당하기 때문에, 보다 일반적인 die(죽다)의 의미를 '계승한다'. 이것 역시 논란의 여지가 없는 이야기이다(9장).

또한 모든 단어에는 Pustejovsky가 '특질(qualia) 구조'라고 명명한 것이 있는데, 이것은 해당 단어가 가지는 의미의 어떤 본질적인 측면들이 무엇인지를 명시한다. 특질은 '그대로의 느낌', '의식과 연관성 있는 기초적이고 주관적이 느낌'으로 기술되었다.[15] 여기에 대한 고전적인 예에는 '빨간색의 빨간색다움, 가려움의 가려움다움, 고통의 고통스러움에 대한 경험' 같은 것들이 있다.[16] Pustejovsky에 의하면, novel(소설)과 같은 단어의 특질 구조는 '구성적 측면(constitutive aspect)'을 포함하고 있는데, 이것은 단어와 그 단어를 구성하는 부분들 사이의 관계를 말한다. 즉, 이야기(narrative)는 연결해 주는 실과 같고, '목적적 측면(telic aspect)'은 책의 목적이 읽는 것이라는 정보를 제공하며, '행위 주체적 측면(agentive aspect)'은 누군가가 소설을 썼기 때문에 소설이 존재하게 되었다는 점을 명시한다. 간단히 말해서 특질 구조는 잘 만들어진 사전에 들어갔을 법한 것들전부, 그리고 그 이상을 포함하고 있는 구조이다. Pustejovsky는 이러한 기본적인 요구사항들의 주요 내용을 밝혔을 뿐 아니라, 이것을 형식화하는 데 필요한 준비작업도 시도하였다(다만 특질 구조의 형식적 측면들은 상당히 전문적인 성격을 띠고 있다).[17]

아무리 낮게 평가한다고 하더라도, 어휘집이 중심적이라는 점에 대한 주의를 환기시키고, 어휘집의 본질적 측면들 중의 일부를 깊이 파고들었으며, 이 부분들을 컴퓨터에 의해 어떻게 다룰 수 있는지를 보여주었다는 것이 Pustejovsky가 기여한 점이었는데, 사람들이 어휘집에 대해 가지고 있었던 생각이 20여 년 전만 하더라도 어떠했었는지를 고려해 볼 때, 이것은 하나의 급진적 방향전환이라고 하지 않을 수 없다.

그러나 어휘집이 어떻게 조직되어있는가의 문제와는 별도로, 아이들이 자신들의 방식으로 어휘집을 조직하도록 미리 프로그램 되어있다는 증거가 늘어나고 있다. 아래에서는 여기에 대해 살펴보기로 한다.

▎ 최초의 단어 게임 ▎

'배워야 할 단어의 양에 대한 엄청난 부담을 전제로 할 때, 아이들이 단어 습득자로서 부리는 마법에 대해 설명을 시작할 수 있는 유일한 방법은 아이들이 상당히 많은 것을 이미 가지고 "최초의 단어 게임"에 임하도록 해 주는 것이다.'18 한 심리학자가 했던 이 말은 언어를 연구하는 다른 사람들, 누구보다도 언어학자 Noam Chomsky에게 큰 반향을 불러일으켰다. '[언어습득의 속도와 효율성에 관련된] 유사한 문제들이 어휘습득의 영역에서 제기되며, 이 문제들 역시 같은 방법으로, 즉 인간의 언어능력을 구성하는 생물학적 재능에 의해 해결할 수밖에 없다.'19

그렇다면 어떤 것들이 선천적일 가능성이 있는가? 벌에게서 이러한 의문에 대한 부분적인 대답을 얻을 수 있다. 벌은 정확하게 꽃으로 날아가지만, 장미는 천수국이나 제비고깔과 매우 다르다. 따라서 벌은 모든 꽃에 대한 백과사전을 마음에 가지고 태어났을 수 없으며, 추가로 배워야 한다. 그리고 벌이 빨리 배우는 이유는 꽃이 가지는 어떤 특징들, 즉, 모양, 색깔, 그리고 향기의 결합에 주목하는 경향을 선천적으로 가지고 있기 때문이다. 이와 유사하게, 인간에게는 환경의 특정한 측면들에 선택적으로 주의를 기울이고, 여기에 단어라는 이름표를 붙이고자 하는 선천적인 경향이 있다. 이러한 현상은 '생득적 요인의 안내를 받는 습득'이라고 알려져 있다. 간단히 말해서, 모든 동물에는 종 나름대로의 강력한 성향들이 내재되어 있는 것 같다.20

인간이 어떤 기본적 특징들에 주목하는지는 분명하지 않으며, 많은 저술가들이 이 문제에 대해서 다소 불분명한 태도를 취하고 있다. 많은 사람들이 개념이 '이미 만들어진'이라는 속성을 가진다는 점을 과대평가하고 있는지도 있다. Chomsky는 '아이들은 물리적 대상, 인간의 의도, 의욕, 원인제공, 목적 등과 같은 개념들에 대한 직관적인 이해를 가지고 언어에 접근한다'라고 말하며,21 '어휘 습득의 속도와 정확성으로 볼 때,

아이들이 언어에 대해 경험하기 이전에 이미 어떤 방식으로든 개념들을 이용할 수 있으며, 어휘습득은 이미 아이들의 개념적 도구를 이루고 있는 것들에 대한 이름표를 배우는 과정이라는 결론을 내리는 것 외에는 대안이 없다'라고 주장한다.22

그러나 보다 최근에 이 기초적인 부분을 분명히 밝히려는 시도를 하는 학자들이 있었는데, 이들은 예를 들어 인간은 사물, 사건, 상태에 맞게 조절되어 맞추어져 가며, 이것이 언어의 여러 측면들과 상관관계가 있다는 제안을 한다.23 아이들은 대상의 외형에 특별히 주목하며(16장), 대상을 상당히 세밀하게 묘사하는 능력을 가지고 있다. 다만 이 대상들이 공간에서 차지하고 있는 위치에 대해서는 다소 미숙하다.24 소리구조에서는 강세와 강약이 상당히 두드러지는 측면을 이루는데, 이것은 아이들에게 특히 그렇다(17장). 요약하면, 우리는 인간이 어떤 대상에 주목하도록 정해져 있는지에 대해 이해하기 시작했다. 그러나 아직 갈 길이 멀다. 이 영역 전체가 앞으로 다루어져야 할 중요한 질문에 해당한다.

의미와 소리를 분석하여 얻게 되는 특징들은 범세계적으로 비슷하다. 이것은 레마를 포함하는 단원과 소리구조를 포함하는 단원이 개략적으로나마 미리 프로그램에 들어있을 수 있기 때문에 아주 어린 아이들에게도 이용될 수 있다는 것을 시사한다. 그러나 이러한 구조는 처음에는 유동적이었다가 점진적으로 성숙한 상태로 발전해 간다.

최근의 연구를 토대로 판단할 때, 단지 개략적인 윤곽들만이 인간에게 선험적으로 주어진다고 할 수 있다. 거의 모든 세밀한 부분에 대해서 아이들은 이미 상당히 어렸을 때부터 모국어의 영향을 받는다.25 한 살에서 세 살 사이의 영국 아이들과 한국 아이들의 자연 발화를 분석한 결과는 아이들이 옷을 입거나 벗거나 용기의 뚜껑을 열고 닫는 등의 비슷한 사건들에 대해 말을 한다는 것을 보여주었다. 그러나 18개월이 지나면서부터는 이 아이들이 공간표현을 다루는 방식이 달라졌다.26 영국 아이들은 up, down, in, out, on, off와 같은 불변화사와 전치사를 사용한 반면, 한국 아이들은

동사만을 사용하였다. 영어에서는 컵을 탁자와 같은 평평한 표면에 올려
놓을 때 사용하는 put on과 사과를 대접 같은 그릇 속에 넣을 때 사용하
는 put in을 엄격히 구분한다. 이와 달리 한국어에서는 그림 맞추기 퍼즐
에서처럼 빽빽하게 밀집된 곳 안에 사물을 집어넣는 동작과 책을 가방에
넣는 경우에서처럼 느슨한 용기에 사물을 집어넣는 동작을 동사를 이용해
체계적으로 구분한다. 아이들은 이러한 구분을 큰 편차 없이 수용했으며,
한 아이가 포크를 사과에 꽂으면서 '꼭 맞는' 경우에 사용해야 할 단어
kkida(끼다)를 사용한 경우에서 볼 수 있듯이, 아이들의 오류마저 언어에
따라 달라지는 경향을 보였다. 성인들에게는 포크를 사과에 꽂는 행동이
kkida(끼다)의 범주에 속하는 행동이 아니었을 것이다. 연구자들의 결론은
공간 의미론적 발달이 입력 언어의 속성들로부터 상당히 영향을 받는다는
것이었다.

아이들이 Maya의 언어 Tzetal을 습득하는 과정에 대한 연구에서도
이와 유사한 경향이 확인되었다.27 Tzeltal 사용자는 마치 세상 전체가 북
쪽을 향해 내려가는 경사를 이루고 있다는 듯이 말을 하기 때문에, 탁자의
'위쪽을 향한' 끝이라는 말이 있을 수 있다. 여기에서 아이들은 '수직의'와
같은 어떠한 언어 이전의 개념에서 출발하지 않는다는 것이 연구자의 주
장이다. 아이들은 실질적인 사용에 나타나는 수직과 지면 경사의 예들을
관찰한다. 결과적으로, 문맥 속에서 단어를 배움으로써 개념을 얻게 된다.

간단히 정리해 보자. 한 영향력 있는 학자의 주장을 빌리면 '많은 언어
학적 범주들이 어떤 명쾌한 의미에서도 결코 자연스러운 것이 못되고 만
다. 이러한 범주들은 용례들로부터 습득되어야 하는 것이다.' '언어가 개념
들을 **구성하며**(저자에 의한 강조), 그렇지 않았으면 개념들은 존재하지 않았
을 수도 있다.'28

▮ 다른 여러 언어 ▮

이 책에서 우리는 영어 모국어 화자들이 구사하는 구어의 토대가 되는 어휘집에 관심을 집중하였다. 다른 언어들에 대해서는 단지 중간 중간에 언급하였을 뿐이다. 하지만 영어는 세계적으로 사용되는 5000개 내외의 언어들 중 단 하나에 지나지 않는다. 영어가 다른 언어들보다 우월하다거나 저급하다고 생각해야 할 어떤 이유도 없다. 영어가 우연히 대부분의 다른 언어들보다 더 깊이 연구되었을 뿐이다. 그래도 영어가 대표성을 가지는가?

지금까지는 마음속 어휘집에 관련해 '그렇다'라는 답과 '아니다'라는 답 모두가 있는 것으로 보인다. 다른 여러 언어의 특정 영역들을 대상으로 했던 연구의 결과는 마음속 어휘집이 조직되는 방식에 공통점과 차이점이 모두 존재한다는 것을 시사한다. 아무 예나 들어보자면, 아이들이 남인도에서 사용되는 Dravidiandian어의 하나인 Telegu를 습득하는 방식에 대한 연구는 아이들이 범하는 의미적 오류가 영어를 사용하는 아이들에게서 발견된 것들과 상당히 비슷하다는 것을 보여주었다.[29] 그리고 각양각색의 인디언 언어들을 수집한 자료에서 확인된 조어의 과정들 중 많은 것들이 영어에서 사용되는 과정들과 상당히 유사하다.[30] 인디언 언어에 대한 연구는 굴절 형태론과 파생 형태론 사이의 차이를 재확인시켜 주었다.[31] 프랑스어 실어증 환자에 대한 분석에서는 환자가 자신이 기억해낼 수 있는 단어의 단편들을 이용해 새로운 단어를 만든다는 사실이 드러났는데, 이것은 영어 사용자들이 이용하는 것과 유사한 보조 과정에 의한 것이다.[32]

다른 한편으로 웨일즈어의 말오류에 대한 연구들은 웨일즈어에서 음운 정보가 저장되는 방식이 영어에서와 다소 다르다는 것을 보여주는데, 이것은 무엇보다도 웨일즈어 단어의 첫 자음이 직전에 나온 단어에 따라 체계적으로 '변화하기(mutate)' 때문이다.[33] 스페인어 말오류는 몇 가지 점에서 영어의 말오류와 다른데, 이것은 스페인어 강약 유형이 영어에서와 다르기 때문인 것 같다.34 프랑스어 사용자는 단어를 인식할 때 영어 사용자보다 더 음절에 주목하는 것으로 보인다.35 폴란드어 사용자는 단어연상 실험에서 영어 사용자들과 다소 다르게 반응한다는 보고가 있었다.36 터키어는 형태소들이 분명한 경계를 유지하면서 '서로 달라붙는'(영어의 know-ing-ly처럼) '교착'어이다. 이 언어의 사용자들은 아마 영어 사용자들보다 더 높은 빈도로 말을 하는 도중에 단어를 조립할 것이다.37 세르보 크로아티아어 사용자들이 형태적 관련성을 가지는 단어들을 다루는 방식은 영어에서와 다를 것이다. 즉, 이 언어에서는 하나의 굴절형이 자신과 관계가 있는 형태들이 배열된 중심에 있는 것으로 보이는데, 이러한 배열은 '위성 조직'이라고 불리기도 한다. 중심이 되는 형태와 각 위성 사이의 거리는 어떤 위성들 사이의 거리보다도 짧다.38 이태리어,39 독일어,40 그리고 네덜란드어41에서 형태론이 다루어지는 방식은 영어에서와 각각 부분적으로 다를 수 있다. 다만 여기에서의 논란거리는 네덜란드어에 대한 연구 중 일부에서 영어에서 얻은 것과 밀접한 관련성을 가지는 결과를 얻었다는 사실이다.42

이와 같은 다양한 연구들은 영어에서 얻은 결과와 다른 언어에서 얻은 결과들을 비교하고 대조시키는 것이 중요하다는 것을 시사한다. 이러한 방법에 의해서만 마음속 어휘집의 보편적인 특징들을 개별 언어의 구조에 기인하는 특징들과 확실하게 구분할 수 있게 될 것이다.43

뿐만 아니라, 영어 원어민들은 두 가지 점에서 세계인의 대표자가 되지 못할 수 있다. 첫째, 영어 원어민들 중 상당수가 글을 읽을 수 있는데, 이것이 어휘 저장고에 일정한 영향을 미쳤을 수 있다. 많은 영국 성인들이 써 놓은 것을 보지 않고서는 단어를 기억해내지 못한다고 말한다. 그리고 소리로 된 단어를 이용하는 어휘판단과제에서 쓰기가 일종의 역할을 수행할 수 있다.44 이것은 어떤 단어의 소리형태가 그 단어의 문자형태로부터 영향을 받을 수 있다는 것을 시사한다. 그리고 그 역도 성립한다. 즉, 어떤 사람이 어떤 단어를 읽을 수 있는가 없는가는 그 단어의 소리형태가 지니

는 강약 같은 특징에 의해 좌우될 수 있다.45 이제는 읽기와 쓰기에 대한
방대한, 그리고 많은 정보를 얻을 수 있는 연구들이 있다.46 하지만 소리형
태와 문자형태 사이의 상관관계는 아직 더 연구되어야 할 문제이다.47

많은 영어 사용자들이 하나의 언어를 쓰는 사람이라는 사실이 일정한
경향성을 야기할 수 있는 두 번째 요인이다. 이러한 상황은 세계적으로 사
람들이 두 개 이상의 언어를 사용하는 것이 일반적이라는 사실을 기준으
로 했을 때 다소 비정상적이다. 두 개, 혹은 그 이상의 언어를 사용하는
사람들의 마음속에 여러 가지 어휘집들이 어떻게 구성되어있는가에 대해
서는 일치된 견해가 없다.48 다만 하나의 통합된 네트워크가 있다는 것을
입증하는 증거들이 축적되어가고는 있다.49 만일 어떤 사람이 두 개의 언
어를 상당한 수준으로 잘 알고 있다면, 단어들이 무의식적으로 두 언어에
서 동시에 활성화된 다음 원하지 않는 것이 억제되는 것일 수 있다.50 두
언어의 단어들이 동시에 활성화된다는 것은 Springling(영어의 spring(봄)과
독일어의 Frühling(봄)의 혼합)과 같은 혼합이 등장한다는 것으로부터 알 수
있다. 하나의 언어를 다른 하나의 언어보다 더 잘 아는 경우에도 두 언어
의 단어들이 여전히 같이 활성화될 수 있다. 하지만 더 약하게 활성화된
단어는 억제될 것이며, 강하게 활성화된 단어가 그 단어에 접근하는 것을
'차단'할 것이다(18장). 이것이 간혹 외국어의 어떤 단어를 기억해내는 것이
그토록 어렵게 느껴지는 이유일 수 있다. 그러나 한 사람의 언어사용자가
알고 있는 여러 개의 언어들이 서로 어떻게 뒤얽히는지를 완전히 이해하
기 위해서는 상당히 많은 연구가 필요하다.

▌ 배우고자 하는 대단한 열망… ▌

'배우고자 하는 대단한 열망이 있는 곳, 그리고 필요성이 있는 곳에서
는 많은 논쟁, 많은 저술, 많은 의견들이 존재할 것이다. 왜냐하면 훌륭한

사람들의 의견은 만들어지는 과정에 있는 지식에 지나지 않기 때문이다.'
17세기의 시인 John Milton이 했던 이 말은[51] 오늘날 마음속 어휘집에 관
련해 진행되고 있는 연구에 대해서도 전적으로 적용될 수 있다. 이 책에서
는 몇 가지 중요한 연구결과들을 요약해 제시하고자 하였으며, 사람들이
단어를 어떻게 저장하고 어떻게 찾아내는지를 개관하는 그림을 제공하고
자 하였다. 이것이 제대로 이루어졌기를 바라지만, 논란의 여지가 있는 부
분들이 분명 있을 것이고, 앞으로의 연구에 의해 틀렸다는 것이 입증될 부
분들도 있을 것이다.

그러나 Umberto Eco의 소설 *The Name of the Rose*에 나오는 현명
한 초로의 수도사 William이 말했듯이, '책은 믿으라고 만들어진 것이 아
니라, 맞는지 조사해 보라고 만들어진 것이다.'[52] 나의 전체적인 바람은 이
책이 딛고 뛰어오를 수 있는 발판 구실을 하게 되는 것이며, 많은 사람들
이 나와 마찬가지로 단어의 중요성과 신비에 매료되어, 우리가 아직 모르
고 있는 것들을 알아내기 위해 연구하게 되는 것이다. 아마 멀지 않은 미
래에 우리는 우리의 선조들이 혈액 순환의 신비를 밝혔던 것과 마찬가지
로 인간 단어 저장고의 비밀을 밝혀내게 될 것이다.

> 바위투성이의 험하기만 한,
> 거대한 언덕위에,
> 진리는 서 있다, 그리고 그곳에 도달하려는 그
> 그래야만 하는 것에 대해서, 가야하는 것에 대해서;
> 그래서 언덕이 갑작스럽게 거부하는 그 무엇에도, 그렇게 이기리라.
>
> John Donne 'Satyre III'

주석

예를 들어 Freud, S. (1901/1975)에서처럼 간행년도가 두 가지로 표기된 경우에는 첫 번째 것이 초판 출간일이고, 두 번째 것이 이 책의 참고문헌에 인용된 판본의 출간일이다.

1 단어도시에 오신 것을 환영합니다!

1 Chand, (출간일 불명): 3-4.
2 Vygotsky, 1934, Saporta, 1961: 509에서 재인용.
3 Butterworth, 1979.
4 Milton, *Paradise Lost*, v. 622-4.
5 기억에 대한 연구를 요약해 놓은 유익한 자료로는 Gregg, 1986; Baddeley, 1990; Gathercole & Baddeley, 1993 참조.
6 Seashore & Eckerson, 1940: 14.
7 Farrar, 1865: 59.
8 Bresler, 1983.
9 Seashore & Eckerson, 1940.
10 더 상세한 논의로는 Diack, 1975; R. C. Anderson & Freebody, 1981; McKeown & Curtis, 1987을 보시오.
11 보다 세부적인 사항에 대해서는 Aitchison & Koppel, 1990; Nation, 1993을 보시오.
12 Nagy & Anderson, 1984; Nagy & Herman, 1987.
13 G. A. Miller, 1991; G. A. Miller & Gildea, 1987: 86.
14 Wallman, 1992; Aitchison, 1998.
15 Lenneberg, 1967.
16 Marslen-Wilson & Tyler, 1980, 1981.
17 같은 곳.
18 Shakespeare, *Henry V*, III. iv.

19 Butterworth, 1980a.

20 H. H. Clark & Gerrig, 1983.

21 같은 곳.

22 Hudson, 1984a: 74. 사전에 포함되는 정보는 세기마다 달라져 왔다. 사전의 역사에 대해서는 Green, 1996; Bejoint, 2000, 3장; Landau, 2001, 2장을 보시오.

23 Fodor, 1981:287.

24 같은 곳: 288.

25 Ayto, 1980: 45.

26 Kilgarriff, 1997.

27 이것의 내용에 대한 목록을 만들고자 했던 초창기의 시도에 대해서는 Fillmore, 1971; Butterworth, 1983b를 보시오.

28 이것의 내용을 조사하고자 한 다른 최근의 시도에 대해서는 Lipka, 1992; Carter, 1998; Singleton, 2000을 보시오.

2 사슬 속의 연결

1   Ohala, 1981.

2   James, 1890/1981: 615.

3   같은 곳: 243.

4   Freud, 1901/1975: 96-7.

5   Goodglass et al., 1984.

6   Meringer & Mayer, 1895/1978: vii.

7   Fromkin, 1971.

8   Fromkin, 1973에 발화오류에 대한 유익한 부록이 있으며, 이 책에서 사용한 예들의 일부는 그곳에서 발췌하였다.

9   Ellis, 1980.

10 Freud, 1901/1975: 146-7.

11 Fromkin, 1973: 248.

12 Zwicky, 1982.

13 Cutler, 1982a. 말오류에 관련된 추가의 문제들은 Ferder, 1991, 1995; Meyer, 1992에 논의되어 있다.

14 Critchley, 1970/1973: 60에서 재인용.

15 Gardner, 1974.

16 같은 곳: 70.

17 Benson, 1979: 313.

18 Ellis, 1985a: 108.

19 Freud, 1891/1953: 13.

20 Ellis, 1985a.

21 Benson, 1979.

22 같은 곳: 302.

23 같은 곳: 303.

24 Bateman, 1892, Ellis, 1985a: 116에서 재인용.

25 Butterworth, 1993.

26 Galton, 1883: 145.

27 Postman & Keppel, 1970.

28 R. Brown & McNeill, 1966.

29 R. Brown, 1970: 234.

30 Balota & Chumbley, 1984.

31 Gordon, 1983.

32 Swinney, 1979.

33 Marslen-Wilson, 1989a.

34 점화에 대한 논의로는 Monsell, 1985; Schriefers et al., 1992; Wheeldon & Monsell, 1992, 1994를 보시오.

35 Cutler & Norris, 1979.

36 Grosjean, 1980.

37 Marslen-Wilson, 1989a.

38 Carey, 1979; Aitchison & Chiat, 1981.

39 Aitchison & Chiat, 1981.

40 Whaley, 1978.

41 Labov, 1973: 340.

42 Householder, 1966: 100.

43 E. K. Brown, 1984: 10.

44 Kempson, 1977: 102.

45 Bloomfield, 1933: 274.

46 Chomsky & Halle, 1968: 12.

47 E. K. Brown, 1984.

48 Blumstein, 1995; Posner & Raichle, 1994.

49 Hillyard, 1993; Kutas & van Petten, 1994.

50 Johnson, 1755.

51 Aston & Burnard, 1997.

52 Biber et al., 1998: 6. 말뭉치의 사용에 대해서는 Aijmer & Altenberg, 1991; Barnbrook, 1996; Biber, Conrad & Reppen, 1998; Kennedy, 1998; Ooi, 1998; Renouf, 1998; Thomas & Short, 1996도 보시오.

3 덤벨라의 프로그램 짜기

1 Milton, *Paradise Lost*, viii. 76-80.
2 Weizenbaum, 1976/1984: xvii.
3 같은 곳: 24.
4 E. K. Brown, 1984.
5 Chomsky, 1978: 202.
6 Baddeley, 1983: 12.
7 Matthei & Roeper, 1983.
8 J. Miller, 1978: 9.
9 Marshall, 1977; Draaisma, 2000.
10 Plato, *Theaetetus* 197d-e.
11 Cicero, De Oratore I. 5. 18.
12 Conan Doyle, 1930/1981: 21.
13 Marshall, 1977: 479에서 재인용.
14 Thomson, 1907, Marshall, 1977: 479에서 재인용.
15 Marshall, 1977.
16 Hodges, 1983/1985.
17 Rumelhart et al. 1986: 75.
18 Kintsch, 1984.
19 예를 들어 Lyons, 1968; Palmer, 1984; E. K. Brown, 1984; Aitchison, 1992c를 보시오.
20 Parlett, 1981: 198.
21 Kilgarriff, 1997: 142.

4 미꾸라지 같은 존재

1 Waugh, J. Green, 1982: 254에서 재인용.
2 Herbert, 1935.
3 Lakoff, 1972: 183.
4 Labov, 1973: 341.
5 Collingwood, 1938.

 6 Johnson-Laird, 1983.
 7 Quine, 1961/1985: 49.
 8 철학자들과 심리학자들의 서로 다른 관점에 대해 요약해 놓은 유익한 자료로는 Johnson-Laird, 1983; Murohy, 1991을 보시오.
 9 Quine, 1971: 142.
10 G. A. Miller & Johnson-Laird, 1976: 212.
11 Aitchison, 1985.
12 Tulving, 1972; Baddeley, 1976.
13 R. Brown, 1958: 85.
14 Titchener, 1909, 같은 곳: 90에서 재인용.
15 E. Smith & Medlin, 1981.
16 Fillmore, 1975.
17 독자가 *The Times*에 보낸 어떤 편지에서 재인용.
18 Gowers, 1986: 39.
19 Katz & Fodor, 1963.
20 *COD*(19282).
21 *LCED*(1982).
22 Armstrong et al., 1983.
23 Putnam, 1975.
24 Johnson-Laird, 1983: 195.
25 Dupré, 1981.
26 Fodor, 1987.
27 Labov, 1973.
28 같은 곳: 340.
29 같은 곳: 341.
30 Wittgenstein, 1958: 66.
31 같은 곳.
32 같은 곳: 67.
33 Weinreich, 1966: 190, 186.
34 여기에 대한 추가의 논의에 대해서는 Pulman, 1983; D. Sperber & Wilson, 1986; Murphy, 1991를 보시오.

5 나쁜 새와 좋은 새

 1 예를 들면 Lenneberg, 1967; Berlin & Kay, 1969.

2 Rosch, 1975: 198.

3 Armstrong et al., 1983.

4 Rosch, 1975.

5 Pulman, 1983.

6 Shakespeare, *As You Like It*, V. iv.

7 L. Coleman & Kay, 1981.

8 같은 곳: 31.

9 Jackendoff, 1983.

10 Aitchison, 1985.

11 Fillmore, 1982; Jackendoff, 1990; J. R. Taylor, 1995.

12 Aitchison, 1981.

13 Shakespeare, Hamlet, II. ii.

14 *LDEL*.

15 Geeraerts, 1992, 1993에 요약, 논의되어있음. J. R. Taylor, 1992; Kilgarriff, 1992도 보시오.

16 Zwicky & Sadock, 1975.

17 예를 들면 Lakoff, 1987; J. R. Taylor, 1989; Geeraerts, 1992.

18 *old*에 관련해서는 아래의 설명과 다소 상이한 접근법을 취하고 있는 J. R. Taylor, 1992도 참고하시오.

6 속삭이는 상상의 방

1 Armstrong et al., 1983.

2 Osherson & Smith, 1981.

3 *Guardian*, 1984년 11월.

4 G. A. Miller & Johnson-Laird, 1976: 41.

5 Bulmer, 1967.

6 Jackendoff, 1983; Geeraerts, 1989.

7 Geeraerts, 1989: 606.

8 Geeraerts, 1989.

9 Aitchison, 1992b.

10 Cruse, 1990.

11 Rosch et al., 1976.

12 가장 주목할 만한 연구로 Wierzbicka, 1985, 1990, 1992a가 있다.

13 Geeraerts, 1989, 1992; Bolinger, 1992; Lakoff, 1987; Minda & Smith, 2001. 서평

Aitchison, 1990, 1993도 참고하시오.

14 Posner, 1986: 59.

15 Lakoff, 1987.

16 여기에 대한 유익한 논의로 Markman, 1989를 보시오.

17 영국의 일주일은 Fillmore, 1982; 잉카의 일주일은 Aveni, 1990.

18 Dahrendorf, 1982.

19 Lakoff, 1987.

20 Lakoff & Johnson, 1980; Lakoff, 1987.

21 마음의 모델: Johnson-Laird, 1983; 틀: Fillmore, 1982; 각본: Schank & Abelson, 1977; ICMs: Lakoff, 1987; 인지영역: Langacker, 1987, 1988.

22 Minsky, 1975.

23 틀과 영역에 대한 여러 가지 관점에 대해서는 G. Brown & Yule, 1983; Lehrer & Kittay, 1992; Ungerer & Schmidt, 1996; Clausner & Croft, 1999를 보시오.

24 Barsalou, 1992: 29.

25 Barsalou, 1985.

26 Barsalou, 1983.

27 Hampton, 1991.

28 Barsalou, 1992: 64.

29 Shank & Abelson, 1977; Ungerer & Schmidt, 1996.

7 근원적 원자 입자에 대한 탐색

1 G. A. Miller & Johnson-Laird, 1976: 237.

2 Armstrong et al., 1983.

3 Lucretius, De rerum natura, v. 422-6.

4 Bierwisch, 1970: 182.

5 Leibniz, Wierzbicka, 1992c: 9에서 재인용.

6 Chomsky, 1965: 160.

7 Schank, 1972.

8 G. A. Miller & Johnson-Laird, 1976.

9 Schank, 1972.

10 G. A. Miller & Johnson-Laird, 1976.

11 같은 곳: 38.

12 같은 곳: 688.

13 같은 곳.

14 Wierzbicka, 1996. 11, 22, 180쪽에서 인용.

15 Johnson, 1987.

16 Fodor et al., 1975.

17 Cutler, 1983.

18 예를 들면 Wason, 1965.

19 Kintsch, 1974; Fodor et al., 1980.

20 Pulman, 1983: 31.

21 예를 들면 Katz, 1975.

22 예를 들면 Chomsky, 1965: 160.

23 Fodor et al., 1980: 266.

24 Ayto, 1984: 50.

25 *COD*, 제7판, 1982. 이 정의는 1990년에 간행된 제9판에서는 보다 최신의 것으로 바뀌었다.

26 1978.

8 단어의 그물망

1 Fodor, 1983: 80.

2 Jenkins, 1970.

3 예를 들면 Deese, 1965; Postman & Keppel, 1970.

4 E. B. Coleman, 1964.

5 Jenkins, 1970.

6 같은 곳.

7 Garrett, 1992.

8 Freud, 1901/1975: 96-7.

9 R. Brown & McNeill, 1966.

10 Butterworth et al., 1984.

11 같은 곳. 이러한 유형에 속하는 또 다른 혼란에 대해서는 Funnell, 1995a, 1995b를 보시오.

12 Goodglass & Baker, 1976.

13 Howard et al., 1981.

14 Hotopf, 1980.

15 Garrett, 1992.

16 같은 곳: 383.

17 Warrington, 1981.

18 Goodglass et al., 1966.

19 Warrington, 1981.

20 Hart et al., 1985.

21 같은 곳: 439.

22 Garrett, 1993; Damasio, 1990; Warrington & Shallice, 1984; Shallice, 1988; Cohen et al., 1997; Lucchelli et al., 1997.

23 Goodglass & Baker, 1976.

24 Howard et al., 1981.

25 *NSOD*, 1993.

26 wimp의 예들은 *Sunday Times*, 1993년 7월, 8월; *Cosmopolitan*, 1984년 7월; Aitchison & Lewis, 1995에서 인용한 것임.

27 굳어진 표현들에 대해서는 Fenk-Oczlon, 1989를 보시오.

28 *Longman Dictionary of English Idioms*, 1979. Wray, 2002도 참고하시오.

29 Nunberg et al., 1992: 492.

30 Nunberg et al., 1994.

31 Jackendoff, 1997a.

32 Pitt & Katz, 2000.

33 Igor Mel'cuk에 따른 것임. Pawley, 2001에서 재인용.

34 Cowie, 1998.

35 Kay & Fillmore, 1999.

36 Jackendoff, 1997b.

37 같은 곳.

38 Kay & Fillmore, 1999: 30; Jackendoff, 1997b.

39 Aitchison & Lewis, 1996. BNC에서 뽑은 자료. 2장에서 설명하였듯이, BNC는 구어와 문어에서 얻은 실제의 예들로 이루어진 데이터베이스이다.

40 Aitchison & Lewis, 1996.

41 Hotopf, 1980.

42 Johnson-Laird, 1983: 214.

43 *A Selection from Symbolic Logic*(1985)에서 발췌. Caroll, 1988: 1119.

44 Lyons, 1981; Hurford & Heasley, 1983; Cruse, 1986.

45 Lyons, 1981: Lyons는 반의어를 이원 반의어(…이거나~이거나 유형), 등급 반의어(감추어진 등급 유형), 그리고 역(상이한 관점 유형)으로 구분한다.

46 Cruse, 1992; Murphy & Andrew, 1993.

47 Charles & Miller, 1989; Fellbaum, 1992.

48 상위어를 통해 추론이 진행될 수 있다. 예를 들어, '앵무새'는 '식물'이기 때문에 '금속'

이 아닌데, 식물과 금속은 양립불가능하기 때문이다.

49 Cruse, 1986; Tversky, 1990; Chaffin, 1992.

50 어휘 연결에 대한 보다 세부적인 사항은 Cruse, 1986; Lipka, 1992를 보시오.

9 어휘의 종류

1 Wittgenstein, 1958: 11.

2 예를 들어 Fromkin, 1971.

3 Hopper & Thompson, 1984.

4 Levelt, 1989.

5 Hotopf, 1980.

6 Deese, 1965.

7 Allport & Funnell, 1981; Hand et al., 1979.

8 Bird et al., 2000; Black & Chiat, 2001; Chiat, 2002.

9 Hotopf, 1980.

10 G. A. Miller, 1990b; Fellbaum, 1998.

11 G. A. Miller, 1990a.

12 같은 곳.

13 R. Brown, 1958; Rosch et al., 1976.

14 Tversky, 1990.

15 같은 곳: 339.

16 Cruse, 1986.

17 Chaffin, 1992.

18 Cruse, 1986.

19 G. A. Miller, 1990a, C. A. Miller & Fellbaum, 1992.

20 Gross & Miller, 1990.

21 형용사에 관련된 추가의 복잡한 문제들에 대해서는 Gross et al., 1989를 참고하시오.

22 실험적 증거에 대해서는 Murphy & Andrew, 1993을 보시오.

23 Fellbaum, 1990.

24 McCawley, 1983: 263.

25 McCawley, 1983.

26 이론언어학에서는 명사, 동사, 형용사, 그리고 전치사를 네 개의 주요 단어 종류로 간주한다. 이러한 관점에 대한 개관적 설명에 대해서는 Napoli, 1993을 보시오.

27 Grodzinsky, 1990.

28 Wittgenstein, 1958: 12.

29 Friederici, 1982, 1985.

30 Gardner, 1974: 61.

31 Jakobson, 1956.

32 Kean, 1977: 10.

33 Goodglass & Menn, 1985; Caplan, 1987, 1992.

34 Culter & Isard, 1980; Butterworth, 1989.

35 Bradley, 1983; Bradley et al., 1980.

36 Gordon & Caramazza, 1982, 1985.

37 Friederici, 1985.

38 Shillcock & Bard, 1993에 실험에서 얻은 추가의 증거가 제시되어 있다.

10 동사의 힘

1 Carroll, 1967, Carroll, 1988: 197에서 재인용.

2 G. A. Miller & Fellbaum, 1991: 214.

3 *CED*, G. A. Miller & Fellbaum, 1992에 의한 수치. 이 연구자들은 다의어 수치를 고려하면 비율이 부분적으로 상쇄된다는 점을 지적하고 있다. 즉, 동사가 2.11, 명사가 1.74가 된다.

4 Anon, *First Grammar Book for Children*(London: Walker, 출간일 불명).

5 Hopper & Thompson, 1984.

6 1980년 1월 *British Journal of Hospital Medicine*에 게재된 의료기기 광고.

7 Hand et al., 1979.

8 Aitchison & Koppel, 준비중.

9 Levin, 1991: 208.

10 Levin, 1991.

11 Levin, 1991; Levin & Rappaport Hovav, 1996.

12 Levin, 1993.

13 같은 곳.

14 Levin & Rappaport Hovav, 1992.

15 같은 곳: 138.

16 Fillmore & Atkins, 1992.

17 같은 곳.

18 같은 곳 및 Fillmore & Atkins, 1994.

19 예를 들어 *LLA*, 1993을 보시오.

20 Carlson & Tanenhaus, 1988; Tanenhaus & Carlson, 1989; Tanenhaus et al.,

1990, 1993.

21 이 주제에 대한 초창기의 연구는 특히 Fillmore, 1968; Jackendoff, 1972를 보시오. 그리고 이 주제에 대한 보다 최근의 연구는 Talmy, 1985; Rappaport & Levin, 1988; Daxon, 1989; Jackendoff 1990을 보시오.

22 Jackendoff, 1990.

23 Gruber, 1965/1976. 이 연구는 Jackendoff, 1972에서 더 발전된 형태가 제시됨으로써 잘 알려지게 되었다.

24 하나의 역할을 주장하는 대표적인 사람들이 미국의 언어학자 Noam Chomsky를 중심으로 하는 일군의 학자들인데, Chomsky는 의미적 역할을 의미적인 것이 아니고 통사적인 것으로 간주하는 다소 논란의 여지가 있는 관점을 가지고 있다. 이러한 접근에서는 thematic roles라는 용어를 줄여서 theta-roles, 혹은 θ-roles라고 하며, 동사는 자신에 관련되는 의미역으로 어떤 것들이 있는지를 나타내는 thematic grid(의미역 틀)를 가지는 것으로 간주된다. 이러한 관점에 대한 요약으로는 Haegeman, 1994를, 그리고 여기에 대한 더 발전된 논의로는 Grimshaw, 1990을 보시오.

25 두 개 이상의 역할을 주장하는 대표적인 학자가 Jackendoff(Jackendoff, 1987, 1990)이다.

26 논쟁의 역사에 대해서는 Pullum, 1991을 보시오.

27 예를 들면 Dowty, 1991; Levin & Rappaport Havov, 1992.

28 Levin & Rappaport Havov, 1992.

29 Levin & Rappaport Havov, 1994, 1995.

30 Levin & Rappaport Havov, 1994, 1995; Rappaport Havov & Levin, 1998.

31 McKoon & MacFarland, 2000.

32 Vendler, 1967.

33 Pustejovsky, 1997; Pustejovsky & Boguraev, 1996; Pustejovsky, 2001.

11 단어의 조각

1 개괄적 논의로는 Aitchison, 1999; Spencer, 2001을 보시오.

2 Jarvella &Meihers, 1983.

3 예를 들어 Mackay, 1979.

4 Chomsky & Halle, 1968: 12.

5 Butterworth, 1983b.

6 굴절과 파생의 또 다른 차이점들에 대해서는 S. R. Anderson, 1988a, 1992: 75; Aronoff, 1994; Marslen-Wilson & Tyler, 1998을 보시오. 형태론 일반에 대해서는 특히 Spencer, 2001, 1991, 그리고 S. R. Anderson, 1992; Matthews, 1991; Carstairs-

McCarthy, 1992, Jensen, 1990을 보시오.

7   이러한 결론은 Stemberger & MacWhinney, 1986에서 분석하고 있는 발화오류들이 추가로 뒷받침한다.

8   Garrett, 1976, 1980.

9   Butterworth, 1983b.

10 Chialant & Caramazza, 1995; Tyler & Cobb, 1987도 참고하시오. 이 중 두 번째 연구에서는 굴절 형태론에서만 결함을 보이는 환자를 발견했다.

11 Ayto, 1990에서 발췌한 예들임.

12 Cheshire, 1982.

13 예를 들어 Cutler, 1983.

14 Murrell & Morton, 1974; Stanners et al., 1979.

15 Fowler et al., 1985. 차이의 원인으로 어떤 것이 있을 수 있는지에 대해서는 Schriefers et al., 1992를 보시오.

16 예를 들어 Napps & Fowler, 1987; J. P. Stemberger & MacWhinney, 1988; Napps, 1989.

17 Stemberger, 1985; Stemberger & MacWhinney, 1986.

18 Taft & Forster, 1975.

19 Taft, 1981; Taft et al., 1986. 다만 보다 최근에 Taft는 일말의 의문을 표시한 바 있다. Taft, 1988, 1994.

20 Taft, 1981: 296.

21 Fay, 1977.

22 이 논쟁의 초기 양상에 대한 요약으로는 Butterworth, 1983b; Cutler, 1983; Henderson, 1985를 보시오.

23 Rubin et al., 1979.

24 Aronoff, 1976.

25 Aitchison, 1983-4.

26 같은 곳.

27 Tyler et al., 1988.

28 Aitchison, 1983-4.

29 Cutler et al., 1985; Hawkins & Cutler, 1988.

30 예를 들어 Aronoff, 1976.

31 예를 들어 Mackay, 1979.

32 이러한 파생의 '층'의 세부사항에 대해서는 Spencer, 1991; Jensen, 1990을 보시오.

33 이 점은 예를 들어 Chomsky, 1970; Aronoff, 1976; Giegerich, 1999에서 지적된 바 있다.

34 Aitchison & Straf, 1982; Aitchison, 1987.

35 Aitchison, 1987.

36 Anshen & Aronoff, 1988: 647.

37 Anshen & Aronoff, 1988은 접미사 -*ness*가 발화의 과정 중에 첨가된다는 제안을 하고 있다.

38 Cutler, 1983; Henderson, 1989에서 요약되어있는 내용. Tyler et al., 1993도 참고하시오.

39 Manelis & Tharp, 1977.

40 Bergman et al., 1988.

41 Manelis & Tharp, 1977.

42 S. R. Anderson, 1988b; Bergman et al., 1988; Aitchison, 근간.

43 Anshen & Aronoff, 1988에서도 이와 유사한 제안을 볼 수 있다.

44 Tyler et al., 1993; Sandra, 1994. Marslen-Wilson & Zhou, 1999도 참고하시오.

12 말소리의 관리

1 음운론 입문으로는 Giegerich, 1992, 심리언어학적 관점에 대해서는 Bybee, 2002, 그리고 분절음에 대한 여러 가지 관점에 대해서는 Ohala, 1992; Cutler, 1992를 보시오.

2 Greenberg & Jenkins, 1964.

3 R. Brown & McNeill, 1966.

4 예를 들어 Koriat & Lieblich, 1974; Rubin, 1975; Browman, 1978. TOT 상태의 경험에 대한 개관으로는 A. S. Brown, 1991을 보시오.

5 Tweney et al., 1975.

6 Fay & Cutler, 1977; Hurford, 1981; Aitchison & Straf, 1982.

7 Aitchison & Straf, 1982.

8 Room, 1979.

9 Browman, 1978.

10 같은 곳: 48.

11 Aitchison & Straf, 1982.

12 Fay & Cutler, 1977: 514n. 여기에서는 유사음성오류의 83%에서 첫 번째 모음이 목표 단어와 일치했다고 주장한다.

13 R. Brown & McNeill, 1966.

14 Fay & Cutler, 1977에서는 87%. 하지만 Aitchison & Straf, 1982에서는 67%.

15 R. Brown & McNeill, 1966; Aitchison & Straf, 1982.

16 Hayes, 1983, 1984.

17 Liberman & Prince, 1977; Selkirk, 1980, 1984; Halle & Vergnaud, 1987. 입문으로 는 Giegerich, 1992; Ewen & van der Hulst, 2001; Kager, 1995를 보시오.

18 Browman, 1978; Aitchison & Straf, 1982.

19 Browman, 1978.

20 Stemberger, 1990.

21 Barton, 1971.

22 Goodglass et al., 1976.

23 Treiman, 1989. 이와 같은 분리에 대해서 처음 언급한 연구는 Mackay, 1972였는데, 여기에 이용된 예는 주로 독일어 예였다 . Laibstein, 1988; S. Davis, 1989는 이 견해 에 동의하지 않는다.

24 Treiman, 1989: 36.

25 Blevins, 1995.

26 Treiman, 1989.

27 예를 들어 Vincent, 1986; Wells, 1990; Giegerich, 1992를 보시오.

28 Halle & Clements, 1983에 제시된 요약이 도움이 될 것이다.

29 Fay & Cutler, 1977.

30 중첩되는 부분이 있지만 서로 다른 여러 가지 관점에 대해서는 Jakobson et al., 1952; Chomsky & Halle, 1968; van den Broecke & Goldstein, 1980; Ladefoged, 1993; Maddieson, 1984를 보시오.

31 Fay & Cutler, 1977.

32 Shattuck-Hufnagel & Klatt, 1979.

33 Berg, 1991b는 모든 단어가 완전한 형태로 등재되어있으며, 따라서 상당한 잉여성이 존재한다고 언급한다. 즉, 음절구조에 대한 지식이 단어가 규칙에 의해 만들어지게 하 지는 않는다는 것이다.

13 떠도는 단어

1 이 장 첫머리의 인용은 Trench(1855)에서 발췌한 것이며, Byron에 관련된 언급은 'Hints from Horac', 89에서 인용한 것이다.

2 Trench, 1856: 192.

3 Lewis Carroll *Through the Looking-Glass*(1872). *The Complete Words of Lewis Carroll*, London: Penguin, 1982, 196쪽에서 재인용.

4 Georg von der Gabelentz, 1891, Hopper & Traugott, 1993에서 재인용.

5 Hughes, 1988: 14.

6 Bréal, 1883, Ullmann, 1962: 6에서 재인용.

7 Hughes, 1988: 2-3.

8 Burchfield, 1895에서 발췌한 목록임.

9 *buff*에 관련된 예들은 Ayto, 1990에서 발췌한 것임.

10 Ullmann, 1962: 197.

11 Meillet, 1905-6.

12 *soup*은 Ayto, 1990에서.

13 Paul Bryers, *The Prayer of the Bone*. London: Bloomsbury, 1998, 45쪽. 완곡어
법에 대해서는 Ayto, 1993을 보시오.

14 Bloomfield, 1933: 347.

15 Aitchison, 2001에 Labov의 연구결과들이 요약되어있다.

16 Paul, 1880/1920.

17 Hopper & Traugott, 1993: 100. 다의어에 대한 보다 상세한 논의는 Geeraerts, 1992,
1993; Nerlich & Clark, 1997을 보시오.

18 *Chambers 21st Century Dictionary*, 1996.

19 Hopper & Traugott, 1993: 100.

20 Pustejovsky & Boguraev, 1996: 2에 제시된 용어를 이 절의 나머지 논의에서 사용하
기로 한다.

21 이 절과 다음 절의 예들은 Aitchison & Lewis(근간)에서 가져온 것이며, 결국은 BNC
에서 가져온 예들이다.

22 *New Oxford Dictionary of English*, 1998.

23 Aitchison & Lewis, 근간.

24 Otto Jespersen, 1925. Warren, 1992: 125.

25 Aitchison, 1996.

14 아이스크림콘의 해석

1 G. A. Miller & Johnson-Laird, 1976: 292.

2 M. K. Smith & Montgomery, 1989.

3 H. H. Clark & Gerrig, 1983.

4 *Aristotle, De Arte Poetica*, 1457b.

5 흔히 은유의 주어를 tenor(예를 들어 '젖꼭지'), 그리고 새로운 이름을 vehicle(예를 들
어 '아이스크림콘')이라고 한다.

6 Pollio et al., 1990.

7 Lakoff & Johnson, 1980: 3.

8 D. Sperber & Wilson, 1985/6.

9 은유가 널리 퍼져있다는 점, 그리고 '일상적인' 언어와 중첩된다는 점에 대해서는 Lakoff, 1987; Pollio et al., 1990도 참고하시오.

10 Lehrer, 1983.

11 Derek Cooper, Lehrer, 1983: 1에서 재인용.

12 H. R. Pollio et al., 1977.

13 은유에 대한 저서가 최근에 많이 출간되었다. 은유에 대한 여러 가지 관점에 대해서는 Gibbs. 1994; Goatly, 1997; Kittay, 1987; Ortony, 1993; Steen, 1994를 보시오.

14 Grice, 1975.

15 Brownell et al., 1984.

16 Cohen & Cohen, 1980: 240에서 재인용.

17 같은 곳: 260에서 재인용.

18 Lehrer, 1983: 14에서 재인용.

19 Chaucer, *Canterbury Tales*, Prologue, 152.

20 Blackburn, 1984: 175. T. S. Eliot이 만들어낸 은유이다.

21 Shakespeare, *Macbeth*, II. ii.

22 Cohen & Cohen, 1980: 183에서 재인용.

23 La Mettrie의 시계 은유(1748)는 MacCormack, 1985: 11에서 재인용한 것임. H. Sperber, 1930도 참고하시오.

24 H. R. Pollio et al., 1977: 4에서 재인용.

25 M. K. Smith et al., 1981; Draaisma, 2000은 기억에 대한 은유의 변화양상에 대해 조사하고 있다.

26 Lakoff, 1987; Johnson, 1987, 1992; Lakoff & Turner, 1989; Sweetser, 1990; Aitchison, 1997.

27 Lakoff, 1987; Lakoff & Kövecses, 1987; Kövecses, 1988.

28 Gibbs & O'Brien, 1990.

29 Osella & Osella, 1991.

30 Lakoff, 1987. Deignan, 1997도 참고하시오.

31 Aitchison, 1992a.

32 Sweetser, 1990; Wierzbicka, 1992c.

33 Lakoff & Johnson, 1980; Lakoff, 1987; Johnson, 1987, 1992; Heine, 1997.

34 H. R. Pollio et al., 1977; M. R. Pollio & Pickens, 1980.

35 Jimmy Kennedy의 서정시, 1935.

36 부분전체관계에 대해서는 Lakoff & Johnson, 1980; Lakoff & Turner, 1989; Panther & Radden, 1999; Ungerer & Schmid, 1996을 보시오.

37 H. H. Clark & Gerrig, 1983.

38 같은 곳.

15 Globber하는 매트리스

1 *Guardian*, 1984년 11월.

2 Humboldt, Bauer, 1983: 292에서 재인용.

3 Bauer, 1983.

4 여기에 인용한 googol에 대한 정의는 *Merriam-Webster's Collegiate Dictionary* 제
10판(1993)에서 발췌한 것이다. 기술적으로 볼 때 googol은 100의 제곱의 10배에 해당
한다(Chambers 21st century dictionary). Ayto(1999)에 어린 조카가 만들어냈다는
일화가 언급되어 있다.

5 생산성의 측정에 대해서는 이 장의 331-333을 보시오.

6 Aronoff, 1976.

7 Kastovsky, 1986의 언급으로, 이 연구에서는 조어의 여러 가지 이유들을 서로 구분할
필요가 있다는 점을 지적한다.

8 Robert Philip, *Daily Telegraph*, 1993년 8월 20일.

9 서로 다르지만 중첩되는 부분이 있는 관점들에 대해서는 Aronoff, 1976; Selki가, 1982b;
Dressler, 1985; Matthews, 1991; S. R. Anderson, 1992를 보시오.

10 Cutler et al., 1985.

11 Adams, 1973; Bauer, 1983.

12 E. V. Clark, 1981.

13 Downing, 1977.

14 같은 곳: 832.

15 Gleitman & Gleitman, 1970: 92.

16 Downing, 1977.

17 같은 곳.

18 Gleitman & Gleitman, 1979.

19 Adams, 1973; Bauer, 1983.

20 E. V. Clark, 1982.

21 E. V. Clark & G. Clark, 1979.

22 E. V. Clark, 1982.

23 *Time,* 1962 5월.

24 Aronoff, 1976.

25 McCarthy, 1982.

26 Aronoff, 1976; Romaine, 1983.

27 Lehnert, 1971.

28 같은 곳.

29 Romaine, 1983.

30 Cutler, 1980, 1981.

31 Romaine, 1983.

32 Cutler, 1980.

33 Aronoff, 1976; Romaine, 1983.

34 Aitchison, 1991.

35 Menn & MacWhinney, 1984.

36 Randall, 1980.

37 Bauer, 1983: 90; McCarty, 1982.

38 이 어미에 대해서는 Marchand, 1969; Bauer, 1994; Barker, 1998에서 논의된 바 있다.

39 Aitchison, 1994. 사전들은 mini- 단어들의 표기에 있어서 일관적이지 못하다. mini-skirt처럼 하이픈으로 연결하여 표기하는 경우가 있는가 하면, miniskirt처럼 하이픈 없이 하나의 단어로 표기하기도 한다. 단어가 보다 친숙한 단어가 되면서 하이픈이 사라지는 것으로 보인다.

40 *OED*에 의한 것임.

41 Baayen & Renouf, 1996.

42 Algeo, 1993, 1998; Anshen & Aronoff, 1988; Ayto, 1996; Kastovsky, 1986; Matthews, 1991.

43 S. H. Taylor, 1978: 352.

44 Bauer, 1983: 255.

45 Aronoff, 1986: 46.

46 Berko, 1958.

47 E. V. Clark & Hecht, 1982; Clark, 1993.

48 Sterling, 1983.

49 Aitchison, 2000.

50 Derwing & Baker, 1986: 331.

51 Marchand, 1969.

52 E. V. Clark et al., 1986; Clark, 1993.

16 아빠, Bongaloo가 뭐예요?

1 Chomsky(198: 27)는 하루에 12개씩이라고 제안하는 반면, G. A. Miller & Gilda (1987: 86)는 13개라고 제안한다. 교육을 받은 성인이 최소한 50,000개를 알고 있다는

가정을 할 때(1장), 계산을 통해 대강의 평균치가 얼마인지를 확인하는 데 긴 시간이
필요하지 않을 것이다.

2 이 추정치는 다음의 다양한 출처에 제시된 수치들을 평균하여 얻은 것이다. M. E.
Smith, 1926(여기에 제시된 평가치는 낮게 책정된 것으로 가정); N. V. S. Smith,
1973; Macnamara, 1982.

3 Carey, 1978.

4 Sully, 1897, Bar-Adon & Leopold, 1971: 31에서 재인용.

5 Bates et al., 1979.

6 아이들 사이에 상당한 차이가 있다(Harris et al., 1988). 즉, 소수의 아이들은 아주 어
린 나이부터 단어가 상징이라는 것을 아는 것으로 보인다.

7 Leopold, 1948, Bar-Adon & Leopold, 1971: 2에서 재인용.

8 Preyer, 1882, 같은 곳: 31에서 재인용.

9 Leopold, 1948. 같은 곳: 2에서 재인용.

10 McShane, 1979, 1980; Kamhi, 1986.

11 Barrett, 1983, 1986, 1995.

12 McShane, 1979, 1980; Kamhi, 1986.

13 음운론적인 설명에 대해서는 16장과 Plunkett, 1993을 보시오. 폭발이 범주화 능력의
발달과 연관되어 있다는 주장을 개진하고 있는 Gopnik & Meltzoff, 1987도 참고하
시오.

14 Goldfield & Reznick, 1990; Bloom, 2000: 35.

15 Goldfield & Reznick, 1990; Harris et al., 1988; Goldfield, 1993; Nelson et al.,
1993.

16 Goldfield & Reznick, 1990: 180.

17 Lieven et al., 1992; Nelson, 1973에서는 지금은 유명해진 '지시적' 어휘와 '표현적' 어
휘간의 구분을 처음 시도하였다. Lieven et al., 1992에서는 그 문제점이 지적되었고,
Nelson은 그 후 자신의 아이디어를 발전시켜왔다. Nelson et al., 1993을 보시오.

18 Nelson et al., 1993.

19 Leopold, 1948, Bar-Adon & Leopold, 1971: 98에서 재인용.

20 Carey, 1978: 288.

21 Asch & Nerlove, 1960.

22 Sully, 1897, Bar-Adon & Leopold, 1971: 37에서 재인용.

23 Leopold, 1948, Bar-Adon & Leopold, 1971: 98에서 재인용. 공백 메우기는 Hoek et
al., 1986에서도 논의하고 있다.

24 Ferguson & Farwell, 1975.

25 Chambersm 1904, Leopold, 1948에 인용되어 있으며, Bar-Adon & Leopold, 1971:

99에서 재인용.

26 Leopold, 1948, 같은 곳: 101에서 재인용.

27 E. V. Clark, 1973: 72.

28 Nelson et al., 1978.

29 Vygotsky, 1934/1962: 70.

30 Bowerman, 1980.

31 Bowerman, 1978.

32 전형에 입각해 설명할 수 있는 영역확장의 추가 예들은 Griffiths, 1986을 보시오.

33 Markman, 1989.

34 Landau et al., 1988, 1992; Baldwin, 1992.

35 Merriman et al., 1993.

36 Keil & Batterman, 1984.

37 같은 곳: 229.

38 Anglin, 1970; Keil & Batterman, 1984; Keil, 1989.

39 Aitchison, 1992b.

40 Landau & Gleitman, 1985: 22.

41 같은 곳: 91.

42 같은 곳: 165.

43 Gropen et al., 1992.

44 Macnamara, 1982.

45 Inhelder & Piaget, 1964.

46 Macnamara, 1982.

47 '하나의 이름'에 대한 선호를 지칭하는 여러 가지 이름들이 있는데, 예를 들면, E. V. Clark, 1987, 1993의 '대조의 원리(principle of contrast)'; Merriman & Bowman, 1989의 '상호배제성(mutual exclusivity)'이 그것이다. 다만 이것이 모든 나이에 해당하는 현상인지에 대해서는 논란이 있다(Merriman, 1991).

48 Bowerman, 1978, 1982.

49 Bowerman, 1978.

50 Anglin, 1970: 99.

51 Werner & Kaplan, 1950.

52 Haviland & Clark, 1974.

53 Goldfield & Snow, 1992.

54 Haviland & Clark, 1974.

55 유익한 개관으로는 Richards, 1979를 보시오.

56 Maratsos, 1973.

57 Entwisle, 1966; R. Brown & Berko, 1960.

58 R. Brown & Berko, 1960: 14.

59 White, 1982.

60 Wiegel-Crump & Dennis, 1986.

61 Anglin, 1970: 99.

62 단어 의미의 발달을 개관한 다른 연구로는 Pease et al., 1993; Griffiths, 1986을, 그리고 단어 의미의 발달에 대한 보다 상세한 논의로는 Markman, 1989를 보시오.

17 Aggergog Miggers, Wips, Gucks

1 N. V. S. Smith, 1973.

2 Sully, 1897, Bar-Adon & Leopold, 1971: 36에서 재인용.

3 더 완전한 목록은 Chiat, 1979; Ingram, 1986, 1989 Menn & Stoel-Gammon, 1993을 보시오.

4 Waterson, 1970: 23.

5 Fourcin, 1978.

6 Vihmann, 1981.

7 Bloch, 1821, Vihmann, 1981: 248에서 재인용.

8 N. V. S. Smith, 1973.

9 Berko & Brown, 1960.

10 Jakobson, 1941/1968: 23.

11 N. V. S. Smith, 1973.

12 Vihmann, 1981.

13 Eimas et al., 1971; Eimas, 1985.

14 Morse, 1976; Kuhl & Miller, 1974, 1975.

15 Schultze, 1880, Bar-Adon & Leopold, 1971: 28에서 재인용.

16 Jakobson, 1941/1968.

17 Leopold, 1947.

18 Jakobson, 1941/1968.

19 예를 들어 Macken, 1980.

20 예를 들어 Leopold, 1947.

21 예를 들어 Velten, 1943.

22 Stampe, 1969, 1979.

23 아이들의 음운론에 대한 뛰어나면서도 완전한 개관으로는 Vihmann, 1996을, 그리고 이보다 짧지만 유익한 최근의 개관으로는 Menn & Stoel-Gammon, 1995를 보시오.

언어에 문제가 있는 아이들에 대해서는 Chiat, 2000을 보시오. '명명폭발'이 단어경계
의 확인함으로써 발생한다는 아이디어는 Plunkett, 1993에 제시되어 있다.

24 Peters, 1983.
25 R. Clark, 1974.
26 Dupreez, 1974; Blasdell & Jensen, 1970.
27 아이들이 단어간의 경계를 어떻게 확인하는지에 대한 보다 완전한 설명으로는 Chiat,
    1979, 1983을 보시오. 강세와 강약의 중요성에 대해서는 Gleitman et al., 1988;
    Echols & Newport, 1992; Echols, 1993; Jusczyk, 1993을 보시오.
28 Braine, 1974: 283.
29 N. V. S. Smith, 1973.
30 Ferguson & Farwell, 1975; Menyuk & Menn, 1979.
31 Drachman, 1973.
32 Ingram, 1986.
33 Vihmann, 1981.
34 N. V. S. Smith, 1973.
35 Menn, 1978.
36 Priestley, 1977.
37 Aitchison, 1972.
38 Vihmann, 1981.
39 Aitchison & Straf, 1982.
40 예를 들어 Slobin, 1973; Vihmann, 1981.
41 Vihmann, 1981; Echols, 1993.
42 Wijnen et al., 1994.
43 Aitchison & Chiat, 1981.
44 Vihmann, 1978.
45 N. V. S. Smith, 1973.
46 Gathercole & Baddeley, 1989; Papagno & Vallar, 1992는 단어의 장기적 저장이 음
    운론적 단기 기억에 중요한 영향을 받는다는 사실을 발견했다.
47 Aitchison & Chiat, 1981.

18 뒤지기와 찾아내기

1 James, 1890/1981: 245.
2 Carroll, 1876/1967: 42.
3 Baars, 1980.

4 Butterworth, 1979.

5 Bickerton, 1981.

6 차단에 대해서는 A. S. Brown, 1991; Burke et al., 1991; Jones & Langford, 1987; Jones, 1989를 보시오.

7 Wheeldon & Monsell, 1994.

8 저자 본인의 예들이며, '환경에 의한 혼합'에 대한 더 상세한 내용은 Harley, 1990을 보시오.

9 Freud, 1901/1975: 112.

10 double entendres를 이 범주에 포함시키고 있는 Motley, 1985a를 보시오.

11 Motley, 1985b.

12 Chaika, 1974: 261.

13 같은 곳: 260.

14 D. Green, 1986.

15 Garrett, 1993: 146.

16 A. S. Brown, 1991; Burke et al., 1991.

17 Levelt, 1993a: 17.

18 예를 들어 Levelt, 1989, 1993a; Garrett, 1993; Schriefers et al., 1991; Roelofs, 1993a; Dell & O'Seaghdha, 1993; Caramazza, 1997.

19 이보다 앞의 단계가 존재한다는 것에 대한 확실한 증거는 없으며, '당신의 생각들을 종합하여 레마를 만드시오'(7장)라는 말이 고작인데, 다만 여기에 동의하지 않는 학자들이 있다(예를 들어 Levelt, 1989). 개념 전체의 층위인 '더 높은' 층위를 제안하는 사람들도 있다(예를 들어 Roelofs, 1992, 1993a, b).

20 Browman, 1978.

21 McClelland, 1979.

22 Ellis, 1985a.

23 예를 들어 Dell & Reich, 1980; Dell, 1986, 1988; Stemberger, 1985; Ellis, 1985b; Roelofs, 1992, 1993a, b; Knott et al., 1997.

24 Morton, 1979.

25 Laver, 1980

26 발화산출에서의 어휘집의 역할에 대한 다른 여러 가지 설명에 대해서는 Levelt, 1989, 1992; Garman, 1990을 보시오. 논문집으로는 Levelt, 1993b가 있다.

19 조직적 추측

1 Liberman et al., 1957.

2 Matthei & Roeper, 1983: 43.

3 Liberman et al., 1957.

4 Matthei & Roeper, 1983: 37.

5 R. M. Warren, 1970.

6 Bond & Garnes, 1980; Garnes & Bond, 1980.

7 Ganong, 1980.

8 Reddy, 1976, Cole, 1980: 137에서 재인용.

9 Browman, 1980.

10 예를 들어 Klatt, 1981, 1989.

11 예를 들어 Cole & Jakimik, 1980.

12 예를 들어 Segui, 1984; Mehler, 1981.

13 Norris & Cutler, 1985; Frauenfelder, 1985; Dupoux, 1993.

14 Cutler & Butterfield, 1992: 218.

15 Cutler, 1989, 1990; Cutler & Butterfield, 1992; Grosjean & Gee, 1987.

16 Cutler, 1990에서.

17 Cutler & Butterfield, 1992.

18 Lehiste, 1960, 1972; Frauenfelder, 1985; Church, 1987.

19 Browman, 1980.

20 Bond & Garnes, 1980; Garnes & Bond, 1980. '귀-미끄러짐'에 대한 완전한 설명은 Bond, 1999를 보시오.

21 Matthei & Roeper, 1983.

22 쉽게 혼동되는 소리들의 목록은 G. Miller & Nicely, 1955; Wang & Bilger, 1973; Goldstein, 1980을 보시오.

23 Solomon & Howes, 1951. Balota & Chumbley, 1984; Allen et al., 1992도 참고하시오.

24 Forster, 1976.

25 Forster, 1976 -다만 Forster는 자신의 생각을 다소 바꾸었다. Forster, 1989를 보시오.

26 Glanzer & Ehrenreich, 1979.

27 Morton, 1979.

28 Mackay, 1966.

29 Lackner & Garrett, 1972.

30 Foss, 1970.

31 Swinney, 1979.

32 예를 들어 Seidenberg et al., 1982; Kinoshita, 1986.

33 Tanenhaus et al., 1979.

34 Jastrzembski, 1981.

35 Marslen-Wilson & Tyler, 1980, 1981; Marslen-Wilson, 1987, 1989, 1990; Tyler, 1989.

36 Marslen-Wilson, 1987, 1990.

37 Tyler, 1984, 1989.

38 Marslen-Wilson & Tyler, 1980, 1981; Marslen-Wilson, 1987, 1989, 1990; Tyler, 1984, 1989.

39 Marslen-Wilson, 1987, 1989b, 1990, 1993.

40 McClelland & Elman, 1986.

41 Elman & McClelland, 1984; McClelland & Elman, 1986; Elman, 1990, 그리고 Altmann, 1990에 수록된 여러 논문.

42 Morton, 1979.

43 Norris, 1986; Norris, 1990.

44 Luce et al., 1990; Shillock, 1990; Bard & Shillock, 1993.

45 Grosjean, 1985; Bard et al., 1989.

46 Sparck-Jones, 1984.

47 단어인식에 대한 추가의 간략한 설명은 Tyler & Frauenfelder, 1987; Forster, 1989; Garman, 1990을 보시오. 보다 확장된 논의는 Frauenfelder & Tyler, 1987에 수록된 논문들과 Marslen-Wilson, 1989b, 그리고 Altmann, 1990을 보시오.

20 이상한 조직, 기묘한 해결책

1 Jacob, 1977.

2 Fritz Mauthner, Blackburn, 1984: 8에서 재인용.

3 Chapman, 1984.

4 John Ayto, *Observer*, 1985년 11월.

5 Bolton, 1984: 34에서 재인용.

6 R. Brown et al., 1955: 389.

7 Köhler, 1947.

8 Holland & Wertheimer, 1964.

9 R. Davis, 1961.

10 Ultan, 1984; Woodworth, 1991; Hinton et al., 1994.

11 Fay & Cutler, 1977.

12 Shattuck-Hufnagel, 1979.

13 Milroy, 1987.

14 Günther, 1989.

21 맺는 말

1 Simon, 1981: 111.

2 Katz & Fodor, 1963: 183.

3 Bolinger, 1965: 571.

4 A. Hakulinen, Bauer, 1983: 1에서 재인용.

5 G. A. Miller & Gildea, 1987: 86.

6 Marin, 1982: 64.

7 예를 들어 Hudson, 1984b.

8 Elman & McClelland, 1984: 337.

9 예를 들어 Elman & McClelland, 1984; McClelland & Elman, 1986; Marcus, 1984; Klatt, 1980.

10 McClelland & Rumelhart, 1986; Rumelhart & McClelland, 1986; Elman, 1990. 입문으로는 Bechtel & Abrahamsen, 1991을 보시오.

11 Blakemore, 1977: 85.

12 Garfield, 1978: 1.

13 단원성 일반에 대해서는 Garfield, 1987을, 단원성과 어휘집에 대해서는 특히 Tanenhaus et al., 1987을 보시오.

14 Pustejovsky, 1995; Pustejovsky & Boguraev, 1996; Pustejovsky, 1998, 2001.

15 Cotterill, 1998: 481.

16 같은 곳.

17 Pustejovsky, 1998.

18 Carey, 1987: 265.

19 Chomsky, 1988: 27.

20 Gould & Marler, 1987; Aitchison, 1989; Markman, 1992.

21 Chomsky, 1988: 32.

22 같은 곳: 28.

23 Jackendoff, 1983, 1990.

24 Landau & Jackendoff, 1993.

25 Bowerman & Levinson, 2001.

26 Bowerman & Choi, 2001.

27 Brown, 2001.

28 Levinson, 2001: 584.

29 Nirmala, 1981.

30 Krishnamurti & Mukjerjee, 1984.

31 Laudanna et al., 1992.

32 Pillon et al., 1991.

33 Meara & Ellis, 1982.

34 Berg, 1991a.

35 Mehler, 1981.

36 Grover Stripp & Bellin, 1985.

37 Hankamer, 1989.

38 Lukatela et al., 1980; Feldman & Fowler, 1987.

39 Burani & Laudanna, 1992.

40 Mackay, 1979; Clahsen et al., 2001.

41 Jarvella & Meijers, 1983; Jarvella et al., 1987.

42 Schriefers et al., 1991.

43 여러 언어에서의 언어처리에 대한 유익한 논문들은 Frauenfelder & Cutler, 1985를
   보시오.

44 Jakimik et al., 1985.

45 Black & Byng, 1986.

46 여기에 대한 요약으로 유익한 자료는 Ellis, 1984를 보시오.

47 유익한 논문들은 Allport et al., 1987을, 난독증(읽기에서의 어려움)으로부터 얻은 증
   거에 토대를 둔 어휘집의 모델은 Fromkin, 1987을, 구어에서 얻은 증거와 문어에서
   얻은 증거를 동등하게 평가하는 심리언어학적 접근은 Garman, 1990을 보시오.

48 제2언어에의 어휘에 대한 유익한 문헌들은 Meara, 1983을, 어휘항목을 다루는 데 있어
   서 이중 언어 구사자들과 단일 언어 구사자들 사이에 어떤 차이점들이 있는지에 대해
   서는 Merriman & Kutlesic, 1993을 보시오.

49 D. Green, 1986; Kirsner et al., 1984.

50 Milton, *Areopagitica*.

52 Umberto Eco, *The Name of the Rose*, William Weaver 역. London: Pan, 1984,
   316쪽.

참고문헌

Adams, V. (1973). *An Introduction to Modern English Word-formation*. London: Longman.

Aijmer, K & Altenberg, B.(eds)(1991). *English Corpus Linguistics*. London: Longman.

Aitchison, J. (1972). Mini-malapropisms. *British Journal of Disorders of Communication*, 7, 38-43.

_____ (1981). Mad, bad and dangerous to know. *Literary Review*, July, 81-2.

_____ (1983-4), The mental representation of prefixes. *Osmania Papers in Linguistics*, 9-10(Nirmala Memorial Volume), 61-72.

_____ (1985). Cognitive clouds and semantic shadows. *Language and Communication*, 5, 69-93.

_____ (1987). Reproductive furniture and extinguished professors. In R. Steele & T. Threadgold(eds), *Language Topics*, vol. 2. Amsterdam: John Benjamins.

_____ (1989). *The Articulate Mammal: An introduction to Psycholinguistics*, 3rd edn. London: Routledge.

_____ (1990). Review of Lakoff(1987), in *International Journal of Lexicography*, 3, 147-9.

_____ (1992a). Chains, nets or boxes? The linguistic capture of love, anger and fear. In W. G. Busse(ed.), *Anglistentag 1991 Düsseldorf, Proceedings*. Berlin: Mouton de Gruyter.

_____ (1992b). Good birds, better birds and amazing birds: the development of prototypes. In H. Béjoint & P. Arnaud(eds), *Vocabulary and Applied Linguistics*. London: Macmillan.

_____ (1993). Review of Tsohatzidis(1990), in *International Journal of Lexicography* 6, 215-21.

_____ (1994). *Language Joyriding*. Oxford: Clarendon Press.

_____ (1996). *The Seeds of Speech: Language Origin and Evolution*. Cambridge: Cambridge University Press.

_____ (1997). *The Language Web: The Power and Problem of Words*. Cambridge:

Cambridge University Press.

_____ (1998). *The Articulate Mammal: An Introduction to Psycholinguistics*, 4th edn. London: Routledge.

_____ (1999). *Linguistics*, 5th edn. London: Hodder and Stoughton TY Books. Also published as Linguistics: An Introduction, 2nd edn. Hodder and Stoughton.

_____ (2000). Shuddering halt or sudden spurt? The linguistic development of (pre-)adolescents. In H. W. Kam & A. Pakir(eds), *Recent Developments and Issues in Applied Linguistics: A Collection of SAAL(Singapore Association for Applied Linguistics) Lectures*. Singapore: EPB

_____ (2001). *Language Change: Progress or decay?* 3rd edn. Cambridge: Cambridge University Press.

_____ (in press). Speech preception and production. In *Morphology: A Handbook for Inflection and Word Formation*, vol. 2. Berlin: Walter de Gruyter.

Aitchison, J. & Chiat, S. (1981). Natural phonology or natural memory? The interaction between phonological processes and recall mechanisms. *Language and Speech*, 24, 311-26.

Aitchison, J. & Koppel, A. (1990). *The lexicon in 11-14 year olds*. Mimeo.

Aitchison, J. & Lewis, D. M. (1995). How to handle wimps: incorporating new lexical items as an adult. *Folia Linguistica*, 29, 7-20.

_____ (1996). The mental word web: forging the links. In Svartvik (1996).

_____ (in press). Polysemy and bleaching. In B. Nerlich et al.(eds), *Patterns of Meaning in Mind and Language*. Berlin: Mouton de Gruyter.

Aitchison, L. & Straf, M. (1982). Lexical storage and retrieval: a developing skill. In Cutler(1982a). Originally published in *Linguistics*, 19(1981), 751-95.

Algeo, J. (1993). Desuetude among new English words. *International Journal of Lexicography*, 6, 282-93.

_____ (1998). Vocabulary. In S. Romaine(ed.), *The Cambridge History of the English Language*, vol. 4, 1776-1997. Cambridge: Cambridge University Press.

Allen, P. A., McNeal, M. & Kvak, D. (1992). Perhaps the lexicon is coded as a function of word frequency. *Journal of Memory and Language*, 31, 826-44.

Allport, A. & Funnell, E. (1981). Components of the mental lexicon. *Philosophical Transactions of the Royal Society of London* B, 295, 397-410. (=*Psychological Mechanisms of Language*. London: The Royal Society and the British Academy).

Allport, A., Mackay, D., Prinz, W. & Sheerer, E.(eds)(1987). *Language Perception and Production: Relationships between Listening, Speaking, Reading and Writing*. London: Academic Press.

Altmann, G. T. M.(ed.)(1990). *Cognitive Models of Speech Processing: Psycholinguistic and Computational Perspectives*. Cambridge, MA: MIT Press.

Altmann, G. T. M & Shillcock, R.(eds)(1993). *Cognitive Models of Speech Processing*. Hove: Lawrence Erlbaum.

Anderson, R. C. & Freebody, P. (1981). Reading comprehension and the assessment and acquisition of word knowledge. In J. T. Guthrie(ed.), *Comprehension and Teaching*. Newark, DE: International Reading Association.

Anderson, S. R. (1988a). Inflection. In Hammond and Noonan(1988).

_____ (1988b). Morphology as a parsing problem. *Linguistics*, 26, 521-49.

_____ (1992). *A-morphous Morphology*. Cambridge: Cambridge University Press.

Anglin, J. M. (1970). *The Growth of Word Meaning*. Cambridge, MA: MIT Press.

Anshen, F. & Aronoff, M. (1988). Producing morphologically complex words. *Linguistics*, 26, 641-56.

Arbib, M. A., Caplan, D. & Marshall, J. C.(eds) (1982), *Neural Models of Language Processes*. New York: Academic Press.

Armstrong, S. L., Gleitman, L. R. & Gleitman, H. (1983). What some concepts might not be. *Cognition*, 13, 263-308.

Aronoff, M. (1976). *Word Formation in Generative Grammar*. Linguistic Inquiry Monograph 1. Cambridge, MA: MIT Press.

_____ (1994). *Morphology by itself*. Cambridge, MA: MIT Press.

Asch, S. E. & Nerlove, H. (1960). The development of double-function terms in children: An exploratory investigation. In B. Kaplan & W. Wapner(eds), *Perspectives in Psychological Theory*. New York: International Universities Press. Also in De Cecco (1967).

Aston, G. & Burnard, L. (1997). *The BNC Handbook: Exploring the British National Corpus with SARA*. Edinburgh: Edinburgh University Press.

Aveni, A. (1990). *Empires of Time: Calendars, Clocks and Cultures*. London: I.B. Tauris.

Ayto, J. (1980). When is a meaning not a meaning? *Times Educational Supplement*, 25 April, 45.

_____ (1984). The vocabulary of definition. In D. Goetz & T. Herbst(eds), *Theoretische und praktische Probleme der Lexicographie*. Munich: Max Hueber Verlag.

_____ (1990a). *Bloomsbury Dictionary of Word Origins*. London: Bloomsbury.

_____ (1990b). *The Longman Register of New Words*, vol. 2. London: Longman.

_____ (1993). *Euphemisms: Over 3,000 Ways to avoid Being Rude or Giving Offence*. London: Bloomsbury.

_____ (1996). Lexical life expectancy - a prognostic guide. In Svartvik (1996).

_____ (1999). *20th Century Words*. Oxford: Oxford University Press.

Baars, B. J. (1980). The competing plans hypothesis: an heuristic viewpoint on the causes of errors in speech. In H. W. Dechert & M. Raupach(eds), *Temporal Variables in Speech*. The Hague: Mouton.

Baayen, H. & Lieber, R. (1991). Productivity and English derivation: a corpus-based study. *Linguistics*, 29, 801-45.

Baayen, H. & Renouf, A. (1996). Chronicling The Times: productivity lexical innovations in a English newspaper. *Language*, 72, 69-96.

Baddeley, D. A. (1983). *Your Memory: A User's Guide*. Harmondsworth: Penguin.

_____ (1986). *Working Memory*. Oxford: Oxford University Press.

_____ (1990). *Human Memory: Theory and Practice*. Hove: Lawrence Erlbaum.

Baldwin, D. A. (1992). Clarifying the role of the shape assumption. *Journal of Experimental Psychology: Human Perception and Performance*, 10, 340-57.

Bar-Adon, A. & Leopold, W. F.(eds)(1971). *Child Language: A Book of Readings*. Englewood Cliffs, NJ: Prentice-Hall.

Bard, E. G. & Shillcock, R. (1993). Competitor effects during lexical access: Chasing Zipf's tail. In Altmann & Shillcock (1993).

Bard, E. G., Shillcock, R. C. & Altmann, G. T. M. (1989). The recognition of words after their acousitic affect: effect of subsequent context. *Perception and Psychophysics*, 44, 395-408.

Barker, C. (1988). Episodic -ee in English: a thematic constraint on new word formation. *Language*, 74, 695-727.

Barnbrook, G. (1996). *Language and Computers: A Practical Introduction to the Computer Analysis of Language*. Edinburgh: Edinburgh University Press.

Barrett, M. (1983). Scripts, prototypes and the early acquisition of word meaning. *Working Papers of the London Psycholinguistic Research Group*, 5, 17-26.

_____ (1986). Early semantic representations and early word usage. In S. S. Kuczaj & M. D. Barrett(eds), *The Development of Word Meaning*. New York: Springer.

_____ (1995). Early lexical development. In Fletcher & MacWhinney (1995).

Barsalou, L. W. (1983). Ad hoc categories. *Memory and Cognition*, 11, 211-27.

_____ (1985). Ideals, central tendency, and frequency of instantiation as determinants of graded structure in categories. *Journal of Experimental Psychology: Learning, Memory and Cognition*, 11, 629-54.

_____ (1992). Frames, concepts and conceptual fields. In Lehrer & Kittay (1992).

Barton, M. (1971). Recall of generic properties of words in aphasic patients. *Cortex*, 7, 73-82.

Bates, E., Benigni, R., Bretherton, L., Camioni, R. & Volterra, V. (1979). *The Emergence of Symbols: Communication and Cognition in Infancy*. New York: Academic Press.

Bauer, L. (1983). *English Word-formation*. Cambridge: Cambridge University Press.

_____ (1994). *Watching English Change*. London: Longman.

Bechtel, W. & Abrahamson, A. (1991). *Connectionism and the Mind: An Intro- duction to Parallel Processing in Networks*. Oxford: Basil Blackwell.

Béjoint, H. (2000). *Modern Lexicography: An introduction*. Oxford: Oxford University Press.

Benson, D. F. (1979). Neurologic correlates of anomia. In H. Whitaker & H. A. Whitaker(eds), *Studies in Neurolinguistics*, 4. New York: Academic Press.

Berg, T. (1991a). Phonological processing in a syllable-timed language with pre- final stress: Evidence from Spanish speech error data. *Language and Cognitive Processes*, 6, 903-25.

_____ (1991b). Redundant feature coding in the mental lexicon. *Linguistics*, 29, 903-25.

Bergman, M. W., Hudson, P. T. W. & Eling, P. A. T. M. (1988). How simple complex words can be: morphological processing and word representations. *Quarterly Journal of Experimental Psychology*, 40A, 41-72.

Berko, J. (1958). The child's learning of English morphology. *Word*, 14, 150-77.

Berko, J. & Brown, R. (1960). Psycholinguistic research methods. In P. H. Mussen(ed.), *Handbook of Research Methods in Child Development*. New York: John Wiley.

Berko Gleason, J.(ed.) (1993). *The Development of Language*, 3rd edn. New York: Macmillan.

Berlin, B. & Kay, P. (1969). *Basic Color Terms: Their Universality and Evolution*. Berkeley and Los Angeles: University of California Press.

Bever, T. G., Carroll, J. M. & Miller, L. A.(eds) (1984). *Talking Minds*. Cambridge, MA: MIT Press.

Biber, D., Conrad, S. & Reppen, R. (1998). *Corpus Linguistics: Investigating Language Structure and Use*. Cambridge: Cambridge University Press.

Bickerton, K. (1981). Jargon aphasia: a headache in aphasiology. *Working Papers of the London Psycholinguistics Research Group*, 3, 13-24.

Bierwisch, M. (1967). Some semantic universals of German adjectivals. *Foundations of Language*, 3, 1-36.

_____ (1970). Semantics. In J. Lyons(ed.), *New Horizons in Linguistics*. Harmonds- worth: Penguin Books.

Bird, H., Howard, D. & Franklin, S. (2000). Why is a verb like an inanimate object? Grammatical category and semantic deficits. *Brain and Language*, 72, 246-309.

Black, M. & Byng, S. (1986). Prosodic constraints on access in reading. *Cognitive Neuropsychology*, 3, 369-409.

Black, M. & Chiat, S. (in press). Noun-verb dissociations: a multi-faced phenomenon.

Journal of Neurolinguistics.

Blackburn, S. (1984). *Spreading the Word: Groundings in the Philosophy of Language.* Oxford: Clarendon Press.

Blackmore, C. (1977). *Mechanics of the Mind.* Cambridge: Cambridge University Pess.

Blasdell, R. & Jensen, P. (1970). Stress and word position as determinants of imitation in first language learners. *Journal of Speech and Hearing Research,* 12, 193-202.

Blevins, J. (1995). The syllable in phonological theory. In Goldsmith (1995).

Bloomfield, L. (1933). *Language.* New York: Holt, Rinehart, Winston.

Blumstein, S. E. (1995). The neurobiology of language. In J. L. Miller & P. D. Eimas(eds), *Speech, Language and Communication.* San Diego: Academic Press.

Bolinger, D. (1965). The atomization of meaning. *Language,* 41, 553-73.

_____ (1992). About furniture and birds. *Cognitive Linguistics,* 3, 111-17.

Bolton, W. F. (1984). *The Language of 1984.* Oxford: Basil Blackwell.

Bond, Z. S. (1999). *Slips of the Ear: Errors in the Perception of Casual Conversation.* London: Academic Press.

Bond, Z. S. & Garnes, S. (1980). Misperceptions of fluent speech. In Cole (1980).

Boomer, D. S. & Laver, J. D. M. (1968). Slips of the tongue. *British Journal of Disorders of Communication,* 3, 1-12. Also in Fromkin (1973).

Bouma, H. & Bouwhuis, D. G.(eds) (1984). *Attention and Performance X: Control of Language Processes.* Hillsdale, NJ: Lawrence Erlbaum.

Bowerman, M. (1978). Systemtizing semantic knowledge: changes over time in the child's organization of meaning. *Child Development,* 49, 977-87.

Bowerman, M. (1980). The structure and origin of semantic categories in the language learning child. In D. Foster & S. Brandes(eds), *Symbol as Sense: New Approaches to the Analysis of Meaning.* New York: Academic Press.

_____ (1982). Reorganizational processes in lexical and syntactic development. In Wanner & Gleitman (1982).

Bowerman, M. & Choi, S. (2001). Shaping meanings for language: universal and language-specific in the acquisition of spatial semantic categories. In Bowerman & Levinson (2001).

Bowerman, M. & Levinson, S. C.(eds) (2001). *Language Acquisition and Conceptual Development.* Cambridge: Cambridge University Press.

Bradley, D. C. (1983). *Computational Distinctions of Vocabulary Type.* Bloomington, IN: Indiana University Linguistics Club.

Bradley, D. C., Garrett, M. F. & Zurif, E. B. (1980). Syntactic deficits in Broca's aphasia. In Caplan (1980).

Braine, M. D. S. (1974). On what might constitute learnable phonology. *Language*, 50, 270-99.

_____ (1990). Can children use a verb without exposure to its argument structure? *Journal of Child Language*, 17, 313-42.

Bresler, F. (1983). *The Mystery of Georges Simenon*. London: Heinemann.

Browman, C. P. (1978). *Tip of the Tongue and Slip of the Ear: Implications for Language Processing*. UCLA Working Papers in Phonetics 42.

_____ (1980). Perceptual processing: Evidence from slips of the ear. In Fromkin (1980).

Brown, A. S. (1991). A review fo the tip-of-the-tongue experience. *Psychological Bulletin*, 109, 204-34.

Brown, G. & Yule, G. (1983). *Discourse Analysis*. Cambridge: Cambridge University Press.

Brown, P. (2001). Learning to talk about motion UP and DOWN in Tzeltal: is there a language specific bias for verb learning? In Bowerman & Levinson (2001).

Brown, R. (1958). *Words and Things*. New York: Free Press.

Brown, R.(ed.) (1970). *Psycholinguistics: Selected Papers*. New York: Free Press.

Brown, R. & Berko, J. (1960). Word association and the acquisition of grammar. *Child Development*, 31, 1-14. Also in De Cecco (1967).

Brown, R. & McNeill, D. (1966). The 'tip of the tongue' phenomenon. *Journal of Verbal Learning and Verbal Behaviour*, 4, 325-37. Also in Brown (1970).

Brown, R., Black, A. H. & Horowitz, A. E. (1955). Phonetic symbolism in natural language. *Journal of Abnormal Social Psychology*, 50, 388-93. Also in Brown (1970).

Brownell, H. H., Potter, H. H. & Michelow, D. (1984). Sensitivity to lexical denotation and connotation: a double dissociation? *Brain and Language*, 22, 253-65.

Bulmer, R. (1967). Why is the cassowary not a bird? *Man*, NS 2, 5-25. Also in M. Douglas(ed.), *Rules and Meanings*. Harmondsworth: Penguin, 1973

Burani, C. & Laudanna, A. (1992). Units or representation for derived words in the lexicon. In R. Frost & L. Katz(eds), *Orthography, Phonology, Morphology and Meaning*. Elsevier Science.

Burchfield, R. (1985). *The English Language*. Oxford: Oxford University Press.

Burke, D. M., Mackay, D., Worthley, J. S. & Wade, E. (1991). On the tip of the tongue: What cuases word finding failures in young and older adults? *Journal of Memory and Learning*, 30, 542-79.

Butterworth, B. (1979). Hesitation and the production of noelogisms in jargon aphasia. *Brain and Language*, 8, 133-61.

_____ (1980a). Evidence from pauses in speech. In Butterworth (1980b).

_____ (ed.) (1980b). *Language Production*, vol. 1. New York: Academic Press.

_____ (ed.) (1983a). *Language Production*, vol. 2. New York: Academic Press.

_____ (1983b). Lexical access in speech production. In Marslen-Wilson (1989).

_____ (1993). Disorders of phonological encoding. In Levelt (1993). Originally publlished in *Cognition*, 42 (1992), 261-86.

Butterworth, B., Howard, D. & Mcloughlin, P. (1984). The semantic deficit in aphasia: the relationship between semantic errors in auditory comprehension and picture naming. *Neuropsychologia*, 22, 409-26.

Bybee, J. L. (2002). *Phonology and Language Use*. Cambridge: Cambridge University Press.

Caplan, D. (1980). *Biological Studies of Mental Processes*. Cambridge, MA: MIT Press.

_____ (1987). *Neurolinguistics and Linguistic Aphasiology*. Cambridge: Cambridge University Press.

_____ (1992). *Language: Structure, Precessing and Disorders*. Cambridge, MA: MIT Press.

Caramazza, A. (1997). How many levels of processing are there in lexical access? *Cognitive Neuropsychology*, 14, 177-208.

Carey, S. (1978). The child as word learner. In M. Halle, J. Bresnan & G. A. Miller(eds), *Linguistic Theory and Psychological Reality*. Cambridge, MA: MIT Press.

Carlson, G. & Tanenhaus, M. (1988). Thematic roles and language comprehension. In Wilkins (1988).

Carroll, L. (1967). *The Annotated Snark*, ed. M. Gardner. Harmondsworth: Penguin.

_____ (1988). *The Complete Works of Lewis Carroll*. Harmondsworth: Penguin.

Carstairs-McCarthy (1992). *Current Morphology*. London: Routledge.

Carter, R. (1998). *Vocabulary: Applied Linguistic Perspectives*, 2nd edn. London: Routledge.

Chaffin, R. (1992). The concept of a lexical relation. In Lehrer & Kittay (1992).

Chaika, E. O. (1974). A linguist looks at 'schizophrenic' language. *Brain and Language*, 1, 257-76.

Chand, N. (n.d.). *Improve your Vocabulary*. New Delhi: New Light Publications.

Chapman, R. (1984). *The Treatment of Sounds in Language and Literature*. Oxford: Basil Blackwell.

Charles, W. G. & Miller, G. A. (1989). Contexts of antonymous adjectives. *Applied Psycholinguistics*, 10, 357-75.

Cheshire, J. (1982). *Variation in an English Dialect: A Sociolinguistic Study*. Cambridge: Cambridge University Press.

Chialant, D. & Caramazza, A. (1995). Where is morphology and how is it processed? The case of written word recognition. In L. B. Feldman(ed.), *Morphological Aspects of Language Processing*. Hove: Lawrence Erlbaum.

Chiat, S. (1979). The role of the word in phonological development. *Linguistics*, 17, 591-610.

_____ (1983). Why Mikey's right and my key's wrong: the significance of stress and word boundaries in learning to output language. *Cognition*, 14, 275-300.

_____ (2000). *Understanding Children with Language Problems*. Cambridge: Cambridge University Press.

Chomsky, N. (1965). *Aspects of the Theory of Syntax*. Cambridge, MA: MIT Press.

_____ (1970). Remarks on nominalization. In R. A. Jacobs & P. Rosenbaum(eds), *Readings in English Transformational Grammar*. Waltham, MA: Ginn.

_____ (1978). On the biological basis of language capacities. In G. A. Miller & E. Lenneberg(eds), *Psychology and Biology of Language and Thought*. New York: Academic Press. Also in Chomsky (1980).

_____ (1980). *Rules and Representations*. Oxford: Basil Blackwell.

_____ (1988). *Language and the Problem of Knowledge: The Managua Lectures*. Cambridge, MA: MIT Press.

Chomsky, N. & Halle, M. (1968). *The Sound Pattern of English*. New York: Harper and Row.

Church, K. W. (1987). Phonological parsing and lexical retrieval. In Frauenfelder & Tyler (1987).

Clahsen, H., Eisenbeiss, S., Hadler, M. & Sonnenstuhl, I. (2001). The mental representatioin of inflected words: an experimental study of adjectives and verbs in German. *Language*, 77, 510-43.

Clark, E. V. (1973). What's in a word? On the child's acquisition of semantics in his first language. In T. E. Moore(ed.), *Cognitive Development and the Acquisition of Language*. New York: Academic Press.

_____ (1981). Lexical innovation: how young children learn to create new words. In W. Deutsch(ed.), *The Child's Construction of Language*. London: Academic Press.

_____ (1982). The young word maker: A case study of innovation in the child's lexicon. In Wanner & Gleitman(1982).

_____ (1987). The principle of contrast: a constraint on language acquisition. In B. MacWhinney(ed.), *Mechanisms of Language Acquisition*. Hilldale, NJ: Lawrence Erlbaum.

_____ (1993). *The lexicon in Acquisition*. Cambridge: Cambridge University Press.

Clark, E. V. & Berman, R. A. (1984). Structure and use in the acquisition of word formation. *Language*, 60, 542-94.

Clark, E. V. & Clark, H. (1979). When nouns surface as verbs. *Language*, 55, 767-811.

Clark, E. V. & Hecht, B. F. (1982). Learning to coin agent and instrument nouns. *Cognition*, 12, 1-24.

Clark, E. V., Hecht, B. F. & Mulford, R. C. (1986). Coining complex compounds in English: affixes and word oder acquisition. *Linguistics*, 24, 7-30.

Clark H. H. & Gerrig, R. J. (1983). Understanding old words with new meanings. *Journal of Verbal Learning and Verbal Behaviour*, 22, 591-608.

Clark, R. (1974). Performing without competence. *Journal of Child Language*, 1, 1-10.

Clahsner, T. C. & Croft, W. (1999). Domains and image schemas. *Cognitive Linguistics*, 10, 1-31.

Cohen, J. M. & Cohen, M. J. (1980), *Dictionary of Modern Quotations*, 2nd edn. Harmondsworth: Penguin.

Cohen, L., Verstichel, P. & Dehaene, S. (1997). Neologistic jargon sparing numbers: a category-specific phonological impairment. *Cognitive Neuropsychology*, 14, 1029- 61.

Cole, R. A. (ed.) (1980). *Perception and Production of Fluent Speech*. Hillsdale, NJ: Lawrence Erlbaum.

Cole, R. A. & Jakimik, J. (1980). A model of speech perception. In Cole (1980).

Coleman, E. B. (1964). Supplementary report: on the combination of associative probabilities in linguistic contexts. *Journal of Psychology*, 57, 95-9.

Coleman, L. & Kay, P. (1981). Prototype semantics: the English word lie. *Language*, 57, 26-44.

Collingwood, R. G. (1938). *The Principles of Art*. Oxford: Oxford University Press.

Collins, A. M. & Quillian, M. R. (1969). Retrieval time from semantic memory, *Journal of Verbal Learning and Verbal Behaviour*, 8. 240-47.

Conan Doyle, A. (1981). *The Complete Sherlock Holmes*. Harmondsworth: Penguin.

Cooper, W. & Walker, E. C. T. (eds) (1979). *Sentence Processing*. Hillsdale, NJ: Lawrence Erlbaum.

Cotterill, R. (1998). *Enchanted Looms: Conscious Networks in Brain and Computers*. Cambridge: Cambridge University Press.

Cowie, A. P. (1998). *Phraseology: Theory, Analysis and Applications*. Oxford: Clarendon Press.

Crick, F. H. C. (1979). Thinking about the brain. *Scientific American*, 241, 219-30.

Critchley, M. (1973). Articulatory defects in aphasia: the problem of Broca's aphasia. In Goodglass & Blumstein (1973).

Cruse, D. A. (1986). *Lexical Semantics*. Cambridge: Cambridge University Press.

_____ (1990). Prototype theory and lexical semantics. In Tsohatzidis (1990).

_____ (1992). Antonymy revisited: Some thoughts on the relationship between words and concepts. In Lehrer & Kittay (1992).

Curtis, M. E. (1987). Vocabulary testing and vocabulary instruction. In McKeown and Curtis (1987).

Cutler, A. (1980). Productivitiy in word formation. *Papers from the Sixteenth Regional Meeting*, Chicago Linguistics Society, 45-51.

_____ (1981). Degrees of transparency in word formation. *Canadian Journal of Linguistics*, 25, 73-7.

_____ (1982a). *Slips of the Tongue and Language Production*. Berlin: Mouton. Originally published in Linguistics, 19 (1981).

_____ (1982b). The reliability of speech error data. In Cutler (1982a). Originally published in *Linguistics*, 19 (1981).

_____ (1983). Lexical complexity and sentence processing. In Flores d'Arcais and Jarvella (1983).

_____ (1989). Auditory lexical access: where do we start? In Marslen-Wilson (1989).

_____ (1990). Exploiting prosodic probabilities in speech segmentation. In Altmann (1990).

_____ (1992). Psychology and the segment. In Docherty & Ladd (1992).

_____ (1993). Language-specific processing: does the evidence converge? In Altmann & Shillcock (1993).

Cutler, A. & Butterfield, S. (1992). Rhythmic cues to speech segmentation: Evidence from juncture misperception. *Journal of Memory and Language*, 31, 218-36.

Cutler, A. & Isard, S. (1980). The production of prosody. In Butterworth (1980b).

Cutler, A. & Norris, D. (1979). Monitoring sentence comprehension. In Cooper & Walker (1979).

Cutler, A., Hawkins, J. A. & Gilligan, G. (1985). The suffixing preference: a processing explanation. *Linguistics*, 23, 723-58.

Dahrendorf, R. (1982). *On Britain*. London: BBC.

Damasion, A. R. (1990). Category related recognition deficits as a clue to the neural substrates of knowledge. *Trends in Neuroscience*, 13, 95-8.

Davis, R. (1961). The fitness of names to drawings. A cross-cultural study in Tanganyika. *British Journal of Psychology*, 52, 259-68.

Davis, S. (1989). On a non-argument for the Rhyme. *Journal of Linguistics*, 25, 211-17.

De Cecco, J. P.(ed.) (1967). *The Psychology of Thought, Language and Instruction*. New York: Holt, Rinehart and Winston.

Deese, J. (1965). *The Structure of Associations in Language and Thought*. Baltimore,

MD: John Hopkins Press.

Deignan, A. (1997). Metaphors of desire. In K. Harvey & C. Shalom(eds.), *Language and Desire*. London: Routledge.

Dell, G. S. (1986). A spreading-activation theory of retrieval in sentence production. *Psychological Review*, 93, 283-321.

_____ (1988). The retrieval of phonological forms in production: Tests of predictions from a connectionist model. *Journal of Memory and Language*, 27, 124-42.

Dell, G. S. & O'Seaghdha, P. G. (1993). Stages of lexical access in language production. In Levelt (1993). Originally published in *Cognition*, 42, 287-314.

Dell, G. S. & Reich, P. A. (1980). Toward a unified model of slips of the tongue. In Fromkin (1980).

Derwing, B. L. & Baker, W. J. (1986). Assessing morphological development, In Fletcher & Garman (1986).

Diack, H. (1975). Standard Literacy Tests. St Albans: Hart-Davis.

Dixon, R. M. W. (1989). Subject and object in universal grammar. In D. Arnold et al., *Essays on Grammatical Theory and Universal Grammar*. Oxford: Clarendon Press.

Docherty, G. J. & Ladd, D. R.(eds) (1992). *Papers in Laboratory Phonology: Gesture, Segment, Prosody*. Cambridge: Cambridge University Press.

Downing, P. (1977). On the creation and use of English compound nouns. *Language*, 53, 810-42.

Dowty, D. (19910. Thematic proto-roles and argument selection. *Language*, 67, 547-619.

Draaisma, D. (2000). *Metaphors of Memory: A History of Ideas about the Mind*, trans. P. Vincent. Cambridge: Cambridge University Press.

Drachman, G. (1973). Some strategies in the acquisition of phonology. In M. J. Kenstowicz & C. W. Kisseberth(eds.), *Issues in Phonological Theory*. The Hague: Mouton.

Drellser, W. (1985). *Morphophonology: The Dynamics of Derivation*. Ann Arbor, MI: Karoma.

Dupoux, E. (1993). The time course of prelexical processing: the syllabic hypothesis. In Altmann & Shillcock (1993).

Dupré, J. (1981). Natural kinds and biological taxa. *Philological Review*, 40, 66-90.

Dupreez, P. (1974). Units of information in the acquisition of language. *Language and Speech*, 17, 369-76.

Echols, C. H. (1993). A perceptually-based model of children's earliest production. *Cognitioin*, 46, 245-96.

Echols, C. H. & Newport, E. L. (1992). The role of stress and position in determining first words. *Language Acquisition*, 2, 189-220.

Eimas, P. (1985). The perception of speech in early infancy. *Scientific American*, 252, 34-40.

Eimas, P., Siqueland, E., Jusczyk, P & Vigorito, J. (1971). Speech perception in infants. *Science*, 171, 303-6.

Ellis, A. W. (1980). On the Freudian theory of speech errors. In Fromkin (1980).

_____ (ed.) (1985a). *Progress in the Psychology of Language*, 2 vols. London: Lawrence Erlbaum.

_____ (1985b). The production of spoken words: a cognitive neuropsychological perspective. In Ellis (1985a), vol. 2

_____ (1993). *Reading, Writing and Dyslexia: A Cognitive Analysis*, 2nd edn. Hove: Laurence Erlbaum.

Elman, J. L. (1990). Representation and structure in connectionist models. In Altman (1990).

Elman, J. & McClelland, J. L. (1984). Speech perception as a cognitive process: the interactive activation model. In N. Lass(ed.), *Speech and Language: Advances in Basic Research and Practice*, vol. 10. New York: Academic Press.

Entwisle, D. R. (1966). *Word-associations of Young Children*. Baltimore, MD: John Hopkins Press.

Ewen, C. J. & van der Hulst, H. (2001). *The Phonological Structure of Words: An introduction*. Cambridge: Cambridge University Press.

Farrar, F. W. (1865). *Chapters on Language*. London: Longman Green.

Fay, D. (1977). Prefix errors. Paper presented at the 4th Salzburg International Linguistics Meeting, Aug. 1977.

Fay, D. & Cutler, A. (1977). Malapropisms and the structure of the mental lexicon. *Linguistic Inquiry*, 8, 505-20.

Feldman, L. B.(ed.) (1995). *Morphological Aspects of Language Processing*. Hove: Lawrence Erlbaum.

Feldman, L. B. & Fowler, C. A. (1987). The inflected noun system in Serbo-Croatian: lexical representation of morphological structure. *Memory and Cognition*, 15, 1-12.

Fellbaum, C. (1990). English verbs as a semantic net. *International Journal of Lexicongraphy*, 3, 278-301.

_____ (1992). Co-occurrence and antonymy. *CSL Report*, 52. Cognitive Science Laboratory, Princeton University.

Fellbaum, C. (ed.) (1998). *WordNet: An Electronic Lexical Database*. Cambridge, MA: Bradford Books(MIT Press).

Fenk-Oczlon, G. (1989). Word frequency and word order in freezes. *Linguistics*, 27, 517-56.

Ferber, R. (1991). Slip of the tongue or slip of the ear? On the perception and transcription of naturalistic slips of the tongue. *Journal of Psycholinguistic Research*, 20, 105-22.

_____ (1995). Reliability and validity of slip-of-the-tongue corpora: a methodological note. *Linguistics*, 3, 169-90.

Ferguson, C. A. & Farwell, C. B. (1975). Words and sounds in early language acquisition. *Language*, 51, 439-91.

Fillmore, C. J. (1968). The case for case. In E. Bach & R. Harms(eds), *Universals in Linguistic Theory*. New York: Holt, Rinehart and Winston.

_____ (1971). Types of lexical information. In Steinberg & Jakobovits (1971).

_____ (1975). An alternative to check-list views of meaning. *Proceedings of the 1st Annual Meeting, Berkeley Linguistic Society*, 123-31.

_____ (1982). Frame semantics. In Linguistic Society of Korea, *Linguistics in the morning calm*. Seoul: Hanshin.

Fillmore, C. J. & Atkins, B. T. (1992). Towards a frame-based lexicon: The semantics of RISK and its neighbours. In Lehrer & Kittay (1992).

_____ (1994). Starting where dictionaries stop: The challenge of corpus lexicography. In B. T. Atkins & A. Zampolli(eds.), *Computational Approaches to the Lexicon*. Oxford: Oxford University Press.

Fillmore, C. J., Kay, P. & O'Connor, M. C. (1988). Regularity and idiomaticity in grammatical constructions: the case of *let alone*. *Language*, 64, 501-38.

Fletcher, P. & Garman, M.(eds) (1986). *Language acquisition*. 2nd edn. Cambridge: Cambridge University Press.

Fletcher, P. & MacWhinney, B.(eds) (1995). *The Handbook of Child Language*. Oxford: Blackwell.

Flores d'Arcais, G. B. & Jarvella, R. J.(eds) (1983). *The Process of Language Understanding*. New York: Wiley.

Fodor, J. A. (1981). *Representations: Philosophical Essays on the Foundations of Cognitive Science*. Cambridge, MA: MIT Press.

_____ (1983). *The Modularity of Mind*. Cambridge, MA: MIT Press.

_____ (1987). *Psychosemantics: The Problem of Meaning in the Philosophy of Mind*. Cambridge, MA: MIT Press.

Fodor, J. D., Fodor, J. A. & Garrett, M. F. (1975). The psychological unreality of semantic representations. *Linguistic Inquiry*, 6, 515-31.

Fodor, J. A., Garrett, M. F., Walker, E. C. T. & Parkes, C. H. (1980). Against definitions. *Cognition*, 8, 263-367.

Forster, K. (1976). Accessing the mental lexicon. In Wales & Walker (1976).

Forster, K. I. (1989). Basic issues in lexical processing. In Marslen-Wilson (1989b).

Foss, D. (1970). Some effects of ambiguity upon sentence comprehension. *Journal of Verbal Learning and Verbal Behavior*, 9, 699-706.

Fourcin, A. J. (1978). Acoustic patterns and speech acquisition. In N. Waterson & C. Snow(eds), *The Development of Communication*. Chichester: Wiley

Fowler, C. A., Napps, S. & Feldman, L. (1985). Relations among regular and irregular morphologically related words in the lexicon as revealed by repetition priming. *Memory and Cognition*, 13, 241-55.

Frauenfelder, U. H. (1983). Cross-linguistic approaches to lexical segmentation. *Linguistics*, 23, 669-88.

Freud, S. (1891/1953). *On Aphasia*, trans. E. Stengel. New York: International University Press.

_____ (1975). *The Psychopathology of Everyday Life*, trans. A. Tyson. Harmondsworth: Penguin.

Friederici, A. (1982). Syntactic and semantic processes in aphasic deficits: the availability of prepositions. *Brain and Language*, 15, 249-58.

_____ (1985). Levels of processing and vocabulary types: evidence from on-line comprehension in normals and agrammatics. *Cognition*, 19, 133-66.

Fromkin, V. (1987). The lexicon: evidence from acquired dyslexia. *Language*, 63, 1-22.

_____ (ed.) (1973). *Speech Errors as Linguistic Evidence*. The Hague: Mouton.

_____ (1980). *Errors in Linguistic Performance: Slips of the Tongue*, Ear, Pen, and Hand. New York: Academic Press.

Funnell, E. (1995a). A case of forgotten knowledge. In *Broken memories*. Oxford: Blackwell.

_____ (1995b). Objects and properties: a study of the breakdown of semantic memory. *Memory and Cognition*, 3, 497-518.

Galton, F. (1883). *Inquiries into Human Faculty and its Development*. London: Dent.

Ganong, W. F. (1980). Phonetic categorization in auditory word perception. *Journal of Experimental Psychology: Human Perception and Performance*, 6, 110-25.

Gardner, H. (1974). *The Shattered Mind*. New York: Random House.

Garfield, J. L. (ed.) (1987). *Modularity in Knowledge Representation and Natural-Language Understanding*. Cambridge, MA: MIT Press.

Garman, M. (1990). *Psycholinguistics*. Cambridge: Cambridge University Press.

Garnes, S. & Bond, Z. (1980). A slip of the ear: a snip of the ear? A slip of the year? In Fromkin (1980).

Garrett, M. F. (1976). Syntactic processes in sentence production. In Wales &

Walker (1976).

_____ (1980). Levels of processing in sentence production. In Butterworth (1980).

_____ (1992a). Lexical retrieval processes: semantic field effects. In Lehrer & Kittay (1992).

_____ (1992b). Disorders of lexical selection. *Cognition* 42, 143-80. Also in Levelt (1993).

Gathercole, S. E. & Baddeley, A. D. (1989). Development of vocabulary in children and short-term phonological memory. *Journal of Memory and Language*, 28, 200-13.

_____ (1993). *Working Memory and Language*. Hove: Lawrence Erlbaum.

Geeraerts, D. (1989). Prospects and problems of prototype theory. *Linguistics*, 4, 23-72.

_____ (1992). Polysemy and prototypicality. *Cognitive Linguistics*, 3, 219-31.

_____ (1993). Vaguenesses puzzles, polysemy's vagaries. *Cognitive Linguistics*, 4, 223-72.

Gibbs, R. W. (1994). *The Poetics of Mind: Fugurative Thought, Language and Understanding*. Cambridge: Cambridge University Press.

Gibbs, R. W. & Gonzales, G. P. (1985). Syntactic frozenness in processing and remembering idioms. *Cognition*, 20, 243-59.

Gibbs, R. W. & O'Brien, J. E. (1990). Idiom and mental imagery: the metaphorical motivation for idiomatic meaning. *Cognition*, 20, 243-59.

Gibbs, R. W., Nayak, N. P. & Cutting, C. (1989). How to kick the bucket and not decompose: analyzability and idiom processing. *Journal of Memory and Language*, 28, 576-93.

Giegerich, H. J. (1992). *English Phonology: An Introduction*. Cambridge: Cambridge University Press.

_____ (1999). *Lexical Strata in English: Morphological Causes, Phonological Effects*. Cambridge: Cambridge University Press.

Glanzer, M. & Ehrenreich, S. L. (1979). Structure and search of the internal lexicon. *Journal of Verbal Learning and Verbal Behavior*, 18, 381-98.

Gleitman, H. & Gleitman, L. (1979). Language use and language judgement. In C. F. Fillmore, D. Kempler & W. S. -Y. Wang(eds), *Individual Differences in Language Ability and Language Behavior*. New York: Academic Press.

Gleitman, L. R. & Gleitman, H. (1970). *Phrase and Paraphrase: Some Innovative Uses of Language*. New York: Norton.

Gleitman, L. R., Gleitman, H., Landau, B. & Wanner, E. (1988). Where learning begins: initial representations for language learning. In F. Newmeyer(ed.), *Linguistics: The Cambridge Survey*, vol. 3. Cambridge: Cambridge University

Press.

Goatly, A. (1997). *The Language of Metaphors*. London: Routledge.

Goldfield, B. A. (1993). Noun bias in maternal speech to one-year-olds. *Journal of Child Language*, 20, 85–99.

Goldfield, B. A. & Reznick, J. S. (1990). Early lexical acquisition: rate, content and the vocabulary spurt. *Journal of Child Language*, 17, 171–83.

Goldfield, B. A. & Snow, C. E. (1992). 'What's your cousin Arthur's mommy's name?' Features of family talk about kin and kin terms. *First Language*, 12, 187–205.

Goldsmith, J. A.(ed.) (1995). *The Handbook of Phonological Theory*. Oxford: Blackwell.

Goldstein, L. (1980). Bias and asymmetry in speech perception. In Fromkin (1980).

Goodglass, H.(ed.) (1978). *Selected Papers in Neurolinguistics*. Munich: Wilhelm Fink Verlag.

Goodglass, H. & Baker, E. (1976). Semantic field, naming and auditory comprehension in aphasia. *Brain and Language*, 3, 359–74. Also in Goodglass (1978).

Goodglass, H. & Blumstein, S. (1973). *Psycholinguistics and Aphasia*. Baltimore, MD: Johns Hopkins University Press.

Goodglass, H. & Menn, L. (1985). Is agrammatism a unitary phenomenon? In M. -L. Kean(ed.), *Agrammatism*. Orlando, FL: Academic Press.

Goodglass, H., Barton, M. I. & Kaplan, E. F. (1968). Sensory modality and object naming in aphasia. *Journal of Speech and Hearing Research*, 11, 488–96. Also in Goodglass (1978).

Goodglass, H., Kaplan, E., Weintraub, S. & Ackerman, N. (1976). The 'tip-of-the-tongue' phenomenon in aphasia. *Cortex*, 12, 145–53.

Goodglass, H., Klein, B., Carey, P. & James, K. J. (1966). Specific semantic word categories in aphasia. *Cortex*, 2, 74–89.

Goodglass, H., Theurkauf, J. C. & Wingfield, A. (1984). Naming latencies as evidence for two modes of lexical retrieval. *Applied Psycholinguistics*, 5, 135–46.

Gopnik, A. & Meltzoff, A. (1987). The development of categorization in the second year and its relation to other cognitive and linguistic development. *Child Development*, 58, 1523–31.

Gordon, B. (1983). Lexical access and lexical decision: mechanisms of frequency sensitivity. *Journal of Verbal Learning and Verbal Behaviour*, 22, 22–44.

Gordon, B. & Caramazza, A. (1982). Lexical decision for open and closed class items: Failure to replicate differential frequency sensitivity. *Brain and Language*, 15, 143–80.

_____ (1985). Lexical access and frequency sensitivity: frequency saturation and open/closed class equivalence. *Cognition*, 21, 95–115.

Gould, S. J. (1983). *The Panda's Thumb*. Harmondsworth: Penguin.

_____ (1984). *Hen's Teeth and Horse's Toes*. Harmondsworth: Penguin.

Gould, S. J. & Marler, P. (1987). Learning by instinct. *Scientific American*, 256, 62–73.

Gowers, E. (1973). *The Complete Plain Words*. London: Her Majesty's Stationary Office.

Green, D. (1986). Control, activation and resource: a framework and a model for the control of speech in bilinguals. *Brain and Language*, 27, 210–23.

Green, J. (1982). *A Dictionary of Contemporary Quotations*. London: Pan Books.

_____ (1996). *Chasing the Sun: Dictionary Makers and the Dictionaries they Made*. London: Jonathan Cape.

Greenberg, J. H. & Jenkins, J. J. (1964). Studies in the psychological correlates of the sound system of American English. *Word*, 20, 157–77.

Gregg, V. H. (1986). *Introduction to Human Memory*. London: Routledge and Kegan Paul.

Grice, H. P. (1975). Logic and conversation. In P. Cole & J. Morgan(eds), *Syntax and Semantics 3: Speech Acts*. New York: Academic Press.

Griffiths, P. (1986). Early Vocabulary. In Fletcher & Garman (1986).

Grimshaw, J. (1990). *Argument Structure*. Cambridge, MA: MIT Press.

Grodzinsky, Y. (1990). *Theoretical Perspectives on Language Deficits*. Cambridge, MA: MIT Press.

Gropen, J., Pinker, S., Hollander, M. & Goldberg, R. (1991). Affectedness and direct objects. *Cognition*, 41, 153–96. Also in Levin & Pinker (1992).

Grosjean, F. (1980). Spoken word recognition processes and the gating paradigm. *Perception and Psychophysics*, 28, 267–83.

_____ (1985). The recognition of words after their acoustic offset: evidence and implications. *Perception and Psychophysics*, 38, 299–310.

Grosjean, F. & Gee, J. P. (1987). Prosodic structure and spoken word recognition. *Cognition*, 25, 135–56. Also in Frauenfelder & Tyler (1987).

Gross, D. & Miller, K. J. (1990). Adjectives in WordNet. *International Journal of Lexicography*, 3, 265–77.

Gross, D., Fischer, U. & Miller, G. A. (1989). The organization of adjectival meanings. *Journal of Memory and Language*, 28, 92–106.

Grover Stripp, M. & Bellin, W. (1985). Bilingual linguistic systems revisited. *Linguistics*, 23, 123–36.

Gruber, J. S. (1965/1976). *Lexical Structures in Syntax and Semantics*. Amsterdam: North Holland.

Günther, H. (1989). Wörter im Kopf? Gedanken zu einem Buch von Jean Aitchison. In G. Kegel, T. Arnhold, K. Dahlmeier, G. Smith & B. Tischer(eds), *Sprachwissehschaft und Psychollinguistik 3*, Westdeutscher Verlag.

Haegeman, L. (1994). *An Introduction to Government and Binding Theory*, 2nd edn. Oxford: Basil Blackwell.

Halle, M. & Clements, G. N. (1983). *Problem Book in Phonology*. Cambridge, MA: MIT Press.

Halle, M. & Vergnaud, J. R. (1980). Three-dimensional phonology. *Journal of Linguistic Research*, 1, 83-105.

_____ (1987). *An Essay on Stress*. Cambridge, MA: MIT Press.

Hammond, M. & Noonan, M.(eds) (1988). *Theoretical Morphology: Approaches in Modern Linguistics*. New York: Academic Press.

Hampton, J. (1991). The combination of prototype concepts. In Schwanenflugel (1991).

Hand, C. R., Tonkovich, J. D. & Aitchison, J. (1979). Some idiosyncratic strategies utilized by a chronic Broca's aphasic. *Linguistics*, 17, 729-59.

Hankamer, J. (1989). Morphological parsing and the lexicon. In Marslen-Wilson (1989b).

Harley, T. A. (1990). Environmental contamination of normal speech. *Applied Psycholinguistics*, 11, 45-72.

Harris, M., Barrett, M., Jones, D. & Brookes, S. (1988). Linguistic input and early word meaning. *Journal of Child Language*, 15, 77-94.

Hart, J., Berndt, R. S. & Caramazza, A. (1985). Category-specific naming deficit following cerebral infarction. *Nature*, 316, 439-40.

Haviland, S. E. & Clark, E. V. (1974). This man's father is my father's son: a study of the acquisition of English kin terms. *Journal of Child Language*, 1, 23-47.

Hawkins, J. A. & Cutler, A. (1988). Psycholinguistic factors in morphological asymmetry. In J. A. Hawkins(ed.), *Explaining Language Universals*. Oxford: Basil Blackwell.

Hayes, B. (1983). A grid-based theory of English meter. *Linguistics Inquiry*, 14, 357-93.

_____ (1984). The phonology of rhythm in English. *Linguistic Inquiry*, 15, 33-74.

Heine, B. (1997). *Cognitive Foundations of Grammar*. Oxford: Oxford University Press.

Henderson, L. (1985). Towards a psychology of morphemes. In Ellis (1985a), vol. 1.

_____ (1989). On mental representation of morphology and its diagnosis by measures of visual access speed. In Marslen-Wilson (1989b).

Herbert, A. P. (1935). *What a Word!* London: Methuen.

Herman, P. (1880/1920). *Prinzipien der Sprachgeschichte*. Halle an der Scale: Max Niemeyer.

Hillyard, S. A. (1993). Electrical and magnetic brain recordings: contributions to cognitive neuroscience. *Current Opinion in Neurobiology*, 3, 711-17.

Hinton, L., Nichols, J. & Ohala, J. J.(eds) (1994). *Sound Symbolism*. Cambridge: Cambridge University Press.

Hodges, A. (1983/1985). *Alan Turing: The Enigma of Intelligence*. London: Hutchinson, Unwin Paperbacks.

Hoek, D., Ingrm, D. & Gibson, D. (1986). Some possible causes of children's early word overextensions. *Journal of Child Language*, 13, 477-94.

Holland, M. K. & Wertheimer, M. (1964). Some physiognomic aspects of naming, or maluma and takete revisited. *Perception and Motor Skills*, 19, 111-17.

Hopper, P. J. & Thompson, S. A. (1984). The discourse basis for lexical categories in universal grammar. *Language*, 60, 703-52.

Hopper, P. J. & Traugott, E. C. (1993). *Grammaticalization*. Cambridge: Cambridge University Press.

Hotopf, W. H. N. (1980). Semantic similarity as a factor in whole-word slips of the tongue. In Fromkin (1980).

Householder, F. W. (1966). Phonological theory: a brief comment. *Journal of Linguistics*, 2, 99-100.

Howard, D. V., McAndrews, M. P. & lasaga, M. I. (1981). Semantic priming of lexical decisions in young and old adults. *Journal of Gerontoloy*, 36, 707-14.

Hudson, R. (1984a). *Invitation to Linguistics*, London: Martin Robinson.

_____ (1984b). *Word Grammar*. Oxford: Basil Blackwell.

Hughes, G. (1988). *Words in Time: A Social History of English Vocabulary*. Oxford: Blackwell.

Hurford, J. (1981). Malapropisms, left-to-right listing, and lexicalism. *Linguistic Inquiry*, 12, 419-23.

Hurford, J. & Heasley, B. (1983). *Semantics: A Coursebook*. Cambridge: Cambridge University Press.

Ingram, D. (1979). Phonological patterns in the speech of young children. In Fletcher & Garman (1979).

_____ (1989). *First Language Acquisition: Method, Descriotion and Explanation*. Cambridge: Cambridge University Press.

Inhelder, B. & Piaget, J. (1964). *The Early Growth of Logic in the Child*. London: Routledge and Kegan Paul.

Jackendoff, R. (1972). *Semantic Interpretation in Generative Grammar*. Cambridge, MA: MIT Press.

_____ (1983). *Semantics and Cognition*. Cambridge, MA: MIT Press.

_____ (1987). The status of thematic relations in linguistic theory. *Linguistic Inquiry*, 18, 369-412.

_____ (1990). *Semantic Structures*. Cambridge, MA: MIT Press.

_____ (1997a). *The Architecture of the Language Faculty*. Cambridge, MA: MIT Press.

_____ (1997b). Twistin' the night away. *Language*, 73, 534-59.

Jacob, F. (1977). Evolution and tinkering. *Science*, 196, 1161-6.

Jakimik, J., Cole, R. A. & Rudnicky, A. I. (1985). Sound and spelling in spoken word recognition. *Journal of Memory and Language*, 24, 165-78.

Jakobson, R. (1956). Two aspects of language and two types of aphasic disturbance. In R. Jakobson & M. Halle, *Fundamentals of Language*. The Hague: Mouton.

_____ (1968). *Child Language, Aphasia and Phonological Universals*. The Hague: Mouton.

Jakobson, R., Fant, G. & Halle, M. (1952). *Preliminaries to Speech Analysis: The Distinctive Features and their Correlates*. Cambridge, MA: MIT Press.

James, W. (1890/1981). *The Principles of Psychology*, 2 vols. Cambridge, MA: Harvard University Press.

Jarvella, R. J., Job, R., Sandström, G. & Schreuder, R. (1987). Morphological constraints on word recognition. In Allport et al. (1987).

Jarvella, R. J. & Meijers, G. (1983). Recognizing morphemes in spoken words: some evidence for a stem-organized mental lexicon. In Flres d'Arcais & Jarvella (1983).

Jastrzembski, J. E. (1981). Multiple meanings, number of related meanings, frequency of occurrence, and the lexicon. *Cognitive Psychology*, 13, 278-305.

Jenkins, J. J. (1970). The 1952 Minnesota word association norms. In Postman & Keppel (1970).

Jensen, J. T. (1990). *Morphology: Word Structure in Generative Grammar*. Amsterdam: John Benjamins.

Johnson-Laird, P. N. (1983). *Mental Models*. Cambridge: Cambridge University Press.

Johnson, M. (1987). *The Body in the Mind: The Bodily Basis of Meaning, Imagination and Reason*. Chicago: University of Chicago Press.

_____ (1992). Philosophical implications of cognitive semantics. *Cognitive Linguistics*, 3, 345-66.

Johnson, S. (1755). *A Dictionary of the English Language*. London: Knapton, Longman et al. Facsimile published 1990 by Longman Group UK Ltd. CD-ROM published 1996 by Cambridge University Press.

Jones, G. V. (1989). The role of interlopers in the tip of the tongue phenomenon.

Memory and Cognition, 17, 69-76.

Jusczyk, P. W. (1992). Developing phonological categories for the speech signal. In C. A. Ferguson, L. Menn & C. Stoell-Gammon(eds), *Phonological Development: Models, Research, Implications*. Parkton, MD: York Press.

Kager, R. (1995). The metrical theory of word stress. In Goldsmith (1995).

Kamhi, A. G. (1986). The elusive first word: the importance of the naming insight for the development of referential speech. *Journal of Child Language*, 13, 155-61.

Kastovsky, D. (1986). The problem of productivity in word formation. *Linguistics*, 24, 585-600.

Katz, J. J. (1975). Logic and language: an examination of recent criticisms of intensionalism. In K. Gunderson & G. Maxwell(eds), *Minnesota Studies in Philosophy of Science*, vol. 6. Minneapolis: University of Minnesota Press.

Katz, J. J. & Fodor, J. A. (1963). The structure of a semantic theory. *Language*, 39, 170-210. Also in J. A. Fodor & J. J. Katz(eds), *The Structure of Language*. Englewood-Clifts, NJ: Prentice-Hall, 1964.

Kay, P. & Fillmore, C. J. (1999). Grammatical constructions and linguistic generalizations: the What's X doing Y? construction. *Language*, 75, 1-33.

Kean, M. -L. (1977). The linguistic interpretation of aphasic syndromes: agrammatism in Broca's aphasia, an example. *Cognition*, 5, 9-46.

Keil, F. C. (1989). *Concepts, Kinds and Cognitive Development*. Cambridge, MA: MIT Press.

Keil, F. C. & Batterman, N. (1984). A characteristic-to-defining shift in the development of word meaning. *Journal of Verbal Learning and Verbal Behavior*, 23, 221-36.

Kempson, R, (1977). *Semantic Theory*. Cambridge: Cambridge University Press.

Kennedy, G. (1998). *An Introduction to Corpus Linguistics*. London: Longman.

Kilgarrif, A. (1992). *Polysemy*. Cognitive Science Research Paper 261. Falmer: University of Sussex, School of Cognitive and Computing Sciences.

_____ (1997). Putting frequencies in the dictionary. *International Journal of Lexicography*, 10, 135-55.

Kinoshita, S. (1980). Sentence context effect on lexically ambiguous words: evidence for a postaccess inhibition process. *Memory and Cognition*, 13, 579-95.

Kintsch, W. (1974). *The Representation of Meaning in Memory*. Hillsdale, NJ: Lawrence Erlbaum.

Kintsch, W. (1984). Approaches to the study of the psychology of language. In Bever, Caroll & Miller (1984).

Kirsner, K., Smith, M. C., Lockhart, R. S., King, M. L. & Jain, M. (1984). The bilingual lexicon: language-specific units in an integrated network. *Journal of*

Verbal Learning and Verbal Behavior, 23, 519-39.

Kittay, E. F. (1987). *Metaphor: Its Cognitive Force and Linguistic Structure*. Oxford: Clarendon Press.

Klatt, D. H. (1980). Speech perception: a model of acoustic-phonetic analysis and lexical access. In Cole (1980).

_____ (1981). Lexical representations for speech production and perception. In Myers, Laver & Anderson (1981).

_____ (1989). Review of selected models of speech perception. In Marslen-wilson (1989).

Knott, R., Patterson, K. & Hodges, J. R. (1997). Lexical and semantic binding effects in short-term memory: evidence from semantic dementia. *Cognitive Neuropsychology*, 14, 1165-1216.

Köhler, W. (1947). *Gestalt Psychology*. New York: Liveright.

Koriat, A. & Lieblich, I. (1974). What does a person in a 'TOT' state know that a person in a 'don't know' state doesn't know. *Memory and Cognition*, 2, 647-55.

Kövecses, Z. (1988). *The Language of Love*. London and Toronto: Associated University Presses.

Krishnamurti, Bh. & Mukherjee, A. (1984). *Modernization of Indian Languages in New Media*. Osmania Publications in Linguistics 2. Hyderabad: Osmania University.

Kuhl, P. & Miller, J. D. (1974). Discrimination of speech sounds by the chinchilla: /t/ vs /d/ in CV syllables. *Journal of the Acoustical Society of America*, 57, series 49(abstract).

Kutas, M. & van Petten, C. (1994). Psycholinguistics electrified: event-related brain potential investigations. In M. A. Gernsbacher(ed.), *Handbook of Psycholinguistics*. New York: Academic Press.

Labov, W. (1973). The boundaries of words and their meanings. In C. -J. N. Bailey & R. W. Shuy(eds), *New Ways of Analyzing Variation in English*. Washington, DC: Georgetown University Press.

Lackner, J. R. & Garrett, M. F. (1972). Resolving ambiguity: Effects of biasing context in the unattended ear. *Cognition*, 1, 359-72.

Ladefoged, P. (1975). *A Course in Phonetics*. New York: Harcourt Brace Jovanovich.

Lakoff, G. (1972). Hedges: a study in meaning criteria and the logic of fuzzy concepts. *Papers of the Eighth Regional Meeting, Chicago Linguistic Society*, 193-228.

_____ (1987). *Women, Fire and Dangerous Things*. Chicago: University of Chicago Press.

Lakoff, G. & Johnson, M. (1980). *Metaphors We Live By*. Chicago: University of Chicago Press.

Lakoff, G. & Kövecses, Z. (1987). The cognitive model of anger inherent in American English. In D. Holland and N. Quine(eds). *Cultural Models in Language and Thought*. Cambridge: Cambridge University Press.

Lakoff, G. & Turner, M. (1989). *More than Cool Reason: A Field Guide to Poetic Metaphor*. Chicago: University of Chicago Press.

Landau, B. & Jackendoff, R. (1983). 'What' and 'where' in spatial language and spatial cognition. *Behavioral and Brain Sciences*, 16, 217-65.

Landau, B., Smith, L. B. & Jones, S. (1988). The importance of shape in early lexical learning. *Cognitive Development*, 3, 299-321.

_____ (1992). Syntactic context and the shape bias in children's and adult's lexical learning. *Journal of Memory and Language*, 31, 807-25.

Landau, S. I. (2001). *The Art and Craft of Lexicography*, 2nd edn. Cambridge: Cambridge University Press.

Langacker, R. W. (1987). *Foundations of Cognitive Grammar, I: Theoretical Prerequisites*. Stanford: Stanford University Press.

_____ (1988). Review of Lakoff (1987), in *Language*, 64, 384-95.

_____ (1991). *Concept, Image and Symbol*. Berlin: Mouton de Gruyter..

Laubstein, A. S. (1988). *The Nature of the 'Production Grammar' Syllable*. Bloomington, IN: Indiana University Linguistics Club.

Laudanna, A., Badecker, W. & Caramazza, A. (1992). Processing inflectional and derived morphology. *Journal of Memory and Language*, 31, 333-48.

Laver, J. (1980). Monitoring systems in the neurolinguistic control of speech production. In Fromkin (1980).

Lehiste, I. (1960). *An Acoustic-phonetic Study of Internal Open Juncture*. Phonetica, Supplement 5.

_____ (1972). The timing and utterances of linguistic boundaries. *Journal of the Acoustical Society of America*, 51, 2018-24.

Lehnert, M. (1971). *Rückläufiges Wörtebuch der englischen Gegenwartssprache*. Leipzig: VEB.

Lehrer, A. (1983). *Wine and Conversation*. Bloomington: Indiana University Press.

Lehrer, A. & Kittay, E. F.(eds) (1992). *Frames, Fields and Contrasts*. Hillsdale, NJ: Lawrence Erlbaum.

Lenneberg, E. (1967). *Biological Foundations of Language*. New York: Wiley.

Leopold, W. F. (1947). *Speech Development of a Bilingual Child, vol. 2: Sound-learning in the First Two Years*. Evanston, IL: Northwestern University Press.

Levelt, W. J. M. (1989). *Speaking: From Intention to Articulation*. Cambridge, MA: MIT Press.

_____ (1992). Accessing words in speech production. *Cognition*, 42, 1-22. Also in

Levelt (1993).

Levelt, W. J. M.(ed.) (1993). *Lexical Access in Speech Production*. Oxford: Blackwell. Originally published as Cognition, 42 (1992).

Levin, B. (1991). Building a lexicon: the contribution of linguistics. *International Journal of Lexicography*, 4, 205-226.

_____ (1993). *English Verb Classes and Alternations: A Preliminary Investigation*. Chicago: University of Chicago Press.

Levin, B. & Pinker, S.(eds) (1992). *Lexical and Conceptual Semantics*. Oxford: Blackwell. Originally published as Cognition, 41 (1991).

Levin, B. & Rappaport Havov, M. (1991). Wiping the slate clean: a lexical semantic exploration. *Cognition*, 41, 123-52. Alson in Levin & Pinker (1992).

_____ (1994). A preliminary analysis of causative verbs in English. *Lingua*, 92, 38-77.

_____ (1995). *Unaccusativity: At the Syntax-lexical Semantics Interface*. Cambridge, MA: MIT Press.

_____ (1996). Lexicao semantics and syntactic structure. In S. Lappin(ed.), *The Handbook of Contemporary Semantic Theory*. Oxford: Blackwell.

Levinson, S. C. (2001). Covariation between spatial language and cognition, and its implication for language learning. In Bowerman & Levinson (2001).

Liberman, A. M., Harris, K. S., Hoffman, H. S. & Griffith, B. C. (1957). The discrimination of speech sounds within and across phoneme boundaries. *Journal of Experimental Psychology*, 54, 358-68.

Liberman, M. & Prince, A. (1977). On stress and linguistic rhythm. *Linguistic Inquiry*, 8, 249-336.

Lieber, R. (1981). *The Organization of the Lexicon*. Bloomington: Indiana University Linguistics Club.

Lieven, E. V. M., Pine, J. L. & Barnes, H. D. (1992). Individual vocabulary differences in early vocabulary development: redefining the referential-expressive distinction. *Journal of Child Language*, 19, 287-310.

Lipka, L, (1992). *An Outline of English Lexicology*. 2nd edn. Tübingen: Niemeyer.

Lucchelli, F., Muggia, S. & Spinnler, H. (1997). Selective proper name anomia: a case involving only contemporary celebrities. *Cognitive Neuropsychology*, 14, 881-900.

Luce, P. A., Pisoni, D. B. & Goldinger, S. D. (1990). Similarity neighbourhoods of spoken words. In Altmann (1990).

Lukatela, G., Gligorijevic, B., Kostic, A. & Turbey, M. T. (1980). Representation of inflected nouns in the internal lexicon. *Memory and Cognition*, 8, 415-23.

Lyons, J. (1968). *Introduction to Theoretical Linguistics*. Cambridge: Cambridge

University Press.

_____ (1981). *Language, Meaning and Context.* London: Fontana.

McCarthy, J. J. (1982). Prosodic structure and expletive infixation. *Language,* 58, 574–90.

McCawley, J. D. (1983). The syntax of some English adverbs. *Papers of the Nineteenth Regional Meeting, Chicago Linguistics Society,* 263–83.

McClelland, J. L. & Elman, J. E. (1986). *Parallel Distributed Processing: Explorations in the Microstructure of Cognition, vol. 2: Psychological and Biological Models.* Cambridge, MA: MIT Press.

MacCormac, E. R. (1985). *A Cognitive Theory of Metaphor.* Cambridge, MA: MIT Press.

Mackay, D. G. (1966). To end ambiguous sentences. *Perception and Psychophysics,* 1, 426–36.

_____ (1972). The structure of words and syllables: evidence from errors in speech. *Cognitive Psychology,* 3, 210–27.

_____ (1979). Lexical insertion, inflection, and derivation: creative processes in word production. *Journal of Psycholinguistic Research,* 8, 477–98.

Macken, M. A. (1980). The acquisition of stop systems: a cross-linguistic perspective. In G. Yeni-Komshian, J. Kavanagh & C. A. Ferguson(eds), *Child Phonology,* vol. I: *Perception and Production.* New York: Academic Press.

McKeown, M. G. & Curtis, M. E.(eds) (1987). *The Nature of Vocabulary Acquisition.* Hillsdale, NJ: Lawrence Erlbaum.

McKoon, G. & Macfarland, T. (2000). Externally and internally caused change of state verbs. *Language,* 76, 833–58.

Macnamara, J. (1982). *Names for Things.* Cambridge, MA: MIT Press.

McShane, J. (1979). The development of naming. *Linguistics,* 17, 879–905.

_____ (1980). *Learning to Talk.* Cambridge: Cambridge University Press.

Maddieson, I. (1984). *Patterns of Sounds.* Cambridge: Cambridge University Press.

Makkai, A. (1972). *Idiom Structure in English.* The Hague: Mouton.

Manelis, L. & Tharp, D. A. (1977). The processing of affixed words. *Memory and Cognition,* 5, 690–5.

Maratsos, M. P. (1973). Decrease in the understanding of the word 'big' in preschool children. *Child Development,* 44, 747–52.

Marchand, H. (1969). *The Categories and Types of Present-day English Word-formation,* 2nd edn. Munich: Bech.

Marcus, S. M. (1984). Recognizing speech: on the mapping from sound to word. In Bouma & Bouwhuis (1984).

Marin, O. S. M. (1982). Brain and language: the rules of the game. In Arbib, Caplan

& Marshall (1982).

Markman, E. M. (1989). *Categorization and Naming in Children*. Cambridge, MA: MIT Press.

_____ (1992). Constraints on word learning: speculations about their nature, origins, and domain specificity. In M. R. Gunnar & M. Maratsos(eds), *Modularity and Constraints in Language and Cognition*. The Minnesota Symposium on Child Psychology, vol. 25. Hillsdale, NJ: Lawrence Erlbaum.

Marshall, J. C. (1977). Minds, machines and metaphors. *Social Studies of Science*, 7, 475–88.

Marslen-Wilson, W. D. (1987). Functional parallelism in spoken word recognition. *Cognition*, 25, 71–102. Also in Frauenfelder & Tyler (1987).

_____ (1989a). Access and integration: projection sound onto meaning. In Marslen-Wilson (1989b)

_____ (ed.) (1989b). *Lexical Representatin and Process*. Cambridge, MA: MIT Press.

_____ (1990). Activation, competition, and frequency in lexical access. In Altman (1990).

Marslen-Wilson, W. D. & Tyler, L. K. (1980). The temporal structure of spoken language understanding. *Cognition*, 8, 1–71.

_____ (1981). Central processes in speech understanding. *Philosophical Transactions of the Royal Society of London* B, 295, 317–32. Also published as *Psychological Mechanisms of Language*. London: Royal Society and British Academy.

_____ (1998). Rules, representations, and the English past tense. *Trends in Cognitive Sciences*, 2, 428–535.

Marslen-Wilson, W. D. & Zhou, X. (1991). Abstractness, allomorphy and lexical architecture. *Language and Cognitive Processes*, 14, 321–52.

Matthei, E. & Roeper, T. (1983). *Understanding and Producing Speech*. London: Fontana.

Matthews, P. (1991). *Morphology*, 2nd edn. Cambridge: Cambridge University Press.

Meara, P. (1983). *Vocabulary in Second Language*. Specialized Bibliography 3. London: Centre for Information on Language Teaching and Research.

Meara, P. & Ellis, A. W. (1982). The psychological reality of deep and surface phonological representations: evidence from speech errors in Welsh. In Cutler (1982a). First published in *Linguistics*, 19 (1981).

Mehler, J. (1981). The role of syllables in speech processing: infant and adult data. *Philosophical Transactions of the Royal Society of London* B, 295, 333–52. Also published as *Psychological Mechanisms of Language*. London: Royal Society and British Academy.

Meillet, A. (1905–6). Comment les mots changent de sens. *Année Sociologique*,

1-38. Reprinted in A. Meillet, *Linguistique historique et linguistique générale,* vol. 1. Paris, Champion, 1948, 230-71.

Menn, L. (1978). Phonological units in beginning speech. In A. Bell & J. B. Hooper(eds), *Syllables and Segments.* Amsterdam: North Holland.

Menn, L. & MacWhinney, B. (1984). The repeated morph constraint. *Language,* 60, 519-21.

Menn, L. & Stoel-Gammon, C. (1993). Phonological development: learning sounds and sound patterns. In Berko Gleason (1993).

_____ (1995). Phonological development. In Fletcher & MacWhinney (1995).

Menyuk, P. & Menn, L. (1979). Early strategies for the perception and production of words and sounds. In Fletcher & Carman (1979).

Meringer, R. & Mayer, K. (1978). *Versprechen und Verlesen: Eine Psychologisch-Linguistische Studie.* Amsterdam: John Benjamins.

Merriman, W. E. (1991). The mutual exclusivity bias in children's word learning: a reply to Woodward and Markman. *Developmental Review,* 11, 164-91.

Marriman, W. E. & Bowman, L. L. (1989). *The Mutual Exclusivity Bias in Children's Word Learning. Monographs of the Society for Research in Child Development,* 54.

Merriman, W. E. & Kutlesic, V. (1993). Bilingual and monolingual children's use of two lexical acquisition heuristics. *Applied Psycholinguistics,* 14, 229-49.

Merriman, W. E., Scott, P. D. & Marazita, J. (1993a). An appearance-function shift in children's object naming. *Journal of Child Language,* 20, 101-18.

Mervis, C. B. (1987). Child basic object categories and early lexical development. In U. Neisser(ed.), *Concepts and Conceptual Development: Ecological and Intellectual Factors in Categorization.* Cambridge: Cambridge University Press.

Meyer, A. S. (1992). Investigation of phonological encoding through speech error analyses: Achievements, limitations, and alternatives. *Cognition,* 42, 181-211. Also in Levelt (1993).

Miller, G. & Nicely, P. (1955). An analysis of perceptual confusions among English consonants. *Journal of the Acoustical Society of America,* 27, 338-52.

Miller, G. A. (1990a). Nouns in WordNet: A lexical inheritance system. *International Journal of Lexicography,* 3, 245-64.

_____ (1990b). *Wordnet: An On-line Lexical Database.* Special issue of the International *Journal of Lexicography,* 34.

_____ (1991). *The Science of Words.* New York: Scientific American Library.

Miller, G. A. & Fellbaum, C. (1991). Semantic networks of English. *Cognition,* 41, 197-229. Also in Levin & Pinker (1992).

Miller, G. A. & Gildea, P. M. (1987). How children learn words. *Scientific American,*

257, 86–91. Also in Wang (1991).

Miller, J. (1978). *The Body in Question*. New York: Random House.

Minda, J. P. & Smith, J. D. (2001). Prototypes in category learning: the effects of category size, category structure, and stimulus complexiry. *Journal of Experimental Psychology: Learning, Memory and Cognition*, 27, 775–99.

Minsky, M (1975). A framework for representing knowledge. In P. H. Winston (ed.), *The Psychology of Computer Vision*. New York: McGraw Hill.

Monsell, S. (1985). Repetition and the lexicon. In Ellis (1985a), vol. 2.

Morse, P. A. (1976). Speech perception in the human infant and rhesus monkey. In S. Harnad, H. Steklis & J. Lancaster(eds), *Origins and Evolution of Language and Speech Annals of the New York Academy of Sciences*, 280.

Morton, J. & Marshall, J. C.(eds) (1979). *Psycholinguistics 2: Structure and Processes*. London: Elek.

Motley, M. T. (1985a). Slips of the tongue. *Scientific American*, 253, 114–19.

_____ (1985b). The production of verbal slips and double entrendres as clues to the efficiency of normal speech production. *Journal of Language and Social Psychology*, 4, 275–93.

Murphy, G. L. (1991). Meaning and concepts. In Schwandenflugel (1991).

Murphy, G. L. & Andrew, J. M. (1993). The conceptual basis of antonymy and synonymy in adjectives. *Journal of Memory and Language*, 32, 301–19.

Murrell, G. A. & Morton, J. (1974). Word recognition and morphemic structure. *Journal of Experimental Psychology*, 102, 963–8.

Myers, T., Laver, J. & Anderson, J. (eds.) (1981). *The Cognitive Representation of Speech*. Amsterdam: North Holland.

Nagy, W. E. & Anderson, R. (1984). The number of words in printed school English. *Reading Research Quarterly*, 19, 304–30.

Nagy, W. E. & Herman, P. A. (1987). Breadth and Depth of vocabulary knowledge: implications for acquisition and instruction. In McKeown & Curtis (1987).

Napoli, D. J. (1993). *Syntax: Theory and Problems*. Oxford: Oxford University Press.

Napps, S. E. (1989). Morphemic relationships in the lexicon: are they distinct from semantic and formal relationships? *Memory and Cognition*, 17, 729–39.

Napps, S. E. & Fowler, C. A. (1987). Formal relationships among words and the organization of the mental lexicon. *Journal of Psycholinguistic Research*, 16, 257–72.

Nation, I. S. P. (1993). Using dictionaries to estimate vocabulary size: essential, but rarely followed procedures. *Language Testing*, 10.

Nelson, K. (1973). *Structure and Strategy in Learning to Talk. Monographs of the*

Society for Research in Child Development, 38.

Nelson, K., Hampson, J. & Kessler Shaw, L. (1991). Nouns in early lexicons: evidence, explanations and implications. *Journal of Child Language*, 20, 61-84.

Nelson, K., Rescorla, L., Gruendel, J. & Benedict, H. (1978). Early lexicons: what do they mean? *Child Development*, 49, 960-8.

Nerlich, B. & Clarke, D. D. (1997). Polysemy: patterns in meaning and patterns in history. *Historiographia Linguistica*, 24, 359-85.

Nirmala, C. (1981). *First Language (Telegu) Development in Children: A Short Descriptive Study*. Unpublished doctoral dissertation, Osmania University, Hyderabad.

NODE (1998). *The New Oxford Dictionary of English*. Oxford: Oxford University Press.

Norris, D. (1986). Word recognition: context effects without priming. *Cognition*, 22, 93-136.

_____ (1990). A dynamic-net model of human speech recognition. In Altmann (1990).

Norris, D. & Cutler, A. (1985). Juncture detection. *Linguistics*, 23, 689-706.

Nunberg, G., Sag, I. A. & Wasow, T. (1994). Idioms. *Language*, 70, 491-538.

Ohala, J. H. (1992). The segment: primitive or derived? In Docherty & Ladd (1992).

_____ (1981). Articulatory constraints on the cognitive representation of speech. In Myers, Laver & Anderson (1981).

Ooi, V. B. Y. (1998). *Computer Corpus Lexicography*. London: Longman.

Ortony, A. (ed.) (1993). *Metaphor and Thought*, 2nd edn. Cambridge: Cambridge University Press.

Osella, C. & Osells, F. (1991). Sneham: emotion or bodily fluid? Paper presented at London University Language and Communication Seminar, June 1991.

Osherson, D. N. & Smith, E. E. (1981). On the inadequacy of prototype theory as a theory of concepts. *Cognition*, 9, 35-58.

Palmer, F. (19840. *Grammar*. Harmondsworth: Penguin.

Panther, Klaus-U. & Radden, G. (eds). *Metonymy in Language and Thought*. Amsterdam: John Benjamins.

Papagno, C. & Vallar, G. (1992). Phonological short-term memory and the learning of novel words: The effect of phonological similarity and item length. *Quarterly Journal of Experimental Psychology*, 44A, 47-67.

Parlett, D. (1981). *Botticelli and Beyond: 100 of the World's Best Word Games*. New York: Pantheon Books.

Pawley, A. (2001). Phraseology, linguistics and the dictionary. *International Journal of Lexicography*, 14, 122-34.

Pease, D. M., Berko Gleason, J. & Pan, B. A. (1993). Learning the meaning of words: semantic development and beyond. In Berko Gleason (1993).

Peters, A. (1983). *The Units of Language Acquisition*. Cambridge: Cambridge University Press.

Pillon, A., de Partz, M. -P., Raison, A. -M. & Seron, X. (1991). 'L'orange c'est le fruitier de l'orangine': a case of morphological impairment? *Language and Cognitive Processes*, 6, 137-67.

Pitt, D. & Katz, J. J. (2000). Compositional idioms. *Language*, 76, 409-32.

Plunkett, K. (1993). Lexical segmentation and vocabulary growth in early language acquisition. *Journal of Child Language*, 20, 43-60.

Pollio, H. R., Barlow, J. M., fine, H. J. & Pollio, M. (1977). *Psychology and the Poetics of Growth: Figurative Language in Psychology, Psychotherapy and Education*. Hillsdale, NJ: Lawrence Erlbaum.

Pollio, H. R., Smith, M. K. & Pollio, M. R. (1990). Figurative language and cognitive psychology. *Language and Cognitive Processes*, 5, 141-67.

Posner, M. (1986). Empirical studies of prototypes. In C. Craig(ed.), *Noun Classes and Categorization*. Amsterdam: John Benjamins.

Posner, M. I. & Raichle, M. E. (1994). *Images of Mind*. New York: W. H. Freeman (Scientific American Library).

Postman, L. & Keppel, G.(eds) (1970). *Norms of Word Association*. New York: Academin Press.

Priestley, T. M. S. (1977). One idiosyncratic strategy in the acquisition of phonology. *Journal of Child Language*, 4, 45-66.

Pullum, G. (1991). *The Great Eskimo Vocabulary Hoax*. Chicago: Chicago University Press.

Pulman, S. G. (1983). *Word Meaning and Belief*. London: Croom Helm.

Pustejovsky, J. (1995). *The Generative Lexicon*. Cambridge, MA: MIT Press.

_____ (1998). Generativity and explanation in semantics. *Linguistic Inquiry*, 29, 289-311.

_____ (2001). Type construction and the logic of concepts. In P. Bouillon & F. Busa(eds), *The Language of Word Meaning*. Cambridge: Cambridge University Press.

Pustejovsky, J. & Boguraev, B.(eds) (1996). *Lexical Semantics: The Problem of Polysemy*. Oxford: Clarendon Press.

Putnam, H. (1975). The meaning of 'meaning'. In K. Gunderson(ed.), *Language, Mind and Knowledge. Minnesota Studies in the Philosophy of Science*, vol. 7. Minneapolis: University of Minnesota Press.

Quine, W. V. (1971). The inscrutability of reference. In Steinberg & Jakobovits (1971).

_____ (1985). The problem of meaning in linguistics. In Katz (1985).

Randall, J. H. (1980). -ity: a study in word formatioin restrictions. *Journal of Psycholinguistic Research*, 9, 523-33.

Rappaport, M. & Levin, B. (1988). What to do with theta-roles. In Wilkins (1988).

_____ (1998). Building word meanings. In M. Butt & W. Geuder(eds), *The Projection of Arguments: Lexical and Compositional Factors*. Stanford, CA: CSLI Publications.

Renouf, A.(ed.) (1998). *English Corpus Linguistics: The State of the Art - Papers from the Eighteenth International Conference on English Language Research on Computerized Corpora(ICAME 18)*. Amsterdam: Rodopi.

Richards, M. M. (1979). Sorting out what's in a word from what's not: evaluating Clark's semantic features acquisition theory. *Journal of Experimental Child Psychology*, 27, 1-47.

Roelofs, A. (1992). *Lemma Retrieval in Speaking: A Theory, Computer Simulations, and Empirical Data*. Nijmegen: Nijmegen Institute for Cognition and Information.

_____ (1993a). A spreading-activation theory of lemma retrieval in speaking. In Levelt (1993). Originally published in *Cognition*, 42 (1992), 107-42.

_____ (1993b). Testing a non-decompositional theory of lemma retrieval in speaking: Retrieval of verbs. *Cognition*, 47, 59-87.

Romaine, S. (1983). On the productivity of word formation: Rules and limits of variability in the lexicon. *Australian Journal of Linguistics*, 3, 177-200.

Room, A. (1979). *Room's Dictionary of Confusibles*. London: Routledge and Kegan Paul.

Rosch, E. (1975). Cognitive representations of semantic categories. *Journal of Experimental Psychology: General*, 104, 192-233.

Rosch, E., Mervis, C. B., Gray, W. D., Johnson, D. M. & Boyes-Braem, P. (1976). Basic objects in natural categories. *Cognitive Psychology*, 8, 382-439.

Rubin, D. C. (1975). Within word structure in the tip-of-the-tongue phenomenon. *Journal of Verbal Learning and Verbal Behavior*, 14, 392-397.

Rubin, G. S., Becker, C. A. & Freeman, R. H. (1979). Morphological structure and its effect on visual word recognition. *Journal of Verbal Learning and Verbal Behavior*, 18, 757-67.

Rumelhart, D. E. & McClelland, J. L.(eds)(1986). *Parallel Distributed Processing: Explorations in the Microstructure of Cognition, vol. 1: Foundations*. Cambridge, MA: MIT Press.

Rumelhart, D. E., Hinton, G. E. & McClelland, J. L. (1986). A general framework for parallel distributed processing. In Rumelhart & McClelland (1986).

Sandra, D. (1994). The morphology of the mental lexicon: internal word structure viewed from a psycholinguistics perspective. *Language and Cognitive Processes*, 9, 227-69.

Saporta, S. (1961). *Psycholinguistics: A Book of Readings*. New York: Holt, Rinehart and Winston.

Scalis, S. (1988). Inflection and derivation. *Linguistics*, 26, 561-81.

Schank, R. C. (1972). Conceptual dependency: a theory of natural language understanding. *Cognitive Psychology*, 3, 552-631.

Schank, R. C. & Abelson, R. P. (1977). *Scripts, Plans, Goals and Understanding: An Enquiry into Human Knowledge Structures*. Hillsdale, NJ: Lawrence Erlbaum.

Schriefers, H., Friederici, A. & Graetz, P. (1992). Inflectional and derivational morphology in the mental lexicon: Symmetries and asymmetries in repetition priming. *Quarterly Journal of Experimental Psychology*, 44A, 373-90.

Schriefers, H., Meyer, A. S. & Levelt, W. J. M. (1990). Exploring the time course of lexical access in language production: picture-word interference studies. *Journal of Memory and Language*, 29, 86-102.

Schriefers, H., Zwitserlood, P. & Roelofs, A. (1991). The identification of morphologically complex spoken words: continuous processing or decomposition. *Journal of Memory and Language*, 30, 26-47.

Schwanenflugel, P. J.(ed.), (1991). *The Psychology of Word Meanings*. Hillsdale, NJ: Lawrence Erlbaum.

Seashore, R. H. & Eckerson, L. D. (1940). The measurement of individual differences in general English vocabularies. *Journal of Educational Psychology*, 31, 14-38.

Segui, J. (1984). The syllable: a basic perceptual unit in speech processing? In Bouma and Bowhuis (1984).

Seidenberg, M. S., Tanenhaus, M. K., Leiman, J. M. & Bienkowski, M. (1982). Automatic access of meaning of ambiguous words in context: some limitations of knowledge based processing. *Cognitive Psychology*, 14, 489-537.

Selkirk, E. O. (1980). The role of prosodic categories in English word stress. *Linguistic Inquiry*, 11, 563-605.

_____ (1982). *The Syntax of Words*. Linguistic Inquiry Monograph 7. Cambridge, MA: MIT Press.

_____ (1984). *Phonology and Syntax: The Relation between Sound and Structure*. Cambridge, MA: MIT Press.

Shallice, T. (1988). *From Neuropsychology to Mental Structure*. Cambridge: Cambridge University Press.

Shattuck-Hufnagel, S. (1979). Speech errors as evidence for a serial-ordering mechanism in sentence production. In Cooper & Walker (1979).

Shattuck-Hufnagel, S. & Klatt, D. H. (1979). The limited use of distinctive features and markedness in speech production: evidence from speech error data. *Journal of Verbal Learning and Verbal Behavior*, 18, 41-55.

Shillcock, R. (1990). Lexical hypotheses in continuous speech. In Altmann (1990).

Simon, J. (1981). *Paradigms Lost*. London: Chatto and Windus.

Singleton, D. (2000). *Language and the Lexicon: An Introduction*. London: Arnold.

Slobin, D. I. (1973). Cognitive prerequisites for the development of grammar. In C. A. Ferguson & D. I. Slobin(eds), *Studies of Child Language Development*. New York: Holt.

Smith, E. & Medlin, D. (1981). *Categories and Concepts*. Cambridge, MA: Harvard Unniversity Press.

Smith, M. E. (1926). An investigation of the development of the sentence and the extent of vocabulary in young children. *University of Iowa Studies in Child Welfare*, 35.

Smith, M. K. & Montgomery, M. B. (1989). The semantics of winning and loosing. *Language in Society*, 18, 31-57.

Smith, M. K., Pollio, H. R. & Pitts, M. K. (1981). Metaphor as intellectual history: Conceptual categories underlying figurative usage in American English from 1675-1975. *Linguistics*, 19, 911-35.

Smith, N. V. S. (1973). *The Acquisition of Phonology*. Cambridge: Cambridge University Press.

Solomon, R. L & Howes, D. H. (1951). Word frequency, personal values and visual duration threshholds. *Psychological Review*, 58, 256-70.

Sparck-Jones, K. (1984). Compound noun interpretation problems. In F. Fallside & W. A. Woods, *Computer Speech Processing*. Englewood Cliffs, NJ: Prentice-Hall.

Spencer, A. (1991). *Morphological Theory*. Oxford: Basil Blackwell.

Spencer, A. (2001). Morphology. In M. Aronoff & J. Rees-Miller(eds), *The Handbook of Linguistics*. Oxford: Blackwell.

Sperber, D. & Wilson, D. (1986). *Relevance: Communication and Cognition*. Oxford: Blackwell.

Sperber, D. & Wilsdon, D. (1985/6). 'Looks talk'. *Proceedings of the Aristotelian Society*, NS 86, 153-71.

Sperber, H. (1930). *Einführung in die Bedeutungslehre*, 2nd edn. Leipzig: K. Schroeder Verlag.

Stampe, D. (1969). The acquisition of phonemic representation. *Proceedings of the Fifth Regional Meeting, Chicago Linguistic Society*, 433-44.

Stampe, D. (1979). *A Dissertation on Natural Phonology*. New York: Garland Press.

Stanners, R. F., Neiser, J. J., Hernon, W. P. & Hall, R. (1979). Memory representation for morphologically related words. *Journal of Verbal Learning and Verbal Behavior*, 18, 399-412.

Steen, G. (1994). *Understanding Metaphor in Literature*. London: Longman.

Steinberg, D. D. & Jakobovits, L. A.(eds) (1971). *Semantics: An Interdisciplinary Reader in Philosophy, Linguistics and Psychology*. Cambridge: Cambridge University Press.

Stemberger, J. P. (1990). Wordshape errors in language production. *Linguistics*, 35, 123-57.

Stemberger, J. P. & MacWhinney, B. (1986). Frequency and the lexical storage of regularly inflected words. *Memory and Cognition*, 14, 17-26.

_____ (1988). Are inflected forms stored in the lexicon? In Hammond & Noonan (1988).

Stemberger, N. (1985). *The Lexicon in a Model of Speech Production*. New York: Garland.

Sterling, C. M. (1983). The psychological productivity of inflectional and derivational morphemes. In D. Rogers and A. J. A. Sloboda, *The Acquisition of Symbolic Skills*. NY: Plenum Press.

Svartvik, J.(ed.) (1996). *Words*. Stockholm: Swedish Academy(KVHAA Konferenser 36).

Sweetser, E. E. (1990). *From Etymology to Pragmatics: Metaphorical and Cultural Aspects of Semantic Structure*. Cambridge: Cambridge University Press.

Swinney, D. A. (1979). Lexical access during sentence comprehension: (Re)consideration of context effects. *Journal of Verbal Learning and Verbal Behavior*, 18, 645-59.

Swinney, D. A. & Cutler, A. (1979). The access and processing of idiomatic expressions. *Journal of Verbal Learning and Verbal Behavior*, 18, 523-34.

Taft, M. (1981). Prefix stripping revisited. *Journal of Verbal Learning and Verbal Behavior*, 20, 289-97.

_____ (1988). A morphological-decomposition model of lexical representation. *Linguistics*, 26, 657-68.

_____ (1994). Interactive-activation as a framework for understanding morphological processing. In D. Sandra & M. Taft(eds), *Morphological Structure, Lexical Representation and Lexical Access*. Hove: Lawrence Erlbaum.

Taft, M & Forster, K. I. (1975). Lexical storage and retrieval of prefixed words. *Journal of Verbal Learning and Verbal Behavior*, 15, 607-20.

Taft, M., Hambly, G. & Kinoshita, S. (1986). Visual and auditory recognition of prefixed words. *Quarterly Journal of Experimental Psychology*, 38A, 351-66.

Talmy. T. (1985). Lexicalization patterns. In T. Shopen(ed.), *Language Typology and Syntactic Description. III: Grammatical Categories and the Lexicon*. Cambridge: Cambridge University Press.

Tanenhaus, M. K. & Carlson, G. N, (1989). Lexical structure and language comprehension. In Marslen-Wilson (1989b).

Tanenhaus, M. K., Dell, G. S. & Carlson, G. (1987). Context effects and lexical processing: a connetionist approach to modularity. In Garfield (1987).

Tanenhaus, M. K., Garnsey, S. M. & Boland, J. (1990). Combinatory lexical information and language comprehension. In Altmann (1990).

Taylor, J. R. (1992a). How many meanings does a word have? *Stellenbosch Papers in Linguistics*, 25, 133-68.

_____ (1992b). Old problems: adjectives in cognitive grammar. *Cognitive Linguistics*, 3, 1-35.

_____ (1995). *Linguistic Categorization: Prototypes in Linguistic Theory*, 2nd edn. Oxford: Clarendon Press.

Taylor, S. H. (1978). On the acquisition and completion of lexical items. In D. Farkas, W. M. Jacobsen & K. W. Todrys (eds), *Papers from the Parasession on the Lexicon*. Chicago, IL: Chicago Linguistic Society.

Thomas, J. & Short, M. (eds) (1996). *Using Corpora for Language Research*. London: Longman.

Tourangeau, R. & Sternberg, R. J. (1982). Understanding and appreciating mataphors. *Cognition*, 11, 203-44.

Treiman, R. (1989). The internal structure of the syllable. In G. N. Carlson & M. K. Tanenhaus(eds), *Linguistic Structure in Language Processing*. Dordrecht: Kluwer.

Trench, R. C. (1855). *On the Study of Words*, 6th edn. London: J. W. Parker.

_____ (1856). *English Past and Present*, 3rd rev. edn. London: J. W. Parker.

Tsohatzidis, S.(ed.) (1990). *Meanings and Prototypes: Studies in Linguistic Categorization*. London: Routledge.

Tulving, E. (1972). Episodic and semantic memory. In E. Tulving & W. Donaldson (eds), *Organization of Memory*. New York: Academic Press.

Tversky, B. (1990). Where partonomies and taxonomies meet. In Tsohatzidis (1990).

Tweney, R., Tkacz, S. & Zaruba, S. (1975). Slips of the tongue and lexical storage. *Language and Speech*, 18, 388-96.

Tyler, L. K. (1984). The structure of the initial cohort. *Perception and Psychophysics*, 36, 417-27.

_____ (1989). The role of lexical representation in language comprehension. In Marslen-Wilson (1989).

Tyler, L. K. & Cobb, H. (1987). Processing bound morphemes in context: the case of an aphasic patient. *Language and Cognitive Processes*, 2, 245-62.

Tyler, L. K. & Frauenfelder, U. H. (1987). The process of spoken word recognition: an introduction. *Cognition*, 25, 1-20. Also in Frauenfelder & Tylor (1987).

Tyler, L. K., Marlslen-Wilson, W. D., Rentoul, J. & Hanney, P. (1988). Continuous and discontinuous access in spoken word-recognition: the role of derivational prefixes. *Journal of Memory and Language*, 27, 368-81.

Tyler, L. K., Waksler, R. & Marlsen-Wilson, W. D. (1993). Representation and access of derived words in English. In Altmann & Shillcock (1993).

Ullmann, S. (1962). *Semantics: An Introduction to the Science of Meaning*. Oxford: Blackwell.

Ultan, R. (1984). Size-sound symbolism. In J. Greenberg(ed.), *Universals of Human Language*, vol. 4. Stanford, CA: Stanford University Press.

Ungerer, F. & Schmid, H. J. (1996). *An Introduction to Cognitive Linguistics*. London: Longman.

Van den Broecke, M. P. R. & Goldstein, L. (1980). Consonant features in speech errors. In Fromkin (1980).

Van Velin, R. D. (1990). Semantic parameters of split intransitivity. *Language*, 66, 221-60.

Velten, H. V. (1943). The growth of phonemic and lexical patterns in infant language. *Language*, 19, 281-92. Also in Bar-Adon & Leopold (1971).

Vendler, Z. (1967). *Linguistics in Philosophy*. Ithaca, NY: Cornell University Press.

Vihmann, M. M. (1978). Consonant harmony: its scope and function in child language. In J. H. Greenberg(ed.), *Universals of Human Language*. Stanford, CA: Stanford University Press.

_____ (1981). Phonology and the development of the lexicon: evidence from children's errors. *Journal of Child Language*, 8, 239-64.

_____ (1996). *Phonological Development: The Origins of Language in the Child*. Oxford: Blackwell.

Vygotsky, L. S. (1962). *Thought and language*, trans. E. Hanfmann & G, Vakar. Cambridge, MA: MIT Press.

Wales, R. J. & Walker, E.(eds) (1976). *New Approaches to Language Mechanisms*. Amsterdam: North-Holland.

Wallman, J. (1992). *Aping Language*. Cambridge: Cambridge University Press.

Wang, M. D. & Bilger, R. C. (1973). Consonant confusions in noise: a study of perceptual features. *Journal of the Acoustical Society of America*, 54, 1248-66.

Wang, W. S. -Y.(ed.) (1991). *The Emergence of Language: Development and Evolution*. New York: W. H. Freeman.

Wanner, E. & Gleitman, L. R.(eds) (1982). *Language Acquisition: The State of the Art*. Cambridge: Cambridge University Press.

Warren, B. (1992). *Sense Development: A Contrastive Study of the Development of Slang Senses and Novel Standard Senses in English*. Stockholm: Almqvist and

Wiksell.

Warren, R. M. (1970). Perceptual restoration of missing speech sounds. *Science*, 167, 393-5.

Warrington, E. K. (1981). Neuropsychological studies of verbal semantic systems. *Philosophical Transactions of the Royal Society of London* B, 295, 411-23. Also published as *Psychological Mechanisms of Language*. London: The Royal Society and the British Academy.

Warrington, E. K. & Shallice, T. (1984). Category specific semantic impairments. *Brain*, 107, 829-54.

Wason, P. (1965). The contexts of plausible denial. *Journal of Verbal Learning and Verbal Behavior*, 4, 7-11.

Waterson, N. (1970). Some speech forms of an English child: a phonological study. *Transactions of the Philological Society*, 1-24.

Weinreich, Y. (1966). On the semantic structure of language. In J. H. Greenberg (ed.), *Universals of Language*, 2nd edn. Cambridge, MA: MIT Press.

Weizenbaum, J. (1984). *Computer Power and Human Reason: From Judgement to Calculation*. Harmondsworth: Penguin.

Wells, J. (1990). Syllabification and allophony. In S. Ramsaran(ed.), *Studies in the Pronunciation of English*. London: Routledge.

Werner, H. & Kaplan, E. (1950). Development of word meaning through verbal context: an experimental study. *Journal of Psychology*, 29, 251-7. Also in De Cecco (1967).

Whaley, C. P. (1978). Word-nonword classification time. *Journal of Verbal Learning and Verbal Behavior*, 17, 143-54.

Wheeldon, L. R. & Monsell, S. (1992). The locus of repetition priming of spoken word production. *Quarterly Journal of Experimental Psychology*, 44A, 723-61.

_____ (1994). Inhibition of spoken word production by priming a semantic competitor. *Journal of Memory and Language*, 33, 332-56.

White, T. G. (1982). Naming practices, typicality, and underextension in child language. *Journal of Experimental Child Psychology*, 33, 324-46.

Wiegel-Crump, C. A. & Dennis, M. (1986). Development of word finding. *Brain and Language*, 27, 1-23.

Wierzbicka, A. (1985). *Lexicography and Conceptual Analysis*. Ann Arbor, MI: Karoma.

_____ (1990). 'Prototypes save': on the uses and abuses of the notion of 'prototype' in linguistics and related fields. In Tsohatzidis (1990).

_____ (1992a). Furniture and birds: a reply to Dwight Bolinger. *Cognitive Linguistics*, 3, 119-23.

____ (1992b). Semantic fields and semantic primitives. In Lehrer & Kittay (1992).

____ (1992c). *Semantics, Culture, and Cognition.* Oxford: Oxford University Press.

____ (1996). *Semantics: Primes and Universals.* Oxford: Oxford University Press.

Wijnen, F., Krikhaar, E. & de Os, E. (1994). The (non)realization of unstressed elements in children's utterances: Evidence for a rhythmic constraint. *Journal of Child Language,* 21.

Wilkins, W.(ed.) (1988). *Syntax and Semantics 21: Thematic Relations.* New York: Academic Press.

Wittgenstein, L. (1958). *Philosophical Investigations,* trans. G. E. M. Anscombe, 2nd edn. Oxford: Basil Blackwell.

Woodworth, N. L. (1991). Sound symbolism in proximal and distal forms. *Linguistics* 29, 273-300.

Wray, A. (2002). *Formulaic Language and the Lexicon.* Cambridge: Cambridge University Press.

Zwicky, A. (1982). Classical malapropisms and the creation of a mental lexicon. In L. K. Obler & L. Menn(eds), *Exceptional Language and Linguistics.* New York: Academic Press.

Zwicky, A. & Sadock, J. (1975). Ambiguity tests and how to fail them. In J. Kimball, *Syntax and Semantics,* 4. New York: Academic Press.

찾아보기

| ㄱ |

가족유사성 신드롬(family resemblance
  syndrome) 95
강약 유형(rhythmic pattern) 265, 266,
  268, 276, 385, 390, 408
'거미줄' 관점('cobweb' viewpoint) 143
검사-복사(scan-copying) 496
계승(inheritance) 458
고정-불명확 문제(fixed-fuzzy issue) 86
'고정된 의미' 가정('fixed meaning'
  assumption) 84
공백 메우기(gap-filling) 356, 388
관용어구(idioms) 171, 173, 176, 242, 281
구성 문법(construction grammar) 176
굴절접미사(inflectional suffixes) 241, 243
기능어(function words) 205, 206
기억(memory) 18, 29, 43, 52, 72, 129,
  133, 165, 214, 243, 252, 260, 274,
  316, 345, 384, 404, 416, 440, 451
기초 층(basic level) 199, 200, 201
꾸러미 만들기 과제(packaging task)
  350, 354, 368

| ㄴ |

내용어(content words) 193, 205, 208, 211

네트워크 만들기(network-building)
  350, 363
논항 구조(argument structure) 458
뇌(brain) 51, 60, 208, 403, 414, 433
뇌 검사(brain scan) 42, 61, 70

| ㄷ |

다의어(polysemy) 285, 298, 458
다중언어구사(multilingualism) 19
단어 인식(word recognition) 396, 418, 424,
  433, 456
단어 종류(word class) 196, 203, 205, 289,
  332, 415
단어 선택 오류(word selection errors) 51
단어연상(word association) 162, 367
단어연상실험(word association experi-
  ment) 55, 159, 160, 197, 366
단원(modules) 71, 450
닫힌 단어 종류(closed word class) 206
동사(verbs) 50, 62 145, 172, 199, 203,
  213
동의어(synonymy) 32, 163, 177, 186, 304
등위어(coordinates) 162, 163, 165, 170,
  185, 197, 367, 369, 444
등-하위어(co-hyponyms) 163

디딤돌모델(stepping-stone model) 406, 407, 408,

| ㄹ |

레마(lemmas) 196, 211, 404, 405, 415, 442, 445, 450, 461

| ㅁ |

마음의 모델(mental models) 69, 74, 136, 473
말오류(slips of the tongue) 31, 42, 50, 170, 180, 210, 248, 252, 272, 334, 463, 468
말이 혀끝에서 맴도는 현상(tip of the tongue(TOT)) 56
명명폭발(naming explosion) 354, 368, 382, 489
명명과제(labelling task) 350, 351
명사(nouns) 50, 63, 83, 117, 126, 160, 193, 199, 289, 326, 331, 346, 476

| ㅂ |

반의어(antonymy) 160, 162, 167, 186, 366, 475
발음(pronunciation) 34, 38, 44, 152, 168, 208, 306, 371, 376, 421, 443
발화오류(speech errors) 45, 194, 209, 269, 404
병렬처리(parallel processing) 424, 456
부분전체관계(meronymy) 190, 200, 300, 314, 320, 483
부사(adverbs) 198, 202, 203, 211
브로카 실어증(Broca's aphasia) 208, 209, 210
비단어(non-words) 57, 246, 259, 333,

365, 414, 441

| ㅅ |

사건 구조(event structure) 236, 458
산출(production) 28, 46, 51, 69, 150, 165, 198, 207, 243, 321, 374, 388, 396, 415, 424, 434, 443, 451
삽입사(infixes) 332, 336
상위어(hyperonymy) 163
상위어(superordinates) 182, 202
상호활성화(interactive activation) 412, 433, 435
선택 오류(selection errors) 51, 198
성구론(phraseology) 172
소리(sounds) 31, 47, 49, 58, 151, 194, 218, 252, 258, 261, 272, 284, 323, 349, 351, 370
수수께끼풀이 이론(puzzle-solving theories) 372, 380
수여동사(ditransitive verbs) 216
실어증(aphasia) 51, 165, 197, 207, 243, 268, 398, 463

| ㅇ |

양립불가(incompatibility) 187, 189, 190, 476
어휘 도구상자(lexical tool-kit) 256, 275, 323, 327, 344, 450
어휘판단과제(lexical decision task) 59, 210, 428, 464
어휘 분해(lexical decomposition) 155
언어적 표상(linguistic representation) 257
언어학(linguistics) 60, 131, 154, 209, 265, 283, 476

여러 가지 의미(multiple meanings) 283
연결주의(connectionism) 74, 133, 457
열린 단어 종류(open word class) 206
예정된 경로 이론(pre-ordained path theories) 372, 377
오류(errors) 26, 31, 48, 50, 164, 180, 193, 242, 252, 268, 373, 385, 404, 408, 413, 443, 462
욕조효과(bathtub effect) 260
운(rhyme) 270
운율 판(metrical grid) 265
운율구조(metrical structure) 267
운율 수형도(metrical tree) 266
원자 입자(atomic globule) 141
유사음성오류(malapropisms) 252, 262, 267, 272, 385, 480
은유(metaphor) 72, 83, 135, 178, 300
음소추적(phoneme monitoring) 56, 58, 151, 426
음절(syllables) 25, 44, 65, 249, 262, 265, 267, 271, 337, 382, 406, 417, 464, 281
의미 네트워크(semantic network) 363
의미 변화(meaning change) 279
의미 원소(semantic primitives) 141
의미(meaning) 24, 27, 47, 52, 76, 83, 158, 299, 348
의미론(semantics) 195, 230, 281, 441, 462
의미역(thematic roles) 229, 478
이미지 도식(image schemas) 149, 313
이중 저장 가설(double storage hypothesis) 423
이중언어구사(bilingualism) 19
인식(recognition) 26, 59, 106, 127, 143, 245, 351, 375, 396, 416

인출(retrieval) 19, 29, 46, 209, 349, 367, 389, 415, 444, 456
일화 기억(episodic memory) 88

| ㅈ |

자동사(intransitive verbs) 174, 216, 231, 234, 236
자연부류(natural classes) 272
자음 조화(consonant harmony) 389
자음(consonants) 262, 263, 270, 334, 371, 376, 384, 386, 390, 417, 463
재분석(re-analysis) 346, 347
적용영역 축소(underextension) 355, 356, 368
적용영역확대(overextension) 355, 356, 358
전기모델(electricity model) 406
전치사(prepositions) 203, 206, 461, 476
전형(prototypes) 109, 114, 117, 121, 130, 195, 358, 369
전형성 이론(prototype theories) 103, 115, 118, 125, 140, 361
전형효과(prototype effects) 110, 131, 140
전환(conversion) 324, 325, 344, 346
점검목록 관점(checklist view of meaning) 94, 105
점화(priming) 56, 429, 469
접근적 표상(access representation) 257
접두사(prefixes) 238, 246, 250, 329, 339, 341
접미사(suffixes) 238, 241, 243, 250, 329, 341, 346, 480
접사(affixes) 247, 324, 341, 346
조립오류(assemblage errors) 46, 50
조어(word formation) 322, 323, 456, 463,

484

종결자음(coda) 269, 271

지시(reference) 86, 105, 248, 286

직렬 모델(serial model) 423

| ㅊ |

차단(blocking) 274, 276, 400, 436, 465, 490

차단하기(gating) 56, 59, 249, 377, 431

청취오류(slips of the ear) 419, 421

체인 콤플렉스(chain-complex) 358

초두음(onset) 25, 269, 270, 271

층 만들기(layering) 279

| ㅋ |

코호트 모델(cohort model) 432, 433

특질 구조(qualia structure) 459

'큰 사전 효과'('big dictionary effect') 23

| ㅌ |

탈타동사화(detransitivization) 234

통사론(syntax) 60, 176, 195, 210, 223, 232, 331, 446

틀(frames) 137, 138, 146, 198, 226

| ㅍ |

파생(derivation) 240, 241, 278

파생 vs. 굴절(derivation vs. inflection) 239, 241

파생접미사(derivational suffixes) 241, 250, 254, 345

폭포모델(cascade model) 406, 409

프로이드식 혀미끄러짐(Freudian slips) 47, 399, 401, 413

fis 현상(fis phenomenon) 374

| ㅎ |

하위어(hyponymy) 163

합성어(compounds) 22, 326, 344, 437

행위자(agent) 175

형용사(adjectives) 38, 63, 117, 126, 16, 193, 199, 346, 476

형태소(morphemes) 238, 255, 324, 446, 452, 464

혼합(blends) 48, 49, 132, 165, 249, 252, 269

활성화(activation) 44, 62, 137, 298, 308, 400, 407, 412, 430, 434

흥분과 억제(excitation and inhibition) 451

역자 소개

홍우평(洪宇平)

서울대학교 인문대학 독어독문학과 졸업(B. A.)
동 대학원 독어독문학과 졸업(M. A./독어학 전공)
독일 Heinrich-Heine-Universität-Düsseldorf 졸업(Dr. phil./언어학 전공)
현재 건국대학교 커뮤니케이션학과 교수
영국 University of Essex 방문교수(2002년)

| 저서 |

Null-Subjekte beim Erst- und Zweitspracherwerb des Deutschen. Eine vergleichende Untersuchung im Rahmen der Prinzipien- und Parametertheorie (1995), Gunter Narr: Tubingen

| 역서 |

말하는 뇌(공역: 최명원)

| 논문 |

- Agreement and null subjects in German L2-development: new evidence from reaction-time experiments(1995), Second Language Research 11 (with Harald Clahsen)
- Grammatical constraints in sentence processing: sentence-matching experiments on German(1995), The Linguistic Review 12(with Harald Clahsen, Ingrid Sonnenstuhl)
- 언어습득론과 독일어의 습득(2000), 독어학 제2집
- 제2언어로서의 독일어에서 동사 굴절형의 표상과 처리(2001), 독어학 제4집(공저: 박민경)
- 독일어의 습득: 형태론 지식 습득의 인지과정(2003), 「독일어의 구조와 의미」(신수송 편)
- 반응시간으로 나타나는 언어능력: 컴퓨터에 의한 언어능력측정시스템의 구축과 활용(2003), 외국어로서의 독일어 제12집
외 다수

| 연구 관심분야 |

형태론/ 통사론/ 심리언어학/ 인지과학

언어와 마음

초판 1쇄 발행 2004년 2월 28일
초판 3쇄 발행 2012년 8월 31일
저 자 Jean Aitchison
역 자 홍 우 평
펴낸이 이 대 현
편 집 장 은 미
펴낸곳 도서출판 **역락** / 서울 서초구 반포4동 577-25
        문창빌딩 2층
전 화 02-3409-2058(영업부) 2060(편집부) FAX 02-3409-2059
이메일 youkrack@hanmail.net
등 록 1999년 4월 19일 제303-2002-000014호

정가 20,000원
ISBN 89-5556-272-1-93700